U0896032

民国教育史专题研究丛书　　田正平　主编

民国高校教师生活研究

王建军　著

“十三五”国家重点图书出版规划项目　　2019年国家出版基金资助项目

CTS 湖南教育出版社

总　序

（一）

国内学术界关于中华民国教育史（1912—1949）的研究，严格意义上讲，是从20世纪80年代后期开始的。至20世纪末，有关民国教育史的通史性研究成果大致有三种，分别是熊明安著《中华民国教育史》（重庆出版社，1990）、申晓云主编《动荡转型中的民国教育》（河南人民出版社，1994）、李华兴主编《民国教育史》（上海教育出版社，1997）。其中，作为国内第一本以《中华民国教育史》冠名的学术著作，熊著对有关民国时期的教育史料进行了收集整理，构建了一个以历史阶段演进为纵轴、以各级各类教育为横轴的纵横交错的研究框架，并对民国时期教育的诸多举措和事件，做出了自己的评价，认为“从总体上看，民国时期的教育仍是进步的教育，并取得了可观的成就”[①]。申著涉及民国教育史研究中的有关理论问题，尤其是对民国教育史的历史分期问题做了初步探讨。李著出版于20世纪90年代后期，在体例框架上有所创新，全书分为“学制篇”“思想篇”“管理篇”和“办学篇”四部分，对民国教育史的历史分期提出了新的看法，在史料收集和分析上亦有所深入，特别强调了对民国时期教育“进行历史描述和价值评判的出发点与标尺”的问题。作者在“绪言”中指出：“在1912—1949年的三十八个春秋里，伴随着社会转型的阵痛，民国教育经历着从传统向

① 熊明安：《中华民国教育史》，重庆：重庆出版社，1990年，第3页。

现代化的蜕变。一方面，对传统教育的摒弃与继承、否定与弘扬，对西方教育的接纳与排拒、移植与抗阻，对民国教育的构思与运作、试验与调整，交织成一幅错综复杂、色彩斑斓的历史画卷；另一方面，在苏区、边区、解放区，广大民众又在共产党领导下，进行了新民主主义教育的理论思考和具体实践。”①

1994年和2000年湖南教育出版社和山东教育出版社先后出版了《中国教育思想通史》（王炳照、阎国华主编）和《中国教育制度通史》（李国钧、王炳照总主编），前者的第六、七卷和后者的第七卷的研究对象是民国时期的教育。《中国教育思想通史》第六卷的时限是1912—1927年，第七卷的时限是1927—1949年；而《中国教育制度通史》第七卷的时限则是1912—1949年。由于体例的限制，《中国教育思想通史》的六、七两卷，主要探讨了民国时期教育改革思潮、职业教育思潮、实用主义教育思潮、三民主义教育思潮、乡村教育思潮、生活教育思潮、新民主主义教育思想等20多种教育思潮产生、形成、发展的原因和对实际教育的影响。作者指出：“与清末的各种教育思潮相比，这一时期的教育思潮从总体上显现出一种比较注意从多方面探讨教育发展规律的特点，就是说，具有较强的理论色彩和教育色彩。……上述特点的出现，标志着中国近代教育发展的一个新阶段。”②《中国教育制度通史》第七卷则在分析了1912—1927年间教育制度转变的深层次原因之后，重点考察了三民主义教育制度和新民主主义教育制度的产生形成过程、具体内容及其各自对教育实践的影响。作者认为，“民国教育是中国教育近代化的一个重要阶段。其间，中国的教育制度发生了两个重要转变：从日本模式到美国模式的转变，以及从以模仿外国模式为主到与中国实际相结合的方向转变。特别是第二次转变，由于教育变革的旗帜从分散的知识分子转到了有组织的政党手中，分化出了两种既相对立又相补充的教育制度体系：国民党所领导的三民主义教育制度与共产党所领导的新民主主义教育制度。这使得教育变革与社会变革取得了更加密切的联系。在这一过程中，有一定中国特点的近

① 李华兴主编：《民国教育史》，上海：上海教育出版社，1997年，第1页。
② 田正平主编：《中国教育思想通史》第六卷，长沙：湖南教育出版社，1994年，第3页。

代化教育模式得以确立"[①]。上述论断虽然分别是针对民国时期教育思潮和教育制度的变革而言，其实也反映了作者对整个民国时期教育发展的基本看法。

进入新世纪以来，有关中华民国教育史的学术成果中，最值得注意的是2013年由北京师范大学出版社出版的《中国教育通史·中华民国卷》（上、中、下）和2015年由南京大学出版社出版的《中华民国专题史》第十卷《教育的变革与发展》。《中国教育通史·中华民国卷》（上、中、下）是由前面提及的《中国教育思想通史》和《中国教育制度通史》两书有关内容增补、调整、修订而来的，其指导思想和分析框架基本保持原状，上、中两册以教育思想为主，下册则以教育制度为主，在中国教育通史的大框架下，这三册冠之以"中华民国卷"。由张宪文、张玉法两位教授共同主编的《中华民国专题史》，是海峡两岸暨香港、澳门40所大学和研究机构的70位历史学教授与研究员合作撰著的，全书设计了18个专题，教育是其中之一。参与《教育的变革与发展》一书写作的几位作者分别来自大陆和台湾的高等院校和研究机构，这是海峡两岸学者第一次合作完成的关于中华民国时期教育的研究成果。全书由8章组成，依历史发展线索分专题展开，各个专题又分别结合了典型个案分析。作者在"绪言"中指出："民国时期的教育，在中国近代教育发展的历程中占据着承前启后的重要地位。作为有着数千年悠久历史文化和教育传统的文明古国，教育也如同这个民族的命运一样，在19世纪下半叶和20世纪上半叶遭遇到前所未有的冲击。……中国的传统教育思想、理念、制度模式和知识体系在'西洋'文明的冲击下开始了艰难的'现代化'转型。……民国时期的教育，正是这次转型进程中的一个重要阶段。在中国现代教育的发展上，民国时期的教育进行了卓有成效的探索和实践。"[②]

综观20世纪90年代以来先后出版的民国教育史著述，可以看出有如下几方面的共同特点。第一，除最早出版的熊著《中华民国教育史》外，其余各书都明确采用的是"近代化"或"现代化"的研究范式和视角，都主张把民国时期的教

---

① 于述胜：《中国教育制度通史》第七卷，济南：山东教育出版社，2000年，第413页。

② 朱庆葆、陈进金、孙若怡、牛力等：《教育的变革与发展》，南京：南京大学出版社，2015年，第1页。

育放在“与几千年来的自给自足的封建农业经济基础和专制政体相适应的传统教育，逐步向与近代大工业生产、与资本主义发展相适应的新式近代教育转化与演变的历史过程”[①] 中考察，都认为“民国时期的教育，是中国教育近代化的一个重要阶段”[②]。第二，上述不同时期出版的这些著作，都架构了一个大致包括教育方针、教育制度、教育人物（思想）、各级各类教育实施与管理等内容的分析框架，尽管在详略上间有区别，但大的架构基本一致。第三，都对民国时期的教育从总体上给予肯定，对民国教育的不同层面做出了自己的评价。当然，由于各书出版时间前后跨越四分之一世纪，而这一时期中国社会正在经历着深刻的变革，各书在评价尺度的把握上表现出较大差异，应该说，这也是正常的。第四，作为通史性著作，上述各书无论是按历史时期的演进为序展开，还是以专题的形式展开，受篇幅和体例的限制，尽管已经做了很大努力，但对 38 年间民国教育史上的不少问题，有的仍然是点到为止，未能展开深入探讨，有的甚至基本未能涉及。这种状况，既为民国教育史的研究提出了更高的要求，也为进一步的深入研究留下较大的空间。

与学术界对民国教育史的研究持谨慎、执着而又稳步推进的态势不同，社会上对民国教育的关注从 20 世纪末开始，可以说热浪滚滚、持续升温。有学者统计，“在百度搜索引擎上以‘民国教育’为检索词，截至 2012 年 11 月 20 日，搜索到的结果竟然有近 300 万条之多”[③]。坊间各种文章、著述及教育家传记、回忆录等大量刊布和结集出版，甚至包括民国时期的一些中小学教科书也以精美的形式一再重印。贯穿于这些海量的对民国教育关注的各种文献的主旋律，是对民国时期教育的高度赞扬和称颂。2008 年 12 月发表在“天涯论坛”上的一篇帖子，题目即是《民国时期的中国教育，一直走在世界的前沿》。文章从教育完全免费、教育经费、教师薪水、多样化的教育布局、不惜代价办教育等五个方面，反复论证当时的中国教育走在世界前沿。尽管文章的内容并非建立在严格的史实基础之

---

① 田正平主编：《中国教育通史・中华民国卷》上，北京：北京师范大学出版社，2013 年，第 1 页。

② 于述胜：《中国教育制度通史》第七卷，济南：山东教育出版社，2000 年，第 1 页。

③ 胡金平：《民国教育热的背后：一种想象性的社会记忆》，《教育发展研究》2014 年第 Z2 期。

上，也没有提供任何有根据的统计数据，但是，该帖子却不胫而走，直至今天，仍然持续地被大量转发。这只是众多的对民国时期教育极力推崇和颂扬的显例之一。为什么会出现这种现象？恐怕至少有两方面的原因值得考虑。其一，与社会各界对当代中国教育改革中出现的诸种问题的焦虑有直接关系。带着现实的感受，人们希望通过回顾、梳理、考察民国时期相应的教育问题，启迪智慧，开阔眼界，总结经验，汲取教训。于是，民国教育就成为被社会各界广泛关注的一片"热土"。耕耘者各自怀揣不同目的，有的是希望从中获得创办一流大学的启示，以使中国的高等教育更快地跻身"世界一流大学的行列"；有的是呼唤渐行渐远的某种"精神"或"情怀"，借以批评当下学术界的浮躁与腐败；有的试图通过比较体制方面的异同而引发相关的联想；有的则企盼为革除当下的某些积弊寻求"一剂良方"。当然，更不乏有些人将自己想象中的"教育愿景"投射到那段逝去的历史，论说和言语间更多的是情感的诉求和理想化的憧憬。说实话，所谓民国时期的教育，总共也就是 38 年，如此短暂的时间，居然会给后人留下那么多想象与重构的空间，在充分体现历史的"魅力"的同时，也生动地说明了那是一个在中国教育早期现代化进程中极其重要的时代，是一个由于迄今为止尚有许多问题没有被人们正确认知因而极易让人产生各种"想象"与"移情"的时代。可以说，对于这段教育历史的关注，已经远远超出了学术研究本身的范围。其二，从更深的层次考察，上述民国教育热的背后，可能潜伏着一种对被 20 世纪六七十年代极左思潮所形塑的民国教育图景的不满情绪和逆反心理。长期以来，由于众所周知的原因，教育史上的"昨天"（民国教育）与它赖以存在的环境被不加区别地描绘成一个充满妖魔鬼怪的黑暗世界，种种反映事实真相的史料被一张又一张无形或有形的网络所过滤、筛选。于是，民国时期的教育以一幅专制集权、崇美媚外、毒害青年、扼杀人性的荒诞不经的图像，通过教材、课堂、学术论著及其他传播方式广为流传，其影响亦远远超出学术界，几乎成了全社会的"共识"。30 多年来随着改革开放的深入，许多人为的障碍逐渐消除，大量被屏蔽和过滤的史料重见天日。民国时期的教育究竟如何？人们自然而然地追问，不到 40 年的民国教育培养出那么多大师、大家，那一时期的教育究竟是怎么搞的？民国时期的教育有哪些“高招”和“法宝”可供今天借鉴？著名的“钱学森之问”更是激发了人们对这些问题的思考。平心而论，综观21世纪以来有关民国教育的各种论文、著述、回忆录等，其中不乏严肃的学术著作和论文，有许多成果可以说无论在论题的选择、史料的发掘利用，抑或是在分析框架的建构和观点的提炼方面，都体现出很高的学术水准。但是，也确实有一些作品，更多的是一种感情的宣泄或寄托，很少提供有价值的新材料、新观点，立论往往失之偏颇；更有一些著述，对民国教育的许多问题缺乏具体的实事求是的分析，而是一味地“拔高”，给人的感觉是，那个时期的教育样样都好，多年前的“黑暗地狱”，如今变成了人人向往的“光明天堂”。

上述社会现象给我们的启示是，民国教育作为中国教育早期现代化的一个重要历史阶段，它是我们的“昨天”。实际上，我们今天遇到的、讨论的、感到困惑的许多教育问题，也都是民国时期的人们曾经遇到过、讨论过、感到困惑的问题。所以，对民国教育的研究，能为我们处理和解决这些问题提供有益的借鉴。长期以来我们曾经把这段历史的研究视为禁区，与中国古代教育史、中国近代教育史的研究状况比较，这段离现实最近的历史，恰恰最不受重视、成果最为匮乏、形象最为模糊；近年以来，这块“禁区”变成了“热土”，人们出于各种动机、带着各种问题，试图从民国教育中寻求答案、解疑释惑，在这种情况下，急功近利的心态、“削足适履”的后见之明和个人情感的流露时有所见。“禁区”也好，“热土”也罢，从学术研究和社会需求的角度讲，都不是一种正常的现象。说到底，民国时期的教育既不是“天堂”，更不是“地狱”，客观的史实只能有一个，而解释、分析、评价却可能多种多样。这就要求我们，在认真总结民国教育史研究过程中“冷”“热”两方面经验教训的基础上，有组织地加强对民国教育史的深入研究，这既是学科建设、学术发展的需要，又是回应社会需求、为当代中国教育改革提供有益借鉴的需要。

（二）

众所周知，中国教育的早期现代化是在19世纪60年代拉开序幕的。如果以

1862 年京师同文馆的创办作为中国近代新式教育的滥觞，至 1912 年中华民国成立，传统教育的变革和新式教育的推进已经经历了整整半个世纪。50 年间，无论是在教育理念、教育制度、教育模式层面，抑或是在知识体系、课程设置、教学形式和方法层面，都发生了缓慢、深刻而不可逆转的变革。尽管阻力重重，但经过自强运动、维新运动和清末最后 10 年的新政改革，仍然开启了教育早期现代化的诸多门径：各类新式学堂的创办，培养目标的多元化，大量西学课程的引进，留学生的走出国门，书院的改造与改制，科举制度的不断修补、改革及停废，近代学校制度的颁行，中央教育行政机构的独立建制，等等。据统计，1912 年全国专科以上学校 115 所，学生 40 114 人；全国中等学校 832 所，学生 97 965 人；全国小学校 86 318 所，学生 2 795 475 人。[①] 中华民国的教育，就是在这个基础上起步的。

中华民国时期的教育，以 1927 年为界，38 年间大致可以分作两个阶段。

辛亥革命推翻了清王朝的统治，这是中国历史发展进程中的一次重大飞跃。它标志着在中国延续两千多年的封建君主专制制度的终结和资产阶级共和制度的诞生，是中国从传统社会向近代社会转变过程中的一个重要里程碑。同样，中华民国的建立，使中国教育早期现代化进入一个新的历史时期：封建专制政体的崩溃，使得由它所支撑的价值观念、社会心理、道德规范以及与此相适应的传统教育的各个层面统统失去了依托，由此催发了民初教育的新气象。无所不包的普遍王权的一元结构突然解体，在造成权威丧失、价值迷津的同时，也诱发了保守顽固势力的拼死反抗，袁世凯在教育领域的倒行逆施，对民初教育的反动，掀起了一股短暂的复辟逆流。但是逆流毕竟不是主流，从一定意义上讲，正是这股逆流引发了国人对数千年积淀而成的文化传统的总体性思考与批判，引发了中西文化的激烈论争，促进了观念形态的深刻变革，于是有新文化运动和五四运动的发生。中国教育早期现代化的基本内涵诸如追求民主、崇尚科学、强调实用、求新知于世界等，生动鲜明地在理性思考和实践活动两个层面凸现出来。1912—1927

① 教育部教育年鉴编纂委员会编：《第二次中国教育年鉴》，上海：商务印书馆，1948 年，第 1400、1428、1455 页。

年间，中国教育早期现代化留下了之字形发展、螺旋式上升的轨迹，在艰难曲折中显现出历史的选择和进步。如果说此前50年间传统教育的变革和新式教育的推进是在封建专制政体的框架之内进行的话，那么辛亥革命后的这种变革和推进则是在民主共和观念逐渐深入人心、封建专制制度无可挽回的历史大趋势下展开的。

1912年1月3日，蔡元培出任中华民国首任教育总长。1月9日，教育部正式成立。至1913年9月“二次革命”失败，蔡元培和他的继任者们，在革故鼎新的重大历史转折时期，适应政体转变，废除清末教育宗旨，确立“注重道德教育，以实利教育、军国民教育辅之，更以美感教育完成其道德”的培养共和国新国民的教育方针；召开全国临时教育会议，讨论议决民国教育发展的大政方针，进行教育决策民主化的尝试；制定颁布“壬子—癸丑学制”，对“癸卯学制”进行制度改造。在前后不到两年的时间里，采取了这些重大举措，顺应社会发展潮流，为民国教育发展奠定了第一块基石。

1915年兴起的新文化运动和其后的五四运动，对民国时期教育的影响是深远、持久且多重层面的。新文化运动的骁将们几乎毫无例外地把批判的矛头指向封建教育的核心——尊孔读经，其措辞之激烈、揭露之无情、批判之深刻，都是前所未有的。如果说辛亥革命后对封建教育的冲击和废除更多的是凭借政权的力量，主要是进行了制度层面的改革，尚未来得及从教育观念、教育思想上进行深入清理的话，那么，新文化运动、五四运动正是力求弥补这艰苦而又十分必要的一课。

与上述批判高潮相呼应，中国的知识界、教育界表现出前所未有的学习、追赶世界先进教育潮流的活跃趋势。在中国教育早期现代化的历史进程中，西方教育的影响，始终是一个极其重要的因素。教育早期现代化每跨出一步，都伴随着西方教育不同层面影响的扩大和加深。如果说在中国教育早期现代化的启动阶段，传统教育的改革主要以增设新的课程、引进新的教学内容为标志，更多地受西方教育物质层面的影响，19世纪末20世纪初传统教育的改革集中地体现在近代学制的建立，更多地受西方教育制度层面影响的话，那么，在新文化运动中兴起并得到蓬勃发展的教育改革运动，则主要是受西方教育理论、教育思想的影响。人们在探讨导致中西教育差别的本质内涵、寻求中国教育根本出路的过程中，把形形色色的西方教育理论、学说、思潮统统拿了过来，形成了近代以来教育思想界最为活跃的一个时期。这种多姿多彩、众说纷纭的思想氛围，不仅为人们提供了批判旧教育、发展新教育的理论武器，而且从根本上锻炼和提高了我国教育界的理论素养。

1915 年以后，我国教育界初步形成了一支为数可观、具有多元化色彩、知识结构比较合理的教育理论人才和实践人才队伍。这支队伍的组成大致可分为三个层面。一是出身于封建士大夫营垒、在维新运动时期实现了自我转变的老一辈文化教育界人士。从清末废科举、兴学堂、创办新式教育以来，他们大都站在时代前列，做出过积极贡献，在新的社会历史条件下，他们中的大多数，仍然追随时代步伐，努力更新自己的知识和观念，在自己所能理解和接受的范围内，以不同的方式，直接或间接地促成、支持教育上的各种改革活动。二是民国肇始，积极参与废除封建教育制度、创建新教育体系，在革故鼎新中勋劳卓著的一批以留日学生为核心的半新半旧的知识分子。在新形势下，他们锐意进取，不断追求，对自己亲手制定或参与制定的民初教育宗旨、“壬子—癸丑学制”，不居功，不护短，又以积极的姿态呼唤新的改革高潮。三是 1915 年以后陆续回国的欧美留学生。他们的年龄大多在 25～35 岁，出国留学少则二三年，多则五七载，出身名校，师从名家，学有专长，受过全面的西方教育熏陶和科学方法训练，取得了学士、硕士、博士学位。这批人血气方刚，视野开阔，承袭的负担少，思想敏锐，富于朝气，对国内教育现状极为不满，要求变革的愿望最强烈。上述三个层面的人们，广泛地分布在中央和各省市的教育行政部门，各大学、专门学校、中等学校和各种文化教育出版机构、教育社团组织。从总体上看，他们的教育理论素养、他们的知识结构、他们对中国国情的认识以及对世界教育发展趋势的理解，均可以说达到了前所未有的水平。他们同气相求，此呼彼应，成为左右中国教育方向的主力军。

以 1917 年 9 月 7 日教育部公布《修正大学令》为标志，中国近代高等教育体制的演进进入到一个新的阶段。《修正大学令》规定：设两科以上者得称大学，但单设一科者得称为某科大学。1922 年颁布的“壬戌学制”吸收了上述规定，而这些规定在 1924 年 2 月公布的《国立大学条例》中又得到进一步的肯定。这些规定不仅打破了清末学制中关于在京师设立大学必须八科俱全、在省城设立大学必须三科以上的成案，而且也突破了民初《大学令》中所规定的大学至少需设两科以上的要求，反映了 20 世纪 20 年代中国社会经济发展对高等教育的需求。而 1917 年后蔡元培对北京大学卓有成效的改革，改革中所体现出来的现代大学理念、大学精神、管理体制以及所做的种种努力和尝试，更是对整个中国思想文化和教育学术都产生了广泛、深刻的影响和巨大的辐射力。大学成为现代知识分子安身立命之所，成为新知识、新思潮、新文化的生产者、倡导者、发源地。1926 年，蔡元培在一篇文章中指出，中国大学取得了显著进步，这既表现在数量的扩大方面，“十倍于民国元年”，也反映在内容的提高方面。他从科目设置、教学内容、师生观念以及开展科学研究等多个角度进行对比，得出结论：“不能不说今日的大学，比十五年前已经进步得多了。”① 当然，蔡在充分肯定这一时期大学发展所取得的成绩的同时，也不无忧虑地指出了存在的严重问题，这些我们将在后面讨论。

从 1915 年开始酝酿至 1924 年教育部颁布《国立大学条例》大致完成的 20 世纪 20 年代的学制改革，前后历经近 10 年。与清末新政时期“癸卯学制”和民国初年“壬子—癸丑学制”的制定、修订相比，这次学制的修订真正发展成为一场名副其实的教育改革运动。不仅具有酝酿时间长、视野开阔、民间参与成为主体、涉及面广、所形成的“壬戌学制”影响持久等特点，而且正是在这次改革过程中，中国教育的发展模式完成了由取道日本向取法欧美，特别是美国的转变，这个转变影响了此后中国教育的国际取向。而在改革过程中从理论和实践两个层面体现出来的民间社会力量参与的积极性、主动性、多样性和主体作用发挥的有效性，在中国教育早期现代化的历史进程中，既是空前的，又可能是绝后的。

---

① 中国蔡元培研究会编：《蔡元培全集》第五卷，杭州：浙江教育出版社，1997 年，第 412—413 页。

（三）

1927年南京国民政府的建立，标志着民国教育的发展进入新阶段。如果说此前15年间中国教育的发展是在中央政府走马灯似的更迭、缺乏威权，社会动荡、各地军阀混战不已的大背景下，民间社会力量充分介入和展现，以思想理论上的多元化、实践形态上的多样性为特征向前推进的话，那么南京国民政府建立后，中国教育的发展则是在"一个政党、一个主义、一个领袖"的政治框架逐步形成、日趋强化的过程中，在中央政府的主导下以完善立法和制度建设，强调集权和统一，致力于各级各类教育的规范化、标准化为特征进行探索和推进的。

1928年5月，中华民国大学院在南京召集第一次全国教育会议，提议以"三民主义的教育"为中华民国教育宗旨。1929年4月，国民政府公布《中华民国教育宗旨及其实施方针》，确定"中华民国之教育，根据三民主义，以充实人民生活，扶植社会生存，发展国民生计，延续民族生命为目的；务期民族独立，民权普遍，民生发展，以促进世界大同"①。1931年6月，国民政府公布《中华民国训政时期约法》，以根本法的形式进一步确认："三民主义为中华民国教育之根本原则。"②与民国初年蔡元培主持制定的"五育并重"的教育方针和1922年"壬戌学制"制定过程中形成的"七项标准"相比较，三民主义教育宗旨的确立，明确地把教育的发展与国家的发展目标紧紧地联结在一起。

从国民政府成立到抗日战争全面爆发前的10年，是民国教育稳步发展、经费支持较有保障、各级各类教育事业取得显著成绩的10年。鉴于北京政府时期中央政府弱势、教育法令法规滞后、全国教育秩序松散的实际情况，国民政府在制定颁布三民主义教育宗旨及其实施方针的同时，加强教育法律、法规、制度和有关政策的制定、修订和完善，从制度建设上进行本土化探索。在1927－1937

---

① 国民政府：《中华民国教育宗旨及其实施方针》，宋恩荣、章咸选编：《中华民国教育法规选编（修订版）》，南京：江苏教育出版社，2005年，第35－36页。

② 国民政府：《中华民国训政时期约法》，宋恩荣、章咸选编：《中华民国教育法规选编（修订版）》，南京：江苏教育出版社，2005年，第37页。

年间，先后颁布的重要法令、法规、政策有：《中华民国大学院组织法》《大学区组织条例》《教育部组织法》《教育会规程》《大学组织法》《专科学校组织法》《大学规程》《专科学校规程》《学位授予法》《大学研究院暂行组织规程》《小学法》《小学规程》《实行义务教育暂行办法大纲》《中学法》《中学规程》《中学学生毕业会考规程》《职业学校法》《职业学校规程》《师范学校法》《师范学校规程》《私立学校规程》《整顿学风令》《整顿教育令》，等等。上述法律法规的制定颁布，在比较完备的现代教育法律法规体系的基础上，建立了一个比较完整的包括初等、中等、高等教育和师范、职业、成人、社会教育、教育管理在内的国民教育体系。尽管在实施过程中大打折扣，但是，由于中央政府的权威日益强化，这一整套法律法规体系在保障各级各类教育正常运作的过程中，仍然发挥了重要的积极作用。

完成教育主权的回收。民国成立后，北京政府曾经针对外国宗教团体的在华办学活动，多次发布通告，要求外国教会学校向中国政府注册立案。20 世纪 20 年代中期，全国范围内更掀起声势浩大的反对教会教育、收回教育权的社会运动。但是，由于中央政府本身的不稳定和缺乏威权，直至国民政府成立，除燕京大学曾于 1927 年 2 月向北京政府教育部申请立案之外，外国宗教团体在华所办学校多持观望态度。国民政府成立后，先后公布《私立学校条例》《私立学校董事会条例》和《私立学校规程》等通令、通告，明确规定，“外国人及宗教团体设立之学校”均属“私立学校”；“私立学校须经教育行政机关立案，受教育行政机关之监督及指导”；“私立学校如系外国人所设立，其校长或院长须以中国人充任”；“私立学校如系宗教团体所设立，不得以宗教科目为必修科，亦不得在课内作宗教宣传，学校内如有宗教仪式，不得强迫或劝诱学生参加，在小学并不得举行宗教仪式”。[①] 在国民政府的敦促下，各宗教团体所办学校纷纷向中国教育行政部门注册立案。以高等教育而言，至 20 世纪 30 年代初，除圣约翰大学外，其他教会所办高等学校全部完成了向中国政府的注册立案。正如有的学者所指出

① 教育部：《私立学校规程》，[日] 多贺秋五郎：《近代中国教育史资料·民国编》（中），东京：日本学术振兴会，1974 年，第 573 页。

的："在中国教会大学的历史上，20世纪20年代的事件结束了一个时代，教会学校不再是外国人管理的宣传外国教义的学校了。……教育成了学校的主要目的，传播福音只能在政府控制的教学计划所容许的范围内进行。"①

整顿各级各类教育，提升教育质量。10年间国民政府在教育方面的另一大举措即是整顿各级各类教育、提升教育质量，并且取得了显著成效。以对高等教育的整顿为例，国民政府成立之初，全国高等教育正处在所谓"大学热"时期。1931年国际联盟教育考察团来华考察，在其考察报告书中，对中国高等教育的现状做了如下评述："中国人对于高等教育之信仰——几成为对于高等教育之狂热——致使二十五年之内，竟有五十余所大学之创设，此种信仰之本身，确有值得特别羡慕者。但此种迅速创立之制度，纵具有真实之优点，其品质上之缺点，自不可免。"② 为改变高等学校"数量增加，质量低下"的状况，国民政府对高等教育进行了整顿，其中取消单科大学、限制滥设大学，加强对私立院校及教会学校的控制与管理，调整院系结构、限制文科、注重实用科学和提高教育效能等是整顿的重点。为此出台了一系列的法规政策，目的是全面加强政府对高等教育的控制以"限制数量、提升质量"。规范和控制相结合是这一时期国民政府整顿高等教育政策的主要特征。此次整顿呈现以下特点：第一，整理方式以"裁、并、改、停"为主；第二，整顿内容明确，主线突出，贯彻始终；第三，政府整顿高等教育的法规和政策在执行过程中，既有刚性的一面，亦有一定的灵活性。通过此次整顿，改变了20世纪20年代以来高等教育发展中的无序状况，提高了高等教育的整体水平。当然，在这一过程中也进一步确立和加强了国民党在全国高等院校中的渗透和影响。

1937年抗日战争全面爆发，深刻的民族危机打乱了中国教育早期现代化的正常进程，战前初步形成的稳定的教育发展局面被破坏。随着日寇侵略的步步进逼，各级各类教育受到严重破坏，特别是集中于平津地区和东南沿海地区的大批高等学校损失更为惨重。据战后教育部统计，战时全国各级学校与教育人员直

---

① ［美］杰西·格·卢茨：《中国教会大学史》，杭州：浙江教育出版社，1988年，第248页。

② 国际联盟教育考察团编：《国际联盟教育考察团报告书》，台北：文海出版社，1986年，第160页。

接、间接所受损失合计美金 9.6 亿余元。其中，建筑物被破坏 31 万余间，图书损失 7 259 万余册，仪器标本损失 97 万余件，各类器具损失 2 984 万件，其他物品不计其数。[①] 战前的 108 所高等学校中，校舍遭到日军占领或轰炸，被迫迁移或停顿者达 94 所，其中 14 所被全毁，25 所被迫停顿。[②] 多所大学被迫颠沛流离、辗转内迁，日本帝国主义的野蛮行径，使中国的教育事业遭受空前的巨大损失。

1938 年 3 月 29 日至 4 月 1 日，国民党在武汉召开临时全国代表大会，制定了《中国国民党抗战救国纲领》，临时代表大会通过了《战时各级教育实施方案纲要》，内容包括九大方针和十七个要点，用以指导战时教育。国民政府教育部据此制定了战时各级各类教育实施方案及改善要点，对学制、学校设置、师资、教材、课程与科系、训育、体育、管理、经费、学校建筑、行政机构、学术研究及审议、留学制度、边疆教育、社会教育等做了具体规定。1939 年 3 月 4 日，蒋介石在第三次全国教育会议上致辞，指出教育要以适应抗战救国需要为中心，以"革命救国的三民主义为我国教育的最高基准，以实现抗战救国纲领"，强调"教育是一切事业的基本"，并提出"平时要当战时看，战时要当平时看"，认为"战时"与"平时"并非截然分开。[③] 3 月 7 日，大会议决通过临时提案《蒋委长在本会议训词为我国教育之最高指导原则案》[④] 作为大会的重要决议和今后国内教育的指导方针。"战时须作平时看"的指导方针的确立，明确了政府抗战时期教育工作的总基调，兼顾抗战与建国、目前与长远的双重任务。遵循这一方针，国民政府在全面抗战期间采取多种应变措施，取得积极成效。至抗日战争胜利，全国各级各类教育在迅速医治战争创伤的同时，取得了长足的发展。据统计，1936 年，全国有专科以上学校 108 所，学生 41 922 人；全国中等学校 3 264 所，学生

---

① 教育部统计处：《全国各级学校及教育机关战时财产损失统计表》，中国第二历史档案馆编：《中华民国史档案资料汇编·第五辑第二编教育（一）》，南京：江苏古籍出版社，1997 年，第 383—399 页。

② 教育部统计处：《全国高等教育概况之比较表》，杜元载主编：《革命文献·抗战时期之高等教育》，台北："中央文物供应社"，1972 年，第 85 页。

③ 《蒋委员长讲：教育的当前任务》，《新华日报》（重庆），1939 年 3 月 5 日；《全国教育会议详记·第四日蒋委长莅会劝勉教育界》，《申报》（上海），1939 年 3 月 22 日。

④ 《全国教育会议昨闭幕：通过蒋委长莅会训词为最高指导原则》，《申报》（上海），1939 年 3 月 10 日。

627 246 人；全国小学校 320 080 所，学生 18 364 956 人。至 1945 年抗战结束，全国专科以上学校增至 141 所，学生 83 498 人；全国中等学校增至5 073所，学生 1 566 392 人；全国国民学校及小学校数虽然有所下降，但在校学生却增至 21 831 898人。[①] 这期间，全国专科以上学校在校学生数、全国中等学校在校学生数均增长 1 倍左右，全国国民学校及小学在校学生数增长近 20%。

抗日战争胜利后，全国人民渴望和平安定，教育事业百废待兴。国民政府教育部于 1945 年 9 月召开全国教育善后复员会议，讨论制定各项政策，并先后颁布《国立各级学校迁校办法》及对收复区各类学校教师、学生的甄审和处理办法。教育复员工作大致在 1947 年 4 月完成。但是，随着内战爆发，战火连绵、经济崩溃、物价上涨、通货膨胀，国家财政极度困难，教育经费急剧缩减，中国教育早期现代化的进程再次受挫。1949 年 10 月，中华人民共和国宣告成立，国民党失去了在大陆的统治地位。

（四）

通过上面简短的回顾，可以看出，38 年间中国教育的发展，与 1862 年以来中国教育早期现代化的前半个世纪相比，应该说，在推动传统教育的变革和促进新式教育的成长方面，这一时期确实做出了重要贡献，取得了很大的成绩。据统计，1947 年全国专科以上高等学校 207 所，在校学生 155 036 人[②]，分别是 1912 年高等学校数和高等学校在校学生数的 1.8 倍和 3.9 倍。1946 年全国中等学校 5 892所，在校学生 1 878 523 人[③]，分别是 1912 年中等学校数和中等学校在校学生数的 7.1 倍和 19.2 倍。1946 年全国国民学校和小学 290 617 所，在校学生 23 813 705 人[④]，分别是 1912 年小学校数和小学在校学生数的 3.4 倍和 8.5 倍。这仅是就新式学校数和在校学生数的一个粗略统计，至于在教育观念转变、制度建设探索、培养人才质量等方面，更有着前 50 年无法比拟的进步。以人才培养为例，民国时期的教育有着特殊的贡献，一大批具有国际水准的优秀人才在战乱

①②③④ 教育部教育年鉴编纂委员会编：《第二次中国教育年鉴》，上海：商务印书馆，1948 年，第 1400、1428、1455，1402，1428，1455 页。

动荡的环境中脱颖而出，直至中华人民共和国成立后的相当一段时间内，仍然是国家建设的骨干力量，在政治、经济、科学技术、文化教育的各个领域发挥着无可替代的作用。这批人才的涌现，与民国时期学校教育，特别是高等教育的办学体制、大学理念、制度环境、精神追求、师资质量、校园氛围等密切相关。经过20世纪30年代初期的整顿，私立高等学校不仅在体制上一直得到保证，而且，私立专科以上学校在民国高等教育的整个格局中仍然是三分天下有其一。如上所述，至1947年，全国共有专科以上学校207所，其中，私立者79所，占38.2%，而私立专科以上学校在校大学生数则占大学生总数的37.5%。[①] 有的研究者指出：民国时期"中国的大学已经逐渐发展成熟，它在保持中国的传统特色和与世界大学制度互相接轨这两者之间已经成功地找到平衡点"[②]。论者从文化冲突的视角立论，这种看法不无深刻之处。

但是，38年间的中国社会除1937年全面抗战开始前的10年各方面较为稳定之外，其余的大部分时期，不是政局动荡、军阀混战不已，就是列强入侵、内战连绵，这样一种社会背景，又从总体上制约着这一时期教育的发展。在1927年之前的十几年间，政局走马灯似的你方唱罢我登场，教育总长、次长的人选换了40余次，几乎每年都要更换3位教育总长，而1922年一年之内，总长、次长即各换了7次。这种状况下，中央政府政令难出都门，教育法令、法规、政策的制定不仅滞后，且缺乏连续性、长远性和全局性考虑。中央政府的动荡和弱势，在客观上为民间力量的介入和发挥作用提供了空间，为教育理论和教育思想界的五彩缤纷提供了土壤，为教育实践中多样化探索提供了可能性。但是，毋庸讳言，这种状态也大大削弱了教育早期现代化的实际成效。众所周知，在现代化进程中，国家政权起着异常重要的作用。它是现代化的倡导者、设计者、推动者和实行者。推动现代化的首要条件是有效地动员物质资源和社会资源，其中动员社会各个阶层和群众的支持又是最重要的因素。这就需要有一个拥有高度威权与组织

---

① 教育部教育年鉴编纂委员会编：《第二次中国教育年鉴》，上海：商务印书馆，1948年，第1402页。

② ［加］许美德：《中国大学：1895—1995 一个文化冲突的世纪》，北京：教育科学出版社，2000年，第91页。

能力的政府。教育作为国家系统的组成部分，作为社会控制的重要工具，这一时期的中央政府无法有效地予以掌控，不仅难以集中必要的人力物力发展教育事业，甚至也难以将教育事业整合、规范到国家政权建设的轨道上来。所以，这一时期教育的发展在取得重要成绩的同时，也存在许多问题，如教育经费的严重短缺、教育发展的无序状态、教学内容的脱离中国实际以及沿江、沿海口岸城市和少数大城市与广大农村、边远地区的强烈反差，等等。由于军阀间的连年混战，本来就短缺的教育经费常被随意挪用，有的省份的军阀甚至不惜下令全省小学停办一年而将其经费用于扩充自己的势力。至于因政府欠薪而引发的教师罢教、学生罢学风潮，在 20 世纪 20 年代前期，几乎成了学界的常态。前面曾经论及，1917 年教育部公布《修正大学令》推动中国高等教育的发展进入一个新阶段。但是，由于缺乏相应的制度和政策跟进，在各种利益追求的驱动下，短期内许多并不具备条件的学院和专科学校纷纷升格为大学，还冒出许多完全不具备条件、纯粹以营利为目的的私立大学。有资料显示，1924 年一年之内北京地区就新增 13 所私立大学，上海地区新增 8 所私立大学。[①] 对于此种乱象，陆费逵在《中华教育界》上撰文《滥设大学之罪恶》，指出，“年来大学之兴，大有蓬蓬勃勃之象。然夷考其实，则国立大学，本已名不副实。高专升格，除最少数外，尤不免形同儿戏。各省为名高而悬一大学招牌与夫私立者之徒慕虚名不求实际，不惟等诸自郐，抑且制造许多罪恶”[②]。文中他列举了滥设大学的五大罪状。这种发展的无序状态，其根源当然在于中央政府对大局的失控。1917 年，赴美留学多年的胡适，归国不久，就对国内教育状况表示深深的忧虑：“我有十几年没到内地去了，这回回去，自然去看看那些学堂。学堂的课程表，看来何尝不完备？体操也有，图画也有，英文也有，那些国文、修身之类，更不用说了。但是学堂的弊病，却正在这课程完备上。例如我们家乡的小学堂，经费自然不充足了，却也要每年花六十块钱去请一个中学堂学生兼教英文唱歌。又花二十块钱买一架风琴。我心想，这六十块一年的英文教习，能教什么英文？教的英文，在我们山里的小

① 《国内教育新闻》，《中华教育界》1924 年第 14 期。

② 陆费逵：《滥设大学之罪恶》，《中华教育界》1924 年第 14 期。

地方，又有什么用处？至于那音乐一科，更无道理了。……所以我在内地常说：‘列位办学堂，尽不必问教育部规程是什么，须先问这块地方上最需要的是什么。譬如我们这里最需要的是农家常识，蚕桑常识，商业常识，卫生常识，列位却把修身教科书去教他们做圣贤！又把二十块钱的风琴去教他们学音乐！又请一位六十块钱一年的教习教他们的英文！列位自己想想看，这样的教育，造得出怎么样的人才？……’”[①] 胡适的这段话指出了当时教育界过分注重形式上的模仿而脱离中国国情、脱离农村实际的普遍现象。至于全国各地教育发展的不平衡和地区、城乡间的巨大反差更是不争的事实，一方面是沿海、沿江口岸城市和一些大城市的教育改革、教育实验搞得风生水起、热热闹闹，各种教育理论、教育学说争奇斗艳、众说纷呈；另一方面，广大农村和边远地区的学堂冷冷清清，师生们甚至不知道新式教育为何物。论者多以“腐朽与神奇并存、五彩缤纷与光怪陆离同在”来形容这一时期全国各地教育发展的巨大差异，应该说不无道理。当然，这种状况的形成有着更深层次的原因，实际上，“在近百年的发展进程中，中国教育早期现代化始终走着城市和乡村分途行进的二元路线”[②]。民国最初十几年教育的发展，进一步延续且加重了这种趋势。所以，20 世纪二三十年代，在中国知识界掀起了一股到乡村搞民众教育和乡村建设的热潮，从一定意义上可以看作是对日益加深的地区间、城乡间教育发展鸿沟的一种反动。

1927 年南京国民政府建立，1928 年东北易帜，国民革命军完成北伐，全国在形式上结束了分裂局面。国民政府在确立三民主义教育宗旨，强调集权和统一，制定、完善一系列教育法令法规，加强制度建设，整顿教育秩序，提高教育质量，进行本土化探索的同时，大大强化了国民党对全国教育事业的控制，强化了政治和意识形态对教育的渗透，力图把教育纳入国民党一党专制的轨道。先后在北京政府和国民政府时期完成小学教育的何兆武回忆说：“我做小学生时，北伐以后就有了政治学习，‘党义’和革命史是学校里的公共课，要背三民主

① 胡适：《胡适文集》第 2 卷，北京：北京大学出版社，1998 年，第 473 页。

② 田正平、陈胜：《中国教育早期现代化问题研究——以清末民初乡村教育冲突考察为中心》，杭州：浙江教育出版社，2009 年，第 1—2 页。

义。……国民党有意识形态灌输，开口三民主义、闭口三民主义，但在这之前，完全不是这样，北洋军阀没有意识形态的统治，这是和国民党时期最大的一点不同。”① 事实上，正是从1927年南京国民政府成立开始，中国教育早期现代化走上了一条由政党政治主导的道路，国民党的纲领、路线、方针通过政府的法令、法规和一系列政策，规定和制约着国家教育的发展方向。在抗日战争全面爆发后，国民政府一方面在民族救亡中提出“平时要当战时看，战时要当平时看”的教育指导方针，采取诸多举措维护和发展教育事业；另一方面则在民族主义的旗帜之下，进一步强化国民党对各级各类教育的全面控制。所以，将民国时期教育作为一个整体看，1927年前，政府威权缺乏，思想控制松懈，民间力量彰显，教育思想、理论、学说多元而活跃，办学实践探索多样而缺乏宏观秩序。1927年后，在政府主导下强化教育法制建设、制度建设，强调规范化、制度化，强调集权、统一下的本土化探索，而教育理论和教育思想界的活跃局面变得沉闷而单调。从一定意义上可以说，教育被改造成为一种政党斗争的工具，其结果，同样削弱和降低了中国教育早期现代化的成效。

正是由于以上多种因素的综合作用，当我们就中国教育早期现代化的历史进程从纵向上做比较时，呈现在我们面前的民国时期38年间教育领域所取得的成绩，是相当可观的，放在当时的社会背景下看，甚至可以说是来之不易的。但是，换一种角度，如果把这些成绩与中国社会对教育的需求做比较来考量，或者是放在世界范围内做横向的断面比较，那就是另外一种景象：1946年全国小学生入学率是54.52%②，而日本义务教育入学率在此前半个世纪的1894年即达61.7%，至1908年更上升至97.8%③。在一个近5亿人口的国度里，识字人口的比例如此低下，这一基本事实告诉我们，无论如何，对民国时期中国教育早期现代化的成绩不能估计过高，当然，这种状况，说到底是与中国社会早期现代化的整体水平相匹配的。

---

① 何兆武口述、文靖执笔：《上学记》，北京：生活·读书·新知三联书店，2013年，第9—10页。
② 教育部教育年鉴编纂委员会编：《第二次中国教育年鉴》，上海：商务印书馆，1948年，第1483页。
③ 王桂：《日本教育史》，长春：吉林教育出版社，1987年，第185页。

（五）

“民国教育史专题研究丛书”是来自全国10所大学的12位教育史从业者，出于共同的学术兴趣自愿结合在一起完成的一个项目。鉴于目前学术界关于民国教育史研究的实际状况和当前我国教育改革的现实需要，我们采取“以问题为导向、以专题研究为形式”的方式开展工作。所谓“以问题为导向”，即是说打破一般大型通史性著作以各级各类教育立卷的写作惯例，既不是按照学前教育、小学教育、中学教育、高等教育，职业教育、师范教育、成人教育、社会教育、留学教育等教育类型面面俱到地展开，也不是按照教育方针（宗旨）、教育制度、教育行政、教育人物（思想）、各级各类教育实践这样一种中小型通史性著作的常见框架来组织。所谓“以问题为导向”主要有两层含义：一是选择那些在民国教育发展进程中发挥过重要作用，且学术界较少关注而又与当今的教育改革有紧密联系的问题作为研究对象；二是选择那些在民国教育发展进程中发挥过重要作用，虽然学术界已有相当的成果面世，但仍有较大的拓展空间，特别是很可能蕴含着当前教育改革急需从中汲取经验教训的那些问题作为研究对象。简而言之，学术价值和现实需求两个维度的高度契合，是我们决定哪些问题入选、哪些问题暂时放弃的考虑原则。所谓“以专题研究为形式”，是说丛书的每一种著作，都是围绕我们筛选出来的某个问题而展开，力求全方位地把该问题来龙去脉的基本事实梳理清晰，对其在历史进程中得以产生的背景、所发生的流变、所发挥的作用、所产生的影响及意义给予合理的解释和说明。在这里，事实是第一位的，历史著作的本质特征首先是真实，只有在真实地再现历史原貌的基础上，因果关系的分析与评判才有意义和价值。

出于上述考虑，我们选择了13个问题作为研究对象，这些问题，有的是属于教育理论层面，有的是属于教育制度层面，有的是属于教育实践层面，当然，更多的是融理论、制度与实践为一体而展开；有的是高等教育方面的问题，有的是基础教育方面的问题，有的是社会教育、乡村教育方面的问题。上述问题既涉及教育思想、教育管理、教育行政、中外教育交流等宏观领域，也涉及教育考试、教育社团、课程、教材、教师生活等微观领域。粗略地看，似乎各专题之间缺乏内在逻辑、相互之间没有多少联系，但是，如果认真地考察目前学术界民国教育研究的现状和我国当代教育改革的实践，就会理解我们这种结构安排的良苦用心。在前人研究的基础上，真实呈现历史、开拓新的领域、充实薄弱环节、反映现实需要，是全书结构的内在逻辑和我们努力追求的理想目标。说得远一点，作为教育史从业者，对历史了解的同情和对现实的强烈关注始终是我们从事一切研究工作最根本的动因和态度。我们期望这一合作成果能对推动民国教育史的研究做出有益的贡献，我们更期盼着学界前辈和朋友们的批评指正。

“民国教育史专题研究丛书”计划分两辑出版。第一辑的作者及专题如下（以作者姓氏笔画为序，下同）：

1. 王建军（广东理工学院教授）：《民国高校教师生活研究》

2. 石鸥（首都师范大学教授）：《民国中小学教科书研究》

3. 曲铁华（东北师范大学教授）：《民国乡村教育研究》

4. 张礼永（华东师范大学副教授）：《民国教育社团研究》

5. 周慧梅（北京师范大学副教授）：《民国社会教育研究》

6. 侯怀银（山西大学教授）：《民国教育学术研究》

7. 熊贤君（杭州师范大学教授）：《民国义务教育研究》

“民国教育史专题研究丛书”第二辑的作者及专题如下：

8. 王伦信（华东师范大学教授）：《民国私立学校研究》

9. 王建军（广东理工学院教授）：《民国教育视导研究》

10. 朱宗顺（浙江师范大学教授）：《民国特殊教育研究》

11. 刘正伟（浙江大学教授）：《民国学校课程研究》

12. 程斯辉（武汉大学教授）：《民国学校管理研究》

13. 熊贤君（杭州师范大学教授）：《民国教育行政研究》

“民国教育史专题研究丛书”是“十三五”国家重点图书出版规划项目，2019年国家出版基金资助项目，团队全体同人感谢湖南教育出版社社长黄步高先生、总编辑刘新民先生给予的大力支持和多方面指导，感谢教育理论编辑室主任李军先生和他的专业而又敬业的团队为全书付出的辛勤劳动。“民国教育史专题研究丛书”由我忝为主编，得到了课题组各位朋友的真诚相助。在几年的合作过程中，大家就课题的指导思想、编写原则、基本观点、各子课题的框架乃至体例和史料等方面的问题进行过多次讨论、协商、沟通。但是，丛书毕竟包括了13种独立成书的著作，各书的论域不同，海内外已有的研究基础不一，因此，在取材范围、研究视角、解释框架以至一些观点的提炼和表述上，难免会有不同的风格和理解处理的方式，作为学术著作，应该说是正常的。书中存在的缺点和不足之处，我应该承担自己应负的责任。我们热切地期盼着广大读者的批评指正。

田正平

丁酉冬月于浙江大学西溪校区

目　录

表目录

导论　民国高校教师生活研究的历史定位

生活总是荡漾着时代的风采。日常生活中的衣食住行，都因历史条件的不同而展现出特定的方式和内容，都折射出一个时期人们追求的特定生活意义。因此对一个时期人们的生活史进行研究，重要的是研究它的历史定位，即人们是在怎样的生活平台上追求怎样的生活意义。

何况是民国时期。何况是民国高校教师的生活。

这是一个生活在社会转型时期的知识群体。这个群体的成员大致出生在19世纪后期至20世纪20年代初，其中如蔡元培、严复、梁启超这些清末科举人士当属于老一辈。接下来是19世纪末出生的，如钱玄同、胡适、黄侃、梅贻琦、赵元任等。1910年前后出生的有钱锺书、费孝通、华罗庚、陈省身等。1920年代初出生的人则大致在40年代中后期开始进入高校教师队伍。

以西南联大教师队伍为例。据谢泳的研究，1937年组建的西南联大教师群体的组成大致可分为三代：第一代是出生于19世纪末，以陈寅恪、傅斯年、刘文典、闻一多、朱自清等人为代表；第二代是20世纪初出生，以王力、唐兰、浦江清、钱端升、叶公超等人为代表；第三代是1910年前后出生，以钱锺书、费孝通、吴晗等人为代表。这三代人恰好是 50 岁、40 岁、30 岁。这个年龄结构是学术繁荣的最佳梯度结构，它可以使三代学人的知识结构、学术视野形成互补。[①]

很显然，这个群体生活的时代，传统生活所赖以展开的物质基础正在逐步消解，现代生活的方式、情趣又令他们眼花缭乱。这个群体又是一个知识群体，他们的中小学教育大致在中国完成，传统教育的影响比较深厚。这些人中的大多数又有留学经历，受西方教育的影响也比较重。这样的教育背景使他们的生活方式和生活情趣与传统士大夫完全不同。更为重要的是，他们的生活舞台是现代高校。现代高校有着与传统官学完全不同的生活秩序，这对民国高校教师而言充满着诸多的新鲜挑战。

---

① 谢泳：《西南联大与中国现代知识分子》，福州：福建教育出版社，2009 年，第 7—8 页。

一、“我们是谁”

处于社会转型时期，一个新兴群体的生活意义首先是对群体身份的自我认同。对民国高校教师来说，这个群体的生存并不是一种简单的职业转换或角色变动，而是这个群体在社会转型时期自我秩序的形成和自我能量的集聚。在这个过程中，面对社会结构的分化，他们不断遭遇着“我们是谁”的追问。

（一）身份转型的追问

所谓身份转型，是指民国高校教师是由传统社会的“士”转化而来。在传统社会的“士农工商”结构中，“士”为四民之首。在政治、文化、思想等领域，“士”都占据着中心位置。科举制度废除以后，四民社会解体，士人在政治、文化等领域逐渐从中心走向边缘，成为无所依附的知识分子。为了生存，知识分子只能服从于现代化所导致的社会结构分化及职业分工的制度化环境，或进入媒体，或进入学校，或进入专门的研究机构，运用他们掌握的科学文化资源，表达他们对公众事务的参与，以确立新的身份和社会角色。这种身份转型对民国高校教师，尤其是对一批从清末士大夫身份过渡到民国高校教师身份的人来说，这个适应过程还是充满了困惑的。

1. 王国维的个案

当时，清华园中有一位留着辫子的教授，那就是王国维。他的老友桥川时雄曾去清华拜访：“余每访先生于清华园，校仆必肃然低语曰：彼留辫之先生，是此校第一之学者也。敬导而入。”[①] 但就是这样一个受人尊重的教授，当初并不认同这一身份。

王国维入清华研究院之前，1918 年，蔡元培拟聘他为北大教授，王国维婉辞不就。1922 年，北京大学成立国学研究所，蔡元培聘其为函授导师，并送来薪金 200 元，王国维退回脩金。同年，王国维接受清废帝溥仪的征召，出任废宫“南书房行走”。1924 年秋，清华学校拟办国学研究院，胡适推荐王国维任院长，校长曹云祥敦请，王国维婉辞。1925 年 2 月，清华创办了国学研究院，胡适去请他出任导师，王国维认为是“洋学堂”，不肯应聘。胡适便托溥仪代为劝驾，溥仪下了一道诏书，王国维这才答应去清华。

当年国学院学生蓝文征（孟博）回忆说：“民国十四年国学研究院成立时，校长为曹云祥，曹是外交官，不懂办学校。他请胡适之订研究制度，胡适之以中国旧式书院及英国学院制，截长补短而成清华研究院，其主旨以科学方法研究中国旧学问。专任先生称导师，年轻些则称讲师，无教授，亦无院长，只在办公室设主任一人，管理杂事。制度订妥，曹请胡适之主持，胡说不够资格。胡推荐梁启超、王国维、罗振玉和章太炎。于是曹亲自拿聘书请王静安先生，王先生不答应，曹回来找胡。胡说有办法。原来王先生在清宫教溥仪，所谓‘南书房行走’。溥仪劝他，王先生仍不愿去，因为清华为洋学堂，溥仪没法，只得下一道‘圣旨’——这‘圣旨’我在王先生家看到了，很工整，红字。王先生没法，只得去了。”[②]

《王国维年谱长编》的作者同意这个说法：“但胡适之前去敦请王国维时，先生婉谢之。胡适之乃去托溥仪请其代为劝驾，溥仪便命师傅们代写了一道诏书，王国维不好再谢绝，就答应了，所以先生到清华任教是奉诏去的。”[③]

---

① 王东明：《最是人间留不住》，陈平原、王风编：《追忆王国维》（增订本），北京：生活·读书·新知三联书店，2009 年，第 385 页。

② 陈哲三：《陈寅恪先生轶事及其著作》，张杰、杨燕丽选编：《追忆陈寅恪》，北京：社会科学文献出版社，1999 年，第 85—86 页。

③ 袁英光、刘寅生编著：《王国维年谱长编（1877—1927）》，天津：天津人民出版社，1996 年，第 421 页。

又据《吴宓自编年谱》记载："（吴）宓持清华曹校长聘书，恭谒王国维（静安）先生，在厅堂向上行三鞠躬礼。王先生事后语人，彼以为来者必系西服革履、握手对坐之少年，至是乃知不同，乃决就聘。后又谒梁启超先生。梁先生极乐意来。"①

在中国高等教育转型之时，王国维显然还没做好身份转型的思想准备。他依然停留在传统士大夫的思维轨道，视清朝废帝征召为正途。加之清华学校为留学预备性质，更使王国维在身份转型上踌躇再三。

2. 梁启超的个案

吴宓年谱中谈到梁启超"极乐意来"，似乎同具科举身份的梁启超不存在身份转型问题。其实不然。进入辛亥革命后的梁启超依然带着传统士大夫的深刻烙印，热心活跃于政治中心，幻想通过自己的政治作为"替国家做点建设事业"。于是他先是在袁世凯政府中做了5个月的司法总长、7个月的币制局总裁，最后都以辞职告终，并于1915年1月在《吾今后所以报国者》中发布了脱离政治的宣言。袁世凯复辟帝制，梁启超又重回政治舞台，发动了反袁护国战争。护国战争胜利后，黎元洪邀请其担任总统府秘书长，他予以拒绝，第二次向社会宣告脱离政界。张勋复辟，梁启超再度复出，反对复辟。1917年7月，梁启超参加了段祺瑞的内阁，坐上了梦寐以求的财政总长的宝座。然不足4个月，他又一次失望地从政界引退。从此，梁启超才开始转向专心著述和讲学，借助高校讲台发出自己的声音。1921年12月，他在对北京高师学生作的一次演讲中坦然地解剖自己："别人怎么议论我我不管，我近来却发明了自己一种罪恶！罪恶的来源在哪里呢？因为我从前始终脱不掉'贤人政治'的旧观念，始终想凭借一种固有的旧势力来改良这国家。所以和那些不谙共事或不愿共事的人，也共过几回事。虽然我自信没有做坏事，多少总不免被人利用我做坏事。"② 其实，梁启超之认同高校教师身份，其真心还是在政治，只是觉得高校这个讲台更适合他施展拳脚。在

---

① 转引自吴学昭：《吴宓与陈寅恪》（增补本），北京：生活·读书·新知三联书店，2014年，第46页。

② 梁启超：《外交欤？内政欤?》，张品兴主编：《梁启超全集》，北京：北京出版社，1999年，第3410页。

接受清华学校国学研究院导师聘书之前，他已经在清华学校、东南大学、南开大学等许多高校开设了讲座，因此答应吴宓的邀请便顺理成章了。

3. 康有为的个案

康有为也可以列入民国高校教师的行列。他也同样经历了一个身份转型的过程，不过其目的又与以上两位有所不同。辛亥革命后的康有为对高校教师身份是没看上眼的，他心目中的社会角色定位在依附于清朝废帝复辟的孔教教主。在辛亥革命后他俨然以孔教教主的身份到处演讲，写文章，积极鼓吹尊孔读经，并积极参与了张勋复辟的闹剧。复辟失败后，心灰意冷的康有为曾一度息影林泉。但不甘寂寞的他，竟然在 69 岁高龄办起了一所“天游学院”，自任院长兼讲经学。

为什么康有为要走上高校讲台，当年天游学院的学生蒋贵麟在《追忆天游学院》中说：“民国十四年冬，康师以所志不遂，绝意政治，且以圣道凌夷，人心陷溺，乃将游存庐右首楼房拨出，招徒讲学，作为培养人才之所，名曰天游学院。”[①] 因所志不遂而欲绝意政治，然又分明摆脱不开忧虑圣道凌夷、人心陷溺的困扰，才有了创办高校的举动。然其办学的目的还是为了政治。天游学院报读者寥寥，但康有为并不泄气，他说：“上海各大学人数动辄千百，我院只有二三十人并不为少。耶稣有门徒十二人，尚有一匪徒在内。今其教遍于天下，岂在多乎?”[②] 这番话多少透出康有为创办天游学院的本意。他很想再创当年万木草堂的辉煌，很想借助天游学院再去开启一个他所梦想的时代，很想在他的有生之年为历史再添上重重的一笔。看来康有为之认同高校教师身份，其根子还在政治。

这三个个案很有意思。王国维对现代高校存在隔膜而欲避之，梁启超是在经历一番阵痛之后开始认识现代高校的作用，但明显带有传统教育价值的痕迹，康有为则欲将现代高校办成集结政治力量的场所。他们的困惑因身份转型而生。中国传统官学，政教合一，学校教师兼具朝廷命官身份。而民国高校教师则为纯粹

---

① 蒋贵麟：《追忆天游学院》，夏晓虹编：《追忆康有为》，北京：中国广播电视出版社，1997 年，第 459 页。

② 任启圣：《康有为晚年讲学及其逝世之经过》，夏晓虹编：《追忆康有为》，北京：中国广播电视出版社，1997 年，第 471 页。

知识人，与政治并无直接关联。这使他们在由传统士大夫转型为现代高校教师时，遭遇到一个共同的疑虑：我们是谁？

（二）文化资本更新的冲击

由“我们是谁”而引发出的另一重困惑是“我们应该拥有怎样的专业特征”。从表面看，教师当以教学为其专业特征，这本没有什么疑问。但教什么，怎么教，才是体现教师专业特征的时代内涵。

晚年的康有为已经认识到科学的重要性，他写过《物质救国论》，对科学的功能和作用给予了充分的肯定。然而他讲授的科学却不怎么科学。例如康有为讲天文，讲地球由太阳而生，月亮由地球而生，并且危言耸听地说，月者地之所生，故地球古有两月，吾以古月今月名之。古月之体，为吾地所吸，今为南美洲之巴西、阿根廷等国。今幸存一月，清光照人，得度长夜。

康有为讲电学，向人们宣传他发明的电通之理，他将其归纳为“有形之电为电，无形之电为神，吾地载电气而流形生物”。他举例说，古书中所载，曾子之母咬指头，则曾子心痛，而归视母；阮孝绪的母亲犯病，其兄欲写信通知阮孝绪，其母阻止说，吾病，孝绪将自归，不久果如其言；尹敏之母思子，尹敏亦心病而归。言之凿凿，神乎其神。康有为强调，这些心灵感应之事其实都是无线电所为，而能否电通的关键在于人们有无“至诚”之心，所以古人讲究“至诚”之道。

康有为强调电人人有之，在人自修与否。修电之点而为电团，务令聚而不散，则长明不昧，长存不散。他告诉人们，佛讲修炼，所以能收电、存电、通电。他告诉人们，老子讲的“恍兮惚兮，中有物象，绵绵若存，用之不尽”都是指电。他告诉人们，《中庸》的“予怀明德”，《易》的“斋戒以神明其德”就是指电，《大学》讲的大学之道“在明明德”就是收电。他告诉人们，电有阴阳正负之相吸，也就是仁之二人之相爱。所以，孔子所谓“道二，仁与不仁而已”，就是指仁则电能通，不仁则电不通。[①]

茅盾在读大学时也遇上了这么一位老师。茅盾 1913 年考上北京大学，当时教本国历史的是陈汉章。“他教本国历史，自编讲义，从先秦诸子讲起，把外国的声、光、电、化之学，考证为我先秦诸子书中早已有之，而先秦诸子中引用‘墨子’较多。我觉得这是牵强附会，曾于某次下课时说了‘发思古之幽情，扬大汉之天声’。陈汉章听到了，晚间他派人到译学馆宿舍找我到他家中谈话。他当时的一席话大意如下：他这样做，意在打破现今普遍全国的崇拜西洋妄自菲薄的颓风。他说代理校长胡仁源即是这样的人物。”[②]

这问题就来了。现代大学讲台本应传播科学，康有为、陈汉章却在一个劲儿地用中国传统文化理论与之比附，这与科学则风马牛不相及了。这只能说，康有为、陈汉章们的文化资本过时了。企图依据传统的经验思辨来比附科学，以求胜任现代大学的讲台，以科举之业为文化资本的康有为、陈汉章们显然遭遇到文化资本更新的冲击。

文化资本更新是场域利益格局重组的需要。根据布迪厄（Pierre Bourdieu）的场域理论，场域是一个在各个行动者之间、群体之间发生的力量关系所构成的空间。近代社会的转型，促成场域各方力量的调整及其利益的重新分配，权力的争夺便顺势而为。场域的运作和争夺依靠的是资本。高校教师主要是依靠文化资本参与场域权力的争夺和分配，以获取更雄厚的经济资本和更稳固的社会资本。获取这些资本的最终目的是要争夺与政治权力、经济权力并立的文化权力。为了争取场域中的文化权力，民国高校教师的生活必须形成共同的“惯习”。惯习的重要性就在于它体现为一种集体的意识和行为，它既存在于个人生活行为之中，又表现为某个共同体高度一致的、相当稳定的行为特性。正由于此，惯习是特定共同体的集体认同和身份徽记，也是其内部整合和区别于其他共同体的最重要的标志。

---

① 康有为：《陕西第一次讲演》，姜义华、张荣华编校：《康有为全集》第十一集，北京：中国人民大学出版社，2007 年，第 274—275 页。

② 茅盾：《报考北大前后》，钟叔河、朱纯编：《过去的大学》，武汉：长江文艺出版社，2005 年，第 42 页。

时代变了，民国高校教师要在新的场域中获取专业权力，其惯习也必然要改变。当年习科举之业的惯习，到民国时期已派不上用场了。1944 年 5 月，傅斯年在《“五四”二十五年》中指出：“注意科学不是‘五四’的新发明，今天的自然科学家，很多立志就学远在‘五四’以前的。不过，科学成为青年的一般口号，自‘五四’始，这口号很发生了他的作用，集体的自觉总比个人的嗜好力量大。”① 在这样的时代条件下，民国高校教师必须要以学习科学为其群体的惯习。这是一场全方位的惯习更新，它不仅仅是指知识的更新，更重要的是指人们的独立思考能力的更新，包括怀疑能力、批判能力、理性思维能力和科学研究能力的全面更新。

这就是时代向民国高校教师的专业特征提出的新课题：学术专业化。1920 年，北京大学举行 23 周年纪念会，蒋梦麟在会上要求全体师生努力注意三件事：一是当输入西洋的文化，用全力去注意它；二是当整理国学；三是当注重自然科学。为什么要注意这三件事？“现在我们首当明白的，要晓得在中国十年或十五年后，必有一种科学大运动发生，将来必定有科学大兴的一日。”② 所以，民国高校教师如果不能承担起这一历史使命，就不能回答“我们是谁”这个问题。

（三）体制力量的制约

但具备了新的专业知识，并不意味着就必然获得了学术权力。民国高校教师在摆脱了传统士大夫的身份之后，可以不需要依附科举、依附王权，而是依据科学的文化资源和思想资源，借助高校的平台，在现代社会的发展中发挥着独特的作用。这种状况使高校教师有了一块实实在在的社会地盘，有了自己独立的建制化资源。但他们的这种想法遭遇到一个更为强大的制约因素，那就是体制的

---

① 傅斯年：《“五四”二十五年》，林文光选编：《傅斯年文选》，成都：四川文艺出版社，2010 年，第 180 页。

② 蒋梦麟：《北京大学二十三周年纪念日演说辞》，曲士培主编：《蒋梦麟教育论著选》，北京：人民教育出版社，1995 年，第 213 页。

力量。

我们可以看看当年刘文典与蒋介石的一段冲突。1928 年 11 月，安徽大学学生与省立第一女中校长程勉发生冲突，程勉诬蔑学生捣乱，请军警弹压，遂引发一场学生风潮。时值蒋介石路经安庆，十分恼火，召见安徽大学校长刘文典训话。“刘先生入室，不脱去帽子，昂然坐下，不向主席行致敬礼。老蒋见了已大不高兴，又见他打开烟盒拿出一根香烟，擦着火柴猛抽，就斥他为人师表，又是国立大学校长，如此无礼。刘先生只顾仰天喷出烟圈，然后以极鄙夷的态度，哼了一声。”蒋介石让他交出闹事的共产党员名单，刘当面顶撞说：“我不知道谁是共产党。你是总司令，就应该带好你的兵；我是大学校长，学校的事由我来管。”甚至斥蒋介石为“新军阀”。蒋介石十分恼怒，打了刘两记耳光，并以“治学不严”将刘关押起来，还宣布解散安徽大学。消息传出，群情激愤。在社会各界舆论压力下，蒋介石不得不释放刘文典。刘文典也因此名声大噪，为士人所景仰。①

还有一件与刘文典相似的传闻。1929 年，韩复榘主掌河南时，遇河南大学学生罢课风潮。韩复榘传见河南大学校长张某，对他大加训斥，张某略为争辩，韩复榘大怒，喝令其跪下，张某抗议道：“士可杀不可辱!”韩复榘立即表示：“好，我杀你!”幸得一旁的教育厅长和建设厅长强力将张某拉下，才免于一死。②

“学校的事由我来管”，刘文典的这句话典型地体现了当时高校教师的自治意识。但蒋介石也毫不示弱，高校是你知识分子的安身立命之所，我蒋介石就要直捣你这个老巢。这就是体制力量。民国高校教师原以为高校这个安身立命之所是独立的、自由的、自治的，没想到政治权力却要用体制的力量来驾驭这个学术王国。这就带来了一个更深层次的问题，即高校教师应该拥有怎样的权利。权利是一个群体与社会、与其他群体互动的前提和基础，权利不彰显，“我们是谁”这个问题就讲不清道不明。对这个问题的追问，意味着民国高校教师的生存与生活方式将被重塑，其内在生命意识与行为须重新调校。

---

① 汪修荣：《民国教授往事》，郑州：河南文艺出版社，2008 年，第 19—20 页。

② 梁实秋：《忆杨今甫》，刘天华、维辛选编：《梁实秋怀人丛录》，北京：当代世界出版社，2007 年，第 147 页。

二、教授治校的实践

我们是谁？我们应该拥有怎样的专业特征？我们应该拥有怎样的权利？这一声声的追问，迫使民国高校教师必须依靠高校这个生活平台呼唤“大学自治”“教育独立”，以彰显自己的权利，来捍卫自己的专业权力。这种努力最终形成了“教授治校”的格局。

教授治校的命题最先由蔡元培提出。受西方大学管理模式的影响，他在民国元年的《大学令》中就规定，学校设立评议会，各科设立教授会，以审议学校及各科办学之重要事项。但推行不力，或者说，形同虚设，没有产生实际的效力。真正将教授治校理念付诸实施是在蔡元培主掌北京大学以后，教授治校的实践也就逐步进入民国高校教师的生活。

（一）北京大学评议会的设立

1917 年初，蔡元培来北京大学不久，沈尹默与其进行了一次长谈。沈尹默说：“蔡先生，这次北洋政府借您的招牌来办北大。到了有一天，您的主张和政府有所不同，他马上就会赶走您。所以，您现在对北大进行改革，但有一点要注意，凡改革一件事，要拿得稳，不然的话，一个反复，比现在还坏。”蔡元培询问具体意见，沈尹默说：“我建议您向政府提出三点要求：第一，北大经费要有保障。第二，北大的章程上规定教师组织评议会，而教育部始终不许成立。中国有句古话：百足之虫，死而不僵，与其集大权于一身，不如把大权交给教授，教授治校，这样，将来即使您走了，学校也不会乱。因此我主张您力争根据章程，成立评议会。第三，规定每隔一定年限，派教员和学生到外国留学。”[①] 三条意见，以成立评议会为最重要。

蔡元培对此深以为然。他认为，过去的大学组织系统，“每一科有一名学长，唯有他有权管理本科教务，并且只对校长负责。这种组织形式形同专制政府，随着民主精神的高涨，它必然要被改革掉”。于是，蔡元培在各科设立教授会，然后再由各科所公举的教授会主任分任校务，组织各种委员会，来决策学校的各种专门事务。“但是，这种组织形式还是不够完善，因为缺少立法机构。因此又召集所有从事教学的人员选出代表，组织评议会。这就是为许多人称道的北京大学‘教授治校’制。”[②]

蔡元培此法，是要让全体教职员能够共同负责本校事务，积极参与学校的公共生活，并能自觉履行所应承担的公共义务。这就为民国高校教师独立地经营自己的学术地盘，维护高校教师的生活秩序找到了一条可行的途径。

这样一个新鲜事物是否为民国高校教师所接受，这里仅以吴虞的感受为例。吴虞于1921年9月被聘为北京大学教授。到校不久，他就享受了参与教授会和评议会的选举权利，他在日记中对此作了较详细的记载。

1921年10月29日，吴虞接到校方来函，选举新一届教授评议会，在全体教授名单中选定16人，于11月2日加封送校长办公室。其中附1919年议决的评议会选举法：“（1）不分科亦不分系，但综合全校教授总数互选五分之一。（2）此外加入教务长、庶务主任、图书馆主任、仪器室主任，但无表决权。”吴虞在78名教授中选定了16人，“计教授七十八人，予所选者陶履恭、朱经农、谭熙鸿、马裕藻、周作人、沈兼士、钱玄同、吴梅、胡适、朱希祖、陈启修、李大钊、顾孟余、钱振椿、沈士远、刘文兴等十六人也”。11月2日，吴虞在日记中记载：“今日校长启事：本届本校评议会选举，定于今日下午三时，在校长室将

---

① 沈尹默：《我和北大》，钟叔河、朱纯编：《过去的大学》，武汉：长江文艺出版社，2005年，第27页。

② 蔡元培：《中国现代大学观念及教育趋向》，张圣华总主编：《蔡元培教育名篇》，北京：教育科学出版社，2007年，第194—195页。

票数汇齐。四时在第二院大礼堂开票，教授诸先生均请到场参观，以昭慎重。”①

1922年10月31日记载：“蔡孑民来函，附来分组教授名单，请选评议员，予圈颜任光、丁燮林、王星拱、陶履恭、谭熙鸿、张竞生、李煜瀛、马裕藻、沈尹默、张凤举、胡适、李大钊、陈启修十三人。”11月3日记载：“昨日选出之评议员名单，谭熙鸿四十二票，王星拱四十二票，胡适四十一票，顾孟余三十票，李四光二十九票，陶履恭二十八票，马裕藻二十八票，陈启修二十六票，丁燮林二十五票，李煜瀛二十五票，李大钊二十四票，朱希祖二十三票，冯祖荀二十三票。以上十三人当选。”②

吴虞还在1923年10月19日的日记中记载了他在80名教授中选出了16人，在1924年10月3日的日记中记载了他在85名教授中选出了17人。吴虞之认真，反映了他对评议会的认同和期待，也反映了北大教授们对评议会的认同和期待。

（二）清华大学评议会的操作

那么，大学评议会能否真正发挥作用，我们可以清华大学评议会为例一窥究竟。评议会的操作，吴宓的日记可给我们一些印象。吴宓是清华大学的评议会和教授会成员，这里选取他在1928年上半年的日记中履行评议会和教授会职责的相关内容：

1928年3月8日，下午4—6赴教授会。4月24日，4—7赴评议会。新任校长温应星主席，修改《组织大纲》，并议经费事。4月28日，上午10—1赴评议会。5月3日，晚七时半至十一时，赴评议会。5月8日，下午四时，赴评议会，直至晚九时半始散。倦极。是日决定教授之去留及聘约。5月9日，下午1—2上课。4—9赴评议会，殊厌倦。即在会中用晚餐，校中备办者。5月10日，下午

① 中国革命博物馆整理：《吴虞日记》上册，成都：四川人民出版社，1984年，第648—649、650页。

② 中国革命博物馆整理：《吴虞日记》下册，成都：四川人民出版社，1984年，第62、64页。

1—2上课。4—6赴教授会选举会。梅仍当选为教务长。惟评议会中，新选之评议员六人。5月15日，下午4—7赴评议会。5月18日，下午4—6赴评议会。5月22日，夕4—6赴评议会。学生为求免考，竭力运动提前放假，又不肯归来补考。……而评议会一再费时讨论。5月28日，4—6赴教授会。所论关于学生积分成绩等事，皆极琐屑。5月29日，4—7即赴评议会，至七时半始散。5月31日，4—5赴教授会。选举余日宣为教务长，叶企孙为评议员。6月6日，是日上午10—12赴评议会，悉外交部昨有部令，准温应星辞校长职。而以余日宣暂行代理校长。6月13日，10—12赴教授会，为旧大一级毕业成绩决定事。6月15日，10—12赴评议会。6月20日，11—1赴评议会。①

在这近一个学期的时间内，清华大学评议会召开了17次会议，足可见清华评议会的操作已趋常态化。虽然吴宓对这频繁的会议也间有怨言，但他还是每会必到，每到必认真履行职责。

这样的评议会能发挥怎样的作用？1927年7月，清华旧制留美预备部高等科三年级及二年级学生，未届毕业期限，向校长及外交部交涉，要求提前于本年夏遣送赴美留学。此事未经学校评议会及教授会讨论就大体决定了，直到拟提用留学基金时，教授会成员才得知此事。陈寅恪、吴宓等教授认为此事有损民主治校原则，不能沉默。于是，7月18日，赵元任、陈寅恪、吴宓、唐钺、叶企孙等教授及讲师李济联名在天津《大公报》发表宣言，明确表示："此种办法，实属违背校章，且挪用巨额基金，妨碍全校发展。某等对于此举，极不赞成。"7月21日，金岳霖、唐钺、陈寅恪、叶企孙等人再次在《大公报》上发表文章，要求学校董事会对此事表明态度。虽然有少数学生以暴力威胁教授，但教授们的意见最终引起了上层的注意。8月10日，清华学校基金三委员：外交部总长、次长和美国公使会商决定，这两个年级的学生均于1928年夏赴美。此事结束后，梅贻琦教务长和评议会成员戴超、杨光弼、吴宓、赵元任、陈福田、赵学海因不满校长独断专行，愤然辞职。这一举动迫使校长不得不做出公开道歉。8月15

① 吴学昭整理注释：《吴宓日记》Ⅳ，北京：生活·读书·新知三联书店，1998年，第31—79页。

日，教授会再次讨论：“讨论结果，校长引咎屈服。当场通过议决案，嗣后校长应遵守《组织大纲》。重要事件，必经评议会正式议决后，按照执行云云。于是教务长及各评议员遂复职。”[①] 仅从此例便可略见民国时期教授治校的实效。

对这样的管理模式，体制力量自然是视之为眼中钉的。1931 年 3 月，兼任教育部部长的蒋介石，钦命其亲信吴南轩接任清华大学校长。吴南轩 4 月 20 日到校后，在清华大学实行专断独行的治校方针，极力反对教授治校制度，否定了院长由教授会选举的惯例，试图直接任命院长。冯友兰说：“大概吴南轩也听说清华教授会在学校中有很大的权力，在学生中有很高的威望，所以要借这个院长聘任的问题，和教授会较量一下，给教授会一个下马威。”[②] 面对吴南轩专制独断的治校方针，1931 年 5 月 28 日清华大学 45 名教授参加的教授会通过决议，对吴南轩进行公开谴责。教授会在决议中明确指出：“至吴南轩校长到校以来，惟务大权独揽，不图发展学术，加以蔑视教授人格，视教授如雇员，同人等忍无可忍，为学校前途计，应并请教育部另简贤能，来长清华，以副国府尊重教育之至意。”同一天，清华大学 48 名教授联名签署《四十八教授态度坚决之声明》，致电蒋介石，请求其另择贤能，表示“倘此问题不能圆满解决，定于下学年与清华脱离关系”[③]。第二天，学生们也自发召开了全体学生大会，大会表示坚决支持教授会决议，一致要求撤换吴南轩。在全校上下一致的反对声中，吴南轩终于被迫于 6 月 25 日离开北平。

（三）以学校行政兴学术之权

清华大学教授会的抗争，实际是对学术权力的捍卫。教授治校之目的，不在行政之权，而在学术之权，在以行政之权兴学术之权。1923 年，蒋梦麟在筹备

---

① 吴学昭整理注释：《吴宓日记》Ⅲ，北京：生活·读书·新知三联书店，1998 年，第 390 页。

② 冯友兰：《三松堂自序》，第 2 版，北京：生活·读书·新知三联书店，2008 年，第 69 页。

③ 清华大学校史研究室编：《清华大学史料选编》（二），北京：清华大学出版社，1991 年，第 102、103 页。

杭州大学时指出："吾国办学，向来重视校长，而不重视教员。但一校之学术，出自教员而不出自校长。故同人等主张以学校行政兴学术之权，畀诸全体教授。校长由教授互选，所以选教授治校之目的也。"①

湖南大学校长周鲠生也是强调这一观点。他在 1921 年 2 月起草的《湖南大学组织草案及说明书》中强调："大学为讲学团体，此团体之命运，即当操于讲学者自身之手。循此原则，以定大学机关之组织及职权，草案主旨之所在也。"②

胡适则对教授治校的作用作了三点概括："从校长、学长独裁制变为'教授治校'制，这个变迁的大功效在于：（一）增加教员对于学校的兴趣和情谊；（二）利用多方面的才智；（三）使学校的基础稳固，不致因校长或学长的动摇而动摇全体。"③

可以这么说，教授治校是民国高校教师身份转型的根本体现，是现代大学教师与古代官学教师的本质区别。传统社会，朝廷尽管给官学教师封官定品，以突出其政治身份，但教师在学校办学上没有话语权，在教学与学术中没有自主权和主导权。教师所能传授的知识是朝廷所钦定的统治文化，教师既不允许也无必要对这种文化进行个人的解读和再创造，他们的职责就是将这些知识模块进行复制并迁移给学生，只能充当一种传递和督促的政治工具。教师职业本身所具有的学术性、创造性和教育性均已丧失。而民国高校的教授治校则根本改变了这种身份格局，它使高校真正成为教师安身立命之所，高校教师在这里获得了真正属于自己的独立职业空间。

经过民国高校教师的努力，教授治校制度在民国时期已成为社会共识。无论是在政府层面，还是在高校层面，凡是关于高校组织的法令、规章都明确列入了教师参加学校教务会议的条款。1929 年 7 月 26 日，国民政府颁布《大学组织

---

① 蒋梦麟：《杭州大学意旨书》，曲士培主编：《蒋梦麟教育论著选》，北京：人民教育出版社，1995 年，第 234 页。

② 张正锋：《权力的表达：中国近代大学教授权力制度研究》，博士学位论文，南京师范大学历史系，2006 年，第 24 页。

③ 胡适：《回顾与反省》，白吉庵、刘燕云编：《胡适教育论著选》，北京：人民教育出版社，1994 年，第 173 页。

法》，其第十五条规定："大学设校务会，以全体教授、副教授所选出之代表若干人，及校长、各学院院长、各学系主任组织之。校长为主席。"第十八条规定："各学系设系教务会议，以系主任及本系教授、副教授、讲师组织之；系主任为主席，计划本系学术设备事项。"①

1921年，湖南大学校长周鲠生在谈到湖南大学组织章程时强调："大学虽为省立，但若其内部行政，受省政府之干涉，是不惟有伤最高学府之体制，抑且有害大学个性之自由发达。近世大学，无论其为国立的，地方立的，大都有脱离政府干涉，保持自治之趋势。即我国北京大学，纯属国立，然今日校内一切职权之行使，已完全不受教育部之支配。草案第三条定湖南大学为自治性质，即本斯旨。"②

1936年出台的《国立四川大学教授副教授选举出席校教务会议代表规则》规定："凡本大学教授副教授均有出席校教务会议代表之选举权及被选举权，每院定为二人，采用记名连记投票法，每学年上学期开始上课二周内进行选举，当选代表在假期内有缺额时以次多数递补之。"③

"以学校行政兴学术之权"，从这个角度来理解民国时期的教授治校、大学自治的呼声和行动，我们就会有一个更宽阔的历史视野。教授治校、教育独立绝不是简单的学校管理的问题，而首先是民国高校教师身份转型中的呼唤，是民国高校教师生活理念在时代转型中迸发出的一声呐喊。

---

① 中国第二历史档案馆编：《中华民国史档案资料汇编·第五辑第一编教育（一）》，南京：江苏古籍出版社，1994年，第172、173页。

② 张正锋：《权力的表达：中国近代大学教授权力制度研究》，博士学位论文，南京师范大学历史系，2006年，第25页。

③ 《国立四川大学一览》（民国二十五年），王强主编：《民国大学校史资料汇编》第47册，南京：凤凰出版社，2014年，第483页。

三、民国高校教师共同体命题的提出

教授治校的实践给民国高校教师生活所带来的影响，那就是一种被本书称之为“共同体”的东西已经进入了他们的生活。人们的生活总是需要群体的依托。民国以后，传统士大夫群体已经消失。随着近代社会的发展，各行业群体的相继重组，民国高校教师共同体也应运而生。面对社会转型的新形势，民国高校教师更需要共同体成员之间的理解和沟通，更需要共同体成员之间的抱团取暖，才能寻找到自己的位置，才能更好地履行自己的职责，才能发展自己的个性。

（一）民国高校教师共同体产生的历史必然

私立厦门大学校长林文庆指出：“每个大学，可算是一个有生命的有机体，各有各的特殊精神。”[①] 将一所大学视为一个独立的有机体，并强调它的“特殊精神”，这在传统官学时代是闻所未闻的。这说明民国高校教师营建共同体的意识已经明晰。

同样的，1920 年，蒋梦麟在北京大学 23 周年的纪念会上说：“我们来到此地庆祝，可算是家庭中的庆祝，一堂都是自家人，也没有请外宾，全由本校的教职员和同学们自由发表意见，关于校务的进行，好着实的来改良。”[②] “一堂都是自家人”，这也是传统官学时代所不曾有的观念，这也说明了高校教师共同体的意义已经为民国高校教师所认同。

---

① 张亚群：《自强不息，止于至善——厦门大学校长林文庆》，济南：山东教育出版社，2012 年，第 327 页。

② 蒋梦麟：《北京大学二十三周年纪念日演说辞》，曲士培主编：《蒋梦麟教育论著选》，北京：人民教育出版社，1995 年，第 212 页。

虽然清末时期已有了一批具有近代雏形的高校，但那时的高校教师管理还是承袭传统官学的模式，正教员、副教员也都还具有朝廷命官的身份，都是朝廷职官的一部分。到了民国时期，高校教师才摆脱官师合一的模式，才开始真正地组建自己的群体，才开始营建真正的教师共同体。

朱自清曾就民国时期知识群体的嬗变过程说过一段话："等到民国成立，理论上人民是主人，事实上是军阀争权。这时代的教员和学生意识着自己的主人身份，游离了统治的军阀。他们是在野，可是由于军阀政治的腐败，却渐渐获得了一种领导的地位。他们虽然还不能和民众打成一片，但是已经在渐渐地接近民众。五四运动划出了一个新时代。自由主义建筑在自由职业和社会分工的基础上。教员是自由职业者，不是官，也不是候补的官。学生也可以选择多元的职业，不是只有做官一路。他们于是从统治阶级独立，不再是'士'或所谓'读书人'，而变成了'知识分子'，集体的就是'知识阶级'。"① 身份的独立使民国高校教师更需要依靠高校这个平台，借助这个平台，民国高校教师共同体的营建才成为必然。

所谓高校教师共同体，即高校教师依据现代高校发展的平台，在共同生活和共同劳动的过程中，逐步融合而成的具有共同的价值认同、共同的组织规范、共同的利益和需求的社会群体。它是知识分子群体的重要组成部分，承担着传播科学知识、培养高级人才和创造现代文化的社会责任。

这其中，共同的价值认同强调的是大学精神的认同。罗家伦在论述北京大学精神时提出："一个大学的精神，可以说是它的学风，也可以说是它在特殊的表现中所凝成的风格。这种风格的凝成不是突如其来的，更不是凭空想象的。它造就的因素，第一是它本身历史的演进，第二是它教职员学生组合的成分，第三是它教育理想的建立和实施。这三项各有不同，但互为因果，以致不能严格划分。"② 罗家伦此说，强调所谓大学精神，是教育理想的建立和实施，是高校教

① 朱自清：《论气节》，《朱自清选集》上，北京：人民文学出版社，2004 年，第 457 页。

② 罗家伦：《蔡元培先生与北京大学》，钟叔河、朱纯编：《过去的大学》，武汉：长江文艺出版社，2005 年，第 48 页。

师在认同群体身份上的精神凝聚。

其组织的规范则仰仗于学校组织人才的魅力。陶履恭在1916年发表文章，提出一个很有意义的观点："吾尝谓学校之组织固首赖财力，而其精神则全视谋事者之若何鼓舞。京、津高等以上之学校，经费夙豪，民国二年以后，减削至于极微，而学校之整饬、科目之设备，固今胜于昔也。故今日大学改善之问题，不全在财政，而尤在乎人才。盖二十世纪之新发见，厥为组织，苟得其人而善为组织，则事毕举。"① "厥为组织，苟得其人而善为组织，则事毕举"，这话是说，高校教师共同体的营建关键在校长。校长的办学理念，校长的人格魅力，校长的组织能力，是成就一个教师共同体的关键。

共同的利益和需求则有赖于共同体成员的独立人格和相互之间的彼此尊重。民国初期，蔡元培就提出了"养成完全之人格"的命题。蔡元培强调，这一人格，不是畸形的，而是完全的；不是奴性的，而是自主的；不是自私的，而是国民的。"盖民国而无完全人格，欲国家之隆盛，非但不可得，且有衰亡之虑焉。"② 只有养成独立、健全人格的人，才能为自己的思想行为担干系、负责任。所以高校教师共同体成员之间的交往应尊重彼此的个人价值。"个人有个人之价值，不可戕贼之。国家与社会者，所以保障个人之平等自由者也"③，更不能用专制强力"摧折个人的个性，压制个人自由独立的精神"④。

这样的组织特质是传统士大夫群体所不具有的，这种新型的知识群体特质是民国高校教师对所面临的挑战做出的必然回应。

---

① 陶履恭：《吾之大学教育观》，潘懋元、刘海峰编：《中国近代教育史资料汇编·高等教育》，上海：上海教育出版社，1993年，第846页。

② 蔡元培：《在爱国女学校之演说》，张圣华总主编：《蔡元培教育名篇》，北京：教育科学出版社，2007年，第47页。

③ 蒋梦麟：《个性主义与个人主义》，曲士培主编：《蒋梦麟教育论著选》，北京：人民教育出版社，1995年，第75—76页。

④ 胡适：《易卜生主义》，《胡适文集》第2卷，北京：北京大学出版社，1998年，第481页。

（二）民国高校教师共同体的历史使命

民国高校教师共同体的集结并非单纯的身份组合。孟宪承说："大学的理想，实在就含孕着人们关于文化和社会的最高的理想。"[①] 现代大学的使命，是以它独特的文化存在和精神存在，体现着一个民族、社会、国家的希望所在。这就决定了民国高校教师共同体就是为捍卫这一文化理想而生存。

1933 年，大夏大学秘书长王毓祥教授在大夏大学成立九周年时提出了这样一个问题："学校为有机团体，其生命随岁月而演进。此种生命之存在，其存在时，对于社会，对于国家，对于民族，有何意义？有无存在之价值？"[②]

私立厦门大学校长林文庆从培养人才、养成风气的角度对这一追问给出答案。他在厦门大学五周年纪念会上说："中国无礼拜堂无寺院，所以全靠有相当的大学指导人格教育，养成全国的风气，使人人为士君子。"[③]

罗家伦则从创立民族文化的角度给出答案。他在就任中央大学校长的演讲中指出："创立民族文化的使命，大学若不能负起来，便根本失掉大学存在的意义；更无法可以领导一个民族在文化上的活动。"他以拿破仑战争以后普法战争以前的德意志民族为例，强调："柏林大学却代表当时德意志民族的灵魂，使全德意志民族都在柏林大学所创造的一个民族文化之下潜移默化而形成一个有机体的整个的组织。一个民族如果没有这种有机体的民族文化，决不能确立一个中心而凝聚起来，所以我特别提出创造有机体的文化为本大学的使命而热烈诚恳的希望大家为民族生存前途而努力！"[④]

---

① 孟宪承：《现代大学的理想和组织》，杨东平编：《大学精神》，沈阳：辽海出版社，2000 年，第 113 页。

② 王毓祥：《大夏今后之使命何在》，汤涛、朱小怡主编：《大夏文萃》，上海：华东师范大学出版社，2014 年，第 176 页。

③ 张亚群：《自强不息，止于至善——厦门大学校长林文庆》，济南：山东教育出版社，2012 年，第 146 页。

④ 罗家伦：《中央大学之使命》，南大百年实录编辑组编：《南大百年实录》（上卷），南京：南京大学出版社，2002 年，第 297、298 页。

将这两方面的答案综合起来，民国高校教师共同体的历史使命就是守望文化理想。陶履恭谓："大学者，一国文化之中枢、知识思想经验之交换所也"；"大学者，文化之执炬者也、文化之执籥者也，前代之智者以所成就之诸般文化，烛照未来一代之英俊、启发未来一代之英俊之所也"①。

为了守望文化理想，民国教育家对高校办学定位进行了深入的探讨。蔡元培提出大学乃研究高深学问之所，竺可桢明确宣布浙江大学的使命就是为国家培养领袖人才："所贵于领袖者，因其能知众人所未知，为众人所不敢为。"他要求学生："国家给你们的使命，就是希望你们每个人学成以后将来能在社会服务，做各界的领袖分子，使我国家能建设起来成为世界第一等强国，日本或是旁的国家再也不敢侵略我们。"② 至于领袖人才的素质，郑晓沧用"士君子"给予了清晰的界定："'君子'尤重行谊，而'士'则必学问上有相当之造诣者，方足当之。前者尤重人格上之修养，后者则重学问上之修养。"③ 这些观点顺应了时代的召唤，表达了民国高校教师共同体所承担的历史责任，彰显了民国高校教师共同体的社会担当。

守望文化理想的另一重目标，就是提升我国的学术实力。1931 年，陈寅恪在清华二十周年纪念刊上刊发《吾国学术之现状及清华之职责》一文，文章肯定中国学术在各方面有了大发展，但也列举了学术界在中国史学、中国文学史、中国思想史、中国艺术史等方面大大落后的现状，"夫吾国学术之现状如此，全国大学皆无有责焉？而清华为全国所最属望，以谓大可有为之大学，故其职责人尤独重。因于其二十周年纪念时，直质不讳，拈出此重公案，实系吾民族精神上生死一大事者。"④

民国高校教师的生活，就是由这样的历史使命和社会担当所主导。民国高校

---

① 陶履恭：《吾之大学教育观》，潘懋元、刘海峰编：《中国近代教育史资料汇编·高等教育》，上海：上海教育出版社，1993 年，第 843、844 页。

② 竺可桢：《求是精神与牺牲精神》，杨东平编：《大学精神》，沈阳：辽海出版社，2000 年，第 52、54 页。

③ 郑晓沧：《大学教育的两种理想》，杨东平编：《大学精神》，沈阳：辽海出版社，2000 年，第 58 页。

④ 《国立清华大学二十周年纪念刊》（民国二十年），王强主编：《民国大学校史资料汇编》第 9 册，南京：凤凰出版社，2014 年，第 219 页。

教师共同体的营建也因文化理想的守望而彰显其历史意义。民国高校教师生活其中而感受到的是群体身份的优越性，是优于其他社会群体的精神满足。

（三）民国高校教师共同体的研究意义

从当前学术界的研究成果来看，对民国高校教师生活状况的展示更多的还是集中在对民国知识分子这一群体的研究中。如马嘶的《百年冷暖——20 世纪中国知识分子生活状况》，许纪霖的《大时代中的知识人》，章清的《"胡适派学人群"与现代中国自由主义》，桑兵的《晚清民国的学人与学术》，罗志田的《近代读书人的思想世界与治学倾向》，杨小辉的《近代中国知识阶层的转型》，蔡登山的《民国的身影》，刘克敌的《困窘的潇洒：民国文人的日常生活》等。也有从经济角度揭示民国文人的生活，如陈明远的《文化人的经济生活》和《文化人与钱》，等等。

对民国高校教师的专门研究，主要有校史研究和校史资料整理，如《国立西南联合大学史料》《清华大学史料选编》《南大百年实录》《北京大学史料》等。这些资料较系统地收集了当时高校教师的生活资料。还有对某校教师生活、工作的研究，如苏云峰所著《从清华学堂到清华大学（1911—1929）》、黄延复所著《二三十年代清华校园文化》、谢泳所著《西南联大与中国现代知识分子》，等等。对民国高校教师作较全面研究的则有汪修荣撰著的《民国教授往事》，内容涉及 19 位教授，材料丰富，剪裁得当，较形象地反映了当年高校教师的生活面貌。陈平原所著《抗战烽火中的中国大学》则是对特定时期高校教师的群体研究，个案研究则有民国高校教师的人物传记。另外，最近整理出版了许多民国高校教师的日记、回忆录，以及他人的追忆文集，这些资料较真实地回放了民国高校教师的生活图景。

在论文方面，近年对民国高校教师生活状况的研究论文开始增多，其内容比较多地集中在民国高校教师待遇问题上。比如高校教师的聘任问题、流动问题、薪酬及生活状况问题、教师结构问题等，以及与教师待遇相关的"教授治校"、教授权力制度、教师身份、教师的社会角色等问题。其研究视角或按民国历史阶段集中讨论某一问题的演变，或按区域探讨某一地区教师的薪酬状况。比较具有代表性的成果有浙江大学吴民祥的博士论文《中国近代大学教师流动研究（1898—1949）》（已出版），华东师范大学胡悦晗的博士论文《日常生活与阶层的形成——以民国时期上海知识分子为例（1927—1937）》，浙江大学葛福强的博士论文《民国高校教师薪酬研究》，以及数篇相关主题的硕士论文，都在一定程度上展示了民国高校教师的生活状况。

这些研究成果注意从社会、政治、文化、生活等公共层面考察民国的知识分子。有的是从校史角度介绍了高校教师的工作状况，有的是从启蒙思想的内在复杂性考察近代知识分子的心路历程和自我冲突，有的是从地缘与学派的角度考察近代知识分子的学术脉络和现代知识体系的建构，有的则将晚清士人与现代知识分子比较，考察民国知识分子在社会剧变时代的思想与社会情怀，有的则从民国高校教师的聘任、待遇、流动等方面来考察民国的教师管理制度。这些成果包含有较丰富的民国高校教师的往事，为进一步深入研究民国高校教师的生活提供了很好的借鉴。

但将民国高校教师视为一个独立的群体，全方位探讨其生活的研究成果还是很少。特别是从民国高校教师共同体营建角度来探讨民国高校教师生活的成果则基本空缺。

既然民国高校教师共同体的产生是历史的必然，那么，这个新兴的知识群体从何处来，向何处去，这个群体走过了怎样的一条路，从生活角度对其进行探讨就十分必要。如果我们能从民国高校教师共同体营建的角度，通过对这个群体成员的构成，他们的物质待遇，以及他们的教学生活、学术生活和日常生活作深入探讨，我们就有可能抓住民国高校教师生活的时代特质。

问题的难点在“生活”。生活无处不在，无所不包，其边界在哪里？

人的生活需求包括三个层次，即生存、发展和享受。生存是生活的基本需求，发展是生活的价值需求，享受则是生命的自由体验，是人生的理想追求。研究民国高校教师生活史就应该这样全方位地把握他们的日常生活。不仅要展现民国高校教师为满足浅层次需要所含的较多本能性、感性、经验性、自发性的日常生活方式如衣食住行等，而且要揭示民国高校教师为满足内在的深层次需要，通过教学与科研，通过消费与交往来体悟人生与领略自我、发展自我、实现自由的生命活动。这些深层次的需要和高层次的生命活动，更能体现人的本质、人的社会性和文化性，也更能深刻地体现民国高校教师生活的历史性。这就是我们力图从民国高校教师无穷无尽的意志、欲望和创造中所要追寻的东西。

如何才能比较真实地再现民国高校教师的生活活动，可能最好的材料莫过于当年教师们的日记、书信、文集以及亲友、学生们的回忆录等。通过梳理这些材料来勾勒民国高校教师的日常生活图景，将当年高校教师的生活置回鲜活的土壤，让他们的声音直接呈现，使我们能在当年的生活世界领悟民国高校教师共同体发展的力量。这就是本书所要着力的地方。

如何搭建个人日常生活与社会结构之间的桥梁，将民国高校教师的生活放入特定的历史脉络中，将民国高校教师的日常生活与高校发展结合起来，将民国高校教师日常生活与教师专业发展结合起来，产生更具有穿透力的问题意识，这是本研究所要致力的目标。

这样的历史定位，既有利于考察民国高校教师生活的历史转型，又有利于考察民国高校教师的生活价值观，可以比较全面地揭示民国高校教师生活的内在需求。

第一章　民国高校教师共同体的营建

民国高校教师共同体的营建本质上体现为高校教师生活秩序的构建。传统官学教师的生活秩序是依靠政治权力强加的压力而成，而现代大学的教师生活秩序则是一种从内部生成的教师之间相互依存、共同参与的结合。所以，民国高校教师共同体营建的要素不外乎三个方面，一是教育部对高校教师资格的检定，二是各高校的办学理念，三是高校教师对教师共同体的认同。三者之中，以高校教师的认同态度为至要。

一、北京政府时期高校教师共同体的初创

北京政府时期是指 1912 年至 1927 年期间，这是中国现代大学起步之时。这一时期国立、省立、私立和教会这四类高校都已初具规模，竞艳并存。其佼佼者，国立大学有北京大学、东南大学等，省立大学有北洋大学、山西大学等（此二校 1918 年改国立），私立大学有厦门大学、南开大学等，教会大学有圣约翰大学、燕京大学等。至 1926 年，据教育部公布，中国有国立专门以上学校 21 所、公立专门以上学校 48 所、私立专门以上学校 24 所。[①] 这是民国高校教师集结的最初生活平台。

民国高校教师共同体的营建首先要解决的问题，即高校教师这个群体应该由怎样的一部分人组成，这些人应该具备怎样的资格身份。这是北京政府时期高校教师共同体初创时所面临的一个核心问题。

（一）教育部对高校教师资格检定的模糊标准

营建高校教师共同体的第一份答卷自然要由教育行政部门来作答。政府层面在高校教师共同体营建中的作用就是通过入职门槛的设定来确定高校教师的资格身份，通过国家意志来保障国家的学术水平和高校的学术权威地位。

这个道理在理论上很好理解。但在实践中，北京政府教育部对高校教师资格的检定，始终没有给出一个清晰的标准。无论是在高校教师的称谓上，还是在高校教师的入职条件上，北京政府时期都没有给出一个明确的答案。

① 中国第二历史档案馆编：《中华民国史档案资料汇编·第三辑教育》，南京：江苏古籍出版社，1991 年，第 199—203 页。

人们常说，理想常常是丰满的，而现实往往是骨感的。北京政府教育部在设定高校教师资格条件时就遇上了这么一个“骨感”的现实。诚如后来蔡元培所说：“从前大学，科目甚不完备，求曾在大学毕业之人来任大学教员，已苦于不易得，不得已仍以旧时代所谓学者充之。”[①] 蔡元培之言绝对不是一家之说。20年代初期，继南京高师改办东南大学，国内出现办大学热。当时有反对这种一哄而上的意见，其中一个理由就是师资缺乏：“从人才方面来说，若没有人才来做教师，就不如不办。故罗致人才，是一件要紧的事。各专门既然改大学，就不能不增聘人才，以我国现在人才计，有能力当大学教师的，实在少得很。”[②]

面对这样的现实，北京政府教育部对高校教师的资格认定只能有一个办法：模糊处理。

1912年10月24日，教育部公布《大学令》，其第十三条规定：“大学设教授、助教授。”第十四条规定：“大学遇必要时，得延聘讲师。”第十五条规定：“大学各科设讲座，由教授担任之。教授不足时，得使助教授或讲师担任讲座。”[③] 在这里，既没有沿袭清末大学堂的正教员、副教员的称谓，也没有全然照搬西方大学的职称系列。而且，教授、助教授、讲师应该具备怎样的资历，文件中一概没说。

对专门学校的教师则只称“教员”，没有职称的规定。1912年11月，教育部公布了《公立私立专门学校规程》，第十条规定：“凡具有下列各款资格之一者，得充公立私立专门学校教员；具有下列各款资格之一、且曾充专门学校教员一年以上者，得充校长：(1) 在外国大学毕业者；(2) 在国立大学或经教育部认可之私立大学毕业者；(3) 在外国或中国专门学校毕业者；(4) 有精深之著述经中央学会评定者。如校长、教员一时难得合格者，得延聘相当之人充之，但须呈

---

① 蔡元培：《十五年来我国大学教育之进步》，张圣华总主编：《蔡元培教育名篇》，北京：教育科学出版社，2007年，第212页。

② 《中国教育界的“大学梦”》，南大百年实录编辑组编：《南大百年实录》上卷，南京：南京大学出版社，2002年，第169页。

③ 朱有瓛主编：《中国近代学制史料》第三辑下册，上海：华东师范大学出版社，1992年，第2页。

经教育总长认可；其认可之效力，以在该校任职时为限。”①

私立大学教师的称谓及其任职条件与专门学校相同。1913 年 1 月教育部公布的《私立大学规程》规定私立大学教员资格：凡具有下列各款资格之一者得充私立大学教员：（1）在外国大学毕业者；（2）在国立大学或经教育部认可之私立大学毕业，并积有研究者；（3）有精深之著述，经中央学会评定者。如校长、教员一时难得合格者，得延聘相当之人充任，但须呈请教育总长认可。②

专门学校和私立大学教师的任职条件比较具体，但“如校长、教员一时难得合格者，得延聘相当之人充任”一句也已充分表露了当时高校教师资源的匮乏。蔡元培所言“旧时代所谓学者”应当就是这“相当之人”的解读，但这种条件是不能明示于现代大学招聘教师的文件之中的，这恐怕是北京政府时期不能确立高校教师入职条件的主要原因吧。

至于归国留学生，当然是当时高校教师的主要来源。特别是当时各高校都期待理工学科的开创，这肯定非科技专业留学生莫属。舒新城在《近代中国留学史》中说：“高等以上之科学教师，更无一非留学生，现在国内学校科学教师，科学用品与科学教科书者，亦莫不由留学生间接直接传衍而来。”③

但当时的归国留学生却远远不能满足高校师资的需求。马圣祖对 1912 年至 1928 年留学归国的科技人员（仅含理、工、医、农四学科）作了调查和梳理。资料显示，当时受聘于各地高校的留学生，不仅有北京大学、南开大学、北洋工学院、东吴大学这样的大学，还有北京农业专门学校、河北工业学院、北京协和医学院、复旦大学、南京河海工程专门学校、唐山工学院、广东大学、雅礼大学、云南东陆大学、山东大学、上海大同大学、广州工业专门学校、南宁师范学院、华西大学、齐鲁大学、同济医学院、上海大夏大学、重庆大学、金陵大学、东北大学、厦门大学、梧州广西大学、湖南大学、成都大学、燕京大学、金陵女子文理学院、光华大学，等等。依据马圣祖的材料，笔者作了一个粗略的统计，

① 朱有瓛主编：《中国近代学制史料》第三辑上册，上海：华东师范大学出版社，1990 年，第 595 页。
② 朱有瓛主编：《中国近代学制史料》第三辑下册，上海：华东师范大学出版社，1992 年，第 18 页。
③ 舒新城：《近代中国留学史》，香港：中华书局·上海书店，1989 年，第 213 页。

这一时期归国的科技人员进入高校的情况大致如表1—1。

表1—1 1912—1928年归国科技人员入职高校人数一览表

学科	留学美国		留学日本		留学其他国家		入职高校百分比（%）
	归国人数	入职高校人数	归国人数	入职高校人数	归国人数	入职高校人数	
理	195	114	14	6	39	23	57.7
工	455	91	34	3	48	9	19.2
农	79	33	30	18	12	3	44.6
医	78	27	23	6	23	17	40.3
合计	807	265	101	33	122	52	34.0

资料来源：马圣祖：《历年出国/回国科技人员总览》，北京：社会科学文献出版社，2007年，第58—147页。

注：有4人缺留学国资料，未统计进去。

从表1—1的数字看，在不多的回国留学生中，其实只有三分之一的人进入了高校，更多的人员则进入了政府部门或企业。可见当时高校教师的来源相当有限。于是，当时各高校的校长总是通过各种渠道搜集留学生的学习信息，及早联络，及早沟通，及早预定，使尽各种手段，期待能招聘到更多的留学生。

1919年春，北京政府教育部派出美国教育考察团，副团长是北京高师校长陈宝泉。在美国，他从梅光迪那儿听说了吴宓，便约吴宓相见。陈宝泉见吴宓谈吐不凡，根底深厚，当场决定聘吴宓为北京高师英语科主任教授，月薪300元。吴宓欣然受聘，并谈了在美国购买西文图书资料的设想。陈宝泉慷慨应允，将一张200美金的购书款支票交给吴宓，请他在美国选购图书，寄回学校图书馆。陈宝泉知道清华公费留学的规矩，对吴宓说："如果因公费尚未期满，先生仍可继续愿在美国再留住一年、两年或三年，均无不可。宓可随时自由抉择而行也。"后来北京高师发生学潮，陈宝泉校长竟辞职而去。吴宓正担心以前的聘约无望了，这时接到北京高师新任校长邓萃英的来信：聘约完全继续有效，更望宓勿离弃北高师校。[①] 虽然吴宓最后去了东南大学，但从北京高师这种求贤若渴的态度足可见当时高校师资紧缺之程度。所以，当时教育部如将高校教师的任职条件制定得过于精细，各高校在实际操作中恐难以实施。

1917 年 5 月，教育部颁布《国立大学职员任用及薪俸规程》，其第一条规定："国立大学职员如下：校长、学长、正教授、预科教授、助教、讲师、外国教员、图书馆主任、庶务主任、校医、事务员。"第四条规定："正教授、教授、讲师、外国教员、图书馆主任、庶务主任、校医，均由校长聘任之，并呈报教育总长。正教授、助教延聘以一年为试教时期，期满若双方同意，得订立长期契约。"第五条规定："助教、事务员，均由校长延用之，并汇报教育总长。"第十条规定："正教授、教授、助教、图书馆主任、庶务主任、校医、事务员，非连续任职一年，不能进一级。"第十二条规定："第二表职员（指教员）进级与否，由校长参酌左列各项情形定之。（甲）教授成绩；（乙）每年实授课时间之多寡；（丙）所担任学科之性质；（丁）著述及发明；（戊）在社会之声望。"[②] 在这里，教育部对高校教师晋级的基本条件做出了规定，教学与科研成果开始成为晋升的标准，但对高校教师的入职资格依然没有明确设定。

1917 年 9 月 27 日，教育部颁布《修正大学令》，第十二条规定："大学设正教授、教授、助教授。"第十三条规定："大学遇必要时，得延聘讲师。"[③] 同时又公布了《修正专门以上学校职员任用章程令》，对 1912 年规程的第十条进行了修正："凡直辖学校教员，以专门以上学校毕业或于某门学问具有专长者充之。"[④] 其入职门槛较前有了明显的降低。

1924 年 2 月 23 日，教育部颁布的《国立大学校条例令》，第十二条规定：

---

① 吴学昭：《吴宓与陈寅恪》（增补本），北京：生活·读书·新知三联书店，2014 年，第 33 页。

② 中国第二历史档案馆编：《中华民国史档案资料汇编·第三辑教育》，南京：江苏古籍出版社，1991 年，第 165—167 页。

③ 中国第二历史档案馆编：《中华民国史档案资料汇编·第三辑教育》，南京：江苏古籍出版社，1991 年，第 168 页。

④ 中国第二历史档案馆编：《中华民国史档案资料汇编·第三辑教育》，南京：江苏古籍出版社，1991 年，第 169 页。

“国立大学校设正教授、教授由校长延聘之。国立大学校得延聘讲师。”①

这就是民国高校教师共同体初创时期北京政府教育部对高校教师的任职认定所交出的答卷，对高校教师的聘任资格始终没有明确的标准。

（二）高校教师共同体营建的典型案例

既然教育部不能对高校教师的任职条件给出一个明晰的标准，那么，高校教师共同体能否初创成型，则要看各高校的校长了。当然，民国初期教育部对高校教师聘任资格条件模糊化，客观上为各高校聘任教师赋予了较大的自主权和灵活性，使校长在构建高校教师共同体平台上能够有所作为。这里，仅以北京大学、东南大学、南开大学、大夏大学的个案作一说明。

1. “开风气”与北京大学教师共同体的营建

讲到北京大学教师共同体的营建当然离不开蔡元培。尽管前几任校长，如严复、胡仁源都不同程度地强调过师资的重要性。在胡仁源掌校时，留学欧美的夏元瑮（浮筠）和夏锡琪分别被聘为理科和文科学长，章太炎门下的黄侃、马裕藻、沈兼士、朱希祖、朱宗莱、沈步洲、沈尹默和钱玄同等也陆续到校。但真正给北京大学教师共同体带来根本变化的是蔡元培就任北大校长以后。

蔡元培营建教师共同体的成功之处在于“开风气”。1931 年，罗家伦提到：“以一所大学来转移一个时代学术或社会的风气，进而影响到整个国家青年的思想，恐怕要算蔡孑民时代的北京大学。”② 打造一个能转移风气的教师团队，这就是蔡元培营建北京大学教师共同体的目标。

1947 年，魏麦人在《沧海桑田话北大》一文中也印证了这一观点：“蔡先生长校以前，北大只是一个官僚养成所，大家进去读书，除了拿一张文凭外，还希

---

① 中国第二历史档案馆编：《中华民国史档案资料汇编·第三辑教育》，南京：江苏古籍出版社，1991 年，第 174 页。

② 罗家伦：《蔡元培时代的北京大学和五四运动》，王云五、罗家伦等：《民国三大校长》，长沙：岳麓书社，2015 年，第 91 页。

望藉此树立自己的社会关系，多认识几个教授，多交几位朋友，以使彼此有所照应。所以对于只知道读书没有什么活动力的专任教授，很不欢迎，在学校挂个名，藉此逍遥逍遥的现任官，倒最能得到学生的好感。蔡先生到校，第一天就开宗明义，揭示大学乃‘研究高深学问之所’，而非‘干禄之终南捷径’，要求学生把定宗旨，努力读书，教授方面，新旧人才，皆加以延聘。这是蔡先生的成功处，也就是一般人常提到的‘兼容并包’。”①

蔡元培掌校之际，正是罗家伦入学之时。他看到的北京大学风气：“当时的情形，可以说是暮气沉沉，真是腐败极了。教员之中，没有一点学术兴趣的表现。学生在各部挂名兼差的很多，而且逛窑子个个都是健将，所以当时北京窑子里有两院一堂之称（两院者参议院、众议院，一堂者京师大学堂也）。”②

要扭转这种风气，蔡元培认为，回归大学的办学本原当为首要。他说：“大学为纯粹研究学问之机关，不可视为养成资格之所，亦不可视为贩卖知识之所。学者当有研究学问之兴趣，尤当养成学问家之人格。”③

要回归大学的本原，唯在聘用教师和招录学生上做根本功夫。蔡元培在给吴稚晖的信中提出：“大约大学之所以不满人意者，一在学课之凌杂，二在风纪之败坏。救第一弊，在延聘纯粹之学问家，一面教授，一面与学生共同研究，以构造大学为纯粹研究学问之机关。救第二弊，在延聘学生之模范人物，以整饬学风。”④ 二者之改革，尤以聘请积学而热心的教师至为关键。蔡元培认为，北京大学腐败之根本在于“以求学于此者，皆有做官发财思想”，学生“因做官心热，对于教员，则不问其学问之浅深，惟问其官阶之大小。官阶大者，特别欢迎，盖

---

① 魏麦人：《沧海桑田话北大》，王学珍、郭建荣主编：《北京大学史料》（四），北京：北京大学出版社，2000年，第92页。

② 罗家伦：《蔡元培时代的北京大学和五四运动》，王云五、罗家伦等：《民国三大校长》，长沙：岳麓书社，2015年，第92页。

③ 蔡元培：《北京大学一九一八年开学式演说词》，张圣华总主编：《蔡元培教育名篇》，北京：教育科学出版社，2007年，第76页。

④ 高平叔编：《蔡元培年谱长编》（中），北京：人民教育出版社，1996年，第6页。

为将来毕业有人提携也”[1]。因此，教师的教育志向应是教师资格的根本条件。“查本校聘设教授之意，要不外欲受聘者专心致意于功课之讲授、及学术之研究，此意至善，亦即任教授者之所乐于从事者也”[2]，“我们此后聘任教员，总要请专门的，并要请愿意委身教育、不肯兼营他事的”，各科教学“必须专门学者而又热心教育的担任”[3]。

这里仅举三例，以窥见蔡元培是如何营建教师生活共同体的。首先是聘请陈独秀。《教育杂志》报道：“文科学长一席，蔡氏初属意胡适之，闻此君于中西文学皆有见地，故持文学革新之论甚力。而胡氏在美国，乃聘陈独秀君为文科学长，以从事文科大学之改革。”[4] 蔡元培认为胡适是一个“旧学邃密”又“新知深沉”[5] 的人，且鼓吹文学革命，这对打开北大沉闷的空气十分有利。但胡适尚在留学，因汤尔和的介绍，蔡元培转向了陈独秀。

据蔡元培回忆：“我到京后，先访医专校长汤尔和君，问北大情形。他说：‘文科预科的情形，可问沈尹默君；理工科的情形，可问夏浮筠君。’汤君又说：‘文科学长如未定，可请陈仲甫君。陈君现改名独秀，主编《新青年》杂志，确可为青年的指导者。’因取《新青年》十余本示我。我对于陈君，本来有一种不忘的印象，就是我与刘申叔君同在《警钟日报》服务时，刘君语我：‘有一种在芜湖发行之白话报，发起的若干人，都因困苦及危险而散去了，陈仲甫一个人又支持了好几个月。’现在听汤君的话，又翻阅了《新青年》，决意聘他。从汤君处探知陈君寓在前门外一旅馆，我即往访，与之订定。”[6]

---

① 蔡元培：《就任北京大学校长之演说》，张圣华总主编：《蔡元培教育名篇》，北京：教育科学出版社，2007 年，第 42 页。

② 蔡元培：《提议〈教育保障案〉》，高平叔编：《蔡元培教育论著选》，北京：人民教育出版社，1991 年，第 366 页。

③ 蔡元培：《北大第二十三年开学日演说词》，高平叔编：《蔡元培教育论著选》，北京：人民教育出版社，1991 年，第 272 页。

④ 《学事一束·北京大学文科之争议》，《教育杂志》第九卷第十一号，1917 年。

⑤ 蔡元培：《我在北京大学的经历》，张圣华总主编：《蔡元培教育名篇》，北京：教育科学出版社，2007 年，第 265 页。

⑥ 蔡元培：《我在北京大学的经历》，张圣华总主编：《蔡元培教育名篇》，北京：教育科学出版社，2007 年，第 263—264 页。

1916 年 11 月 26 日，陈独秀和汪孟邹从上海赶往北京为成立一个“大书店”招股筹资。二人下榻在前门外西河沿的中西旅馆 64 号房，大部分时间都用来访友、宴请、听戏，上午则“隆中高卧”。一个月后，12 月 26 日，蔡元培造访。汪孟邹在日记中记载：“12 月 26 日，早九时，蔡孑民先生来访仲甫，道貌温言，令人起敬，吾国唯一之人物也”，“蔡先生差不多天天要来看仲甫，有时来得很早，我们还没起来。他招呼茶房，不要叫醒，只要拿凳子给他坐在房门口等候”①。

据沈尹默回忆，陈独秀开始有拒绝之意，理由是要回上海办《新青年》，蔡元培则回应，可以将《新青年》搬到北京来办，陈独秀方慨然应允。1917 年 1 月 13 日，陈独秀正式受聘为北京大学文科学长。②

更为令人惊讶的是，蔡元培为了能使教育部批准陈独秀任文科学长，竟谎编了陈独秀的学历与资历。蔡元培在给教育部的正式函中称：“陈独秀，安徽怀宁县人，日本东京日本大学毕业，曾任芜湖安徽公学教务长，安徽高等学校校长。”③ 其实，陈独秀既没有在日本取得学位，也没有担任过安徽公学教务长，更没有担任过安徽高等学校校长。连陈独秀都说：“蔡先生约我到北大，帮助他整顿学校。我对蔡先生约定，我从来没有在大学教过书，又没有什么学位头衔，能否胜任，不得而知。我试干三个月，如胜任即继续干下去，如不胜任即回沪。”那蔡元培为什么不惜造假也要聘陈独秀？很明显的事实是，主办《新青年》杂志的陈独秀有助于学校“开风气”。“陈独秀不长北京大学文科，胡适也就难来，刘半农更不可能来。章士钊也是陈独秀引荐而来，章士钊不来，李大钊就不可能来，杨昌济等人更来不了。缺了这些人，就算五四运动会发生，没有陈独秀和胡适的新文化运动会是什么模样，实在无从想像。”④

我们再看看蔡元培聘请梁漱溟。梁漱溟于 1917 年执教北京大学，起因是蔡

① 汪原放：《亚东图书馆与陈独秀》，上海：学林出版社，2006 年，第 36、37 页。

② 沈尹默：《我与北大》，钟叔河、朱纯编：《过去的大学》，武汉：长江文艺出版社，2005 年，第 29 页。

③ 王学珍、郭建荣主编：《北京大学史料》（第二卷・一），北京：北京大学出版社，2000 年，第 326 页。

④ 庄森：《一份特别的履历书——陈独秀出任北大文科学长的前前后后》，《社会科学战线》（长春），2006 年第 1 期。

元培看到梁漱溟发表在《东方杂志》上的一篇探讨佛教的文章《究元决疑论》，蔡元培觉得这是一个人才，想让他主讲印度哲学。年仅 24 岁的梁漱溟当时只有中学学历，予以推辞。据梁漱溟回忆说："蔡先生和陈独秀先生（新任文科学长，相当于后来之文学院长）以印度哲学讲席相属时，我本不敢应承的。我说：我只不过初涉佛典，于此外的印度哲学实无所知。而据闻在欧洲在日本一般所谓印度哲学，皆指'六派哲学'而言，其中恰没有佛家。蔡先生反问：'你说你教不了印度哲学，那么，你知有谁能教印度哲学呢？'我说不知道。蔡先生说：'我们亦没有寻到真能教印度哲学的人。横竖彼此都差不多，还是你来吧！你不是爱好哲学吗？我此番到北大，定要把许多爱好哲学的朋友都聚拢来，共同研究，互相切磋，你怎可不来呢？你不要当是老师来教人，你当是来合作研究，来学习好了。'他这几句话打动了我，只有应承下来。"①

第三个例子，是蔡元培聘请辜鸿铭。辜鸿铭在思想上倾向帝制，但他精通多国语言，对英国文学尤有研究，蔡元培正是看中了其深厚的英国文学功底和其独到的学术见解，故有意聘用他为学生讲《英诗》。据陈独秀回忆："当时的北大是很有趣的。辜鸿铭上课，带一童仆为他装烟倒茶，他坐在靠椅上，辫子拖着，慢吞吞地讲课，一会吸水烟，一会喝茶，学生着急地等着他，他一点也不管。蔡元培能容忍他这样摆架子，玩臭格，一点也不生气。"②

这三个例子，比较集中地体现了蔡元培营建教师共同体的基本理念。梁漱溟曾评价蔡元培"全然不是一位按照章则规程办事的什么大学校长"③，这个评价不够准确。蔡元培主持北京大学，主张思想自由、学术自由、兼容并包，但这些都只是手段，其目的就是一个，要促成研究高深学问的风气。主张文学革命的陈独秀，拖着辫子而持保皇论的辜鸿铭，有学问兴趣而没有学历的梁漱溟，蔡元培将这三类人熔为一炉，就是要营建"以学诣为主"的教师共同体。

---

① 梁漱溟：《我在北大任教》，钟叔河、朱纯编：《过去的大学》，武汉：长江文艺出版社，2005 年，第 45 页。

② 濮清泉：《我所知道的陈独秀》，陈木辛编：《陈独秀印象》，上海：学林出版社，1997 年，第 110 页。

③ 梁漱溟：《我在北大任教》，钟叔河、朱纯编：《过去的大学》，武汉：长江文艺出版社，2005 年，第 46 页。

蔡元培给北京大学教师共同体所带来的变化就是一个很好的例证。他说："北大关于文学、哲学等学系，本来有若干基本教员，自从胡适之君到校后，声应气求，又引进了多数的同志，所以兴会较高一点。预定的自然科学、社会科学、文学、国学四种研究所，只有国学研究所先办起来了。在自然科学和社会科学方面，比较的困难一点。自民国九年起，自然科学诸系，请到了丁巽甫、颜任光、李润章诸君主持物理系，李仲揆君主持地质系。在化学系本有王抚五、陈聘丞、丁庶为诸君，而这时候又增聘程寰西、石蘅青诸君。在生物学系本有钟宪鬯君在东南西南各省搜罗动植物标本，有李石曾君讲授学理，而这时候又增聘谭仲逵君。于是整理各系的实验室与图书室，使学生在教员指导下，切实用功；改造第二院礼堂与庭园，使合于讲演之用。在社会科学方面，请到王雪艇、周鲠生、皮皓白诸君；一面诚意指导提起学生好学的精神，一面广购图书杂志，给学生以自由考索的工具。丁巽甫君以物理学教授兼预科主任，提高预科程度。于是北大始达到各系平均发展的境界。"①

蔡元培营建北京大学教师共同体的成绩有目共睹，北京大学教师共同体短时间内就在学校乃至全国树起了新的风气，这也为历史所公认。但人们比较多地从政治层面或思想层面认识了北京大学教师共同体的"开风气"，倒是吕思勉从学术角度的评价，可能更符合蔡元培的本意。吕思勉在1940年指出：

在他主持北京大学以前，全国的出版界，几乎没有什么说得上研究两个字的。不是肤浅的政论，就是学校教本，或者很浅近的参考用书。当这时代，稍谈高深学术，或提倡专门研究，就会被笑为不合时宜。……还记得在民国八九年之间，北京大学的几种杂志一出，若干种书籍一经印行，而全国的风气，为之幡然一变。从此以后，研究学术的人，才渐有开口的余地。专门的高深的研究，才不为众所讥评，而反为其所称道。后生小子，也知道专讲肤浅的记诵，混饭吃的技术，不足以语于学术，而慨然有志于上进了。这真是子民先生不配的功绩。②

---

① 蔡元培：《我在北京大学的经历》，张圣华总主编：《蔡元培教育名篇》，北京：教育科学出版社，2007年，第270—271页。

② 吕思勉：《蔡子民论》，《吕思勉遗文集》上，上海：华东师范大学出版社，1997年，第404页。

2. 振兴科学与东南大学教师共同体的营建

与北京大学南北并峙的东南大学，郭秉文在这里也在为营建教师共同体而努力。

郭秉文，字鸿声，祖籍江苏江浦县，上海出生。1908 年赴美，1914 年获哥伦比亚大学博士学位。当他还在准备博士毕业考试时，即收到南京高等师范学校校长江谦的聘书，欲聘其为教务主任，并请他在美国广揽教席。翌年郭秉文回国协助江谦校长筹建南京高等师范学校（以下简称“南京高师”），1918 年 3 月江谦病退，郭秉文代理校长，1919 年 9 月正式任校长。1920 年郭秉文以南京高师校长身份筹建东南大学，1921 年 10 月兼任东南大学首任校长。

郭秉文认定：“不发扬民族精神，无以救亡图存；非振兴科学，不足以立国兴国。”① 他在东南大学办学，就坚持着“文理并重，学术并举”的办学理念，强调“通才与专才的平衡，人文与科学的平衡，师资与设备的平衡，国内与国际的平衡”，为此构建了文、理、工、农、商、教育六个学科体系。茅以升在 1923 年曾说：“我国实业不振，多有人才缺乏。近来专门教育提倡虽力，而顾此失彼，组织多未完善。本大学学制以农、工、商与文、理、教育并重，寓意深远。此种组合为国内所仅见，亦即本大学精神所在也。”②

郭秉文的办学理念主导了他的教师聘任政策。由留美学生为主体创建的中国科学社移师南京，并以东南大学为依托，是郭秉文壮大教师队伍的亮点。1914 年 6 月，一批留美学生在美国发起成立了中国科学社，其宗旨在“联络同志，研究学术，以共图中国学术之发达”。社长为任鸿隽，赵元任、胡刚复、秉志、周仁等为第一届董事会董事，一批立志科学救国的留美学者迅速集合在这一学术团体中。郭秉文独具慧眼，把任鸿隽和主要发起人秉志、过探先、胡刚复、杨杏佛、竺可桢等聘来南京高等师范学校任教。随着科学社的成员陆续学成回国，郭秉文表态同意将科学社的社址设在南京高师，使科学社于 1918 年顺利自美国迁回中国。中国科学社依托东南大学，创办学术刊物，举行科学演讲，召开学术会

---

① 耿有权编：《郭秉文教育思想研究》，南京：东南大学出版社，2014 年，第 177 页。

② 南大百年实录编辑组编：《南大百年实录》上卷，南京：南京大学出版社，2002 年，第 206 页。

议，南京高师、东南大学遂有中国科学社大本营之称。这一时期，东南大学的许多系科与科学社相应的研究所虽然分属两家，实则形同一体，人员互相兼职，教、研互促互补，成为中国科学发展的主要基地。在这一氛围下，理科的任鸿隽、胡刚复、熊正理、竺可桢、孙洪芬、张子高、熊庆来、王琎、何鲁，农科的邹秉文、秉志、胡先骕、钱崇澍、过探先、陈桢、陈焕庸、张景钺、戴芳澜、邹树文，工科的茅以升、涂羽卿等，都纷纷加盟东南大学。

郭秉文在延揽社会科学人才方面也有自己的方式。当时新文化运动来势正猛，但郭秉文认为固有文化是民族之根，应发扬光大而不可毁弃，因而注重提倡民族精神和民族文化。因此由刘伯明引进梅光迪，因梅光迪招引吴宓，竟形成一个旨在“阐明真理，昌明国粹，融化新知”的“学衡派”，召唤了如柳诒徵、宗白华、陈衡哲、方东美、汤用彤、马承堃、萧纯绵、邵祖平、徐则陵、缪凤林、景昌极等优秀人才涌向东南大学。教育科则有陶行知、程湘帆、陈鹤琴、汪懋祖、孟宪承、李建勋、廖世承、俞子夷、余家菊等组成的强大阵营。[①]

吴宓受聘于东南大学就是一个例证。1921 年 5 月，吴宓准备启程回国去北师大任教。一日，忽然接到梅光迪从南京寄来的快件，信中说：“迪回国后，在天津南开大学任教一年，无善可述。1920 年秋，改就南京高师兼东南大学英国文学教授，甚为得意。本校副校长兼大学文理科主任刘伯明博士为其在美国西北大学之同学知友，贤明温雅，志同道合。今后决以此校为聚集同志知友，发展理想事业之地。兹敬聘兄为南京高师、东南大学英语兼英国文学教授，月薪 160 元。郭秉文校长发出之正式聘书，不日即到。望兄即辞去北京高师 1919 年春之聘约，定来南京聚首。”信中还说：“1920 年秋，即已与中华书局有约，拟由我等编撰杂志，名曰《学衡》，而由中华书局印刷发行。此杂志之总编辑，在非宓归来担任不可。”吴宓接到信后，即到邮局发出两封电报：一致北京高师校长，请辞去前之聘约，另函详；二致南京高师兼东南大学校长郭秉文，接受其教授之聘。[②]

---

① 耿有权编：《郭秉文教育思想研究》，南京：东南大学出版社，2014 年，第 149—150 页。

② 吴学昭：《吴宓与陈寅恪》（增补本），北京：生活·读书·新知三联书店，2014 年，第 31—32 页。

熊庆来也是这样被东南大学所聘，他说：“国内高等数学师资，那时还很缺乏，记得于1921年东南大学开办，我被聘到南京，以为方毕业回国的我至多可当个讲师，不料学校不但要我做教授，并且还要我做系主任。辞谢不了，只得勉强支持，一个人任了不少的课。”①

正是坚持文理并重的办学理念，东南大学一时名师荟萃，俊彦云集，形成一支文理结合、充满朝气的教师队伍，使学校成为与北京大学齐名的国立大学。燕京大学司徒雷登说：“东南大学是由政府创办的一所现代高等学府，集中了五十多位在自己的学科内取得优异成绩的留学生，这里推行美国的教学方式，是当时中国最好的院校之一。”② 北大教授梁和钧在其《记北大（东大附）》一文中也说：“（南京高师）所设文史地部、数理化部、教育专修科、农商专修科，皆极整齐，尤以所延教授，皆一时英秀，故校誉鹊起。……北大以文史哲著称，东大以科学名世。然东大的文史哲教授，实在不亚于北大。”③

3. “南开一家”与南开大学教师共同体的营建

南开大学的师生说起张伯苓，爱称他为“南开先生”。南开大学与张伯苓是分不开的，可以这么说，南开就是张伯苓，张伯苓就是南开。人们说，张伯苓如同南开大学的家长，南开大学就犹如一个大家庭。

张伯苓，名寿春，天津人，1891年考入北洋水师学堂，毕业后加入海军，亲眼看见清朝丧权辱国的情状，立志走教育救国之路。1898年回到天津的张伯苓结识了一生中最为重要的挚友严修，并在严修家馆做教师，开始了他的教育生涯。1904年，他们在严氏家馆的基础上创办了南开中学。民国成立后，他们又萌发了创办大学的设想。1917年，张伯苓到美国哥伦比亚师范学院研修教育理论，第二年，严修也来到美国，他们共同考察了美国各私立大学。1918年末，张伯苓回到天津，经过半年多的筹备，南开大学于1919年秋季正式向社会招生。

营造“南开一家”氛围是张伯苓构建教师共同体的夙愿。《南开大学校史》

① 熊秉衡、熊秉群：《父亲熊庆来》，昆明：云南教育出版社，2015年，第63页。

② 司徒雷登：《在华五十年》，北京：译林出版社，2015年，第82页。

③ 转引自耿有权编：《郭秉文教育思想研究》，南京：东南大学出版社，2014年，第159页。

中说：

> 张伯苓不自私，不虚伪，不腐化，以诚恳待人，以勤俭律己，而且懂得教师的心理，善于养贤用贤，疏通感情，努力为教师创造适宜的学术环境和恰适的生活环境。新校址一开辟，就把兴建教员宿舍列入第一期工程。在教员居住的百树村，一般每位教员都有一间宿舍，并设有教员俱乐部。晚饭之后，教师们可以随意去那里喝咖啡、聊天、打康乐球、下象棋，或作其他游艺，藉以消纾一天工作的疲劳。百树村还有草坪网球场，为教师们提供了健身娱乐的场地。张伯苓还处处创造“家庭学校”的气氛。新聘教师到校，要召开新教员茶话会。每到放假，学校照惯例宴请全体职教人员，以酬谢大家一年的辛劳。这一切，虽是小事，却融融和畅，使教师及其家人感到温暖。正因为这样，二三十年代不断有大批优秀学者来南开大学任教。他们不顾待遇低薄，生活清苦，却热心负责，努力从事教学与研究工作，其中如姜立夫、邱宗岳、杨石先、黄钰生等，皆数十年在南开服务。对此，国内教育界多有好评。当时报纸载文云：“……其教授待遇虽不优，而能奋勉从事；有教授在职十年，其他大学虽以重金邀约，亦不离去者。”①

然而张伯苓自己的生活如何呢？他数年海内海外，风尘仆仆，为学校筹得成千上万的经费，自己则不私取分文。他为学校增辟几处校址，盖起了一座座楼房，为教职员安排舒适合用的半西式独院住宅，自己则住在南开中学后面电车厂羊皮市场旁边的三间平房，门前晒满附近居民制作的臭羊皮。据说，有一次张学良登门拜访，汽车在普通居民区的土道上转了多次才找到张宅。张学良亲睹此景，不禁惊叹：“偌大大学校长居此陋室，非我始料！令人敬佩。”张伯苓四处化缘，学校经费永在不足之中。张伯苓对教职员的薪俸优先照发，自己月薪开始是50元，20年代后增至100元，这比一般教授还低。张伯苓经常到北京办事，为了替学校省钱，他总是坐三等车，住在前门外施家胡同的一个普通旅馆，每天房费一元。自己携带一瓶臭虫药，以抵御夜间臭虫的进攻，自带三个烧饼以节省饭费。学校为张伯苓备有一部人力车，以供上下班和到市里办事。一次，一个学生

---

① 南开大学校史编写组编：《南开大学校史（1919—1949）》，天津：南开大学出版社，1989年，第123页。

把这部“洋车”的后堵板摔坏了，车夫和斋务都主张换新的，张伯苓不肯，说还没坏到把他漏下去的程度。张伯苓常说：“社会可以有贪污，学校不可以有贪污。”“社会可以有市侩，学校不可以有市侩。”[①]

私立大学较之国立高校，在营建教师共同体方面最明显的短板就在经费，而体现在教师身上最直观的东西就是工资。同样是归国留学生，北京大学聘请胡适开出260元的工资，而南开大学给何廉开出的工资只有180元。这就是南开大学教师共同体的营建所面对的最实际的困难。何廉之于南开大学，他的三次选择很能说明问题。

何廉的第一次选择是在回国之时接受南开大学的聘请。何廉是在1926年6月从美国归国途中接到南开大学商科主任的来函，聘请他担任财政学和统计学教授，月薪180元。这之前，他曾接到暨南大学的聘请函，月薪为300元，他答应回国后去看看。当时年轻的留学生，更看重做事业、能发展的环境条件。所以接到南开的聘约，何廉觉得这个更为可取，因为京津地区是中国的文化中心，教育水准较全国其他地方均胜一筹。两相权衡，何廉忍痛放弃了暨南大学丰厚的薪金，改道直奔天津而来。何廉来到南开大学，首见校长张伯苓，立即被张伯苓的热情真诚，质朴恳挚，生气勃勃，对未来的乐观情绪，以及高大魁梧的堂堂仪表所吸引。更重要的是，张伯苓带他去拜访了南开学校创始人之一的严修。这位年近古稀、隐居在家的老人，却总是乐于与张伯苓议论学校大事，使何廉深切感受到他对南开大学的热爱，以及他与张伯苓之间的相互信赖与尊重。他们又都是忧国忧民的爱国者，他们立志通过教育青年使国家富强的不可动摇的决心和坚定不移的信念对何廉极富感染力，他为这种气氛所激励。他说：“张伯苓成了鼓舞我工作的动力。”[②] 这就是何廉加入南开教师共同体的缘由。

何廉的第二次选择是1927年春。北京的中华文化教育基金会欲聘何廉担任

---

① 梁吉生：《允公允能，日新月异——南开大学校长张伯苓》，济南：山东教育出版社，2003年，第327页。

② 何廉：《我在南开大学的前十年》，王云五、罗家伦等：《民国三大校长》，长沙：岳麓书社，2015年，第269页。

社会研究部的研究导师，其薪金是南开的两倍还多，这使何廉犹豫不决。他找到张伯苓，张伯苓很真诚地对他说，南开比中华文化教育基金会更需要你。张伯苓愿意为何廉的研究工作创造更好的条件，使何廉当即决定留在南开。

何廉的第三次选择则是在清华大学改为国立后，清华为教师们提供的待遇明显提高，使南开一批骨干教员，如萧蘧、蒋廷黻、萧公权和李继侗等都去了清华。何廉由此也产生了离开的想法，但他看到张伯苓的困难处境，最终选择了留下，决心尽力而为，为南开的继续生存而奋斗。

促使何廉一次次留在南开的动力，首先是来自张伯苓的人格魅力和忧国忧民的爱国情怀；其次则是南开同事们的工作精神，他们将全部心血都倾注在学生身上，把所有的时间都花在南开校园，教授中没有一位到别处兼职。何廉看到，南开大学的教师们平日的生活节俭而又心满意足，校园的气氛可谓简朴、安定、满足。①

这就是“南开一家”的魅力所在。

萧公权是1927年受聘于南开大学。他回国之初先是在上海的南方大学和国民大学任课半年，深感这种“野鸡大学”的浅陋。进入南开后，对南开大学欣欣向荣的景象耳目一新。他说：“我到校的第二年恰好躬逢其盛。张校长和华午晴、孟琴襄、伉乃如等几位干部人员，努力多年，创造了‘白手兴家’的奇迹。他们脚踏实地，不务高远。招生既从严格，开设课程也宁缺毋滥。学生专心向学，教员认真授课。教员的人数不多，但多有实学专长。我厕身其间，不敢不格外勤勉，冀图追随。”萧公权还说到，在南开大学“除了读书之乐外，我还有友朋之乐。同事当中不但有谊比同胞的堂兄叔玉，还有在美国已先熟识的旧友何淬廉兄和到南开方才熟识的新知蒋廷黻、李继侗、沈仲端、姜立夫、饶树人诸兄。其余的同人也相处甚得，融洽无间”。②

蒋廷黻回忆他最初到南开大学任教时也有这样的感触：“在我返国时，大多

---

① 何廉：《我在南开大学的前十年》，王云五、罗家伦等：《民国三大校长》，长沙：岳麓书社，2015年，第270页。

② 萧公权：《问学谏往录》，合肥：黄山书社，2008年，第84—85页。

数学校都发不出薪水，老师无心上课，或者尽量兼课，因为薪水是按钟点计算的，某些老师成了兼课专家。这种情形在南开是没有的。张校长很严格，他按规定付酬，学校名气虽不算大，但学生和老师的出席率都是极高的。”①

吴大猷的留校任教，其动因很朴实：“南开在声望、规模、待遇不如其他大学的情形下，借伯乐识才之能，聘得年轻学者，予以研教环境，使其继续成长，卒有大志，这是较一所学校借已建立之声望、设备及高薪聘已有声望的人为‘难能可贵’得多了。前者是培育人才，后者是延揽现成的人才。我以为一所优良的大学，其必需条件之一自然系优良的学者教师，但更高一层的理想，是能予有才能的人以适宜的学术环境，使其发展他们的才能。从这一观点看，南开大学实有极高的成就。”②

正是南开大学这种朴实、勤奋的校风，不仅吸引了一批著名学者的加盟，也促成了如申又枨、吴大猷、吴大业、吴大任、殷宏章、李锐等南开毕业生留校任教。1922 年至 1927 年，南开大学的教师队伍经常变动，但基本上保持了三四十人的规模并且形成了一支相对稳定的教学骨干力量。在张伯苓的努力下，数学家姜立夫，化学家邱宗岳、杨石先，物理学家饶毓泰，人类学家李济，以及文科方面的徐谟、蒋廷黻、何廉、李卓敏、方显庭、陈序经、张纯明等纷纷加盟南开大学。正如宁恩承所说：“伯苓先生一人单刀独马，在国内连年内战混乱之中，民穷财尽状况之下，创成千古不朽大业，在中国历史上罕见。”③

4. “三苦精神”与大夏大学教师共同体的营建

大夏大学也是一所私立学校，其创办的缘由有点突兀。1924 年，厦门大学无端解聘了欧元怀等 4 位老师，激起学生们的强烈抗议。但学校当局不为所动，欧元怀等 9 位教师愤然去职，300 多名学生因学潮也被学校当局开除。无奈之

---

① 转引自田正平、商丽浩：《中国高等教育百年史论：制度变迁、财政运作与教师流动》，北京：人民教育出版社，2006 年，第 435 页。

② 吴大猷：《南开大学和张伯苓》，王云五、罗家伦等：《民国三大校长》，长沙：岳麓书社，2015 年，第 221 页。

③ 宁恩承：《张伯苓与南开大学》，王云五、罗家伦等：《民国三大校长》，长沙：岳麓书社，2015 年，第 250—251 页。

下，学生们派出14名代表来到上海，找到欧元怀等老师，请求这些老师能够在上海新组一所学校，使他们能获得新的读书之所。这些教授古道热肠，群策群力，决定在上海创办大夏大学。他们在《大夏大学临时筹备处成立通告》中宣布："同人等此次受厦大学潮之教训，知在专制教育之下万不容稍事徘徊，欲图补救之方，非另组新校不可。来沪以后，各方正义公理之援助，如响斯应，而在学生方面，又不宜中途辍学，于是本良心之主张，作根本之要图，在沪上发起大夏大学。"①

当时上海正兴起一股办大学热，新创办的大学多达四五十所，鱼龙混杂，竞争十分激烈。大夏大学异军突起，硬是在上海滩打出了一片新天地。至1926年，开办才两年的大夏大学已经拥有51名教师。在这支队伍中，具有留学美国资历的有30人，具有留学法国、日本、德国资历的各有3人。从国内各大学、出版机构聘请而来的有：曾任暨南大学校长的姜琦，曾任暨南大学师范部主任的郑胥功，国立同济大学教授田汉，曾任北京大学理科学长的夏元瑮，曾任国民大学国学系主任的胡朴安，曾任东南大学教授的胡刚复。大夏大学的武育主任石醉六是陆军中将，曾任滇黔护国军总参谋长、讨贼军湘军军务委员长。这些人也多有留学经历，且在国内教育界、新闻界已经享有不凡的声誉。

为什么大夏大学教师共同体能在短时间内就显示出不凡的规模和实力？

答案是："在建校时期，我们提出三个口号：一曰'三苦精神'（即苦教、苦学、苦干），二曰'师生合作'，三曰'读书救国'。新校创建伊始，筚路蓝缕，谈不上高楼大厦和优厚待遇，端赖教师苦教、学生苦学、职工苦干。我们认为全体师生如能通力合作支持学校，并发扬艰苦朴素、钻研学问的精神，便可达到'读书救国'的目的。"②

此中提到的三个口号，简而言之，就是全体师生通力合作支持学校的精神。

---

① 《大夏大学临时筹备处成立通告》，厦门大学校史编委会编：《厦大校史资料》第一辑，内部资料，1987年，第261页。

② 欧元怀：《大夏大学校史纪要》，中国人民政治协商会议上海市委员会文史资料工作委员会编：《上海文史资料选辑》第59辑，上海：上海人民出版社，1988年，第144页。

先看董事长王伯群，贵州兴义人，1905年以贵州首批官费生身份进入日本中央大学学习政治经济，获硕士学位。在这期间，王伯群结识了孙中山、章太炎、梁启超等，并加入了同盟会。辛亥革命后，王伯群又积极参与护国运动、护法运动，策动了贵州独立，协助孙中山积极推动南北合议，被孙中山任命为贵州省省长。因就任途中受阻，便转赴上海参与政治活动。当大夏大学的教授们找到他，他认为国家的根本端赖教育，于是竭力赞助，慷慨捐资创办大夏大学，并被公推为董事长。

学校开办之初，白手起家，身无分文，董事长王伯群独自捐资2000元，托欧元怀等租屋作校舍。在学校经费毫无凭借的情况下，这笔钱起到了雪中送炭的作用，诸如定制第一批校具的定金，登报招生的广告费，临时筹备处的租金等，都是靠这笔钱的开支。

再看校长马君武。大夏大学成立之初，由马君武任校长。当时《教育杂志》报道："该校当局为提倡学术研究及鼓舞学生精神计，特设周期演讲会，每星期日上午均有名人应聘到该校演讲。校长马君武鉴于学生求智綦切，复于每星期二晚在校开学术演讲会，并捐其私人藏书于该大学图书馆，以供学生参考，各教授捐赠书籍及奖学费者亦日众。"①

教师个人为学生设立奖学金，这在当时可能为大夏大学所独有。例如副校长欧元怀教授设立"欧氏奖金"，奖励全校学生家境清寒，品行、学业、体育俱优者2名，每名50元。理学院院长兼化学系主任邵家麟教授、部主任兼预科理学组主任蓝春池教授联合设立"邵蓝二氏奖金"，奖励理学院学生家境清寒、品学俱优者2名，每名20元。另有刘承桓先生设立的"刘氏奖金"，奖励商学院学生家境清寒、品学俱优者3名，每名30元。潘公展先生设立的"潘氏奖金"，奖励文学院社会学系学生家境清寒、品学俱优者1名，奖金20元。②

仅数例，不难看出大夏大学教师共同体构成的精神所在。他们的心声体现在

① 《教育界清息·大厦大学成立经过及其现况》，《教育杂志》第十七卷第二号，1925年。

② 《大夏大学一览》（民国二十年），王强主编：《民国大学校史资料汇编》第29册，南京：凤凰出版社，2014年，第65页。

1925 年 12 月所发表的《本校教授宣言》：

大学为研究学术，培养德性机关，非政党活动之地，同人等以为在大学中无论师生对于各种主义，尽可自由研究，唯不应藉作宣传及活动之地盘。同人等掌教大夏大学，对于本校读书运动，众志成城之宗旨始终不渝，如有妨害本校名誉，扰乱本校秩序者，即视为非吾人之同志，不与合作。谨此宣言。①

为什么要坚持这样的办学理念，大夏大学的教师们说："大夏发动之始，因生徒数百人不屈服于强权威逼之下，乃冒万难，履绝险，以贯彻其初志，风雨如晦，鸡鸣不已，同心一致，竟底于成，于以证众志成城之不虚，而金钱万能之不足信也。举大木以邪，许力仗众擎，造罗马之庄严，功非一旦。如何提携、拥护、光大、发扬，使此新造学府日就月将，华实并茂，追踪哈佛，媲美牛津，则亦薄海贤达之责也。"②

还是王伯群总结得好："大夏大学，是从艰难苦斗中得来的；大夏成绩，是师生合作精神团聚而成的。大夏大学，惟有在继续进步中求生存，亦唯有在不断奋斗中求进步。"③

以上四所大学，无论国立、私立，其教师共同体的营建，都因校长的办学理念能顺应时代潮流而风生水起，也都因校长的办学理念而注入了新的精神。一种被称为"大学精神"的东西便随着民国高校教师共同体的营建而生长。

（三）高校教师共同体营建中的冲突与碰撞

但是，民国高校教师共同体的营建并不一帆风顺。其中一个重要因素就是高校教师对群体身份的认同充满困惑。"我们是谁?""我们应该拥有怎样的专业特

① 《大夏大学一览》（民国十五年），王强主编：《民国大学校史资料汇编》第 28 册，南京：凤凰出版社，2014 年，第 34 页。

② 《大夏大学一览・校史》（民国十五年），王强主编：《民国大学校史资料汇编》第 28 册，南京：凤凰出版社，2014 年，第 8 页。

③ 王伯群：《师生合作之精神》，汤铸主编：《王伯群与大夏大学》，上海：华东师范大学出版社，2015 年，第 18 页。

征?”“我们应该拥有怎样的权利?”这些问题成为民国高校教师在营建教师共同体过程中不断强化的情感诉求。在民国高校教师共同体的初创时期，这些情感诉求充满着冲突与碰撞的不和谐之音，这也构成了这一时期高校教师共同体营建的特色。

1. 学缘、地缘之碰撞

所谓学缘、地缘，乃是指民国初期高校教师共同体的构成带有较鲜明的或学门师友结合，或学派同人结合，或地域同乡结合的色彩。这样的构成引发了民国高校教师在共同体认同上的碰撞。有笔名“静观”者于1919年在《东方杂志》发表《国立北京大学之内容》一文，简略介绍了北京大学学风之冲突，颇有意思：

在前清光宣之际，文科一部分，以桐城派之古文家最有势力，法科则东洋留学生握有实权。民国以还，浙江文学派代桐城派而兴，章太炎之门徒，乃有多数登文科讲席，至是桐城派乃有式微之叹。然自蔡氏任陈独秀氏为文科学长，一时新文学之思潮，又复澎湃于大学之内，因与浙江派不相容，而冲突以起。……年来新旧相争，龂龂无已，而蔡校长则兼容并包，欲合一炉以冶，盖冀兼采二者之长，调合八音，以成雅乐，调合五味，以得美食也。法科近来英美留学生势力较盛，然东洋留学生，仍不失其固有之地盘。教员之中，颇多学术精深之士，其有志著作不营外务者，亦不乏人。[①]

细品其中之味，中国社会的人情文化、熟人文化，加之学界讲究的门派之别，成为同乡同学的感情纽带，遂在民国高校教师共同体营建中往往制度化为社会组织功能，从而带来了学缘、地缘的构成特色。

这种构成特色与清末民初区域教育发展的不平衡有直接关系。清末首批官费留美幼童，120人中有84名来自广东，自费生也以广东为主。以后江浙留学生脱颖而出，仅据清华大学历年毕业生统计表，1909年到1929年20年间，清华留学美国生源中，江苏、广东、浙江三省分别为319人、200人、183人，高居三

① 潘懋元、刘海峰编:《中国近代教育史资料汇编·高等教育》，上海:上海教育出版社，1993年，第397—398页。

甲，其他省份均未达到三位数。[①] 这自然导致了民初高校教师的主体带有浓厚的地缘色彩。

这样的地缘色彩又带来了学缘特色。北京大学初期，原以桐城派学者占据主导地位。1913 年至 1915 年，新一代留学归国的浙江学者，主要是章太炎门下的一些弟子开始进入北京大学。自太炎弟子陆续进校，北大学风有了明显的改变。虽然章门弟子后来也分化为守旧派、开新派、中间派，“但太炎先生门下大批涌进北大以后，对严复手下的旧人则采取一致立场，认为那些老朽应当让位，大学堂的阵地应当由我们来占领”[②]。

其时就读于北大的杨亮功事后回忆说：“最初北京大学文科国学教授以桐城派文学家最占势力，到了我进北京大学的时候，马通伯（其昶）和姚仲实（永朴）、叔节（永概）兄弟这一班人皆已离去，代之而起者为余杭派，如黄季刚（侃）、朱逖先（希祖）、马幼渔（裕藻）、钱玄同（夏）和沈尹默、兼士兄弟，皆系章太炎先生门弟子。”[③]

这一点，章门弟子并不否认。沈尹默说：“蔡先生的书生气很重，一生受人包围。……到北大初期受我们包围（我们，包括马幼渔，叔平兄弟，周树人、作人兄弟，沈尹默、兼士兄弟，钱玄同，刘半农等，亦即鲁迅先生作品中引所谓正人君子口中某籍某系）。”[④]

吴虞于 1921 年来到北大。在他来北大之前，他的朋友吴绍伯就向他介绍，北大的教员，“如吴瞿安、黄晦闻、朱希祖、钱玄同等皆可。观北大学生中主选派及申叔、季刚一派者居多数，其主桐城派者亦有，然不盛也。大别北大党派则为新旧二派，细别之，则多矣。”他来到北大后，对教师队伍中这种地缘色彩十分留意。他在 5 月 8 日的日记中写道：“马幼渔来，言下学期予可以担任诸子文

① 清华大学校史研究室编：《清华大学史料选编》第一卷，北京：清华大学出版社，1991 年，第 50—55 页。

② 沈尹默：《我和北大》，钟叔河、朱纯编：《过去的大学》，武汉：长江文艺出版社，2005 年，第 25 页。

③ 杨亮功：《早期三十年的教学生活·五四》，合肥：黄山书社，2008 年，第 18 页。

④ 沈尹默：《我和北大》，钟叔河、朱纯编：《过去的大学》，武汉：长江文艺出版社，2005 年，第 28 页。

及诗之一部。幼渔言，钱玄同、周作人、周豫才、朱希祖、沈士远、沈尹默、沈兼士皆太炎门人。”①

直到陈独秀、胡适这些安徽籍教师加盟北大，才稍稍改变了北大浙籍独大的局面。然北大教师共同体中的地缘色彩并未消除。胡适的交往并不能完全摆脱世俗。梁实秋说他很爱攀老乡关系，好像天下之人皆源于安徽，安徽之人则皆源于徽州。② 当然这带有玩笑的意味，但胡适很注意与留学生、北大人等群体成员的交往，这也是事实。

随着留学生进入高校教师队伍的增多，这种学缘、地缘色彩又演化为留学国群体之间的碰撞。20 年代，有学者指出，现时教育界（但并非专限于教育界）无形有一种阶级制存在，这种阶级由下而上共分三大组，即国内派、东洋派、西洋派。社会上对于这三组学生之待遇，显分厚薄；认定欧美派高于东洋派，东洋派高于国内派。社会身份之高下，服务酬劳之多寡，率以此为标准。现在一些学校甚喜拉拢西洋留学生，以壮门面。且因留学生之社会地位高，可用以动社会之视听，惊学生之耳目。③

这样的地位差异，高校教师队伍于是有了留学国群体之间的碰撞。例如北京大学遂有英美派和法日派的说法。据顾颉刚回忆，当时北京大学教师有法日派和英美派之分。“当时英美派和法日派各有两种刊物——英美派是《现代评论》和《晨报副刊》，法日派是《语丝》和《京报副刊》——老是相对地骂。有许多事，只有北大里知道，外边人看也莫名其妙；但这种骂人的轻薄口吻却传播出去，成为写文章的技术了。”④

不仅是北大，其他高校也存在这样的情况。如东南大学，吴宓在日记中有记载：1921 年东南大学英语系主任为张锷，张锷所聘来之教授及讲师，皆其私交甚好之朋友，不取其才学，唯取关系，并给以高薪。然对其他归国人员，则多加

---

① 中国革命博物馆整理：《吴虞日记》上册，成都：四川人民出版社，1984 年，第 585、596 页。

② 梁实秋：《胡适先生二三事》，《雅舍忆旧》，南京：江苏人民出版社，2015 年，第 186 页。

③ 常导之：《我国教育界流行之偏见之一》，《教育杂志》第十七卷第四号，1925 年。

④ 顾颉刚：《顾颉刚自述》，高增德、丁东编：《世纪学人自述》第一卷，北京：北京十月文艺出版社，2000 年，第 28 页。

阻难，且给低薪。[①]

高校教师对这种学缘、地缘色彩是不满意的。吴虞曾对 1923 年北大教职员名录做过统计，“夜阅《北大教职员录》，略为统计如下：浙江六十七人。直隶五十五人。江苏四十八人。广东二十七人。安徽二十人。湖北十八人。江西十一人。福建九人。湖南九人。四川五人。山东五人。河南四人。广西二人。山西二人。陕西一人。贵州一人。甘肃一人。奉天一人。计二百六十八人。据十二年教职员录。”[②] 不知是吴虞抄写错误还是该文件有误，这里所引北大教师的总数实际为 286 人。在 286 人中，浙江籍教师约占四分之一，居首位。吴虞对此虽未发表任何议论，但他的统计已经表露了他的情绪。

顾颉刚对此则明确表示不满，他委屈地谈道：“蔡校长在校中设立聘任委员会后，每英美派（与皖派合）提出一人，法德日派（日派为主，法德人数少，与日派合为一体）亦必提出一人，与之势均力敌，而新教员遂不易受聘。予未尝留学，说不上某派，徒以与胡适、陈源接近，遂亦被编入英美派。冤哉！”[③]

吴虞、顾颉刚的态度表明他们对这样的共同体组合不认同，这样的学缘、地缘色彩不是现代大学教师共同体应有的风格。它反映了民国高校教师共同体初创时期的特色。它既是古代文人交往传统的余绪，又是清末民初教育发展状况的使然。它体现了高校教师对共同体的认同还处于较原始的状态。

2. 学历与学术水平之碰撞

对学缘、地缘的讲究，本质上讲，反映了民国高校教师共同体营建中对学术的某种忽视。虽然这时学历已成为高校教师入职的外在尺度，文凭、学历已成为维持高校教师共同体的认知边界，但衡量高校教师学术水平并非只有学历一条标准。

蔡元培主长北京大学以来，就已经很清楚地展现了以学术为重的招聘思路。刘半农只是中学肄业，一次与陈独秀会面，被陈独秀所看好。陈独秀到北大后，

① 吴学昭整理注释：《吴宓日记》Ⅱ，北京：生活·读书·新知三联书店，1998 年，第 226—227 页。
② 中国革命博物馆整理：《吴虞日记》下册，成都：四川人民出版社，1984 年，第 151 页。
③ 顾颉刚：《顾颉刚日记》卷一，北京：中华书局，2011 年，第 674 页。

向蔡元培极力推荐，蔡元培聘请刘半农担任北京大学预科国文教授。丁文江原在实业部矿业司任地质科长，听说北大办起了地质门，他去参观，之后对胡适说，北大的地质门有名无实。胡适带他去见蔡元培，他讲述了办地质学科的意见，这样，丁文江被请进了北京大学。刘师培失业在家，黄侃向蔡元培推荐他到北京大学任教，蔡元培以他曾经依附过袁世凯不肯聘任，黄侃则坚持说："学校聘其讲学，非聘其论政。何嫌何疑？"最终蔡元培接受了黄侃的意见，聘请了刘师培。

又如张克诚，原来只是在北京西四牌楼广济寺自娱宣讲，任人来听。蔡元培与一二同事亲往听讲几次，便约请其到校内来讲课。张竞生编了一本《性史》的期刊，其内容在社会上很遭物议。但蔡元培看中他的人生观哲学，聘他在北大开设"美的人生观"课程。①

这样的以学术为重的招聘思路在其他高校也有体现。冯沅君 1925 年从北京大学国学研究所毕业后，因国学修养深厚，先后受聘于中法大学、复旦大学和北京师范大学。苏雪林于 1925 年从法国留学归国，她当年在北京女高师读书的恩师陈钟凡介绍她担任苏州基督教长老会办的景海女子师范国文系主任，并到东吴大学兼课。苏雪林对去大学兼课有点犹豫，毕竟自己只有大学学历。陈钟凡鼓励她：你不用担心，我看过你写的文章，按你的实力完全能够胜任，你就去讲讲诗词选，我会让人关照你的。这样，苏雪林就开始进入高校教师的行列。

但苏雪林的犹豫并非没有道理。1917 年，年仅 26 岁、只有高中肄业资历的刘半农被破格聘为北京大学预科教授，但他也同时感觉到人们对他的质疑。于是他于 1919 年 8 月赴欧留学，经过六年努力，终于在 1925 年通过法国国家文学博士学位答辩。同年，他返回北京大学任国文系教授。这说明学术与学历的冲突还是高校教师认同共同体的一个问题。

在这一问题上具有突破意义的要算清华国学研究院聘请导师的成功。当时梁启超向清华校长曹云祥推荐陈寅恪，曹云祥问：陈寅恪是哪一国的博士？梁启超回答：他不是博士，也不是硕士。曹云祥问：他有没有著作？梁启超回答：也没

---

① 梁漱溟：《我到北大任教》，钟叔河、朱纯编：《过去的大学》，武汉：长江文艺出版社，2005 年，第 46 页。

有著作。曹云祥说：既不是博士，又没有著作，这就难了！梁启超生气地说：我梁某也没有博士学位，著作算是等身了，但总共还不如陈先生寥寥数百字有价值。好吧，你不请，就让他在国外吧！接着，梁启超指出柏林大学、巴黎大学几位名教授对陈寅恪的推崇，曹云祥听后才决定聘请陈寅恪。①

吴宓向学校推荐陈寅恪也遇到同样的质疑。据清华校友卞慧新回忆，1937年4月15日，吴宓在“文学与人生”课堂上谈及此事，说：“先生向校长曹云祥推荐陈先生，张教务长认为陈先生留学虽久，学问也好，然而一无学位，二无著作，不符合聘任教授条件，为保证今后教授水平，不应放松聘任标准，不同意延聘。先生则谓，陈先生留学十八年，他人不过四五年。陈先生学问渊博，能与外国教授上下议论，堪称学侣。虽无正式著作发表，仅就一九二三年八月《学衡》杂志第二十期所节录的《与妹书》，寥寥数百字，也足觇其学问之广而深，识解之高而远。学校已聘定三教授，为院荐贤，职责所在，安能荐一人也不得？至此，事乃大僵。”吴宓后来独自往见曹校长，重申前议，并以个人去留相争，聘事遂决。②

不仅陈寅恪，当时梁启超、王国维皆为无学历者，然都为清华学校国学研究院聘为导师。1925年9月，清华国学研究院成立。为了实现“以研究高深学术，造成专门人才”的办学宗旨，吴宓在开学演讲中谈到了研究院聘请导师的三种资格：（一）通知中国学术文化之全体；（二）具正确精密之科学的治学方法；（三）稔悉欧美日本学者研究东方语言及中国文化之成绩，与学生以个人接触、亲近讲习之机会，期于短时间内获益至多。③

这是以学术为资格的选拔标准，完全没有了当时高校比较流行的地缘、学缘的习惯做法，也没有对学历的讲究。清华国学院教师队伍的集结，以学术为标准，表明民国高校教师队伍的汇聚已经开始走出最初的原始状态。

---

① 陈哲三：《陈寅恪先生轶事及其著作》，钱文忠编：《陈寅恪印象》，上海：学林出版社，1997年，第42页。

② 吴学昭：《吴宓与陈寅恪》（增补本），北京：生活·读书·新知三联书店，2014年，第47页。

③ 清华大学校史研究室编：《清华大学史料选编》第一卷，北京：清华大学出版社，1991年，第374页。

3. 学校办学理念与教师认同的碰撞

当然，学术标准的后面凸显的是学校的办学理念。有不同的办学理念，便有不同的学术标准。况且民国时期又是一个思想、文化风云激荡的年代，各种风行的教育思潮，既影响到学校当局，也影响到教师个人，于是带来了学校办学理念与教师认同的矛盾冲突。

先看看萧公权的例子。萧公权留学归国，曾一度在上海南方大学和国民大学任教，后来他发现这都是些所谓的“野鸡大学”。他看到：一些所谓“热心教育”的人，组织一个董事会，筹集一些经费，租赁适宜的房屋，雇请必需的教职员，便可设立“大学”，定期招生。这些学校图书设备缺乏，师资也不见优良。学生投考，几乎是来者不拒，凡考不进南洋、圣约翰等大学，便退而求其次，到这些学校来混大学毕业的资格。当朋友向他介绍说：“在这些大学里教课，凡事不可认真。学生的程度既不好，他们也不乐于埋头读书。即使愿意看书，所看的不过是教员所选定的课本或所编的讲义。考试的时候，最好从宽给分，准其及格。”萧公权听了，明白“这些学校的主持人名为办教育，实则卖文凭”。他意识到“在这样的学校里任教，不是长久之计”，于是一个学期结束后便离开上海去了天津南开大学。① 萧公权不认同这些学校的根本点乃在其办学理念，这些学校不是在“办教育”，这是萧公权与其较真的地方。

萧公权之较真，是因为当时的高校教师，特别是留学归国人员很看重的是做事业、求发展的环境条件。如果学校的学风、教风无助于教师的事业发展，教师只有选择离开。1921 年，吴宓应聘东南大学，就是冲着郭秉文的办学理念以及一群志同道合的朋友而去。不久，郭秉文离开东南大学，东南大学副校长兼文理部主任刘伯明去世，西洋文学系被裁并，梅光迪、楼光来、李思纯等人的出走，使吴宓所期望的文化理想难以为继，他最终选择了离开。他在日记中写道：“乃自伯明先生溘逝，事变纷来。本年四五月之交，校中宣布裁并西洋文学系。于是诸同道如梅、楼、李诸君，均散之四方。予亦处不可留之势。一再审思计议，卒

① 萧公权：《问学谏往录》，合肥：黄山书社，2008 年，第 74—75 页。

于五月底，决然就奉天东北大学之聘。予之生涯，乃大变改。然去南京而之他所，实非本志。故始终依恋，临行尤凄其欲悲。”①

后来吴宓离开东北大学也是由于同样的原因。1924 年，吴宓受聘于东北大学，然这里的学风、教风令吴宓失望。吴宓看到：“此间学生大皆用功，惟思想枯窘，智识隘陋。教科书以外，不读他书，专务功课及分数。而校中所定课程，钟点过多，课程又极不妥当，学生未必得益。欲图改变，殊不易易。”而老师，“按此间功课粗浅，教授极易。暇时极多，而所有各教员（除缪、景二君，及一二在此住家者外），均毫不读书，亦不务他事。惟以赌博（麻雀，有通宵不眠者），及狎妓（且多住宿者）为乐。平日相见，亦只谈此二事（再则饮馔之事），不及其他。旧有教员既皆如此，新来者亦俯就随和，同流合污”。② 这样的教师共同体显然不是一个干事业的群体，吴宓在一个学期之后便辞职去了清华大学。

冯友兰离开河南大学也是如此。冯友兰于 1923 年夏天回国到河南中州大学任教，虽然他有为家乡振兴教育的愿望，也积极投身新文化的建设工作，但河南开封的闭塞落后终使冯友兰感觉希望渺茫。这时，他的一帮留学时期的同学至交如周炳琳、罗家伦、杨振声、段锡朋、汤用彤、邓以蛰等不是在北京，就是在南京，这些人身处政治和文化中心，在事业上多有创获。这使冯友兰萌发了去意。1925 年暑假冯友兰去了广州的广东大学任教，但广州的政治氛围使他失望，他于这一年 12 月便离开广州到了北京。北京的一帮朋友，如顾颉刚、陈源、杨振声、江绍源、徐志摩、金岳霖、俞平伯、邓以蛰、陶孟和、陈博生、林宰平、吴宓、汤用彤、查良钊、翟国春、叶企孙、杨周翰、汪懋祖、李思纯，等等，经常与冯友兰会面，或切磋学问，问疑答难；或评论时事，指点江山。冯友兰置身其中，如鱼得水，十分惬意。这样，冯友兰终于下定决心，于 1926 年 2 月接受了燕京大学的聘请，担任哲学系教授兼燕京研究所导师。③

另外，学校的办学理念是否具有时代气息也是教师认同的重要因素。1925

---

① 吴学昭整理注释：《吴宓日记》Ⅱ，北京：生活·读书·新知三联书店，1998 年，第 265 页。
② 吴学昭整理注释：《吴宓日记》Ⅱ，北京：生活·读书·新知三联书店，1998 年，第 284、285 页。
③ 王仁宇：《青年冯友兰人生两次重大选择》，《中华读书报》2016 年 3 月 2 日，第 5 版。

年6月3日，圣约翰大学师生为抗议校方阻止学生哀悼五卅惨案的行径，500多名学生毅然退学，中国籍教员孟宪承、钱基博、伍叔傥、何仲英、蔡观明、洪北平、顾荩丞、林轶西、张振镛、蒋湘青、吴邦伟、薛迪靖、于星海、朱荫璋、金秋涛、周子彦、陶士玮等17人，亦声明辞职。在社会人士和家长的支持下，他们另创光华大学。由于财力、物力紧张，学校设备简陋，光华大学创办初期只有两幢教学大楼、两座宿舍，另盖一排二三十间夏不蔽暑、冬不庇寒的草棚作为临时教室，简陋的饭厅则被用作礼堂。由于光华大学的办学理念为师生们所认同，所以同学们说："我们在简陋的饭厅里可以听到鲁迅、林语堂的演讲；在草棚里可以听到胡适之、钱基博、吕思勉、蒋竹庄、吴梅、胡刚复、朱公谨、颜任光、廖茂如、潘光旦、章乃器、王造时、罗隆基、薛迪靖、金井羊、杨荫溥、安绍芸、何炳松等教授的讲学；在休息室里可以看到张韵海和徐志摩在谈诗，李石岑在谈人生哲学。老师诲人不倦，学生发奋学习，蔚成良好的学风。这是光华这棵幼苗成长时期的写照。"① 这一正一反的例子也说明学校的办学理念是教师们认同和选择的重要原因。

再就是私立厦门大学。私立厦门大学校长林文庆十分重视中国传统文化，他用《大学》中"止于至善"作为厦门大学校训，以培养学生"人人为仁人君子"为宗旨，这本没有问题。但他进而反对学生参加爱国运动，这就与正在兴起的新文化运动背道而驰，与那些受过西方教育并想改革中国教育的教师们产生抵触。1924年春，校方在聘期未满的情况下辞退了四位深受学生欢迎的教师，遂引发学潮。林文庆面对学生的质疑明白宣布："在厦大无'德谟克拉西'可言，我办事固取绝对的专制者。诸君不满意可就读别校。此间殊无改革余地，亦无通融之可能。"② 这样的思想冲突导致数百名学生和十几位教师被迫离校。

基于同样原因，后来又发生了教师大批离开厦门大学的事。1926年，因北

① 任嘉尧：《光华大学史略》，中国人民政治协商会议上海市委员会文史资料工作委员会编：《上海文史资料选辑》第59辑，上海：上海人民出版社，1988年，第161—162页。

② 《私立厦门大学风潮记》，厦门大学校史编委会编：《厦大校史资料》(一)，内部资料，1987年，第250页。

京高校教师的批量出走，厦门大学以成立国学研究院为名，聘得林语堂、沈兼士、顾颉刚、容肇祖、孙伏园等十几位教师，加之周树人、张星烺、罗常培等人当时也都在厦门大学文科，这本来是厦门大学文科队伍走向兴盛的一次机会，但这些人不久大部分又都离去了。为什么？鲁迅来到厦门大学，就深深地感觉到厦大死气沉沉的氛围。他说，“这里是死气沉沉的，也不能改革，学生们也太沉静，数年前闹过一次，激烈的都走出，在上海另立大夏大学”，“这里的校长是尊孔的，上星期日他们请我到周会演说，我仍说我的‘少读中国书’主义，并且说学生应该做‘好事之徒’。他忽而大以为然，说陈嘉庚也正是‘好事之徒’，所以肯兴学，而不悟和他的尊孔冲突。这里就是如此胡里胡涂”。[①] 不久厦门大学又停办了国学研究院，导致刚来的这些教师又纷纷离去。顾颉刚说：“总之，厦大一班人的病根，在于没有学问的兴味，只懂得学习技能，却不知道什么叫研究。国学研究院的成立由于他们学时髦，并不是由于学问上的要求。”很显然，当时的厦门大学思想守旧，又不是真心想搞学问，所以教师们只有选择离开。

还有一个例子也说说，那就是吴虞。吴虞因非孔排儒、与父亲不睦并打官司，以徐炯为首的成都教育界以有辱圣贤、端庄风化为名，将其赶出教育界。后来吴虞在《新青年》杂志发表文章，为新文化运动人士所看好，1921 年被北京大学所接纳。1925 年 9 月，吴虞辞去北大教职，自北京回成都。恰逢国立成都大学成立，1926 年 4 月，不拘一格的校长张澜聘其为国文系教授。上课不到半个月，徐炯便召集尊孔读经的一群人士，反对吴虞任成都大学国文系教授。吴虞在日记中写道：“余啸风来言，徐某开紧急会议，反对予任教育事。川人狭隘如此，诚可悯叹也。”吴虞向教务长叶秉诚反映此事，叶秉诚让其置之不理，“秉诚云，徐某此举，关系予个人，尚是第二；其干涉大学内部言论、学术思想之自由，乃是第一问题也。啸风之言，颇多虚声恫喝，当置之不理可矣”。[②] 在吴虞与社会产生思想冲突的情况下，北京大学和成都大学都维护了大学精神，得到了

---

① 《顾颉刚致胡适》(1927 年 2 月)，中国社会科学院近代史研究所中华民国史研究室编：《胡适来往书信选》(上)，2013 年，第 306 页。

② 中国革命博物馆整理：《吴虞日记》下册，成都：四川人民出版社，1984 年，第 307 页。

吴虞的认同。

以上数例，大致可以窥见民国初期高校发展的不平衡。用贬义词讲，是“鱼龙混杂”；用褒义词讲，是“百舸争流”。这种不平衡导致了学校办学理念与教师认同的碰撞，带来了民国高校教师共同体初创时期的矛盾冲突。

4. 自由与规范的冲突

既然是现代高校的初创时期，高校教师共同体生活秩序的规范必是题中应有之义。当时的高校发展一哄而上，新旧交替，学校管理的无序现象也在冲击着教师共同体生活秩序的构建，自由与规范的冲突也就不可避免。

虽然在学术研究方面，蔡元培主张思想自由、兼容并包，但学校组织并非无组织无纪律之所。所以蔡元培主掌北京大学，便立即着手学校秩序规范的整顿，包括上课时数、兼课问题、教授资格等，都成为当时评议会、学校当局乃至教师们关注的重点问题。

首先是教学秩序的整顿。1917 年，《教育杂志》报道：“北京大学校长蔡卿对于整顿大学校务积极进行，刻闻蔡君发出通告，规定该校教员担任教科钟点办法：（一）本校专任教员不得兼任他校教科；（二）本校教员担任教科钟点以二十小时为度；（三）教员中有为官吏者，不得为本校专任教员；（四）本校兼任教员如在他校兼任教科者，须将担任钟点报告本校；（五）本校兼任教员如在本校已有教科钟点十二小时者，兼任他校教科钟点，不得逾八小时以上；（六）教员请假过多，本校得扣其薪金或辞退。”①

其次是教师队伍的整顿。由于新旧交替，原有的教师队伍存在着良莠不齐的现象。欲招聘一批注重学术的学者进入教师队伍，也就必然要将一批无学识之人清除出去。《教育杂志》报道说：“北京大学，乃中国最高学府，近年因经费困难，主持校事者以消极为务，自蔡鹤卿先生长该校后，首所注意者，即为淘汰无学识之华洋教员。”②

蔡元培的清除对象主要是那些既无学识又“阑珊”之教员，且对中国教员和外

① 《学事一束·蔡孑民整顿大学之办法》，《教育杂志》第九卷第二号，1917 年。
② 《学事一束·北京大学之改革》，《教育杂志》第九卷第五号，1917 年。

国教员一视同仁。蔡元培后来说："那时候各科都有几个外国教员，都是托中国驻外使馆或外国驻华使馆介绍的，学问未必都好，而来校既久，看了中国教员的阑珊，也跟了阑珊起来。我们斟酌了一番，辞退几人，都按着合同上的条件办的。有一法国教员要控告我，有一英国教习竟要求英国驻华公使朱尔典来同我谈判，我不答应。朱尔典出去后，说：'蔡元培是不要再做校长的了。'我也一笑置之。"①

对旧派人物，除了学问之外，蔡元培也还是有所要求和选择的。毛准（子水）曾回忆说："譬如，他请刘申叔讲六朝文学，决不会允许他在讲堂上提倡帝制。他请辜汤生教英诗，决不会允许他在校中提倡复辟。他所以没有请林琴南，据我的推测，并不是因为他以为林琴南的文章做的不好，更不是因为派系不同的缘故，而是因为林琴南对于做学问的见解，在蔡先生看来，已赶不上时代了。"②刘申叔即刘师培，辜汤生即辜鸿铭。

辜鸿铭后来被北京大学解聘，理由是教学极不认真。据当时的学生杨振声回忆："辜鸿铭拖着辫子给我们上欧洲文学史。可是他哪里是讲文学史，上班就宣传他那保皇党的一套。"③ 冯友兰也说："当时民国已经成立四年了，辜鸿铭是带着辫子。开学了，他还是带着辫子来上课。我没有去旁听过他的课，只听到英文门的同学们说，他在堂上有的时候也乱发议论，拥护君主制度，有一次他说，现在社会大乱，主要的原因是没有君主。"④ 这样的讲课自然难以站稳现代高校讲台。

对教学秩序和教师队伍的整顿，最重要的是要制度化。20 年代初，马寅初向蔡元培提出，凡愿做教授者，须受一种极严之考试，以口试方式，须有学生会代表及与各学科有关系的社会团体之代表观考，及格者方得任教授。马寅初于 1922 年 2 月 16 日在给蔡元培的信中指出："在外国非真有学问者不得称教授，不

---

① 蔡元培：《我在北京大学的经历》，张圣华总主编：《蔡元培教育名篇》，北京：教育科学出版社，2007 年，第 266 页。

② 毛准：《对蔡先生的一些回忆》，陈平原、郑勇编：《追忆蔡元培》（增订本），北京：生活·读书·新知三联书店，2009 年，第 37 页。

③ 杨振声：《回忆五四》，陈平原、夏晓虹编：《北大旧事》，北京：生活·读书·新知三联书店，1998 年，第 62 页。

④ 冯友兰：《三松堂自序》，第 2 版，北京：人民出版社，2008 年，第 273 页。

料在中国竟为一群无耻之徒所盗用，何怪大学奄奄无生气也。”[①] 这表达了教师们对学校管理制度的关注。

教师们的关注之情，还可以从吴虞的日记中看出。吴虞在1922年2月15日记载：“今日《北大日刊》登二月十一日第五次评议会议决公布案，有三条最重要者，特录于下：（一）教授之聘任与辞退，均须经评议会之议决。（二）凡本校教授，在校外之非教育机关兼职者及在他校兼任重要职务者，须改为讲师，或以教授名义支讲师薪俸。（三）凡本校教授，在他校兼充讲师者，须先经本校认可，并限制钟点。于本年暑假后实行。”1922年3月11日，吴虞在日记中抄录下蔡元培发布的评议会议决案：“二月十一日评议会议决：（一）凡本校教授，在校外之非教育机关兼职者，及在他校任重要职务者，须改为讲师，或以教授名义支讲师薪俸；（二）凡本校教授，在他校兼充讲师者，须先经本校认可，并限制钟点。二月二十五日评议会议决：（一）凡教授在校五年以上者，虽有兼职，仍得以教授名义支讲师薪俸，但不能享有教授权利，如选举权、优待法等，且限于一次办完，后不为例。（二）凡教授在校外之非教育机关兼职者，右列议决各条于春假中开始执行。（三）凡教授在教育机关兼职者，右列议决各条，于暑假中期开始执行。”1924年3月12日吴虞在日记中记载：“凡因兼差，由教授改为讲师者，其后欲恢复为教授时，须于兼差辞去后，在本校继任讲师，满二年以上始得恢复。”[②] 吴虞在日记中记下这些内容，至少表明北大教师们在关注着教师管理制度的建设。北大评议会在制度层面重视着教师共同体的秩序建设，既是对北京大学教师生活秩序的规范，也是对北大教师权益的保护。

在一个群体生活秩序走向规范之时，总免不了一定的冲突与碰撞。大凡人群的组合都有一个磨合的过程。民国高校教师共同体初创时期的冲突与碰撞，正是其各种利益相关者相互磨合的反映。“我们是谁”，这个追问的后面承载着许多社会的、历史的、文化的影响因子。新的理念，旧的习惯，都冲着各自的利益需求

---

① 转引自王学珍、郭建荣主编：《北京大学史料》（第二卷·一），北京：北京大学出版社，2000年，第423页。

② 中国革命博物馆整理：《吴虞日记》下册，成都：四川人民出版社，1984年，第16—17，21—22，168页。

交织在一起，带来了高校教师共同体营建的矛盾运动。正是这些矛盾运动将民国高校教师共同体的营建推向成型。

二、南京政府时期高校教师共同体的成型

南京国民政府时期，是指1928年至1937年这十年。这一时期，我国高等教育有了较大发展。据1931年国民政府统计，大学和学院之分布，上海市18所，北平市12所，河北省8所，广东省6所，南京市及福建、四川、山西三省各3所，江苏、浙江、山东、湖北、湖南、河南、辽宁七省各2所，安徽、广西、云南、新疆、吉林、甘肃六省各1所，分布之广，凡二十一省市。未设立大学或学院者，尚有江西、陕西、贵州、绥远、宁夏、察哈尔、热河、黑龙江、西康、青海、西藏、外蒙古等十二省区。共76所。①

到1934年，教育部根据统计结果，公布全国高等教育概况，全国专科以上学校共110所。其中大学41所，独立学院38所，专科31所。按性质分，国立22所，部立6所，省市立31所，私立51所。按学科分，其纯设实科者（理、农、工、医）32所，其纯设文科者（文、法、教育、商）33所，文、实两科兼设者45所。按地域分，东部居第一（南京、上海三十余所），北部居第二（平津二十余所），中部居第三（川、鄂、豫、湘十余所），南部居第四位（广州等地）。

① 教育部教育年鉴编审委员会编：《第一次中国教育年鉴·丙编·教育概况》，上海：开明书店，1934年，第19页。

又西北农林专科学校及四川农工两院皆近年设置，“故今后全国专科以上学校之分布，有向西北之趋势”。①

随着民国高校教师共同体平台的扩大，其营建的主题也由资格身份的确认进入质量把握的层面。经过十多年的实践积累，从教育部到各高校对聘任教师的认识趋于成熟，特别是教育界对高校教师聘任问题的反思，更是这种成熟趋势的体现。这种成熟，为高校教师共同体的成型创造了条件。

（一）教育部对高校教师资格检定的标准定型

经过十几年的实践，特别是各高校在招聘教师方面的成功做法，为教育部规范大学教师资格奠定了基础。这一规范趋势推动高校教师资格的检定趋向质量追求。

1.《大学教员资格条例》

1927 年 6 月南京国民政府教育行政委员会颁布了《大学教员资格条例》。条例规定，大学教员名称分四等，一等曰教授，二等曰副教授，三等曰讲师，四等曰助教。并强调，这四种名称唯大学之教员得用之。

条例第二章专列“资格”：

助教之资格：国内外大学毕业，得有学士学位，而有相当成绩者；于国学上有研究者。

讲师之资格：国内外大学毕业，得有硕士学位，而有相当成绩者；助教完满一年以上教务而有特别成绩者；于国学上有贡献者。

副教授之资格：在外国大学研究院研究若干年，得有博士学位，而有相当成绩者；讲师完满一年以上之教务而有特别成绩者；于国学上有特殊之贡献者。

教授之资格：副教授完满二年以上之教务，而有特别成绩者。

条例还规定：“凡于学术有特别研究而无学位者，经大学之评议会议决，可

① 《各种教育统计·最近全国高等教育概况》，《教育杂志》第二十六卷第十二号，1936 年。

充大学助教或讲师。”[①]

此条例很明显地吸收了前一时期高校教师共同体营建的经验。在高校教师职称上形成了完整的系列，讲师被纳入高校教师职称的正式序列。在助教、讲师、副教授三级资格下，皆特别标注了于国学上有研究、有贡献、有特殊之贡献的条件。同时，对没有学位但在学术上有特别研究的人员，也网开一面。这样，在高校教师资格条件上趋于明确，这是民国时期中央教育行政部门在教师资格检定方面走向成熟的标志。

当然，这个条例很引人注目之处还在于其第三章的“审查”：“凡大学教员均须受审查，审查时，须呈验：（一）履历；（二）毕业文凭；（三）著作品；（四）服务证书。”审查的部门虽然还是“大学评议会”，但资格审查的权力显然已加强了中央教育行政机关的控制力度。比如条例规定，大学评议会在审查教员资格时，必须要有一名中央教育行政机关的人员列席；资格审查合格后，由中央教育行政机关给予证书；私立大学审查合格之教员，必须经学校呈请中央教育行政机关立案认可，给予证书，方为有效。这已经在很大程度上剥夺了校长聘任教员的独立权力。这表明已经基本消除了军阀割据局面的南京政府，或者说挟持北伐之威并喧嚣着党化教育的南京政府在收归教育权力方面露出了试探的锋芒。

随后，南京政府通过一系列立法进一步规范高校组织。1929 年 7 月，国民政府公布《大学组织法》和《专科学校组织法》；8 月，教育部公布《大学规程》；1931 年 3 月，教育部公布《修正专科学校规程》，再一次对高校教师的聘任做出明确规定。

但值得注意的是，《大学教员资格条例》中对高校教师资格审查的规定似乎受到高等教育界的抵制。1927 年 12 月颁布的《第四中山大学本部组织大纲草案》规定：“各学院教授、副教授、讲师、助教均由院长商承校长依据大学教员条例聘任之。”1928 年 11 月，在随后更名的中央大学的《本部组织大纲》中则

---

① 中国第二历史档案馆编：《中华民国史档案资料汇编·第五辑第一编教育（一）》，南京：江苏古籍出版社，1994 年，第 168—169 页。

退了一步："各学院设教授、副教授、讲师、助教若干人，由校长聘任之或由各该管院长提出，会同高等教育处长荐请校长酌核聘任之。"① 这里的高等教育处是指大学院的高等教育处，但它也只有推荐权，聘任权还是在校长手中。于是我们在1929年7月公布的《大学组织法》第十三条中看到："大学各学院教员分教授、副教授、讲师、助教四种，由院长商请校长聘任之。"② 这一规定实际取消了1927年《大学教员资格条例》中关于中央教育行政部门介入高校聘任的规定，这一变化实际是大学自治与中央集权之间的矛盾斗争在教师聘任问题上的反映。

2. 兼任教员问题

兼任教员问题是民国高校教师共同体营建的一个特殊现象。早在1912年10月公布的《大学令》中就提出"大学遇必要时得延聘讲师"，这里的讲师并非教师职称中的一级，而是指非专任教师，这实际上已经确认了"兼任教员"的合法性。

1914年，教育部颁布《教育部直辖专门以上学校职员薪俸暂行规程》，其中第三条规定："凡直辖学校教员，分专任、兼任二种。"③ 1917年5月教育部在《国立大学职员任用及薪俸规程令》中专列一条："职员除讲师外，不得兼他处职务。"④

民国时期采用兼任教员，根本原因是高校师资的缺乏，专门人才供不应求。1917年，蔡元培就任北京大学校长时就指出："现在我国精于政法者，多入政界，专任教授者甚少，聘请教员，不得不聘请兼职之人，亦属于不得已之举。"⑤

由于专门人才的缺乏，使一些具有学术声誉的教授为各校争相致聘兼任。钱

---

① 南大百年实录编辑组编：《南大百年实录》（上卷），南京：南京大学出版社，2002年，第250、274页。

② 中国第二历史档案馆编：《中华民国史档案资料汇编·第五辑第一编教育（一）》，南京：江苏古籍出版社，1994年，第172页。

③ 《教育部直辖专门以上学校职员薪俸暂行规程》，《教育杂志》第六卷第五号，1914年。

④ 中国第二历史档案馆编：《中华民国史档案资料汇编》第三辑：教育，南京：江苏古籍出版社，1991年，第165页。

⑤ 蔡元培：《就任北京大学校长之演说》，张圣华总主编：《蔡元培教育名篇》，北京：教育科学出版社，2007年，第42页。

穆谈到他在北平的兼课时说："余任北大及兼清华课外，越两年，又兼燕大课，于是每周得两次出城，各半日。此乃无法辞却者。某年秋，师范大学历史系主任某君忽来访，邀余去兼秦汉史课一门。某君忘其名，乃北平史学前辈，其所编讲义亦正流传东安市场各书肆。其来言辞恳切，有坚求必允之意。余告以北大校规，校外兼课只许四小时，余已兼清华燕大两校课，适足四小时之限。逾越校规，非余所愿，亦非所能。且开学已久，清华燕大两校课亦无法中途言辞。如是往复半日而去。一日，某君又来，谓已商得北大当局同意，先生去师大兼课，北大决不过问。余无奈，勉允之。"① 这样，钱穆除专任北大历史系教授外，还兼任清华、燕大、师大三校课。

又如刘文典本为北大所聘，罗家伦执掌清华后，一心想聘请刘文典来清华任专职教授，但北大拒不放人。几经磋商，最后双方达成妥协。刘文典到清华执教，但仍兼北大教授。两全其美。

严济慈于1927年6月在法国巴黎大学完成博士论文，8月回国抵达上海。李石曾宴请蔡元培、吴稚晖、张静江等社会名流，邀请严济慈出席并引荐介绍。由是声名鹊起，引致沪宁各高校争相聘任，严济慈不得不同时到上海大同大学、中国公学、暨南大学以及南京第四中山大学担任物理学、数学教授，并兼任中央研究院物理研究所筹备委员。

民国时期兼任教员现象热度不减的原因，更重要的还在于经济，在于高校教师追求更多的经济收入。吴虞受聘于北京大学不久，又接到北京高师的聘书，他在1921年10月5日的日记中写道："北京高等师范学校校长李建勋，令人送来一函云，本校自本年十月起，敦请先生充兼任教员，担任国文部四年级国文，每周二小时，每小时送薪金四元。"② 当时吴虞每月工资已达二百多元，生活基本无忧，但吴虞似乎并不满足。这之后，他陆续又在北京高等师范学校、南方大学京校、中国大学、北京学院四校兼课。

---

① 钱穆：《八十忆双亲·师友杂忆》，第2版，北京：生活·读书·新知三联书店，2005年，第166—167页。

② 中国革命博物馆整理：《吴虞日记》上册，成都：四川人民出版社，1984年，第641页。

吴宓时任清华大学西洋文学系教授，月薪340元，同时为天津《大公报》之《文艺副刊》撰稿，收入应该不错。但因家庭经济负担较重，于是又到北平大学兼任讲师。他在1929年3月6日的日记中写道："上午温源宁来，商定北平大学行即开课。宓每星期任《古代文学史》及《翻译术》各二小时，共四小时，为讲师，月薪一百元。"①

鲁迅于1919年在八道湾买房，花费不少。年底将家眷接来北京后，家庭开支更大，不得不经常向朋友借债。于是从1920年开始，他先后兼任北师大、北大、女师大、世界语专门学校、中国大学等校讲师，讲授"中国小说史"。所得报酬在日记中均有详细的记载。一般情况，女师大每周讲一小时，月薪是13.5元，世界语专门学校月薪是15元，北京大学月薪是18元，北师大月薪是18元。②

金钱的驱使必然会给兼课带来负面效应。兼课现象的流行，导致一些大学教授对于教书之努力，非为教育而为金钱。教授之兴趣不在学生之功课，而在于教书钟点之多寡。这种现象引起了教育界的质疑。1921年，常道直撰文指出："按现时各校教员大都按钟点而受薪俸，此种办法之不当。杜威博士尝言之，谓此足以使教师存有除在教室中上课数点钟外，不负其他责任之心理。"③ 1922年北大教务长顾孟余谈及教员兼课现象时说："我们现在看各校职教员是不是都在教育界上做事？我们即知道，不是。原因即因为学校收入既不稳妥，并且报酬也非常之少。这个制度，使一班教职员精神不专，竟与外事，以致无专门以教育职为业的教育家。以北大而论，教授中至少也过半数在外兼差，不是教育家，还是官吏，因此，他的工夫有限，不欲专心求学，学问程度不能提高了。但也不能怪他，因为收入少而不妥当，非如此不可。"④

教育部对兼任教员也是一直持不支持态度，因而在政策上总体持限制倾向。

---

① 吴学昭整理注释：《吴宓日记》Ⅳ，北京：生活·读书·新知三联书店，1998年，第225页。

② 马嘶：《百年冷暖：20世纪中国知识分子生活状况》，北京：北京图书馆出版社，2003年，第31页。

③ 常道直：《全国各高等专门以上学校应设法扩充学额之意见》，潘懋元、刘海峰编：《中国近代教育史资料汇编·高等教育》，上海：上海教育出版社，1993年，第852页。

④ 王学珍、郭建荣主编：《北京大学史料》（第二卷·三），北京：北京大学出版社，2000年，第2851页。

1918年10月，教育部召开全国专门以上学校校长会议，其中讨论了“专门以上学校聘用兼任教员，应否酌加限制案”。[①] 1922年，中华教育改进社第一次年会议决“减少兼任教员并限制各学校专储教员兼课兼职以重功课案”。[②] 1923年蒋梦麟设计杭州大学聘任方案，明确提出本大学教职员不得兼他校教课及校外职务。[③]

1929年6月17日，教育部颁布《大学教授限制兼课令》规定：“为令饬事，查大学教授应以专任为原则，现时各校教授每因兼课太多，请假缺课，甚至以一人兼两校或同校两院以上之教授，平时授课已虞不及，何有研究之可言，且影响教授效能，妨碍学校进步，盖无有甚于此者，极应严加整顿，以绝弊端。即自十八学年度上学期起，凡国立大学教授，不得兼任他校或同校其他学院功课，倘有特别情形不能不兼任时，每周至多以六小时为限，其在各机关服务人员，担任学校功课，每周以四小时为限，并不得聘为教授。”[④]

国民政府于1929年7月26日颁布的《大学组织法》的第十四条规定：“大学得聘兼任教员，但其总数不得超过全体教员三分之一。”[⑤] 同日颁布的《专科学校组织法》规定：“专科学校教员，分专任、兼任两种，由校长聘任之，但兼任教员总数不得超过全体教员三分之一。”[⑥]

1931年9月，《国际联盟教育考察团报告书》也指出，兼课现象直接危害着高等教育的健康发展。“处此种情势下，教授为保障自己地位起见，自易受强烈之引诱，而师狡兔三窟之计，在数大学同时任教——因同一城市乃有大学数处，

---

① 教育部教育年鉴编审委员会编：《第一次中国教育年鉴·戊编·教育杂录》，上海：开明书店，1934年，第140页。

② 教育部教育年鉴编审委员会编：《第一次中国教育年鉴·戊编·教育杂录》，上海：开明书店，1934年，第164页。

③ 杭州大学董事会：《杭州大学意旨书》，曲士培主编：《蒋梦麟教育论著选》，北京：人民教育出版社，1995年，第245页。

④ 王学珍、郭建荣主编：《北京大学史料》（第二卷·一），北京：北京大学出版社，2000年，第2851页。

⑤ 中国第二历史档案馆编：《中华民国史档案资料汇编·第五辑第一编教育（一）》，南京：江苏古籍出版社，1994年，第172页。

⑥ 中国第二历史档案馆编：《中华民国史档案资料汇编·第五辑第一编教育（一）》，南京：江苏古籍出版社，1994年，第179页。

故能实行此种办法。现在大学教师5895人中，不但有608人（或百分之十）于教书外，兼任行政职务，且有2066人（或百分之三十五）在校外兼任相当职务——通常系在其他大学任教，其用全部时间在本校服务者，不过3225人，或百分之五十四而已。……教师罕有不了解此等恶果者，大都受制于无法抵抗之环境，尤其地位无保障、发薪无定期而不得不然也。然目前此种兼课办法，实大有损害于大学教育之品质。”报告特别强调：“现行制度，教师多不以全部时间用于授课，而教授及讲师又多在各大学兼课，此种最有害于大学教育之事，应即制止。”①

1932年7月，国立专科以上学校校长会议通过《限制教员兼课案》，强调：“大学教员为专任职。如有兼任他校功课者，须得校长或院长之同意，但每星期至多以四小时为限。此项规定，应由校长或院长于聘书内声明，请应聘之教员注意。专任教授中途在校外任有职务者，该教授待遇改为讲师待遇。每学期开始后，由各院校切实调查专任教授有无兼课情事，如有兼课超过四小时以上者，该教授待遇改为讲师待遇。”②

1940年，教育部在《大学及独立学院教员聘任待遇暂行规程》中明确规定：“教员以专任为原则，应于学校办公时间在校服务。教授、副教授、讲师授课时间每周以九小时至十二小时为率，不满九小时者照兼任待遇。”还规定：“专任教员不得在校外兼课或兼职，但有特别情形经兼课学校先商得原校同意者，每周至多得兼课四小时。兼课以与原校所授课目性质相同者为限，兼课薪金并得由原校具领支配。”③

这些规定说明，兼任教员问题，教育部迫于当时历史条件实属无奈之举，但一直持控制态度。对高校教师共同体的营建来说，兼课现象的负面效应大于正面

---

① 国际联盟教育考察团编：《国际联盟教育考察团报告书》，台北：文海出版社，1986年，第169、201页。

② 教育部教育年鉴编审委员会编：《第一次中国教育年鉴·戊编·教育杂录》，上海：开明书店，1934年，第152页。

③ 《大学及独立学院教员聘任待遇暂行规程》，教育部教育年鉴编纂委员会编：《第二次中国教育年鉴·第五编·高等教育》，上海：商务印书馆，1948年，第28页。

效应。

（二）高校教师共同体营建的典型案例

那么，在质量把握上，各高校对教师共同体的营建又是如何操作的？20世纪30年代，中国高等教育发展出现一个高潮期，各高校在聘任人才方面竞争渐趋激烈，高校毕业生及留学生的选择也更多元，由此带来了各高校教师共同体营建的高招迭出。这里仅以清华大学和燕京大学的教师共同体的营建予以介绍。

1.“大师论”与清华大学教师共同体的营建

说到清华大学教师共同体，我们自然会联想起梅贻琦的“大师论”。1931年12月3日，梅贻琦在清华大学校长就职典礼上发表演说，强调：“一个大学之所以为大学，全在于有没有好教授。孟子说：‘所谓故国者，非谓有乔木之谓也，有世臣之谓也。’我现在可以仿照说：‘所谓大学者，非谓有大楼之谓也，有大师之谓也。’我们的智识，固有赖于教授的教导指点，就是我们的精神修养，亦全有赖教授的 inspiration。但是这样的好教授，决不是一朝一夕所可罗致的。我们只有随时随地留意延揽而已。同时对于在校的教授，我们应该尊敬，这也是招致的一法。”①

梅贻琦的“大师论”并非凭空臆想，而是他在清华多年所见所闻的体会。他特别推崇国学研究院的成功经验，与陈寅恪、王国维、吴宓等人过往甚密，切身感受到真正有学问的教授对学校发展的重要性。特别是清华大学因“教授治校”而焕发的活力，更使梅贻琦认识到“大师”在学校发展中的地位。

梅贻琦始终认定教授是学校的主体，他认为：“一个学校，有先生上课，学生听课，这是主要的。为了上课听课，就必须有些教具以及桌椅之类。因此也需要有人管这些方面的事。一个学校的校长就是管这些事的人。”他把校长身份用了一个形象的比喻：京戏中“王帽”（即帝王）角色。他在1940年9月22日昆

① 梅贻琦：《就职演说》，刘述礼编：《梅贻琦教育论著选》，北京：人民教育出版社，1993年，第10页。

明校友会为他庆祝任教清华廿五周年的茶会上说："现在给诸位说一个比喻，诸位大概都喜欢看京戏，京戏角里有一个角色，叫'王帽'的，他每出场总是王冠齐整，仪仗森严，文武将官，前呼后拥，'像煞有介事'。其实会看戏的绝不注意这正中端坐的'王帽'。因为好戏——除了很少数的几出，如《打金枝》《上天台》——并不要他唱，他因为运气好，搭在一个好班子里，那么人家对这台戏叫好时，他亦觉得'与有荣焉'而已。"①

梅贻琦是这样说的，也是这样做的。他在学校治理中确实坚持了"教授治校"的原则。浦薛凤说："梅氏谦虚和蔼，不自坚持己见，种切听凭讨论，采取多数决定。举例言之，校中有教授会，议决最高规章；有评议会，由校长、各院长，及教授会推选出来的几位教授（大抵均系系主任，但非每一系主任）参加；聘请新教授，以及教授之是否续聘，均由此委员会议决，往往先付小组审查，然后再开会秘密投票决定。笔者被选为教授会秘书，评议会与聘任委员会之委员，凡所决定，登载每周一次铅印分发之'清华大学校刊'。"②

这样的治理方式，再辅以梅贻琦的人格魅力，使清华大学教师共同体得以巩固。余才权说："清华的民主制度诞生于十八年（一九二九）。但这制度是异常脆弱的，梅月涵先生是同情民主制度的校长。在教授会和评议会里，也有'吾从众'的风度和涵养。而学校的一些大事小事，又都要由各种各样的委员会决定。他本人不愿意变更多数的意见。但他不是没有主见的。他是一位能干的委员会的主席，是一位集大成的贤才。对于诚实而负责的人，梅月涵先生是要想方设法地去帮助他的。比如马约翰先生就是一个最好的例子。马先生说：'我每次请教员、领经费的公事，梅先生都是照批的。我每次说谢谢他，他照例说，马先生不要谢谢我，我们都是为着学校，用不着客气。'"③

从梅贻琦掌校到抗战前这几年是清华发展的"黄金时期"。这一时期的清华

① 梅贻琦：《梅贻琦答辞》，清华大学校史研究室编：《清华大学史料选编》第三卷，北京：清华大学出版社，1991 年，第 396 页。

② 浦薛凤：《浦薛凤回忆录》上，合肥：黄山书社，2009 年，第 156 页。

③ 余才权：《梅月涵与清华大学》，《观察》第三卷第十三期，1947 年 11 月。

大学教师，多数都有留学海外的经历，且有相当一部分人对传统学问有深厚底蕴。如吴宓教授西洋文学，陈岱孙教授西方经济学，金岳霖、贺麟教授西方哲学，他们对国学同样有深厚素养。同样的，教授中国文学的朱自清、闻一多，教授中国哲学的冯友兰等，皆通西方学术。至于历史系的蒋廷黻、雷海宗、刘崇鋐，社会系的潘光旦、陈达、吴景超、李景汉等，无不中西兼通。据统计，从1932年到1937年，清华大学先后聘得名师60余位，加上原来的50多位著名学者，使清华大学的教师阵容一时称盛。

2. "中国化"与燕京大学教师共同体的营建

说到燕京大学，人们自然就联想到司徒雷登；说到燕京大学的成功，人们自然会归功于司徒雷登"中国化"的办学理念。燕京大学教师共同体的营建便得力于此。

燕京大学创办于1919年，是由4所教会学校合并而成。燕京大学虽为教会大学，但司徒雷登秉承西方大学理念，以"因真理得自由以服务"为校训，以保持中国的民族自由及其优秀的民族文化与实现太平洋的和平及全人类的进步事业为办学目标。他说："我知道，国家之间的互相了解是确保世界和平，并最终形成某种形式的世界共同体的重要保障。而大学则是我认为的形成这种共同意识的中心。燕京大学所创造的环境，能作为一种永久的财富，来发展国家之间的关系。这是我的理想在一定程度上的实现，但让它完全成为现实，可能还要等到很久以后。在燕京大学彻底地中国化过程中，也需要更多的人在世界上发出声音，展现它的国际性。"①

为了实现这样的目标，教会学校在教师管理上最重要的是要坚持中外教师权利平等的理念，而司徒雷登做到了。他明确表示："它必须是根植在中国的社会中，并且不受西方国家的不平等条约和其他外部因素的影响。学校仅拥有中国人自己所拥有的，或是他们希望与我们共享的权利。中国人和外国人一样，在参与学校事务方面有着相同的权利，他们会住在一起，并拥有相同的住宿条件。"他

---

① 司徒雷登：《西方视野里的中国：在华五十年》，李晶译，南京：译林出版社，2015年，第58页。

强调："我最初的想法是，让更多的中国人参与到学校的管理中来，包括它的教育、宗教、财政等各个方面，使燕京大学成为一所真正的中国的大学。不考究历史的话，人们根本不会意识到它是由西方人创办的。"①

在办学方针上，司徒雷登坚持："它虽然在性质上是一所宗教学校，但我并不想让它牵涉到传教运动。我们不能强制学生非要去参加宗教活动、去做礼拜，也不能用宗教信仰来衡量学生的好坏。首先，它要是一所真正的大学，在这里，真理的传播必须是毫无阻碍的。"②

在校园建设上，司徒雷登提出了基本要求："关于学院的样式，我们从一早就决定了要采用中国建筑的风格——线条流畅的飞檐，鲜亮明丽的颜色，采用钢筋水泥来构筑房屋的主体结构，再配以现代化的照明、取暖和管道设施。从学校的建筑就能看出我们所希望的教学目的：为保护中国优秀的文化遗产而努力。"③在他的努力下，只用了十多年的时间，燕京大学就成为近代中国规模最大、质量最高、环境最优美的教会大学。

在聘请教师问题上，司徒雷登强调真才实学，不过问教师的政治倾向、宗教信仰和学术派别。在教师待遇上，司徒雷登强调中外教职员待遇同等，同工同酬。在教师聘用标准上，燕京大学 1922 年就制定了教职员等级资格标准，并对全校教职员等级重新厘定，达到正教授资格者仅为 4 人。标准之谨严，开全国基督教大学之先声。

此外，司徒雷登在营建教师共同体中，提出了"燕大一家"的理念。教师之间，师生之间，平等相处，欢乐生活，展现了极强的凝聚力。陈远在《燕京大学》一书中记载了这么几件事，足以展现司徒雷登营建教师共同体的魅力。

第一件，1936 年 6 月，曾经是燕京大学的学生继而又成为教师的冰心对司徒雷登校长说过这么一番话："人生中总有几件最深刻的往事，是你永远忘不掉的，和这往事有关的人物，也总使你感激、思念、忘不掉。在燕大团体中，人人

---

① 司徒雷登：《西方视野里的中国：在华五十年》，李晶译，南京：译林出版社，2015 年，第 56—57 页。
② 司徒雷登：《西方视野里的中国：在华五十年》，李晶译，南京：译林出版社，2015 年，第 53 页。
③ 司徒雷登：《西方视野里的中国：在华五十年》，李晶译，南京：译林出版社，2015 年，第 44 页。

却牵萦恋着，我们的司徒校务长，也正是因为他与团体人人生命中几件最深刻的往事，有着最密切的关联。这团体上上下下、前前后后，总有成千上万的人。这成千上万人的生、婚、病、死四件大事，都短不了他。你添一个孩子、害一场病、过一次生日、死一个亲人，第一封短简是他寄的，第一盆鲜花是他送的，第一个欢迎微笑、第一句真挚的慰语，都是从他来的。”

第二件，1936 年 6 月 15 日，注册课主任邸昕庭因病去世，参加殡仪者不过数十人，司徒雷登不仅专程前往家中慰问，还为他主持了安葬典礼。

第三件，1939 年圣诞节来临前夕，面对日军占领北平的局面，司徒雷登特别致函燕京大学教师的子女：“亲爱的小朋友们，今年的耶稣圣诞节眼看就快要到了，我为了要欢迎你们在圣诞节那天到我家来聚会，特意托我的几位朋友来帮助我筹备这个盛会。希望你们和爸爸、妈妈商量，请他们准许你们那天能够到会。你们如果决定前来，请把你们的名字填在下面所附的回条上，于 12 月 10 日前送交校长办公室处转给我。以后我要根据你们的回条预备茶点，发请帖正式来请你们，并告诉你们开会的时间。敬祝你们活泼快乐！”圣诞节那天，司徒雷登在临湖轩招待了 170 余位小朋友。

人们这样评价司徒雷登：“与司徒先生公事亲密的人，都知道教职员的家眷们看他如同大家庭中的家长：儿女头疼脑热，都告诉他；夫妻有口角，请他调停；连家中火炉出了毛病，厕所不够分配，也有去和他商量的！婚事、丧事、寿辰，不仅请他出席，并请他进行‘三祝’，不信教的人，也有请他行使牧师职权的。”①

在司徒雷登的努力下，二三十年代，一批在学术界颇有影响力的学者纷纷加盟燕京大学。这里既有国外归来的学者，如洪业、赵紫宸、冯友兰、吴文藻、雷洁琼、刘廷芳、陆志韦、徐淑希、徐宝谦、萧公权、周学章、胡经甫、李汝祺等，也有国内享有盛名的学者，如陈垣、周作人、郭绍虞、容庚、顾颉刚、钱穆、朱自清、吴雷川、顾随、沈尹默、邓之诚、刘盼遂等，还有燕大自己培养并

① 陈远：《燕京大学（1919—1952）》，杭州：浙江人民出版社，2013 年，第 131—132 页。

选送出国学成归来的学者，如冰心、许地山、齐思和、严景耀、侯仁之等。一时燕园内名师云集。另外，燕京大学中国教员的比例显著增加，至 1927 年，中国教员已由初办时的三分之一上升到三分之二，以后大抵保持在这个比例。至 1936 年秋，燕京大学教员总数 134 人，其中本国籍教员 90 人（男 84，女 6），外国籍 44 人（男 33，女 11）。[①]

清华大学和燕京大学的教师共同体营建，较之前文所述的几所大学相比，其起步虽晚，但起点很高，在全国高校中已位于先进行列。它们比较集中地体现了这一时期高校教师共同体营建的特征，即在质量把握上呈现出高度业缘化趋势。

（三）高校教师共同体营建走向高度业缘化组合

20 世纪 20 年代，中国的高等教育发展经历了一个“大学热”时期。高校的快速发展也带来了教育经费不足及合格教师供给不足的弊端。1932 年，国际联盟教育考察团来华考察后指出：“中国大学教育扩张必然之结果，已使教师人数随之增加。1912 年之大学教师，不过 229 人，1916 年即增至 420 人，今日又十倍于此数矣。此数千教师中，固不乏特出之人才，但因人数增加之迅速，即发生种种待决之问题。即现在大学之整个教授事业制度，绝不能谓为已有完善之组织，而使其所蓄之人才，各尽其最大之效用。”[②]

此处所提出的问题，实际就是高校教师共同体营建的质量把握问题。经过二十几年的实践，这一时期高校教师对共同体的营建有了更深入的思考，也由此从校长、教师、制度等各方面有了更为成熟的探索，促成高校教师共同体走向高度业缘化组合。

1. 破除阻力的思考

1932 年，傅斯年在《独立评论》发文指出：“大学以教授之胜任与否为兴亡所系，故大学教授之资格及保障皆须明白规定，严切执行。今之大学，请教授全

① 张玮瑛等：《燕京大学史稿·大事记》，北京：人民中国出版社，1999 年，第 1289 页。

② 国际联盟教育考察团编：《国际联盟教育考察团报告书》，台北：文海出版社，1986 年，第 168 页。

不以资格，去教授全不用理由，这真是古今万国未有之奇谈。只是所谓‘留学生’，便可为教授，只是不合学生或同事或校长的私意，便可去之。学绩既非所论，大学中又焉有力学之风气?”① 聘任高校教师只看出身，学绩既非所论，其原因何在?

社会上重视留学身份而轻视本国毕业生的偏见深深地影响了高校的教师招聘，导致了留学生与本国毕业生地位的不平等。这是高校教授聘任只看出身的首要原因。1931 年，清华大学教授翁文灏发表《中国大学教育之一问题》一文。他认为社会上对国内大学还是不大信仰，“无论政府机关或是学术团体，用人的时候总是对于外国留学生待遇较高，本国毕业生待遇较低，甚至常有人说，某事较为重要必须请一留学生来办，某事关系较轻不妨请国内毕业生去做”。这种现象已经表现在大学内部，“最好的证据就是外国毕业的人一来就做教授，本国毕业的人老是做助教，极不容易得到教授的资格。教授与助教之间，好像就是留学与未留学的分别截然相离，地位上相差甚多”。②

由于这个原因，留学生回国聘得教授极其容易。北平师范大学校长李建勋认为这种现象在外国，特别是在欧洲是罕见的。1936 年，他通过比较英、法、德与中国教授任职的差异，指出，英、法、德大学教授任命极难，中、美大学教授任命较易。美国的大学教授之著名世界者，固然不少，但在社会上不如法、德之尊严。以法、德等国之大学教授，多为年岁较老之人，且有一定的额数，新进学者欲得一教授位置，颇非易易也。中国留学生返回国内即有聘为教授者，实不无缺陷。③

第二层的原因，当时高校招聘教师，忽视了对其中国文化乃至国情学识的考察，导致对留学人员的偏爱。国际联盟教育考察团的报告对此揭示得比较深刻：

---

① 傅斯年：《改革高等教育中几个问题》，林文光选编：《傅斯年文选》，成都：四川文艺出版社，2010 年，第 118 页。

② 《国立清华大学二十周年纪念刊》（民国二十年），王强主编：《民国大学校史资料汇编》第 9 册，南京：凤凰出版社，2014 年，第 206 页。

③ 李建勋：《关于大学教育的问题》，蔡春等编：《李建勋教育论著选》，北京：人民教育出版社，1993 年，第 211 页。

"聘任教师时，不但应注意其普通之教育学识，且应注意其应付本国材料之能力。现在中国大学教师，每有幼年即出国留学者，彼等对于本国情形，毫无正确之知识，及至回国后，非人事倥偬，即无意研究本国之生活。此类教师在某数大学中，比比皆是。"① 报告中还说："大学编制课程选择教材时，应尽力顾及将来生活于中国之男女之需要，至若聘用教师，不但应注意其普通之资格，尤应注意彼等应用中国材料及应用已有知识于本国特殊环境上之能力。"②

对此，欧元怀极为赞同。他于1937年在《教育杂志》发文指出："我国今日各大学延揽教授，有一个共通的弊病，就是只注重教授本人的出身，而不注重他的学识与品性。我们综览各大学的教职员一览表，十分之九都是留学生。固然，本国大学现在尚未达到能够培养大学师资的地步，但若请留学东西洋各国大学回国的学生来充当教授，实有很大的危险。尤其是许多连中学都进外国学校的教授。这句话怎么讲呢？一个国家有一个国家的历史、风俗、习惯和它的立国精神。它的教育政策，就各有其特殊性。美国的教育政策，与日本不同；英、法的教育政策，更与意、德两样。因为这个缘故，所以由外国学校出身的教授，其学识、品性、思想和日常行为，就未必皆适合本国的国情。"③

之所以会出现这样的偏差，根本原因是高校招聘师资没有把"学问"标准放在首要位置。萧公权直指有些留学生并不是"真有学问"，他说："我知道若干中国学者在欧美大学中研读多年，只求学问，不受学位。史学名家陈寅恪先生是其中最特出的一位。真有学问的人绝对不需要硕士博士头衔去装点门面。不幸是有些留学生过于重视学位而意图巧取。"④

罗家伦也有这种看法。1934年1月，罗家伦在国民党中央党部总理纪念周上讲演《中国大学教育之危机》时也指出："师资人选的困难，这或者也是因为

① 国际联盟教育考查团编：《国际联盟教育考察团报告书》，台北：文海出版社，1986年，第184页。
② 国际联盟教育考察团编：《国际联盟教育考察团报告书》，台北：文海出版社，1986年，第205页。
③ 欧元怀：《论今日大学教育诸实际问题》，《教育杂志》第二十七卷第一号，1937年。
④ 萧公权：《问学谏往录》，合肥：黄山书社，2008年，第64页。

大学太多的缘故。依照人口作比例当然并不算多，但是延聘师资而论，则中国的学者实在不够分配，因为一生一世献身于学术研究的人虽然也有，却是不多，这种现象不只中国如此。在中国更加上政府与学校抢人，于是人才更感恐慌。”①

萧公权的“真有学问”与罗家伦的“一生一世献身于学术研究”，将对高校教师的素质要求提到了点子上。

对此，傅斯年建议高校教师的入职门槛与教授的评定都应强化学术的要求。他的建议共有七条：(1) 由教育部会同有成绩之学术机关组织一个大学教授学绩审查会；(2) 凡一学人有一种著作，此著作能表示其对此一种学问有若干心得者，由此会审定其有大学教师资格；(3) 经上列第二项手续之后，此学人更有一种重要著作，成为一种不可忽略之贡献者，由此会审定其有大学教授资格；(4) 凡有大学教师或教授资格者，任何一大学请其为教师或教授时，受大学教员保障条例之保护，即大学当局如不能据实指明其不尽职，不能免其职；(5) 既得有上列两项资格之一，而任何三年不曾有新贡献者，失去其被保障之权利；(6) 凡无上列资格，在此时情况之下，不得不试用者，试用期限不得过二年；(7) 凡不遵守上列办法之大学，教育部得停其经费，或暂不给予毕业证书之用印。②

这些意见比较密集地围绕高校教师资格和权利保障的话题展开，体现了民国高校教师共同体的营建已深入质量层面，也把高校教师共同体营建的紧迫性点了出来。

2. 各高校校长的破局

应该说，最先感受到这种紧迫性的就是高校校长。民国时期的高校校长大多受西方教育理念的影响，也受蔡元培办学思想的影响，面对日益激烈的人才竞争，他们聘任教师尤为注意破解学缘、地缘关系，以学术标杆为突破口，以保障教师共同体的学术质量。

---

① 中国第二历史档案馆编：《中华民国史档案资料汇编·第五辑第一编教育（一）》，南京：江苏古籍出版社，1994 年，第 290 页。

② 傅斯年：《改革高等教育中的几个问题》，林文光选编：《傅斯年文选》，成都：四川文艺出版社，2010 年，第 118 页。

1928 年，罗家伦主掌清华大学，就注重以学术标准构建教师队伍。他认为要使大学走上学术化之路，必须集中本国优秀学者，不当有丝毫派别观念。他强调："如真有学问之人，不论其是否清华出身，均一律欢迎。总之，我只抱发扬学术的目的，不知有所谓学校派别。我去办理清华，除谋中国的学术独立外，他无目的。"① 他认为："要大学好，必先要师资好。为青年择师，必须破除一切情面，一切顾虑，以至公至正之心，凭着学术的标准去执行。"② 罗家伦主校一年，清华教师阵容大为改观，原教授仅留下 18 人，有效地改变了传统的学缘性和地缘性结构，形成了高度业缘化的组合。

1929 年 4 月 16 日，罗家伦在回答上海记者时说："计今年所聘教授讲师，如翁文灏先生之地学，哥伦比亚大学教授葛利普先生之古生物学，陈桢先生之生物学，吴正之先生之物理学，杨振声先生之文学，普雷斯顿大学教授恪而温之政治学，郭云观、何基鸿先生之法学，刘彦先生之中国外交史，钱玄同、沈兼士先生之文字学，马叔平先生之金石学，刘叔雅先生之汉魏六朝文学，冯友兰、黄子通先生之哲学，其余若萨本栋、浦薛凤、王化成、吴韫珍诸先生，皆系新添之教授，为清华毕业而有专门学术者也。至于以前即在清华之教授，如赵元任先生在授音韵学，陈寅恪先生授佛经翻译及唐代西北史料，唐钺先生授心理学，叶企孙先生授物理学，陈达先生授人口问题等课，熊庆来先生亦重新请回，主持数学功课，后请孙光远先生助之。总之，清华教授人选，总算是可以向学术界交代得过去。余聘教授，毫无门户之见，概以学术标准为衡。"③

后来罗家伦任中央大学校长，聘任师资继续坚持任人唯贤的路子，不惜得罪人。蒋介石曾经询问教育部部长王世杰："罗志希很好，为什么有许多人批评他，攻击他?"王世杰回答："政府中和党中许多人向他推荐教职员，倘若资格不合，

---

① 罗家伦：《整理校务之经过及计划》，清华大学校史研究室编：《清华大学史料选编》第二卷，北京：清华大学出版社，1991 年，第 5 页。

② 罗家伦：《学术独立与新清华》，清华大学校史研究室编：《清华大学史料选编》第二卷，北京：清华大学出版社，1991 年，第 201 页。

③ 《罗校长与上海记者谈话》，清华大学校史研究室编：《清华大学史料选编》第二卷，北京：清华大学出版社，1991 年，第 75 页。

不管是什么人，他都不接受。”①

钱穆之任职高校就是这样的聘任思路的结果。钱穆不仅没有大学文凭，甚至连中学也没毕业。1912 年，他因家庭经济困难而中学辍学到小学任教。在小学任教期间，他潜心学问，陆续完成了《论语文解》《国学概论》，并在报刊上发表文章，渐渐崭露头角。1923 年，时任上海圣约翰大学教授的钱基博因读到钱穆的文章而推荐他到无锡省立第三师范任教。不久，著名学者蒙文通看到钱穆的文章慕名前来造访，看到他正在研究的《先秦诸子系年》手稿，钦佩不已。后来顾颉刚看到钱穆的《先秦诸子系年》，当即对他说，你不合适在中学教国文，应该到大学教历史。在顾颉刚的大力推荐下，1930 年，钱穆应聘到燕京大学任教。1931 年夏，钱穆正式应聘为北京大学教授。当时，教育部对大学教师的职称规定的附则中明确规定：“凡与学术有特别贡献而无学位者，经校务会议决议，可充大学助教或讲师。”照此规定，钱穆的职称最高不过是讲师，但是北京大学以副教授的职称聘请钱穆。不久钱穆又接到清华大学的聘书，燕京大学和北平师范大学也坚持请他兼课。这样，时年 37 岁，连中学文凭都没有的钱穆同时在北平四所著名大学执教。

不仅钱穆，沈从文为中国公学校长胡适所聘也是如此。沈从文只有小学学历，他进入中国公学任教是由于徐志摩向胡适的鼎力推荐。杨亮功说：“胡先生在学校积极提倡学生写作，他认为这样可以引起学生读书兴趣。”因而胡适聘请沈从文可能正是看中了这一点。沈从文当时心里还是很忐忑，他在给胡适的信中说：“昨为从文谋教书事，思之数日，果于学校方面不至弄笑话，从文可试一学期。从文之所以不敢作此事，亦只为空虚无物，恐学生失望，先生亦难为情了。从文意，在功课方面恐将来或只能给学生以趣味，不能给学生以多少知识，故范围较窄，钱也不妨少点，且任何时候学校方面感到从文无用时，不要从文也不甚要紧。可教的大致为改卷子与新兴文学各方面之考察，及个人对各作家之感想，

---

① 王运来：《罗家伦重建中大》，钟叔河、朱纯编：《过去的大学》，武汉：长江文艺出版社，2005 年，第 229 页。

关于各教学方法，若能得先生为示一二，亦是实为幸事。”[①] 而沈从文初上讲台，确实手足无措。胡适听到其他教师的反映，只是淡淡地说：学生没当场把他轰下来，就是成功。

胡适之所以能做到这一点，与他在中国公学坚持不分派别、以学术为重的聘任思路分不开。当时杨亮功为中国公学副校长，他看到：“上海为人才荟萃的地方，大学很多，物色教授，尚不感困难。并且因为中国公学系胡先生所主持，所以有许多学人，很愿意来帮忙。但胡先生对于教授的聘请，心目中亦有一定的标准，如关于中国文学的教授，胡先生认为必须旧学有根基而对于新知识亦有相当研究者，方为合格。”[②] 所以陆侃如、冯沅君夫妇主持中国文学系，后来又增聘沈从文；英文系教授请梁实秋、袁昌英、蒯叔平、叶公超、谢子尧诸先生担任；数理系由胡耀楣、劳君展诸先生担任。社会科学院由高一涵先生主持，主要教授为张慰慈、刘南陔、杨鸿烈、陈顾远、刘英士诸先生。大致说起来，全校所聘教授以文科和社会科学的人选较为整齐。很显然，这种标准就是以学术为重的标准。

后来，杨亮功于1929年秋回安庆担任安徽大学文学院院长并代理校务，次年夏继任校长。他感到最困难的事就是人事问题：“我一直认为要想提高学校水准，必须先从师资方面着手。……惟有提高待遇，使其生活安适，才能聘到优良教授。适值那时中国公学改组，很多旧同事想离开吴淞，国立暨南大学也有好几位朋友愿意帮忙，加上在北京也约请了几位教授，几方面集会起来，才组成这个小学术集团。我觉得这个集团人选，水准是相当的整齐。”[③] 这些人是：教务长常导直，文学院长王陆一，法学院长张慰慈，理学院长丁绪贤，中国文学系主任陆侃如，外国文学系主任朱湘，哲学教育系主任常导直，政治系主任刘英士，经济系主任童冠贤，法律系主任陈顾远，算学系主任何鲁，化学系主任陈景琪，物理学系主任夏敬农，其他新聘之教授有程仰之、苏雪林、查良鉴、张庆桢、冯沅

---

① 转引自汪修荣：《民国教授往事》，郑州：河南文艺出版社，2008年，第262页。

② 杨亮功：《早期三十年的教学生活·五四》，合肥：黄山书社，2008年，第49页。

③ 杨亮功：《早期三十年的教学生活·五四》，合肥：黄山书社，2008年，第61页。

君、谢子尧、薛良叔等人。[①] 这样的人员组合就是以学术为标准的组合。

辅仁大学成立较晚。1929 年陈垣担任辅仁大学校长时，北京大学、清华大学、北京师范大学、燕京大学已经网罗了不少人才。陈垣利用后发优势，从这些学校中聘请一批名教授，使之成为辅仁教师队伍的骨干力量，或成为辅仁的兼职教授。陈垣又利用这些名师的关系，扩大教师延聘的范围。例如陈垣从北京大学聘得刘半农，刘半农又从北大给辅仁带来了周作人、马衡、刘钧等名师。另外，陈垣又从留学归国人员中聘得 40 余人。

陈垣还很注意聘请无文凭而有真才实学的人才。例如陈垣在北大任教时，发现一名叫余逊的学生作业甚精，一经询问，才知其家学渊源，遂约见其父余嘉锡。余嘉锡乃旧时举人出身，自学成才，做学问路子与陈垣相契，于是两人一见订交。陈垣出任辅仁校长后，1930 年 4 月，聘余嘉锡为国文系讲师，1931 年升教授，1932 年 9 月兼任国文系主任。还有一个是启功，因家世困窘，启功中学未毕业便出来工作。1933 年，辅仁大学董事傅增湘拿着启功的作业介绍给陈垣，陈垣觉得其写作俱佳，于是安排他在附中教初一的国文。两年后，附中负责人认为启功没有大学文凭，不够中学教员资格，予以解聘。陈垣又将他安排在大学美术专修科当助教，不料美术专修科还是在那位中学负责人管辖之下，于是启功又被解聘。陈垣再将启功安排进大学，任教大学一年级的国文。启功在陈垣的指导下，逐渐在辅仁大学站稳了讲台，由助教、讲师、副教授而逐渐进步。

1929 年 5 月，王世杰出任武汉大学校长。王世杰很清楚地提出创办新的武大需要有五个条件：巨大的校舍，良好的设备，独立的经费，良好的教授，严整的纪律。他还有个说法很有意思："一家大学能否至臻于第一流，端赖其文学院是否第一流。有了第一流的人文社会科学诸系，校风自然活泼……有了好的文学院，理工学生也会发展对于人文的高度兴趣，可以扩大精神视野及胸襟。"[②] 唯此，当年武汉大学文学院人才盛极一时：闻一多、陈源、朱光潜、叶圣陶、钱歌

---

① 杨亮功：《早期三十年的教学生活·五四》，合肥：黄山书社，2008 年，第 61—62 页。

② 张昌华：《王世杰魂牵武大》，杨欣欣等主编：《珞珈风雅》，武汉：武汉大学出版社，2013 年，第 40 页。

川、吴其昌、苏雪林、凌叔华、袁昌英，等等。

1930年6月，杨振声出任青岛大学校长。杨振声效法蔡元培提倡学术自由、兼容并包的办学方针，希望把青岛大学办成全国一流大学，广纳贤才。在筹备期间，他到上海物色教师，遇到闻一多和梁实秋，他说："上海不是居住的地方，讲风景环境，青岛是全国第一，二位不妨前去游览一次，如果中意，就留在那里执教，如不满意，决不勉强。"后来，闻一多被聘为文学院院长兼中文系主任，梁实秋被聘为外文系主任。梁实秋说："这'先尝后买'的办法实在太诱人了，于是我和一多就去了青岛，半日游览一席饮宴之后我们接受了青岛大学的聘书。今甫待人接物的风度有令人无可抗拒的力量。"① 与此同时，如游国恩、洪深、李达、童第周、老舍、孙大雨、陈梦家等一大批教授也陆续慕名而加盟，带来了青岛大学的一度兴旺。

广东新会人陈洵，字述叔，以词闻名，当时在词坛与顺德诗人黄节（晦闻）有"黄诗陈词"之称。1929年，中山大学校长朱家骅为了物色词学良师，曾走马大江南北。在上海，朱家骅拟聘朱祖谋南下任教，朱祖谋对朱家骅说："广东自有人才，新会词人陈述叔毕生授徒，无愧硕学良师，何必舍近图远呢?"朱家骅遂南归，访陈洵，继而敦聘之。黄节在《海绡词序》中说："述叔穷老授徒，微疆村（朱祖谋）其谁知述叔者。"陈洵到中山大学后，开设词学课不仅为文学系学生所追捧，慕名旁听者遍及理、工、法各院系。授课教室虽选择最大一间，仍远远不能容纳。课前十分钟就已座无虚席，连窗台、走廊都挤得水泄不通。尽管校方破例每次印发讲义多达数百份，仍有许多人有向隅之叹。②

这些例子都可见当时的各高校校长们为罗致人才的努力。也使我们能理解，这一时期的高校教师共同体为什么能够走向业缘化组合。

3. 学校管理的着力

除了校长的努力之外，学校内部管理的着力也是促成高校教师共同体成型的

---

① 梁实秋：《忆杨今甫》，刘天华、维辛选编：《梁实秋怀人丛录》，北京：当代世界出版社，2007年，第146页。

② 曹其华：《陈述叔在中山大学》，萧乾主编：《羊城撷采》，北京：中华书局，2005年，第81—82页。

重要因素。教师聘任制度便是其中一项措施。南京政府时期，各高校的教师聘任制度在总结过去经验的基础上也渐趋成熟。从聘任权限，到录用标准，以及实际操作，都显示出成熟的态势。

从国立高校看，由于教育部对高校教师的聘任条件作了明确的规定，所以各高校只是在聘任权限上进一步予以强调。例如蒋梦麟于1930年任职北大后，将教师聘任权收归校长，对教授兼课严格限定，实行教授专任制，改变过去第二年续聘后即无任期限制的办法，重新规定教授初聘订约一年，续聘则订约两年，在聘约有效期内不得中途他去，且规定每位教授每周授课时间为12小时。①

又比如清华大学于1928年9月颁布了《国立清华大学条例》，规定："各学系置正教授、教授、讲师若干人，由校长得聘任委员会之同意后聘任之。置助教若干人，由各学系主任商承校长、教务长同意后聘任之（但在聘任委员会未成立之前，迳由校长聘任之）。"1934年清华大学规定，教授最初两次聘任，每次聘期限一年，以后每次二年。讲师、专任讲师、教员及助教之聘约每年一次，每次以一年为限。②

1927年6月9日成立的第四中山大学（后改名中央大学）在聘任教师时，严格按照《大学教员资格条例》执行。条例规定申报教授必须是"副教授满二年以上之教务而有特别成绩者"，所以第四中山大学在开办之初，全校没有一名正教授，即使曾在国内外著名院校担任过教授的名家学者，如各学院院长，以及吴有训、竺可桢、闻一多、严济慈等，当时全部被聘为副教授。因为自该条例颁布之日算起，他们均未"完满二年以上"的副教授职务。③

教会大学在教师聘任制度上则有自己的特色。1928年9月金陵大学制定《金陵大学教职工的职称分类和薪水等级条例》，其聘任条件基本参照国民政府教育部所颁布条例的标准，但有些条件比教育部的标准更严。例如教育部规定"助

---

① 谢长法：《借鉴与融合——留美学生抗战前教育活动研究》，石家庄：河北教育出版社，2002年，第161页。

② 清华大学校史研究室编：《清华大学史料选编》（二），北京：清华大学出版社，1991年，第140、175页。

③ 王德滋主编：《南京大学百年史》，南京：南京大学出版社，2002年，第145页。

教完满一年以上”便可申请讲师，而金陵大学要求“充任助教三年以上”；教育部规定“讲师完满一年以上”便可申请副教授，而金陵大学要求“充任讲师五年以上，或同等工作并有其突出成绩者”才有资格；教育部规定教授须“副教授完满二年以上”，金陵大学则要求“充任副教授五年以上”。并且，条例对申请者的资格审查提出了比较严格的要求，要求聘任委员会必须注意以下几点：(1) 研究工作之成绩；(2) 教授之学程及其内容；(3) 担任之职务和课外活动；(4) 工作缺席次数和告假之时数；(5) 著作；(6) 工作之成绩。[①]

燕京大学也是在经过十几年的办学实践基础上，对聘任教师有了更成熟的思考。这个思考最终形成了于1935年制定的教师录用标准（表1—2）。

表1—2 燕京大学各教员最低学位及经验标准（1935年5月）

等级	学位	教学经验	能力	著作
教授	得文学士或理学士者 得文硕士或理硕士者 得博士者	须教学9年 须教学7年 须教学5年	能指导研究院研究工作	得学位后有出版品
副教授	得文学士或理学士者 得文硕士或理硕士者 得博士者	须教学7年 须教学5年 须教学3年	能指导研究院研究工作	得学位后有出版品
讲师	得文学士或理学士者 得文硕士或理硕士者 得博士者	须教学5年 须教学3年 须教学1年	能指导本科之研究工作	无须 无须 无须
助教	得文学士或理学士者 得文硕士或理硕士者 得博士者	须教学3年 须教学1年 无须	能独立开班授课	无须 无须 无须
助理	得文学士或理学士者 得文硕士或理硕士者 得博士者	无须 无须 无须	能助理课室实验室工作	无须 无须 无须

资料来源：张玮瑛等：《燕京大学史稿》，北京：人民中国出版社，1999年，第1396页。

① 南大百年实录编辑组编：《南大百年实录》中卷，南京：南京大学出版社，2002年，第192—193页。

从金陵大学和燕京大学的教师聘任制度看，教会大学对各级职称教师的教学实践经验及学术成果更为重视，条件也更为具体，走在了国立高校的前面。

规章有了，重要的是执行，特别是对有损于教师共同体利益的行为要果断处置。冯友兰谈到清华大学有“一个荷兰籍的外国教授，在教学生弹钢琴的时候，对一个女生有失礼的行动。学生向罗家伦报告了这个情况，罗家伦通知那个教授：立即停职，听候处理”。当时有人怕因此引起国际纠纷，但多数教授对此坚持原则，罗家伦也依法通知那位教授：合同已经作废，限期离校。①

这种纯洁教师队伍、维护知识精英集合体的做法得到民国高校教师的普遍认同。据周作人回忆：北京大学自1929年开始，即蒋梦麟当校长，胡适当文科学长时，改为每年发聘书，如到了学年末未收到新的聘书，便算是被解聘了。一般的教师如没收到新的聘书，便悄悄地走了。但有的教师却不肯罢休。如林损，他在被辞退以后，大写抗议文章，在《世界日报》发表致胡博士的信，说了“遗我一矢”的话。但是胡适并未作答，不久也就无声息了。②

林损为什么被解聘，30年代入读北京大学的张中行有过记载：“但他自视很高，喜欢立异，有时异到等于胡说。譬如有一次，有人问他：‘林先生这学期开什么课？’他答：‘唐诗。’又问：‘准备讲哪些人？’他答：‘陶渊明。’他上课，常常是发牢骚，说题外话。譬如讲诗，一学期不见得能讲几首；就是几首，有时也喜欢随口乱说，以表示与众不同。同学田君告诉我，他听林公铎讲杜甫《赠卫八处士》，结尾云，卫八处士不够朋友，用黄米饭炒韭菜招待杜甫，杜公当然不满，所以诗中说，‘明日隔山岳，世事两茫茫’，意思是此后你走你的路，我走我的路。也许就是因为常常讲得太怪，所以到胡适兼任系主任，动手整顿的时候，林公铎解聘了。”③ 由此看来，北京大学对林损的解聘是合理的。

也有在学生压力下自动辞职的。邓云乡在《文化古城旧事》中讲过这么一件事。广东人李锡余，出生在香港，家中为茶商，并非书香门第。然此君自幼酷爱

---

① 冯友兰：《三松堂自序》，第2版，北京：人民出版社，2008年，第290—291页。

② 周作人：《知堂回想录》，香港：三育图书有限公司，1980年，第330—331页。

③ 张中行：《红楼点滴三》，《故园人影》，北京：作家出版社，2006年，第11页。

读书，且资质过人。在香港受完中等教育，负笈北上，考入北京大学国文系，是时不但中、英文字均已深通，而且已经很渊博了。一次上“中国通史”课，任课教师是位讲师，水平稍差。这位教师讲了十几分钟之后，李锡余忽然走上讲台，朝该教师深深地一揖，说：“希望老师今天就辞职，回家读十年书，再来上课，因为某某、某某等处都讲错了。”这位教师，风格也高，下课之后，二话没说，向教务科送个条子转呈校长辞职走了。[①] 这位教师能够很知趣地辞职走人，说明当时高校的聘任制度已经趋于规范化，高校教师共同体内部已基本形成了以真才实学为尚的共识。

1936 年，清华大学算学系高材生陈鸿远同时考上了中英、中美数学公费留学的两个备取递补第一名。而当年同时考上中英、中美数学类公费留学的是清华物理系搞理论物理的一位高材生 S。如果这位高材生主动宣布放弃其中之一，陈鸿远就可以递补录取 S 放弃的名额。没想到 S 就是不宣布放弃，直到名额过期作废。S 后来去了英国剑桥数学系，留美的名额就被浪费了。这件事当时在清华反响挺大。S 业务非常好，他拿到博士学位后继续作理论物理的研究，但清华大学物理系一次也没有向他发过聘书。[②] 这又从一个侧面反映了当时高校聘用人才的原则，那些虽有才而无德之人，肯定得不到高校的青睐。

学校管理还体现在对人才的关爱与培养上。罗尔纲在北大考古室做了两年的助理也未得到升迁。一次，清华大学史学系主任蒋廷黻教授看到罗尔纲 1935 年秋在《益世报·史学》上发表的《淮军的兴起》一文，很是欣赏。恰逢 1936 年春蒋廷黻要出任驻苏联大使，便希望由罗尔纲来接任他教中国近代史这门课。清华文学院院长冯友兰向胡适提出这个要求，被胡适推辞了。罗尔纲的朋友们相当气愤，不许罗尔纲再去胡适家。谷霁光甚至向南开大学经济研究所推荐，这样两处同时愿意聘请罗尔纲。胡适了解到罗尔纲的怨气，耐心地对他说：“尔纲你生气了，不上我家，你要知道，我不让你到清华去，为的是替你着想，中国近代史包括的部分很广，你现在只研究了太平天国一部分，如何去教人？何况蒋廷黻先

---

① 邓云乡：《文化古城旧事》，北京：中华书局，1995 年，第 299 页。

② 熊秉衡、熊秉群：《父亲熊庆来》，昆明：云南教育出版社，2015 年，第 104 页。

生是个名教授，你初出教书如何就接到他的手？如果你在清华站不住，你还回得北大来吗？”他停了一下，接着说：“我现在为你着想，还是留北大好，两处都不要去。你到别个机关去，恐怕人家很难赏识你。”胡适是真心爱护罗尔纲，最终得到了罗尔纲的认同。不久，胡适将罗尔纲升为助教，并增加了薪金。[①]

胡适的例子涉及学校管理的工作作风问题，显然这也是营建高校教师共同体的重要因素。如果领导者的工作作风不为教师所认同，教师往往会选择出走。

20 世纪二三十年代，东北大学很重视从关内聘请教授，但诸多教授都待之不久便弃之而去。例如 1931 年萧公权进东北大学时，已有章行严、傅治芗、梁漱溟等名师在校讲学，萧公权的清华同学陈青筠（钦仁）、孙小孟（国华）、张子缨（忠绂）、梁思成等也都先后来到东北大学，但都不长久。其原因，萧公权认为东北大学流行着官府的气味，特别是行政效率太低。他举例说，他应聘到东北大学，从天津动身前就告知了到校日期。“到校的那天我去到法学院和总务处的办公室去接洽，都不得要领。最妙的是，当我说明来历并表示想见院长时，一个职员说：‘拿名片来。’我把名片递给他，一看上面只印有我的姓名，并无显赫的头衔，便把名片往桌上一扔，说‘院长不见’。最后我到工学院找着了惜冰兄，经他派员陪着我去见了法学院长，一切问题才迅速而顺利地解决了。”据萧公权说，他的同学张子缨当年来东北大学也遭遇同样的境况。[②]

后来，萧公权在燕京大学也遇到同样的事。1932 年 5 月，已在燕京大学任教的萧公权得到续聘的聘书，这时清华大学政治系主任浦薛凤也有意请他加盟。萧公权认为清华是母校，图书设备远胜燕京，学术水准也较燕京大学为高，加之有一帮同学、老友都在清华，他不愿失去这次任教母校的机会。正当他处于两难境地时，燕京大学法学院院长找他谈话，但迟到了半小时。可能是这一因素促使萧公权下决心离开燕京大学。当法学院院长直接告诉他聘书已发出，不能他就时，萧公权问：“教员接着学校的聘书，是否可以考虑受聘与否？”院长答复说：

---

① 罗尔纲：《师门五年记·胡适琐记》（增补本），北京：生活·读书·新知三联书店，2007 年，第 51—52 页。

② 萧公权：《问学谏往录》，合肥：黄山书社，2008 年，第 89 页。

“可以的。他们不愿受聘，学校并不勉强他们。”萧公权马上说：“既然如此，我只有退还燕京的聘书了。”①

毛彦文于 1931 年从美国留学归国，在寻求高校教职的过程中，她就遭遇了两个不同风格的大学校长。她先托国立暨南大学文学院院长，当年就读北平女高师和南京金陵女子大学的老师陈钟凡代找一教职，陈钟凡为她在暨南大学教育系谋到一个教授职位。8 月底，陈钟凡陪毛彦文去见校长郑洪年，两人进入郑公馆客厅时，郑先生正在沙发上看报，并未因有客人而放下报纸。陈钟凡说：“校长，我带毛彦文先生来拜见您。”郑说：“请坐。”仍旧阅报，并没有看他们一眼。约莫有一刻钟光景，郑放下报纸，朝毛彦文观看了一下，说：“毛先生，你是专任教授，月薪二百元，每星期教六小时课，校中需要女生指导，所以请你担任此职，住在女生宿舍，你必须严厉管理女生，有什么问题和我磋商。”然没过几天，陈钟凡通知她，郑校长认为她太年轻，恐不能胜任女生指导，已另聘他人，于毛彦文加 6 小时课，每周 12 小时，仍为专任。毛彦文很失望，去找在复旦大学的同学诉苦，那位同学知道复旦大学正在物色女生指导，便带她去见李登辉校长。李校长系华侨出身，毫无官僚气派，爽真诚恳，系一恂恂儒者。一见面相谈，李登辉马上同意她做女生指导，并说，只做女生指导，怕女生轻视，还须教几点钟课。于是马上找来教育系主管安排科目和钟点，每周教 5 小时。李登辉用英语对毛彦文说：“Don't push the girl too hard. You work slowly but steadily.”后来毛彦文才了解到，暨南大学女生指导的职位为教育部高等教育司司长的夫人所取代，高教司司长是暨南大学的顶头上司。② 毛彦文心中的天平自然向复旦大学倾斜。

学校管理中的衙门作风，本质上就是不重视人才。它能极大地消解高校教师共同体的凝聚力，这也是民国高校教师共同体营建的宝贵经验。

4. 高校教师共同体的成分结构趋于合理

由于以学术标杆为聘任标准，最终促成民国高校教师共同体走向高度业缘化的组合。这种格局终于破解了高校地缘、学缘的旧格局，并促成了民国高校教师

---

① 萧公权：《问学谏往录》，合肥：黄山书社，2008 年，第 93 页。

② 毛彦文：《往事》，天津：百花文艺出版社，2007 年，第 28 页。

共同体成员的成分结构趋于合理。

1933年，北大教师合计217人，其中专任教员128人，兼任教员89人。从教员资格看：美国大学毕业者54人，日本大学毕业者31人，法国大学毕业者14人，德国大学毕业者13人，英国大学毕业者10人，俄国大学毕业者1人（系俄籍教员），本校毕业者52人（如加上美、德、法三国留学之本校毕业生，共得69人），国内大学毕业者17人，国内军校毕业者8人，其他17人（包括旧学出身11人，拳术教师2人，资格不明者4人）。从教师籍贯看：河北35人，江苏32人，浙江30人，安徽15人，湖北15人，四川13人，广东13人，湖南10人，河南10人，江西9人，外籍8人，福建7人，籍贯不明6人，山东4人，陕西3人，贵州2人，黑龙江2人，辽宁1人，吉林1人。此外如山西、广西、云南、甘肃、绥远、察哈尔、热河、宁夏、青海、西康、新疆11省均无教员。①（注：原文如此，各数相加与总数不符）

上海法政学院1932年的教师统计，教授共59人，其中男56人，女3人。其籍贯分别为：江苏15人，浙江16人，安徽5人，湖北4人，湖南3人，江西2人，山东2人，广东1人，河北2人，四川2人，云南1人，福建1人。其资格：留法13人，留美4人，留日19人，留英1人，留比1人，国内学历11人。②（注：原文如此，各数相加与总数不符。）

四川省立重庆大学1934年的教职员学历统计，大学学历：留法6人，留德5人，留瑞士1人，留英美2人，留日1人，国内学历27人；专门学校学历：留法4人，留德1人，留日1人，国内学历16人；未详11人。③

国立青岛大学1931年的教员统计，文学院23人，理学院14人，教育学院4人，其他8人。在文学院的23人中，教授6人，讲师8人，兼任讲师8人，教

① 《北大二十二年度教员总统计》，王学珍、郭建荣主编：《北京大学史料》（第二卷·一），北京：北京大学出版社，2000年，第435页。

② 《上海法政学院一览》（民国二十一年），李森主编：《民国时期高等教育史料汇编》第26册，北京：国家图书馆出版社，2014年，第712页。

③ 《四川省立重庆大学一览》（民国二十四年），王强主编：《民国大学校史资料汇编》第48册，南京：凤凰出版社，2014年，第495页。

员 1 人。其中毕业于美国 2 人，毕业于德国 4 人，毕业于日本 2 人。理学院 14 人中，教授 5 人，讲师 5 人，兼任讲师 2 人，助教 2 人。①

复旦大学 1933 年对教员的统计，具有美国学历 37 人，具有英国学历 3 人，具有日本学历 4 人，具有法国学历 2 人，具有德国学历 1 人，具有比利时学历 1 人，具有泰国学历 1 人，本校毕业的学士、硕士 20 人，国内其他大学毕业 6 人，来自其他大学或新闻、出版等机构 19 人，共 94 人。②

省立吉林大学 1930 年的教员：教授 2 人，副教授 6 人，讲师 11 人，代理讲师 9 人，助理员 1 人，党义讲师 1 人，德文讲师 1 人，共 31 人。其中具有美国学历 7 人，法国学历 1 人，德国学历 2 人，日本学历 2 人，俄国学历 1 人，英国学历 1 人，本国学历 17 人。③

私立广州大学 1936 年在职的教职员 68 人，籍贯全部都是广东。广西省立医学院 1937 年的在职教员共 59 人，有 18 人来自外省，其余籍贯为广西。1932 年私立焦作工学院教职员总数为 44 人，外省籍 8 人，其余都为河南省籍贯。

从以上各高校教师结构的信息看，各高校教师的职称分布合理，地缘、学缘多元，表现出民国高校教师共同体走向健康发展之路。下面是 1931 年统计的全国高校教师的基本信息（表 1—3 至表 1—5）。

表 1—3　1931 年全国专科以上学校教员数（单位：人）

总数	国立				省立				公立	私立			
	合计	大学	学院	专科	合计	大学	学院	专科	专科	合计	大学	学院	专科
7053	2711	2599	71	41	1242	563	307	372	98	3002	1508	1135	359

资料来源：教育部教育年鉴编审委员会编：《第一次中国教育年鉴·丁编·教育统计》，上海：开明书店，1934 年，第 33 页。

---

① 《国立青岛大学一览》(民国二十年)，王强主编：《民国大学校史资料汇编》第 38 册，南京：凤凰出版社，2014 年，第 532—535 页。

② 《复旦大学一览》(民国二十二年)，李森主编：《民国时期高等教育史料汇编》第 19 册，北京：国家图书馆出版社，2014 年，第 27—33 页。

③ 《吉林省立大学概览》(民国十九年)，李森主编：《民国时期高等教育史料汇编》第 18 册，北京：国家图书馆出版社，2014 年，第 63—66 页。

表 1－4　1931 年全国专科以上学校教员之等级、性别、职别（单位：人）

等级					性别		职别		
教授	副教授	讲师	助教	其他	男	女	专任	校外兼	校内兼
2369	781	2783	888	232	6646	407	4244	2021	920

资料来源：教育部教育年鉴编审委员会编：《第一次中国教育年鉴・丁编・教育统计》，上海：开明书店，1934 年，第 52 页。

表 1－5　1931 年全国专科以上学校教员之科别（单位：人）

文　类					实　类					体育	党义	军事	其他
合计	文	法	教育	商	合计	理	工	医	农				
3681	1848	1220	338	275	1990	981	490	327	192	100	96	68	1118

资料来源：教育部教育年鉴编审委员会编：《第一次中国教育年鉴・丁编・教育统计》，上海：开明书店，1934 年，第 52 页。

南京政府时期，高校教师共同体在发展中求壮大，然而它并不是浅层次的数量扩充，而是以学术为标杆的质量提升。一群立志教育事业人士的集合，一个有助于学术事业发展的平台，最终促成了高校教师共同体走向业缘化组合。这样的高校教师共同体才经受得起时代和历史的检验。

三、全面抗战及战后高校教师共同体的动荡与稳定

1937 年，抗日战争的全面爆发严重阻碍了中国高等教育的正常发展。为了保存高等教育实力，国民政府采取了紧急应变措施，将集中于沿海都市的高校迁

往内地，并进行了改组、调整、充实。1945 年抗战胜利后，各高校进入复员阶段。这一时期，高校教师共同体就在颠沛流离和动荡中进一步凝聚起向心力和教师认同感。

（一）教育部对高校教师资格检定的审查加强

在战争的环境下，政府的信念对高校教师共同体的维护自然是至关重要的。国民政府坚持了“战时须作平时看”的指导思想，提出了抗战建国的基本国策，尽力为高等教育发展创造条件。其结果，如抗战胜利后大夏大学校长欧元怀所说的一段话：

抗战初起，高等教育遭受着极大的危机，最先是大学关门论的意见，大逞威风，战时教育专家，讥笑着高大森严的黉宫，认为毕业即失业，学生即学死的现象，已经宣告大学教育的破产，大学在炮火的炽炼中，变为抗战的累赘，而需要加以廓清。可是这一主张，被“战时要当平时看，平时要当战时看”、“教育不应分战时和平时”的理论否决了。于是高等教育在战时非但维持着，而且更大大的扩张着。至胜利的三十四年度为止，全国专科以上学校共 141 所，教职员数为 10901 人，学生数 80646 人，而抗战以前我国专科以上学校仅 108 所，学生数 41922 人，这个简单数字，说明了一个事实，即抗战并没有取消了大学，而是相反的繁荣了大学。①

高等教育坚持了下来，大学繁荣了，这当然离不开教育部对高校教师资格标准的坚守，离不开教育部对高校教师资格标准的加强。其措施主要体现在以下三方面。

1. 鼓励和督促高校教师迅速向内地集结

1938 年，教育部制定《处理战区内专科以上学校办法》：

教部以战区以内有未经核准而新设之专科以上学校、及原在战区以内之专科

① 欧元怀：《抗战十年来中国的大学教育》，《中华教育界》复刊第一卷第一期，1947 年。

以上学校，于当地沦陷后，仍有继续在当地上课者。近经制定处理在战区以内上课之各专科以上学校办法，颁发各校，条文如次：（一）凡战区以内之各专科以上学校，在当地沦陷以后未经呈准备案而继续上课者，概不予承认；（二）凡战区以内之各专科以上学校已迁出一部分，其未迁部分拟继续在原地上课者，应于事前呈经本部核准，方为有效；（三）凡战区以内未经本部核准设立之专科以上学校，概不予承认；（四）本部对于特准在战区以内上课之各专科以上学校，用特种办法加以考核。其办法不合者，得随时撤销备案。①

这个规定，客观上促使一些原准备隐居于沦陷区的高校教师奔赴内地，或回归原高校，或求聘于其他高校，为迅速恢复高校教学秩序奠定了基础，为高校教师共同体的稳定发挥了积极作用。

2. 高校教师资格条件进一步细化

虽然处于战争环境，但教育部并没有降低高校教师资格设定条件，而是按照和平环境的管理思路，总结以往对高校教师资格设定的经验，进一步细化了高校教师的资格条件。

1940 年，教育部成立学术审议委员会。在 5 月召开的学术审议委员会第一次大会上，将施行多年的《大学教员资格条例》重新检讨修正，并于同年 8 月由教育部颁布《大学及独立学院教员资格审查暂行规程》。在这一规程中再次明确了“大学及独立学院教员分教授、副教授、讲师、助教四等”，但在资格认定条件上进一步细化。

助教须具左列资格之一：一、国内外大学毕业，得有学士学位，而成绩优良者；二、专科学校或同等学校毕业，曾在学术机关研究或服务二年以上，著有成绩者。

讲师须具左列资格之一：一、在国内外大学或研究院所研究，得有硕士或博士学位，或同等学历证书，而成绩优良者；二、任助教四年以上，著有成绩，并有专门著作者；三、曾任高级中学或其同等学校教员五年以上，对于所授学科确

① 《教育部制造处理战区内专科以上学校办法》，《教育杂志》第二十八卷第三号，1938 年。

有研究，并有专门著作者；四、对于国学有特殊研究及专门著作者。

副教授须具左列资格之一：一、在国内外大学或研究院所得有博士学位，或同等学历证书，而成绩优良，并有有价值之著作者；二、任讲师三年以上，著有成绩，并有专门著作者；三、具有讲师第一款资格，继续研究，或执行专门职业四年以上，对于所习学科有特殊成绩，在学术上有相当贡献者。

教授须具左列资格之一：一、任副教授三年以上，著有成绩，并有重要著作者；二、具有副教授第一款资格，继续研究或执行专门职业四年以上，有创作或发明，在学术上有重要贡献者。[①]

对照1927年的《大学教员资格条例》，《大学及独立学院教员资格审查暂行规程》所显示的条件更为明晰，更具操作性，在一定程度上体现了国民政府在战争环境下发展高等教育的坚定态度，更坚定了高校教师维护共同体的信心。

3. 对高校教师资格的审查趋于规范严格

该暂行规程还有一个规定，即“大学及独立学院教员资格之审查，由各校院呈送教育部提交学术审议委员会审查之。合于大学及独立学院教员资格而不在职者，得自行呈请教育部审查之”。这样就将过去由各大学评议会自行审查教员资格的权力，正式收归教育部所有，这是历次相关法规中最为明确的一次。此外还规定凡在学术上有特殊贡献而其资格不合于规程者，经教育部学术审议委员会出席委员四分之三以上之表决，得任教授或副教授，前项表决用无记名投票法。

1943年11月修正公布的《大学及独立学院教员资格审查暂行规程施行细则》对教员所须呈缴的履历表、毕业证书、著作品、服务证书的具体内容作了详细规定，除由学校呈请审查者外，其经学术审议委员会委员三人以上之联名荐举者，得径提学术审议委员会投票表决之；对申报者所称之成绩的审查内容也作了具体规定，如毕业成绩是审查其毕业考试成绩及名次，服务成绩是审查其研究报告著作品或成绩证明书，毕业证书是审查其论文及授予学位、学历之学校或机关之地位，教学服务成绩是审查其教学期间之著作研究或成绩证明书，执行专门职

① 教育部教育年鉴编纂委员会编：《第二次中国教育年鉴·第五编·高等教育》，上海：商务印书馆，1948年，第26页。

业者成绩是审查其业务成绩或著作品；对副教授、讲师、助教申请升等所须呈缴的各种证明材料也作了具体规定。而且明确，大学及独立学院兼任教员，以及专科学校教员的资格审查手续都适用本细则。[①]

这一规定，将1927年《大学教员资格条例》曾经提出的欲加强教育部审查权力的设想在战争年代付诸实施了。据教育部的统计，从1940年到1947年10月，学术审议委员会对专科以上学校教员共审查28批，其中合格教授2563人，副教授1205人，讲师1962人，助教2497人，合计8227人。[②]

据1947年的统计，这时全国高校教员数已达到20133人，与1931年的7053人相比有了显著的增长（表1—6）。

表1—6　1947年全国高校教员数

等级	总数		国立		省市立		私立	
	数量/人	%	数量/人	%	数量/人	%	数量/人	%
总数	20133	100	12755	63.4	2276	11.3	5102	25.3
教授	8390	100	5045	60.1	933	11.1	2412	28.8
副教授	2992	100	1747	58.4	491	16.4	754	25.2
讲师	4251	100	2520	59.3	522	12.3	1209	28.4
教员	32	100	6	18.7	4	12.5	22	68.8
助教	4184	100	3288	78.6	280	6.7	616	14.7
其他	284	100	149	52.5	46	16.2	89	31.3
专任	16940	100	11491	67.8	2003	11.8	3446	20.3
兼任	3193	100	1264	39.6	273	8.5	1656	51.9

资料来源：教育部教育年鉴编纂委员会编：《第二次中国教育年鉴·第十四编·高等教育》，上海：商务印书馆，1948年，第8页。

抗战胜利后，各高校对教师的聘任条件进一步提高。1946年，金陵大学颁

① 宋恩荣、章咸主编：《中华民国教育法规选编》（修订版），南京：江苏教育出版社，2005年，第661—662页。

② 教育部教育年鉴编纂委员会编：《第二次中国教育年鉴·第五编·高等教育》，上海：商务印书馆，1948年，第26页。

行《教员升等晋级暂行条例草案》，对教员升等晋级资格提高要求。例如申请讲师资格，将原来的充任助教三年提高到四年，申请副教授和教授资格，其专门著作须经升等晋级委员会聘请专家评审合格。① 中央大学于1947年4月颁布《中央大学教员新聘及升等资格审查办法》，在聘任讲师的条件中将教育部规定的曾任高级中学或同等学校教员的五年改为七年，专门著作须经专家审查合格。聘任助教的条件则明确在大学的主科成绩须在七十五分以上并经该系各教授通过推荐者。②

1948年1月12日，国民政府颁布《大学法》，将教育部的审查权力下放给各高校，重申了大学的教师聘任权。其十二条规定："大学教员分教授、副教授、讲师、助教四种，由院长系主任商请校长聘任之。"关于大学校务会议，第十九条规定："以校长、教务长、训导长、总务长、各学院院长、各学系主任及教授代表组织之，校长为主席，教授代表之人数，不得超过前项人员之一倍，也不得少于前项其他人员之总数。"③

同时颁布的《专科学校法》第七条规定："专科学校教员，由校长聘任之。前项教员经部审定合于教授、副教授、讲师资格者，得分别称教授、副教授、讲师。"④

民国高校教师共同体的营建，在政府政策层面，从教师标准的模糊框架到教师标准的清晰设定，再到聘任条件进一步细化及审查措施的加强，三个阶段逐步演进，呈现出坚持标准、加强控制的发展主线。这条主线的推进，至少在政策层面基本解决了高校教师共同体是由什么样的人组成，以及如何组成的历史课题。

---

① 南大百年实录编辑组编：《南大百年实录》中卷，南京：南京大学出版社，2002年，第202页。

② 南大百年实录编辑组编：《南大百年实录》上卷，南京：南京大学出版社，2002年，第509页。

③ 宋恩荣、章咸主编：《中华民国教育法规选编》（修订版），南京：江苏教育出版社，2005年，第418页。

④ 宋恩荣、章咸主编：《中华民国教育法规选编》（修订版），南京：江苏教育出版社，2005年，第420页。

（二）高校教师共同体营建的典型案例

经过南京政府前十年的高教发展，民国高校教师共同体的营建已趋于成型。全面抗战期间，中国高校经历了内迁、重组和调整，遭受着艰难磨炼，但高校教师队伍没有散，大部分高校教师团聚在教师共同体之中，坚忍不拔地憧憬着胜利的那一天。这不能不说是民国高校教师共同体走向成熟的一个标志。这一点，可以从西南联大和浙江大学中寻觅端倪。

1. “联而合”与西南联大教师共同体的营建

西南联大教师共同体，可以说是民国高校教师共同体走向成熟的缩影。1946年，西南联大完成了它的历史使命，冯友兰撰写《国立西南联合大学纪念碑碑文》，其中对西南联大的历史贡献作如是阐述：

今日之胜利，于我国家有旋乾转坤之功，而联合大学之使命，与抗战相始终，此其可纪念者一也。文人相轻，自古而然，昔人所言，今有同慨。三校有不同之历史，各异之学风，八年之久，合作无间，同无妨异，异不害同，五色交辉，相得益彰，八音合奏，终和且平，此其可纪念者二也。万物并育而不相害，天道并行而不相悖，小德川流，大德敦化，此天地之所以为大。斯虽先民之恒言，实为民主之真谛。联合大学以其兼容并包之精神，转移社会一时之风气，内树学术自由之规模，外来民主堡垒之称号，违千夫之诺诺，作一士之谔谔，此其可纪念者三也。①

“八年之久，合作无间，同无妨异，异不害同，五色交辉，相得益彰，八音合奏，终和且平”，这就是西南联合大学教师共同体最典型的写照。西南联大教师共同体内，倡行兼容并包之精神，盛行学术自由之风气，努力发出“一士谔谔”之声音，以转移社会之风气，这就是民国高校教师共同体追求的理想境界。

蒋梦麟对此深有感触：“我到达长沙时，清华大学的梅贻琦校长已经先到那

① 冯友兰：《国立西南联合大学纪念碑碑文》，杨东平编：《大学精神》，沈阳：辽海出版社，2000年，第424页。

里。在动乱时期主持一个大学本来就是头痛的事，在战时主持大学校务自然更难。尤其是要三个个性不同历史各异的大学共同生活，而且三校各有思想不同的教授们，各人有各人的意见。……幸靠同仁的和衷共济，我们才把这条由混杂水手操纵的危舟渡过惊涛骇浪。”①

冯友兰在谈到西南联大成功的经验时也说：“梅贻琦说过，好比一个戏班，有一个班底子。联合大学的班底子是清华、北大、南开派出些名角共同演出。但是步骤都很协调，演出也很成功。当时还有一个西北联合大学，也是从北京迁去的几个学校联合起来而成的，设在陕西城固。但是它们内部经常有矛盾，闹别扭。蒋梦麟说，它们好比三个人穿两条裤子，互相牵扯，谁也走不动。”②

西南联大教师共同体并非就没有矛盾，但三校教师能够理性地处理这些矛盾，消解不和谐因素。钱穆曾谈到这样一件事：

一日，北大校长蒋梦麟自昆明来，入夜，北大师生集会欢迎。有学生来余室邀余出席，两邀皆婉拒。嗣念室中枯坐无聊，乃姑去。诸教授方连续登台竞言联大种种不公平。其时南开校长张伯苓及北大校长均留重庆，唯清华校长梅贻琦常川驻昆明。所派各学院院长，各学系主任，皆有偏。如文学院长常由清华冯芝生连任，何不轮及北大。如汤锡予（用彤），岂不堪当一上选。其他率如此，列举不已。一时师生群议分校，争主独立。余闻之，不禁起坐求发言。主席请余登台。余言：此乃何时，他日胜利还归，岂不各校仍自独立。今乃在蒙自争独立，不知梦麟校长返重庆将从何发言。余言至此，梦麟校长即起立言：今夕钱先生一番话已成定论，可弗在此题上起争议，当另商他事。群无言，不久会亦散。③

还有一件事，也很有趣。有一时期，盛传蒋梦麟夫人陶曾穀女士与北大同仁及家属不睦，与周炳琳个性上冲突尤烈。因此双方都向联大总务长、北大秘书长郑天挺抱怨，要求在大院与蒋寓之间筑一高墙，互相隔绝，永避冲突。郑天挺一

---

① 蒋梦麟：《西潮·新潮》，长沙：岳麓书社，2000 年，第 211 页。
② 冯友兰：《三松堂自序》，第 2 版，北京：人民出版社，2008 年，第 299 页。
③ 钱穆：《八十忆双亲·师友杂忆》，第 2 版，北京：生活·读书·新知三联书店，2005 年，第 206—207 页。

再调解无效，最后只好同意搭墙。墙确是搭了，但只搭到一尺多高便停工了。无论双方如何施压，郑天挺也不把墙搭高。不到半月，双方羞愧难当，不谋而合地又要求秘书长把这道碍眼的矮墙拆除了。①

与之相映成趣的，则是三校教师的共同生活，相互友爱，团结融洽，合作无间。这种风气自蒙自时期便已奠定。西南联大到达昆明后，开始决定将文法学院设在蒙自，清华、北大、南开各派一人到蒙自筹建分校，清华派王明之，南开派杨石先，北大派郑天挺。在蒙自，郑天挺先期住法国银行 314 号，大批教师到来后，联大教师住宿采取抽签方式。郑天挺原来住的 314 号为罗常培、陈雪屏抽得，郑天挺则抽到歌胪士洋行的五号房，郑天挺无条件服从。当时住在歌胪士楼上的还有邱大年、闻一多、陈寅恪、刘叔雅、樊际昌、陈岱孙、邵循正、李卓敏、陈序经、丁佶等十几人。住宿条件虽然艰苦，“但大家同住一室，同桌共饭，彼此关系更加融洽”。有一次，郑天挺与闻一多、罗常培一起散步，途中又遇汤用彤、钱穆、贺麟、容肇祖等人，大家一起畅谈中国文化史问题，互相切磋，极快慰。闻一多非常用功，除上课外从不出门。饭后大家都去散步，他也不去。郑天挺劝他，何妨一下楼呢？大家都笑起来，于是这成为闻一多的一个典故，也得一个雅号，即“何妨一下楼主人”。②

郑天挺还讲过一件事。他与罗常培经常在一起讨论学术，在他病重时多次遭遇警报，他不能动，罗常培则陪伴他身旁。1943 年 1 月 26 日，他在给罗常培《恬盦语文论著甲集》序言中说：“余与莘田生同日，长同师，壮岁各以所学游四方，又多与共，知其穷年兀兀殚竭及所极；每深夜纵论上下古今，亦颇得其甘苦。……病中三逢警报，余固莫能走避，而莘田亦留以相伴，古人交情复见今日，序成归之，有余愧焉。”③

三校教师和谐相处的内在机制则是对学术自由精神的认同与坚持。1939 年，

---

① 何炳棣：《读史阅世六十年》，台北：允晨文化实业股份有限公司，2004 年，第 171 页。

② 郑天挺：《滇行记》，王学珍、郭建荣主编：《北京大学史料》（第三卷），北京：北京大学出版社，2000 年，第 493—494 页。

③ 郑天挺：《恬盦语文论著甲集·序》，《罗常培文集》编委会编：《罗常培文集》第八卷，济南：山东教育出版社，2008 年，第 7 页。

国民政府逐渐加大对各高校的控制，教育部更屡屡以“训令”方式要求各校遵行部颁之章程，诸如：《大学课程表》《部订教科书》《部颁学制规则》《部颁教师资格审查》等，明确干预各大学的课程设置。1940 年 6 月，西南联大召开以教授为主体的教务会议，并通过《教务会议呈常委会文》，反对教育部统一大学教学的规定。文中阐述的一个基本观点，即教育部为最高教育行政机关，大学为最高教育学术机关；教育部为有权者，大学为有能者，权能分职，事乃以治。今教育部要求各大学将课程教材一律呈部核示，大学不就等于教育部高等教育司之一科？教授所授课程须经教育部指定，教学内容须经教育部核准，教授在学生心目中连教育部的科员都不如。特别是“教育部为政府机关，当局时有进退，大学百年树人，政策设施宜常不宜变。若大学内部甚至一课程之兴废亦须听命于教部，则必将受部中当局进退之影响，朝令夕改，其何以策研究之进行，肃学生之视听，而坚其心志”。公函强调：“盖本校承北大、清华、南开三校之旧，一切设施均有成规，行之多年，纵不敢谓为极有成绩，亦可谓为尚无流弊，似不必轻易更张。”[①] 梅贻琦校长将此文转呈教育部，而后教育部也默许联大对于教学的各项训令可以变通执行。

这样的民主、自由的风气是教师们对共同体最为认同和欣赏之处。教授们尚且不论，低级职称教师的感受或许更能说明问题。鲁溪于西南联大毕业留校，担任助教。在艰苦的生活环境中，重复着年年枯燥寂寞的工作，心情厌恶极了。加上薪金的增加永远赶不上物价的上涨，生活愈来愈困难。但唯有一条理由使他在西南联大坚持了下来，他说：“这一切，都使人觉得没有意思，觉得无聊。要不是在这个自由空气最浓的联大里，也许早就耐不下去了。这里民主的集会，自由的歌声，在在都能给人注入不少的活力。往往在极端苦闷时，因了一个晚会而重新振起精神。”[②]

---

① 西南联大：《教务会议呈常委会文》，杨东平编：《大学精神》，沈阳：辽海出版社，1999 年，第 418 页。

② 鲁溪：《我的教书生活》，西南联大《除夕副刊》主编：《联大八年》，北京：新星出版社，2010 年，第 75 页。

一个笔名为“光远”的作者也是由西南联大毕业而后留校任助教的。他的感觉却是非常的好。他说道：“留在学校里工作，物质生活当然是清苦的，可是从别方面可得到一些补偿。”他熟悉这里的山水草木，人们的殷殷情怀，蔚蓝的天，白色的云，温暖的空气，灿烂的阳光，特别是“工作之外，你可以与人分度一些时光，聊天、念书，或者散步。当你有兴致的时候，还可以去听一些爱听的课，以最舒适的姿态坐着，闲闲地，悠悠地听人向你娓娓叙述一些絮事，一些远的，古的，美丽动人的情节或境界，没有人会干涉你或打搅你，思想可以飘得老远，心像受到无声的祝福，而心花的舒放，就像花苞舒放一样地轻悄，使你全然不觉不知，早晚凉爽使你清醒，白日的阳光使你饱满，自在，逍遥，可以随意笑，随意讲，有什么不好的呢?”①

职员们的感受也是很有说服力的。平日学生对职员的接触最为疏远，学生们甚至觉得这些职员专门就是给学生找麻烦的。然而职员也有他们的苦衷，一位职员说：“生活的苦和一切的没有保障，使大家不能忠实热心工作，这恐怕是做事没有效率的一部分原因。”特别是职员的前途更为渺茫，生活更为清苦，之所以能坚持下来，这位职员说：“我到联大来才两年多，若不是先生们底学识和同事们刻苦坚毅伟大的精神吸引着我的爱好心，早就退出去了，如今，服务的热忱早被消磨大半。”②

1943 年毕业于西南联大的沈石在 1946 年撰文谈到了西南联大成功的原因。他认为首先是学校领导班子的得力，“联大用常务委员会代替了校长，常委三人，由三大学校长充任。张伯苓先生老了，到校的机会很少。对内的一切，经常由梅贻琦先生主持；对外的一切，由蒋梦麟先生负责。感谢三位常委先生，由于他们的互信互让，由于他们的相忍相成，促成庞大的联大‘联而合’，从没有私见，从没有龃龉，成千的师生，载歌载舞，融融泄泄，追求真理，创造新生命，新学

① 光远：《片断的回忆》，西南联大《除夕副刊》主编：《联大八年》，北京：新星出版社，2010 年，第 83—84 页。

② 培之：《一个职员的话》，西南联大《除夕副刊》主编：《联大八年》，北京：新星出版社，2010 年，第 77—78 页。

风。”其次，沈石强调：“维系学校的真正力量，却在德高望重的教授。他们道德崇高，诚挚，热情，诲人不倦，以德化人。”他举例说，诗人闻一多先生，除了在昆华中学兼课外，还得靠镌刻图章，弥补家用的不足。只身出入大凉山若无人烟地带的袁复礼先生，家中小孩特别多，书籍用物早就卖光了，每天只能吃两顿稀饭。金岳霖与钱端升同住一屋，因为雇不起佣人，金岳霖还帮钱太太劈柴。精通中西史的雷海宗先生因为贫血，曾在马路上昏倒，他的太太却在云南大学充当小职员以接济家用。张奚若先生讲演时，教室里挤满了人，窗子外挤满了人。生物学家陈桢先生终日守在实验室，与显微镜亲热。佛学权威汤用彤先生，头发银白，终日深研佛学，不大公开讲演，但他一走上讲坛，教室内外老是充满了人。陈寅恪先生戴着瓜瓢帽，闭上眼睛，端端正正坐了讲学，语调那么轻微，坐在下面的人聚精会神地静听。吴宓、沈有鼎、刘文典诸先生都去听他的玄论。陈先生去香港大学教学，香港沦陷，敌寇震于陈先生之名望硕学，曾馈送麦粉，陈先生以死拒。沈石说：“联大的精神就在这些地方。教授们必要时以身护道，以身殉道。”而作为教师代表的教授会议则发挥了核心作用，沈石说：“常委会虽然是学校最高行政机构，决定校务的，却大半是教授选举代表组成的教授会议。教授会议真的值得歌颂称羡，由于他们高度发扬民主作风，克服了重重困难；由于他们人格崇高，学问渊博，赋有继承自由传统，创建新文化的使命，使学校和地方当局融洽，使万千学子拳拳服膺，心悦诚服，更使三校学风和精神互相调和，进一步助长了‘联而合’。”①

郑天挺说：“西南联大八年，最可贵的是友爱和团结。教师之间、师生之间、三校之间均如此。”“无私、友爱、团结，这是西南联大的优良传统，这也是能造就众多人才，驰名于中外的主要原因。在抗战期间，一个爱国知识分子，不能亲赴前线或参加战斗，只有积极从事科学研究，坚持谨严创造的精神，自学不倦，

---

① 沈石：《西南联大群相》，王学珍、郭建荣主编：《北京大学史料》第三卷，北京：北京大学出版社，2000年，第505—506页。

以期有所贡献于祖国。西南联大的师生，大部分不都是这样吗?”①

2. 求是精神与浙江大学教师共同体

谈及浙江大学，自然就会想到竺可桢校长。1936 年 4 月 25 日，竺可桢受命出任浙江大学校长。其后不久全面抗战爆发，浙大在战火中流亡，颠沛流离，坚持办学，并不断发展壮大。至 1946 年，浙大从战前的 3 个学院 16 个系发展为 7 个学院 27 个系，学生增加三倍多，教职员增加两倍多，并取得了一系列重大的科研成果，被李约瑟誉为东方的剑桥。1946 年 4 月 1 日，浙江大学迎来 19 周年的校庆。浙大师生为了表示对校长的感激，想借校庆日为校长履职 10 周年庆贺。竺可桢立即发函给有关人员：“校庆日 4 月 1 日弗铺张作余来校之 10 周年纪念，因 10 周年纪念实在 4 月 25 日，且校中教职员如陆缵何到校已 30 年，杨耀德近 20 年，余则如步青、建功等 15 年以上者指不胜屈，何独庆祝余之就职 10 年乎!”②

这个小插曲可能有助于我们对浙江大学教师共同体的营建产生独特的认识。竺可桢出任浙江大学校长是 1936 年，那时中国高校的发展已经很有规模，各高校搜罗人才已是各得其所。竺可桢所面临的师资困境，他在 1936 年 3 月 1 日的日记中已经流露：“因校长之最要在能请得良好之教员，而良好之教员老者已为各方所罗致，一时不能脱身，而欲养成新者则非短时间所能为力也。”③

更何况，就在竺可桢来浙大之前，前校长郭任远勾结军警入校逮捕了 12 名学生，以阻止学生声援“一二·九”运动，引发了浙江大学驱逐郭任远的罢课斗争。物理学院教师为支持学生运动，集体辞职离开了浙大。其后，随之全面爆发的抗战更给教师队伍的稳定带来了新的困难。1937 年 9 月，浙江大学正在考虑迁移，有教师提出辞职欲去广西大学，“因该地较为安全，薪水不打折扣，此种

---

① 郑天挺：《滇行记》，王学珍、郭建荣主编：《北京大学史料》第三卷，北京：北京大学出版社，2000 年，第 493—494 页。

② 张彬：《倡言求是，培育英才——浙江大学校长竺可桢》，济南：山东教育出版社，2004 年，第 233 页。

③ 竺可桢：《竺可桢日记》第一册，北京：人民出版社，1984 年，第 17 页。

见利思迁，不特不足以为师表，且在国家危难之秋临患难而求去，与汉奸相去无几也”。1938 年 12 月，浙大正准备迁贵阳，“近来教职员亦纷纷离去。古人有言，疾风知劲草，世乱识忠臣，到紧急关头方知谁是谁”。[①]

但浙江大学教师共同体在随后八年的颠沛流离中，不仅没有散伙，反而越来越壮大。跟在竺可桢后面的是一长串科学名家和学术新秀，数学家有苏步青、陈建功、钱宝琮，物理学家有胡刚复、张绍忠、王淦昌、束星北、蔡邦华、卢鹤绂、卢嘉锡、王谟显、何增禄、朱福炘，植物学家有贝时璋、罗宗洛、张其楷，化学专家有李寿恒、王琎、李熙谋，农学家有卢守耕、吴福桢、梁庆椿、顾青虹，机械学家有周承佑，社会科学专家则有梅光迪、郑晓沧、张其昀、张荫麟、孟宪承，等等。

为什么这么一大批人才会跟着竺可桢营建浙江大学教师共同体？简单说，就是竺可桢的“求是”精神所具有的感召力。什么是“求是”精神？竺可桢强调，就是排万难冒百死以求真知的精神，就是在求知的路上，既能把是非得失了然于心，然后尽吾力以行之，鞠躬尽瘁，死而后已，成败利钝，非所逆睹的精神。[②]竺可桢在浙江大学西迁途中，定“求是”为学校校训，得到广大师生的一致认同。

教师们认同竺可桢的求是精神，因为他在师资聘任上做到了“豁然大公，以礼增聘国内专门的学者”。竺可桢的理念，就是要“首先觅得一群志同道合之教授”[③]，就是要把一群“以研究学问为毕生事业，以作育后进为无上职责”[④] 的学者引进教师共同体。

竺可桢接手浙大之初，将自己的好朋友、原东南大学教授如胡刚复、梅光迪等人招来，但也仅此而已。他在日记中警醒自己：“余以引用至浙大之东大色彩

① 竺可桢：《竺可桢日记》第一册，北京：人民出版社，1984 年，第 145、376 页。

② 竺可桢：《求是精神与牺牲精神》，杨东平编：《大学精神》，沈阳：辽海出版社，2000 年，第 52—53 页。

③ 竺可桢：《竺可桢日记》第一册，北京：人民出版社，1984 年，第 26 页。

④ 竺可桢：《大学教育之主要方针》，《竺可桢全集》第 2 卷，上海：上海科技教育出版社，2004 年，第 334 页。

太重，……故在可能范围内不欲再加东大之人。”[①] 然后，他将因不满原校长独断专横作风而辞职的张绍忠、束星北、何增禄、蔡邦华、梁希等教授请回学校，继而面向全国招聘各个学科的优秀人才，仅 1936 年下半年他就新聘得教授、讲师三十多人，大大加强了教师阵容。

竺可桢在教师聘任中以学术事业为召唤，吸引有志于科学研究者加盟浙江大学。1936 年秋，年仅 29 岁毕业于德国柏林大学的王淦昌被竺可桢聘为物理学教授。王淦昌到校当日，竺可桢亲自陪他到校园参观，来到物理系，竺可桢向他展示了物理系的“镇系之宝”——学校从比利时王国购买回来的 1 克镭。从事核物理研究的王淦昌盯着那个用白金包裹着的小罐子，眼睛简直要放出电火花，他深知这小小 1 克镭对自己科学研究的重要意义。竺可桢正是看中了高校教师热心科研的心理，从而获得了教师们的认同。王淦昌后来说：“我从 29 岁到 45 岁，在浙大工作了 16 个年头，时间不算太长。但作为一个科学工作者，这 16 个年头正是一生中思想最活跃的时期。在黔北浙大的这段时间，是我一生中科研思想特别活跃、成就最多、最值得追忆的时光之一。”[②]

竺可桢聘任教师，没有门户之见，不讲学派之争，唯有学术兴趣。谈家桢毕业于东吴大学，后来又进了燕京大学研究所，再到美国留学。1937 年回国想去中央大学任教，不料遭到婉言拒绝。谈家桢认为是因为自己的教会大学出身而遭到国立大学的歧视，遂将这一苦恼向一位同学诉说，那位同学立即将这一情况写信告诉了在东南大学的老师胡刚复教授。“不久，竺可桢校长代表浙大给我寄来了聘书，聘我为浙大生物系正教授，每月薪金三百元大洋。这样崇高的职位和优厚的薪金在一个年仅 28 岁的回国留学生来说，确是不易得到的。……从这一点看，竺先生是‘任人唯才’，而且是不讲派系的。所以，他把我这样一个‘外来人’也聘进来了。后来我还听说，沪江大学出身的涂长望教授和燕京大学来的谭其骧教授等也都由他聘来浙大，并且都得重用。可见他聘用教会学校出身的教

① 竺可桢：《竺可桢日记》第一册，北京：人民出版社，1984 年，第 39 页。
② 李曙白、李燕南等：《西迁浙大》，杭州：浙江大学出版社，2007 年，第 20 页。

授，并非仅我一人。”[①]

浙江大学的教师们愿意跟着竺可桢，还因为他时刻把教师们的生活冷暖放在心上。竺可桢虽为一校之长，然对教师们的生活关注细微。苏步青毕业于日本帝国大学，并与帝国大学教授松本的女儿松本米子喜结良缘。苏步青回国任教于浙江大学，松本米子不仅追随他来到中国，而且在抗战全面爆发后对苏步青明确表示：“我跟着你！”但这种日本籍身份会给苏步青夫妇带来很大的麻烦。1937年12月，浙江大学准备自建德西迁江西吉安。一天，竺可桢将苏步青叫去，交给他一张手书的公文纸。那是当时浙江省主席朱家骅的一纸手令，明令沿途军警对持有此手令者不得盘问。

苏步青还回忆了西迁途中的一个片段：“那是在1942年的某一天，我正在家中翻晒木箱里霉烂的山芋。正巧这天竺先生来我家看我。他说：‘搬这些东西何用？’我说：‘这是我这几个月来赖以生存的粮食（我们是把烧熟了的山芋蘸盐巴当饭吃的）。’我那时是八口之家，工资每月350元，怎够维持？校长见此情况，就对浙大附中的校长胡家健先生说：‘今后把他的两个儿子在附中改为公费待遇，免交膳费。’胡家健先生说：‘那好，就叫他二人搬进附中来住吧。’因为当时的公费生都要住宿在校里，可是我在家中又抽不出这两个学生住校的被头，所以仍旧不能享受。后来校长又知道了，又到附中特批了‘走读生也可以享受公费’的规定，才解决了被头的困难。这件事情，我怎能忘怀。到了第二年，竺先生又把我第一个上报到中央教育部，给我评上了‘特聘教授’的职称。这一年我的薪水一下子增加了一倍，变成700元了。这时我的困难才真正解决了。”[②]

竺可桢的胸怀豁达、光明磊落更是浙江大学教师们所钦佩的品质。物理系教授束星北性情耿直，在浙江大学向来是个有争议的人物，即使对校长竺可桢也直言不讳。浙江大学从广西宜山西迁贵州遵义，束星北向竺可桢讨要“损失费”，并直言校长大人“无政治手腕，做事迟疑”。竺可桢在1940年2月2日的日记中

---

① 张彬：《倡言求是，培育英才——浙江大学校长竺可桢》，济南：山东教育出版社，2004年，第55页。
② 转引自程斯辉：《中国近代大学校长研究》，北京：人民教育出版社，2010年，第276—277页。

记载了这件事："九点束星北来。渠此次迁移，共费千金，借债六七百元，故求学校设法补助。余谓学校须顾本身经济能力，而对于同人不能（不）一例看待。故津贴单人每人五十元，有眷者每人百元，已属最大能力。而许多人得（之）殊不足以补其损失于什一，但学校固不能专顾少数眷属行李众多之人。即如余个人，单迁移费已费千三百元之巨，于得一百，实不足以偿其所失，不过略表学校之微意耳。渠谓余无政治手腕，作事太迟疑。余谓浙大不久当有政治手腕（之人）来做校长也。"① 但竺可桢认定束星北是一个天才的科学家，是个个性鲜明、棱角锋利、黑白分明、刚直不阿的人，一直予以包容和重用。

马一浮为著名国学家，竺可桢到浙江大学不久，欲聘请马一浮。马一浮提出比较苛刻的条件，使浙江大学无法接受。两年后，马一浮避战乱至开化，当时随行的还有其外甥及门生王星贤两家共 15 人，情形十分狼狈。于是马一浮给在泰和的竺可桢写信，当然不好意思再提欲聘浙大教席之事，只是委婉地询问在江西生活费如何，并请竺可桢帮忙在江西联络联络。1938 年 2 月 20 日，竺可桢"四点半至迪生处谈马一浮事。因去岁曾约马至浙大教课，事将成而又谢却。现在开化，颇为狼狈，并有其甥丁安期及门生王星贤两家合十五人，愿入赣避难，嘱相容于浙大。迪生与晓沧均主张收容，遂拟复一电，聘为国学讲座"②。也就是说，竺可桢不计前嫌，全部答应了马一浮的要求，立即聘任他为国学讲座。

"国有成均，在浙之滨。昔言求是，实启尔求真。"在战火纷飞的艰难岁月，浙江大学的教师们高唱校歌，追随着竺可桢领导下的浙江大学，数省纵横，千里奔波，始终不弃。这个教师共同体与西南联大教师共同体一样，面对艰难困苦，精诚团结，毫不退缩，展示着坚强和成熟的气质。其力量之源，来自教师们对教师共同体的认同。

---

① 竺可桢：《竺可桢日记》第一册，北京：人民出版社，1984 年，第 403 页。
② 竺可桢：《竺可桢日记》第一册，北京：人民出版社，1984 年，第 209 页。

（三）高校教师对教师共同体的认同

不仅是西南联大和浙江大学，在全国各高校，我们都能看到教师们在艰苦环境下的坚忍不拔。特别是抗战期间，各高校教师不离不弃，始终坚守工作岗位。这背后的力量，很大程度来自他们对教师共同体的认同。民国高校教师对群体身份的认同，在经过数十年的体悟后，有了更为理性的思考。他们所看重的，除了学校的办学理念外，还看重这是一个有志于教育事业之士的集合体，是一个洋溢着民主、自由风气的群体。

1. 吴宓的再选择

抗战时期，在西南联大任教的吴宓利用学术休假到成都的燕京大学任教。1945 年 7 月，他的学术假期满，是继续留下还是回西南联大，吴宓再次进行了学校的选择。

吴宓很是犹豫，因为燕京大学“此间学生生活及感情虽美，然读书不多，用功未苦。故宓下年仍决回联大，特某某诸主任教授，握权而逞威者，甚非宓所喜耳”。燕京大学的学风不佳与西南联大某些主任、教授的专断作风，使吴宓的去留选择处于彷徨之地。

吴宓对西南联大的犹豫，是朱自清与其谈及了联大近情，谓“大抵学生教授分二党，对立相争。而学生更极骄横，教授为其指挥云云”，这使素不喜欢政治的吴宓止步不前。

西南联大的同事对吴宓的去留也各有建议，例如毛子水赞成吴宓早回联大，汤用彤则主张吴宓继续留在成都，萧公权“主张宓仍应回联大，盖因（一）老年乏创造力，不当迁地另图。（二）燕京、川大等校，其中人物，比联大、清华更为器小卑俗。（三）教会学校前途黯淡。……但公权认为武汉大学甚可栖托终身。其中人物，待友甚厚。于是劝宓春假即往乐山武大见（刘永）济等商洽云”。

萧公权的建议给了吴宓新的思考。恰逢此时武汉大学文学院院长刘永济也来信劝吴宓加盟，终使吴宓动了心。1945 年 8 月吴宓在一封信中说：“武大周鲠生新校长到任后，闻有意振作。知友刘永济兄，仍续任文学院长，极欲逐渐多招邀学深品洁、志同道合之士，树立风气。朱光潜君现主外文系，二君皆盼宓前往武大。”①

1946年1月26日至2月28日，吴宓利用寒假到乐山武汉大学讲学、访友、考察，最终做出了去武汉大学的决定。

一群学深品洁、志同道合之士的集合，一个有意振作、树立风气的办学理念，是吴宓最终选择武汉大学的理由。这典型地体现了民国高校教师对群体身份认同的情感诉求在守望文化理想的感召力上。

2. 一个志同道合者的集合体

当高校教师入职资格已经为世所公认，高校教师对教师共同体的认同便趋向于志同道合者的聚集。这样的群体必须是一支具有共同规范和基本职业道德的群体，其成员必须具有热心教育的事业心，这样的群体才能承担起应有的社会责任，才能守望文化理想。

“我为什么还在清华?”这是1948年清华校庆纪念特刊上的一篇文章的标题，也是作者复员回到清华后被亲朋好友问得最多的一个问题。作者认真思考了这个问题，他觉得在清华服务超过10年的大有人在，超过30年的有马约翰和梅月涵，还有陈福田、唐贯方、全绍志、李剑秋、锡龙逵、李文周等，“假使清华没有它特别令人不舍的地方，那么这些位先生，可以说比我还笨”。还有众多的职员、工友，这都是一群踏踏实实、兢兢业业地为清华服务的“无名英雄”。因为这里是做学问最好的地方，像史学系的陈寅恪、建筑系的梁思成、数学系的华罗庚都是举世闻名的学者，中央研究院的81名院士中清华大学教授当选的就有12名，清华毕业的校友就有28位。作者在列举这些事实后还讲了一件事。大概在十几年前，清华教师中的派别还是比较多，有的是以同乡为单位，有的是以同学为单位，有的是以政见为单位。有一次，学校校长请一个北大校友而在清华服务的教授，好像是张奚若。这位校长向张奚若诉说应付校内派别的苦恼时，张奚若

① 吴学昭：《吴宓与陈寅恪》(增补本)，北京：生活·读书·新知三联书店，2014年，第301、317页。

回答道："我是北大的人，进了清华之后，看到他们大家时常吵架，但是吵过之后，总是开口'我们清华'，闭口'我们清华'，我也不知不觉的喊着我们清华。"[①]

"我们清华""我们北大""我们复旦"……当民国高校教师发自内心喊出这样的口号时，我们大致能够理解民国高校教师共同体的凝聚力所在。如果一所学校有一群兢兢业业从事着教学和科研的教师，有一群踏踏实实工作着的职员和工友，这样的教师共同体必然为教师们所认同。

1939年9月10日下午，清华同人发起公宴，庆祝马约翰教授服务清华廿五周年。会场上备红纸一幅，著序文于上："马约翰先生体育先进，中外蜚声，任教清华，于兹已满廿五周年，同人等，笃念老成，弥增仰企，特假昆明北门街唐家花园公宴，聚一堂之师友，共话前尘，举三晋之爵尊，同申菲祝，宾主既集，先之摄影，以纪盛会，要亦雪泥鸿爪之意云尔，是为序。时中华民国廿八年九月十日。"到会者七十多人，均在序言下签名，以此赠予马约翰留存。学校当局特备金表一具，上刻"自强不息"之校训，敬赠马约翰教授。梅贻琦校长致辞，汤佩松、涂奇峦分别介绍马约翰诲人不倦之事迹，马约翰致答辞。最后全体起立，高唱清华校歌，于鼓掌声中共举酒樽，恭祝马约翰先生健康。[②] 七十多位同人集体庆祝马约翰任教清华25周年，表达的正是志同道合的心愿。

1941年，燕京大学被日军封闭，逃离的师生迅速在成都恢复办学。成都燕京大学之所以能在短期内弦诵不绝，根本因素还在于一批著名学者的加盟。成都燕京大学代校长梅贻宝在《燕京大学成都复校始末记》一文中谈道：

有人说过，一所大学之所以为大，不在有大楼而在有大师。这是一句不易之论。成都燕京大学，虽然是战时临时大学，仍旧重视这条至理，尽力而为。幸运得很，我们竟然能请到若干位有名有实的大师，不嫌成都燕大简陋，慧然来临施

---

① 《清华大学三十七周年校庆纪念特刊》，王强主编：《民国大学校史资料汇编》第10册，南京：凤凰出版社，2014年，第14—17页。

② 沈刚如：《马约翰先生服务廿五周年纪念》，清华大学校史研究室编：《清华大学史料选编》第三卷（上），北京：清华大学出版社，1991年，第392页。

教。其中有陈寅恪（历史）、萧公权（政治）、李方桂（语言）、吴宓（文学）、徐中舒（上古史）、赵人隽（经济）、曾远荣（数学）诸位教授，陈、李、萧三位都是中央研究院的院士。这些大师肯在燕大讲学，不但燕大学生受益，学校生辉，即是成都文风，亦为之一振。在抗战艰苦的岁月中，弦诵不绝，高彻凌云，言之令人兴奋。燕大教授待遇，历来月薪以 360 元为限，这几位特约教授，特定为 450 元，聊表崇敬。所可惜者，陈寅恪先生双目失明，即是在成都燕大任教时发生的。陈公住进存仁医院，学生自动组成看护队，轮班伺候，替陈师母分劳，陈公感念之余，向笔者说道："未料你们教会学校，倒还师道犹存。"[①]

从梅贻宝文中可以感知，成都燕京大学的弦诵不绝，得力于一帮学者认同这个群体的志同道合。或者说，这些学者的志同道合成就了成都燕京大学的兴旺。陈寅恪所赞许的"师道犹存"，正是对成都燕京大学集合体的认同。

胡邦彦记述过复旦大学的一位校工陈锡林。陈锡林的父亲也是复旦的校工，因此他从小就在复旦打零工，师生们都称他为"小孩儿"。他的活儿主要有两件，一是帮打网球的学生拾球，相当于"球童"；二是晚上在学生宿舍一带转悠，有时受学生差遣，帮忙买点香烟杂物。年长后被学校录用为校工，在化学系专管洗玻璃瓶，于是有了大名"锡林"。抗战时期，陈锡林随学校迁往重庆，继续在化学实验室洗玻璃瓶。陈锡林很聪明，在实验室看久了，对实验的一般操作程序也都很熟悉了，常常可以纠正学生的错误。化学系主任林一民对胡邦彦说，陈锡林如指导化学实验，比讲师还要好，可惜他只知其然，不知其所以然。陈锡林工资不高，生活很苦，平时在食堂只买米饭，就着萝卜干和腐乳下饭，穿的鞋袜都已破了。抗战时外国香精价格特别高，陈锡林发现一种树叶可以提取香精，一位开日用化工厂的复旦校友请陈锡林去当工程师，工资比在学校多十倍八倍，还有分红，供膳宿。但陈锡林坚决不去。他对胡邦彦说："我去了，先生们的事谁管？"1940 年，复旦 35 周年校庆，学校改聘陈锡林为职员，职称为"司技"。在校庆会上，校长吴南轩专门表彰了陈锡林，赞扬他的工作贡献大，并强调，虽有人高

① 转引自陈远：《燕京大学（1919—1952）》，杭州：浙江人民出版社，2013 年，第 170 页。

薪聘请，陈先生却不愿离校，他的理由是四个字“爱护复旦”。听到此，全场掌声雷动，持续几分钟不息。校长亲自向陈锡林颁发一张“纪念状”和一枚金色的“纪念章”（在校工作三十年为金，二十年为银，十年为铜。当时学校没钱，只能给纪念章镀色）。“纪念状”上写着：“缔造艰难，速匡维而多助；追怀畴苦，宜崇根之优隆。”陈锡林上台接受纪念章时，一百二十度的鞠躬，泪如雨下。①

相反的例子也有。如果不具有认真工作的事业心，这个群体便容不下这种人，即使其具有一定的身份。1944 年，西南联大教授刘文典去磨黑有半年未到校上课，引起清华大学中文系主任闻一多的愤怒。闻一多去信刘文典，告知学校已经解聘了他，即使他收到了聘书，也必须归还。刘文典没想到问题会这么严重。7 月 25 日，他给梅贻琦写了封长信，希望能继续留在清华大学任教。直到 9 月 11 日，新学年已经开学，梅贻琦才正式回复刘文典：“始知尊驾亦已于春间离校，致上学期联大课业不无困难，且磨黑往来亦殊匪易，故为调整下年计划，以便系中处理计，尊处暂未致聘，事非得已。”② 梅贻琦的言辞虽委婉，但态度很明确，教师如果违反教学纪律，给教学秩序带来了危害，这无疑损害了教师共同体的利益。正是在这一点上，梅贻琦支持了闻一多的决定，尽管当时有诸多的教授为刘文典说情。

3. 一个具有民主氛围的集合体

更重要的，这个群体还必须洋溢着民主、自由的文化气息。这样的高校风气，这样的教师共同体氛围，才是教师们对学校流连忘返的内在原因。民主的意义不是别的，是给群体成员以平等，以尊重，以尊严。这是民国高校教师认同群体身份最为看重的。1948 年，清华大学盛澄华在校庆特刊中指出：“三十七年来，清华走着沉着的步子，她愿‘在安定中求进步’，但当面临任何不合理的措施与横暴，她不能默许，不能容忍。这是她一贯学术教育下培养成的信心。她对某些要求是坚定的：学术与探讨的自由，人的尊严，受过教育的人不能容忍地放

① 胡邦彦：《那时复旦》，薛明扬、杨家润主编：《复旦杂忆》，上海：复旦大学出版社，2005 年，第 125—126 页。

② 章玉政：《狂人刘文典》，桂林：广西师范大学出版社，2008 年，第 283 页。

弃的尊严。”[①]

胡邦彦于1938年应聘为复旦大学助教。他在应聘过程中就深切感受到复旦大学的民主风气。胡邦彦应聘的职位是复旦大学文书主任，他写信应聘，并附去诗词文稿。几天后，接到校长吴南轩的约见信，他依时前往。前一夜因空袭警报，吴校长起床很晚。吴校长先向他道歉，继而说：“冒昧，请帮个忙。”便要胡邦彦根据两个函牍起草复函；再拟一登报启事，内容为学生一定要考试入学，请各界名流不要介绍学生入学；又为一位校董撰一副寿联。吴南轩交代完就去洗漱及用早餐，约一小时后回来，翻阅胡邦彦的作品两三分钟，说：“我决定请你。”就这样，胡邦彦进了复旦，一个星期以后又被加聘为文学院助教，讲授应用文。[②] 没有繁文缛节，没有盛气凌人，胡邦彦就这样认同了复旦大学。

这样的民主氛围给美国芝加哥大学邓嗣禹教授很深的感触。1946年，美国芝加哥大学教授邓嗣禹利用一年的学术休假，到北京大学任教。他在北京大学看到的是校长、系主任和教师相互依存、平等协商的温馨一幕：

北大有民主作风，全校教职员的月薪，上自校长，下至工人，完全公开。各人的收入，大家皆知道。院系会议，不管等级高低，凡能与会的人，皆当仁不让，有发言权，有表决权。全校一律以“先生”称呼，不冠以校长、学长等头衔。

……

在芝大教书数年，那时见校长难如登天。教育部长蒋梦麟想见他，我请美国一参议员帮助，才能约好一次见面的时间。可是北大校长的办公室，等于教职员的俱乐部。全校教授，皆可以进见校长，毋庸预先约定时间。……

文学院开会，后来汤用彤先生任主席。他不多说话，让别人说，颇有佛、道家的风格。史学系开会，姚从吾先生任主席，与会者皆可自由发表意见。那时候，杨翼骧先生是史学系助理，他不断说话。郑天挺先生提到李田意（南开大学

---

① 《清华大学三十七周年校庆纪念特刊》，王强主编：《民国大学校史资料汇编》第10册，南京：凤凰出版社，2014年，第12页。

② 胡邦彦：《那时复旦》，薛明扬、杨家润主编：《复旦杂忆》，上海：复旦大学出版社，2005年，第126页。

老校友)，希望他回国教书。姚先生常劝青年学者不要随便发表文章。总之，会议场中，有声有色，亦庄亦谐，不亚于，甚至优于美国的民主作风。美国间有年轻的系主任，威风十足，有不可一世之雄的态度。助教不对他鞠躬唯谨，以后饭碗有关。正副教授对他不客气，也许可以使他们难升级与加薪。①

民主的氛围得力于教授治校生活秩序的建立。教授治校的生活秩序是维护民国高校教师共同体利益的保障，也是民国高校教师认同群体身份的核心要素。教授治校的实施，使高校真正成为教师安身立命之所。高校教师在这里建立起一种自由平等、共识合作的生活秩序，获得了真正属于自己的独立职业空间。所以，教授治校是强化高校教师共同体的利益纽带。这个生活秩序能否得到有效的尊重，直接影响了民国高校教师的去留。

1945 年 9 月，陈寅恪准备去英国治疗眼疾，吴宓派燕京大学毕业生石泉伴送陈寅恪由成都飞往昆明。9 月 14 日，师生二人到达昆明。第二天，石泉陪陈寅恪住进西南联大教师宿舍。昔日的故旧门生纷纷前来问候、探视，计有张奚若、汤用彤、冯友兰、向达、陈岱孙、叶企孙、毛子水、雷海宗、曾昭抡、闻一多、朱自清、吴晗等。见到如此多优秀的学者、教授，让石泉大为感叹：

这些学者们都不俗，大多各有怪气，有许多是光棍，有些等于光棍。此外也都朴实无华，看着有些土气，但却都去过美国、欧洲，而他们却不似燕京人那么洋气。陈先生说："去过欧洲的，大多不会那么洋气。"这句话，我想是有很深的意味的。他们来看陈先生，彼此间的谈吐既多奇趣，又有根基，同时交往关系亦大多很超拔不落俗套。我听着，很是欣赏。这些才真正是守住岗位的学人。②

石泉所叹"这些才真正是守住岗位的学人"，最精确地回答了民国高校教师共同体应该由怎样的一群人组成这个问题。用这句话来总结民国高校教师共同体营建的意义，恐怕也很为贴切。梅贻琦有言："大学者，非大楼之谓也，有大师之谓也。"不是大师的集结，民国高校教师共同体的组合就缺乏构成基础，缺乏

① 邓嗣禹：《北大舌耕回忆录》，冯尔康等编：《郑天挺学记》，北京：生活·读书·新知三联书店，1991 年，第 138—141 页。

② 廖太燕：《陈寅恪与石泉》，《书屋》2015 年第 7 期。

与其他群体区分的外在标志，也缺乏群体成员对群体身份认同的依据。欲大师之集结，政府层面的政策设定，大学校长的办学理念，固然都是重要的，然根本是要获得教师们对共同体的认同。大师何以能集结，须志同道合，须钟情学术，须相互尊重，这是民国高校教师对教师共同体的情感诉求。这种情感诉求如同权力、利益一样，内化为民国高校教师的行为动机，深刻地调控和引导着民国高校教师共同体的生活行为。

第二章　民国高校教师的物质待遇

1932年，国际联盟教育考察团在考察了中国教育之后指出："是以目前要者，大学教师之经济地位应极稳定，教师对于其责任，亦应有一较正确之认识。简言之，即大学教师应成为一有组织之专业，薪水按时付给，享有一种确实明白之地位，且具有一种尊重团体之精神，不致降低其职业标准，损及教师全体之荣誉也。"① 这段话强调，物质待遇体现的是高校教师共同体的社会地位，体现的是社会、国家对高校教师共同体的尊重，它关系着全体高校教师的荣誉。换言之，物质待遇问题关系着民国高校教师共同体的身份尊严。

从历史的角度看，教师的物质待遇成为社会关注的问题是从民国开始的。传统社会的官学教师虽然也有着一份薪俸，但那是属于朝廷命官系列的官俸，其待遇高低由官品所决定。古代的学官生活十分清贫，"学官素号难为"成为历代官学教师的普遍看法，希冀由考核优秀而转入行政官成为古代学官的普遍追求。但毕竟，古代士大夫大都有一份不薄的家族经济基础，基本能保证其生活的衣食无忧。

① 国际联盟教育考察团编：《国际联盟教育考察团报告书》，台北：文海出版社，1986年，第171页。

民国高校教师则脱离了家族，脱离了故土，进入了城市，进入了体制，其物质待遇只能仰赖体制内的薪酬。高校教师薪酬的高低无疑是衡量其生存状况优劣的一个重要指标，并在一定程度上反映了国家及社会对高等教育的重视程度。但民国高校教师的物质待遇却遭到两方面的挤压，一是根深蒂固的“官本位”价值取向，一是工业社会兴起的商业价值取向。加之社会政局的动荡，给民国高校教师共同体的身份尊严带来了极大的冲击。

一、北京政府时期高校教师的生活状况

北京政府时期是高校教师薪酬初步定位之时。虽然我们可以说这还是一个初步探索阶段，但民国时期对高校教师劳动价值的认定却也在这一时期奠定了基础。这不仅体现在教育部对高校教师薪酬标准的确立上，更体现在北京政府对高校经费及教师工资的拖欠行为上。这构成了北京政府时期高校教师物质生活的基调。

（一）教育部对高校教师薪酬的规定

民国初期，政府对高校教师的薪俸实行分级制度，依据其职称酌情配发工资。

1912 年 10 月，民国政府教育部颁布的《大学令》，将大学教员划分为专任教员和兼任教员两类，专任教员有教授、助教授，兼任教员则有讲师等。1914 年 7 月，教育部颁布《教育部直辖专门以上学校职员薪俸暂行规程》，其中第三条规定：凡直辖学校教员，分专任、兼任二种。专任教员，除兼充分科学长、教务主任、学监主任、场长、院长等外，不得兼司他项职务。其应支薪俸数目如下：

表 2-1　教育部直辖专门以上学校教员薪俸（1914 年）

	专任教员	兼任教员
大学	月支 180～280 元	每一小时酌支 3～5 元
大学预科	月支 140～240 元	每一小时酌支 2～4 元
高等师范学校	月支 160～250 元	
专门学校	月支 160～250 元	

另外，暂行规程还对专任教员的全年奖励标准做出了规定。其第十七条规定："大学专任教员服务至五年以上并支最高级之薪俸，确有成绩者，得给全年津贴 600 元。"第十八条规定："高等师范学校、专门学校及大学预科之专任教员服务至五年以上并支最高级之薪俸，确有成绩者，得给全年津贴 400 元。"第十九条规定："凡外国教员之薪俸及授课时间，别以契约定之。"① 这是民国首次从法律上规定了大学教师的薪金标准及发放方式。

那么，民国初期高校教师的待遇水平如何？据田正平、商丽浩的研究，这一时期国立大学教授的待遇大致相当于教育部荐任官的待遇。② 民国时期的政府官员分特任、简任、荐任、委任四档。根据 1912 年 10 月 16 日公布的《中央行政官官俸法》，特任官中，国务总理月薪 1500 元，各部总长月薪 1000 元；简任官分 3 级，月薪为 400～600 元，级差 100 元；荐任官分 7 级，月薪 200～360 元；委任官分 12 级，月薪 50～150 元。荐任官具体是个什么概念，我们可以用鲁迅的工资作个比照。鲁迅于 1912 年 8 月在北京政府教育部任佥事、社会教育司第一科科长。他从 1912 年 10 月开始，领月薪 220 元；1913 年 2 月以后，月薪为 240 元；1914 年 8 月以后，月薪增为 280 元。也就是说，鲁迅的工资达到大学专任教员的最高级别。可以看出，国立大学教授的待遇只相当于中央政府部门的科级水平。

1917 年 5 月，北京国民政府教育部正式颁布了《国立大学职员任用及俸薪规程》。该规程将大学教师职称进一步细化，教授分正教授、本科教授、预科教授三类，教授之下又有助教和讲师。其月俸各有等差：

---

① 《教育部直辖专门以上学校职员薪俸暂行规程》，《教育杂志》第六卷第五号，1914 年。

② 田正平、商丽浩：《中国高等教育百年史论：制度变迁、财政运作与教师流动》，北京：人民教育出版社，2006 年，第 255—256 页。

表 2-2　1917 年国立大学职员薪俸（单位：元）

	正教授	本科教授	预科教授	助教	讲师	外国教员
第一级	400	280	240	120	2～5 元（小时）	薪数别以契约定之
第二级	380	260	220	100		
第三级	360	240	200	80		
第四级	340	220	180	70		
第五级	320	200	160	60		
第六级	300	180	140	50		

资料来源：潘懋元、刘海峰：《中国近代教育史资料汇编·高等教育》，上海：上海教育出版社，1993 年，第 785 页。

至于高校教师的抚恤、享受学术假及退休等待遇的规定，在《国立大学职员任用及薪俸规程》中也予以了明确。规程第十三条规定："凡校长、学长、正教授每连续任职五年以上，得赴外国考查一次，以一年为限，除仍支原薪外，并酌支往返川资。"规程第十四条规定："职员在本校前后任职满若干年，若因病废或年满六十岁自请退职者，给予终身恤金。如其退职时所支薪数百分之若干分期支给，自退职之翌月起，至死亡之月止。满十年者，支百分之十分。满十五年者，支百分之二十分。满二十年者，支百分之三十分。满二十五年者，支百分之四十分。满三十年或三十年以上者，支百分之五十分。"①

（二）北京大学对教师待遇的落实

应该说，各高校在教师薪俸问题上难有作为。无论国立、省立，学校财政都来自政府拨付，学校的机动权不大。私立高校经费紧张，即使是教会大学，财政也不是很宽裕，所以教育部制定的高校教师薪俸标准，基本上成为各高校落实教师待遇的依据。这里对专门学校、私立高校和教会大学不作分析，仅以北京大学

① 潘懋元、刘海峰：《中国近代教育史资料汇编·高等教育》，上海：上海教育出版社，1993 年，第 786 页。

为案例。

据1914年3月份北京大学教员薪俸手册，学长徐崇钦300元，其他各级职员的薪金，从庶务长、学监的120元，到书记的20～30元不等。专任教员中有6位为220元，有10位是200元，1位180元，1位70元。兼任教员9位，从60元到140元不等。外国教员7位，从250元到450元不等，其中3位超过400元，3位超过300元。① 可见民国初期北京大学中国教员的薪酬低于教育部规程。

1917年教育部公布新的薪酬规程后，北京大学教师的待遇依然偏低。据李书华回忆，当时北大教员仅分教授、讲师、助教三级，没有教育部设定的正教授一级，故北大教授最高月薪为280元，也有240元、260元者。讲师按每小时5元计算，助教每月薪酬大致在50元至100多元不等。②

许纪霖在《近代中国知识分子的公共交往》一书中介绍了1918年9月《北大教职员履历表》所载当时北大教授的薪酬情况。当时文科学长陈独秀月俸300元，本科教授胡适、陈大齐、陶履恭、马叙伦、刘师培、黄侃、朱希祖、辜鸿铭、陈汉章、黄节等月俸均为280元，同为本科教授的钱玄同、杨昌济为240元。预科教授马裕藻、朱宗莱为240元，刘半农、刘文典则为200元。而预科教授沈尹默拿的是本科教授的最高薪俸280元。③

诗人邵燕祥在1998年8月公布了家藏的一份《北京大学法科一览·自民国七年九月至八年六月（1918年9月—1919年6月）》，其中详细列述了当时北大法科（后改法学院）教师每周课时及月俸等情况，兹列表如下。

---

① 王学珍、郭建荣主编：《北京大学史料》第二卷·一，北京：北京大学出版社，2000年，第499—500页。

② 李书华：《七年北大》，陈平原等编：《北大旧事》，北京：生活·读书·新知三联书店，1998年，第99页。

③ 许纪霖等：《近代中国知识分子的公共交往（1895—1949）》，上海：上海人民出版社，2008年，第117页。

表 2-3 北京大学法科教师任课及月薪（1918 年 9 月—1919 年 6 月）

姓名	任别	每周课时/时	月薪/元	备考
毕善功	教授	18	600	三年级英商法 3，英刑事诉讼法 2；二年级英民法 2，英民事诉讼法 3，英国刑法 3；一年级英国民法 5
马寅初	教授	9	280	四年级保险学 3，三年级银行论 3，二年级货币 3
黄振声	教授	3（预科 9）	280	二年级铁路经济 3，预科二年级经济通论 9
左德敏	教授	12	280	三年级德日商法 3，德日刑诉法 2；二年级民诉讼法 4，德日民诉法 3
黄佑昌	教授	8	280	四年级民法继承 2，三年级民法继承 2，二年级民法物权 4
胡　钧	教授	9	280	四年级社会政策 3，三年级中国财政史 3，一年级东洋史 3
陈启修	教授	11	260	三年级统计学 3；二年级日文 3，经济学 3；一年级日文 2
张祖训	教授	12	260	二年级政治学 4，政治史 4；一年级政治学 4
郭汝熙	教授	4（预科 10）	240	二年级政治学 4；预科二年级英文 6，作文 4
陈兆琨	讲师	6	220	四年级经济学史 3，三年级转正学 3
钟庚言	讲师	11	220	四年级行政法 2；三年级商业政策 2，行政法 3；一年级宪法 4
周龙光	讲师	9	180	四年级商法 2，三年级商法 4，二年级政党论 3
张孝木多	讲师	8	160	二年级刑法各论 4，一年级刑法 4
龚　湘	讲师	6	180	二年级法国民诉法 3，法国刑法 3
郑寿仁	讲师	6	120	四年级会计 4，三年级近世商业之组织 2
陈　介	讲师	6	120	三年级民法债权 2，二年级民法债权 4

资料来源：马嘶：《百年冷暖：20 世纪中国知识分子生活状况》，北京：北京图书馆出版社，2003 年，第 16—17 页。

从这些情况看，北京大学教授的薪酬都只在教育部规定的“本科教授”这一水平，而没有达到“正教授”这个档次。这显然偏低了。待遇的低下引起了教师们的不满，北京大学决定制定适合本校实际的职员待遇规则。1920 年 7 月，北京大学职员待遇规则草案委员会开会，讨论待遇规则草案。从草案看，其内容分年功津贴规则、晋级规则、死亡恤金规则、年老退职恤金四个部分，强调对连续服务三年、六年的教职员应分别给予年功津贴和晋级考虑，其总体思路是要加强教职员的在职生活保证。在这次讨论会上，沈士远强调：“教育界之薪俸太薄，既不足衣食之费，更不敷研究学术之用，与其职业比较太低。”于是决议提高教职员薪俸等级：取消正教授称谓，今后教授薪俸适用教育部规程中正教授的薪俸，即从300元至400元分六级；提高预科教授薪俸，从240元至340元分六级；助教月薪仍旧，为50～120元。并对校长、各部主任，乃至事务员、书记的薪俸都做了具体规定。[①]

从1925年2月的《国立北京大学核发薪金清册》看，这一议决案还是起了作用。校长蒋梦麟月薪达到600元，专任教师所发月薪也有增长。根据这一文件内容制成下表：

表2－4　1925年国立北京大学专任教师核发薪金一览（单位：人）

	月薪/元	数学系	物理系	化学系	地质系	生物系	哲学系	教育系	中文系	外语系	史学系	法律系	政治系	经济系
教授	400	4	3	2	5	2	3	2	3	7	3	4	3	4
	380				1				2					
	360		2	2				3			2			
	250								1					
副教授	320						1					1	1	
	300	1							1					
	280		1	1					1		1	1		

资料来源：《国立北京大学核发薪金清册》，王学珍、郭建荣主编：《北京大学史料》（第二卷·一），北京：北京大学出版社，2000年，第502—513页。

---

① 王学珍、郭建荣主编：《北京大学史料》第二卷·一，北京：北京大学出版社，2000年，第491—492页。

（三）20 年代高校教师的生活水平

当时各地的生活水平不一，这里仅以北京、上海物价水平为例。据陈明远《文化人的经济生活》一书介绍，北京在 1911—1920 年间，大米每斤 0.03 元，猪肉每斤 0.1～0.11 元，白糖每斤 0.05 元，食盐每斤 0.01～0.02 元，植物油每斤 0.07 元。此时期的上海，大米每斤 0.034 元，猪肉每斤 0.12 元，白糖每斤 0.06 元，食盐每斤 0.01～0.02 元，植物油每斤 0.07～0.09 元。这样的物价水平，20 年代北京“四口之家，每月 12 元伙食费，足可维持小康水平”。书中援引《1918～1980 年北京社会状况调查》，1920 年代初，一户四五口劳动之家（父母加两三个孩子，或老少三代），其家庭伙食费每年仅需大约 132.4 元，即每月 11 元即可维持日常生活。当时一个标准家庭的贫困线定为每月收入 10 元之下。①

根据这一水平比照，当时高校教师的薪俸完全可以过上宽裕的生活。当时的教授、讲师的月收入普遍在 200 元以上，高收入者可达到 300～400 元。北京大学状况已如前述。1920 年南京高师筹备改建东南大学，在筹备计划中拟聘预科教员 24 人，每人年俸 2500 元，助教及助理 18 人，平均月薪 60 元。② 上海交通大学在 1921 年 4 月的教职员月薪表中有这样的记载：校长每月薪俸为 400～800 元，教授每月薪俸为 200～800 元。据统计，1922 年，北京高师教员中，月薪在 100 元以内的有 63 人，100～199 元的有 35 人，200～299 元的有 27 人，300～399 元的有 3 人，400 元 1 人。③ 也就是说，各地高校教师的薪金承担基本的日常生活开支应该没有问题。再加上他们的兼课收入，到各地演讲收入，以及稿费收入，应该说，大学教师的收入还是相当高的。这样的物质待遇不仅使他们的生活基本开支较为宽裕，而且能够盈余很多的钱来享受生活，比如买书、聚餐、游玩等。

---

① 陈明远：《文化人的经济生活》，上海：文汇出版社，2005 年，第 104—105 页。

② 南大百年实录编辑组编：《南大百年实录》上卷，南京：南京大学出版社，2002 年，第 106 页。

③ 《北京高师教职员薪俸一览表》，《教育杂志》第十四卷第十二期，1922 年 12 月。

胡适自留学归国，家里应该是没有很充实的经济基础的。他于 1917 年 9 月 10 日到北大就职，9 月 30 日在寄给母亲的信中说："适之薪金已定每月二百六十元。所同居高君亦好学之士。所居甚僻静，可以无外扰，故欲移出同居也。彼此房钱每月不过六元，每人仅出三元耳。合他种开销算起来，也不过每月四五十元之谱。""适现尚暂居大学教员宿舍内，居此可不出房钱。饭钱每月九元，每餐两碟菜一碗汤，饭米颇不如南方之佳，但尚可吃得耳。"大约一个月后，10 月 25 日，胡适致信母亲说自己的薪俸已加至教授最高级 280 元，"适在此上月所得薪俸为 260 元，本月加至 280 元，此为教授最高级之薪俸。适初入大学便得此数，不为不多矣。他日能兼任他处之事，所得或尚可增加。即仅此数亦尽够养吾兄弟全家。及此吾家分而再合，更成一家，岂非大好事乎！"并扬言家中大嫂、三嫂乃至侄辈的生活日用都"可由适担承"①。

1921 年，吴虞被聘为北京大学教授，月薪 260 元。他于 10 月 11 日初至北大上课，看到学校有包伙食，"院中厨子包伙食，每月七元，予见饭菜尚可食，遂令从今日起，与予开一份"②。至于一个月的整体生活开支，《吴虞日记》1925 年 4 月的记载如下：

四月账目列后：

房租洋二十五元，工洋十九元，米洋一元，煤球洋五元，电灯洋一元九角五仙，换洋十元零六角。共洋六十二元五角五仙。

《龙溪精舍丛书》洋四十二元五角，佛学书洋八元一角三仙，纪批苏诗洋六元。共洋五十六元六角三仙。

邮票洋二元，油布油纸洋二元四角一仙。共洋四元四角一仙。

宝华楼洋五元，杏花春洋三元三角三仙，游艺园券洋五角，中央公园券二角，洗澡剪发洋八角，收拾驼绒夹杉工洋二角五仙。共洋十元零八仙。

刻娇寓诗定洋五元。

---

① 耿云志、欧阳哲生编：《胡适书信集》上，北京：北京大学出版社，1996 年，第 106—107，111—112 页。

② 中国革命博物馆整理：《吴虞日记》上册，成都：四川人民出版社，1984 年，第 643 页。

共洋一百三十八元六角七仙正，除买书刻诗洋六十一元六角三仙，不过用七十余元耳。[①]

吴虞这个时候的月薪已经增加了，应该达到前面所述北京大学专任教师的水平了，加之他的兼课，每月超过400元应该没有疑义。而他一个月的生活费只需70多元，可以有更多的钱用于买书以及其他娱乐开支。

李书华于1922年应聘北大物理系教授，他回忆说："我初到北大时，即领教授最高薪。彼时一年可领到八九个月的薪水。北京生活便宜，一个小家庭的用费，每月大洋几十元即可维持。如每月用一百元，便是很好的生活，可以租一所四合院的房子，约有房屋二十余间，租金每月不过二三十元，每间房平均每月租金约大洋一元。可以雇用一个厨子，一个男仆或女仆，一个人力车的车夫；每日饭菜钱在一元以内，便可以吃得很好。有的教授省吃俭用，节省出钱来购置几千元一所的房屋居住；甚至有能自购几所房子以备出租者。"[②]

1926年8月，吴宓搬了一次家，他在日记中记下了这次搬家费用："木器，六件五十元。裱糊房屋，十五元。芦帘四扇，竹帘三副，十元。桌上电灯，连装置费八元。裱糊书架，二元。浴盆，三元。修理炉灶，添置厨房用具，及其他杂费，二十二元。第一个月，包饭伙食，二十六元。厨役工资，四元。以上移家费用约110元。第一个月伙食等30元，两项共计140元。"[③] 从中可见当时北京的物价水平还是比较低。

虽然各地高校教师的收入有所差别，但承受这样的物价水平应是绰绰有余。1921年，熊庆来被南京东南大学聘为算学系主任，每月工资二百大洋。其儿子说："据母亲回忆，那时的生活费并不高，鸡蛋两毛十枚，猪肉两毛一斤，糖一毛至两毛一斤，布两毛一尺，若买阴丹士林布则买一尺还送一尺。不过，初迁新地，所有家居用品，从大小家具到锅碗盆瓢，全都得一一购置。一般家用小件花

---

① 中国革命博物馆整理：《吴虞日记》下册，成都：四川人民出版社，1984年，第260—261页。

② 李书华：《七年北大》，陈平原等编：《北大旧事》，北京：生活·读书·新知三联书店，1998年，第99页。

③ 吴学昭整理注释：《吴宓日记》Ⅲ，北京：生活·读书·新知三联书店，1998年，第201页。

费不大，而大件家具则费用不菲。母亲说，那时候，家中的一张双人铜床是花了一百大洋买的。所以，大件家具只能一件一件地逐月添置，这个月买衣橱，下一个月买五屉柜。”①

应该说，在北京政府时期，高校教师的薪俸用于过日子应是不错的。

（四）20年代政府欠薪对高校教师生活的影响

但这样的安定生活并不稳定。破坏这种安定生活的直接原因是北京政府克扣和拖欠教育经费，导致教师工资的拖欠。有资料表明，1921年北京八高校教师有两个半月工资未发放，1922年八校教师工资积欠达4个月以上，1923年八校教师工资积欠达8个月以上，到1927年2月初，各高校经费积欠已高达20个月以上。这就把北京高校教师的生活拖入困境。

北京大学教授李宗侗回忆：“由民国十二年起，到民国十六年夏天为止，我在北京大学担任教授共有四年的时间。那时正好北洋政府经济困难，公教人员的薪水全发不下来，所以总是在欠薪的状态中。我在这四年中，薪水是每月两百二十银元，但是事实上，我每个月只领到一百一十元，恰好是半薪。幸而我家中尚有祖产少许的田地，在天津乡下，卖了足以维持生活，所以我亦不仗着学校的薪水。”②

完全依赖政府薪水度日的教师就惨了。吴虞在1925年5月21日的日记中记载：“今日《晨报》，八校经费，原定昨日发六成，又被某方提去，故现仍无着。此后真不堪，不但书不能买，且生活费亦须节省矣。可叹之至。”5月25日又记载：“午后一时至三时，在北大上课，薪水尚不知如何。叶浩吾止有钱六十枚，刘子庚止有钱四十枚，家中且无米矣。教育界现象如此，尚可为哉？”③

---

① 熊秉衡、熊秉群：《父亲熊庆来》，昆明：云南教育出版社，2015年，第71页。

② 李宗侗：《北大教书与办猛进杂志》，王世儒、闻笛编：《我与北大——“老北大”话北大》，北京：北京大学出版社，1998年，第192页。

③ 中国革命博物馆整理：《吴虞日记》下册，成都：四川人民出版社，1984年，第261、262页。

冯友兰说：“当时北京的教育界是非常困难的，为数不多的教育经费，也被军阀们挪用了。学校发工资往往只发几成，甚至有发百分之几的。有一个教授，同时在四个大学里教课，到了年节，四个大学都发不出工资，当时称为‘四大皆空’。”[①]

这种惨状，顾颉刚的例子较为典型。1920 年 6 月，顾颉刚被北大聘为助教，任图书馆编目员，薪俸为 50 元。由于家室在苏州，两地奔波及家用，生活难以维持，胡适要顾颉刚帮他编书，每月补贴其 30 元，这才渡过难关。[②] 后来顾颉刚一度辞去北大职位，到商务印书馆任职。1923 年底，立志从事学问研究的顾颉刚又回到北大，担任北大研究所国学门助教，并编辑《国学季刊》，月薪为 100 元。另外，他还在孔德学校兼课，每月 50 元。顾颉刚 1924 年 10 月对每月生活费的统计为：“房金 20 元，伙食（连公账）35 元，女仆工 3 元，韩馨 10 元，电灯 3 元，杂用 15 元，康媛 10 元，艮男 5 元，共 101 元”[③]。韩馨、康媛、艮男是他的三个孩子，这里指用在他们三人身上的教育费用。

总收入是 150 元，总支出是 101 元，本来顾颉刚的日子应该是可以过得去的。但北京政府的欠薪风潮，把顾颉刚的生活拖入困窘之中。顾颉刚说：他对生活的要求本是很淡泊的，只要能满足他的学问嗜好便行。“但近年以来，中央政府的财政已陷绝境，政费屡屡数月不发，就是发出也是‘一成二，二成三’这般敷衍，连淡泊的生活也维持不下了。”[④]

从顾颉刚日记看到，自 1924 年 1 月起，顾颉刚在北京大学的工资就延后发给，拖延时间从上半年的两个月慢慢延长到下半年的三个月、四个月。进入 1925 年后，顾颉刚在北京大学的每月 100 元薪水基本都是拖欠半年才领到。

---

① 冯友兰：《三松堂自序》，第 2 版，北京：人民出版社，2008 年，第 64 页。

② 顾潮编著：《顾颉刚年谱》，北京：中国社会科学出版社，1993 年，第 60 页。

③ 顾颉刚：《顾颉刚日记》卷一，北京：中华书局，2011 年，第 576 页。

④ 顾颉刚：《走在历史的路上——顾颉刚自述》，南京：江苏教育出版社，2005 年，第 104 页。

表 2－5　顾颉刚 1925 年薪俸领取数目及时间

	发放薪俸数	领取时间
1925 年 1 月	二十二元 七十元 八元	1925 年 6 月 17 号领取 6 月 25 号领取 7 月 16 号领取
1925 年 2 月	一百元	1925 年 6 月 24 号领取
1925 年 3 月	三十二元 四十元 二十八元	1925 年 7 月 16 号领取 8 月 10 领取 9 月 9 号领取
1925 年 4 月	三十七元 六十三元	1925 年 9 月 9 号领取 10 月 2 号领取
1925 年 5 月	三十七元 三十五元 二十八元	1925 年 10 月 2 号领取 11 月 12 号领取 12 月 2 号领取
1925 年 6 月	三十七元 十五元 十二元 二十元 十六元	1925 年 12 月 2 号领取 12 月 21 号领取 1926 年 1 月 8 号领取 1 月 20 号领取 1 月 30 号领取
1925 年 7 月	五十八元 二十六元 十六元	1926 年 1 月 30 号领取 2 月 2 号领取 2 元 12 号领取
1925 年 8 月	六十四元 十五元 十三元 八元	1926 年 2 月 12 号领取 3 月 29 号领取 5 月 12 号领取 5 月 17 号领取
1925 年 9 月	十九元 五十五元	1926 年 5 月 17 号领取 6 月 14 号领取

资料来源：顾颉刚：《顾颉刚日记》卷一，北京：中华书局，2011 年，第 703—704 页。

从表中可以看到，1925 年 9 月份的薪水直到 1926 年 6 月份还未全部领到，而且一般都要分 3～4 次领取。这样，对本来就债台高筑的顾颉刚来说更是雪上加霜。他在 1925 年 1 月 21 日的日记中记录，这时他已经欠北大 150 元，欠胡适 223 元，欠履安 603 元，欠朴社 176 元，欠仲川 150 元，总共 1302 元。另外还欠储蓄会 140 元。[①]

这种状况在此后不仅没有缓解，而且进一步恶化。顾颉刚在 1926 年 5 月 16 日给胡适的信中罗列了其欠款数字：“欠家 700 元，欠适之先生 220 元，欠学校 250 元，欠同乡友人 460 元，欠储蓄会 320 元。右共 1950 元，除欠学校可用薪水作抵外，实欠 1700 元。本年必须之用度（阴历四月至十二月）：九个月经常费 1080 元，三节特别费 150 元，本年必须还去之债 400 元。右共 1630 元，如此，截至本年年底，尚欠人 1300 元。两共 2930 元。”[②]

这样的欠债状况令顾颉刚几乎精神崩溃。他在 1926 年 6 月 6 日的日记中写道：“近日手头干涸已极，后日须付房金。没有法子，只得向适之先生开口借钱，承借六十元。予感极。自想予家非无钱，父大人亦非不肯寄钱，但我竟因种种牵阻，终不能向家中取钱，翻有赖于师友之济助，思之悲愤。回家后哭了一场。”[③]

在这样的窘境下，顾颉刚不得已接受了厦门大学的聘请，去任研究院导师兼国文系教授，月薪 240 元。他在 7 月 2 日给胡适的信中说：“厦大方面，闻用度极省，单身只须四五十元。我须付家用，合来或可积存一百元一月。此款即取来还债。前欠先生二百廿余元，前月又欠六十元，此两款或可于半年内还清也。”[④]

不仅顾颉刚，北京大学教授张竞生也因经济困难而被迫出走。张竞生是 1921 年 10 月被蔡元培聘为北京大学哲学系教授，在此期间，张竞生与褚问鹃结婚，并育有一男孩。其妻褚问鹃后来回忆说：“然而好景不长，北大一直欠薪不发，我的丈夫为了儿子将来的教育费起见，他决计离开北京，想到南方去打出一条生路来。不过我的意思，总以为我已有研究所毕业的资格，可以出去做事，赚钱来贴补家用的，劝他不要脱离北大。但是他说：‘你去做事，孩子在老妈子手中一定带不好，经济是我做丈夫的责任，你不要担忧就是。’”张竞生因此离开北大。[⑤]

---

① 顾颉刚：《顾颉刚日记》卷一，北京：中华书局，2011 年，第 571 页。
② 顾颉刚：《顾颉刚书信集》卷一，北京：中华书局，2011 年，第 431 页。
③ 顾颉刚：《顾颉刚日记》卷一，北京：中华书局，2011 年，第 754—755 页。
④ 顾颉刚：《顾颉刚书信集》卷一，北京：中华书局，2011 年，第 433 页。
⑤ 蔡登山：《民国的身影：重寻遗落的文人往事》，桂林：广西师范大学出版社，2009 年，第 8 页。

像顾颉刚、张竞生这样的状况在高校青年教师中较为普遍。1926年7月19日，《晨报》登载《北大低薪职员要求加成发薪》的报道："北大低薪职员，因欠薪太久，生活不能维持，每遇发薪，俱照政费成数与厚薪教员同样发放。在厚薪者，尚可支撑，低薪者之终日作工，数月领到数元，难以生活。昨特致函总务长，转请校长加成发薪。"①

高级职称的教师虽然尚可支撑，但也难以为继，于是只有出走一途。《晨报》于1926年7月29日报道："北大各教授，因教育经费无着，下半年一切进行，均感困难，故均另谋他就。查现在已到厦门大学者有林玉（语）堂等三数人。准备日内南下者，尚有周树人、沈兼士、顾颉刚、陈万里等十余人。因厦大秋后拟设国学门，故北大国文系教员被聘者颇多。又沈等并拟带助手多人一同前往云。"② 1926年前后，北大教授由于生活窘迫而离开的还有高一涵、周鲠生、陈翰生、张桢如等多人。

工资的拖欠，教师的出走，以致下半年北京大学是否按期开学也成了问题。《申报》曾刊登了《北大教职员不愿开课者多》的报道：北京大学特请各教员对是否按期开学举行总投票。9月30日上午11时，在二院宴会厅开票，到场教员80多人，职员有30多人，议定开票监察员、记录员、唱票员后，统计结果，有效票151张，愿上课者47人，不愿上课者84人，附条件愿上课者20人。③

不仅是北京，在其他地方也都如此。例如上海，《申报》1925年7月21日以《商大教职员欠薪商定先发一半》为题报道：本埠商科大学自校长郭秉文受委员会委托出洋考察教育后，本年积欠教职员薪水，为数甚巨，各教职员请将校中所有余款先行补发半数，其余半数尽九月内筹发，已经行政委员会与委员会接洽办理。④

---

① 《北大低薪职员要求加成发薪》，王学珍、郭建荣主编：《北京大学史料》第二卷·一，北京：北京大学出版社，2000年，第518页。

② 王学珍、郭建荣主编：《北京大学史料》第二卷·一，北京：北京大学出版社，2000年，第518页。

③ 《北大教职员不愿开课者多》，王学珍、郭建荣主编：《北京大学史料》第二卷·一，北京：北京大学出版社，2000年，第520页。

④ 上海财经大学校史研究室编：《国立上海商学院史料选辑》，上海：上海财经大学出版社，2012年，第133页。

1925 年，《教育杂志》第三号的“教育界消息”中，有一文题目为《最近国立各大学专门校长问题之扰攘》，其中介绍了七所国立大学及私立南开大学校长问题，基本都与办学经费拮据有关。如刚刚讲到的东南大学校长郭秉文被免职，东南大学与上海商科大学全体教职员发表宣言极力挽留，宣言中谈道：“迩年以来，政局混乱，教育机关，多受影响，或以经费支绌而辍业，或以人才缺乏而不振。”而郭秉文在这样的环境下能历尽艰苦，始克成今日之宏观，实属不易。又如 1925 年 1 月 30 日，教育部部员带领数十名军警封闭北京美术专门学校，理由是学生拒绝新校长。而学生们驳斥：“教育当局，熟悉我校内情，为少数恶劣分子所盘踞，校规紊乱，经济破产，学校之维持，已无复希望，乃出此彻底解决之办法。”再如北京师范大学校长范源濂因该校经费支绌，愤然辞职。北京工业大学由王季绪代理校长，王季绪热心任事，与教职员感情融洽，但因经费支绌，校务无法开展，乃决意辞职。武昌师范大学师生公推代表上京，一方面请愿教育部聘请合适的校长，另一方面该校经费积欠甚巨，几至断炊，也请教育部救济。教育部答应暂拨洋一万一千元，以千元作学校伙食费，余充教职员薪水。①

天津地区的高校也不能幸免。魏寿昆于 1923 年至 1929 年在天津北洋大学读书。他回忆说，北洋政府时期，内战使学校两度停课，学校经费更是靠不住，经常拿不到。教师拿不到工资，学校不能按期开学。记得刘校长（刘仙洲）在开学典礼上曾几次以凄凉的口吻说：“我们现在总算能够开学上课了。”当时教师不仅不能及时按月拿到工薪，而且得到的纸钞又有不同的票面价值。北洋大学经费来自河北省政府，发河北省银行的钞票。但一元河北省银行钞票只等于中国银行（当时的权威银行）钞票八角，也就是说，河北省银行钞票的票面价值应打八折。地质教授王霖之在课堂就和我们讲，他如果收到河北省银行钞票，就毫不客气地如数退还，并且威胁学校如不给他换成中国银行钞票，他就拒绝上课，结果学校只得给换发中国银行钞票。幸好其他教授、教师都还能忍气吞声地接受河北省银

① 《教育界消息·最近国立各大学专门校长问题之扰攘》，《教育杂志》第十七卷第三号，1925 年。

行钞票，如果全体教师都不接受这种只能按八折票面价值使用的钞票，那百分之二十的亏损学校又怎能担负得起呢?[①]

吴宓在东北大学也遭遇地方纸币贬值的问题。1924 年，奉直军阀混战，导致交通阻隔，奉票贬值，市中百物昂贵，食粮缺乏，东北大学教职员只能吃上小米。《吴宓日记》记载，9 月 16 日，“奉票跌落，每三元仅兑现银一元。官银号遇兑现者，每次不许过三元。向外埠汇兑，已宣告停止。似此情形，则本校能否维持原状，以现金发薪，或由官银号特别通融，代为汇至京沪，殊难有望”。没过几天，9 月 20 日，“下午二时，汪学长召集予等外省教员宣称，本月份薪金之支付，已由校中当局与官银号再三交涉。结果，只能以官银号所定之特别优待价格兑换，即奉票二元合现银一元（本日市价，系奉票一元四角合现银一元）。诸君如愿兑换，须即日兑换。稍迟或更低落，不能担保负责。校中所以竭力为诸君谋者仅此。至下月如何情形，则毫无把握云云。予等以现洋难得，奉票或至不名一钱。遂皆答称，愿全数如此兑换。按此，则予本月份只得薪资现银一百九十二元，吃亏四分之一”[②]。

北京政府拖欠教育经费及教师薪酬问题的日益严重，引发了北京大学等八所国立高校的索薪风潮。吴虞在日记中记载，1922 年 5 月 19 日，“饭后，同莘农过教育部索薪，八校教职员，到者一百四十余人，举出沈士远、何海秋、高一涵、尹炎武、马幼渔、王星拱为代表接洽。旋由教育部同诸人步至交通部，八校所举代表，同八校校长、教育部次长，同交通部次长交涉，直到下午九时后始签字。允于五月三十号以前，给两个月，众人始散归”[③]。

蒋梦麟在《西潮》中指出，高校教师此举实出无奈：“学生运动自从民国八年开始以来，背后一直有教员在支持。就是满清时代的首次学潮，也是有教员支持的。后来教员也发生罢教事件，要求北京政府发放欠薪，情势更趋复杂。北大

① 魏寿昆：《严格——北洋的学风》，钟叔河、朱纯编：《过去的大学》，武汉：长江文艺出版社，2005 年，第 219 页。

② 吴学昭整理注释：《吴宓日记》Ⅱ，北京：生活·读书·新知三联书店，1998 年，第 288，290—291 页。

③ 中国革命博物馆整理：《吴虞日记》下册，成都：四川人民出版社，1984 年，第 37 页。

以及其他七个国立大专学校的教员，一直不能按时领到薪水。他们常常两三个月才能领到半个月的薪俸。他们一罢课，通常可以从教育部挤出半个月至一个月的薪水。”①

北京政府时期的高校教师工资拖欠问题，典型地体现了民国高校教师的薪酬得不到有效保障，高校教师的劳动价值得不到应有的认可和尊重。

二、南京政府时期高校教师的生活状况

南京国民政府时期，也即全面抗战爆发的前十年时间，是我国现代高等教育长足发展的时期。政府对高等教育的重视也对教师生活产生了影响，加上这一段时间社会相对安定，对高等教育的冲击相对减少，高校教师对自身劳动价值的争取也颇有成效。

（一）南京政府对高校教师薪酬的规定

1927 年，国内出现了两份关于高校教师薪俸的文件：一份为北京政府关于国立京师大学校职员的薪俸规定，一份为南京政府颁布的大学教员薪俸规定。

1927 年 8 月，北京政府教育部将北京的九所国立高等学校合并，成立所谓“京师大学校”，并于同年 9 月颁布《国立大学职员任用及薪俸规程》。规程对

① 蒋梦麟：《西潮·新潮》，长沙：岳麓书社，2000 年，第 136 页。

1917年的《国立大学职员任用及俸薪规程》做了修改，规定大学教员分教授、预科教授、助教和讲师四等，取消了正教授的称谓，本科教授则直接改称教授，讲师仍为兼任。其薪俸等级标准如下：

表2—6　1927年（北京政府）国立京师大学校职员薪俸（单位：元）

	第一级	第二级	第三级	第四级	第五级	第六级	第七级	第八级
教授	300	280	260	240	220	200	180	160
预科教授	260	240	220	200	180	160	140	120
助教	120	100	80	70	60	50	40	30

资料来源：王学珍、郭建荣主编：《北京大学史料》第二卷上册，北京：北京大学出版社，2002年，第493页。

几乎与此同时，1927年6月，南京国民政府教育行政委员会公布了《大学教员资格条例》，将大学教员分为教授、副教授、讲师、助教四等，并规定“大学教员以专任为原则，如有特别情形不能专任时，其薪俸得以钟点计算”。后面附有一张大学教员薪俸表，具体规定了大学教员薪俸的等级区分。这个薪俸表成为抗战全面爆发前10年各大学制定教师薪俸的指导性文件。

表2—7　1927年（南京政府）大学教员薪俸（单位：元）

类别	教授	副教授	讲师	助教
月俸数	400～600	260～400	160～260	100～160

资料来源：教育部教育编审委员会编：《第一次中国教育年鉴·乙编·教育法规》，上海：开明书店，1934年，第64页。

对比1927年南北两政府同时颁布的大学教员薪俸表，可以发现，北京政府对待高校教师的劳动价值呈现明显倒退趋势。在这个薪俸表中，北京政府将1917年薪俸规程的“正教授”一档取消，相应地，当时处于教授最高待遇的正教授300～400元薪俸也被取消。保留下来的“本科教授”的最高级别虽然增加了20元，达到300元，但这也成为教授薪俸的顶峰了。从各职称的起步薪看，1917年的起步薪，本科教授为180元，预科教授为140元，助教为50元；1927的起步薪则各降20元，本科教授为160元，预科教授为120元，助教为30元。

踏入高校教师门槛的待遇降低，体现了高校教师劳动价值的贬低。况且，1917年各职称的级别为6级，1927年都增加为8级，各职称的教师升级路更为漫长。

相对而言，南京政府对高校教师劳动价值的评价明显有进步。南京政府将高校教师分为教授、副教授、讲师、助教四等，每等分六级，各等教员之间薪俸的差距拉大。教授薪俸为400～600元，副教授为260～400元，讲师为160～260元，助教薪酬则由原来的50～120元提高至100～160元。相比于北京政府所定各级教师的薪酬，其优势很明显。而且，南京政府将讲师列为专任教员，置于助教之前。这实际强调了高校教师职业的特殊性和严肃性，对于提升高校教师的劳动价值具积极意义。

那么，南京政府所定的这个薪俸标准水平如何？1933年9月23日，国民政府公布《暂行文官官等官俸表》，该表将公务员分为4等37级，其中特任1级，月薪800元；简任分为8级，月薪430～680元，其中1～5级级差为40元，5～8级级差为30元；荐任分为12级，月薪180～400元，级差为20元；委任分为16级，月薪55～200元，其中1～4级级差为20元，4～9级级差为10元，9～16级级差为5元。又据《南京大学百年史》所述，当时中学职员最低月薪为35元；县政府秘书及各局局长月薪为80～180元。1933年时，县长、市长月薪为300～400元，厅长月薪500～580元，省主席月薪为680元，文官长、委员长、部长等月薪为800元。[①]

对比1927年教育行政委员会公布的大学教员薪俸表，教授月薪为400～600元，此薪酬标准大致相当于文官荐任1级至简任3级，大致在省政府科长至厅长这个区间；副教授月薪为260～400元，此薪酬标准大致相当于文官荐任8级至1级，大致在省政府科长这个水平；讲师月薪为160～260元，此薪酬标准大致相当于文官委任3级至荐任8级，大致在省政府一等科员至科长这个区间；助教月薪为100～160元，此薪酬标准大致相当于文官委任8级至3级，大致在县政府科员这个水平。总之，从薪酬水平的比较中发现，高校教师与公务员薪酬并未有

---

① 王德滋主编：《南京大学百年史》，南京：南京大学出版社，2002年，第145页。

大的差距，甚至普遍相当于公务员中上等的薪酬水平。

1929年教育部下令各校“从优待遇大学教授”：“为令饬事，查大学教员关系于一校教学者甚巨，待遇自应从优，以期效能增进，前国民政府教育行政委员会，曾经订定大学教员资格条例，并附大学教员薪俸公布施行。各大学校长，务即审度各该校经济情形，切实办理。除分行外，合行令仰该校长遵照办理。”①

1932年，教育部召开国立专科以上学校校长会议，确立了高校教员分教授、副教授、助教授、教习四种。其待遇，教授与副教授的薪俸不变，助教薪俸有了提升，为160～260元。下面还设教习一级，月薪为120～240元。② 从这些规定看，南京政府对高等教育的重视程度，以及对高校教师的尊重程度要比北京政府有进步。

（二）各高校落实教师待遇的措施

南京国民政府前期的财政状况较之以前有所好转，因而对高校经费的划拨相对充足，也相对稳定，教师薪酬自然也就有了活水之源，有了保障。各高校在落实教育部的薪酬政策之时，进一步趋向制度化和规范化。

1. 北京大学

北京大学教师的工资基本达到教育部规定的标准。以哲学系部分教师自1931年10月至1934年10月工资为例：教授张颐，1931年为400元，1932年至1934年为500元；教授汤用彤四年均为500元；教授马叙伦四年均为400元；贺麟在1931年为讲师，工资120元，1932年升为副教授，为300元，1934年增加为320元；助教温寿链四年均为80元。至于全校教师的工资状况，以1931年至1934年教师收入为例：北大教授的月薪平均在400元以上，副教授平均在300元左右，专任讲师平均在160～250元之间，助教月薪亦在80～90元之间浮动。这

① 《部令从优待遇大学教授》，《安徽教育行政周刊》第2卷第20期，1929年。

② 教育部教育年鉴编审委员会编：《第一次中国教育年鉴·戊编·教育杂录》，上海：开明书店，1934年，第152页。

些基本上都与大学教员薪俸表的规定相吻合。据查，教授月薪最高达700元者，乃是一名外籍教授。讲师平均月薪为70～80元，最高大约300元，最低仅为40元，相差悬殊。这是因为讲师薪俸实行的是按课时计薪。

表2－8 北京大学1931—1934年教员工资月薪收入（单位：元）

年份	教授			副教授			专任讲师			讲师			助教		
	最高	最低	平均	最高	最低	平均	最高	最低	平均	最高	最低	平均	最高	最低	平均
1931	—	—	446.72	300	280	285	280	200	250	180	40	78.65	130	40	85.00
1932	500	360	425.16	360	280	302	280	200	240	250	40	79.50	130	40	78.38
1933	500	360	421.11	360	240	290	—	—	—	296	40	76.14	192	80	92.00
1934	700	250	429.83	320	280	300	200	100	160	168	40	71.13	160	40	87.04

资料来源：李向群：《1931年至1934年北大教员工资收入与当时物价情况简介》，《北京档案史料》，1998年第1期。

2. 清华大学

1928年国立清华大学成立。11月，校长罗家伦向董事会提出《整理校务之经过及计划》，其中谈到他对改善教师待遇的想法。首先，他强调要改革过去的薪酬方案。他说："清华对于教员待遇的办法，一如海关邮局，以年限为标准。在清华的年代愈多，薪愈高。无论学识如何，只要在清华住的时间久，资格老，薪金定必高；如果是新来，那就不能受到良好的待遇。因此清华很难聘到学识丰富的新教授。"其次，要改善清华教员的待遇。罗家伦说："过去清华教员待遇，并不比国内其他大学为优，所好的只是不欠薪而已。但是现在情形就不同了，如中山大学、中央大学、武汉大学都一样的不欠薪，而且待遇均加高，均在清华之上。清华想要吸收一部分人才，势非亦改善教授待遇不可。加之年来生活程度日高，清华纵不能与中山、中央等大学相比，也须顾及教授生活的安定，方可使其精心授课研究。再者北平旧为京城，人才较多，比较上教授易于聘请。今则环境改变，首都南移，如若待遇仍旧，颇难延揽良好学者。现在清华大学教授待遇约自二百六十元至三百六十元（原已超过三百六十元者，大都照旧，颇少变更），较先前约增加自四十元至六七十元不等。将来设正教授时，其薪水约自三百六十元至五百元为度。”①

当时教育部已提出了新的薪酬标准，罗家伦认为本校拟参考中央大学、中山大学、北平大学等校的标准后再拟定。

1932年，清华大学颁布《教师服务及待遇规程》（民国二十一年五月二十六日起施行），其中第四章为《薪俸》，相关内容如下：

第二十条：本大学教授于初受聘时，其资格与本规程第四条正相符者，月薪三百元，其资格较高者得超出此额。

第二十一条：本大学教授每服务满二年（休假之年除外）者，加薪二十元。其于所任学科有特殊学术成绩者，加月薪四十元。但每年受特别加薪之教授不得过该年加薪教授总数十分之一。

第二十二条：本大学教授月薪最高以四百元为限。但于所任学科有特殊学术贡献者得超过此限，加至五百元。惟月薪超过四百元之教授不得过全体教授总数五分之一。

第二十三条：本大学合聘教授之薪俸由本大学与合聘学校共同订定之。

第二十四条：本大学讲师之月薪，每学期授课一学分者三十五元，授课一学分以上者，每多一学分加二十五元。

第二十五条：本大学专任讲师之月薪自一百六十元起至二百八十元止，其增薪之年限及多寡，视其于所任学科之学术成绩定之。

第二十六条：本大学教员之月薪最低一百二十元，每服务满二年者加二十元，至二百元止。

第二十七条：本大学助教之月薪最低八十元，每服务满一年者加十元，至一百四十元止。②

考察《国立清华大学1931年至1936年各院系教师名单》中关于薪俸的记

---

① 清华大学校史研究室编：《清华大学史料选编》第二卷，北京：清华大学出版社，1991年，第8、10—11页。

② 《国立清华大学一览》（民国二十一年），王强主编：《民国大学校史资料汇编》第8册，南京：凤凰出版社，2014年，第288页。

载，我们可以发现：战前清华大学教师的薪俸基本上是按照 1932 年规程发放，教授月薪 300～400 元（休假期间支半薪）；专任讲师月薪一般为 280 元；教员月薪 100～130 元，比规定标准稍低；助教 80～130 元；讲师，这里指兼课讲师，一般仅有 60 元左右。教授、专任讲师与助教、讲师相比，薪俸差异较大，教授的薪俸大约是助教、讲师薪俸的 4～5 倍。

3. 其他国立高校

其他国立高校也是依据部颁标准，根据本校财力，尽可能体现优惠政策，以吸引优秀人才进入教师队伍。以下是部分国立高校在这一时期确立的薪酬标准：

位于南京的中央大学 1928 年公布的薪俸标准要高于北京大学和清华大学。当时规定：教授一级为 500 元，二级为 450 元，三级为 400 元；副教授一级为 340 元，二级为 320 元，三级为 300 元；讲师一级为 180 元，二级为 160 元，三级为 140 元。[①] 这个标准与教育部规定基本一致，当时许多学者纷纷就职于中央大学，这是一个重要因素。

暨南大学教授汪翰章讲到上海的国立大学说，虽然教育部对高校教师的薪俸有规定，“但是上海各大学，多因经费不足，不能照办。上海的国立大学，大都分教员为三等：专任的称教授；兼任的称讲师；资格较浅的称助教。教授月支薪俸，大约二百元至三百元，每年发十二个月。讲师薪俸，大都就钟点计算，每点钟三元至五元，每年发十个月。助教大约月得数十元至百余元”[②]。

国立交通大学在上海的状况是比较优越的，交通大学依据教育部规程的原则，于 1929 年 7 月颁布了《交通大学暂行组织大纲》，其中第 19 条对本校教员作了分级与薪俸的规定，专任教师分教授、副教授、讲师、助教四等：“各级教员的薪金分为 15 个等级，教授年俸 4000～7000 元，副教授月俸 210～400 元，讲师月俸 120～260 元，助教月俸 80～180 元，兼任教员的薪金按每小时 3～6 元酌量计算。此外，对教师还有一些优待办法。……交大教师的待遇，在当时是很

---

① 王德滋主编：《南京大学百年史》，南京：南京大学出版社，1992 年，第 145 页。

② 汪翰章：《上海教员的生活》，《现代学生》第一卷第二期，1930 年。

高的，生活比较有保障。”[①]

国立暨南大学则不如交通大学，该校于1930年颁布《国立暨南大学教职员待遇规程》，其中规定：“教授每周任课时数以十二小时至十五小时为度，其薪俸每月二百元至三百元；教授兼主任职务者每周任课时数以八小时至十小时为度，院长得减至六小时至八小时；讲师薪俸以每星期一小时三元半至四元为标准，每月四星期计算，其薪俸均由开课到校之月起；助教之薪俸每月六十元至一百元，按十二个月计算。”[②]

国立浙江大学对教师的定级标准基本依照了《大学教员资格条例》的规定，1930年5月24日国立浙江大学校务会议第九次常务会议通过了《国立浙江大学助教升级增薪办法》，该办法规范了助教升级讲师的具体事项，其中规定：

一、助教薪额，最低为六十元，最高为一百六十元。初任助教者，不限支最低额薪给。

二、助教增薪，以十元为一级。

三、助教增薪，不以服务年限为标准。但服务每满二年，至少须增一级，以增至一百六十元为限。

四、助教服务有特殊成绩者，每次加薪，不限于一级。

五、助教任讲授功课在一年以上而成绩优良者，得由科系主任推荐，经院长同意升为讲师。[③]

至于全校教师的薪金标准，有学者依据当时浙江大学薪酬发放情况制定了下表：

---

① 交通大学校史编写组编：《交通大学校史（1896—1949）》，上海：上海教育出版社，1986年，第311页。

② 《国立暨南大学一览》（民国十九年），王强主编：《民国大学校史资料汇编》第60册，南京：凤凰出版社，2014年，第255页。

③ 《国立浙江大学一览》（民国二十一年），王强主编：《民国大学校史资料汇编》第54册，南京：凤凰出版社，2014年，第314页。

表 2－9 国立浙江大学教师分级及薪酬统计（1931 年）

<table>
<tr><th rowspan="2">教师等级</th><th rowspan="2">专任或兼任</th><th colspan="2">每周所任钟点/时</th><th colspan="2">月薪/元</th><th colspan="2">钟点计薪/元</th><th rowspan="2">每年给薪若干月</th></tr>
<tr><th>最多数</th><th>最少数</th><th>最高数</th><th>最低数</th><th>每小时最高数</th><th>每小时最低数</th></tr>
<tr><td>教授</td><td></td><td></td><td></td><td></td><td></td><td></td><td></td><td></td></tr>
<tr><td rowspan="2">副教授</td><td>专任</td><td>16</td><td>2</td><td>350</td><td>240</td><td>约 7</td><td>约 5</td><td>12</td></tr>
<tr><td>兼任</td><td>8</td><td>2</td><td>—</td><td>—</td><td>4</td><td>3</td><td>10</td></tr>
<tr><td rowspan="2">讲师</td><td>专任</td><td>16</td><td>4</td><td>240</td><td>120</td><td>约 5</td><td>约 3</td><td>12</td></tr>
<tr><td>兼任</td><td>10</td><td>1</td><td>—</td><td>—</td><td>约 7</td><td>约 3</td><td>10</td></tr>
<tr><td>助教</td><td>专任</td><td>18</td><td>不定</td><td>160</td><td>60</td><td></td><td></td><td>12</td></tr>
</table>

资料来源：葛福强：《民国高校教师薪酬研究：1912—1949》，浙江大学博士论文，2015 年，第 98 页。

注：表格中的数据不完整，原文如此。

国立武汉大学于 1930 年 9 月 8 日第 88 次校务会议修正《大学教职员待遇规则》，教师分教授、助教、讲师，其薪俸规定为：教授与助教薪俸均分为 9 级，教授月薪为 300～500 元，助教月薪为 100～180 元；讲师薪俸依钟点计算，本科每小时 5 元，通习课程每小时 4 元。教授与助教的具体薪俸如表 2－10 所示：

表 2－10 国立武汉大学教员薪俸标准（1930 年）（单位：元）

	1 级	2 级	3 级	4 级	5 级	6 级	7 级	8 级	9 级
教授	500	475	450	425	400	375	350	325	300
助教	180	170	160	150	140	130	120	110	100

资料来源：《国立武汉大学一览》（民国十九年），王强主编：《民国大学校史资料汇编》第 41 册，南京：凤凰出版社，2014 年，第 160 页。

1931 年，成都师范大学、成都大学、四川大学（将其中工、农学院划开另成立专科学校）三校合并为国立四川大学。1935 年，四川大学对教职员薪俸进行调整，如下表：

表 2－11　国立四川大学教职员待遇规则（1936 年）（单位：元）

	1 级	2 级	3 级	4 级	5 级	6 级	7 级	8 级	9 级
教授	500	450	400	380	360	340	320	300	280
副教授	280	260	240	220	200				
讲师	200	190	180	170	160	150			
助教	140	130	120	110	100	90	80	70	60

资料来源：《国立四川大学一览》（民国二十五年），王强主编：《民国大学校史资料汇编》第 47 册，南京：凤凰出版社，2014 年，第 498—500 页。

国立山西大学于 1937 年确定教师聘任待遇，如下表：

表 2－12　国立山西大学教员聘任待遇（1937 年）（单位：元）

	1 级	2 级	3 级	4 级	5 级	6 级	7 级	8 级	9 级
教授	600	560	520	480	440	400	370	340	320
副教授	360	340	320	300	280	260	240		
讲师	260	240	220	200	180	160	140		
助教	160	140	120	110	100	90	80		

资料来源：《国立山西大学一览》（民国三十六年），王强主编：《民国大学校史资料汇编》第 39 册，南京：凤凰出版社，2014 年，第 24 页。

杨亮功于 1928 年任教于河南大学，担任文科主任，每月薪津二百八十元。当时河南省财政枯竭，军政人员待遇低薄，文职人员每月一律二十元，武职人员一律六十元。与之相比，高校教师待遇与军政人员真有天壤之别。由于河南省实行教育经费独立制度，指定契税为教育专款，设有教育管理处，统筹支配，因而教育经费不受政局影响。①

杨亮功又于 1929 年秋回安庆担任安徽大学文学院长并代理校务，次年夏继任校长。他认为要聘到优良师资，提高待遇是很重要的。他确定的教授待遇，专任教授月薪三百元，兼系主任三百四十元，院长月薪四百元，教务长待遇同院长。他说："那时上海大学专任教授月薪约两百二十元左右，我在河南大学担任

① 杨亮功：《早期三十年的教学生活·五四》，合肥：黄山书社，2008 年，第 41 页。

教授兼文科主任月薪二百八十元，比较起来，安徽大学教授薪给总算是不低的了。”①

从各国立高校的薪酬政策看，虽然各校经费有所不同，但基本都依据教育部的薪酬标准有所损益。很明显，这一时期国立高校教师的薪酬较北京政府时期有了明显的提高。

4. 私立大学

由于经费来源不同，私立大学的教师待遇则相对较低。虽然自 30 年代以后，南京政府对私立高校也实施补助政策，但额度毕竟有限。私立高校经费主要靠自己筹集，因而教师的薪金水平较之国立大学，不仅标准偏低，而且不稳定。

南开大学与复旦大学是战前较有代表性的私立大学，两校教师的薪俸均远低于大学教员薪俸表所定标准。南开大学教授月薪大多在 180～300 元之间。② 复旦大学“校长李登辉的工资，每月才二百元，此外别无任何津贴。复旦专任教授的工资，每月亦为二百元，但一年只支十一个月的薪水，另一个月的薪水，以开办暑期学校的收入补足”③。

20 年代末期任教于上海法学院的潘大逵回忆：“至于教师待遇，当远不如国立大学。即和其他大学相比，亦多弗逮。教授上课，按钟点计算，每小时报酬三元，只有少数几个专职教师，可领十二个月的薪金。校长和教务长，皆属无给，只各月支舆马费一百元。学生不过数百人，学费收入有限，又别无来源，所以经费十分短绌，常是七折发薪。使教授们的讲课费再下降到只有二元一角。”④ 暨南大学教授汪翰章说：“至于私立大学，教员多一律称为教授，薪俸多就钟点计算，每点钟有五元的，有二元的，每年有发十一个月的，有发八个月的，办法殊不一致。教员生活之辛苦，于此可见一斑。”⑤

---

① 杨亮功：《早期三十年的教学生活·五四》，合肥：黄山书社，2008 年，第 62 页。

② 南开大学校史编写组编：《南开大学校史（1919—1949）》，天津：南开大学出版社，1989 年，第 121 页。

③ 复旦大学校史编写组编：《复旦大学志》第 1 卷，上海：复旦大学出版社，1985 年，第 103 页。

④ 潘大逵：《风雨九十年》，成都：成都出版社，1992 年，第 81 页。

⑤ 汪翰章：《上海教员的生活》，《现代学生》第一卷第二期，1930 年。

胡适在中国公学任校长，并无专门的校长薪俸。杨亮功说："胡先生在公学除兼文理学院院长外，并兼课两小时，教的是文化史。他总是在大礼堂上课，因为选他课的人太多，没有教室可以容纳。胡先生常告诉人，他每次上一小时的课，必须有四小时至八小时的准备。胡先生做学问不苟且，教书也是不苟且的。他在公学校长薪金每月仅支车马费一百元，兼课每小时四元，缺课还须照钟点扣除。"①

厦门大学在1933年制定的教员薪俸标准为：(1) 专任教员每月150元以上，330元以下；(2) 讲师每月100元以上，140元以下；(3) 助教每月75元以上，100元以下；(4) 专任及兼任职员（事务员、书记在内）每月20元以上，50元以下。② 厦门大学于1926年颁布了《厦门大学优待教职员规则》，这项规则包括优待教职员规则和教职员养老金规则两大内容。在优待规则中，规定教职员服务满十五年，按停止服务时所得薪俸的百分之二十五付给恤金三年；服务满二十年，按停止服务时所得薪俸的百分之三十付给恤金三年；服务满十年，其子女如入本校肄业，得享受免纳学费之权利。这项规定在《申报》也有报道："厦门大学校主陈嘉庚捐其私资，除当日开办费百万元外，每年经常费数十万元，均为一人独任。自聘林文庆博士为校长后，林校长对于该校积极扩充，去年附设小学，以免附近青年有向隅之叹。兹又特订优待及养老教职员规则两项。"③ 厦门大学的这些规定，在可能的条件下，一定程度上为教职员解除了后顾之忧。

私立河南焦作工学院于1936年制定了教职员月薪标准：(1) 教授兼秘书或系主任，月薪自260元起至340元止，每20元为一级；(2) 教授月薪自200元起至320元止，每20元为一级；(3) 副教授月薪自160元起至200元止，每20元为一级；(4) 讲师月薪自120元起至160元止，每10元为一级；(5) 助教月薪自60元起至110元止，每10元为一级；(6) 本科兼任教员授课一学分月薪14元；(7) 各课主任月薪自80元起至160元止，每10元为一级；(8) 各课课员及

---

① 杨亮功：《早期三十年的教学生活·五四》，合肥：黄山书社，2008年，第81页。

② 《教育薪俸标准》(1933年)，厦门大学校史编委会编：《厦大校史资料》第一辑，内部资料，1987年，第83—84页。

③ 《厦门大学优待教职员规则》，《教育薪俸标准》(1933年)，厦门大学校史编委会编：《厦大校史资料》第一辑，内部资料，1987年，第81—83页。

图书馆馆员月薪自30元起至80元止，每10元为一级。①

这些私立高校除了助教薪酬标准基本能达到国立高校助教的水平外，教授、副教授、讲师的薪酬标准都要低于同等级的国立大学教师的薪酬水平。而且这样的薪酬标准还处于变动之中，如果筹集经费不顺畅，教师的薪酬标准就要调整。1935年6月29日，大夏大学校长王伯群发布了一个缩减薪水的通告。由于学校建设经费支出甚巨，负债达四十余万，而学生人数又有减少，募捐借款也不理想，“为维持学校计，不得不暂时采取紧缩政策，自本年秋起，关于教员薪水方面除减少钟点外，所有续聘专任教员及高级职员概照前定薪率八五折计算，兼任教员按时数每小时最高以三元计算。在诸先生热心教育谅不计此区区，而在本校积小成巨，藉可稍资挹注于财政上殊多裨补”②。

5. 教会大学

教会大学的经费也是靠自筹而来，但较之私立高校，其经费明显充足稳定。加之借鉴西方大学的管理模式，教会大学在教师等级、晋级规定、薪酬规定等方面都较为规范。这里以金陵大学和燕京大学中国教师的薪酬标准为例。

金陵大学根据南京国民政府所颁布的条例，并考虑本校的经济条件和传统，在1928年9月制定了《金陵大学教职工的职称分类和薪水等级条例》。③

表2－13　金陵大学教职员的薪水分级和分档（1928年）（单位：美元）

	1级	2级	3级	4级	5级
教授	290～300	270～280	250～260	230～240	210～220
副教授	200	190	180	170	160
讲师	150	140	130	120	110
助教	100	90	80	70	60

资料来源：南大百年实录编辑组编：《南大百年实录》（中卷），南京：南京大学出版社，

① 《私立焦作工学院一览》（民国二十五年），王强主编：《民国大学校史资料汇编》第40册，南京：凤凰出版社，2014年，第250页。

② 《关于全校教员缩减薪水的通告》，汤铸主编：《王伯群与大夏大学》，上海：华东师范大学出版社，2015年，第205页。

③ 南大百年实录编辑组编：《南大百年实录》中卷，南京：南京大学出版社，2002年，第192—193页。

2002年，第193页。

燕京大学校长司徒雷登比较注意中外籍教师待遇平等的问题，早在1922年燕大在实行中西教职员资格标准时就贯彻了平等原则。1929年，司徒雷登又主持制定了《燕大中国教职员待遇细则》，规定中国教授在薪金、住房、休假、医疗等方面与外籍教授享有同等待遇。1935年5月燕京大学颁布《修正教职员待遇通则》，具体规定如下表。

表2－14　燕京大学教员薪金（1935年5月）（单位：美元）

等级	薪额	加薪最低年限	每次加薪最高数目
教授	360～460	每二年	20
副教授	270～350	每二年	20
讲师	205～265	每二年	15
助教	140～200	每二年	15
助理	75～135	每二年	10

资料来源：张玮瑛等：《燕京大学史稿》，北京：人民中国出版社，1999年，第1396页。

值得注意的是，金陵大学和燕京大学的薪酬标准都是以美元为单位，根据货币交换的折算原则，教会大学的教师薪酬远高于教育部所规定的水平。此外，燕京大学还制定有医疗补贴、养老补贴等政策，这对高校教师都极具吸引力。金陵大学和燕京大学能从各大学吸引一批著名教授，优厚的物质待遇功不可没。

总体来看，这一时期是民国高校教师共同体营建的高潮时期，规范的薪酬制度成为共同体营建的重要因素。各类高校当局都尽量运用薪酬手段，促使高校教师共同体营建上升到一个新水平。

（三）30年代前期高校教师的生活水平

南京政府时期，高校教师实际生活水平如何？有研究者将当时高校教授工资与政府官员比较，指出："从高校教师的实际薪酬分析，1931年高校教师平均实际薪酬每月约148元，相当于省级政府一等科员的待遇。"但是与工人相比，

1933年全国工厂工人月工资，各业最高为4～80元，最低为0.5～24元，中位数为3～37.5元。以各业的中位数平均值12.7元计，大学教员平均月薪为工人一般工资水平的12倍。①

这一时期物价虽有增长，但上涨幅度不大。据陈明远介绍，北京1926年至1930年间，大米每斤0.06元，猪肉每斤0.15元，白糖每斤0.1元，食盐每斤0.02元至0.05元，植物油每斤0.15元。此时期的上海，大米每斤0.062元，猪肉每斤0.2元，白糖每斤0.1元，食盐每斤0.02元至0.05元，植物油每斤0.15元。② 当时南京的物价，1元钱可以买70～80个鸡蛋，8元钱可以买150斤大米。③ 所以抗战全面爆发前，在各大学教书的人，收入较多，加之物价比较低廉，生活较为富裕。

邓云乡记述了《罗曼·罗兰传》一书的译者鲍文蔚教授当时在北平的生活状况："鲍先生留学法国，回国后三十年代初在中法大学作教授，另外又在东华门孔德学校兼课，收入在三百元左右。当时物价便宜，面粉只要三元左右一袋（二十二公斤），猪肉只要一角多钱一斤，二三百元收入就很可观了。当时鲍先生住家共有两个小院，八间北屋，两东，两西，有盥洗间，有浴缸、庖人、女佣，还有自己的包月车。有书房，有客厅，四壁书架上有从法国带回来的上千种的精美书籍，这在当时还是一位普普通通的教授，至于老教授，名教授，其生活之优裕和安定更可想见。"④

商承祚于1930年回到北平，在女子师范大学（后并入北平师范大学）、清华大学、北京大学任教。"我在北京，月薪五百多元，收入甚丰，除家用外，几乎都把它送进琉璃厂的古董铺，我的文物爱好方面广泛，举凡金、石、竹、木、陶、瓦皆在收藏之列。"后来，南京的金陵大学聘请商承祚专职研究：1933年，"金陵大学请我，月薪二百八十元，专搞科研，编书写文章，不必上课，我愿意

---

① 田正平、商丽浩：《中国高等教育百年史论：制度变迁、财政运作与教师流动》，北京：人民教育出版社，2006年，第284—285页。

② 陈明远：《文化人的经济生活》，上海：文汇出版社，2005年，第104—105页。

③ 王德滋主编：《南京大学百年史》，南京：南京大学出版社，2002年，第145页。

④ 邓云乡：《文化古城旧事》，北京：中华书局，1995年，第229页。

干，于是就应聘去从事甲骨文、金文及古文物资料的搜集整理研究工作。由于生活安定，经费充足，心情舒畅，我的研究工作进行得相当顺利”①。这里的280元是指美元，所以商承祚在南京的收入并未降低。

青年教师的收入虽然不如教授，但在当时物价水平条件下，他们的生活还是比较宽裕。谭其骧自1930年在北平生活，他说：

房租单身时每月5元左右，结婚后每月十几元。大教授住的房子大，每月花六七十元不稀奇。可他们的收入当时比我大得多，每月360元，庚款教授450元。陈援庵先生兼了许多职，每月收入上千。

单身时吃包饭每月10元出头，却不肯吃，买饭票按顿数算，经常外出吃小馆。小馆吃一顿花上几毛，有时上一块的便可以算大嚼。有些小馆不讲几块几毛讲几吊（一吊即5大枚，等于100文制钱，1000蹦子），那就更便宜。

单身时家具全是上天桥买的，柚木书桌柚木床，都不过十来块，藤椅子到处有得买，2元一只，有时候又跌到一块八。

出门都坐洋车，随便你住在哪里，大门口外或胡同口，准有几辆洋车停在那里，坐上再说到哪里去，拉起就跑，到目的地按时价路程给钱，很少有要求添几文的，决不会发生争吵。那时一角大洋换46枚铜元，就是23个当20文的大铜元，俗称大枚。我住在景山西门陟山大街北平图书馆宿舍时，在宿舍门口上车，到东安市场门口下车，给7个大枚就行了。下大雨刮风下雪时酌加。全城不论哪里，西直门外远至香山，只要不是跑不动的老头儿，没有拒载的。

和我差不多地位这等读书人的享受一般都是吃馆子，逛旧书铺书摊，听戏。夏天还要上公园。②

除了物价低廉，当时生活方便也使高校教师感觉良好。浦薛凤这一时期任教清华大学，当时各类食品供应极为方便。供应渠道大致有三类：一是上门兜售，

---

① 商承祚：《商承祚自述》，高增德、丁东编：《世纪学人自述》第二卷，北京：北京十月文艺出版社，2000年，第94—95页。

② 谭其骧：《一草一木总关情》，张岱年、邓九平主编：《逝水年华》学者卷二，北京：北京师范大学出版社，2005年，第290页。

例如螃蟹、河虾、鸡蛋、鲜藕之类，常有挑担持篮挨户询问；二是北平城内有几家南货或干货店铺，每周至少一次，前来清华各院，一方面送来上次所订购之货，一方面接收新的采购货单，包括火腿、香菇、米、面、皮蛋、咸鸭蛋、酱油，以及大匣香烟等；三是由佣人走到附近之成府，选购一些日常用品，如蔬菜、豆腐、精盐、火柴等。①

陈存仁著有《银元时代生活史》，他长年生活在上海，由于其妻子的几个哥哥都在北平任教大学，小两口便有了北平之行。北平给他的印象，第一个是房租便宜。他的几个近亲都住在古老的四合院，大房总有六七间，客厅更大，问及他们的租金，都不过八元左右。第二个印象是东安市场的繁华，各种各样的店铺鳞次栉比，各类商品看得人眼花缭乱。其余如旧书铺、书画铺、古玩铺、印章铺，也各有数十家。“单单这一个东安市场，已觉得是文化气息极浓厚的市场，所以北平被称为文化城，一点也没有错。”第三个印象便是物价便宜。在家里招待客人，费两元钱便能做出一桌丰盛的菜肴。在饭庄请客，花七元钱就能让八个人吃得醺醺大醉。水果极便宜，一般都是一个铜元一枚或两枚，卖到每斤一角半的牛奶葡萄和玫瑰葡萄，已是最精致名贵的水果了。鸡蛋一铜元一个，鸭蛋更便宜，蔬菜要比上海便宜三分之一。他得出结论：“我的几个亲戚都是大学教授，月薪高达八十元，即使家中人多，也是月月有盈余的。”②

虽然上海的生活水平要高于北平，但物价也比较低廉。陈存仁在书中介绍了1935年出版的《申报年鉴》所刊登的物价情况。以大米为例，一百斤大米最低价格不过8元上下，最贵的也不过13元。以鸡蛋为例，是以每一千只论价的，1931年是每千只27.3元，1932年是25.54元，1933年是22.7元，1934年是15.9元。他以1934年价格计算，一千只鸡蛋15.9元，一百只便是1.59元，十只鸡蛋大概要0.15元。虽然这是批发价，即使零售加上一倍的利润，每十只鸡蛋也不过三角。陈存仁实际的生活体验，五香茶叶蛋一角钱两只，野味店卖的很

① 浦薛凤：《浦薛凤回忆录》上，合肥：黄山书社，2009年，第148—149页。
② 陈存仁：《银元时代生活史》，上海：上海人民出版社，2000年，第96—98页。

大一只熏野鸡只要一元，熏鱼熏肉都有一角两角的交易，熏蛋则只售四五分一只。①

据陈明远介绍，1933 年上海市一个典型的工人四口之家（合 3.3 个“等成人”），每年生活费 454.38 元，合每月 37.87 元。也就是说，每个“等成人”每月最低生活费为 11.5 元。基本生活费用分为 5 大类：日常食物 53.2%，房租 8.3%，衣着 7.5%，燃料 6.4%，杂项 24.6%。至于上海的专业熟练工、邮电职工、印刷业技工、小学教员、医护人员等，如果家庭年收入可达到 600 元以上，便可过上“小康”的生活。②

对于上海高校教师来说，即使不计算来自薪金以外的兼课或写作的收入，以其收入来过日子应是绰绰有余。私立沪江大学教授蔡尚思月俸 220 元，属教授最低一级，但他过得很舒畅，可以买大量的书，还可以出钱请人抄书。公立大学的教授薪酬普遍高于私立大学。国立交通大学教授严峻说，一个普通教授家里差不多雇有两三个佣人，养十口八口是不成问题的，二十几元可做一套讲究的西服。当时在外面包饭吃每月八到十元已经吃得很好了。国立上海医学院一位教授回忆，抗战前的居住状况如下：“住房因当时第一医学院的宿舍较少，所以在外面自租单间三层之楼房一幢与人家合住，计住二层（二间），厨房公用，房租共付 30 元，连水电费等在内，每月不超过 40 元。家具为中等之木器家具，皮沙发等均系陆续添置。”至于饮食，“抗战前的物价很低，1936 年米价约 10 元一石，布 1 元 2 角左右一尺；猪肉约 4 角一斤，每天都有鱼、肉等荤菜，小菜只需要 7～8 角钱，还经常吃鸡蛋、牛奶、水果等”。③

在这样的条件下，这一时期的上海高校教师的生活十分闲适。程俊英于 1929 年任教于暨南大学，其丈夫张耀翔也在暨南大学和大夏大学任教，家住上海郊区真如暨南新村。“1934 年，暨南大学更换校长，由何炳松继任。郑振铎担任文学院院

---

① 陈存仁：《银元时代生活史》，上海：上海人民出版社，2000 年，第 431—433 页。

② 陈明远：《文化人的经济生活》，上海：文汇出版社，2005 年，第 185—186，187 页。

③ 沈楠：《上海公立高校教师工资收入及生活状况考察（1930 年代—1950 年代）》，硕士学位论文，华东师范大学，2007 年。

长，他是我五四时代的老友。从此，我们来往甚密，由他介绍认识暨大经学老师周予同教授、社会学老师吴泽霖教授。郑振铎常约我们到他家品茗闲谈，有时烧几碗福建茶对酌，参观他藏书楼的各种善本和版画，他的挚友周予同多在座。”①

有人把南京政府时期的这十年称为高校教师生活的黄金时期，这是有道理的。相对稳定的教育经费投入，相对稳定的高校教师收入，加之社会物价的相对低廉，民国高校教师在这一时期的生活相对安定、舒适。这也是这一时期高等教育得以发展的重要因素。

三、全面抗战时期高校教师的生活状况

全面抗战爆发是民国高校教师生活质量的转折点。受战争环境的影响，国家经济状况急转直下，带来了通货膨胀、法币贬值、物价飞涨的局面，使此前享有相对优裕生活的高校教师立刻陷入水深火热的挣扎之中。

（一）国民政府补救高校教师生活水平的措施

这里用了“补救”一词，想来这比“维持”的意思更为贴切。由于物价高涨而引起高校教师实际收入下降，在国难当头之际要想维持战前的生活水平，客观

① 程俊英：《程俊英自述》，高增德、丁东编：《世纪学人自述》第二卷，北京：北京十月文艺出版社2000年，第56页。

上讲是不大可能的。国民政府所能做的，就是尽可能从补救的角度多做一些工作，尽可能使高校教师在教学岗位上安心工作，做出成绩。公允而论，在抗战时期，国民政府为补救高校教师的生活还是采取了一些有效的措施。

1. 通过立法确立高校教师的薪俸标准

战前南京政府教育部已经对高校教师的工资待遇做过明确的规定，那么在战争环境下能不能保持这样的物质待遇？这就是1940年8月教育部颁布《大学及独立学院教员聘任待遇暂行规程》的历史意义。在这个文件中，教育部对高校教师的任职资格、最高薪、最低薪以及加薪年限与数量都做了明确规定，要求各校聘请教员时须验其资格，审查合格证书，初任教员以最低级起薪为原则，原任教员或有特殊情形者得酌自较高级起薪，其任教卓有成绩者由学校酌予晋级。文件还要求专科学校也照此办理。

表2－15　大学及独立学院教师薪俸（1940年）（单位：元）

	第一级	第二级	第三级	第四级	第五级	第六级	第七级	第八级	第九级
助教	160	140	120	110	100	90	80		
讲师	260	240	220	200	180	160	140		
副教授	360	340	320	300	280	260	240		
教授	600	560	520	480	440	400	370	340	320

资料来源：教育部教育年鉴编纂委员会编：《第二次中国教育年鉴》第五编，上海：商务印书馆，1948年，第28页。

1941年12月，教育部颁布《大学校长、独立学院院长及专科学校校长待遇及公费支给标准》，具体薪俸等级如下表：

表2－16　公立专科以上学校校长薪俸（1941年）（单位：元）

	第一级	第二级	第三级	第四级	第五级	第六级	第七级
国立大学校长	简任一级	简任二级	简任三级	简任四级	简任五级		
省市立大学校长	简任二级	简任三级	简任四级	简任五级	简任六级	简任七级	
独立学院院长	600	560	520	490	460	430	400
专科学校校长	520	490	460	430	400	380	360

资料来源：教育部教育年鉴编纂委员会编：《第二次中国教育年鉴》第五编，上海：商务印书馆，1948年，第28页。

在战争年代，教育部此举基本维持了战前高校教师的薪俸标准，从物质待遇层面贯彻了“战时要当平时看”的战略方针，表明了国民政府于战争时期发展高等教育的决心。

为了维护暂行规程的严肃性，教育部要求各高校严格贯彻实施，不许随意提高教师工资。1942年，教育部再次强调：“教育部鉴于各校每以当地物价上涨之时提高教员薪给，或于正薪外巧立名目，发给校内各种津贴。教员薪给本规定有固定薪俸表，任意加薪结果各教员之薪给已有超过薪俸表所定之最高额者。长此以往，规定之薪俸表势将视为具文。为使法令与事实得以兼顾起见，特通令全国各院校规定增加薪给之教员应以成绩优良者为限；且所增数额亦以薪俸表所定一级至二级为限。至因当地物价上涨校内所发津贴应一律改称校内临时研究补助费。又所加薪额规定数者亦一律改为校内临时研究补助费，不得并入正薪内计算，以免混淆云。”[①] 这保证了高校教师薪俸标准的严肃性和公正性。

2. 注重高校教职员的生活补助

为弥补物价上涨而导致高校教师生活水平下降的损失，教育部采取了一些措施对教职员予以生活补助。而补助所体现的激励导向，很明显地指向鼓励高校教师在艰苦岁月中能够坚守教学岗位。

首先是发放平价食米代金。在物价飞涨的情况下，为了保证教职员基本的生活需求，教育部于1941年10月颁发了《非常时期改善教职员生活办法》。自1941年10月起，以学校所在地中等食米市价，按每人所报直系亲属（以五口为限）人均月食米二市斗一市升（不满5岁儿童减半），除去每市斗基数5元外，其超出之数悉由政府供给。施行一年后，教育部又根据《公务员战时补助办法》，另订《国立学校教职员战时生活补助办法》，于1942年10月起实施。具体办法：（1）年在二十五岁以下者准领六市斗米代金；（2）年在二十六岁至三十岁者准领

① 《教育部规定各校不得任意提高教员薪俸》，《高等教育季刊》第2卷第4期，1942年12月。

八市斗米代金；(3) 年在三十一岁以上者准领一市石米代金。在不产米区域，以面粉比例计算，按四十斤面粉折算二市斗米。①

其次是设立教员奖助金。为了鼓励高校教师从事研究著述，以及帮助家境特别困难的教职员，1942 年 11 月教育部颁布了《专科以上学校教员奖助金办法》。奖助金分为甲、乙两种，“甲种以奖助具有价值之研究报告、专科译著、短篇论文之教员为主旨”，采取给研究著述者稿费的形式；“乙种以奖助家境特别困难，或生活上有特殊需要之教员为主旨”，采取补助与借贷两种形式。②

关于甲种奖助金的发放，据《高等教育季刊》报道，1942 年 10 月至 12 月，教育部核准甲种奖助金教员名单，其中文学 10 人，史学 3 人，数学 5 人，教育类 6 人，数学 4 人，地理 1 人，化学 6 人（其中一项 2 人），生物 5 人，工科 2 人，农科 8 人，医科 3 人，社会科学 3 人。这些受奖项目涵盖的大学分别有中央大学、东北大学、金陵大学、四川大学、中正大学、浙江大学、复旦大学、福建协和大学、中央政治学校、厦门大学、西北师院、国立师院、武昌中华大学、中山大学、华西协和大学、湖南大学等。③

关于乙种奖助金的发放，这里以西南联大的具体操作为例。西南联大于 1942 年 12 月组织教职员申请乙种奖助金，全校共有 74 人申请，经审查核定，1943 年 9 月 20 日，教育部发文给予 39 人发放乙种奖助金，每月 400 元至 600 元不等：

国立西南联合大学：本年八月合字五〇二三号代电既附件均悉。准自本年五月份起，由本部按月奖助该校教员袁复礼、萧蘧、朱自清、林文铮、黄子卿、陈雪屏、许涣阳、许浈阳、罗常培、燕树棠、马约翰、闻一多、殷宏章，各六〇〇元。张泽熙、周作仁、杨武之、赵迺抟、吴泽霖、李士彤、赵淞、李锦安、张席禔、郑天挺、吴有训，各五〇〇元，并准自同月份起，按月额外奖助邱崇彦等十五员各四〇〇元。兹汇发袁复礼等十二员本年五至十二月份奖助金五万七千六百

① 教育部教育年鉴编纂委员会编：《第二次中国教育年鉴》第五编，上海：商务印书馆，1948 年，第 29 页。

② 教育部教育年鉴编纂委员会编：《第二次中国教育年鉴》第五编，上海：商务印书馆，1948 年，第 30—31 页。

③ 《三十一年十月至十二月教育部核给甲种奖助学金教员名单》，《高等教育季刊》第 2 卷第 4 期，1942 年 12 月。

元，张泽熙等十二员本年五至十二月份奖助金四万八千元，邱崇彦等十五员，本年五至十二月份奖助金四万八千元，以上共计奖助金共十五万叁千六百元。款到须填据呈部。其中除张泽熙、陈桢、张印堂、杨石先、余冠英、周荫阿、孟广喆、朱物华、罗常培、张席禔、朱自清、李士彤、赵淞、郑天挺、吴有训、陈雪屏、许涣阳、冯景兰等十八员教授资格已送审核定外，其余人员仰该校即速代为分别填报送审，以符规定。①

再者就是颁发养老抚恤金。1940 年 7 月教育部公布《修正学校教职员养老金及恤金条例》，1944 年 6 月，教育部又对其进行了重新修订，颁发了《学校教职员退休条例》《学校教职员抚恤条例》，对各级学校教师的养老金、抚恤金数额分别作了详细规定，并规定养老金金额随现任教员待遇的增加而按比例随增。据统计，自 1938 年至 1946 年，教育部向专科以上学校教职员发放的抚恤金、退休金及生活补助费如下：

表 2－17　专科以上学校教职员抚恤金、退休金、生活补助费一览（单位：国币元）

年份	抚恤金		退休金		生活补助费
	人数	金额	人数	金额	
1938 年	2	9800	2	725	31125068
1939 年	12	53526	15	10080	37982650
1940 年	7	25400	16	11025	61105940
1941 年	9	26747	2	1845	102927050
1942 年	13	55980	3	3450	233536650
1943 年	12	104714	2	3900	645452335
1944 年	7	60240	—	—	3199190837
1945 年	20	1045387	5	804111	16766763264
1946 年	31	18035146	20	14606949	228625290603

资料来源：教育部教育年鉴编纂委员会编：《第二次中国教育年鉴》第十四编，上海：商务印书馆，1948 年，第 1416、1493、1494 页。

① 王文俊主编：《国立西南联合大学史料》（四），昆明：云南教育出版社，1998 年，第 532 页。

3. 通过教学、科研奖励来改善教职员生活

从国民政府的补救措施看，这是一项比较重要的鼓励措施。这样做，对建设高校教师队伍，提高教育质量，实现抗战建国的目标都是极为关键的。

1941 年 6 月 3 日行政院会议通过的《教育部设置部聘教授办法》，就是一项重要的举措。办法规定，部聘教授须具备以下条件：（1）在国立大学或独立学院任教授十年以上者；（2）教学确有成绩声誉卓著者；（3）对于所任学科有专门著作且具有特殊贡献者。部聘教授由全国学术审议委员会审议，经到会者三分之二以上同意方可聘请。部聘教授任期五年，期满后经教育部提出由学术审议委员会通过续聘者，得续聘之。名额暂定三十名。部聘教授薪俸以《大学及独立学院教员聘任待遇暂行规程》第八条规定之专任教员薪俸表教授月薪第三级为最低薪，由教育部拨交指定服务之学校转发。[①] 这项办法赋予教授以一种更高的荣誉，对增强教授的教学与科研积极性无疑是有效的。

这项政策颁定后，西南联大统计了北京大学、清华大学、南开大学连续服务十年以上之教授上报教育部。1942 年 8 月 12 日，教育部关于部聘教授候选人给西南联大的复函，详细列举了核定情况：

据呈荐该校教授罗庸等七十三员为部聘教授候选人一节，兹分别核示于后：一、陈寅恪、吴宓、汤用彤、饶毓泰、吴有训、曾昭抡、张景钺、庄前鼎等八员本年度均已核聘为部聘教授，毋庸荐选。二、罗庸、朱自清、闻一多、刘文典、王力、陈福田、温德、郑昕、贺麟、冯友兰、金岳霖、毛准、郑天挺、雷海宗、噶邦福、江泽涵、杨武之、朱物华、周培源、高崇熙、黄子卿、张奚若、赵凤喈、周炳林、秦瓒、陈总、萧蘧、施嘉炀、王裕光、张泽熙、刘仙洲、马约翰、章明涛、赵廼抟、陶葆楷等三十五员准予列入名单，发交汇选。三、下年度未设有心理、生物、地质、地理、社会等科，周先庚、陈雪屏、樊际昌、李继侗、陈桢、王烈、孙云铸、袁复礼、冯景兰、张印堂、陈达等十一员，应俟设有各该科时，再行遴荐。四、傅恩龄、冯文潜、蔡维藩、姜立夫、刘晋年、杨石先、邱崇彦、方显廷、孟广

---

① 《教育部设置部聘教授办法》，《教育杂志》第三十一卷第九号，1941 年。

喆、黄钰生等十员任国立各院校教授尚未满十年（其在南开大学未并入该校前任教年资不得合并计算），应俟任满后再行遴荐。五、浦江清、赵访熊、赵忠尧、赵淞等四员任教授未满十年，应俟任满后，再行遴荐。六、孙国华、刘崇鋐、郑之蕃、叶企孙、张子高现既在假，暂毋庸荐选，应俟假满后再行遴荐。[①]

1942年冬，教育部又设立久任服务奖，公布《教员服务奖励规则》，从1943年起，对"凡连续服务十年以上成绩优良并经检定或审查合格之教员，经查明属实者，分别授予服务奖状"。具体奖励办法：（1）凡专科以上学校教员服务满20年以上者，每人年给奖金3000元；（2）服务满10年以上者，年给奖金1500元。教育部决定在授予奖状的同时，特拨专款200万元，颁发专科以上学校久任教员奖助金。这项政策于1943年春节前落实到位，嗣后1944年、1945年都予以贯彻。据统计，每年领取此项奖金者共约1200人，其中服务满20年以上者约500人，10年以上者约700人。[②]

再有，教育部发放学术研究补助费。1943年10月，教育部颁布《国立专科以上学校教员支给学术研究补助费暂行办法》，凡经审查合格的高等学校教师，每月发给教授500元、副教授380元、讲师250元、助教130元的学术研究补助费，用于购置图书、仪器、文具。[③] 以后随物价上涨而逐年增加，至1946年9月，历年所发补助费的具体标准如下表。

表2－18　国立专科以上学校教员学术研究补助费（月支）

等别	1943年	1944年	1945年—1946年3月	1946年4月－6月	1946年7月起
教授	500元	1000元	2000元	25000元	50000元
副教授	380元	760元	1500元	20000元	40000元
讲师	250元	500元	1000元	15000元	30000元
助教	130元	260元	500元	10000元	20000元

① 王文俊主编：《国立西南联合大学史料》（四），昆明：云南教育出版社，1998年，第334—335页。

② 教育部教育年鉴编纂委员会编：《第二次中国教育年鉴·第五编·高等教育》，上海：商务印书馆，1948年，第30页。

③ 教育部教育年鉴编纂委员会编：《第二次中国教育年鉴·第五编·高等教育》，上海：商务印书馆，1948年，第30页。

资料来源：王学珍、郭建荣主编：《北京大学史料》（四），北京：北京大学出版社，2000年，第136页。

还有就是颁发著作发明奖。1940年4月16日教育部颁行《著作发明及美术奖励规则》，根据规则，本奖每年秋季举办一次。学术成果分学术著作、科技发明及美术制作等项，以近三年完成的成果为原则。所申报的成果经学术审议委员会审查合格后，“由教育部按照其价值，每种给予原著作发明者或美术创作者二千至一万元之奖金”①。

4. 实施学术休假制度

实施学术休假制度，从另一个角度讲，也是对高校教师的一种精神和物质的鼓励。战前这一制度曾在有若干所大学（如北京大学、清华大学）施行过。抗战期间，除清华大学在1940年恢复，其他大学都已无条件继续。1941年5月，教育部颁布《国立专科以上学校教授休假办法》，规定在国立专科以上学校连续服务七年以上，成绩显著的教授，给予离校考察或研究半年至一年的机会。如果学校没有给予休假进修机会，可由学校呈报教育部批准，离校考察或研究一年，薪俸由教育部汇交原校转发。离校休假教授不得再兼任其他有薪给的职务，也不再在原校领薪。考察研究旅费由原校补助，申请休假进修的教授，应拟订研究考察计划，包括题目程序、地点、时间和预期的结果等，送教育部批准后施行。休假进修期满两个月内，应将考察研究结果详细报告教育部。每年高校呈报的休假进修名额，由学术审议委员会审查后核定。

这项政策颁布后，符合条件的教师积极争取享受这一待遇。例如，1943年3月24日，梅贻琦为陈省身、孟昭英出国研究呈函教育部：

为本校教授陈省身、孟昭英拟于夏间休假出国研究，为旅行便利起见，请转外交部发给官员护照。二君在校任教已六七年，陈君近得美国普林斯顿大学研究院赠予研究学额（每年美金一千五百元），足可维持在美用费；孟君系返其原校加省工科大学更进研究耳。

---

① 《著作发明及美术奖励规则》，《教育杂志》第三十一卷第八号，1941年。

1943年5月3日，教育部核准陈省身、孟昭英赴美研究，复函西南联大：

前据该校本年三月廿九日呈请咨转外交部发给陈省身、孟昭英两教授赴美官员护照等情，经核准办理在案。兹准外交部本年四月廿一日护32号第2193号函开："准贵部本年四月十七日高字第一九二三五号函，以陈省身、孟昭英两教授前往美国研究，嘱发给官员护照等由。查各机关派赴国外工作人员请照出国，奉谕须附送党政班毕业证书，并在领照清单上注明毕业期别及证书字号，以凭核夺等因，陈省身、孟昭英两教授曾否在中央训练团党政班受训，相应函请查明见复；如已受训，并请饬将毕业证书送验为荷。"等由。准此，合行令仰知照。[①]

据统计，1940年有10位教授在国内休假进修，1941年有19位教授在国内休假进修，1942年有20位教授在国内休假进修，1943年有30位教授休假进修，其中有10位出国休假进修，1944年有27位教授在国内休假进修。从1945年开始，因各校教授缺乏，又以经费及外汇困难，教授休假进修停止办理。

应该说，国民政府在全面抗战期间对改善高校教师生活的补救措施，对营建高校教师共同体是有益的。它既体现了国民政府对高等教育发展的重视，也反映了全面抗战期间国民政府发展高等教育的信心和决心。

（二）全面抗战时期高校教师生活的窘迫

但是，国民政府对高校教师的这些补救措施，在通货膨胀和物价飞涨的情况面前，犹如杯水车薪。通货膨胀使战时高校教师名义工资与实际工资的比值拉大，工资实际购买力远低于战前水平，带来了高校教师生活的窘迫。

1. 物价飞涨情况

形象地说，1943年每个教授每月发给学术研究补助费500元，而其实际币值仅合战前2元左右。这就是当时物价飞涨的状况。1946年，西南联大经济学教授杨西孟发表《九年来昆明大学教授的薪津及薪津实值》，以具体数据展示了

① 王文俊主编：《国立西南联合大学史料》（四），昆明：云南教育出版社，1998年，第455—456页。

“自抗战以来，由于物价剧烈上涨而薪津的增加远不及物价上涨的速度，于是薪津的实在价值如崩岩一般的降落”的现实。表中的生活费指数是采用云南经济委员会所提供的数据，薪津约数是以西南联大教师的中等薪金和四口之家的津贴为标准，薪津实值是指薪津按生活费指数折合成抗战前法币的数目。通过薪津与薪津实值的对比，可以清楚地看出昆明大学教授生活状况的变化。

表 2－19　昆明大学教授薪津及薪津实值（1937—1944 年）（单位：元）

年份	上半年			下半年		
	生活费指数	薪津约数	薪津实值	生活费指数	薪津约数	薪津实值
1937 年	100	350	350.0	108	270	249.5
1938 年	115	300	260.8	168	300	178.5
1939 年	293	300	109.7	470	300	63.8
1940 年	707	300	62.4	889	330	37.1
1941 年	1463	400	27.3	2357	770	32.6
1942 年	5325	860	16.5	12619	1343	9.5
1943 年	19949	2180	10.6	40499	3697	8.3
1944 年	82986	9417	10.0	143364	17867	10.7
1945 年	430733	56650	10.9	603900	112750	18.5
1946 年	514290	141660	27.3			

资料来源：王文俊主编：《国立西南联合大学史料》（四），昆明：云南教育出版社，1998 年，第 562 页。

由上表可以看出，虽然自 1941 年上半年开始，高校教师的津贴数额在呈上升趋势，但津贴的实际购买力却在飞速下滑。1939 年上半年教师的薪津实值只相当于战前的三分之一，下半年降到五分之一，1940 年下半年降到十分之一，1941 年上半年降到十二分之一。1942 年下半年教师手中的薪津实值只相当于战前法币的 9.5 元，1943 年下半年薪津实值只相当于战前法币的 8.3 元，1944 年以后薪津实值也只盘桓在 10 元左右。直到 1945 年 8 月抗战胜利，昆明的物价才开始跌落，总算给大家一个喘气的机会。从表中数字看，1937 年至 1946 年，高校教师的月薪由 350 元增至 14 万元，涨了 400 倍；而物价指数却由 100 增至 51 万，涨了 5000 多倍。

浙江大学校长竺可桢是一校的当家人，因此也特别留意各地的物价情况。在他的日记空白处常常会记下广西宜山、贵州贵阳、云南遵义、四川重庆等地如大米、猪肉、鸡、蛋、油、白糖的价格，也能从一个侧面看出当时后方物价对人们生活的影响。这里仅录大米的价格变化。

表 2－20　竺可桢日记中记载的各地大米价格变化

年份	广西宜山	贵州贵阳	云南遵义	四川重庆
1939 年	每 100 斤 12.50 元			
1940 年			每斗卅斤 5 元（2 月） 每斗 5 元 2 角（6 月）	每斗 45 斤 5～7 元
1941 年			每斗卅斤 12 元	
1942 年		每斗 40 元	每斗 30 元	
1943 年			每斗 40 元	每斗 110～120 元
1944 年		每斗 1300 元 （12 月）	每斗 240～250 元（1 月） 每斗 1000 元（10 月）	每斗 180 元（1 月） 每斗 1000 元（12 月）

资料来源：《竺可桢日记》第一册，北京：人民出版社，1984 年，第 385－388 页。

1941 年 12 月，西南联大常委会在一份给教育部的呈文中附上了当时昆明市主要生活用品的价格变化：

表 2－21　昆明市主要生活用品价格变化（1937—1941 年）

时期	白米（每石）		猪肉（市斤）		木炭（每百市斤）	
	价格	价比	价格	价比	价格	价比
1937 年	8.0 元	1	0.18 元	1	2.4 元	1
1938 年	13.5 元	1.7	0.21 元	1.2	2.4 元	1
1939 年	56.0 元	7.0	1.05 元	5.8	18.9 元	7.9
1940 年	83.0 元	10.4	2.60 元	14.4		
1941 年 9 月	110.0 元	13.7	3.50 元	19.4	45.0 元	18.8
1941 年 12 月	280.0 元	35.0	5.50 元	30.6	80.0 元	33.3

资料来源：王文俊主编：《国立西南联合大学史料》（四），昆明：云南教育出版社，1998 年，第 545 页。

这样一种窘迫的景况使高校教师的实际收入水平降到了社会最下层。有人对重庆的高校教师与工人的收入变化做了一番对比。1937 年重庆的高校教师平均月薪为法币 225 元，工人平均月薪为 20～24 元。到 1941 年，重庆的高校教师每月的实际收入下降到原来的 18%，购买力相当于战前法币的 40 元；工人每月实际收入下降到原来的 91%，购买力相当于战前法币的 18～22 元。[①]

还有人对抗战时期国统区各阶层的实际收入指数作了一番对比，情况如下：

表 2－22　国统区各阶层实际所得指数（1937—1944 年）　1937＝100

年份	农民	公务员（重庆）	教授（成都）	非生产性劳工	产业工人（重庆）	乡村劳工（四川 8 县）
1938	87	77	95	143	124	110
1939	85	49	64	181	95	126
1940	96	21	25	147	76	66
1941	115	16	15	91	78	82
1942	106	11	12	83	75	78
1943	100	10	12	74	69	60
1944	81		11	65	41	89
1945	87		12			

资料来源：[美] 易劳逸：《蒋介石与蒋经国》，王建朗、王贤知译，北京：中国青年出版社，1989 年，第 56 页。

从表中数字看，公务员和高校教师实际收入的下降速度最剧烈。到 1943 年，虽然所有行业的实际收入都在下降，但比较起来，教授、公务员的情形最坏。而公务员与教授又有所不同，他们的工资虽少，却有无形的收入，诸如官吏身兼数职、安插眷属于政府机关、利用职务上的方便从事经商活动等。如此一来，单纯依靠工资为生的高校教师实际收入的下降是最为严重的。

2. 各地高校教师的生活状况

北大、清华、南开三校教师刚到长沙时，只发给月薪的七成。当时物价指数略有上升，教师靠工资收入尚能应对生活开支。国难当头，大家对困苦的生活也没有多少怨言。学校后来搬迁到昆明，当时昆明的经济大环境还不算太坏，物价

① 陈明远：《文化人与钱》，天津：百花文艺出版社，2001 年，第 187 页。

相对稳定，迁居而来的文化人还能按时领到薪水，虽然生活条件大不如以前，但日子还能过下去。

随着战事的演变，昆明也成为抗战的前线，流亡人口大量涌入，物资供应日益减少，物价开始飞涨。蒋梦麟说："每当战局逆转，昆明也必同时受到灾殃。影响人民日常生活最大的莫过于物价的不断上涨。抗战第二年我们初到昆明时，米才卖法币六块钱一担（约八十公斤）。后来一担米慢慢涨到四十元，当时我们的一位经济学教授预言几个月之内必定会涨到七十元，大家都笑他胡说八道，但是后来一担米却真的涨到七十元。"① 米价在几个月内上涨了十几倍，其余一些日用品亦因进口通道受阻，价格随之成倍增长。

先说说物价飞涨对高校教师基本生活的影响。

物价飞涨的感受，西南联大教授浦江清有过一次体验。浦江清于 1941 年休假一年，1942 年 5 月 28 日自上海返程，途中艰辛，费时 177 日，于 11 月 21 日到达昆明。为了感谢学校同事在自己休假时期的帮忙，12 月 25 日，浦江清在昆明南丰西餐馆宴请大家。"中午在金碧路南丰西餐馆请唐立庵、罗莘田、闻一多、佩弦、骏斋吃饭。酬谢立庵代余教此半年词选课。每客七十元，有汤一、小吃一、鸡一、猪排一、咖啡、水果、面包，果酱另加价，牛油售缺。连宴席捐、小费、纸烟，此餐共费五百元。当我初来昆明时南丰西餐不过三四元一客，菜多，使人饱得吃不下。今但微饱耳。"② 从每客三四元涨到七十元，这次聚餐总费五百元，已达一个教授一月的工资了。

但这仅仅是一顿宴请，拖家带口地过日子的教师就不只是这样的感受了。

1939 年 4 月，中山大学教授罗香林欲从昆明赶去徵江，梅贻琦前来旅馆送别，随手带了一包冬天的衣服，说要顺便去典当。梅贻琦告诉他，学校很久没发工资了，只好先自典当周转。这令罗香林大为感叹："梅先生主持这么庞大的学

---

① 蒋梦麟：《西潮·新潮》，长沙：岳麓书社，2000 年，第 223 页。
② 浦江清：《清华园日记·西行日记》，第 2 版，北京：生活·读书·新知三联书店，1999 年，第 229 页。

校，还要以典当周转，这一方固然显示时局的艰难，一方更显示梅先生的高风亮节。”①

但日子的苦，却因此而实在。这里仅以陈寅恪先生的感受为例。1939 年冬天，昆明天气奇冷。陈寅恪体弱畏寒，又没有取暖设施，至 1940 年 1 月底，陈寅恪终于大病一场。除夕时节，彻夜难眠，作《庚辰元夕作时旅居昆明》，其中有“淮南米价惊心问，中统银钞入手空”② 两句，形象地揭示了陈寅恪先生面对昆明物价飞涨、法币贬值的心情。以后陈寅恪多有奔波，先后在香港大学、广西大学任教，以及到中山大学作短期讲课，1943 年最后在成都的燕京大学任教。陈寅恪说：“在抗战胜利的前二、三年间，通货更膨胀，物价飞涨，生活极苦。”③ 因生活艰苦，营养很差，工作辛苦，陈寅恪的眼睛终致失明。1945 年 2 月，陈寅恪作《目疾未痛拟先事休养再求良医以五十六字述意》，其中有“日食万钱难下箸，月支双俸尚忧贫”④ 几句。所谓“双俸”，意指陈寅恪被教育部聘为“部聘教授”，除了每月正常薪俸外，还有“部聘教授”的薪金补贴，所以叫“双俸”。

1943 年冬，陈寅恪来到成都，任教于燕京大学。开始住在陕西街，人声喧闹，陈寅恪夜间不得安眠。后来吴宓帮他寻得华西坝广益学舍，环境幽静，陈寅恪总算得以安定。但“住所虽较安定，生活极其困窘。钞票贬值，物价腾飞，身病家口多，薪津不敷数日家用。别无积蓄及其他收入，衣物能变卖的在广西已将卖尽，到成都后‘家人大半以御寒之具不足生病’。成都电力不足，灯光昏暗，三日一停电，以火舌闪烁的油灯照明，于寅恪伯父单靠左眼阅读写作非常不利。此外滋养缺少，血气不旺，对视力保养也有影响。唐筼伯母忧急，托人买得一只怀胎的母羊，因为跛足价格比较便宜，交由小女儿美延放养。母羊生小羊后唐筼

① 罗香林：《回忆梅月涵校长》，王云五、罗家伦等著：《民国三大校长》，长沙：岳麓书社，2015 年，第 168 页。

② 陈美延、陈流求编：《陈寅恪诗集》，北京：清华大学出版社，1993 年，第 26 页。

③ 蒋天枢：《陈寅恪先生编年事辑》（增订本），上海：上海古籍出版社，1997 年，第 133 页。

④ 陈美延、陈流求编：《陈寅恪诗集》，北京：清华大学出版社，1993 年，第 37 页。

伯母每天挤些羊奶给寅恪伯父饮用，希望多少能补充一点营养”[1]。

以养羊救济生活的还不只陈寅恪，在贵州湄潭的浙江大学物理学教授王淦昌一家七口，生活困难，于是也养了一只羊，以羊奶补充营养。苏步青一家九口，生活无以为继，只好在家旁边的山坡上垦荒种菜，每天下班后就到菜地浇水、施肥、松土、捉虫。在四川乐山的武汉大学，苏雪林教授一家七口，先在城西租到一处叫“让庐”的中式楼房，后因租金不敷只好改租山上的三间民房。那时物价天天飞涨，教授工资却不涨，生计困难，苏雪林在课余时间便在门前开荒种地养鸡，补贴家用。

迁居广东坪石的中山大学，生活极为艰苦。1942 年常闹米荒，很多教师把衣服、被子、书籍等以最低价格出售，换取高价粮食。由于粮食接济不足，只好以野菜充饥。曾有一位物理系教师因吃野菜中毒，幸得及时救治无恙。当时教育部对中山大学教师的薪给规定：年龄在三十岁以上的，给予一石的米代金，二十八岁以上的八斗，二十六岁以上的六斗，不及二十六岁的均三斗。又规定，两夫妻在同一机关工作，都在三十岁以上的，一方给予一石，另一方只给予三斗。当时周鼎培、杜定友等五位教师，两夫妻都在中山大学工作，也都在三十岁以上，就觉得很不值。为了免饿，就相约以集体离婚的方法，在韶关《建国日报》广告栏登报离婚，才使夫妇两个都分别得到了一石的代米金。[2]

华罗庚谈到，抗战时期的昆明，流传一句话：“教授教授，越教越瘦。”他说了这么一件事：教授在前面走，要饭的在后面跟，跟了一条街，前面那教授实在没有钱，回头说：“我是教授。”那个要饭的就跑了。因为连要饭的也知道，教授身上是没有钱的。[3]

不是没钱，而是钱不值钱。1945 年 10 月，唐惜分著文指出：“学校员工之

---

① 吴学昭：《吴宓与陈寅恪》（增补本），北京：生活·读书·新知三联书店，2014 年，第 259 页。

② 周鼎培：《中山大学工作三十九年见闻》，钟叔河、朱纯编：《过去的大学》，武汉：长江文艺出版社，2005 年，第 268 页。

③ 华罗庚：《我这辈子的三“劫”》，张岱年、邓九年主编：《逝水年华》卷二，北京：北京师范大学出版社，2005 年，第 270 页。

薪津，以今视昔，数字上增加虽多，但购买力则日趋薄弱。农工商各业大都能随时视物价为比例之提升，相观之下益形菲薄。大学教员之经济生活原甚优裕，现在不如小资本之农工商，亦不如私立中学之教师，前后比较不堪回想。”①

40年代中期，西南联大教授王了一在报刊上发表了一批题为《龙虫并雕斋琐语》的杂文，其中有一篇文章叫《领薪水》，文中对“薪水”一词进行了调侃：“‘薪水’本来是一种客气的话，意思是说，你所得的俸给或报酬太菲薄了，只够你买薪买水……在抗战了七年的今日，‘薪水’二字可真名符其实了——如果说名不符实的话，那就是反了过来，名为薪水，实则不够买薪买水。三百元的正俸，不够每天买两担水，三千元的各种津贴，不够每天烧十斤炭或二十斤柴！开门七件事，还有六件没有着落。”文章讽喻地说，以后不如把“薪水”改为“茶水”或“风水”。②

美国学者费正清于1943年7月再度来到昆明，他看到：“5月下旬西南联大召开全体教授会议，推派2名代表去重庆提出适当增加生活补助，以维持教授们最低生活的要求，结果仍一无所获。他们提出的几项要求中，其中之一是将教职员工们的部分米贴按市价折合现金发放；原来的米贴只按官价每石900元发放，而事实是眼下市价已达2400元法币一石，只有按现有市价发放米贴，原定的米价补贴才能得到确实的兑现。另一项要求是薪水应按物价上涨的比例增加。在昆明，薪水只增长了5倍，而物价呢？据说已上涨了300倍。”③

再说说穿着。

连吃饭都不能保障，抗战时期高校教师的衣着更是成为一道奇观。据联大师院中文系学生熊朝隽回忆，联大师生在生活服饰上大体有两种情况，一种是爱干净的，一种是不修边幅的。以穿蓝布大衫来说，有的整洁，有的随便。前者如冯友兰、闻一多、朱自清、李广田，后者如曾昭抡、沈有鼎。冯友兰先生有时长衫

---

① 唐惜分：《办理大学教育之困难》，中国第二历史档案馆编：《中华民国史档案资料汇编》第五辑第三编：教育（一），南京：江苏古籍出版社，1997年，第236—237页。

② 陈明远：《文化人的经济生活》，上海：文汇出版社，2005年，第223—224页。

③ 费正清：《费正清对华回忆录》，陆惠勤等译，上海：知识出版社，1991年，第303—304页。

马褂都穿，都是旧的。朱自清赴会时也穿一套深青色的旧西装，到家脱下刷刷灰就挂起来，舍不得多穿。闻一多则经常穿布鞋蓝长衫。“西服革履者有之，长袍大袖的也有，也都是教授常穿的服装，布料不一定好，但那是一种相当于学生制服的教师服装，大家都这么穿惯了。”当时西南联大教师的衣服不仅旧，且破。各色补丁层出不穷。颜色不一，有的教师一件衣服上补丁层揉层，仍舍不得丢。“物理系的吴大猷先生，一条黄咔叽布裤，膝盖上补了像大膏药一样的补钉多个，在教授的各种补钉中也是很有名的。”多数教师和学生一样，穿昆明本地土产的皮鞋或布鞋，许多教师的鞋子和学生一样，穿得前后都开口了，还舍不得丢。哲学系沈有鼎教授不穿袜子，只穿又旧又破的布鞋上课，学生是经常看见的。①

汪曾祺于1939年就读于西南联大，他看到：“教授的衣服也多残破了。闻一多先生有一个时期穿了一件一个亲戚送的灰色夹袍，式样早就过时了，领子很高，袖子很窄。朱自清先生的大衣破得不能再穿，就买了一件云南赶马人穿的深蓝氆氇的一口钟（大概就是彝族察尔瓦）披在身上，远看有点像一个侠客。有一个女生从南院（女生宿舍）到新校舍去，天已经黑了，路上没有人，她听见后面有梯里突鲁的脚步声，以为是坏人追了上来，很紧张。回头一看，是化学教授曾昭抡。他穿了一双空前（露出脚趾）绝后鞋（后跟烂了，提不起来，只能斗趿着），因此发出了梯里突鲁的声音。”②

家中有小孩的联大教师在衣物方面更是节俭。华罗庚的妻子吴筱元在昆明期间，没有为自己添过一件新衣，旧衣服破了补，补了再穿，大孩子穿过的衣服改改再给小孩子穿，一家老小几口人的鞋子，全都由她亲手做。③ 在有家室的教授家庭中，自己动手做衣物鞋袜的大有人在。

朱自清一家共10人，是联大教授中家属人数最多的。朱自清的妻子和孩子都在成都，他独自住在联大单身教师宿舍。这样他的薪金便要一分为三，分别给老家和成都，剩余少许留给自己。昆明物价又高，实在无余钱添置冬衣，朱自清

---

① 陈明远：《文化人的经济生活》，上海：文汇出版社，2005年，第240页。

② 汪曾祺：《七载云烟》，黄尧：《云烟渺渺》，昆明：云南教育出版社，2000年，第270—271页。

③ 顾迈南：《华罗庚传》，石家庄：河北人民出版社，1985年，第42页。

只好买一件赶马人用的披毡来御寒。何善周回忆道："三十一年冬天，气候格外寒冷，旧皮袍不好穿着出门，既没有大衣，又没有力量缝制棉袍，他便趁龙头村的'街子'天，买了一件赶马人披的氈披风。这种披风有两种，细毛柔软而且式样好的比较贵些。朱先生买不起，他买了那种便宜的，出门的时候披在身上，睡觉的时候还可以把它当作褥子铺着。"① 朱自清就是披着这样一件毡披风从住处司家营入城上课，在大街上十分引人注目。1941 年，李广田便是在昆明的大街上遇到了这样的朱自清："假如不是他老远地脱帽打招呼，我简直不敢认他，因为他穿了一件很奇怪的大衣，后来才知道那是赶马的人所披的毛毡，样子像蓑衣，也像斗篷，颜色却像水牛皮。以后我在街上时时注意，却不见有第二个是肯于或敢于穿这种怪大衣。"② 郑振铎说："他是一位有名的衣履不周的教授之一。冬天，没有大衣，把马伕用的毡子裹在身上，就作为大衣；而在夜里，这一条毡子便又作为棉被用。"③

西南联大外籍教授佩纳（Robert Payne）发现，一个乡下厨师的薪水在 1943 年时是大学教授的 8 倍。他描写复旦大学教员在 1941 年的情形：此地的教员可谓一贫如洗。他们松垮的外衣补满了不同颜色的补丁，鞋跟都已脱落。1943 年 3 月，佩纳转往西南联大任教，他发现联大情况与复旦相同，几乎找不到任何教授或学生的衣着上没有破洞。④

最后说说生老病死。

战时高校教师因病贫交困而死的事情时有发生。武汉大学历史系主任吴其昌教授是研究甲骨文、金文的权威，他一向患有肺结核病，经常大吐血。学校迁到乐山后，生活更艰辛，几年来身体日渐消瘦，40 多岁看过去就像 60 岁的老人了。由于贫病交加，他于 1943 年便病逝了。当时，乐山武汉大学有七栋建筑物，

---

① 转引自季镇淮：《朱自清先生年谱》，郭良夫编：《完美的人格：朱自清的治学与为人》，北京：清华大学出版社，2003 年，第 230 页。

② 陈明远：《文化人的经济生活》，上海：文汇出版社，2005 年，第 240 页。

③ 郑振铎：《哭佩弦》，郭良夫编：《完美的人格：朱自清的治学与为人》，北京：清华大学出版社，2003 年，第 162 页。

④ 转引自田正平、商丽浩：《中国高等教育百年史论：制度变迁、财政运作与教师流动》，北京：人民教育出版社，2006 年，第 286 页。

人们便将山里的公墓戏称为“第八宿舍”。那几年，住进“第八宿舍”的教师有数学教授萧君绛、法学教授孙芳、逻辑学教授黄方刚、机械系主任郭霖、历史系主任吴其昌等，这些人都是因为贫病交加而早亡的。

浙江大学著名教授梅光迪因患病无钱医治而逝于 1942 年冬天。1946 年的《观察》杂志转载了当年的报道：“抗战中，学者因病贫加交而去世者，不知凡几。浙大老教授梅光迪为其中之一人。梅氏去冬病逝于贵州遵义。渠于病中时以手摸索其枕袋下之五万元，此为其仅有之财产。当其每次摸到后，脸上即流露出一种安慰放心之表情。友间有述此事者，闻者为之一黯然。”①

抗战时期，中山大学在广东坪石。1944 年冬，日军从湖南窜犯坪石，中大师生避至河对岸莲塘村，日军接踵而至。中山大学教授容肇祖、李乾亨被日军拉夫，帮日军挑东西。容肇祖趁日军疯狂抢掠时，两次冒死逃脱，而同时被俘的李乾亨教授则死于九峰路旁。②

西南联大师范学院副教授萧涤非，为增加收入，到中法大学、昆华中学、天祥中学兼课，还是不能解决家庭生活困难，最后只好将刚出生的第三个孩子送给别人抚养。萧涤非在《早断》一诗中写道：“好去娇儿女，休牵父母心。啼时声莫大，逗者笑宜深。赤县方流血，苍天不雨金。修江与灵谷，是尔旧山林。”③

洪深，抗战时期任军事委员会政治部第三厅科长，复旦大学兼任教授。1943 年夏，洪深的小女儿病重，想吃广柑，洪深没钱买，每天下班都要哄女儿，说没空买或没买到。有一天，洪深不得已向人借钱买到广柑回家，女儿却已经死了。洪深伤心至极，觉得了无人生之趣，遂即自尽。幸被人发觉，急送医院救活。那时公教人员之穷，可谓之极。④

3. 自谋生路以聊补燃眉之急

为了贴补家用，为了生存，高校教师们不得不想出各种办法聊补燃眉之急。

---

① 杭人：《梅光迪之五万元》，《观察》第 1 卷第 3 期，1946 年 9 月。

② 容肇祖：《容肇祖自述》，高增德、丁东编：《世纪学人自述》第一卷，北京：北京十月文艺出版社，2000 年，第 237 页。

③ 马嘶：《百年冷暖：20 世纪中国知识分子生活状况》，北京：北京图书馆出版社，2003 年，第 216 页。

④ 胡邦彦：《那时复旦》，薛明扬、杨家润主编：《复旦杂忆》，上海：复旦大学出版社，2005 年，第 128 页。

冯友兰在《三松堂自序》中回忆西南联大教师的艰苦生活时写道："教师也因为通货膨胀而生活困难。当时有人说，现在什么都值钱，就是钱不值钱。教师所得到的，就是这种越来越不值钱的钱。他们大部分都是靠卖文或其他业余工作以补贴生活，也可以说是勤工俭教吧，但仍不够花。联大的部分教师，曾经组织了一个合作社，公开卖文卖字卖图章，我也列在卖字的之内。可是生意不佳，我卖字始终没有发市。"①

教师手中值钱之物，首先是书。当然，这是高校教师眼中的值钱之物，好在当时很多高校也急需书籍，这桩买卖便成立。以研究明史闻名的吴晗，被迫把若干有关明史的书籍转让给云南大学图书馆，大哭一场。闻一多将从北平带来的古籍卖给学校，把书送到图书馆时，眼里含满了辛酸，说：将来回北平我还要赎回来。法商学院教授费青，久病不愈，经济窘迫，只得将珍藏的德、英、中文图书出售。北大法律研究部出面协商，全部买下费青教授的藏书。当时法律学系主席燕树棠在给梅贻琦的函中记载："联大法科研究所、北大法律研究部成立之始，图书缺乏。适本系教授费青先生因久病，以致经济窘迫，愿将自有德、英、汉文全部图书出售，而大部分为德文书籍。本人会同本系教授张企泰先生，曾与费先生面商：由北大法律研究部全部收买。当经估计书价，数总定为国币叁千元正。"②

除了出售藏书，其他就是将家中值钱的金银首饰、家具、衣物设摊摆卖。闻一多家里卖完书籍卖大衣，最后他的夫人高真只得去摆地摊卖衣服。有一次，高真卖衣服回来，吴晗恰逢在座，便问她得了多少，高真苦笑了一声："十多件破衬衫，卖了3000多元，反正够明天了。"面对家里值钱的东西都卖完的窘况，生物学系教授沈嘉瑞感慨地说："现在只有剩下的几个空箱子可卖了！"③ 梅贻琦的夫人韩咏华和潘光旦、袁复礼等教授的夫人则合伙制作糕点，起名为"定胜糕"，拿到昆明一家大食品商店冠生园去寄售。初次送货去时还不敢说姓梅，只说是姓韩。④

---

① 冯友兰：《三松堂自序》，第2版，北京：人民出版社，2008年，第300—301页。
② 陈明远：《文化人与钱》，天津：百花文艺出版社，2001年，第209页。
③ 陈明远：《文化人与钱》，天津：百花文艺出版社，2001年，第245、209页。
④ 冯友兰：《三松堂自序》，第2版，北京：人民出版社，2008年，第92页。

无奈之下，教师们不得不通过其他的途径筹措生活费用。西南联大的教师们纷纷到外校兼课，如云南大学、中法大学、英文专科学校以及当地中学。此外就是凭借教师们的看家本领，卖文卖字。冯友兰说："因为通货膨胀，物价飞涨，教师们的生活也是很困难的。一个月的工资加到几百万，不到半个月就完了。教师们多是靠兼职兼薪，以为补贴。大多数的人是卖文，向报刊投稿，得一点稿费。能作古文的，向当地富贵人家作'谀墓'之文，这样的生意最好，因为可以得实物报酬。"①

除了兼课、写稿，还有就是卖字。1943 年，西南联大教授杨振声、郑天挺、罗常培、罗庸、浦江清、游国恩、冯友兰、闻一多、沈从文、彭仲铎、唐兰、陈雪屏等十二人联合发布了一个《诗文书镌联合润例》，向社会公布了他们书文的出售价格：

文值：颂赞题序　五千元；传状祭文　八千元；寿文　一万元；碑铭墓志　一万元（文均限古文，骈体加倍）。

诗值：喜寿颂祝　一千元；哀挽　八百元；题咏　三千元（诗以五律及八韵以内古诗为限，七律及词加倍）。

联值：喜寿颂祝　六百元；哀挽　四百元；题咏　一千元（联以十二言以内为限，长联另议）。

书值：楹联　四尺六百元，五尺八百元（加长另议）；
条幅　四尺四百元，五尺五百元（加长另议）；
堂幅　四尺八百元，五尺一千元（加长另议）；
榜书　每字五百元（以一方尺为限，加大值亦加倍）；
斗方扇面　每件五百元；
寿屏　真隶每条一千五百元，篆每条二千元（每条以八十字为限）；
碑铭墓志　一万元。

篆刻值：石章每字一百元，牙章每字二百元（过大过小加倍，边款每五字作

① 冯友兰：《三松堂自序》，第 2 版，北京：人民出版社，2008 年，第 92 页。

一字计）。

收件处：国立西南联合大学中国文学系王年芳女士代转。①

而最为著名的是闻一多刻图章。闻一多家里有八个孩子，生活相当的困难。吴晗回忆说：“他住在乡下史家营的时候，一家八口（连老女佣）光包饭就得要全部月薪的两倍，时常有一顿没一顿，时常是一大锅清水白菜加白饭。敌机绝迹以后，搬进城，兼了昆华中学的国文教员，每月有一担米，一点钱，加上刻图章，勉强可以维持。”

闻一多刻图章，实在是为生活所迫。据梁实秋回忆，刻印是闻一多的老手艺，1927 年就为潘光旦、刘英士、梁实秋刻过印。由于其研究古文字学，从龟甲文到金石文，都下过功夫。来到西南联大后，别人劝他再把这一手艺捡起，闻一多立刻买了一把刻字刀下乡。先拿石头试刻，居然行。由于云南流行象牙章，闻一多于是再刻象牙。费了一整天，右手指被磨烂，几次灰心失望，还是咬牙坚持了下来。因为以后要靠这门手艺吃饭。

1943 年秋，为了帮助闻一多打开生意渠道，梅贻琦、蒋梦麟、杨振声、唐兰、陈雪屏、朱自清、沈从文、罗常培、罗庸、潘光旦、熊庆来、姜寅清等十二人为闻一多刻印出面介绍，由浦江清亲拟广告文稿：

浠水闻一多教授，文坛先进，经学名家，辨文字于毫芒，几人知己；谈风雅之原始，海内推崇。斫轮老手，积习未除，占毕余闲，游心佳冻。惟是温馨古泽，仅激赏于知交；何当琬琰名章，共榷扬于艺苑。黄济叔之长髯飘洒，今见其人；程瑶田之铁笔恬愉，世尊其学。爰缀短言为引，公定薄润于后。②

浦江清解释道：“黄济叔是明代刻印名家，其为人长髯飘洒，喻闻先生之风度。程瑶田是清代经学名家，兼长篆刻，以之拟闻先生最为恰合。”1944 年 4 月，昆明的民主报刊上又将这一推荐广告予以刊载，署名则有梅贻琦、蒋梦麟、杨振声、唐兰、陈雪屏、朱自清、沈从文、罗常培、罗庸等九人，拟定的润例则涨到“石章每字六百元，牙章每字一千元”。闻一多靠着业余时间刻印章，解决

① 陈明远：《文化人与钱》，天津：百花文艺出版社，2001 年，第 227—228 页。
② 王文俊主编：《国立西南联合大学史料》（四），昆明：云南教育出版社，1998 年，第 551 页。

了经济生活所需的三分之二收入。[①]

（三）西南联大教师为增加津贴的抗争

以上所述，大多为尚有高薪之教授的生活窘困之状，至于月薪在200元以下的低薪教职员生活就更为艰难。无奈之下，西南联大低薪教职员首先奋起请求增加津贴。1941年1月10日，西南联合大学叙永分校教师王裴庆等39人首先呈函请增生活津贴。在呈函中，他们列举了叙永物价飞涨的实情，指出在叙永生活每人每月至少比在昆明要多费六七十元，而低薪教职员所增发工资仅十几元，真所谓涓水舆薪，对生活实难裨补。“同仁等献身教育，自甘清苦，每念国家于财政拮据之日，仍极力筹措经费，维持教育，诚不忍再作琐琐屑屑呼庚呼癸之求。惟是生活迫人，告贷无门，枵腹从公，势所难能。为此，谨请斟情酌理，自一月份起，每人每月增发津贴六十元，以纾窘困，分校荣粹，有赖于此。”叙永分校主任杨振声以“函中所陈各节，当属实情”，将呈函转送西南联大常委会。[②]

接着，1月21日，西南联大工学院教师22人呈函学校常委会请增加津薪。在呈函中他们要求：“生活困苦为收入不丰者之所同，更不因服务之年限而异，同人等商讨之余，深觉有同等之需要，用特呈请不分等级、不分服务年限，凡薪金在二百元以下者，每月生活津贴增至五十元，俾同人等仍可安于目前工作，无复以米布分心。”[③]

对这两份呈函，西南联大常委会都以“因本校经费拮据，一时碍难照准”的理由分别于1月25日和2月29日予以了回复。3月11日，西南联大教员、助教张建侯等53人再呈常委会请增加薪津补贴。在呈函中他们强调：

同人等私自商讨，窃以为生活窘迫，早有增加津贴之需要。所以迟迟未敢启齿，亦即以经费困难之故，此点前呈亦已提及。此次所请，实迫不获已。证之以

① 陈明远：《文化人与钱》，天津：百花文艺出版社，2001年，第248页。
② 王文俊主编：《国立西南联合大学史料》（四），昆明：云南教育出版社，1998年，第537—538页。
③ 王文俊主编：《国立西南联合大学史料》（四），昆明：云南教育出版社，1998年，第539页。

近日云南大学、中央研究院及各机关之纷纷增加薪贴，而本校全薪调整等等，于同人等或则实惠甚微，或则泽且弗及，则同人等处境之难，当邀洞鉴，若再假以时日，宁不势成涸鲋，窃维钧会体下公详，用敢再度呈请赐予考虑。同人等不胜企祷之至。①

三份呈请，签名者达114人，占西南联大教师总数的三分之一。虽然在4月23日西南联大对赴叙永分校服务的教职员予以了一次性补助，单身前往者给予补助费200元，有家属随同前往者补助400元。② 但这区区数额实在难以解决教职员生活困难的根本问题。西南联大教师的生活困窘，即使教授也无法超脱。于是，11月25日，蔡维藩等54名教授、副教授、讲师联名提议，要求召开教授大会，共商解决生计办法。他们在提议中写道：

敬启者：抗战以来，同人等随校辗转湘滇，四年于兹，努力教学，未敢或懈，献身国家，固未计及个人身家之利害也。年来物价日增，维持生活日感艰难，始以积蓄贴补，继以典质接济。今典质已尽，而物价仍有加无已，生活程度较战前已增加二十余倍。但同人等之薪给，始则七折八扣，迄今收入尚未倍于战前。同人等一家数口，负担綦重，今已罗掘俱穷，告贷无门，若不积极设法，则前途何堪设想。为此，特恳钧座从速召集全体教授大会，共商办法，是所至祷。③

12月初，西南联大教授大会召开，形成决议并呈送教育部。西南联大常委会以“据本校教授会函请发给薪津”为题将决议文急送教育部，并附昆明物价指数表。决议文说：

敬启者：查自抗战以来，物价逐渐高涨，而国家给予同人等之报酬初则原薪尚有折扣，继则所加不过十分之一二，以视物价之增高，实属望尘而莫及。同人等虽极力降低生活之标准，然尚须典卖借贷，始能自存于一时。乃自暑假以来，物价又复飞涨，比于战前多高至三十倍以上：米价于暑假时每公石不过百二三十元，今则二三百元；炭价于暑假时每百斤仅四五十元，今则将及百元；其他物价

① 王文俊主编：《国立西南联合大学史料》（四），昆明：云南教育出版社，1998年，第541—542页。

② 王文俊主编：《国立西南联合大学史料》（四），昆明：云南教育出版社，1998年，第527页。

③ 王文俊主编：《国立西南联合大学史料》（四），昆明：云南教育出版社，1998年，第543页。

比于暑假时皆相倍蓰，大略称是。同人等薪津每月不及六百元，以物价增长三十倍计，其购买力只等于战前之十七八元，平均五口之家何以自存。同人等昔已为涸泽之鱼，今更将入枯鱼之肆矣。夫守道安贫，固为同人所宜勉；而尊师重道，国家自亦有常经。说者或谓战时军人所得报酬视前亦未大加，后方服务之人不宜有所争论，同人等以为前方将士躬冒矢石，捍卫疆土，国家报功失之于薄，诚为事实，但就维持生活而论，则军人食有军米，衣有军衣，以至住行皆有公给，其不能如此者，则或因环境之特殊，或由经理之未善。以视同人等一切皆须以高价自购者，其待遇优劣亦不难分矣。说者又谓，战时困苦为一般人所皆应忍受，大学师生为民众之表率，不宜先有不平之论；同人等以为，若使后方人士皆与同人等受同等之困苦，则同人等即委身于沟壑亦不敢有微词。乃事有大谬不然者，姑无论市井奸商操纵物价，转手之间便成巨富，即同为政府机关，而亦有司书录事之职，其薪津即多于教授者，至于自有收入之机关，其人员举动之豪奢尤骇听闻，一筵之资可为同人等数月之薪津！孰非为国服务，何厚于彼而薄于此？“不患寡而患不均，不患贫而患不安。”此先圣之明训，亦国父之遗教，此尤同人等所愿当局注意者也。同人等上不能执干戈以卫社稷，下亦不忍用国家之锱铢如泥沙，故不望如前线忠勇将士之多得实物，亦不愿如后方豪奢机关之滥耗国帑，惟望每月薪津得依生活指数及战前十分之一二。无论数目之多少，总期其购买力能及战前之五十元，俾仰事俯畜，免于饥寒。庶几风雨如晦，鸡鸣不已，以求国家最后之胜利。①

一方面是饥寒交迫，枵腹从公，另一方面是某些豪奢机关一筵之资可值教职员数月之薪俸。“不患寡而患不均，不患贫而患不安”，教授们的抗争，是为了维护高校教师的尊严。因为“同人等昔已为涸泽之鱼，今更将入枯鱼之肆矣”，已经到了生活难以为继的地步。尊严何在？这个要求，不独日常生活，而是为了国家的教育事业发展。这个要求也体现着教授们的尊严，“不望如前线忠勇将士之多得实物，亦不愿如后方豪奢机关之滥耗国帑，惟望每月薪津得依生活指数及战

① 王文俊主编：《国立西南联合大学史料》（四），昆明：云南教育出版社，1998年，第544—545页。

前十分之一二”，“总期其购买力能及战前之五十元，俾仰事俯蓄，免于饥寒”。仅此而已。

但就连这最低的要求也不见回音。

1942年5月19日，因21名教授提议，西南联大教授会年度第二次会议商讨生活维持问题。会议决定：“一、请教育部以战前薪给十分之一为基数，乘当地物价指数，发给最低限度之生活费。二、推举代表三人，赴渝陈述生活艰苦之实在情形，请政府根据本会决议办法，及早实施。三、推举周炳琳、吴有训、陈雪屏三教授为代表。”[①] 三位代表为此专程抵达重庆向国民政府请愿，结果是徒劳而返。

就在西南联大教授会代表空手而归之际，教育部部长陈立夫下达了一个“照顾行政主管人员”的训令。在这个训令中，教育部决定在“非常时期”对于国立大学主管人员以及各部分主管人员发给每月法币300元以上的“特别办公费”。对于西南联大而言，所谓主管人员包括三位校务会议常委，教务长、总务长、训导长，文、理、工、法、师范学院院长，以及十几位系主任。这些人中，除了张伯苓、梅贻琦、蒋梦麟三位常委是专职外，其余全都是教授兼任，没有报酬，只尽义务。于情理而言，教育部给这些人发给特别办公费，也不为过。但遭到了西南联大25位教授的婉言谢绝。

1942年10月，西南联大25位教授联名致函学校常委会并转教育部：

敬启者：承转示教育部训令总字第45388号附非常时期国立大学主管人员及各部分主管人员支给特别办公费标准，奉悉一是。查常务委员总揽校务，对内对外交际频繁，接受办公费谊属当然，惟同人等则有未便接受者。盖同人等献身教育，原以研究学术，启迪后进为天职，于教课之外兼负一部分行政责任，亦视为当然之义务，并不希冀任何权利。自北大、清华、南开独立时已各有此良好风气，五年以来联合三校于一堂，仍秉此一贯之精神，未尝或异，此未便接受特别办公费者一也。且际兹非常时期，从事教育者无不艰苦备尝，而以昆明一隅为尤甚，九儒十丐，薪水犹低于舆台，仰事俯畜，饔飧时虞其不给，徒以同尝甘苦，

① 王文俊主编：《国立西南联合大学史料》（四），昆明：云南教育出版社，1998年，第546页。

共体艰危，故虽啼饥号寒，尚不致因不均而滋怨。当局尊师重道，应一视同仁，统筹维持，倘只瞻顾行政人员，恐失均平之谊，且令受之者无以对同事，此未便接受特别办公费者二也。准此二端，敬请常务委员会鉴其困难代向教育部辞谢并将原信录副转呈为荷。

西南联大立即将此信转呈教育部，并明确表态："惟本校训导长、总务长及各院院长、各系主任等闻讯后以依照三校以往惯例，并为维持联大甘苦共尝之精神，此项特别办公费未便接受。"

但教育部部长陈立夫仍然坚持原训令不肯收回，于 1943 年 2 月 12 日再次发文要求西南联大造册请领特别办公费。2 月 28 日，西南联大校长梅贻琦在教育部文件上批复："梅贻琦（二月二十八日）批：再复，该等愿本同甘苦之义，虽办公费较薪额加成数稍有增多，仍请不予支领，拟即不支发。"①

一边是因饥寒而抗争，一边是拒绝有失均平之谊的钱财，同甘共苦，一视同仁，西南联大教师共同体的甘苦共尝之精神于危难中凸显。

四、抗战胜利后高校教师的生活状况

抗战胜利，高校复员，从高校当局到高校教师都希望有一个全新的开始，在千疮百孔的废墟上重建一个高校教师共同体的生活乐园，至少希望能尽快恢复到战前的生活状况。但这些美好的希望不久便遭到破灭。

① 王文俊主编：《国立西南联合大学史料》（四），昆明：云南教育出版社，1998 年，第 547—549 页。

（一）力图恢复高校教师生活水平的行政措施

各高校当局，乃至教育部，都希望尽快使高校教学走上正轨，让高校教师能安心教学，安心科研，过上安稳的日子。恢复战前的物质待遇当是一个重要因素。北京大学在1946年8月19日就公布了一个专任教员的薪给标准。这应该是北京大学复员回北平不久的一个动作。

表2－23　国立北京大学专任教员薪给（1946年）（单位：元）

级别	助教或技士	研究助教或讲员	讲师	副教授	教授
一	120	140	200	320	440
二	130	150	220	340	460
三	140	160	240	360	480
四	150	170	260	380	500
五	160	180	280	400	520
六	170	190	300	420	540
七	180	200	320	440	560
八	190	220	340	460	580
九	200	240	360	480	600

资料来源：王学珍、郭建荣主编：《北京大学史料》（四），北京：北京大学出版社，2000年，第123页。

清华大学在这方面也动作迅速，于1947年5月颁布了修正后的《国立清华大学教师服务及待遇规程》，其标准也达到了战前水平。据《清华大学史料选编》提供的资料，1946年至1948年，清华大学教师的薪俸呈上升趋势，至1948年完全落实了待遇标准。

表2－24　1946—1948年清华大学教师薪俸（单位：元）

	1946年	1947年	1948年
教　授	550	580	600
副教授	420	450	500

续表

	1946年	1947年	1948年
讲　师	300	500	500
教　员	230	250	300
助　教	180	180	220

资料来源：《清华大学史料选编》(四)，北京：清华大学出版社，1994年，第539、544、551页。

金陵大学于1947年9月25日拟定了一个叫《调整基薪标准》的文件，具体规定了各类人员调整薪俸的基本标准。文件将教职员分留学日本或欧美、国内大学毕业生、未毕业于大学等三类，虽然各类基本薪俸标准不同，但大致都按每年10元的标准递增。另外，对硕士、博士学位获得者，有特殊著作者，工作有特殊成绩者，还给予一定的加薪鼓励。①

表2－25　1947年金陵大学教职员薪给标准（单位：元）

级别	一	二	三	四	五	六	七	八	九	十	十一
练习生	20	23	26	29	32	35	—	—	—	—	—
助理生	32	36	40	44	48	52	56	60	—	—	—
助理员	50	55	60	65	70	75	80	85	90	95	100
助教	70	80	90	100	110	120	—	—	—	—	—
讲师	100	110	120	130	140	150	160	170	180	190	200
副教授	160	170	180	190	200	210	220	230	240	—	—
教授	250	260	270	280	290	300	310	320	330	340	350
讲座	250	260	270	280	290	300	310	320	330	340	350
处、所、院长	300	310	320	330	340	350	—	—	—	—	—

资料来源：南大百年实录编辑组编：《南大百年实录》中卷，南京：南京大学出版社，2002年，第195页。

至于教育部，也在落实高校教职员物质待遇方面做了一定的工作。例如，1947年6月，教育部颁布《国立专科以上学校职员薪给表》，共分29级，月薪从

① 南大百年实录编辑组编：《南大百年实录》中卷，南京：南京大学出版社，2002年，第194—195页。

第 1 级的 490 元至第 29 级的 55 元。文件将 29 级分为四个档次：(1) 第 29 级至第 22 级 (55 元～90 元)，以 5 元为一级；(2) 第 22 级至第 17 级 (90 元～140 元)，以 10 元为一级；(3) 第 17 级至第 4 级 (140 元～400 元)，以 20 元为一级；(4) 第 4 级至第 1 级 (400 元～490 元)，以 30 元为一级。文件对秘书、主任、训导员、医士、体育指导员、组 (馆) 员、技术员、护士、事务员的最低级别至最高级别分别作了界定，规定凡初任人员均自最低级起薪，原则上每年可晋一级，成绩突出者得晋两级，但不得超过本职最高级。①

至于高校专任教师，由于已经有了一个 1940 年的标准，教育部能为教师做的只是以“年功加俸”的名义适量增加一点薪金。1947 年 11 月，教育部对国立专科以上学校教授实施年功加俸，凡教授经审查合格，月薪已达到最高级 (600 元)，呈报教育部记录在案者，年功加俸每年 20 元，但连同本俸，教授月薪不得超过 800 元。各校年功加俸名额不得超过已支最高级月薪教授名额的三分之一。同时还建议，副教授、讲师、助教、专科学校教员的薪酬亦应按比例增加。具体数额如下表所示：

表 2－26　1947 年教育部大学教育改进要点之建议教授薪酬标准 (单位：元)

等级	一级	二级	三级	四级	五级	六级	七级	八级	九级
薪额	800	750	700	650	600	580	540	520	500

资料来源：中国第二历史档案馆编：《中华民国史档案资料汇编》第五辑第三编：教育 (一)，南京：江苏古籍出版社，2000 年，第 196 页。

1948 年 4 月 28 日，教育部致电北大：“前据国立清华大学教职员电请按 (北) 平市实际生活指数调整待遇，并续发实物一案，经呈奉行政院四月二十九日 (卅七) 会五字第二〇七四一号指令略开：四月份生活补助费调整后，平津区已核列代表指数为二十八万倍。至配发面粉一节，核定平津公教人员不领食米三

① 教育部教育年鉴编纂委员会编：《第二次中国教育年鉴·第五编·高等教育》，上海：商务印书馆，1948 年，第 28—29 页。

斗者，准自四月份起每人每月改发面粉一袋，工役技工改发面粉二十九市斤。”[①]

1948 年 5 月 20 日，教育部再致电北大：“查学术研究补助费标准，奉行政院核定，自本年三月起为教授二百万元，副教授一百六十万元，讲师一百二十万元，助教八十万元。兹照新标准补发本年三四两月份，并拨发五月份学术研究补助费捌亿元，款另汇。”[②] 不久，自八月份开始将学术研究补助费的法币改为金圆券，教授每月 20 元，副教授 15 元，讲师 10 元，助教 5 元。

教育部以及各高校的这些措施，面对物价飞涨、货币贬值的冲击，又是一场竹篮打水。

（二）抗战胜利后高校教师生活的艰辛

抗战胜利，中国人民的兴奋喜悦没持续多久，便被内战的阴云所笼罩。官场腐化，经济停滞，物价飞涨，货币贬值，这种种灾难降落在中华大地，使人们的生活水平急剧下降。高校教师更是首当其冲。

1. 物价飞涨、货币贬值的灾难

抗战胜利后，高校教师实际的物质待遇如何？

1946 年 7 月 11 日，《大公报》以《复员中教授的心酸》为题报道了北京大学教师的实况：教育复员，在文化故都已成为一凄凉悲壮之场面。教育文化工作者历八年来茹苦含辛后，既不能从事“劫搜”于前，亦不能如地主、买办及亦官亦商者之“复员”于后，恢复其旧有荣华富贵。北大代校长傅斯年为了教授们的心酸，曾概乎言之，“苦在肚子里”，不愿对外声张。据悉，大学校长及高级教授，薪水仍按一百六十倍发给，所得不过十四万元，助教最高仅七万元，而若干到

---

① 《教育部代电》，王学珍、郭建荣主编：《北京大学史料》（四），北京：北京大学出版社，2000 年，第 143 页。

② 《教育部代电》，王学珍、郭建荣主编：《北京大学史料》（四），北京：北京大学出版社，2000 年，第 143 页。

(北)平之助教先生，包饭一月即需九万元。[①]

这样的薪酬水平在社会各行业中具有怎样的地位？美国学者胡素珊的著作有过揭示：1946年5月，一名《大公报》的记者调查了上海主要行业的月平均工资，无论工人的不满有多么强烈，他们的薪资仍高于教师和政府雇员。当时，不同行业的收入差别较大，例如，针织业女工的月工资是5万法币，木匠为18万，机械工达到了20万，总之，上海主要行业的月平均工资大约为10万法币。但到1946年2月底，上海高校教授的平均月工资大约只有5.2万至7.8万法币。他们的收入甚至比不上理发师、裁缝和银行职员。1946年上半年，即便是政府银行办公室的勤杂工每月都能挣到11万法币。上海的三轮车夫一天可赚到2万法币。上海大学教授协会用自怜的语气宣称："教授的薪酬甚至比不上奶牛场清除粪便的苦力、电车售票员，或者政府银行的雇工。"作者强调"他们或许并没有夸大事实"，她在本书的注释中继续援引："到1947年底，鲍大可发现上海大学教授的工资和拉黄包车的苦力生意好的时候差不多，一些机构付给专业人员工资和付给体力工人的工资差不多。"[②]

这样的薪酬水平，还要遭遇物价飞涨和货币贬值，高校教师的生活就更为艰难了。1947年9月11日，竺可桢去购物，"晚膳后至官巷口购物……Klim奶粉五万元一磅，去年此时不过五千元一磅而已，故价增十倍，而薪水收入去年此时四十七万元，今年二百万元，增四倍而已。猪肉价去年此时一千余，今年万余，亦增十倍矣。"[③]

1948年7月23日，竺可桢由杭州到南京，7月26日返回。他在火车上真切感受物价飞涨的可怕："今日在车中午吃猪排，索一百六十万元，去时仅八十万元耳。茶一杯，今日十万元，前三日只七万耳。而简任出差，每日只可报四十二

---

① 《复员中教授的心酸》，王学珍、郭建荣主编：《北京大学史料》（三），北京：北京大学出版社，2000年，第479页。

② ［美］胡素珊：《中国的内战——1945—1949的政治斗争》，北京：当代中国出版社，2014年，第110—111页。

③ 竺可桢：《竺可桢日记》第二册，北京：人民出版社，1984年，第1059页。

万，此非政府强迫公务员作弊乎？”① 古话说“士别三日，当刮目相看”，这回轮到物价了，三日不见，物价翻番。竺可桢此处说简任官每天出差规定报销42万，别说猪排吃不起，喝茶也只能以四杯为限了。

国民政府也想扭转货币贬值的困境，于是出台了“币制改革”政策。1948年8月19日，行政院公布《财政部经济紧急处分令》，实行“币制改革”和“限价政策”，以金圆券取代法币，禁止民间持有银元和黄金外币。但这个做法不仅不能阻止物价的飞涨和货币的贬值，反而进一步激起抢购风潮和通货膨胀，以致在上海“穷人家在没有粮、没有肉、没有食油中煎熬；市场上每天只有一点蔬菜，队伍还排得老长，价格大大超过官方牌价的最高限额。因为得不到粮食，医院的院长们也正商议着准备关门停诊。医生给病人开不出药，婴儿没有奶粉可吃，甚至连死人的棺材都四下无货”②。

高校教师的生活当然逃不脱如此的命运，清华大学教授浦江清在日记中写道：

1948年12月22日，现在我们的大学可以说还在战区三不管地带。我们的薪水拿到12月份，而金圆券已经不能买蔬菜，偶可买到，非常贵。肉60元一斤，鸡蛋十数元一枚，菜三四元一斤，冻豆腐三四元一块。所以不到几天我们的金圆券也已完了。现在只有面粉，要以面粉换蔬菜，度日如年。

1948年12月26日，积雪未全融去。余四十五岁初度（生于一九〇四年十二月二十六日，旧历光绪三十年十一月二十日）。企罗命煮面，并自作炸酱，邀赵海泉一家人来吃面，赵太太曾帮忙我们买肉买菜的。菜用金圆券所买，肉用面粉换来，二斤面粉换一斤肉。

1948年12月28日，上午同企罗至海甸看看，通过燕京大学，便道至燕南园访林庚，有客在座，略谈。至海甸，店门多闭，略有市面。肉价六十余元，纸烟四十元二十支。我们想买些赤豆、青豆、黄豆，跑了好几家，结果买到些黄豆

① 竺可桢：《竺可桢日记》Ⅱ，北京：人民出版社，1984年，第1162页。
② ［美］易劳逸：《蒋介石和蒋经国》，王建朗、王贤知译，北京：中国青年出版社，1989年，第244页。

（十八元一斤）、黑豆（亦可做豆沙者，二十元一斤），花生米价要五六十元一斤，我们舍不得买。[①]

1947年冬季，北平市给公教人员配煤800斤，然而拖延四个月后才答应以货币折算付给，北京大学教师予以拒绝。《益世报》1948年6月24日报道："北平市公教人员，十一、十二、一、二四个月配煤共八百斤，经数月之拖延，最近始以差额金之方式发下，但该项差额金仍按当时市价折算，共合三十八万余元，北大教员以该项金额与现时市价相去过远，三十八万元在今日尚不足购煤四十斤之用，认为此种措施情同愚弄，均深表不满，已群起拒绝领受，并拟向当局交涉，要求仍发实物云。"[②] 1947年冬季能购买800斤煤的货币至1948年春季只能购煤40斤，这就是当时货币贬值的严酷现实。

在兰州大学讲学的顾颉刚，1948年10月13日给上海妻子写信说："我现在在此，每月一百七十金圆券。要是币值不贬，我当然有余，皮筒也可多买几件。但兰州铺子已把值钱的货物藏起，买米、买面、买糖、买茶，都买不到，形成窒息。所以昨天长官公署开会，准许米面涨百分之八十，米面一涨，别物当然紧跟。我的薪水就打了一个对折。如果锦州、太原随济南而陷落，恐怕不止再打一个对折了。"[③]

顾颉刚在10月15日的日记中写道："8月19日发行金圆券，银元二合金圆券一。未及二月，而金圆券七合银元一。是未及二月之中物价已涨至十四倍也！可畏哉！"10月17日再记曰："物价贵至百分之二百，我辈薪水打一三折矣。"[④]

仅此几例，足可见民国高校教师在战后所遭遇的物价飞涨和货币贬值的感受。其生活困境也可想而知了。

2. 高校教师的生活困境

在飞涨的物价面前，高校教师工资的实际购买力大为缩水。清华大学教授潘

---

① 浦江清：《清华园日记·西行日记》，第2版，北京：生活·读书·新知三联书店，1999年，第262、265、266页。

② 《北大教职员拒领差额金》，王学珍、郭建荣主编：《北京大学史料》（四），北京：北京大学出版社，2000年，第163页。

③ 顾颉刚：《顾颉刚书信集》卷五，北京：中华书局，2011年，第285页。

④ 顾颉刚：《顾颉刚日记》卷六，北京：中华书局，2011年，第358、359页。

光旦于1947年6月5日来学校上班，“午前在图书馆。午后至工字厅，先到世光寓小坐，谈近就我辈薪津收入略作统计分析，更确知月入较战前者仅为一种分数，去年八月以来，今年正月最好，约得七之一，上月最坏，为十六七分之一，薪级较低者相对的略好，绝对则更不堪耳”[①]。

更精确的数字，有1948年袁伯樵的文章为证：“今日学府中教授们的生活，确已低到太不合情理的程度了。照本月份银洋与美钞的价额计算，每月的俸给为银洋十五元或美钞十元，此种收入确与战前看门的或打杂的工役的待遇相等。以此种待遇要教授们来养活大小一家，并且还要负担儿女的教育费，与全家的医药费，活都活不下去，如何能做研究与思想的工作呢?”[②]

这个话绝没有夸张。对于这些年高校教师的生活，我们可以先从高职称教师的感受谈起。

1946年10月，陈寅恪回到清华大学。清华的设施遭到日军破坏，学校冬天无法提供暖气，只能靠住户自己解决。1946年的冬天特别寒冷，陈寅恪则连买煤取暖的钱也没有了。北京大学东方语文系主任季羡林去清华拜访陈寅恪后，就将这个情况反映到北大校长胡适那儿，胡适表示要赠陈寅恪一笔美元，陈寅恪坚辞不受。最后陈寅恪决定把一部分个人藏书卖给北大图书馆，以换取美元。于是胡适派汽车到陈寅恪家，装了一车关于佛教和中亚古代语言的极为珍贵的西文书。陈寅恪只收了两千美元，这个数目在当时虽不算少，但同书的价值比较起来，还是微不足道的。据季羡林的看法：“在这一批书中，仅一部《圣彼得堡梵德大词典》市价就远远超过这个数目了。这一批书实际上带有捐赠的性质。而寅恪师对于金钱的一介不取的狷介性格，由此也可见一斑了。”[③] 这既是一介不取的狷介性格，更是为生活所迫。蒋天枢在《陈寅恪先生编年事辑》中说：“是岁寒甚。清华各院住宅本装有水汀，经费绌，无力供暖气，需住户自理。先生生活

---

① 潘乃穆、潘乃和编：《潘光旦日记》，北京：群言出版社，2014年，第91页。

② 袁伯樵：《我国高等教育何以不能负担学术研究的任务》，《大学评论》第1卷第4期，1948年。

③ 季羡林：《回忆陈寅恪先生》，张杰、杨燕丽选编：《追忆陈寅恪》，北京：社会科学文献出版社，1999年，第127页。

窘苦，不能生炉火。斥去所藏巴利文藏经及东方语文各书，如蒙古文蒙古图志、突厥文字典等等，卖与北京大学东方语文系（此师昔年所购），用以购煤。闻仅一室装火炉而已。”①

1946年至1947年，芝加哥大学教授邓嗣禹利用学术休假一年的时间在北京大学任教，与北大、清华、燕京大学的新旧朋友多有交往，也亲身感受到当时高校教师生活的窘迫。例如，他到北京大学，北大对他在生活上的要求不厌其烦，但解决不了有暖气房间的要求。受通货膨胀的影响，邓嗣禹的月薪，包括高校教师的工资，“仅能糊口半月或十天甚至一周之用。穷教书匠，既无地皮可刮，又无竹杠可敲。迫不得已，只好卖文弥补”。但写学术文章，费时多，稿费少，且资料不全；写时评，过于尖锐，报社不敢采用。且著文只为糊口，“我觉得惭愧，长此以往，不是好办法。对于教书工作，一点不敢放松。所以写短文的时间也很有限。带回来的几管自来水笔，两块瑞士手表，陆续卖出，维持比一般人高的生活水准”。

平时新老朋友请客，使邓嗣禹很愉快。他说：“总说一句，我的朋友们，使我在北京的生活，过得很愉快。起初朋友请客，马上接受，以后回敬。有一位哲学家，哥伦比亚大学博士严群教授请客，福建菜，很好吃。后来传闻严家孩子说：‘爸爸，给我们一点猪油抹在窝窝头上吧，减少它刮我喉咙的痛苦。’我听了感觉不安，不敢接受饭局了。”他还讲到了北大校长胡适的请客。一次到胡适家，胡太太、毛子水、胡适与邓嗣禹共四人，一红烧肉，一半荤半素，一素，一汤，共四味。邓嗣禹认为吃得不如他们几个单身汉平时合伙的好。如遇上有美国来访的学者，必须请客时，胡适总会叫上邓嗣禹作陪。饭后，胡适说：“敝校长月薪美金卅四元，邓正教授廿九元。来来来，我们大家掏腰包，把钞票拿出来，付饭费。”1947年五六月，物价越来越高，钞票越来越不值钱，邓嗣禹感觉生活越来越得不到保障，不得不辞去北京大学的教职。尽管北京大学继续挽留，邓嗣禹还

---

① 蒋天枢：《陈寅恪先生编年事辑》（增订本），上海：上海古籍出版社，1997年，第141页。

是回到美国芝加哥大学。[①]

几个片段，初觉温馨，继而心酸。1947 年胡适校长薪酬不过 34 美元，邓嗣禹教授也只 29 美元，与前文所述至 1948 年教授薪酬只值 10～15 美元一脉相承。

高校教师的生活艰辛，学生们心里很清楚。1947 年 5 月，北京大学壁报委员会委托风雨社编辑发行《五四在北大》，其中有风雨社的《写给师长们的一封信》。信中写道：

敬爱的师长们：

这些年来，你们是怎样生活过来的，我们是完全了解的。我们曾亲眼看见，为了明天的菜钱，你们不得不含着眼泪，把心爱的书籍送上旧书摊，把仅有的衣服送进拍卖行；我们也曾亲眼看见，你们和你们的亲属卧病床上，请不起医生，买不起药品，而只能把生命交给命运。终年，你们的菜碗里看不到一丝浮油；隆冬，你们的房子里找不到火炉，……你们就是这样生活着，这样贫穷与苦难中生活着。[②]

教师们生活尚且如此，高校职员、工警的生活更是水深火热。北大学生罗良在《北大半月刊》发表一篇文章，介绍北大职员在饥饿线上生活的惨状："先前有面粉配给时也都是换棒子面吃，如今配给面取消了，等于宣布了他们和他们全家人的死刑，所以他们异口同声地说，'如果两袋面争不到，只有死路一条'。目前一般的情形是俭省了又俭省，身体但能支持得住的都是徒步上下办公，文书组的黄长房先生，五十多岁了，每天从西城到沙滩步行往返，薪水也只够二十天甚至十几天家用，剩下的日子便靠变卖借贷度过；最凄惨的家庭，'一号发薪，二号借贷'的事对于他们决非夸大之词。"[③]

当时学校警卫队队员每月一百三十八万，工友最高一百五十万，最低的只有

---

① 邓嗣禹：《北大舌耕回忆录》，冯尔康等编：《郑天挺学记》，北京：生活·读书·新知三联书店，1991 年，第 136—140 页。

② 马嘶：《百年冷暖：20 世纪中国知识分子生活状况》，北京：北京图书馆出版社，2003 年，第 288 页。

③ 罗良：《饥饿线上枵腹从公的人们》，王学珍、郭建荣主编：《北京大学史料》第四卷，北京：北京大学出版社，2000 年，第 161 页。

一百一十五万，按照当时的物价，一天买两斤棒子面，一月就得一百四十多万元。况且他们大多有家属，往往几张口就等着这一个人赚来的钱吃饭，试问这一百多万够吃甚么?①

3. 战后各地高校教师反饥饿的抗争

于是，全国各地高校教师开始了为生存的抗争。1946 年，上海教育界率先发声，继而有国立四川大学教授刘运筹、谢文炳、周太玄、钱实甫、彭迪先、罗念生、吴大任等 85 人为促请政府重视教育并尽快改善教师“冷酷待遇”的宣言，接着是北大、清华两校 150 名教授的建议书，希望政府务须维持最低生活需要，希望能有个安定的教学科研的生活条件。南开教授闻悉，亦纷纷来签名。②

1946 年 12 月 30 日，北京大学校长胡适、清华大学校长梅贻琦、北洋大学校长金问洙、北平师范学院院长袁□礼、北平铁道管理学院院长□□、北平图书馆馆长袁同礼联名向四银行联合办事处北平分处发出公函，“际此新年在迩，人人皆感急需，必须立即补发本年十二月份员工工薪差额，照发三十六年元月员工薪金全部及学生公费等项，综计二七六〇二一八〇四〇元”，并希望对年度费也准予全数发放，只要教育部款到达北平，当即奉还不误。③

北平的校长们只是希望能照章发款，但浙江大学校长竺可桢则看到由于通货膨胀，钱已不值钱，要维持学校的正常运作，希望政府发米：

近日物价狂涨，为向来所未有，米昨日萧山 170 元一石，杭州 250 元，而上海到 450 元。今日闻上海已到 700 元。余偕丁荣南至中央银行晤张忍甫，谈及照向例透支问题。据云中央命令杭州发钞票本月份不能超过二百万元，故目前无钞票可发。时有邮政局职员亦向银行要钞票以备发十一月份之薪水，但未能支得。余遂与荣南至省府晤张文理，适周一鹗亦来。余本意欲省府能早日发七斗之米，

---

① 经群：《饥饿线上不受人欺负不作牛和羊》，王学珍、郭建荣主编：《北京大学史料》第四卷，北京：北京大学出版社，2000 年，第 162 页。

② 王学珍、郭建荣主编：《北京大学史料》第四卷，北京：北京大学出版社，2000 年，第 149 页。

③ 《国立北京大学等机关公函》，王学珍、郭建荣主编：《北京大学史料》第四卷，北京：北京大学出版社，2000 年，第 125 页。

而周一鹗所主管之机关亦乏米，故余亦无从开口矣。局势严重竟至如此也。[①]

北京大学的教师们也有此要求：每月配售面粉两袋，按实际生活指数发薪，学术研究补助费应按生活指数调整。1947 年 7 月 29 日，北大陈友松等 51 名教授联名致信胡适校长：

近来物价仍然不断上涨，教育界人士的生活也就日益艰苦。目前物价，平均已在五万倍以上，每人薪给所得还在三千倍以下，最低限度的温饱生活渐难维持，至于子女教育费与疾病医疗费则只有卖当借贷的办法。政府每次调整待遇，既落在物价之后，待遇的调整复激起物价的猛涨，实际上调整等于减薪，其结果只是把最低限度的生活再往下压低。……我们深切感觉到，号称全国文化中心的平津，其各校教职员的生活实在最艰苦，待遇与京沪相等，粮价则高出两倍；再与重庆相比，待遇只多三分之一，粮价竟高出三倍以上，人口较多的家庭，每月收入只够购买米粮。并且，平津两城，地处北方，气候严寒，非煤不可，冬季一到，又增例外开支。照目前煤价，薪给最高者四个月的收入还不足购置一冬所需之煤，数月之后，煤价再涨，其情形更可想而知。此种问题如果不获解决，则平津教育界冻饿之期当不在远。[②]

1947 年 8 月 16 日，教育部部长朱家骅参加北京大学教授茶会，在回答改善教授待遇问题时称：政府决定继京沪发实物之后，有九都市援此配发，最先开始者为本月开始之平津。倘平津物质不足，则先发与市价之差额。朱氏谓此次追加之改良扩大费，全国只有六大学得二十五亿，即北大、清华、中央、中山、浙大、武大。北大要求一百八十亿，实无力出此。胡适二次讲话，谓北大教授此种呼声，非着眼在钱，而是希望能维持教授的事业心。[③] 胡适的这个话算是点到了实质。

---

① 竺可桢：《竺可桢日记》Ⅱ，北京：人民出版社，1984 年，第 1187—1188 页。

② 《陈友松等 51 名教授致校长胡适函》，王学珍、郭建荣主编：《北京大学史料》第四卷，北京：北京大学出版社，2000 年，第 153 页。

③ 《北大教授呼声》，王学珍、郭建荣主编：《北京大学史料》第四卷，北京：北京大学出版社，2000 年，第 151 页。

但这一切善良的呼声都无济于事。万般无奈之下，高校教师们只好采取罢教行动。1948 年 4 月 6 日，清华、北大两校讲师、讲员、助教联合会、两校职员会、工警联合会，决定罢教、罢公、罢工、罢研三日。第二天北大医院的职员也加入罢工行列。这次罢教得到清华大学、北京大学、北京师范大学等校 120 名教授的签名支持。①

1948 年 10 月 25 日，北大教授不得不站出来，他们向全社会发表停教宣言："改革币制以后，物价和我们薪给被冻结了，物价虽然被冻结，我们决不能照限价购得我们的食用所需，因此，我们每月收入不过维持几天的生活，当然，'我们宁可饿死而不离开工作岗位'，但是我们和我们的眷属在为饥寒所迫的时候，难于安心工作，政府对于我们的生活如此忽视，我们不能不决定自即日（十月二十五日）起忍痛停教三天，进行借贷来维持家人目前的生活，特此宣言。"②

不仅是北平，反饥饿反内战的浪潮已波及全国。北大反饥饿反内战罢委会印发了一份宣传资料，里面披露了全国各高校教师要求改善生活的诉求。其内容有：南京中央大学教授会发表宣言，派代表请愿要求改善生活。上海市教师联合会发表宣言，要求调整待遇。河南大学教授会罢教，要求调整待遇。山东大学 105 名教授全体罢教要求调整待遇。中大教授发表宣言，要求改善待遇。青岛公教人员要求改善生活待遇，于五月五日起总请假三天。浙江大学酝酿罢教要求改善待遇，南京中央大学要求增加公费，罢课请愿。③

地处南京的中央大学教授会在 1948 年 5 月 8 日向学校提出建议，其中第一条为："请普遍调整同仁待遇。本年度同仁薪金应依照上学年度薪金标准普晋一级（本学年度开始时未晋者应晋一级，已晋半级者应再补晋半级，最近本校对于上百元以上薪金之调整，亦应同此办法以求公允）。"④ 南京各大学教授崔敬伯、

---

① 王学珍、郭建荣主编：《北京大学史料》第四卷，北京：北京大学出版社，2000 年，第 1012—1013 页。

② 《北大教授停教宣言》，王学珍、郭建荣主编：《北京大学史料》第四卷，北京：北京大学出版社，2000 年，第 166 页。

③ 王学珍、郭建荣主编：《北京大学史料》第四卷，北京：北京大学出版社，2000 年，第 984 页。

④ 南大百年实录编辑组编：《南大百年实录》上卷，南京：南京大学出版社，2002 年，第 512 页。

王慕尊、马润庠等105人也于1948年10月15日为公教人员之待遇而发布《正告当局书》。

上海的情况也同样如此。顾颉刚在1949年2月2日的日记中写道："报载交大、复大两校教授会致电政府，谓目前物价已较八一九限价上涨百倍以上，而同人待遇尚仅底薪折计之十五倍，如依今日银币市价折合，则同人中最高待遇每月收入仅四五元而已。（《新闻报》记者按，照昨日市价仅合两元。）生活之濒于绝境如此！今日理发，金圆二百，合以法币，则六亿矣。呜呼，何其阔也！"[①]

民国高校教师共同体为争取物质待遇的历史就在这种抗争中翻过了一页。

（三）民国高校教师为争取身份尊严的努力

从演变轨迹看，民国高校教师的物质待遇经历了一个由优厚至降落的发展过程。很多的研究成果主张以1937年全面抗战爆发为界限，分前后两时期来探讨民国时期教师的物质待遇问题。一般认为民国前期教师的工资较高而又稳定，高校教师的待遇较为优厚，可以确保他们过着殷实的生活。民国后期教师待遇则不断恶化。由于战争环境，更由于通货膨胀的强烈冲击，工资制度不能保障高校教师生活的安定，大学教师的工资水平不仅低于战前，且较同时期其他行业所受冲击为最重，高校教师的生活水平甚至降至社会的最下层。

这样的结论固然没错。但值得我们深思的是，民国时期，无论战前或战后，为什么高校教师几乎都在为物质待遇问题而抗争？简单地用时局的动荡、社会经济的受损、人民生活水平的整体下滑等原因来解释，似乎是不够的。我们要追问的是，为什么政府能够随意拖欠民国高校教师的工资？在困难年代，民国高校教师的生活待遇为什么得不到有效的保障？

1. 民国高校教师的经济地位

1923年，鲁迅作了一个题为《娜拉走后怎样》的演讲。他在演讲中一针见

① 顾颉刚：《顾颉刚日记》卷六，北京：中华书局，2011年，第414页。

血地指出："钱，——高雅的说罢，就是经济，是最要紧的了。自由固不是钱所能买到的，但能够为钱所卖掉。人类有一个大缺点，就是常常要饥饿。为补救这缺点起见，为准备不做傀儡起见，在目下的社会里，经济权就见得最要紧了。"①

所谓经济权，通俗讲，就是经济地位。

经济地位问题实际是民国高校教师身份转型所带来的问题。进入民国后，高校教师成了一个自食其力的劳动阶层。正如朱自清在《论不满现状》中所说："一方面读书人也渐渐和统治阶级拆伙，变质为知识阶级。他们已经不能够找到一个角落去不闻理乱的隐居避世，又不屑做也幸而已经没有地方去做'军师'。他们又不甘心做那被'养着'的'士'，而知识分子又已经太多，事实上也无法'养'着这么大量的'士'。他们只有凭自己的技能和工作来'养'着自己。早些年他们还可以暂时躲在所谓象牙塔里。到了现在这年头，象牙塔下已经变成了十字街，而且这塔已经开始拆卸了。于是乎他们恐怕只有走出来，走到人群里。"②朱自清在这里讲得很清楚，民国以后的读书人已变质为一个"知识阶级"，完全凭着自己的技能和工作来养活自己，于是便有了民国高校教师的经济权问题。

然而，民国高校教师的经济地位又如何？

胡适在 1931 年 1 月 9 日召开的中华教育文化基金董事会第五届常会上指出："今日之大学教育有三层最大的困难，一为教授俸给太低，国立大学教授月俸尚不如政府各部之一科长，北大教授最高月俸只有三百元，故人人皆靠兼差以自给。二为学校经费不固定，贫士不敢倚赖一校之俸以为生活。三为学校经费十分之七八用在薪俸，无余财以购置书籍仪器。故虽有专门学者，亦不能专力作高深之学术研究。"③

1934 年，罗家伦的说法印证了胡适的观点："学校经费较为困难，以致教授待遇不及政府人员之优厚，如普通大学教授的待遇，至多不过三四百元，而政府荐任官吏，可以高至四百元，简任官吏至六七百元，所以与其在大学作一教授，

---

① 鲁迅：《娜拉走后怎样》，《鲁迅全集》第 1 卷，北京：中国人事出版社，1998 年，第 51 页。

② 屈维清选编：《朱自清回忆录》，北京：北京大学出版社，2013 年，第 225—226 页。

③ 《中华教育文化基金会资助北京大学革新事业》，《申报》1931 年 1 月 14 日，第 11 版。

不如在政府做技正或科长、司长。大学教授的待遇如果不能提高到相当的限度，要大学安心研究学问，恐怕真是很困难的。”①

公立高校的教师待遇尚且如此，私立高校的教师就更惨了。1937 年 1 月，欧元怀在《教育杂志》发表文章指出：“（教授待遇问题）在国立大学里或不至于若何严重，在私立大学里就很难解决。在国立大学里，教授只感觉到能否安居乐业，在私立大学里就不仅钟点多，报酬薄，且有学生多寡的问题。私立大学教授，每周除须担任十几小时课务外，尚须批阅每班数十份甚至百余份之笔记或考卷（私立大学设聘助教者甚少），这真是够麻烦了。”②

工作这么辛苦，但收入又这么寒酸，其经济地位自然被人们瞧不起。在传统社会，读书人还有个“学而优则仕”的企盼。进入民国，高校教师连这样的翻身机会都没有了，只能一辈子做大学教授。于是乎，他们便成为人们眼中最没有出息的知识群体。1927 年，梁实秋写了《大学教授》一文，对大学教授的社会地位作了深刻揭示：

大学教授是一种职业，比较得还算是赚钱的职业。要说干这种生意，也不容易。从小的时候，父母就要下本钱，由买石板粉笔以至于出洋旅费，纵然不致倾家荡产，也要元气大伤。学成之后，应该不难于立身扬名以显父母，设若遭逢非时，沦为大学教授，总算是屈尊俯就，很委屈了。

一般的人若是生来没有什么大毛病，谁愿意坐冷板凳？但是“得天下之英才，而教育之，一乐也！”而天下之英才往往不在一个学校，所以身为大学教授者，也就往往身兼数校教授，多多益善。这完全是热心服务，薪金多寡，倒是一件小事。以现代人的眼光论，谁要是一辈子做大学教授，谁就是没出息！他们以为大学教授本是升官发财的路上的驻足之处。所以肯长进的人，等到有官可做、有财可发的时候，区区教授，便视如敝屣了。③

---

① 中国第二历史档案馆编：《中华民国史档案资料汇编·第五辑第一编教育（一）》，南京：江苏古籍出版社，1994 年，第 290 页。

② 欧元怀：《论今日大学教育诸实际问题》，《教育杂志》第二十七卷第一号，1937 年。

③ 梁实秋：《大学教授》，《梁实秋散文集》第五卷，长春：时代文艺出版社，2015 年，第 43 页。

在以商人为轴心的文化圈和以金钱为标准的价值观念主导下，读书人的寒酸是必然的。如果不能做官，“以现代人的眼光论，谁要是一辈子做大学教授，谁就是没出息”。这就是现实！1931年，邵洵美在《时代》杂志发表《人类的典型》一文，文中描述了社会诸多职业人员，其中也谈到了“教授”：

靠嘴吃饭的生意有几种，最不费力的是做教授。柔弱的书生便选定了这门行当。站在讲台上跟衣裳店的伙计一样，口讲指画，把一件旧货炫耀那般没衣穿的人。事实上他们自己也知道这是一出滑稽戏。他们自己说，他们都有做官的本领不过他们不屑做。但他们也说，真本领不是书上读来的。所以许多学生总说，他们的先生只配教书。①

“教授”的社会地位在人们的眼中，包括在学生的眼中，就是这么的没出息。高校教授既不会赚钱，也不会做官，只配教书！

这不是文人的调侃。周作人在《知堂回想录》中讲述到北京大学教授马叔平先生，他的夫人是宁波富商叶澄衷家中的小姐。她虽为教授夫人，却十分瞧不起丈夫的大学教授地位。她对别人说：“现在好久没有回娘家去了，因为不好意思，家里问起叔平干些什么，要是在银行什么地方，那也还说得过去，但是一个大学的破教授，教我怎么说呢?”②

曹聚仁也谈到他的老师：“我的老师姜伯韩先生，他做了上海暨南大学校长，回到温州家乡去，亲友不理会他且不去说，永嘉县长也不曾拜访他。同时，黄溯初先生（不是广西的黄旭初先生）回到了温州，地方官绅纷纷奉谒，宴无虚日。溯初也不过是上海一家银行的董事长，一家报馆的总经理而已。世态炎凉如此。”③

这就是现实！这就是民国高校教师的经济地位！

2. 民国高校教师的劳动价值

民国高校教师的经济地位和社会地位低下，其症结何在?

---

① 邵洵美：《人类的典型》，《不能说谎的职业》，上海：上海书店出版社，2008年，第37页。

② 周作人：《知堂回想录》，香港：三育图书有限公司，1980年，第368页。

③ 曹聚仁：《“破教授”》，《听涛室人物谭》，上海：上海人民出版社，1998年，第303－304页。

1947 年，大夏大学教育学院院长黄敬思在题为《中国知识分子之烦恼与新生》的演讲中指出：过去的知识分子凭借着后天的学识资格，惯享高名，乐居大位，其实不过是继承传统的地位而已。“现在不仅不易享高名居大位，而且事事处于无能领导的地位，在社会的价值，既无足重轻，个人的生活甚至亦难维持，于是物质上的艰窘，精神上的苦痛，使现在的知识分子大有欲出无路之叹。”① 黄敬思所言，直指民国高校教师的劳动价值为社会所轻视，这便点到了问题的实质。

传统社会将科举出身与官途连接，使士大夫阶层成为附着于帝国皇权这张皮上的寄生物。随着近代社会的变革，高校教师脱离对政治权力的依附，成为自食其力的劳动者。但市场经济却没有认识到这个新兴劳动群体的劳动价值，依然视高校教师的人才培养和学术创造为无利润之劳动，视高校教师为无价值之职业。这种观念又为统治者所吸纳，才有了民国高校教师的劳动价值不被承认，社会地位不被重视的状况。

正因为民国高校教师的劳动价值未受到尊重，政府才会随意拖欠教师的工资。国际联盟教育考察团直指民国高校教师之地位无保障：“各级教师当有合理的分别，教授之地位当有妥善而明白之规定，经济当有合理的保障，此三者，皆现在国立大学与省立大学所常缺乏者。……在经济方面，极不稳定；国立大学聘约之期限，通常均为一年，罕有超过二年者；薪金皆靠公款支出，公款占其收入十分之九，又常拖欠数月，有谓教授之任免常受不良政治之影响，此言有时亦非全无根据也。”②

正因为民国高校教师的劳动价值未受到尊重，所以在财富不均、分配不公的民国社会，高校教师的生活待遇才会得不到基本保障。1943 年，美国著名学者费正清记下了考古学家李济对他说的一席话：“李济说百姓们现在都在挨饿。这

---

① 黄敬思：《中国知识分子之烦恼与新生》，汤涛、朱小怡主编：《大夏文萃》，上海：华东师范大学出版社，2014 年，第 142 页。

② 国际联盟教育考察团编：《国际联盟教育考察团报告书》，台北：文海出版社，1986 年，第 168 页。

些年来，他已经死掉了两个孩子，陶孟和也死了配偶。知识分子们认为，如果他们是被重视的，或者是当此国难之际全国上上下下各阶层是在同甘共苦的，那么即使挨饿也没有什么关系。但是，他们亲眼看到了如此触目惊心的不平等现象和社会上层的奢侈浪费。因此，许多知识分子感到心灰意懒，一部分人将会死去，其余的人将会变成革命分子。”①

1947 年 7 月，《中华教育界》发表《切实保障教师生活》的评论，文章指出：“近年来，教师们的生活恒在饥饿边缘挣扎着；教师们的地位，久已被政府和社会所轻视。幸而他们始终还肯苦守岗位，勉强支撑这摇摇欲倾的陶铸人材的大冶炉。在这漆黑一团的社会里，诚属难能而可贵。”评论指出，教师待遇之不公，关键是教师的社会地位为政府和社会所轻视，“学校当局掌握着经济权，尽有办法来压制教职员”，“教职员本身处于受雇的地位，是无法对抗欺凌和剥削的”。②

所以，如何看待民国高校教师的劳动价值，这才是民国高校教师物质待遇的问题实质。人们从传统的“依附”观念转向市场经济的“无价值”观念来判定高校教师的劳动价值，才导致了民国高校教师经济地位、社会地位的低下。

如何破解这个历史课题？蒋梦麟的观点是：“师资不尊，不足以言重学术；待遇不丰，不足以言一心志。故崇尚教授之座位，而厚其俸给。”③ 蒋梦麟强调，高校教师待遇直接关系着国家的人才培养和学术创造，其劳动价值必须得到尊重。

李大钊则从更深层立场发声。1919 年 12 月，李大钊在《新生活》杂志发表《物质和精神》一文，他说：“物质上不受牵制，精神上才能独立。教育家为社会传播光明的种子，当然要有相当的物质，维持他们的生存。不然，饥寒所驱，必至于改业或兼业他务。久而久之，将丧失独立的人格。精神界的权威，也保持不

① 费正清：《费正清对华回忆录》，陆惠勤等译，上海：知识出版社，1991 年，第 295 页。

② 《切实保障教师生活》，《中华教育界》复刊第一卷第七期，1947 年。

③ 《杭州大学意旨书》，曲士培主编：《蒋梦麟教育论著选》，北京：人民教育出版社，1995 年，第 230—231 页。

住了。”[1] 李大钊所言，高校教师担负着为社会传播光明种子的使命，其劳动价值直接关系着民族和社会的精神文明。如若不尊重他们的独立劳动价值，企图从物质上牵制他们的独立人格，社会将会走向黑暗。

这就是民国高校教师为争取身份尊严的呼声。如果说传统社会的士大夫阶层只是附着于帝国皇权这张皮上的寄生物，那么现代社会的高校教师，包括知识分子则已经成为自食其力的劳动者。他们用自己的知识、智慧乃至身心资源在进行着创造性的劳动，为社会创造着财富，创造着价值，推动着社会的进步和经济的发展。所以，民国高校教师争取物质待遇的抗争，实质是为自己的劳动价值而抗争，为高校教师共同体的身份尊严而抗争。

1922 年，金岳霖在参与蔡元培、胡适组织的一场讨论时，在《晨报・副刊》上发表了《优秀分子与今日的社会》，提出了知识者的四个追求。第一，他希望知识者能成为“独立进款”人，也就是靠自己的本事吃饭，不依附任何权贵的势力，以实现自己的独立人格。他说：“我开剃头店的进款比交通部秘书的进款独立多了，所以与其作官，不如开剃头店，与其在部里拍马，不如在水果摊子上唱歌”。第二，他希望知识者不做官，也就是“不做政客、不把官当做职业的意思。若是议定宪法、修改关税的事都是特别的事、都是短期的事，事件完了以后，依然可以独立过自己的生活”，也就是不受官场的约束，而保持自己的独立思考。第三，他希望知识者“不发财。如果把发财当作目的，自己变作一个折扣的机器，同时对于没有意味的人，要极力敷衍”，也就是不要成为商业的驯服工具、金钱的奴隶。第四，他希望知识者能有一个独立的环境，要有一群志同道合的人在一起。他认为：“有这种人去监督政治，才有大力量，才有大进步。他们自身本来不是政客，所以不至于被政府利用；他们本来是独立的，所以能使社会慢慢的就他们的范围。有这样一种优秀分子，或一个团体，费几十年的工夫，监督政府，改造社会，中国的事，或者不致于无望”。[2]

---

① 李大钊：《物质和精神》，《李大钊文集》下，北京：人民出版社，1984 年，第 176 页。
② 谢泳：《逝去的年代》，北京：文化艺术出版社，1999 年，第 50—51 页。

正是这种群体身份的觉醒，蔡元培很早就强调高校教师的独立地位，强调高校教师的劳动价值。他在1917年指出，古之儒者，本意在政治，因不见用，不得已而言教育，故以宾师之位自居。现代社会，凡是通过自己的劳力，无论是体力还是脑力，所做成的事业有益于他人、社会，都可谓之劳工。教育既为工业之一种，教育者即为教育工。“吾侪之所谓教育，则即认为专门工业之一种，习之有素，持之有恒，量所任之职务以取其所需，与其他之工业同例。故吾侪不谓之士，而谓之教育工。”①

1918年11月16日，北京大学校长蔡元培在“庆祝协约国胜利大会”上发表演讲：“此后的世界，全是劳工的世界呵！我说的劳工，不但是金工、木工等等，凡用自己的劳力作成有益他人的事业，不管他用的是体力，是脑力，都是劳工。所以农是种植的工，商是转运的工，学校职员、著述家、发明家，是教育的工，我们都是劳工。我们要自己认识劳工的价值。劳工神圣！我们不要羡慕那凭藉遗产的纨绔儿，不要羡慕那卖国营私的官吏，不要羡慕那克扣军饷的军官，不要羡慕那操纵票价的商人，不要羡慕那领干脩的顾问、咨议，不要羡慕那出售选举票的议员，他们虽然奢侈点，但是良心上不及我们平安多了。我们要认清我们的价值。劳工神圣！”②

高校教师的劳动是独立的，高校教师的劳动价值是独立的。“我们要自己认识劳工的价值！劳工神圣”，这就是民国高校教师追求物质待遇的主题。

---

① 蔡元培：《教育工会宣言书》，高平叔编：《蔡元培教育论集》，长沙：湖南教育出版社，1987年，第187页。

② 蔡元培：《劳工神圣》，高平叔编：《蔡元培年谱长编》第二卷，北京：人民教育出版社，1998年，第138—139页。

第三章　民国高校教师的教学生活

民国高校教师共同体最外显的群体特征就是它的教学专长，因而教学生活是这个知识群体最基本的生活内容。朱自清曾写过《清华的一日》之短文，以白描的手法简要地记述了在清华大学一日的教学生活。上午，朱自清在清华有两堂课。第一节是国文课，讲授《史通·叙事篇》；第三节是宋诗课，讲授王介甫的《明妃曲》。朱自清在文中简要地叙述了两篇文献的疑难点，表明朱自清在讲课时注意了从这些疑难处启发点拨学生。第四节课，11—12 时，按计划是校书样。朱自清与浦江清、余冠英分工合作，内容不多，所以不到 12 点便完成。在书单上签名时，朱自清发现在拟购买的书目中没有《白石山翁印存》和《印匄（寿石公先生）印存》两本，朱自清认为这两位先生都属刻印名手，便又对这两位先生的刻印风格及性格进行了评价。下午，朱自清先是读书，读王介甫诗。4 点，参加评议会，通过了清寒公费生章程的修正条文。晚上，读日本历史教科书。[①] 这一天的活动，简单、平凡。说起来，民国高校教师承担着为社会、为国家培养高级人才的任务，但他们的

① 朱自清：《清华的一日》，屈维清编：《朱自清回忆录》，北京：北京大学出版社，2013 年，第 76—77 页。

教学生活，似乎就没有这么高大上。构成民国高校教师教学生活的元素不外乎就是备课、上课、指导学生、读书、参与学校公共事务等。这些活动不仅是他们职业生涯的核心内容，也是他们生命成长的主要活动方式。

一、渐成方圆垂师范

高校教学有着基本的规范。民国时期是我国现代大学初建时期，各项教学规范处于草创时期，高校教师的教学行为也处于适应时期。由于教师对教学规范的遵循大多来自其对自身职业的认同，所以民国高校教师共同体的营建也就在教师的不断认同中走向规范。

（一）排课

民国时期，从教育部到各高校对教师的任课时数都有基本的规定。例如北京大学在1917年规定专任教师每周任课以20小时为度，如果在校内任课达12小时，在外兼课不得超过8小时。清华大学规定专任教师授课钟点每周至少须8小时，或每学年16学分，至多每周12小时，或每学年24学分。1940年教育部颁布《大学及独立学院教员聘任待遇暂行规程》，规定高校专任教师每周授课以9～12小时为率。所以，各高校教师的课程安排大致以这个标准为度，其教学生活秩序也由此规定。

1. 几份功课表

周作人在《知堂回想录》中记载了1922年北京大学中国文学系的课程指导书内容，他说："家里适值有一本一九二二年的中国文学系课程指导书，里边文学分史列着：'词史，二小时，刘毓盘。戏曲史，二小时，吴梅。小说史，二小时，周树人。'我的功课则是欧洲文学史三小时，日本文学史二小时，用英文课本，其余是外国文学书之选读，计英文与日本文小说各二小时。这项功课还有英文的诗与戏剧及日本文戏剧各二小时，由张黄担任。”① 从这个记载看，周作人这个学期的任课每周共 9 小时。

北京大学教授吴虞在 1923 年 9 月 27 日的日记中记下了这个学期他的任课安排：

北大送本学年上学期予之课表来，均在四十教室。

星期一　十时至十二时　晚周诸子

星期二　十一时至十二时　文名著选（史传）

星期四　十时至十二时　晚周诸子　文名著选（史传）

星期六　十时至十二时　文名著选（诸子单篇论文）

在这天的日记中，吴虞还抄下了国文系其他教师的任课时数：

国文系同人钟点表

沈兼士（七）马裕藻（六）朱希祖（四）

沈尹默（七）张凤举（七）钱玄同（三）

崔适（三）陈汉章（三）黄节（六）

张尔田（八）刘毓盘（八）吴梅（八）

刘文典（六）林损（六）周作人（五）

周树人（三）萧友梅（六）吴虞（七）②

在这张课表中，每周三至四节课者，大抵是北大国文系的兼职讲师，其余则为北大国文系的专任教师。

再看看私立厦门大学 1926 年下半年理科教员每周的授课时数：

刘树杞：化学讨论会（二）、无机化学演讲（三）、实习（六）共十一小时。

钟心煊：隐花植物学演讲（一）、实习（四）、植物生理学演讲（三）、实习（六）共十四小时。

秉志：比较解剖学实习（九）、普通动物学演讲（二）、实习（三）、动物胚胎学演讲（二）、实习（三）共十九小时。

---

① 周作人：《知堂回想录》，香港：三育图书有限公司，1980 年，第 410—411 页。

② 中国革命博物馆整理：《吴虞日记》下册，成都：四川人民出版社，1984 年，第 135 页。

姜立夫：近世几何（四）、高等微积分（三）共七小时。

胡刚复：第一年物理演讲（三）、实习（六）共九小时。

朱志涤：第二年物理演讲（三）、实习（三）、应用数学（三）共九小时。

黄汉和：初等机械画演讲（一）、实习（四）、解析几何（三）、微积分（三）共十一小时。①

1926 年，鲁迅受聘于私立厦门大学，他在给许广平的信中讲述了他的课程安排："我的功课，大约每周当有六小时，因为语堂希望我多讲，情不可却。其中两点是小说史，无须准备；两点是专书研究，须预备；两点是中国文学史，须编讲义。看看这里旧存的讲义，则随便讲讲就够了，但我还想认真一点，编成一本交换的文学史。"②

2. 教学常态下的生活节奏

领受了教学任务，高校教师们的生活就围绕着教学工作而展开。这里选录北京大学教授钱玄同 1916 年 2 月 7 日星期一至 2 月 12 日星期六的日记中的教学生活节奏：

2 月 7 日：授课二小时；归编讲义，供礼拜三之用。

2 月 8 日：授课四小时。

2 月 9 日：授课三小时；灯下编土曜日用讲义。

2 月 10 日：授课二小时；灯下编土曜所用讲义，至二时半始睡，倦极，头痛，面灰矣。

2 月 11 日，午至大学抄写讲义四纸付印，为明日之用。

2 月 12 日，授课四小时。③

一周六天中，钱玄同五天有课，全周总课时 15 小时。吴虞的教学生活也是如此。他于 1921 年初到北大任课两门，一门为"诸子之文"，一门为"杂文"。

---

① 《各科教员每周授课时数调查》，厦门大学校史编委会编：《厦大校史资料》第一辑，内部资料，1987 年，第 113—114 页。

② 鲁迅：《两地书》，《鲁迅全集》第 2 卷，北京：中国人事出版社，1998 年，第 1202 页。

③ 杨天石主编：《钱玄同日记》（上），北京：北京大学出版社，2014 年，第 288—289 页。

这里概述其在1921年10月17日一周的日记内容。

17日，星期一，抄《荀子文讲录》二篇，合昨所抄共六篇，交第一院讲义课付油印。饭后，又抄录《荀子文讲录》一篇多，《荀子略传》抄完。北大送功课表来，此十八号起授课，予共排八小时。

18日，星期二，北大开课，予八时上堂，讲《荀子》一小时，讲录六篇，均印就散给诸生矣。讲杂文一小时。

19日，星期三，抄《荀子》四篇。饭后至北大，二时下课归。

20日，星期四，八时，至北大第六教室上课。二时杂文，予为介绍当读之书二十余部，一一为详言之。

21日，星期五，九时半至高师，讲《荀子》，至十二时下堂，遂归。归即将《荀子讲义》封好，寄高师唐世芳，以便付油印。

22日，星期六，今日诸子之文一小时。①

清华大学教授吴宓在1930年上半年一周的教学生活：

4月21日，星期一，8—9上课。9—12唐兰、蒋天枢来访。二君均初识。唐君颇健谈，述其研究孔子哲学之方法，及文学创作之途径，均多快论及卓见。下午1—2上课。3—5赵万里来，与同访朱自清君。

4月22日，星期二，上午8—9，10—11上课。11—12朱延丰导朱以书来访。下午2—3上课。

4月23日，星期三，8—9上课。9—11欧阳采薇等三女生来求讲书，以考试在即故也。

4月24日，星期四，上午8—9上课。9—12阅学生作文卷。瞿国眷来。下午1—3考《英国浪漫诗人》。3—4秘书长张光舆来。4—7开评议会。

4月25日，星期五，晨6—8入城，8—10北大上课。下午2—3北大上课。②

从这一周日记看，吴宓一周有五天须上课，在清华上课7小时，北大3小时，共10小时。这样的生活节奏也是民国高校教师的教学生活常态。

① 中国革命博物馆整理：《吴虞日记》上册，成都：四川人民出版社，1984年，第644—647页。

② 吴学昭整理注释：《吴宓日记》Ⅴ，北京：生活·读书·新知三联书店，1999年，第59—63页。

（二）备课

从钱玄同和吴虞的日记看，他们的教学生活除了上课外，编写讲义占去了很多的时间和精力。其缘由是当时高校的课程建设尚属初始之时，教科书尚不成熟，因此当时规定高校教学不指定教科书，老师须根据自己的研究，写出讲义，并指定参考书。这样，民国高校教学更注重任课教师的学术水平及研究心得。学校规定，讲义要发给每个学生。这对初次任课的教师来说，备课的任务便相当繁重，教师必须写出讲义方能正式上课。

至于讲义的价值，蔡元培认为它是高校教师创造性的劳动成果："一种讲义，听者或数百人以至千余人；而别有一种讲义，听者或仅数人，在学术上之价值，初不以是为轩轾也。如讲座及研究所之设备，既已成立，则虽无一学生，而教员自行研究，以其所得，贡献于世界，不必以学生之有无为作辍也。"①

正由于此，高校教师对讲义的质量十分看重。钱玄同有几天的日记披露了他在这方面的烦恼：

1917 年 9 月 29 日，到大学去，看见讲义印得很糟，纸张之坏，字之不全，排印之迟慢，校对之草率，没有一样不糟。看此情形，恐怕开学的半个月之内，我们必有许多困难的地方。10 月 2 日，至高师上二小时课，尚有二小时告假，因讲义不够也。10 月 3 日，至大学授课一小时，尚有四小时告假，缘讲义未印出也。大学中原定自本学期始，将本科、预科讲义一律改用排印，然主其事者实在办得不高明，故开学三日尚无一人之讲义已经完全印出者。偶成一、二页，又误谬百出。②

由于学校任课任务较重，备课十分繁重，钱玄同不得不暂时放弃学习法文的计划。1918 年 1 月 22 日，钱玄同"至师校课三小时。午后归。排比大学三年级

---

① 蔡元培：《大学教育》，张圣华总主编：《蔡元培教育名篇》，北京：教育科学出版社，2007 年，第 238 页。

② 杨天石主编：《钱玄同日记》（上），北京：北京大学出版社，2014 年，第 319—320 页。

之古音讲义。读法文事仔细想，今年暑假以前决做不到，因此半年之中须赶完两三种讲义，又须编大学之新讲义付诸排印。不要说晚上七至九时亦不得空，即使空矣，然上课之时虽有，而读书之时绝无。所以决计暂时不去，且待来年矣”①。

民国高校教师在接受上课任务后，都早早地开始备课。吴虞被北京大学聘任，早半年就来到北京，准备上课事宜。他在1921年7月22日日记中写道：“圈《荀子》。马幼渔来，约过沈尹默谈，马叔平、季明同在。幼渔言，下学期子史之文，可不必分。尹默言，当使学生自行注意看书，教习预备好上讲室发问，令学生自讲。欧美、日本大学，皆是如此。予提出《荀子》及《后汉书》作为讲授之用，尹默、幼渔均以为可。”②

吴宓留学归国受聘于南京东南大学。1921年9月初，他便早早来到学校，“十四日晨，由图书馆借来书籍若干册。自是晨起，终日伏案，撰作所授四科讲义。撮其大旨，作为表解。Outlines（大纲）印出多份，以备颁给学生。故处境似清闲，而日来则实忙碌也。自离康桥两月以来，奔走变幻，不遑宁息。近日得静居于此，读书执笔，回复学生之事业、之境遇，反觉十分爽适，得休养之乐”③。

周作人初到北京大学，一开始有点不适应。他原在中学教书，有教科书，大学则要用讲义，讲义须自己编，这是很繁重的工作。周作人曾说道：“课程上规定，我所担任的欧洲文学史是三单位，希腊罗马文学史三单位，计一星期只要上六小时的课，可是事先却须得预备六小时用的讲义，这大约需要写稿纸至少二十张，再加上看参考书的时间，实在是够忙的了。于是在白天里把草稿起好，到晚上等鲁迅修正字句之后，第二天再来誊正并起草，如是继续下去，在六天里总可以完成所需要的稿件，交到学校里油印备用。”④

钱穆的备课很有雅趣。那是“九一八”事变后，北大教授决定开设中国通史

---

① 杨天石主编：《钱玄同日记》（上），北京：北京大学出版社，2014年，第330页。

② 中国革命博物馆整理：《吴虞日记》上册，成都：四川人民出版社，1984年，第616页。

③ 吴学昭整理注释：《吴宓日记》Ⅱ，北京：生活·读书·新知三联书店，1998年，第234—235页。

④ 周作人：《知堂回想录》，香港：三育图书有限公司，1980年，第371—372页。

课程，以提高国人的民族意识。开始拟请十五位教授共同讲授，钱穆认为这样整门课程不易贯通。大家觉得有道理，遂主张由钱穆与陈寅恪合讲。钱穆则毛遂自荐，愿意一人承担这门课程。接下任务后，钱穆开始备课。“其时余寓南池子汤锡予家，距太庙最近。庙侧有参天古柏两百株，散布一大草坪上，景色幽茜。北部隔一御沟，即面对故宫之围墙。草坪上设有茶座，而游客甚稀。茶座侍者与余相稔，为余择一佳处，一藤椅，一小茶几，泡茶一壶。余去，或漫步，或偃卧，发思古之幽情，一若惟此最相宜。余于午后去，必薄暮始归。先于开学前在此四五天，反复思索，通史全部课程纲要始获写定。”以后，“余于开学后上课前，必于先一日下午去太庙，预备翌日下午上堂内容”；“除遇风雨外，一年之内，几乎全在太庙古柏荫下，提纲挈领，分门别类，逐条逐款，定其取舍。终能于一年内成其初志”。①

由于备课任务繁重，所以检验教师工作态度的第一个环节便表现在其备课的态度上。复旦大学教授汪翰章谈了他对备课的感想：

编讲义与预备功课，要算教员生活中最苦的事。上海各大学，用外国文原本教授的很少，用中文教授的多，若采用坊间出售的教科书，又苦乏善本，所以大多数都是自编讲义。据我个人的经验，大约教课一小时，至少要费两小时编讲义。因此教课稍多的人，就忙得整日整夜的开快车。据余楠秋教授的意见，以为：“编讲义虽觉得非常吃苦，却有两层益处：第一是因为受逼的原故，编者反认真去做功夫，所得实多；二则今年把所应教的讲义，统通编好，来年若是教同样功课的时候，自可无须再吃苦了。”我对于这种意见，第一点表示赞同，第二点就要提出抗议。因为各种科学，都在日新月异的前进，甚至昨日以为是者，今日或以为非，尤其是我们教法律的人，更因朝令夕改，政局未定。这几年来，我所编的民法、刑法、劳动法等讲义，每年都要重编，要适合现在的潮流，就不能一劳永逸了。好在编讲义的体裁，与编丛书不同，丛书贵详，讲义贵简，这是预备在课堂上容易发挥的原故，所以编起来也还省事。再说到预备功课，多在教课

① 钱穆：《北京大学杂忆》，钟叔河、朱纯编：《过去的大学》，武汉：长江文艺出版社，2005年，第60—61页。

的前一天开夜车，不论你所任的功课，如何熟悉，究竟总要先预备一遍，否则在课堂上临时思索，不独失了学生的信仰，而且玩忽了自己的职务。①

汪翰章此处强调，编写讲义并非一劳永逸，应根据社会发展的新需要，每年都要有所更新。并且，上课前一天须充分预备，“否则在课堂上临时思索，不独失了学生的信仰，而且玩忽了自己的职务”。这种态度也是民国高校教师对自身职业认同的表现。

针对某些教师上课时照本宣科地读讲义，蔡元培在就任北京大学校长时就强调：“以后所印讲义，只列纲要，细微末节，以及精旨奥义，或讲师口授，或自行参考，以期学有心得，能裨实用。”② 1926 年，他发表《十五年来我国大学教育的进步》，谈到了高校教师在这方面的进步：“从前的大学，以教员印发讲义，而在讲堂上照讲义演述一遍，便称尽责。并且这种讲义，年年如此，永不修增。学生领了讲义，就算得了学问，不要笔述，也不要看参考书，不要做实验的功夫。现在的大学，注重图书仪器的设备，教员对于所教的学科，不断地继续研究，因而每次必有增加的新材料，且督率学生，尽自行试验、自行参考的义务。”③

（三）上课

上课是高校教师教学生活的主体，是高校教师自身职业认同最集中的表现，也是高校教师学术水平和教学艺术水平最精彩的表演环节。

教师上课的首要素质是守时，即遵守教学纪律。民国高校教师在这方面的素质并不是天生而就，而是在教学规范的实践中逐步养成的。当时天津北洋大学以学风严格著称，它的严格也是在管理过程中逐步形成的。例如，北洋大学规定教

---

① 汪翰章：《上海教员的生活》，《现代学生》第一卷第二期，1930 年。

② 蔡元培：《就任北京大学校长之演说》，张圣华总主编：《蔡元培教育名篇》，北京：教育科学出版社，2007 年，第 44 页。

③ 蔡元培：《十五年来我国大学教育的进步》，张圣华总主编：《蔡元培教育名篇》，北京：教育科学出版社，2007 年，第 212 页。

师在讲课之前要先点名，然而学生的点名册却放在学监处，任课教师必须在上课前亲自去取。20年代，当时的学监王龙光（王紫虹）经常对教师进行检查，在上课前几分钟站在学监处门口，向去取点名册的教师问声“早安”。有一次，一个美籍教授在上课铃响后才来取点名册，王龙光毫不客气地拿着怀表对着这位迟到的教授说：“教授先生，你迟到了三分钟！”那位教授面红耳赤，连忙道歉。从此以后再也没有教师敢迟到了。①

这种上课迟到的现象在民国时期还是时有发生的。柳存仁曾讲过胡适的一则趣事：有一天上午10点左右，胡适刚起床，便接到北京大学工友吴君的电话。工友吴君问：“您是胡院长么?”胡适回答说：“哦，哦，是的，你是哪一位?”工友吴君说：“我们这儿是北京大学。现在已经是十点零八分钟了。您今儿这一课……”胡适说：“是的，……我现在正在洗脸，昨晚上三点钟才睡的，编了一夜的《独立评论》，《丁文江先生纪念特辑》正赶着要出版呢！我现在就到北大来。”② 胡适担任北京大学文学院院长是在1932年，编《独立评论》也是自这一年开始，这则趣闻发生的时间大致在这一时期。

青年教师误课的情况也有出现。清华大学教师浦江清在1932年1月11日的日记中写道：“晨九时课，讲《庄子·逍遥游》毕。下午余冠英君来谈新诗问题。因高谈未听见钟声，文学史课赶至教室而学生已尽去，此第一次怠职也，抱愧之至。”③ “抱愧之至”表达了一个青年教师的职业责任感，也反映了大部分民国高校教师所具备的职业操守。

初任教师的第一次上讲台，总免不了心慌意乱的紧张。沈从文初上讲台的窘迫恐怕在民国时期是最为典型的了。沈从文在中国公学第一次上讲台，面对黑压压的大学生，居然紧张得连话也说不出来，就这样呆呆地在讲台上站了十几分钟。后来他急中生智，转身在黑板上写下一句话：“我第一次上课，见你们人多，

---

① 魏寿昆：《严格——北洋的学风》，钟叔河、朱纯编：《过去的大学》，武汉：长江文艺出版社，2005年，第218页。

② 柳存仁：《马神庙的塑像》，陈平原等编：《北大旧事》，北京：生活·读书·新知三联书店，1998年，第330—331页。

③ 浦江清：《清华园日记·西行日记》，第2版，北京：生活·读书·新知三联书店，1999年，第61页。

怕了。”这堂课，他准备了一个多小时的内容，结果在慌乱中十几分钟就讲完了。当时入读中国公学的罗尔纲的回忆版本与之有些不同。“沈从文只读过小学，是胡适把他安排上大学讲座的。选他课的约有20多人，但当他第一天上课时，教室却坐满人，他在讲坛上站了10多分钟，说不出话来。突然他惊叫了一声说：‘我见你们人多，要哭了！’这一句古往今来堪称奇绝的老师开场白，刚刚说过，就奔流似的滔滔不绝把当代中国的文坛说了一个小时，特别对新兴作家巴金等的评述，讲得最详细。”①

初上讲台教学效果欠佳情有可原，但民国时期确实有讲课不受学生欢迎的例子。武汉大学教授苏雪林文才很好，但她的口才却不行。1934年，她接手沈从文的现代文学课，许多学生慕名而来，却失望而归。加上她上课不点名，许多学生便溜之大吉，一个学生实在看不下去，便在黑板上写下一行字：“如果不点名，下次也就没有人来上课了。”更为糟糕的是，因小时候受不规范教育的影响，苏雪林在讲课时经常读出错别字，结果被一个受过处分的学生告到系主任那儿。在年终考核时，被几个教授投了反对票，差点被解聘。幸得校长王世杰站出来为她说话，才勉强过关。

中央大学教授王易，字晓湘，毕业于京师大学堂，与汪辟疆、柳诒徵、汪东、王伯沆、黄侃、胡翔东并称“江南七彦”。王晓湘虽博古通今，然讷于言辞。每当他在文学院（也称中山院）上课，学生皆以为苦。有一次，他授《乐府通论》，讲到北齐疏勒歌，有学生仿其体例私下戏谑道：“中山院，层楼高。四壁如笼，鸟鹊难逃。心慌慌，意茫茫，抬头又见王晓湘。”②

但从总体看，民国高校教师都十分重视自己的教学效果。吴虞初到北大上课就很注意学生的到课率，1921年10月20日吴虞有课：“八时，至北大第六教室上课。听讲百余人，有女生一人，室为之满，无座位，有数人立听。”22日，“八时半，过北大，学生坐候已满，讲堂不能容。有一学生言，国文系向来所未有，要求予改大讲堂，不然门外尚立多人，几有臣门如市之观。”11月8日，

---

① 罗尔纲：《师门五年记·胡适琐记》，北京：生活·读书·新知三联书店，2006年，第66页。

② 岱峻：《民国衣冠——风雨中研院》，北京：北京联合出版公司，2012年，第143页。

"七时半，过北大讲《荀子》，约一百五六十人，教室为满。师自怡言四十一教室，为第一院最大之教室，此外则第三院大礼堂矣，予在北大授课，已满半月，现象如此，尤不可不勉也。"11 月 18 日，学校发布通知，将吴虞的"诸子之文"课改在第一院第二教室。吴虞对此颇为自豪："第二教室在二层楼，较四十一教室为大，乃胡适之先生讲中国哲学史之教室也。"①

梁漱溟对自己初任北大教员的教学业绩也比较满意。他说："我自己的经验，当一九二三年前后，我讲儒家思想一课，来听讲的通常总在二百人左右。初排定在红楼第一院某教室，却必改在第二院大讲堂才行。学年届满，课程结束，举行考试的试卷亦有九十多本。此即注册的正式学生之数了。大约胡适之讲课，其听讲的人可能比这还要多。"②

这里讲到学生的选课。北大学生选课自由，如果学科重要且讲授者有大名，选者可以多到几十人；如果学科蹩脚，选者也会少到一二人。学校规定只要有人选，不管人数多少，就要开课。这样便闹出一些趣闻。张中行回忆说，刘半农上《古声律学》，每次上课有十几个人，到期考才知道选课的只有一人。还有一个法文课，每次上课都有五六人，到期考时却没有一个人参加。任课教师很恼火，问管注册的，原来只有一人选修，后来退了，管注册的忘记注销，所以便宜了旁听的。抗战胜利后，北大的这种风气依然。1948 年，梁思成在北大讲中国建筑史。最后一次上课结束，梁思成说："课讲完了，为了应酬公事，还得考一考吧？诸位说说怎么考好？"听课的有近二十人，没有一个答话。梁思成又说："反正是应酬公事，怎么样都可以，说说吧。"还是没有人答话。梁思成像是恍然大悟，于是说："那就先看看有几位是选课的吧。请选课的举手。"没有一个人举手。梁思成笑了，说："原来诸位都是旁听的，谢谢诸位捧场。"说着，向讲台下作一个大揖。听的人报之以微笑，而散。③

---

① 中国革命博物馆整理：《吴虞日记》上册，成都：四川人民出版社，1984 年，第 645—654 页。

② 梁漱溟：《我在北大任教》，钟叔河、朱纯编：《过去的大学》，武汉：长江文艺出版社，2005 年，第 47 页。

③ 张中行：《红楼点滴一》，《故园人影》，北京：作家出版社，2006 年，第 3—4 页。

这样也就出现了一些有趣的现象。例如，梁启超有次到北京师范大学上课，那天刚好有师大与清华的一场篮球赛，到场听课的学生只有稀稀拉拉的三四十人。梁启超很不高兴，很感慨地说："做学问不如打球好玩，……你们，不，他们不是要跟我做学问，只是要看看梁启超，和动物园的老虎大象一样，有的看一次就够了，有的看两三次就够了。不过我并不失望，不要多，只要好，我在时务学堂，也只有四十来个学生，可是出来了蔡松坡、范源濂、杨树达等，一个顶一个！"说完，他逐渐恢复常态，便起劲地讲了下去。[①] 钱玄同在1918年1月28日碰到的情况更为荒唐："至大学上三年级课二小时，还应该上二年级课一小时，不知何故，等我拿书上堂的时候，他们忽然都走了。因此只好不讲了。这班学生本不愿听我的讲象（篆）——因为大都是某君的信徒——我也乐得少教一小时。"[②]

再说说教师的课间休息。钱穆原在燕京大学任教，课间休息时到国文办公室，常常是空无一人，连口开水也喝不上，大老远地赶去上课还要自备热水。可到了北京大学，这里的教员休息室却非常正规。钱穆说："在北大任教，有与燕京一特异之点。各学系有一休息室，系主任即在此办公，一助教常驻室中，各教师上堂前后，得在此休息。初到，即有一校役捧上热手巾擦脸，又泡热茶一杯，上堂时，有人持粉笔送上讲堂。退课后，热毛巾、热茶依旧，使人有中国传统尊师之感。"[③] 浦薛凤在北大兼课也遇到这样的场景："北京大学法学院上课处所，有教师休息室，侍役系一留有胡须之中年人，执礼甚恭，每次出入，必以香茗一杯送来，且必绞一把热毛巾送以揩面擦手。"[④]

北京大学的教师休息室原本不是这样。1917年间北京大学将一排平房辟为文科教员的预备室，即休息室，一个人一间，许多名人每日都在这里聚集，人们

---

① 梁容若：《梁任公先生印象记》，夏晓虹编：《追忆梁启超》，北京：中国广播电视出版社，1997年，第341页。

② 杨天石主编：《钱玄同日记》上，北京：北京大学出版社，2014年，第331页。

③ 钱穆：《八十忆双亲·师友杂忆》，第2版，北京：生活·读书·新知三联书店，2005年，第167—168页。

④ 浦薛凤：《浦薛凤回忆录》上，合肥：黄山书社，2009年，第153页。

将这里戏称为“卯字号”。其典出，周作人在《知堂回想录》中说：“‘卯字号’的最有名的逸事便是这里有过两个老兔子和三个小兔子。这件事说明了极是简单，因为文科有陈独秀和朱希祖是己卯年生的，又有三人是辛卯年生，即是胡适之、刘半农、刘文典，在民国六年才只二十七岁。”朱希祖也在1934年10月11日的日记中写道：“忆民国六年夏秋之际，蔡孑民长校，余等在教员休息室戏谈：余与陈独秀为老兔，胡适之、刘叔雅、林公铎、刘半农为小兔，盖余与独秀皆大胡等十二岁，均卯年生也。”①

1918年8月，北大汉花园的红楼落成，便有了正规的教师休息室。据罗家伦回忆，当时红楼有两个以教授为主体，师生共同参与的课余自由辩论场所：“一个是汉花园北大一院二层楼上国文教员休息室，如钱玄同等人，是时常在这个地方的。另外一个地方是一层楼的图书馆主任室（即李大钊的房子），这是一个另外的聚合场所。在这两个地方，无师生之别，也没有客气及礼节等一套，大家到来大家就辩，大家提出问题来大家互相问难。大约每天到了下午三时以后，这两个房间人都是满的。”②

后来的教师休息室则主要是供教师课间休息。钱穆到北京大学任教时还很年轻，他在教师休息室遇到了同一年到北大的孟森教授。他向孟森先生问候，孟森看他年轻，便问他是哪一年级的学生，令钱穆尴尬。后来，钱穆将自己发表的一篇论文赠送给孟森，孟森自是与钱穆常在休息室闲谈。又一日，孟森专门去钱穆寓所拜访，两人自是往返益密。

1946年，芝加哥大学教授邓嗣禹利用一年的学术休假，到北京大学讲学。课间休息时间，常到教师休息室。他看到，陈垣一进休息室，即找一角落的椅子坐下，闭目养神，有时打鼾。邓嗣禹前去请安，陈垣点头为礼，用广东国语，面带笑容说几个字，继续他不可缺乏的休息。时间一到，即去上课。而另一教授，

---

① 转引自章玉政著：《狂人刘文典》，桂林：广西师范大学出版社，2008年，第87页。

② 罗家伦：《蔡元培时代的北京大学和五四运动》，王云五、罗家伦等著：《民国三大校长》，长沙：岳麓书社，2015年，第96页。

则正相反。每至休息室，谈笑风生，令同事们听之，乐而忘疲。[①]

汪翰章在描写上海大学教员的生活的时候，也提到了教员的休息室。他将教师休息室形象地比喻为“戏子的后台”：“教员在上课之前，或是下课之后，总得走进这种后台，以便喝茶、吸烟、谈话、休息、预备功课等事。休息室的布置，大都简陋非常，连桌椅整洁的都很少；而教员休息其中，反以为乐，这是因为同时休息的教员很多，除了彼此互道寒暄以外，可以在这个最短的休息时间里，开一个痛快淋漓莫名其妙的小组会议。至于所议的题目，却不一定，最普通的，不外三种：第一是属于学术方面的；第二是属于发牢骚方面的；第三是属于滑稽方面的。讨论的结果：有时令人仰天大笑，有时令人垂头叹息，有时争得面红耳赤，不能得结论。好在休息的时间少，上课钟一打，就要停止辩论，休息室里的声浪，一时归于岑寂。”[②]

（四）考试

考试是高校教学的重要环节。民国高校考试，主要有入学考试和学期考试两种，高校教师参与其中，出题、监考、评卷都是常规的工作。

1. 高校的入学考试

成都大学的入学考试，吴虞在日记中曾有记载。1928 年 8 月 15 日是初试：“晨六时半，同燕生坐车至成大，观今日考新生，计八百余人。在成大用早饭后，令人送燕生归。予监场毕，即同刘健泉舅、林山腴、张重民、李劼人、张仲和、李培甫、李雨生阅国文试卷，八百余本，一日而毕。”8 月 22 日是复试：“晨六时半至成大，复试监场阅卷，同阅者刘健泉舅、林山腴、李培甫、张仲和、李劼人也。”[③] 这场入学考试，吴虞参加了初试和复试两场，承担了监考和评卷的

---

① 邓嗣禹：《北大舌耕回忆录》，冯尔康等编：《郑天挺学记》，北京：生活·读书·新知三联书店，1991 年，第 134 页。

② 汪翰章：《上海教员的生活》，《现代学生》第一卷第二期，1930 年。

③ 中国革命博物馆整理：《吴虞日记》下册，成都：四川人民出版社，1984 年，第 420、421 页。

任务。

30年代北平的大学入学考试，也是一道风景。“试期那天，不少教授、教员，都轻衫纨扇，穿着纺绸大褂、横罗大褂，……洋派的穿着派力斯西装，摇着很考究的书画折扇来监场，不时走出走进，有人来换替一下。插空到休息室吃口香片茶，茶房递上雪白的洒着花露水的热毛巾，擦擦脸，再回到试场中来。”①

至于入学考试的评卷，顾颉刚的日记可以给我们一点印象。顾颉刚一心扑在学术研究上，因教学工作甚为分心而十分不愿。他说只要上了几堂课，改了几本试卷，头便像刀劈一样的痛。但他阅卷却十分认真。1925年7月27日至29日，顾颉刚参加北大国文系的监考，考后参与评卷。顾颉刚负责批改第一题，这一题在卷面是70分，在整张卷子中大概占百分之六十，按比例，这题得分42分才算及格。顾颉刚在日记中记录了其评卷情况。第一天他阅卷150本，及格者30人，占20%；第二天他阅卷211本，及格者30人，占14.22%；第三天他阅卷155本，给分有98本，及格者14人。最后顾颉刚还将三天的总数做了一个统计，可见他对阅卷的认真。②

冯友兰曾谈起阅卷之苦：“在清华的时候，每年要看成千本新生入学考试的国文卷子”，其中“真正好的很少，真正坏的也不多，大多数都是中流的”；这些卷子往往“千篇一律，很难说哪一本一定是七十分，哪一本一定是八十分。看得多了，就觉得头昏眼花，很难抉择。当时采取了一种办法，一本卷子要几个人看，各人打各人的分数，最后把这些分数加起来平均”。这样虽“可以避免一些主观的偏见，但还是没有一个比较客观的标准”。③

关于民国高校入学考试的效果，有人对南北高校的作文做了对比分析：“当时中学生文言文、白话文都要会写，因为南北各名牌大学，对文言文和白话文的要求迥不相同。北京、清华等大学，是白话文的发祥地，出的题目“梦游清华记”“我的衣服”“雨天”等，都是要写成潇洒的白话散文，才能得高分。而南方

---

① 邓云乡：《文化古城旧事》，北京：中华书局，1995年，第127页。

② 顾颉刚：《顾颉刚日记》卷一，北京：中华书局，2011年，第646—648页。

③ 冯友兰：《三松堂自序》，第2版，北京：人民出版社，2008年，第63页。

名大学，如交大、中央大学等，受唐文治先生、梅光迪先生的影响，是坚决反对白话文的，必须写文言文策论，或柳宗元式游记，才能得高分。如果写一篇白话文、‘了的吗啦’，去报考二三十年代的交通大学，那就很难被取中了。”[①] 这个说法也有助于我们对民国高校入学考试有个印象。

2. 陈寅恪的“对对子”试题

谈到民国高校入学考试的命题，陈寅恪的“对对子”是一个很有意思的例子。1932 年夏，清华大学中文系主任朱自清赴英访学尚未归，系主任由刘文典代理。刘文典请陈寅恪拟定一年级及各年级转学生的国文招生试题，陈寅恪出的题目是：作文题是“梦游清华园记”，外加对对子。一年级为“孙行者”“少小离家老大回”，二三年级为“莫等闲白了少年头”等。一时引起舆论大哗，质疑和肯定的声音都十分强烈。

1932 年 8 月 15 日，《世界日报》发表《清华中国文学系教授陈寅恪谈出“对对子”试题理由》，《清华暑期周刊》第六期又发表《“对对子”意义——陈寅恪教授发表谈话》，9 月 5 日，《大公报・文学副刊》有陈寅恪发表的《与刘叔雅论国文试题书》，提出了“对对子”以测试学生知识能力的理由。

陈寅恪指出：“寅恪连岁校阅清华大学入学国文试卷，感触至多。据积年经验所得，以为今后国文试题，应与前此异其旨趣，即求一方法，其形式简单而涵义丰富，又与华夏民族语言文学之特性有密切关系者，以之测验程度，始能于阅卷定分之时，有所依据，庶几可使应试者，无甚侥幸，或甚冤屈之事。”为什么要追求这样的命题改革？陈寅恪认为，当时学校教育出现偏差，重英文而轻中文，“清华考试英文，有不能分别动词名词者，必不录取；而国文则可不论”。而当今学生的国文水平太差，“平仄声之分别，确为高中卒业生应具之常识”；即使“今日学校教学英文，亦须讲究其声调之高下，独国文则不然，此乃殖民地之表征也”，其根本原因是“今日学生所读中国书中，今人之著作太多，古人之著作

① 邓云乡：《文化古城旧事》，北京：中华书局，1995 年，第 128—129 页。

太少”。[①]

陈寅恪所述现象是否确实，可以从清华大学青年教师浦江清 1932 年 1 月 18 日的日记中得到证实。浦江清这天主持清华一年级的国文考试，“上午考国文。校中一年级生必修国文，分数班，杨遇夫（树达）、孙诒荪（煦）、邹湘乔（树椿）三先生及余四人分教。大概以余教材最多，盖余主张学生多读多看也。此半年因国事停课不少，但尚能教《庄子》四篇、《荀子》二篇、《韩非子》一篇、《墨子》一篇、唐人小说四篇、赋一篇（谢惠连《雪赋》）、《汉宫秋》全剧、《杀狗劝夫》一折及今人小品语体散文十余篇。考试察读解各篇之能力。今日一般人国文程度大坏，大学生几如中学生。又学校中必修国文只有一年，过此一年则除读中国文学系者外不复与本国文字接触矣。故吾对于此班甚卖力亦甚严也”。[②]

浦江清在这里所说“今日一般人国文程度大坏，大学生几如中学生”正印证了陈寅恪的担心。陈寅恪强调，如果国文知识到大学阶段才开始训练，那么大学“讲授中国文学史及词曲目录学”的教授在课堂上“殚精竭力、高谈博引，岂不徒劳”？因此在高校入学考试中，通过“对对子”，第一，可以测试应试者能否分别虚实字及其应用。第二，可以测试应试者能否分别平仄声。中国古文句读，多依声调而决定，若读者不通平仄声调，则不知其文句起讫，故读古书，往往误解。第三，可以测试读书之多少及语藏之贫富。第四，可以测试思想条理。陈寅恪强调，“凡上等之对子，必具正反合之三阶段”，“凡能对上等对子者，其人之思想必通贯而有条理，决非仅知配拟字句者所能企及。故可藉以选拔高才之士”。[③]

对陈寅恪的“对对子”试题，社会上有诸多的争论。今人有一观点：“陈先生希望在接受外来事物的同时，仍能保持中国的主体性，并试图从最基本的语言

---

① 陈寅恪：《与刘叔雅论国文试题书》，《金明馆丛稿二编》，第 3 版，北京：生活·读书·新知三联书店，2015 年，第 249、253—254 页。

② 浦江清：《清华园日记·西行日记》，第 2 版，北京：生活·读书·新知三联书店，1999 年，第 64 页。

③ 陈寅恪：《与刘叔雅论国文试题书》，《金明馆丛稿二编》，第 3 版，北京：生活·读书·新知三联书店，2015 年，第 253—255 页。

和表述层面来维护中国学术的独立和中国文化的固有特点。”① 这个评价恐怕比较接近陈寅恪的本意。

3. 高校的学期考试

高校的学期考试是高校教学工作不可或缺的重要环节。尽管有的学生不喜欢这个考试，但高校教学工作不可能缺失反馈的环节。梁漱溟曾经谈道：“记得同学朱谦之曾反对学校考试，向校当局申明自己不参加考试。蒋梦麟代校长有书面答复张贴出来，说不参加考试是可以的，不过没有成绩分数，将来便没有毕业文凭。”②

这样，高校教师自然要承担学期考试的工作。高校内的学期考试，其工作程序也与入学考试相同。从出试题的环节看，可以举吴虞 1922 年上半年给北大国文系出试题为例：“一年级试题：（一）书李斯上秦始皇《谏逐客书》后。（二）拟宋玉《对楚王问》。二年级试题：荀卿非宋钘寡欲说申论。三年级试题：（一）书司马相如《难蜀父老文》后。（二）拟刘伶《酒德颂》。”③

监考过程则各有千秋。在学校层面，以浙江大学教务长张绍忠最为典型。1939 年，浙江大学竺可桢校长请张绍忠接替郑晓沧出任教务长。每逢大考，这位教务长就虎着脸，夹着一卷纸在几个分校轮流视察，这个教室后面站站，那个教室窗外盯一会儿。那卷纸就是一叠空白布告，上面盖着教务处的大印，只要看到有作弊的学生，张绍忠二话不说，查出姓名，立刻就填到布告上，然后张贴公布，给予处分。浙大的老生都知道教务长的厉害，倒是大一的新生初来乍到，往往有撞上枪口的。也有些时候，张绍忠带出去的布告一张也没用上，同学们很高兴，张绍忠也很开心，皆大欢喜。④

至于教师的监考、评卷，民国高校教师确是各有其法。例如钱玄同考试，发

---

① 罗志田：《近代读书人的思想世界与治学取向》，北京：北京大学出版社，2009 年，第 195 页。

② 梁漱溟：《我在北大任教》，钟叔河、朱纯编：《过去的大学》，武汉：长江文艺出版社，2005 年，第 47 页。

③ 中国革命博物馆整理：《吴虞日记》下册，成都：四川人民出版社，1984 年，第 35 页。

④ 李曙白、李燕南：《西迁浙大》，杭州：浙江大学出版社，2007 年，第 82 页。

下考卷考题后，就打开书包，坐在讲桌后写他自己的东西去了。张中行回忆，考题四道，旁边一个同学告诉我，好歹答三道题就交吧，反正没人看。我照样做了，到下课，果然见钱先生拿着考卷走进教务室，并立刻空着手出来。后来知道，钱先生是向来不判考卷的，学校为此刻一个木戳，上写“及格”二字，收到考卷，盖上木戳，照封面姓名记入学分册，而已。这个办法，据说钱先生曾向外推广，那是在燕京大学兼课，考卷不看，交与学校。学校退回，钱先生仍是不看，也退回。于是学校要依法制裁，说如不判卷，将扣发薪金云云。钱先生作复，并附钞票一包，云：薪金全数奉还，判卷恕不能从命。① 徐铸成的回忆更有意思：“每学期批定成绩时，他总是按点名册的先后，六十分，六十一分……如果选这一课程的学生是四十人，最后一个就得一百分。四十人以上呢？重新从六十分开始。”②

钱穆在燕京大学任教时，对学生要求十分严格。试卷评分很吝啬，八十五分以上极少，通常只批八十分，大部分在八十分以下，一个班总有几个六十分以下的。钱穆以为这几个学生可以通过补考过关，谁知燕京大学有规定，新生月考不及格就开除，不许补考。钱穆听说这几个没及格的学生因此要被开除，于是向学校申诉，要求重新判卷。学校开始以向无先例加以拒绝，经钱穆力争，终于改变决定，让钱穆重新判卷，那几个学生最终过关。以后钱穆评卷，给分也就多加注意了。③

胡适评卷则喜欢从卷面分数判定学生的发展前途。他在 1931 年 8 月 28 日的日记中写道：“看完《中古思想史》试卷。上年下学期，我讲此科，听者每日约四百人，册子上只有二百人，而要学分者只有七十五人。这七十五人中，凡九十分以上者皆有希望可以成才。八十五分者尚有几分希望。八十分为中人之资。七十分以下皆绝无希望的。此虽是一科的成绩，然大致可卜其人的终身。”④

---

① 张中行：《红楼点滴三》，《故园人影》，北京：作家出版社，2006 年，第 12 页。

② 转引自汪修荣：《民国教授往事》，郑州：河南文艺出版社，2008 年，第 180 页。

③ 钱穆：《八十忆双亲·师友杂忆》，第 2 版，北京：生活·读书·新知三联书店，2005 年，第 149 页。

④ 曹伯言整理：《胡适日记全集》第 6 册，台北：联经出版公司，2004 年，第 602 页。

可能是地域文化的关系，上海高校教师似乎就没有北京高校教师这么潇洒，复旦大学汪翰章教授就有“教员最怕考试”的说法：“因为在考试的时候，种种为难：比方考得太宽了，不独对不起学生的学业，而且对不起自己的良心；考得太严了，有些不用功的学生，又非常不愿意。据我个人的意见：考试的题目，不妨出宽一点，而考试的纪律，不可不严厉执行。至于考试之后，教员又要亲自阅卷，批评成绩的优劣，成绩不好的学生，多不恨自己不用功，反暗地批评教员六个字，就是说：他是顶刻薄的。”①

（五）课外指导

高校教师还须担任学生的课外学术活动指导，这在民国时期是对各高校聘任教师较为普遍的规定。教师指导学生的课外学术活动一般都由院系安排。

例如，北大教授吴虞指导学生课外读书会，他在 1924 年 11 月 18 日的日记中写道：“北大一年级读书会常开会，杨晶华提出《苏东坡之生平及其作品》，王峰翔提出《韩非子》，请予于星期三下午二时半在第二院指导。予因草《苏东坡之生平及其作品述略》。”②

清华大学吴宓在 1927 年 3 月 7 日的日记中写道：“夕，4—5 为大学一年级生，演讲《西洋文学系课程内容及编制之用意》。不日选课，本系竟得十五人，亦差强人意也。”③

在北大史料中，有一段北京大学 1934 年秋季理学院对各系教师指导学生课外活动统一安排的内容，现依其制表如下：

---

① 汪翰章：《上海教员的生活》，《现代学生》第一卷第二期，1930 年。

② 中国革命博物馆整理：《吴虞日记》下册，成都：四川人民出版社，1986 年，第 218 页。

③ 吴学昭整理注释：《吴宓日记》Ⅲ，北京：生活·读书·新知三联书店，1998 年，第 319 页。

表 3－1　1934 年秋北大理学院教师课外指导安排

<table>
<tr><td rowspan="2">数学系</td><td colspan="3">奥古斯</td><td colspan="3">冯祖荀</td><td colspan="3">胡濬济</td><td colspan="3">赵淞</td></tr>
<tr><td colspan="3">每天十二时下课后</td><td colspan="3">周一、三，上午 10－11 时；周二、四，上午 9－10 时</td><td colspan="3">周一、三、四，上午 9－12 时</td><td colspan="3">周一、三，上午 8－9 时，周五，上午 9－10 时，周六，上午 10－11 时</td></tr>
<tr><td rowspan="2">生物系</td><td colspan="3">张景钺</td><td colspan="6">雍克昌</td><td colspan="3"></td></tr>
<tr><td colspan="3">周一至周五，上午 9－10 时</td><td colspan="6">周二，下午 2－5 时；周四，上午 9－12 时，下午 2－5 时；周五，下午 2－5 时</td><td colspan="3"></td></tr>
<tr><td rowspan="2">化学系</td><td colspan="3">曾昭抡</td><td colspan="3">刘树杞</td><td colspan="3">刘云浦</td><td colspan="3">钱思亮</td></tr>
<tr><td colspan="3">周一至周六，上下午</td><td colspan="3">周一、三、五，上午10－11 时</td><td colspan="3">周一至周六，上午 10－12 时</td><td colspan="3">周一、三、五、六，上午 10－12 时；周二、四，上午 9－11 时</td></tr>
<tr><td rowspan="2">地质系</td><td colspan="2">李四光</td><td colspan="2">王烈</td><td colspan="2">谢家荣</td><td colspan="2">葛利普</td><td colspan="2">张云铸</td><td colspan="2">斯行健</td></tr>
<tr><td colspan="2">周二、四、六，下午 2－5 时</td><td colspan="2">周二、四、六，上午 10－11 时</td><td colspan="2">周一、三、五，上午 9－11 时</td><td colspan="2">周三、五，上午 10－12 时</td><td colspan="2">周一、三、五，上午 9－10 时</td><td colspan="2">周二、四、六，下午 2－5 时</td></tr>
<tr><td rowspan="2">物理系</td><td colspan="2">饶毓泰</td><td colspan="2">吴大猷</td><td colspan="2">朱物华</td><td colspan="2">张宗蠡</td><td colspan="2">陈际云</td><td colspan="2">周同庆</td></tr>
<tr><td colspan="2">周一至周五，下午 3－5 时</td><td colspan="2">周一、三，上午 11－12 时，下午 2－3 时；周四，上午10－12 时，下午 2－3 时；周五，下午 2－3 时</td><td colspan="2">周一至周六，上午 9－10 时</td><td colspan="2">周一、二、三、四、六、日，上午 10－12 时；周一、三、四、五、日，下午 2－5 时</td><td colspan="2">周二、四、六，上午 9－12 时</td><td colspan="2">周一、二、三，下午 2－5 时；周六，上午 9－10 时</td></tr>
</table>

资料来源：《北大理学院课外指导教授各系均已聘定》，王学珍、郭建荣主编：《北京大学史料》（二），北京：北京大学出版社，2000 年，第 436－437 页。

（六）兼课生活

由于兼课现象在民国高校教师中比较普遍，因而兼课生活成为他们教学生活的重要内容。

1. 多校奔波兼课忙

虽然兼课能给高校教师带来较好的经济收入，但辛苦的奔波也确是事实。这里先以钱玄同 1917 年初的兼课生活为例。据《钱玄同日记》，1917 年 1 月 24 日，“午前大学有课，因讲义不足告假。午后大预有课，闻今日强行放假一日”。1 月 25 日，“午前将明日高师所用声韵讲义，捡旧稿略改送誊。……灯下编土曜日所用《说文》部首集笺”。1 月 26 日，“今日授课五小时”。1 月 27 日（星期六），“今日高师一小时，大预一小时，均上课”。1 月 29 日（星期一），“午前至大学上二年级课三小时。……午后至大预上二小时课。晚编水曜日大学及大预讲义”。1 月 30 日，“今日高师三小时，上课二小时，告假一小时。大预二小时，上课一小时，告假一小时，皆因讲义不足之故”。1 月 31 日，“今日授课六小时。……晚编金曜日师校讲义”。2 月 1 日，“假寐二小时许，至八时即起。至寄宿舍，将昨宵所编讲义写完交印”。2 月 2 日，“今日上高师课四小时，告假一小时。于告假一小时中，编明日国文专修科所用讲义”。2 月 3 日（星期六），“今日大预、高师授课各一小时”。①

这是钱玄同 1917 年两周的教学生活。1 月 23 日为年初一，其后两周，钱玄同一周内五天有课，总课时达 22 小时。除了在北京大学担任本科与预科的课外，便是在北京高等师范学校兼课 8 小时，分别安排在周二、周五、周六。

这样的工作量使钱玄同感觉疲惫。上一学期，在 1916 年 9 月 19 日的日记中钱玄同对此已有披露：“至高师授课三小时，颇惫，余之精力日坏一日，年甫三十而衰颓似五十外人，殊自伤，虽存在一日，致用之心总当尽一日也。”于是在 1917 年上半年他决定辞去四小时的兼课，在 1917 年 1 月 8 日的日记中写道：“上学期我所授课，合师校、大学及大学预科三处，每周有二十七小时之多，觉甚劳惫。自此学期始，拟将师校英语部讲读作文四小时，移归幼渔讲授。今日至师校告王霖之，彼已允许。”②

这样的兼课生活，北平教育界称为“拉散车”。由于要在各校之间东奔西跑，挣点钱委实不易，青年教师对此尤有感触。谭其骧 1930 年代初在北京读研究生，1932 年从燕京研究院毕业，被录用为北平图书馆的馆员，月薪 60 银元。为生计他又同时在辅仁大学、北京大学、燕京大学当兼任讲师。他在一篇文章中谈到了当时兼任讲师的情况：“兼任讲师俗称教零钟点，谑称拉散车，盖比之于拉洋车的不拉宅门里的包月车，停放在街头拉零星散座。教零钟点每课时五元，一门课

① 杨天石主编：《钱玄同日记》上，北京：北京大学出版社，2014 年，第 305—307 页。

② 杨天石主编：《钱玄同日记》上，北京：北京大学出版社，2014 年，第 291、299 页。

若每周二小时，每月得四十元，三小时的话就得六十元。一年只能拿十个月的钱，暑假一般从六月中放到九月初，七、八两月不给钱。我教过每周二小时至六小时。北平城内城外大学很多，颇有些人教零钟点到每周十几二十几小时的。曾经有一位太贪多务得，每周教到四十多小时，结果累死在洋车上。”①

李宗侗也谈到北平高校教师这种疲于奔命的兼课生活：“彼时北平的教育界，皆因为欠薪而难维持生活，于是兼课之风大作。常有人兼课到五十几小时一星期，当然这时间是不够的，于是不得不采取特别的方法，就是假设两个学校的钟点相冲突，他就轮流在两学校告假。”②

上海则把教师兼课称为“跑钟点”。当时私立学校是按照教师教课钟点计算薪金，所以上海有“钟点费”这个名称。“教师为了多赚几个钱以维持家人的生活，往往不顾身体健康，争取多担任授课钟点。一个学校里的授课钟点如果不够，再到其他学校去兼课，一个人兼任 3 个到 5 个学校的课务都不算稀奇，这叫做‘跑钟点’。”加上一些中学为提高升学率，往往喜欢拉上大学教授来兼课，以便将大学关于升学考试的基础知识提前教给中学生。例如，由于上海交通大学历年录取很难，所以南洋模范中学就拉交大的教授来兼课，以帮助学生考上交通大学，像贾宾如、俞大年、任有恒等教授都在南洋模范中学教过课。③

汪翰章先生在《上海教员的生活》一文中，形象地把大学教师的兼课称作“跑街”生活（上海各大商店都雇有跑街，专门四处兜揽生意）。他说，在上海各大学任教的教员，因为一个学校的薪水不易维持生活，其势不能不兼课。但是，上海各校的距离很远，比方，复旦大学、持志大学、劳动大学和上海法学院，都在江湾，沪江大学在杨树浦，法政学院在金神父路，暨南大学在真如，暨南大学法律系又在上海劳神父路，中国公学在吴淞，交通大学在徐家汇，“每校相距，

---

① 谭其骧：《一草一木总关情》，张岱年、邓九平主编：《逝水年华》学者卷二，北京：北京师范大学出版社，2005 年，第 290 页。

② 李宗侗：《北大教书与办〈猛进〉杂志》，王世儒、闻笛编：《我与北大——“老北大”话北大》，北京：北京大学出版社，1998 年，第 192 页。

③ 谢鸣九：《上海私立学校的奇闻丑事》，上海市政协文史资料委员会编：《上海文史资料存稿汇编》第 9 册，上海：上海古籍出版社，2001 年，第 412、418 页。

恒在数十里之遥”。教授兼课多的，常有五六个学校，每周上课达四十余小时。所以整天夹着皮包，跑来跑去，简直在汽车、电车、洋车上过风尘生活，和上海各大商店的跑街，在表面上看，并无不同。①

姜亮夫 1929 年从无锡到上海，经胡朴安介绍，在私立持志大学和大夏大学任教，“这样一来，我每月有近三百元收入”②。潘大逵不仅在上海法学院任教，还在上海暨南大学兼课，“在那里每周去三次，共上课六小时，兼课钟点费是一小时四元，比上海法学院几乎高出一倍”③。陈科美 1927 年 8 月来到上海，入暨南大学任教，此后一直在上海从事教育事业，“解放前，所有上海的大学，凡有教育系的，差不多都请我去教过课”④。萧公权留学美国归来在上海南方大学和国民大学任教，“两校合计，每星期授课十二小时，每月共得薪金约两百元。课务颇为繁重，待遇并不丰厚，但较之做无业游民总较妥当”⑤。

章益 1929 年受聘复旦教育系主任，“同时还先后在劳动大学、暨南大学、光华大学、中国公学等校兼课”⑥。杨亮功担任中国公学副校长期间，同时在暨南大学兼课。中国公学在吴淞口，暨南大学在真如，而杨亮功家设在上海。他平日住校，星期三晚上回上海，第二天早上赴真如，上午在暨南大学有两小时教育统计的课程，下午再赶回学校。

这样频繁的奔波自然会影响教学质量，由此引起学校和学生的不满。田汉在上海，除了在暨南大学、复旦大学教书外，还搞上了戏剧电影。这两所学校一在上海东郊，一在上海西郊，给不拘细节的田汉带来了很大麻烦。“田老大就是这么一种带着五四运动初期浪漫气氛的文人。他曾经担任过复旦、暨南两大学的教授。这两大学，一在上海东郊，一是在上海西郊，他常是逢复旦有课的日子到暨

---

① 汪翰章：《上海教员的生活》，《现代学生》第一卷第二期，1930 年。

② 姜亮夫：《姜亮夫全集》第 24 册，昆明：云南人民出版社，2002 年，第 87 页。

③ 潘大逵：《风雨九十年》，成都：成都出版社，1992 年，第 82 页。

④ 陈科美：《陈科美自述》，高增德、丁东编：《世纪学人自述》第 1 卷，北京：北京十月文艺出版社，2000 年，第 270 页。

⑤ 萧公权：《问学谏往录》，合肥：黄山书社，2008 年，第 73 页。

⑥ 章益：《章益自述》，高增德、丁东编：《世纪学人自述》第 2 卷，北京：北京十月文艺出版社，2000 年，第 70 页。

南去，又逢暨南有课的日子到复旦去，错来错去，一辈子也搅不清楚。对这样的教授，学校当局当然只能聘请一年，便不再敢领教了”①。

北洋大学还因教师的兼课引发了一场风波。那是1930年春，茅以升在天津北洋大学任院长。当时学校有教授每星期往北京各大学兼课，而且愈演愈烈，以致有的教授将学校的课移至星期天，引起学生的不满。茅以升跟这几位教授谈判，请他们或在北洋或往北京做出选择，不能两地兼课。这些教授便一面辞职，一面鼓动学生，说茅以升排斥好教授。不明真相的学生便闹起风潮，要求茅以升辞职。茅以升本来就无意行政工作，便借此向教育部辞去了院长职务。②

朱自清的兼课则是另外一种风格。1933年至1934年，朱自清接受北京师范大学国文系的兼课邀请，讲授“新文学概要”。他的兼课时间特地安排在星期六，张清常在《怀念佩弦老师》中说：“在我跟随朱先生多年以后，知道他的为人，才了解他为什么把课排在星期六。朱先生这个脾气是：清华专职，师大兼职，兼课就不要排在一周的主要时间里。”③

2. 抗战时期的兼课

抗战爆发，高校处于调整、重组之际，这样带来了兼课现象的变化。这个时期的教师兼课有的是由学校安排。例如1937年，管理中英庚款董事会当时向教育部提出建议，是否可以让一些富余的教授支援边疆省份的大学。他们在给教育部的公函中称：“查国内战区各大学教授，人数甚多，而临时大学仅有两所，将来合班上课，原聘教授必有多余。本会拟与贵部会商，选送一部分教授，分赴远边大学如云南、广西、四川等大学担任教席。暂以一年为期，薪俸拟仍照在各大学原额支给，另致送来往川资若干。如此则战区各大学教授既可有充分服务之机会，而云南等三省大学，又可得优良教授，一举两得，谅荷赞同。”于是他们开具了一张借调名单：

---

① 曹聚仁：《田汉请客》，《听涛室人物谭》，上海：上海人民出版社，1998年，第213页。

② 茅以升：《回忆我在北洋大学》，钟叔河、朱纯编：《过去的大学》，武汉：长江文艺出版社，2005年，第224页。

③ 转引自汪修荣：《民国教授往事》，郑州：河南文艺出版社，2008年，第216页。

甲、云南大学

一、采矿工程学：一人，拟延聘张正平（唐山交通大学教授）。

二、冶金学：一人，拟延聘蒋导江。

三、工业化学：一人，拟延聘程耀椿（浙江大学教授）。

四、商科经济学：一人（未定）。

五、物理学：一人，拟延聘任之恭（清华大学教授）（梅批：改赵宗尧）。

（附注：或就上述五教授中，酌减一席，另聘土木工程教授一人。）

乙、四川大学

一、教育哲学：一人，拟延聘邱椿（北京大学教授）。

二、工业化学：一人，拟延聘张洪沅（南开大学教授）。

三、物理学：一人（未定）（梅批：推吴大猷不就）。

四、数学：一人，拟延聘曾远荣（清华大学教授）。

五、政治学：一人，拟延聘萧公权（清华大学教授）。

六、经济学：一人，拟延聘秦瓒（北京大学教授）。

七、人类考古学：一人，拟延聘冯汉骥。

丙、广西大学

一、道路运输、养路工程、铁道工程、桥梁设计：一人（未定）。

二、热力工程、机械设计、原动力厂、高等机械设计、制图机车工程、机械制造法：二人（未定）。

三、债编总论、物权：一人（未定）。

四、应用统计学：一人（未定）。

五、会计学：一人（未定）。

六、工业化学：一人（未定）。①

这种兼课其实还算不上是严格的兼课，只能算是一种借调。但是，由于地理位置的方便，相邻的大学之间通过组织的借聘而形成的兼课也在这时流行。例如

① 王文俊主编：《国立西南联合大学史料》（四），昆明：云南教育出版社，1998年，第399—401页。

云南大学与西南联大只一街之隔，因此相互借聘教授颇为方便。1938 年 11 月 7 日，西南联大向云南大学致函，商讨互借闻在宥、罗庸教授事宜：“径启者：本校拟于本学年聘请贵校教授闻在宥先生来校担任中国文学系语言文字组‘印支语研究’一学程，每周二时，一学年。本校则请教授罗庸先生往贵校担任‘中国文学史专题研究’一学程，时间与期限，亦为每周二时，一学年，以资交换。并由两校各发一名誉讲师聘约。相应函达，可否之处，即希查核见复为荷。”①

又例如 1939 年 4 月云南大学欲借聘西南联大数学教授姜立夫，西南联大致函云南大学：“贵校云字第三八〇七号公函为拟聘本校姜立夫教授担任微分几何学讲师，且令学生到本校随班听讲，希允复。等由：准此。查贵校拟聘本校姜立夫教授为讲师，担任微分几何学三小时，自可同意，仍请查照前函附送之本校教授兼课规则办理。至令学生来校随班听讲一节，应请开示学生人数，俾使酌定。”云南大学为此函复西南联大：“贵校云字第一一七九号公函，关于拟聘姜立夫先生担任微分几何学讲师，承允同意，深为感谢，其随班听讲学生，除原送学生中何凤舞、陈湘芸、白世俊等三名，现已退出外，实到听讲学生，计有杨发权、陈元龄、姚家壁、陈宝佩等四名，至姜先生之待遇，仍照贵校前送兼课规则办理。”②

像这种近邻学校互通有无的事例还是比较方便，如云南大学 1940 年借聘贺麟、陈席三、冯景兰，1941 年借聘向觉民，西南联大都予以了积极的支持。但对路途遥远者，有时则难于满足对方的请求。如西北工学院于 1939 年 12 月，欲借聘西南联大化学教授黄子卿，西南联大感觉为难：“因本校学生众多，班数亦多，原有教授，仅敷支配，未能借聘。”③ 而在云南徵江的中山大学师范研究所，1940 年 2 月，希望向西南联大借聘罗廷光、陈友松来校主讲教育行政和训育各种问题，西南联大予以同意：“查此案已征得罗、陈两教授同意，每两星期赴贵

① 王文俊主编：《国立西南联合大学史料》（四），昆明：云南教育出版社，1998 年，第 402—403 页。
② 王文俊主编：《国立西南联合大学史料》（四），昆明：云南教育出版社，1998 年，第 403 页。
③ 王文俊主编：《国立西南联合大学史料》（四），昆明：云南教育出版社，1998 年，第 409 页。

所讲学一次，惟不担任名义，旅费由贵所支给。”① 云南腾冲地区欲建立水电厂，请西南联大教授施嘉炀利用暑假进行技术指导。待暑期结束，腾冲水电厂希望施嘉炀教授能利用课余时间继续负责水电厂建设的主持，梅贻琦的回复是：“本校乐于赞助，当予同意，但施君担任该厂工作，以不妨碍其在工院课务为准。再，贵会对于施君，除担负其旅费及其他用费外，拟请不给薪金。”②

这样借调出去的人才可能一时还要不回来。1941 年 7 月 9 日，西南联大梅贻琦、郑天挺、罗常培来到位于四川乐山的武汉大学，想要回借调在此的朱光潜。第二天，他们去看望武汉大学校长王星拱，朱光潜、陈西滢也在座。寒暄之后，梅贻琦正式向王星拱提出，联大盼望朱光潜返回学校。王星拱正颜厉色地说：“武大对于朱先生比联大更需要，请你们就暂时借给我们几年罢。”于是，这一场交涉就这样中止。③

以上所述，从排课、备课、上课、考试、课外指导、兼课等方面简单介绍了民国高校教师的教学生活。高校的教学规范是严格的，教师共同体的成员必须严格遵守教学规范，通过教学实践提高教师的专业水准，才能成就高校教师共同体的社会认同。

当然，受社会思潮的影响，民国高校教师对教学工作的态度也并不是一开始就步调一致的。1930 年，复旦大学教授汪翰章就提到过上海教育界流行着“四不教主义”和“五马虎主义”。所谓“四不教主义”，就是高校教师对学校待遇不好的不教，学生程度不好的不教，学生纪律不好的不教，还有就是即使学校待遇好，学生程度和纪律都好，但自己不高兴教，还是不教。所谓“五马虎主义”，就是学校待遇不好，可以马马虎虎；学生程度不好，可以马马虎虎；学生纪律不好，可以马马虎虎；讲起书来，马马虎虎；考起课来，马马虎虎。这是当时上海高校教师中两种不同的教学态度。汪翰章认为：“信仰‘四不教主义’的人，多能得学校当局和学生的欢迎，处处感觉兴趣，当然是快乐的生活。信仰‘五马虎

① 王文俊主编：《国立西南联合大学史料》（四），昆明：云南教育出版社，1998 年，第 409 页。
② 王文俊主编：《国立西南联合大学史料》（四），昆明：云南教育出版社，1998 年，第 411 页。
③ 罗常培：《蜀道难》，《罗常培文集》第十卷，济南：山东教育出版社，2008 年，第 147 页。

主义’的人，虽说可以马虎了事，但处处不感觉兴趣，可以说是无聊的生活。”①

汪翰章以“快乐的生活”和“无聊的生活”为对比，表达了民国高校教师对教育事业执着的追求与热爱，表达了民国高校教师对教学工作的强烈认同感，代表了民国高校教师的主流。而且，随着民国高校教学管理的逐步规范，各项规章制度的逐步完善，教师的教学态度也逐步趋向同步。

二、竞技讲台自风流

高校教师教学生活的精华主要体现在讲台。他的学识，他的演讲能力，他的教学风格最后都融会在这三尺讲台上。多少年过去了，学生们所津津乐道者，还是民国高校教师在讲台上所展示的风采。

（一）梁启超

梁启超，字卓如，号任公，又号饮冰室主人，广东新会人。早年参与清末维新变法运动，后流亡海外。辛亥革命后一度涉足政坛，1919 年后脱离政界，专心著述与讲学，先后在东南大学、南开大学等高校担任讲座，1925 年受聘为清华国学研究院导师。

① 汪翰章：《上海教员的生活》，《现代学生》第一卷第二期，1930 年。

梁启超晚年在高校的讲学，是其人生浓墨重彩的一笔。如果说当年投身维新运动是其人生的第一次高潮，流亡海外办刊是其人生的第二次高潮，那么民国时期的高校讲学则是其人生的第三次高潮。其长子梁思成曾追忆其父："先君子曾谓'战士死于沙场，学者死于讲座'。方在清华、燕京讲学，未尝辞劳，乃至病笃仍不忘著述，身验斯言，悲哉！"①

这里仅据梁启超于1922年11月29日写给女儿的信，兹列他在南京东南大学讲授"中国政治思想史"期间每周的功课表如下：②

表3－2　1922年秋梁启超在东南大学的功课表

星　期	上　午	下　午	晚　上
一	支那内学院听佛学课	东南大学讲学1小时	
二	南京一中演讲2小时	东南大学讲学1小时	
三	支那内学院听佛学课	东南大学讲学1小时	
四		东南大学讲学1小时	法政专门学校讲课
五	支那内学院听佛学课	东南大学讲学1小时	给学术团体演讲
六	南京女子师范讲课2小时	东南大学讲学1小时	

另：南京各学校或团体之欢迎会，每周总有一次以上。

梁启超的讲学如同他的著述一样，几乎达到了忘我的地步。且不说这巡回演讲需频繁的奔波，得上午、下午、晚上的连轴转，仅讲稿的拟定就是一项十分繁重的工作。他在南京的讲演，讲稿都是临时编写，仅第一个月他所编写的讲稿就达10万字之多。因而梁启超整日不是忙于讲演就是忙于写稿，以致陪同他去南京的张君劢也不得不日日劝他："铁石人也不能如此做。"

梁启超对讲学极为认真。凡是约定的讲演，即便是遇上身体欠佳，他也不肯停止或改期。有一次，张君劢发现梁启超身体不适，便请了一位外国医生在讲堂外等着给梁启超检查身体。检查结果是，梁启超右心房偏大，脉搏每分钟达90次，医生要求梁启超必须停止一切讲演。但梁启超不以为意，当晚，他又照常去

① 丁文江、赵丰田编：《梁启超年谱长编》，上海：上海人民出版社，2009年，第773页。
② 丁文江、赵丰田编：《梁启超年谱长编》，上海：上海人民出版社，2009年，第623页。

南京法政专门学校上课。张君劢听说后立即赶到该校，把梁启超从讲台上拉下来。第二天，梁启超又照常到东南大学去上课。不料在讲堂门口见着一份通告，说梁先生有病放假。学生们都已散去。梁启超再一打听，才知张君劢已给各个学校都写了信，将梁启超所有的课都停止一个星期，梁启超坚决不同意。两人经过反复的讨价还价，最后议定东南大学的课照上，支那内学院的佛学课照听，其他讲演一概停止。梁启超这才作罢。但实际上梁启超并未依照这一商定的原则去办，他在 1923 年 1 月 15 日给女儿的信中说："这几天并未有依医生的话行事，大讲而特讲，前天讲了五点钟，昨天讲了四点钟，但精神却甚好。"① 从南京返回天津后，梁启超也并未履行他对女儿许下的"戒讲演"的诺言，依旧到南开大学去讲课。甚至在正月初二，他去火车站欢迎杜里舒博士，所乘马车被电车撞倒，头部和腿部均负有轻伤，但梁启超仍然没有停止当天在南开大学的讲课。

1925 年，梁启超受聘清华国学研究院后，讲课活动更为频繁了。梁启超不仅承担了上课任务，而且对要求接受指导的 16 名学生一概应承下来，远远超过了学校规定的指导 10 人的任务。此外，司法储才馆请他每周六讲一个小时的"人生哲学"，每周五和周六各有两个小时接见学生。燕京大学也请他讲课。国立京师图书馆编辑《中国图书大辞典》和《中国图书索引》，也请他担任主要角色。梁启超都一一承担下来。这样，他虽然更忙了，但他觉得忙得有兴致。他说："现在清华每日工作不轻，又加以燕大，再添上这两件事，真够忙了，但我兴致勃勃，不觉其苦。"②

学生对梁启超的讲课是这样描述的："蓝袍青褂，身材魁伟，有些秃顶，却是红光满面，眼睛奕奕有神，讲起来有许多手势表情，笑得很爽朗。他引书成段背诵，背不下去的时候，就以手敲前额，当当作响，忽然又接下去。敲几次想不起来，就问当时陪听的教授钱玄同、单不庵、杨树达等"③。

---

① 丁文江、赵丰田编：《梁启超年谱长编》，上海：上海人民出版社，2009 年，第 632 页。

② 丁文江、赵丰田编：《梁启超年谱长编》，上海：上海人民出版社，2009 年，第 718 页。

③ 梁容若：《梁任公先生印象记》，夏晓虹编：《追忆梁启超》，北京：中国广播电视出版社，1997 年，第 339 页。

梁启超上课，又因其语言、表达的特殊，给学生有趣的印象："先生时年约五十二三，发秃如镜，已呈苍老态，衣履朴洁，态度严肃。上课时，不携书本讲义，口授大意，命诸生笔记。先生拙于口才，其声调，骤听之，国语也，惟夹杂新会土音及广州方言。北方学生，无法记录，瞠目静听而已。下课后即群趋我粤籍同学处借钞笔记。先生每发言，必连声说'这个这个'以开端。'这个这个'之声不绝于耳，学生因锡以'这个老博士'之嘉名。"①

梁实秋当年曾亲耳聆听过梁启超讲演，他说："我记得清清楚楚，在一个风和日丽的下午，高等科楼上大教堂里坐满了听众，随后走进一位短小精悍秃头顶宽下巴的人物，穿着肥大的长袍，步履稳健，风神潇洒，左右顾盼，光芒四射，这就是梁任公先生。他走上讲台，打开他的讲稿，眼光向下面一扫，然后是他的极简短的开场白，一共只有两句，头一句是：'启超没有什么学问——，'眼睛向上一翻，轻轻点一下头，'可是也有一点喽！'这样谦逊同时又这样自负的话是很难得听到的。""先生的演讲，到紧张处，便成为表演。他真是手之舞之、足之蹈之，有时掩面，有时顿足，有时狂笑，有时太息。听他讲到他最喜爱的《桃花扇》，讲到'高皇帝，在九天，不管……'那一段，他悲从中来，竟痛哭流涕而不能自已。他掏出手巾拭泪，听讲的人不知有几多也泪下沾巾了！又听他讲杜氏讲到'剑外忽闻收蓟北，初闻涕泪满衣裳……'先生又真是涕泗交流之中张口大笑了。"②

（二）陈寅恪

陈寅恪，江西修水人，出生于湖南长沙。祖父陈宝箴，官至湖南巡抚。父亲陈三立，曾任吏部主事。陈寅恪于清末民初留学日本、欧美十几年，于 1925 年

---

① 江父：《忆梁任公先生》，夏晓虹编：《追忆梁启超》，北京：中国广播电视出版社，1997 年，第 313 页。

② 梁实秋：《记梁任公先生的一次演讲》，夏晓虹编：《追忆梁启超》。北京：中国广播电视出版社，1997 年，第 311—312 页。

入清华国学研究院任导师。1928 年清华学校改制为清华大学，陈寅恪应聘为中文系、历史系教授，并在北京大学兼课。抗战时期，陈寅恪先后任教于西南联大、香港大学、广西大学和燕京大学。抗战胜利后，陈寅恪回到清华大学，任历史系和中文系教授。陈寅恪所任课程有“佛经翻译文学”“佛经文学”“世说新语研究”“魏晋南北朝专题研究”“隋唐五代史专题研究”等。

陈寅恪性格沉稳，不似梁启超那么感情外露，所以他的讲课，波澜不惊，平铺直叙，引经据典，却于有意无意之间迸发出思想的火花，引领学生在山重水复中寻觅柳暗花明。季羡林于 1930 年入读清华大学西洋文学系，旁听了陈寅恪的“佛经翻译文学”课。他感觉：“寅恪先生讲课，同他写文章一样，先把必要的材料写在黑板上，然后再根据材料进行解释、考证、分析、综合，对地名和人名更是特别注意。他的分析细入毫发，如剥蕉叶，愈剥愈细愈剥愈深，然而一本实事求是的精神，不武断，不夸大，不歪曲，不断章取义。他仿佛引导我们走在山阴道上，盘旋曲折，山重水复，柳暗花明，最终豁然开朗，把我们引上了阳关大道。”①

注重对材料考据、分析、综合，讲课就必须讲解自己的新见解、新解释，所以陈寅恪对于大学的讲课有自己独特的见解。1935 年 9 月 13 日，他在“晋至唐史”第一课讲解讲课要旨时谈道：

本课程虽属通史性质，也不能全讲。如果各方面都讲一点，则类似高中讲法，不宜于大学。每星期二小时，在听者或嫌其少，在讲者已恨其多。其原因有三：（一）自己研究有限，自己没有研究过的，要讲就得引用旁人的研究成果和见解（包括古人的和今人的）。这些，都见于记载，大家都能看到，不必在此重说一遍。（二）有些问题确是值得讲，但一时材料缺乏，也不能讲。（三）以前已经讲过的也不愿意再重复。有这些原因，所以可讲的就更少了。现在准备讲的是有新见解、新解释的。②

① 季羡林：《回忆陈寅恪先生》，张杰等选编：《追忆陈寅恪》，北京：社会科学文献出版社，1999 年，第 123 页。

② 蒋天枢：《陈寅恪先生编年事辑》（增订本），上海：上海古籍出版社，1997 年，第 94 页。

对此，陈寅恪要求学生必须多读书，多研究。他给学生规定了最低限度的必读书，这些书中的内容虽然不在课堂讲，但要考，因为这是基本常识。另外，又规定了进一步学习、研究所要读的书，并且要对讲课中所涉及的新材料加以研究。他要求学生学习时特别注意古人的言论和行事，以及与当时社会生活、社会制度的关系。正因为陈寅恪对大学的讲课有特别见解，所以他的课给学生以特别的感受。

罗香林在回忆陈寅恪的讲课情形时说："陈师每次上课，必携带要引用的书籍多种，以黄布包裹，拿到课室，放在讲台。遇须引证的重要文句，亦必写在黑板。陈师夏秋季常穿蓝布长衫，冬春季常穿长袍马褂。来校，常挟黄布书包，进入课室，就提出要讲的专题，逐层阐释，讲至入神的地方，往往闭目而谈，至下课铃响，还在讲解不停，真是诲语谆谆，从无倦容。而其风度和声音笑貌，也最为学生所神往。"①

陈寅恪上课总是肩背一个挎包，或蓝色，或黄色。时间久了，学生们发现，黄色包袱是用来包裹佛教书籍的，用于讲授佛经文学、禅宗文学课程；蓝色包袱则包裹讲授其他课程的书籍。因此，在学生们的记忆中总离不开对包袱颜色的描述："他讲授佛经文学、禅宗文学的时候，一定用一块黄布包了许多那堂课所要用的参考书，而讲其他课程，则用黑布包那些参考书，他很吃力的把那些书抱进教室，绝对不假手助教替他抱了进来。下课时，同学们想替他抱回教员休息室，他也不肯。每逢讲课讲到要引证的时候，他就打开带来的参考书把资料抄在黑板上，写满一黑板，擦掉后再写。"②

抗战时期，到西南联大了，陈寅恪的讲课风采依然魅力不减。当时的学生看到陈寅恪，虽为一级教授，日常还是身着青布长衫，脚着布面圆口鞋，不修边幅，却飘逸自如，不失学者风度。上课时则用一块蓝布包着讲义或教材。夹在腋

---

① 罗香林：《回忆陈寅恪师》，张杰等选编：《追忆陈寅恪》，北京：社会科学文献出版社，1999年，第104页。

② 许世瑛：《敬悼陈寅恪老师》，张杰等选编：《追忆陈寅恪》，北京：社会科学文献出版社，1999年，第116页。

下，慢慢走进教室："貂皮帽、衣狐裘、围围巾、手提蓝色小包袱，坐在南区小教室里，有时微笑，有时瞑目，旁征博引，滔滔不绝。同学如坐白鹿洞中，教室虽无绛帐，却也如沐春风。"①

1939年10月27日，西南联大外文系学生许渊冲旁听了陈寅恪的"南北朝隋唐史研究"的课："他闭着眼睛，一只手放在椅背上，另一只手放在膝头，不时发出笑声。他说研究生提问不可太幼稚，如'狮子颌下铃谁解得'？解铃当然还是系铃人了（笑声）。问题也不可以太大，如两个和尚望着'孤帆远影'，一个说帆在动，另一个说心在动，心如不动，如何知道帆动（笑声）？心动帆动之争问题就太大了。问题要提得精，要注意承上启下的关键，如研究隋唐史要注意杨贵妃的问题，因为'玉颜自古关兴废'嘛。"②

1942年，陈寅恪到位于广东坪石的中山大学作短期讲学，时任中文系教师的徐中玉去听了一次他上的课："他静静地坐在一把藤椅里，桌上只准备着茶水，一本书也没有，不见粉笔黑板，因为他已不能写。讲唐史上的一个问题，我是完全的门外汉。他讲的声音很低，却极有条理。需要用原材料作证的，他就顺口背出来，往往还说这条材料见某书某卷，新旧两唐书哪些卷或篇的记载可参看、比较。记忆力之强，知识之渊博，学问的实在，听课的无不惊叹。整整两个小时，课堂里肃静，只有他低低的讲课声和听众的笔记声。他在两小时中只稍为休息了几分钟，喝了几口茶水。然后征求提问，有问必答。"③

1943年年底，陈寅恪到达成都，任教于燕京大学。由于生活极其艰苦，营养很差，陈寅恪的眼疾日益恶化。其女儿记载道："不料一九四五年春天一个早上，父亲突然发现两眼一片漆黑，失明了。先叫我通知他当天不能上课，随后住进存仁医院。手术前后，燕京老师同学们非常关心，很多同学轮流照顾，但身

---

① 李钟湘：《西南联大始末记》，钟叔河、朱纯编：《过去的大学》，武汉：长江文艺出版社，2005年，第177页。

② 许渊冲：《逝水年华》，北京：生活·读书·新知三联书店，2008年，第21页。

③ 徐中玉：《我听过一次陈寅恪讲课》，萧乾主编：《海上春秋》，北京：中华书局，2005年，第143—144页。

体、生活条件太差，手术后仍不能恢复视力。”[1]

双目失明后的陈寅恪依然坚守在大学讲台。抗战胜利后，陈寅恪回到了清华大学。学校看他双目失明，且身体疲惫，劝他先休息一两年再上课，但陈寅恪以“我拿国家的薪水，怎能不干活”为由坚持上课。学校派王永兴给他当助教，1946年至1948年，王永兴都跟随陈寅恪备课、上课。每次备课，陈寅恪确定讲课内容后，由王永兴读资料，陈寅恪边听边思考，不时提出一些问题，由王永兴记录下来，并形成讲课框架。王永兴说：“先生在清华新林院的住房相当宽敞，书房对面一间大房子作为教室，先生指定讲课要用的史料，在上课前，我写满两块大黑板。先生准时讲课，我扶着他走进教室坐在藤椅上，并禀告先生黑板上写出史料的顺序。先生即闭目讲课，讲授过程中，时常要增加一些史料，我即遵命写在黑板上，并念给学生听。两节课，中间虽稍有休息，先生已很劳累，靠坐在沙发上闭目休息，我做些有关备课和学生作业的事。”[2]

（三）吴宓

吴宓，字雨僧，陕西泾阳人。于清华学堂毕业后，留学美国哈佛大学。1921年留学归国后，即受聘于南京东南大学英文系（后改名西洋文学系）教授。1924年8月受聘于东北大学外文系教授，1925年2月入清华学校筹备国学研究院，后任教清华大学西洋文学系。抗战全面爆发，随学校南迁，任教西南联大外文系。1946年8月赴武汉大学外文系任教授兼系主任。1949年4月赴重庆，先后任教相辉文学院外文系、勉仁文学院中文系，兼重庆大学外文系教授。

吴宓热爱教学和学术研究，虽然对行政工作也颇为热心，但内心却常常为因此耽误研究与教学而倍感痛苦。这一内心的煎熬在初到清华时期尤为剧烈。由于担任国学研究院主任，忙于行政事务而疏忽了教学。1925年10月22日，他受邀

---

① 蒋天枢：《陈寅恪先生编年事辑》（增订本），上海：上海古籍出版社，1997年，第135页。

② 王永兴：《种花留与后来人——陈寅恪先生在清华二三事》，张杰等选编：《追忆陈寅恪》，北京：社会科学文献出版社，1999年，第225页。

给清华学校学生演讲“文学研究法”。他自恃已有几年的教学经验，且反映不错，不料由于准备不足而效果不理想：“下午3—4，在旧礼堂，为普通科学生演讲《文学研究法》。空疏虚浮，毫无预备，殊自愧惭。张仲述结束之词，颇含讥讪之意。宓深自悲苦。缘宓近兼理事务，大妨读书作文，学问日荒，实为大忧。即无外界之刺激，亦决当努力用功为学。勉之勉之。勿忘此日之苦痛也。”①

1926年初，吴宓仍被清华研究院行政事务缠身，十分烦闷：“连日以此事牵缠，殊愤郁不快。念人生如驹过隙，百年一瞬。事业正多，学问当务，而乃消磨光阴于此等无味之小政潮之中，激切播荡，殊为何来?”②

这一年3月，他辞去了国学研究院主任一职，专任西洋文学系教授，然还兼着大学部国文系主任一职，后来又代理西洋文学系主任。烦琐的行政工作缠绕着吴宓，使他不能全身心投入教学。“（9月22日）晚，陈寅恪来。谈及‘现代文化’一课，校内校外，至无人愿来担任。宓颇愿自任讲授此课，而辞去代理西洋文学系主任职务。然校中既不来邀，亦未必准辞，只好作罢。宓到清华，长羁身于行政事务，而未能多授功课，使学生知我服我。舍长用短，不得享受清闲高雅之生活，而日与小人俗子角逐龋龁，不亦哀哉!”③

吴宓的愿望是希望通过教学“使学生知我服我”，但行政上诸多的陪侍应酬令他无暇作文读书。“（11月9日）下午，阅课卷。3—4点曹校长陪导钱方轼（北京哈佛同学会会长）来宓室中晤会，只得陪侍。同至赵元任宅中，并晤陈寅恪。4—7点系主任会议。一日遂耗尽。作文读书，何从得一日半日之长暇哉!”④11月11日，东南大学教授柳诒徵来清华，上午，“宓陪导柳公访梁任公、刘崇鋐、楼光来等人。午设酒馔，款柳公及叶企孙。下午，王静安、陈寅恪、刘崇鋐等，悉来此晤柳公。又同至西园观杨希云所艺菊花，缤纷烂漫，至极美观。四时，柳公别去。而杨宗翰已先至。于是宓复陪杨宗翰及楼光来，二次往观菊花。

① 吴学昭整理注释：《吴宓日记》Ⅲ，北京：生活·读书·新知三联书店，1998年，第84页。
② 吴学昭整理注释：《吴宓日记》Ⅲ，北京：生活·读书·新知三联书店，1998年，第127页。
③ 吴学昭整理注释：《吴宓日记》Ⅲ，北京：生活·读书·新知三联书店，1998年，第226—227页。
④ 吴学昭整理注释：《吴宓日记》Ⅲ，北京：生活·读书·新知三联书店，1998年，第248—249页。

夕略置酒馔，以款杨宗翰。晚，与杨宗翰同访 Winter，在其家谈叙至十一时，始归”①。

当年吴宓在东南大学集中精力于教学时可没有这些烦恼。他在东南大学的第一年，在英语系讲授“英国文学史”“英诗选读”“英国小说”和“修辞原理”，第二年及第三年在新成立的西洋文学系，又增加了“欧洲文学史”一门课。吴宓对这三年的讲课感觉十分好，他在《自编年谱》中说：“‘教学相长’。以东南大学学生之勤敏好学，为之师者，亦不得不加倍奋勉。是故宓尝谓‘一九二一至一九二四的三年中，为宓一生最精勤之时期’者，不仅以宓编撰之《学衡》杂志能每月按期出版，亦以宓在东南大学之教课，积极预备，多读书，充实内容，使所讲恒有精彩，且每年增开新课程。”当时有清华学生二三人来东南大学游览，其中梁治华听了吴宓两三天的课。“梁君回校后，即在《清华周刊》中著论，述东南大学学风之美，师饱学而尽职，生好读而勤业。又述其听宓讲卢梭课，宓预先写大纲于黑板，讲时，不开书本，不看笔记及任何纸片；而内容丰富，讲得井井有条，滔滔不绝。清华今正缺乏良好教授，此人之所共言。吴先生亦是清华毕业游美同学，而母校未能罗致其来此，宁非憾事哉!”② 此中的梁治华，即梁实秋，当时他正在清华大学求学。梁实秋后来也记述了此事：“这里的教授很能得到学生的敬仰，这是胜过清华的地方。我会到的教授，只是清华老同学吴宓。我到吴先生班上旁听了一小时，他在讲法国文学，滔滔不绝，娓娓动听，如走珠，如数家珍。”③

吴宓希望在清华大学能继续发挥他的教学优势。例如他在讲授外国文学及写作的过程中，很注意引导学生关注文学与人生，于是萌发了开设“文学与人生”课程的想法。1936 年 7 月 6 日，当得知学校准其增设“文学与人生”课程，“宓甚喜，得此殊便，决当努力研究。将尽我之所能，使‘文学与人生’一门之内容

① 吴学昭整理注释：《吴宓日记》Ⅲ，北京：生活·读书·新知三联书店，1998 年，第 249 页。
② 吴学昭：《吴宓与陈寅恪》(增补本)，北京：生活·读书·新知三联书店，2014 年，第 39 页。
③ 梁实秋：《南游杂感》，《梁实秋散文集》，第 2 卷，长春：时代文艺出版社，2015 年，第 384 页。

充实，对学生有益，而毋负学校与国家待宓之厚也”[①]。

开学之后，9月2日，吴宓立即撰“文学与人生”一学科之中英文说明，并发布选课广告。9月13日，编拟“文学与人生”应读书目。吴宓在选修广告中强调：“本学程研究人生与文学之精义，及二者间之关系。以诗与哲理二方面为主，然亦讨论政治、道德、艺术、宗教中的重要问题。选修此学程的学生应参加课堂中的讨论，并先读教授指定的中西文学名著若干篇，为讨论的依据。其中有文有诗，或为哲理及文艺批评，每篇皆须精细研读。拟就此学程撰作研究论文的学生，须读教授为该学生特开的书籍，以汇积个人文学研究及生活经验所得，而于一年中撰成论文一篇。”[②]

此课程一经开设，便受到学生的欢迎。其影响甚至波及校外，不久北师大也请吴宓去讲授这门课。抗战时期，这门课程在西南联大继续开设。据吴宓的日记，1942年9月28日，“晚6：30上‘文学与人生’本年第一课。听者满座，约80人以上，至8：00散”。10月5日，“晚6：30—8：00南区10教室上‘文学与人生’课，讲‘物有本末，事有终始……’，听者益众，约100人”。10月19日，“晚6：30上‘文学与人生’课，讲灵魂与肉体。听者仍满室”。11月9日，“晚6：30—8：00上‘文学与人生’课。因项粹安救弃婴事，讲‘以羊易牛，不忍人之心’及‘行而无着’。听众鼓舞”。[③]

吴宓讲课没有一般教授的学究气，很受学生的欢迎。“雨僧先生讲课时也洋溢着热情，有时眉飞色舞”；“雨僧先生讲授英诗，提倡背诵。特别是有名的篇章或诗行，他都鼓励学生尽量读熟背诵”。[④] 有时他还会在课堂上朗诵自己的诗作，甚至他写给毛彦文的情诗也激情朗诵。“先生讲课从不照本宣科，而常是漫谈性质的，只指定些参考书，要我们自己阅读，提出看法，并多写读书报告。课上先

---

① 吴学昭整理注释：《吴宓日记》Ⅵ，北京：生活·读书·新知三联书店，1998年，第6页。
② 吴学昭：《吴宓与陈寅恪》（增补本），北京：生活·读书·新知三联书店，2014年，第156页。
③ 吴学昭：《吴宓与陈寅恪》（增补本），北京：生活·读书·新知三联书店，2014年，第242页。
④ 王岷源：《忆念吴雨僧先生》，汪修荣：《民国教授往事》，郑州：河南文艺出版社，2008年，第83页。

生有时讲些文人轶事，风趣横生，使我们忍俊不禁。”①

吴宓备课十分严谨，“每次上课书里都夹着许多写得密密麻麻的纸条。吴宓先生记忆惊人，许多文学史大事，甚至作家生卒年代他都脱口而出，毫无差错。吴宓先生还为翟孟生的《欧洲文学简史》作了许多补充，并修订了某些谬误的地方。他每次上课总带着这本厚书，里面夹了很多写得密密麻麻的端端正正的纸条，或者把纸条贴在空白的地方。每次上课铃一响，他就走进来了，非常准时。有时，同学未到齐，他早已捧着一包书站在教室门口。他开始讲课时，总是笑眯眯的，先看看同学，有时也点点名。上课主要用英语，有时也说中文，清清楚楚，自然得很，容易理解”②。

不仅是备课，吴宓对上课，乃至批改学生作业都极为认真。李赋宁对此谈道：“先生写汉字，从不写简笔字，字体总是很正楷，端庄方正，一丝不苟。这种严谨的学风熏陶了我，使我终生受益匪浅。先生讲课内容充实，条理清楚，从无一句废话。先生对教学极端认真负责，每堂课必早到教室十分钟，擦好黑板，做好上课的准备。先生上课从不缺课，也从不早退。先生每问必答，热情、严肃对待学生的问题，耐心解答，循循善诱，启发学生自己解答问题。先生批改学生的作业更是细心、认真，圈点学生写得好的句子和精彩的地方，并写出具体的评语，帮助学生改正错误，不断进步。”③

茅于美对此也有同样的印象：“先生不善于料理家务琐事。但他给我们修改文章时，总常用毛笔蘸红墨水书写，字迹工整。涂改一字，必涂满四方满格，免被误认。他那种治学的严谨与生活的散漫形成了鲜明的对比。”④

1946 年 8 月，吴宓应聘到武汉大学任教，其教学风格依然如旧。当时的学

---

① 茅于美：《怀念吴宓导师》，汪修荣：《民国教授往事》，郑州：河南文艺出版社，2008 年，第 84 页。

② 赵瑞蕻：《我是教授吴宓，给我开灯》，汪修荣：《民国教授往事》，郑州：河南文艺出版社，2008 年，第 84 页。

③ 李赋宁：《怀念恩师吴宓教授》，汪修荣：《民国教授往事》，郑州：河南文艺出版社，2008 年，第 84 页。

④ 茅于美：《怀念吴宓导师》，汪修荣：《民国教授往事》，郑州：河南文艺出版社，2008 年，第 84—85 页。

生孙法理回忆说：吴宓上课，总是夹着个布包袱，拿根手杖，咔咔咔地点着地，走得风快。“上了讲台，他的第一件事便是打开包袱，取出一个墨盒和一两枝毛笔，然后拿出课本开始讲课。讲完后又整整齐齐包好，咔、咔、咔拄着手杖走掉。他的这一包袱、文房四宝，第一次在课堂上露脸时，曾使我大吃过一惊，特别是那墨盒，我总怕它有淋漓外溢的危险，可它却像有魔法一样，从不出事。后来看到吴先生的‘讲义’，我才懂得那墨盒的重要性。吴先生写惯了墨笔，他的讲义有汉字也有英文，却都是用墨笔写的。汉字写得整整齐齐，通行亮格，可以叫得‘蝇头小楷’，英文也大体是印刷体。重要的地方还用墨笔、红笔打上圆点、波浪线、直线，加以强调。”①

温源宁是这样评价吴宓的：“作为一般意义上的教师，吴先生无可挑剔，惟一的缺憾是少了一点启迪灵感的魅力。像钟表一样准时的他，讲起课来就像古罗马舰船上的划桨奴隶在做工。在别人是从书本上读出引文的场合，他宁愿背诵，而不论那段引文究竟有多长。讲解任何问题，他都能像军训教官那样‘第一这个’、‘第二那个’，讲得有条不紊。枯燥，也许；但是决不可能言不及义。他不是那种什么都谈而惟独不说自家主张的老师。他说了的就一定有意义。他也可能说错，但是不会言之无物。”②

（四）刘文典

刘文典，字叔雅，安徽合肥人，历任北京大学教授、国立安徽大学校长、清华大学中文系主任。1938 年至昆明，先后在西南联大、云南大学任教。主要从事古籍校勘及古代文学研究和教学。

刘文典的形象确实不敢让人恭维，也着实让清华大学的学生们吃惊不小。1935 年《清华暑期周刊》登载了学生的一篇文章，其中写道：

常言道：“以貌取人，失之子羽。”这句话像特别是为我们刘叔雅先生而设

---

① 吴学昭：《吴宓与陈寅恪》（增补本），北京：生活·读书·新知三联书店，2014 年，第 319 页。

② 温源宁：《不够知己》，江枫译，长沙：岳麓书社，2004 年，第 287—288 页。

的。幼时读《新青年》，看见刘先生清新美丽的文笔，绵密新颖的思想，辄幻想作者必定是一位风流倜傥、才气纵横的“摩登少年”，后来又从书铺里看到刘先生的大作《淮南鸿烈集解》，读一读卷首古气磅礴的自序，再翻一翻书中考据精严的释文，才又悟到作者必是一位架高鼻梁眼镜、御阔袖长袍而体貌奇伟的古老先生。因为有这一种观念在脑子里，所以考入清华那年，大一国文不选杨遇夫先生，不选俞平伯先生，也不选朱自清先生，而单选这位善解文字、给人种种不同印象的刘叔雅先生。但当第一次看到刘先生时，这种矛盾无稽幻想，一下子就逃走得一往无踪了。记得那日国文班快要上课的时候，喜洋洋坐在三院七号教室里，满心想亲近这位渴慕多年的学术界名流的风采。可是铃声响后，走进来的却是一位憔悴得可怕的人物。看啊！四角式的平头罩上寸把长的黑发，消瘦的脸孔安着一对没有精神的眼睛，两颧高耸，双颊深入；长头高举兮如望空之孤鹤，肌肤瘦黄兮似僻谷之老衲；中等的身材羸瘠得虽尚不至于骨子在里面打架，但背上两块高耸着的肩骨却大有接触的可能。状貌如此，声音呢？天啊！不听时犹可，一听时真叫我连打几个冷噤。既尖锐兮又无力，初如饥鼠兮终类寒猿。①

但就在学生失望之余，渐渐地，学生们又被刘文典讲课的风趣所吸引，所认同，所折服。刘文典对学生说：“大家来听我讲课嘛，就要了解我的一个习惯，凡是别人讲过的，我都不讲！别人不认识的字，我认识；别人不懂的文章，我懂。你们不论有什么问题，尽管拿来问我好了。”他讲“习作”，确实经典。他告诉学生，其实写好文章并不是什么难事，只要大家记住“观世音菩萨”这几个字就行了：“‘观’就是要多观察；‘世’就是要懂得人情世故；‘音’就是要讲究音韵；‘菩萨’就是要有救苦救难的胸怀。”一语言毕，满堂惊叹。② 刘文典就是通过这样的教学，成为清华大学最受学生欢迎的教授之一。

到了西南联大，刘文典的教学还是风采依旧，还是为学生所追捧。西南联大学生张世英回忆刘文典讲授《红楼梦》的情形：“那时无论文科理科，无论是学生和教授，都喜欢到各系去听自己喜欢的课。所以有些课，你可以看到学生、教

---

① 转引自黄延复：《二三十年代清华校园文化》，桂林：广西师范大学出版社，2000 年，第 170—171 页。
② 章玉政：《狂人刘文典》，桂林：广西师范大学出版社，2008 年，第 203 页。

授一起听课。我到现在还记得我一年级时听刘文典讲《红楼梦》，到了教室，已经挤得人山人海，地上都坐满了。刘文典是个不拘小节、文人派头十足的学者，只见他抽一口烟，似乎要说话了，但又不说话，大家只好焦急地等待。他又抽一口烟，才不紧不慢地开了腔：‘你们各位在座的，都是贾宝玉、林黛玉呀！’当时化学系一位老教授严仁荫，已经坐着等了半小时，听到这样的话，很生气地说：‘什么贾宝玉、林黛玉，都是大混蛋、小混蛋！’这是骂刘文典的。可是刘文典讲课后，底下的人，没有一个是走开的。”①

西南联大经济学学生马逢华在《教授写真》中也讲述了刘文典当年讲座时的盛况：“其时天尚未黑，但见讲台上已燃起烛光（停电之故），摆着临时搬去的一副桌椅。不久，刘文典身穿长衫登上讲台，在桌子后面坐下。一位女生站在桌边，从热水瓶里为他斟茶。刘文典从容饮尽了一盏茶，然后霍然起立，像说‘道情’一样，有板有眼地念出他的开场白：‘只——吃——仙——桃——一——口——不——吃——烂——杏——一——筐！仙桃只要一口就行了啊……我讲《红楼梦》嘛，凡是别人说过的，我都不讲，凡是我讲的，别人都没有说过！’”②

刘文典对《庄子》的研究更为自信，他常说：“古今真正懂《庄子》的，两个半人而已。第一个是庄子本人，第二个就是我刘文典，其他研究《庄子》的人加起来一共半个。”如果是遇上他讲“《庄子》研究”课，他的开场白总是：“《庄子》我是不太懂的！”正当学生们发愣之时，他又紧接着来一句：“那也没有人懂！”张中行回忆了刘文典讲课的一件有趣事。那是在西南联大，刘文典讲《庄子》，有一次，大名鼎鼎的吴宓教授也去旁听，“坐在教室内最后一排。他仍是闭目讲，讲到自己认为独到的体会的时候，总是抬头张目向最后看，问道：‘雨僧兄以为如何？’吴宓照例起立，恭恭敬敬，一面点头一面答：‘高见甚是，高见甚是。’惹得全场人为之暗笑”③。

---

① 章玉政：《狂人刘文典》，桂林：广西师范大学出版社，2008 年，第 127 页。

② 章玉政：《狂人刘文典》，桂林：广西师范大学出版社，2008 年，第 124 页。

③ 张中行：《负暄琐话》，北京：中华书局，2012 年，第 45—46 页。

（五）朱自清

朱自清，字佩弦，1920 年北京大学哲学系毕业。1925 年秋，受聘于清华大学国文系教授。1931 年 8 月，朱自清留学英国，1932 年 7 月回国，任清华大学中国文学系主任。抗战时期随学校南下，任西南联大中国文学系主任。抗战胜利后，他回到清华大学。他在清华期间开设的课程有“中国新文学研究”“歌谣”和“诗选”等，到西南联大后，又开设了“中国文学批评”等课程。

朱自清讲课的特色，与他的行事风格极为吻合。李广田说：“凡是认识朱先生的，同朱先生同过事的，都承认朱先生是最‘认真’的人。他大事认真，小事也认真，自己的私事认真，别人或公众的事他更认真。他有客必见，有信必回，他开会上课绝不迟到早退。”①

季镇淮的评价则比较具体：“先生讲课认真严格，在学生中是有名的一个，常令学生当堂讲解，上课之前学生莫敢不自行预习准备。定期举行考试，则注意默写和解释。”②

吴组缃的回忆可能比较真切。吴组缃在清华时共选了朱自清的三门课。一门是“诗选”，一门是“歌谣”，一门是“中国新文学研究”。“诗选”要求学生将一首首诗背诵下来，上课不时要默写。此外还得模仿古诗拟作。“中国新文学研究”则要求学生每星期交一次读书报告。关于朱自清的课，吴组缃回忆说：

我现在想到朱先生讲书，就看见他一手拿着块讲稿，一手拿着块叠起的白手帕，一面讲，一面看讲稿，一面用手帕擦鼻子上的汗珠。他的神色总是不很镇定，面上总是泛着红。他讲的大多援引别人的意见，或是详细地叙述一个新作家的思想与风格。他极少说他自己的意见。偶尔说及，也是嗫嗫嚅嚅的，显得要再

---

① 李广田：《最完整人格》，郭良夫编：《完美的人格：朱自清的治学与为人》，北京：清华大学出版社，2003 年，第 152 页。

② 季镇淮：《回忆朱佩弦自清先生》，郭良夫编：《完美的人格：朱自清的治学与为人》，北京：清华大学出版社，2003 年，第 61 页。

三斟酌词句，惟恐说溜了一个字，但不上几句，他就好像觉得已经越出了范围，极不妥当，赶快打住。于是连连用他那叠起的白手帕抹汗珠。

有一天同学发现他的讲演里漏了他自己的作品，因而提出质问。他就面红耳赤，非常慌张而且不好意思。半晌，他才镇静了自己，说："这恐怕很不重要，我们没时间来讲到，而且也很难讲。"有些同学不肯罢休，坚要他讲一讲。他看让不掉，就想了想，端庄严肃地说："写的都是些个人的情绪，大半是的，早年的作品，又多是无愁之愁；没有愁，偏要愁，那是活该，就让它自个儿愁去罢。"①

到西南联大后，朱自清教学认真的风格丝毫没有改变。冯钟芸回忆说："我读了他开设的'中国文学批评'等两门选修课。记得听课的人有七八个人，坐在一个小教室里。抗战期间，条件很差。佩弦先生的课，需要引用的资料很多，这些全都由他自己写在黑板上。两堂课里，黑板总是擦了又写，写了又擦，弄得他两手白粉，甚至累得两颊泛红。不论板书、讲课，从来是有板有眼，一丝不苟。他书法秀拔，分析透辟。他对学生要求严格，经常随时提问。虽不曾批评过哪一个，从他的脸色、眼神可以看得出对学生的回答是不是满意，因此学生有些怕，在整个学习过程中，大家都兢兢业业，阅读有关资料，思考问题，不敢稍有懈怠。他上课，有时一开始忽然冒出一句：'上次我讲的三点，还漏了一点，现在补上，第四点……'从这里可以想见佩弦先生每讲完一节课，并未放松思考。他那认真负责、一丝不苟的精神感染着班上的同学。"②

即使选课学生很少，朱自清也是按时上课，抄笔记。黑板不大，朱自清抄了一板又一板，一丝不苟。讲课时如同对着许多听众，认真严格，一如既往。1942年，朱自清开设的"文辞研究"课，由于内容比较枯燥，当时只有王瑶一人选修。据清华文科研究所的同学何善周回忆："朱先生'课书'很严，定期给昭琛

① 吴组缃：《佩弦先生》，郭良夫编：《完美的人格：朱自清的治学与为人》，北京：清华大学出版社，2003年，第144页。

② 冯钟芸：《佩弦先生的教导》，郭良夫编：《完美的人格：朱自清的治学与为人》，北京：清华大学出版社，2003年，第99页。

(王瑶)指定参考书，限期阅读，要求作札记，定期亲自答疑，并提出问题令昭琛解答。师徒二人还常对某一个问题交谈讨论。昭琛在解答问题中时出新意，朱先生极为赞赏。同时，朱先生还在联大为研究生开设专题课，曾有一门只昭琛一人修习。朱先生如同上大班课一样，站在讲桌后面讲解(在西南联大只有陈寅恪先生坐着讲课)，昭琛坐在讲桌前面听讲。师徒相对，朱先生一直讲解两个小时。”①

其实当时还有一个同学也在旁听，那就是季镇淮：“1942年暑假后，先生讲授‘文辞研究’一门新课程。这是关于古代散文研究的一部分，主要是研究春秋时代的‘行人’之辞和战国时代的游说家之辞。听课学生只有二人，一个是王瑶，原清华中文系的复学生；另一个是我，清华研究生。没有课本，上课时，朱先生拿着四方的卡片，在黑板上一条一条地抄材料，抄过了再讲，讲过了又抄，一丝不苟，好像对着许多学生讲课一样。王瑶坐在前面，照抄笔记；我坐在后面，没抄笔记。”②

(六)黄侃

黄侃，字季刚，湖北蕲春人，著名音韵训诂学家。1905年赴日本留学，1907年师从章太炎。民国以后，先后执教于北京大学、武昌高师、中华大学、山西大学、北京师范大学、东北大学、金陵大学、中央大学，讲授说文、尔雅、诗经、文选、文心雕龙、训诂学、史汉、词选等课程。

黄侃讲课很勤奋。1926年下半年，他为北京师范大学所聘，同时在北京的中国大学、民国大学兼课。这里选录他一周讲课的记录。1926年10月18日，“下午至中国大学授《说文》二时，《诗经》一时”。10月19日，“下午赴民大(民国大学)授《说文》二，《毛诗》一”。10月20日，“下午赴中大授书”。10月21日，“晨赴中大。午后与内人龃龉，未赴中大”。10月22日，“晨偕检斋赴

① 转引自陈平原:《抗战烽火中的中国大学》，北京：北京大学出版社，2015年，第260页。
② 转引自陈平原:《抗战烽火中的中国大学》，北京：北京大学出版社，2015年，第261页。

北京师范大学上课，下午赴中大，归极不适”。[①] 这五天是从周一至周五，三个学校的课程连轴转，使他疲惫不堪。

1927年下半年，他为东北大学所聘。在近一个月的时间，他记下了每次上课的基本内容：1927年11月24日，“课《易》大过卦”。11月28日，“课《诗经》，说用韵及双声叠韵，又附钱氏诗音表之说。课《易》，仍讲大过上六，次及遯卦，粗释其名”。11月29日，“课《易》遯卦”。12月1日，“课《易》大壮卦”。12月2日，“讲《诗》大序”。12月5日，“讲《毛诗》变风变雅之谊。讲《易》大壮五上二爻，讲上爻与王异说”。12月6日，“讲《易》明夷卦”。12月7日，“讲《毛诗》，以牟廷相诗切中诸妄说录示学士，俾知今日新学小生率臆说经之不足为奇，祇足为戒”。12月8日，“讲《易》明夷初九，并录《左传》昭五年卜楚丘之辞示学生”。12月9日，“讲《诗》大序毕”。12月12日，“讲《诗》击鼓。又讲《易》明夷”。12月13日，“讲《易》明夷及睽”。12月14日，“讲《诗》击鼓”。12月15日，“讲《易》家人”。12月16日，“讲《诗》击鼓”。[②]

有一段时间，黄侃在日记中将上课称作“升堂”。1928年5月24日，“升堂讲《荀子·正名篇》‘制名之枢要’一节，次讲《诗》召旻篇讫，次讲声母表（影类讫婴字）”。5月29日，“升堂讲孙卿子正名篇‘同状异所’之义，次讲《诗·黍离》，次讲声母表至‘龠’字”。5月31日，“升堂讲正名，说‘燕’字‘所’字甚详，次讲《诗》君子阳阳，次讲声母表至‘予’字”。[③] “升堂”显然是继承中国古代教学的说法，很有意思。

黄侃对教学十分尽心。在武昌，1922年4月28日，“赴中华大学讲《庄子》。此书岂从未治故籍者所宜遽受？而彼校欲余授此，殆美其名耳。向来将登席之前，必将所授细为寻绎参稽。正未必于人有益，而一己所得无算矣。记曰：‘教学相长。’今之诸生初无能质正疑难者，余不敢以其不质正而遂废所以待问也。

① 黄侃：《黄侃日记》上，北京：中华书局，2007年，第280页。
② 黄侃：《黄侃日记》上，北京：中华书局，2007年，第283—286页。
③ 黄侃：《黄侃日记》中，北京：中华书局，2007年，第293、296、297页。

是则设教之益也”[①]。

在南京，1931年5月9日，“升中央大学讲堂，车声、人声、铜铁声、飞机声，万声杂动，其中杂以书声，大奇！大奇！予告诸生：‘心者，虚一而静，尔曹能在此处听讲，即能在十字街头做百韵长律，亦即能泛海遇风而神色不变，亦即能履虎尾而神气恬然矣”。[②]

黄侃的个性极强，这也充分地表现在他的讲课上。他讲课不守常规，不拘一格，不采用死板的教学形式，但内容丰富，生动活泼，语言幽默，逸趣横生。学生们普遍反映，黄侃讲课看似天马行空，没有章法，但处处无不有学问。他一登讲台，即口若悬河，滔滔不绝，出口成章，言必雅训，事必征实，使听者忘倦。当年北大的学生冯友兰回忆，黄侃“在堂上讲书，讲到一个要紧的地方，就说，这里有个秘密，专靠北大这几百块钱的薪水，我还不能讲，你们要我讲，得另外请我吃饭”[③]。

堵述初谈到他在北京民国大学听过黄侃的“尔雅”课：“黄先生每次到课堂后，先抽烟、喝茶。烟是自带，茶是学校准备的。学校为老师在课堂备茶，只限于黄先生一人；老师在课堂上抽烟的，也只有黄先生。黄先生一面抽烟喝茶，一面便漫谈起来。谈的内容多是关于学术上的一些问题或是对某些学者的评论。”一次黄侃讲到新式标点问题，他认为用新式标点未尝不可，但标点要正确，对于古典文学，尤其如此。黄侃把“?”诙谐地叫作“耳朵”。当时有人把“流水落花春去也天上人间”标点成“流水落花春去也，天上人间!”，黄侃说：“这就错了，应该是天上耳朵，人间耳朵。”引得全堂哄然。这样的漫谈大致总有半小时，到讲课时，黄侃则正襟危坐，目不旁视，语言简练而条理明晰。他讲《尔雅》，不仅能将《尔雅》背诵下来，而且能旁征博引，独抒己见。[④]

---

① 黄侃：《黄侃日记》上，北京：中华书局，2007年，第154页。

② 黄侃：《黄侃日记》下，北京：中华书局，2007年，第703页。

③ 冯友兰：《三松堂自序》，第2版，北京：人民出版社，2008年，第274页。

④ 堵述初：《黄季刚先生教学轶事》，张晖编：《量守庐学记续编》，北京：生活·读书·新知三联书店，2006年，第26—27页。

程千帆曾谈道："老师晚年讲课，常常没有一定的教学方案，兴之所至，随意发挥，初学的人，往往苦于摸不着头脑。但我当时已是四年级的学生，倒觉得所讲胜义纷纭，深受教益"；"老师不是迂夫子，而是思想活泼、富于生活情趣的人。他喜欢游山玩水，喝酒打牌，吟诗作字，但是有一条，无论怎么玩，他对自己规定每天应做的功课是要做完的，日记是要记的，白天耽搁了，晚上就一定补起来"。①

关于游山玩水，学生们对此很有印象。杨伯峻说：季刚师不但教我们读书，也带我们出游，曾同游法源寺、广济寺等地方。游完，便一同找个有名饭馆吃晚饭。他吃饭一定得喝最好的白酒。我们每次陪他吃饭，至少得花两三小时。饭罢，还得拈韵或作诗，或填词，限第二天下午课前交卷。他也作诗填词，拿出来同我们的比。②

经常陪黄侃出游的是孙世扬和曾缄（字慎言）两位同学，被人们称为"黄门侍郎"。黄侃经常利用郊游、吃饭之机，与学生畅谈学问。孙世扬说："丁巳（1917）戊午（1918）间，扬与曾慎言同侍黄先生于北都。先生好游，而颇难其侣，唯扬与慎言无役不与。游踪殆遍郊圻，宴谈常至深夜。先生文思骏发，所至必有题咏，间令和作，亦乐为点窜焉。"③ 陆宗达也因能喝酒抽烟，深得黄侃喜爱，常和他一边吃一边论学，有时一顿饭要吃四五个小时，陆宗达从中学到许多在课堂上学不到的知识。④

黄侃个性张扬，还有很多的传闻。例如黄侃上课有个"三不到"说法，即刮风不到，下雨不到，不高兴不到。刮风下雨，大家能知，唯有"不高兴"便令人莫测了。因为有时他在家骂人，或受着某事的刺激，也会不来上课。学生等候半

---

① 程千帆：《忆黄季刚老师》，程千帆、唐文编：《量守庐学记》，北京：生活·读书·新知三联书店，2006年，第151、154—155页。

② 杨伯峻：《黄季刚先生杂忆》，程千帆、唐文编：《量守庐学记》，北京：生活·读书·新知三联书店，2006年，第148—149页。

③ 程千帆：《忆黄季刚老师》，程千帆、唐文编：《量守庐学记》，北京：生活·读书·新知三联书店，2006年，第158页。

④ 汪修荣：《民国教授往事》，郑州：河南文艺出版社，2008年，第44页。

小时，见他不来，各自散了。等他来时，见班上有两三人，还是照样讲课。[①] 上文引述他的日记说“午后与内人龃龉，未赴中大”，即为令人啼笑皆非的一例。

另外，黄侃终年穿一旧蓝布泛白大褂，不佩校徽，不用皮包，上课下课只挟着一脏而旧之大白布书包，内装古线装书盈尺。出入校门，校警总误认为他是小偷，常不放行。以是每次下课后，黄侃都要叫上一学生跟随，证明其为教授。还有，黄侃上课，一向不布置学生作业，又不肯看考试卷子，不打分数，被教务处逼急，则写一字条，上书“每人八十分”五个大字。黄侃认为学生总想要甲等，给九十分嫌多，七十分则非甲等，八十分正恰当也。[②]

六位教师，六种风采，各具风流。学生们追随的，既是这些教师的才学，也是他们的教学风采。二者相得益彰，方显三尺讲台的风流。

三、风流缘何而溢彩

我们要追问的一个问题是：民国时期高校教师的教学风采缘何而溢彩？如果深入探讨民国高校教师的教学生活，我们能够发现，那是一种教育信念在发挥着力量。它来源于民国高校教师长期的教学实践，来源于民国高校教师对职业身份的自我认同，来源于民国高校教师群体对职业价值的共同提倡。

① 武酉山：《关于黄季刚先生》，张晖编：《量守庐学记续编》，北京：生活·读书·新知三联书店，2006年，第54页。

② 陈祖深：《黄季刚师》，张晖编：《量守庐学记续编》，北京：生活·读书·新知三联书店，2006年，第38—39页。

（一）学而不厌

民国高校教师在讲台上之所以能焕发异彩，首先是靠他们平时的学习，靠平时不断充实自己，提升自己。也就是老话中所说的“学而不厌”。民国高校教师之所以能坚持这一信念，还是因为来自教学实践的真切体会：学，然后知不足；教，然后知困。因知不足和知困才有了“学而不厌”。

1. 学而自强

民国高校教师为什么要坚持学习，我们先看看黄侃的回答。那是 1922 年元旦，新年之始，黄侃十分感慨：“年已三十有七，身弱家贫，仰惟门户之计，下顾儿女之爱，不得不摄生自保，积精养神；先集未刊行，微学未成立，不得不努力篇籍，发愤求明。至于无益之文词，过多之嗜好，宜一切屏之也。”[①]

钱玄同颇有同感。1917 年 4 月 14 日，钱玄同与同事们相聚，其间有人谈到陈独秀认为钱玄同的毛笔字肯定是写不好了。其实当时人们只是一句玩笑话，但钱玄同却因此反思自己由于不能吃苦，致有这一结果。回家后，他决定自今要好好读点书。“我平日看书，从无自首至尾仔细看过一遍，故于学问之事，道听途说，一知半解，不过一时欺惑庸众而已。现在打定主意，自今日始，将《史记》从头点他一遍，每日至少点一卷，非极忙或有意外事故之时，决不间断。计今年尚有二六二日，论时间正可点两部，今姑从宽计算，无论如何，至九月杪总须点完。点完之后，当续点几部子书，届时再定。”[②]

吴虞初到北京大学任教对自己的学习也有这样的反思。一日他读到《晨报》上冰心的一篇文章，其中谈到英国名优彭尼士在《菲尔波士传略》说：“他做剧人四十三年，没有谈话，没有访事谒见，没有自述短文，没有赠外人的相片，没有参与过外人的一切宴会。只有帷幕揭开的时候，他才极忠勇的、勇往直前为群众工作。”吴虞对此很有感触，他在日记中录下这段话，并说：“予今年来京，不

---

① 黄侃：《黄侃日记》上，北京：中华书局，2007 年，第 42—43 页。

② 杨天石主编：《钱玄同日记》上，北京：北京大学出版社，2014 年，第 314 页。

应酬、不游历，专一看书预备，亦是此意。”[①]

黄侃是冲着“先集未刊行，微学未成立，不得不努力篇籍”而发愤学习，钱玄同是反思自己“于学问之事，道听途说，一知半解，不过一时欺惑庸众而已”而痛下决心，吴虞则从榜样身上获取读书的动力，其目的都是促使自己更能胜任高校教师这一职业。

正是这种自强的鞭策，不论节假日，不论严寒酷暑，黄侃都要完成预定的读书任务才休息。1922 年 1 月 6 日，“阅《周官》讫伊耆氏，已三时，遂眠”。1 月 8 日，“复取《周易》释文校一过。阅瑜伽师地论，讫九十八卷，已三时矣”。1 月 10 日，“三时乃眠。卧阅《易》疏，讫艮”。1 月 12 日，“三时眠。被不能温，卧阅《易》，达晓乃睡去”。1 月 24 日，“今日一日规识书至五卷，钞书亦数百字。若终岁如是，则每年可阅者二千卷，可钞书廿万字。假使尽断还往，不窥园葵，此中之乐，亦何减世上游闲之子耶?”[②] 直到 1931 年他的日记中依然还有这样的记载。5 月 17 日，“竟日得读书，最乐。抄《毛诗》音义诸家校语毕。读《诗》毕南有嘉鱼之十”。5 月 18 日，“抄《周礼》音义校语，至上篇十六叶。读《诗》毕鸿雁之十”。5 月 19 日，“誊《周体音义》下至十叶。读《诗》节南山之十未讫”。[③] 仅从这些日记看，读书已经成为黄侃的生活方式。

年轻教师也是如此。清华大学教师浦江清的读书还有一则趣闻。他每晚睡前必读书，熄灯后还要继烛卧读。1929 年 2 月 13 日，“今晨命仆购洋蜡，误买卷烟。熄灯后，觅烛不得。余登床后，例须读书一二小时，是晚苦极，展转不能睡熟”。[④]

除了自我学习，民国高校教师还善于向同行学习。复旦大学经济学教授樊弘为了加深研究微积分在经济学科中的运用，拜数学家李仲衍为师。他旁听了李仲衍的微积分课程，与学生一样记笔记，参加考试。李氏的教学方式是以培养“天

---

① 中国革命博物馆整理：《吴虞日记》上册，成都：四川人民出版社，1984 年，第 645 页。
② 黄侃：《黄侃日记》上，北京：中华书局，2007 年，第 44—45、46、48、49、60 页。
③ 黄侃：《黄侃日记》下，北京：中华书局，2007 年，第 707 页。
④ 浦江清：《清华园日记·西行日记》，第 2 版，北京：生活·读书·新知三联书店，1999 年，第 31 页。

才”而全校知名。在一次考试中，他出了一道“天才”试题，并注明：只要此题答对了，就给100分，余题可以不答。此题的特点是层层叠叠的指数。绝大多数学生一见此题就发呆了，只好放弃不答而急忙做其他题。结果，这道题只有樊弘和一土木系学生王尹答对了。①

向学生学习也是当时高校教师提高自己的重要途径。当年在西南联大读书的赵瑞蕻回忆了他遇到的一件事。1939年秋，一天他在学校教室看书，忽然有七八个人推门进来，是算学系教授华罗庚和几位助教、学生。他们在黑板前坐下，有一人便在黑板上演算起来。他边写边喊：“你们看，是不是这样?”另一位助教站起来大叫：“你错了！听我的!”然后跑上讲台，在黑板上演算起来。接着，华罗庚教授拄着拐杖一瘸一拐地走过去，说：“诸位，这不行，不是这样的。”他们就这样吵了半个多钟头，忽然华罗庚说：“快十二点了，走，饿了，先去吃点东西吧，一块儿，我请客!”②

1922年3月，梁启超在北京大学作关于《老子》成书年代问题的学术讲座。过了几天，梁启超收到一份来自学生的“判决书”。这是一份以文艺形式写成的学术论文，将任公先生列为原告，将《老子》列为被告，以“在座各位中之一位”的身份“受理”任公先生的诉讼，进行判决：“梁任公所提出各节，实不能丝毫证明《老子》一书，有战国产品嫌疑，原诉驳回，此判。”梁启超见了后，并不介意作者的尖刻用语，反而赞许地说：“张君寄示此稿，考证精核，极见学者态度。其标题及组织，采用文学的方式，尤有意趣。鄙人对于此案虽未撤回原诉，然深喜老子得此辩才无碍之律师也。”③

另有一次是胡适的讲课，提到某一种小说，他说：“可惜向来没有人说过作者是谁。”一个同学站起来说，有人说过，见什么丛书里的什么书。胡适很惊讶，

---

① 蔡可读：《夏坝岁月》，薛明扬、杨家润主编：《复旦杂忆》，上海：复旦大学出版社，2005年，第131页。

② 赵瑞蕻：《纪念西南联大六十周年》，钟叔河、朱纯编：《过去的大学》，武汉：长江文艺出版社，2005年，第202—203页。

③ 郑伯麒：《六十年前学术界的一段佳话》，夏晓虹编：《追忆梁启超》，北京：中国广播电视出版社，1997年，第307—308页。

也很高兴，以后上课，逢人便说："北大真不愧为大。"[①]

2. 学而求明

1921年，吴虞刚上北大讲台，一日读《后汉书·鲁丕传》，对其中一段话很有感触："臣闻说经者传先师之言，非从己出，不得相让，相让则道不明，若规矩権衡之不可枉也，难者必明其据，说者务立其义，浮华无用之言，不陈于前，故精思不劳，而道术愈章。"吴虞认为这是"今日读书辩论之法式"[②]，便将这一段话抄录在日记里。

吴虞之思考，点出了民国高校教师坚持学习的另一层动力，那就是追求学术发展，探索真理。学术之发展必然是伴随着学术论辩而前行，论辩则须难者必明其据，说者务立其义，而这种论辩在民国高校中经常可见。这就需要高校教师不断地学习而厚其功底。

北京大学，古文学家刘师培与今文学家崔适的学术观点相左，然在校内住所恰好对门，自然要朝夕相见，每次见面都是恭敬客气，互称某先生，同时伴以一鞠躬。可是上课之后就完全变了样，总要攻击对方荒谬，毫不留情。还有钱穆与胡适在考据老子的问题上观点不一，然互不相让，各持己见。一次两人相遇于教师休息室，钱穆说："胡先生，《老子》年代晚，证据确凿，你不要再坚持了。"胡答："钱先生，你举的证据还不能使我心服，如果能使我心服，我连我的老子也不要了。"[③]

关于胡适与钱穆的学术之争，当时有学生说："适之先生在校中开的课是中国文学史和传记研究，传记研究是研究院课程，而且要缴几万字的论文，选修的较少。文学史则是一门极叫座的课。他讲《诗经》，讲诸子，讲《楚辞》，讲汉晋古诗，都用现代的话来说明，逸趣横生，常常弄得哄堂大笑。他对于老子的年代问题和钱宾四（穆）先生的意见不相合，有一次他愤然地说道：'老子又不是我的老子，我哪会有什么成见呢?'不过他的态度仍是很客观的，当某一位同学告

---

① 张中行：《红楼点滴二》，《故园人影》，北京：作家出版社，2006年，第7页。
② 中国革命博物馆整理：《吴虞日记》上册，成都：四川人民出版社，1984年，第641页。
③ 张中行：《红楼点滴二》，《故园人影》，北京：作家出版社，2006年，第5—6页。

诉他钱先生的说法和他不同，究竟哪一个对时，他答道：‘在大学里，各位教授将各种学说介绍给大家，同学应当自己去选择，看哪一个合乎真理。’”①

梁启超与胡适的学术争辩也很典型。1922年，他在北京大学演讲《评胡适之中国哲学史大纲》，演讲分两天，每次两小时。第二天胡适也随同坐在了台上。梁启超的演讲有充分准备，批评都能把握重点，措辞犀利，极不客气，却颇见风趣，引导听众，使他们觉得很有道理。第二天梁启超演讲后留下一半时间给胡适答辩，胡适事先已看过前一天的记录，在短短的40分钟将梁启超的论点一一批驳，使听众又转而偏向胡适。这样的讲座，听众的情绪简直达到了“如醉如狂”的地步。②

1922年3月6日的《晨报》对此也作了报道：

梁启超氏应哲学社之请，原定前昨两日午后，在北大第三院大礼堂讲演，题为评胡适中国哲学史大纲，自此消息传出后，大引起北京智识界之注意，前昨两日到会听讲者约两千人，北大大礼堂几无隙地，昨日胡适亦亲到全场，开会时乃登台介绍，略谓梁先生此番对拙著加以批评，自己十分感激，并谓昨日（即指前日）因访爱罗先珂先生于其寓所，谈话甚久，未来听讲，殊觉歉然。随后梁氏登台讲演，对胡氏中国哲学史极力加以批评，讲毕，胡氏登台答辩，双方各以学者的态度，作学理的讨论，并无丝毫感情作用，听众皆十分满意，此种讨论态度，开吾国学术界从来未有之盛，实可作将来之模范也。③

还有一则梁启超与黄节争辩的传闻。1924年，梁启超在清华大学讲学，论《毛诗》《楚辞》，当时黄节（晦闻）也在北京大学讲授《毛诗》及汉魏六朝诗。有北大学生见梁启超所编讲义与黄节所论内容多有不同，于是请益黄节。黄节细阅，觉得其中确有许多出入，便去函与梁启超商榷。不料数月不复，黄节乃再致

① 朱海涛：《北大与北大人》，钟叔河、朱纯编：《过去的大学》，武汉：长江文艺出版社，2005年，第70页。

② 陈雪屏：《用几件具体的事例追怀适之先生》，夏晓虹编：《追忆梁启超》，北京：中国广播电视出版社，1997年，第306页。

③ 《昨日北大之哲学讨论会》，王学珍、郭建荣主编：《北京大学史料》（二），北京：北京大学出版社，2000年，第1529—1530页。

书，强调："以上数端有所疑者，愿足下深求之。方今学子趋向，皇皇无定，足下一言一行，足动观听，况夫又在指导后生，何可轻率从事，义例不明，援据失实，自欺不已，更以误人，亦岂所望于足下耶?"梁启超接信后，曾对林宰说："晦闻对于《毛诗》《楚辞》、汉魏六朝诗，研究极有心得，所见甚是，他所指出的，我经过细心论证，是无懈可击的。我感佩他的厚意，信我是不复了，你晤及晦闻，请代为转达我的意思。"①

钱穆与钱玄同的学术观点也有分歧。钱玄同在学术上主张"疑古"，而钱穆则不认同。一次上古史课，有人告诉钱穆，钱玄同的儿子就在班上，让他讲课时注意一点，别引起麻烦。但钱穆不以为然，他说，余任上古史课，若言疑古，将无可言。一次，钱穆与钱玄同相见，钱玄同告诉他，我儿子对你讲课一言一句必详尽记载无遗。钱穆告诉他，你儿子勤奋好学，很少见。钱玄同说，我也把儿子的笔记全部看过。两人虽未因此争执，但两人却各自坚守自己的观点。②

学术论辩的魅力来自民国高校教师的理论功底，坚持己见的理论底气则来自民国高校教师平时的学习。没有平时坚持不懈的努力学习，难者无以为据，辩者无以为义，课堂教学的精彩便无从谈起。

3. 学而善教

民国高校教师坚持学习的最终目的，还是为了提高教学效果，因此对教学法的探讨也是他们坚持学习的重要内容。罗廷光在谈到大学教学要不要研究教学法问题时，对反对教学法的说法予以了驳斥。他引用英国伦敦大学教授拉斯基的例子，认为他既是世界一流的政治学者，又是天字第一号的讲演家。他援引拉斯基的观点："真有价值的演讲，至少必具下列情形的一种：或是演讲的题旨能使学生确认为重要，进而自作研究；或是演讲的内容，包含着真正的新知识和新见解；或是演讲能从旧材料中引出新问题，诱发学生的思考，自谋解决。"罗廷光

---

① 李韶清：《黄晦闻与梁任公切磋学问》，萧乾主编：《羊城撷采》，北京：中华书局，2005年，第37—38页。

② 钱穆：《八十忆双亲·师友杂忆》，第2版，北京：生活·读书·新知三联书店，2005年，第156—157页。

强调，如果大学教授的演讲，全不具备这些情形，拉氏认为在真正的教育进程中是没有地位的。所以，中国大学教授尤其应该讲求教学法。[①]

这个观点，在民国高校教师中是被认同的。我们看到，民国高校教师的教学风采并非随心所欲而致，而是经过教学反思的提炼结果。茅以升于 1927 年夏在天津北洋大学任专任教授，他说：我在北洋大学任专任教授时，主讲结构工程及有关各科，每星期授课二十几小时。我将每星期课程，安排在四天内，每天上午授课，腾出三天时间（包括星期日）搞科学研究，这就给了我时间来研究改进教授法。在这以前，我在唐山及东大授课时，曾创立了几种教授法，其目的在启发学生思考，引导学生深入钻研，如学生提一问题而我不能答复，就给学生满分。这个方法获得成功，我就带到北洋，同样受到欢迎。[②]

正是经过这样的反思，民国高校教师在教学中大都有一套能促进学生学习的教学套路。20 年代，柳诒徵在南京高等师范学校文史地部任教授。“柳先生的教学方法，以探求书本为原则，他讲中国史的时候，并不编辑课文，或某种纲要，仅就一朝大事，加以剖析，而指定若干参考书籍，要我们主动去阅读。例如：讲到两汉的历史，他就指定《史记》及两《汉书》等为参考书；讲到三国两晋的历史，他就指定《三国志》《晋书》等为参考书。以此类推。读了以后，要把心得记在笔记本上，由他详加批阅。这种笔记，少则一本，多则数本，由他老人家逐字逐句地阅看，加以眉批。他老人家的精神很好，态度很认真，虽一字之误，亦必勾出，所以我们不敢马虎。”[③]

浦薛凤教学也有他的套路。他在清华大学任教十年，开设了“政治学概论”“西洋政治思想史”“西洋近代政治思潮”“政党政治”等课程。浦薛凤上课，必指定必读和选读参考书籍，标明该读章节，规定学生必须要做阅读笔记，按时缴送，由助教检阅批分。每月小考一次，学期举行大考。高深课程则须另择题写一

---

① 罗廷光：《中国大学教育中几个重要问题》，《教育杂志》第二十七卷第一号，1937 年。

② 茅以升：《回忆我在北洋大学》，钟叔河、朱纯编：《过去的大学》，武汉：长江文艺出版社，2005 年，第 221 页。

③ 郑鹤声：《郑鹤声自述》，高增德、丁东编：《世纪学人自述》第二卷，北京：北京十月文艺出版社，2000 年，第 5—6 页。

论评报告。所以，每一学生之成绩乃由读书札记、月考、大考各项分数之平均分数确定。①

教学方法的设计，往往与教师们强调的培养学生能力有关。例如燕京大学历史系教授洪业就认定培养学生的逻辑思维能力十分重要："我教一门任何学生都可以选的历史课，是大家觉得好玩的课，我跟学生说：'你们在我班上可以随意睡觉，但我包你睡不着。因为：第一，我的题目很有意思；第二，我讲话很大声，你睡也睡不着。考试的时候，我不问什么人、何处、何时的问题，我要问的是如何与为什么。读历史得知道时代趋势、社会制度。如何与为什么是汁浆，其他都是渣滓。'"②

沈从文教的是写作课，他认为培养学生的写作能力至为关键。在西南联大，沈从文教授开设了"各种文体写作""创作实习"和"中国小说史"三门课。沈从文教学有自己的一套，他不搞命题作文，而是让学生自由发挥，根据自己的兴趣与爱好来写作。汪曾祺回忆说："沈先生把他的课叫作'习作''实习'，很能说明问题。如果要讲，那'讲'要在'写'之后。就学生的作业，讲他的得失。""沈先生是不主张命题作文的，学生想写什么就写什么。但有时在课堂上也出两个题目。沈先生出的题目都非常具体。我记得他曾经给我的上一班同学出过一个题目：'我们的小庭院有什么？'有几个同学就这个题目写了相当不错的散文，都发表了。他给比我低一班的同学曾出过一个题目：'记一间屋子里的空气'！我的那一班出过些什么题目，我倒不记得了。沈先生为什么出这样的题目？他认为，先得学会车零件，然后才能学组装。""沈先生教写作，写的比说的多，他常常在学生的作业后面写很长的读后感，有时会比原作还长。……沈先生教创作还有一种方法，我以为是行之有效的，学生写了一个作品，他除了写很长的读后感之外，还会介绍你看一些与你这个作品写法相近似的中外名家的作品。……学生看

---

① 浦薛凤：《浦薛凤回忆录》上，合肥：黄山书社，2009年，第142—143页。

② 转引自陈远：《燕京大学（1919—1952）》，杭州：浙江人民出版社，2013年，第106页。

看别人是怎样写的，自己是怎样写的，对比借鉴，是会有长进的。”[①]

具体的教学方法也是教师们反思的一个内容。圣约翰大学经济学系主任沙利文教学常出怪招，引人入胜。有一次上银行学，他带了一把雨伞来，那天天气晴朗，毫无下雨的象征。沙利文举起雨伞问：“这是什么?”全班同学齐声回答：“这是雨伞。”沙利文却坚决地说：“这不是雨伞，是银行家。天晴时，他借一把伞给你，下雨了，他就要向你讨还。”引起哄堂大笑。他接着说：“要知道怎样对付银行家，或者要知道如何当一位成功的银行家，那就得用心研究银行学。”又有一次，讲“供与求”的经济原理，他带了一瓶清水放在书桌上，问道：“这瓶水值多少钱?”有人说：“不值钱。”有人说：“很值钱。”沙利文说：“答案都对，又可说都错了。你在沙漠时，这瓶水很值钱；当你在大海里，这瓶水就多余了，毫无价值，这就是经济学的原理。如果供应多过需求，会引起萧条不景气；如果需求多过供应，会引起生产物品短缺，消费者恐慌不安。所以平衡调节是一门大学问，你们将来从商从政，甚至做人也不出这个范围。”诸如此类的教学法，循循善诱，又亦庄亦谐。[②]

燕京大学国文系教授顾随讲授的诗词课和中国戏剧史，广受学生的欢迎，但他的讲课并不包办代替，而是提示重点，促使学生思考。当年的学生杨敏如回忆说：“先生的课在当时的燕大是出了名的‘叫座’，而我对先生的课简直是着了迷。先生拖着病躯，夹着布包，缓步走进课室，以一双睿智而明锐的眼睛望望我们，亲切地对我们笑笑，就以略带河北家乡口音的低哑声调开讲了。先生开讲，不依程式，可以千种万端地‘起兴’，引人入胜。凡书本上能查得到的作者小传、历史背景之类，他不肯在这些上面费工夫的；逐字逐句把词曲依注讲解，掰开揉碎，他也是不为的。为什么?他尊重学生的自学能力，也不愿意把自己的观点强加于人。”

---

① 汪曾祺：《沈从文先生在西南联大》，黄尧：《云烟渺渺》，昆明：云南教育出版社，2000 年，第 298—299 页。

② 李承基：《我敬佩的沙利文博士》，徐以骅主编：《上海圣约翰大学》，上海：上海人民出版社，2009 年，第 383 页。

另一位学生滕茂春也是这样评价顾随的讲课："当时很希望顾先生能逐字逐句地为我们讲解，不料他除了提出一些重点外，只抑扬顿挫地曼声朗诵辞句。他告诉我们：'如果你们细心听进去，你就懂了；如果由我讲解，反而不能全面反映原句的精髓。'当时我很难理解这种别开生面的讲授方法，后来，随着课程的进展，逐渐领会顾先生的这种讲授法引导学生从被动地接受变为主动地自己寻求作品的意境。"①

学而不厌，才有了民国高校教师在三尺讲台上的风采。教学活动是一个充满变化的动态过程，仅凭知识与技能是远远不够的，多彩的教学生活需要专业情意的注入。专业情意的注入则得力于学习，不断地学习，才能将理论付诸实践，使教学焕发出生命力。

（二）诲人不倦

学而不厌的动力除了提升自己，更重要的是为了学生。1932 年，武昌中华大学教授陈时在回答《东方杂志》的征梦活动时说："我的个人生活，完全为武昌中华大学活动，我的幸福，亦纯粹为此校牺牲。我梦想此校在五十年以内，能够达到牛津、剑桥、哈佛、耶鲁、巴黎、日内瓦、庆应各大学规模，并发挥一个最高的大同思想，来造就许多未来世界的先锋勇士。"② 为造就未来世界的先锋勇士，这就有了诲人不倦的精神。

1. 关爱学生

民国高校教师的诲人不倦首先来自对学生的关爱，关注学生的发展和成长。先看一个例子。何炳棣于 1934 年考入清华大学历史系。作为一个本科生，他与西洋文学系的吴宓却有过多次的接触。何炳棣从《吴宓日记》中摘录了如下片段：

1936 年 8 月 8 日，夕 7—9，独坐气象台观晚景，遇历史系三年级学生何炳

① 转引自陈远：《燕京大学（1919—1952）》，杭州：浙江人民出版社，2013 年，第 102 页。
② 林语堂、梁漱溟、胡适等：《1933，聆听民国》，北京：中信出版社，2014 年，第 196 页。

棣（浙江）。谈甚洽。宓为何君述对于中国近世历史政治之大体见解；何君以为然。其见解颇超俗，有望之青年也。宓力述寅恪师学识之崇博，何君拟即从寅恪请业云。

8月18日，夕4—6，何炳棣来，多所请益，谈颇洽。

9月15日，上午10—11，何炳棣来。

1937年3月15日，4：30—6：00，何炳棣介何基来，宓为述《学衡》、《大公报·文学副刊》停办之实情，又碧柳之轶事。何基为何廉之弟，现为清华历史系助教。

7月4日，晨8：00，何炳棣来，谈其治学计划。直到10：30始去。

7月17日，正午12—1，访叶企孙。路遇何炳棣谈国难。

何炳棣自己把这事给忘了，后来看到《吴宓日记》，才知道吴宓对与他的接触这么重视。他十分感慨地说："六十多年后我仍无法想象那时我这头天不怕地不怕的'初生牛犊'怎么能有那么多'治学计划'可谈到150分钟之久；更难解的是像雨僧师那般学贯中西、阅世知人的硕儒，竟能从头到尾耐心地听而毫无愠色。无法解释的解释只有是：清华精神！"①

何止是"清华精神"，民国高校教师对学生的关爱，在当时还能找到很多的例子。王国维给蔡尚思的回信至今读来还让人倍觉温暖。1925年9月24日，王国维在读了蔡尚思所撰的《文稿》后，立即给他回信："前日枉顾，便知足下志趣不凡。昨日接手书，并读《文稿》，如《陈玄传》等，具有思致笔力，亦能达其所欲言，甚为欣喜。年少力富，来日正长，固不可自馁，亦不可以此自限。大稿恐无副本，即由邮局寄还。他日当尚有相见机会。"②

"年少力富，来日正长"，正表达了民国高校教师对学生的未来寄予厚望。罗尔纲当年在业师胡适的家中负责辅助其儿子祖望、思杜读书，抄录太老师铁华先生的遗集。生活其中，亲聆教诲，受益良多。"置身其中，感觉一种奋发的、醇

① 何炳棣：《读史阅世六十年》，台北：允晨文化实业股份公司，2004年，第101—103页。
② 袁英光、刘寅生编著：《王国维年谱长编》，天津：天津人民出版社，1996年，第435页。

厚的有如融融春日般的安慰”，“一想起就感激到流起热泪来”①。邓广铭当年也是得胡适的赏识，才能留在北京大学工作，并在胡适的帮助下，申请奖学金，研究辛稼轩。②

只有对学生的未来寄予厚望，才会一心扑在学生身上，一心扑在教学工作上。北京大学丁文江教授就是这么一位好老师。胡适在日记中写道，1934 年 1 月 19 日，“在君来吃午饭，谈了一点多钟。他是一个最好的教授，对学生最热心，对课程最费工夫。每谈起他的学生如何用功，他真觉得眉飞色舞。他对他班上的学生某人天资如何，某人工力如何都记得清楚。今天他大考后抱了二十五本试卷来，就在我的书桌上挑出三个他最赏识的学生的卷子来，细细的看了，说：‘果然！我的赏识不错，这三个人的分数各得 87 分。我的题目太难了！’我对他常感觉惭愧”。③

对学生未来的厚爱，乃是对事业的未来主动承担起责任，这确实是民国高校教师教育精神的亮点。启功曾谈到辅仁大学校长陈垣如何指导他们教学。启功在辅仁大学任教一年级的“国文”：“我们这些教‘国文’的教员，当然绝大多数是陈老师的学生和后辈，他经常要我们去见他。如果时间隔久了不去，他遇到就问：‘你忙什么呢？怎么好久没见？’见面后并不考查读什么书，写什么文等，总是在闲谈中抓住一两个问题进行指点，指点的往往是因小见大。我们见老师总有新鲜的收获，或发现自己的不足。”为了辅导这批年轻教师，陈垣亲自教一个班的国文加以示范，同时有意创造一种竞争环境，比如举办全校学生作文展览，学年末全校一年级国文课会考，由陈垣自己命题，统一评分标准。启功感慨地说：学生作文展览，“也是教师教学效果，批改水平的大检阅”；期末统一会考，“这不但是学生的会考，也是教师们的会考”。④

---

① 罗尔纲：《师门五年记·胡适琐记》（增补本），北京：生活·读书·新知三联书店，1998 年，第 16—17 页。

② 邓广铭：《我与胡适》，郜元宝编：《胡适印象》，上海：学林出版社，1997 年，第 99—110 页。

③ 曹伯言整理：《胡适日记全集》第 7 册，台北：联经出版公司，2004 年，第 33 页。

④ 启功：《夫子循循然善诱人——陈垣先生诞生百年纪念》，陈智超编：《励耘书屋问学记》，北京：生活·读书·新知三联书店，2006 年，第 135—137 页。

陈垣关心指导青年教师的成长，对他的儿子也是如此。1946年6月1日，他在给长子陈乐素的信中，以自己的教学体会嘱咐儿子：

关于汝所担任功课，我想《鲒埼亭集》可以开。不管用什么名目，但以此书为一底本，加以研诵及讲授，于教者学者均有裨益。我已试验两年，课名是“史源学实习”，即以此书为实习。每期选出文四页，长者一篇，短者二篇，预先告学者端楷钞之。虽自有书亦须钞，亦一种练习。且应先预备同样格纸百页，以便一年之用。钞好后即自点句，将文中人名、故事，出处考出：晦者释之，误者正之。隔一星期将所考出者缀拾为文，如《某某文考释》或《书某某文后》等等。如是则可以知谢山文组织之方法及其美恶。惟其文美及有精神，所以不沾沾于考证。惟其中时有舛误，所以能作史源学实习课程，学者时可正其谬误，则将来自己作文精细也。余用力于此书者四年，隔年一讲，故已讲过两次。甚欲用《经典释文》体，作一《鲒埼亭集考释》。但其书博大，未易毕业也。仅于一二页短文中释得数十篇，可以够一年多讲授之用耳。未讲此书前，余曾讲《日知录》两年。又前，曾讲《廿二史劄记》好些年。皆隔年一次。错误以《劄记》为多，《鲒埼》次之，《日知》较少。学者以找得其错处为有意思，然于找错处之外能得其精神，则莫若《鲒埼》也。故甚欲介绍于汝。[①]

什么叫作“薪火相传”，读了陈垣给儿子的信，我们大致能理解民国高校教师共同体成长的缘由了。正是期望薪火相传，才可能对学生付出真心。从燕京大学毕业，留学归来再走上燕京大学讲台的冰心，这样描述了她的师生观：

从讲台上望去，一个个红扑扑的稚气未退的脸，嬉笑地、好奇地望着我这个小先生——那时一般称教师为先生。这些笑容对我并不陌生，与我的弟弟们和表妹们的笑容一模一样。打开点名簿请他们自己报名，我又主动纠正了他们的口音，笑语纷纭之中，我们一下子就很熟悉很亲热了！我给他们出的第一道作文题目，就是自传，一来因为在这题目下人人都有话可写，二来通过这篇自传，我可以了解到每个学生的家庭背景、习惯、性情等。我看完文卷，从来只打下分数，

---

① 陈垣：《家书》，陈智超编：《励耘书屋问学记》，北京：生活·读书·新知三联书店，2006年，第12—13页。

不写批语，而注重在和每个人做半小时以内的课外谈话上。这样，他们可以告诉我他们是怎么写的，我也可以告诉他们我对这篇文字的意见，思想沟通了，我们彼此也比较满意。

我还开了一班习作的课，是为一年级以上的学生所选修的。我要学生们练习写各种文学形式的文字，如小说、诗、书信，有时也有翻译——我发现汉文基础好的学生，译文也会通顺。期末考试是让他们每人交一本刊物，什么种类的都行，如美术、体育等。但必须有封面图案、本刊宗旨、文章、相片等，同班同学之间可以互相组稿，也可以向外班的同学索稿或相片。学生们都觉得这很新鲜有趣，他们期末交来的刊物，内容和刊名都很一致，又很活泼可喜。

回忆那几年的教学生涯，最使我眷恋的是：学生们和我成为知心朋友。那时教师和男女学生都住在校内，课外的接触十分频繁。我们常常在未名湖上划船，在水中央的岛边石舫上开种种讨论会，或是作个别谈话。这种个别谈话就更深入了！有个人的择业与择婚问题……我说的既不是“尊师”，也不是“爱生”，我觉得“师”与“生”应当是相互尊重、相互亲爱的朋友。①

2. 循循善诱

“师与生应当是相互尊重、相互亲爱的朋友”，正是秉承这样的师生观，才会有教学中的循循善诱。陈省身说到，南开数学系教授姜立夫在人格上、道德上是近代的一个圣人。他态度严正，循循善诱，使人感觉读数学有无限的兴趣前途。南开数学系在那时以脚踏实地见长，姜先生教书是极认真的，每课必留习题，每题必经审阅。姜先生开了许多在当时被认为高深的课，如线性代数、微分几何、非欧几何，等等。②

循循善诱，首先的一点，教师的课堂教学要准备充分，使学生能从中得到愉悦的享受。钱玄同“每次上课，他总先在课堂外等候了，钟声一响，立即走上讲坛，用铅笔在点名簿上一‘竖’，就立即开讲，讲起来真是口若悬河，滔滔不

① 转引自陈远：《燕京大学（1919—1952）》，杭州：浙江人民出版社，2013年，第103页。

② 陈省身：《学算四十年》，张岱年、邓九年主编：《逝水年华》卷二，北京：北京师范大学出版社，2005年，第297—298页。

绝。……他上课从不带一本书一张纸，只带一支粉笔，而讲每一个字的起源，从甲骨、钟鼎、大小篆、隶，源源本本，手写口谈，把演变的经过，旁及各家学说，讲得清清楚楚，使这样一门本来很沉闷的功课，讲得非常生动”。① 据张中行回忆：钱玄同“口才好，立着讲，总是准时开始，准时结束”；钱先生“用普通话讲，深入浅出，条理清晰，如果化声音为文字，一堂课就成为一篇精炼的讲稿。记得上学时期曾以口才为标准排名次，是胡适第一，钱先生第二，钱穆第三”②。

循循善诱，还要求教师对学生的疑问耐心解答，因势利导。复旦大学教授洪深除了任教戏剧方面的课外，还兼教“近代英文”。他教每篇课文，总是先叫同学们自己阅读，尽量提出问题，下次上课时他一一解答，等到同学们没有问题了，就由他提出一些问题，指定学生回答，然后由他补充。③

张中行是1931年考入北京大学国文系，第一次见到俞平伯是在课堂上。其“身材不高，头方而大，眼圆睁而很近视，举止表情不能圆通，衣着松散，没有笔挺气。但课确是讲得好，不是字典式的释义，是说他的体会，幽思连翩，见人之所未见”。当时俞平伯还是个青年教师，一日讲到蔡邕的《饮马长城窟行》，其中有“枯桑知天风，海水知天寒”两句，俞平伯说：“知就是不知。”一个同学站起来说：“俞先生，你这样讲有根据吗?”俞平伯说：“古书这种反训不少。”接着拿起粉笔，在黑板上写出六七种。提问的同学说：“对。”坐下。④

民国高校教师在教学中的循循善诱还表现在对学生作业的批改一丝不苟。沈从文就是如此。邓云乡回忆说：“抗战胜利之后，先生回到北大教书，我补修先生的‘现代文学选读及习作’，出一两字的散文习作题目，如《影》等等，我交的作业，先生能在稿纸两行的空格中再加三行小字，先不说文字，只是这蝇头小楷，甚至比蝇头还小，已十分惊人了。”⑤

---

① 汪修荣：《民国教授往事》，郑州：河南文艺出版社，2008年，第179页。
② 汪修荣：《民国教授往事》，郑州：河南文艺出版社，2008年，第179页。
③ 孙俊在：《洪深教授在复旦》，萧乾主编：《海上春秋》，北京：中华书局，2005年，第56页。
④ 张中行：《俞平伯》，《故园人影》，北京：作家出版社，2006年，第98页。
⑤ 邓云乡：《文化古城旧事》，北京：中华书局，1995年，第288—289页。

齐白石对学生作业的指导更是费尽心思。30年代，齐白石在国立北平艺术专科学校任教。木匠出身的齐白石并不多讲理论，平日上课，每次带来一张自己的得意画作让学生临摹，他不时地下来指点一二。为了教学生掌握基本技法，如怎样用笔、墨、水、色，怎样构图，他会轮流给每个学生当场作一幅画，作为纪念。被送画的那个学生当天须准备好纸张笔墨，全班同学都围拢观摩。作画完毕，齐白石一定认真题写上下款，然后带回家用印，下次上课时带来。为鼓励学生的进步，齐白石常在学生的作品上题字。例如一学生作《鼠子爬灯台图》，齐白石为其题字："炳琨弟思想虽厉害，然几使鼠子危矣。余喜其用笔，生活胜人。"这里既指出其画作的不足，又表扬其才思。又有学生作《夜饮图》，齐白石题字："酒壶酒杯，却是随意一挥，何其工极，超余者弟也。"1937年暑假，国画系同学毕业，齐白石嘱三位优秀同学选自己好作品合集成册，齐白石亲自题写封签，并亲自手书序言："夫画者本寂寞之道，其人要心境清逸，不慕官禄，方可从事于画。见古今人之所长，摹而肖之能不夸，师法有所短，舍之而不诽，然后再观天地之造化，来腕底之鬼神，对人方无羞愧。不求人知而天下自知。此画界有人品之真君子也。今谢炳琨、雒达、卢光照二三同学，心无妄思，互相研究，其画故能脱略凡格。即粗枝大叶，皆从苦心得来。三年有成，余劝其试印成集以问人。丁丑四月题于故都，齐璜。"①

诲人不倦者，乃在"善教者，使人继其志"。学生因教师之教诲而喜欢上这一专业，而求其门径，而登堂入室，而薪火相传，这就是诲人不倦之魔力。齐白石因关爱学生而循循善诱，才有"此画界有人品之真君子"的期待。这可谓是民国高校教师教学精神的精髓所在。

（三）舒展个性

教学风格是学识和性格习惯的沉淀，这可以说是民国高校教师教学风采最具

① 卢光照：《齐白石巧妙诱学子》，萧乾主编：《史迹文踪》，北京：中华书局，2005年，第88—89页。

魅力的部分。教师的才气，教师的性格，都通过这三尺讲台淋漓尽致地展现出来。在这方寸之地，没有矜持，没有做作，民国高校教师的教学风格完全是一种本真的流露。随性，自由，却忠于职守，这样的教学风采给民国大学生带来了不一样的享受。

先说说沉闷型。民国处于新旧交替时期，高校教师们的教学风格也新旧杂陈，传统的循规蹈矩的教学形式在大学课堂还是很有市场。例如辅仁大学国文系主任余嘉锡，也在北大兼课。北大学生张中行说：“他身材中等偏高，说不上胖而显得丰满。当然穿长袍，与其他老人物如黄节、马叙伦相比，还多一顶瓜皮小帽。上课坐着讲，平静地传授知识而不用面部表情甚至指画来助阵。这是纯旧派的教学形式。”①

这里讲的纯旧派，在北大教授孟森身上也有体现。孟森身材不高，永远穿一件旧棉布长衫，面部沉闷，毫无表情。他出门走路总是低着头若有所思，讲课也是出奇的沉闷。他的课有讲义，学生人手一本。上课钟响后，他走上讲台，手里拿着一本讲义，拇指插在讲义中间。从来不向讲台下看，也许因为看也看不见。应该从哪里念起，是早已准备好，有拇指做记号的，于是翻开就照本慢读。当时读北大的张中行曾检验过，耳听目视，与讲义果然一字不差。下课钟响，孟森把讲义合上，拇指仍然插在中间，转身走出，还是不向讲台下看。②

还有就是面部表情的严肃，加上旧派的穿着，也给学生们带来沉闷的感觉。陈垣先生在北大上课，同学们反映：“这是位不长不矮，胖胖的典型身材，方方大大的脸，高高阔阔的前额，一副黑边老花眼镜，平常是不大戴的，每次讲课时，总是临时从怀里掏出来戴上，而最引人注意的是那两撇浓浓的八字胡，这八字胡带来了无限威棱。经常的穿着件黑马褂，长袍。”③ 王国维的讲课，据徐中舒回忆说：“先生口操浙江音之普通话，声调虽低而清晰简明可辨。当先生每向

---

① 张中行：《前辈掠影》，《故园人影》，北京：作家出版社，2006年，第165页。

② 张中行：《红楼点滴三》，《故园人影》，北京：作家出版社，2006年，第10页。

③ 朱海涛：《北大和北大人》，钟叔河、朱纯编：《过去的大学》，武汉：长江文艺出版社，2005年，第73页。

黑板上指示殷墟文字时，其脑后所垂纤细之辫发，完全映于吾人视线之前，令人感不可磨灭之印象焉。”①

辜鸿铭也是拖条辫子。但他的讲课恐怕不能归之于沉闷型，他的讲课随性且幽默。罗家伦说：“我记得第一天他老先生拖了一条大辫子，是用红丝线夹在头发里面辫起来的，戴了一顶红帽结黑缎子平顶的瓜皮帽，大摇大摆地上汉花园的红楼，颇是一景。到了教室之后，他首先对学生宣告：‘我有三章的约法，你们受得了的就来上我的课，受不了的就早退出。第一章，我进来的时候你们要站起来，上完课要我先出去你们才能出去；第二章，我问你们话和你们问我话时都得站起来；第三章，我指定你们要背的书，你们都要背，背不出不能坐下。’我们全班的同学都认为第一第二都容易办到，第三却有点困难，可是大家都慑于辜先生的大名，也就不敢提出异议。”但罗家伦并不讨厌辜鸿铭的教学，甚至对他的幽默还挺有印象。罗家伦说：“辜先生对我们讲英国诗的时候，有时候对我们说：‘我今天教你们外国大雅。’有时候说：‘我今天教你们外国小雅。’有时候说：‘我今天教你们洋离骚。’”② 震瀛在《补记辜鸿铭先生》一文中也有类似记载：“看他的为人，越发诙谐滑稽，委实弄到我们乐而忘倦，这也是教学的一种方法，所以学生也很喜欢。”③

幽默风趣且不失严谨，内容充实而一气呵成，这样的教学风格可能是学生最为欢迎的。钱穆的讲课可能具有这样的风采：

课室的大，听众的多，和那一排高似一排的座位，衬得下面讲台上的宾四先生似乎更矮小些。但这小个儿，却支配着全堂的神志。他并不瘦，两颊颇丰满，而且带着红润。一付金属细边眼镜，和那种自然而然的和蔼，使人想到“温文”两个字，再配以那件常穿的灰布长衫，这风度无限的雍容潇洒。向例他上课总带着几本有关的书，走到讲桌旁，将书打开，身子半倚半伏在桌上，俯着头，对那满堂的学生一眼也不看，自顾自的用一只手翻书。翻，翻，翻，足翻到一分钟以

① 转引自袁英光、刘寅生编著：《王国维年谱长编》，天津：天津人民出版社，1996年，第438页。
② 罗家伦《回忆辜鸿铭先生》，宋炳辉编：《辜鸿铭印象》，上海：学林出版社，1997年，第138页。
③ 震瀛：《补记辜鸿铭先生》，宋炳辉编：《辜鸿铭印象》，上海：学林出版社，1997年，第110页。

上，这时全堂的学生都坐定了，聚精会神的等着他，他不翻书了，抬起头来滔滔不绝的开始讲下去。越讲越有趣味，听的人也越听越有趣味。对于一个问题每每反复申论，引经据典，使大家惊异于其渊博，更惊异于其记忆力之强，显而易见开讲时的翻书不过是他启触自己的一种习惯，而不是在上面寻什么材料。这种充实而光辉的讲授自然而然的长期吸引了人。[①]

刘师培的上课则是不带片纸只字。当年北大的学生杨亮功这样评价："刘申叔教中古文学史，他所讲的是汉魏六朝文学源流与变迁。他编有《中国史与文学史讲义》。但上课时总是两手空空，不携带片纸只字，源源本本地一直讲下去。声音不大而清晰，句句皆是经验之言。他最怕在黑板上写字，不得已时偶而写一两个字，多是残缺不全。……这位国学大师书法确是相当拙劣。据说他还想卖字，他有一次把这个意思告诉黄季刚先生，黄说：'你只要写刘师培三个字去卖就够了。'"[②] 冯友兰的感觉与杨亮功接近："蔡元培聘请刘师培为中国文学教授，开的课是中国中古文学史。我也去听过一次讲，当时觉得他的水平确实高，像个老教授的样子，虽然他当时还是中年。他上课既不带书，也不带卡片，随便谈起来，就头头是道。援引资料，都是随口背诵。当时学生都很佩服。"[③]

这样严谨型的风格，有时还伴有情境的设置，使教学引人入胜。比如吴梅，江苏吴县人。近代治曲大家，一要算上王国维，二就要算上吴梅了。钱基博在《现代中国文学史》中是这样评价："曲学之兴，国维治之三年，未若吴梅之劬以毕生。国维限于元曲，未若吴梅之集其大成。国维详其历史，未若吴梅之发其条例。国维赏其文采，未若吴梅之析其声律。而论曲学者，并世要推吴梅为大师。"技艺压身，自然给教学增添风采，"他既以治曲负盛名，北京大学、东南大学、中山大学等，都聘他去当教授。他上教室，常携一笛师，在教室中当场度曲，抑扬亢坠，余音绕梁。莘莘学子，很感兴趣"[④]。

---

① 朱海涛：《钱穆先生》，陈平原等编：《北大旧事》，北京：生活·读书·新知三联书店，1998 年，第 351 页。

② 杨亮功：《早期三十年的教学生活·五四》，合肥：黄山书社，2008 年，第 19 页。

③ 冯友兰：《三松堂自序》，第 2 版，北京：人民出版社，2008 年，第 281 页。

④ 郑逸梅编：《南社丛谈》，上海：上海人民出版社，1981 年，第 162—163 页。

复旦大学教授朱斯煌，上课时台上搭台，讲起来活灵活现，货币银行学可称为其拿手杰作。他讲课资料丰富，材料新鲜，同学从不缺课。讲到票据交换情形，宛似身历其境，刚到紧要关头，下课铃响，欲知后事如何，且听下回分解。①

龚懋德会计师是复旦大学会计实习教授。由于他来自社会实际，交际广阔，富有社会实践经验，加之其言谈恳切，所以他的课很有感染力。学生听他讲到吃会计饭的处世困难，令人毛骨悚然，听他讲到会计前程的紧要，巴不得现在就同他一样。②

当然，受学生们欢迎的还有那种讲课声情并茂的豪放型。比如熊十力，他上课喜欢在家里，因为他受不了上课时间的约束。任继愈回忆说："熊先生冬天室内从不生炉火，听课的学生全副冬装坐着听讲。熊先生讲的课是两个学分，但他讲起来如长江大河，一泻千里，每次不下三四个小时，而且中间不休息。他站在屋子中间，喜欢在听讲者面前指指画画，讲到高兴时，或者认为重要的地方，随手在听讲者的头上或肩上拍一巴掌，然后哈哈大笑，声震堂宇。"③

中山大学黄际遇教授，抗战时期讲授"骈文"一课也是如此。他爱穿一件玄色长袍，胸前缝两个特大的口袋：左边放眼镜，右边放粉笔。同学们一看，全都笑出声来。黄际遇对此并不责怪，只是一个劲地摇头晃脑、拖声呶气地吟咏汪中的《吊黄祖文》，而且还伴随着那抑扬顿挫、悠扬悦耳的潮州口音，以手击节，用脚打板，连两眼也眯缝了起来，脑袋也在不断地画着圆圈。同学们看了说，黄老师来教骈文，就是为了过瘾。④

闻一多上课更喜欢在傍晚之后。冯夷曾在回忆中描述了闻一多在清华讲授《楚辞》的情形："七点钟，电灯已经亮了，闻先生高梳着他那浓厚的黑发，架着

---

① 石铭声：《黑板前》，薛明扬、杨家润主编：《复旦杂忆》，上海：复旦大学出版社，2005 年，第 161 页。

② 石铭声：《黑板前》，薛明扬、杨家润主编：《复旦杂忆》，上海：复旦大学出版社，2005 年，第 161 页。

③ 转引自熊幼先：《回忆父亲熊十力的二三事》，钱理群、严瑞芳主编：《我的父辈与北京大学》，北京：北京大学出版社，2006 年，第 142 页。

④ 何其逊：《岭南才子亦名师——怀念黄际遇教授》，吴定宇编：《走近中大》，成都：四川人民出版社，2000 年，第 118—119 页。

银边的眼镜，穿着黑色的长衫，抱着他那数年来钻研所得的大叠大叠的手抄稿本，像一位道士样的昂然走进教室里来。当学生们乱七八糟地起立致敬又复坐下之后，他也坐下了，但并不即刻开讲，却慢条斯理地掏出他的纸烟盒，打开来，对着学生们露出他那洁白的牙齿作蔼然的一笑，问道：'哪位吸?' 学生们笑了，自然并没有谁接受这 gentleman 风味的礼让。于是闻先生自己擦火柴吸了一支，使一阵烟雾在电灯下更浇重了他道士般神秘的面容。于是，像念'坐场诗'一样，他搭着极其迂缓的腔调，念道：'痛——饮——酒——熟——读——离——骚——方得为真——名——士!' 这样地，他便开讲起来。显然，他像中国的许多旧名士一样，在夜间比在上午讲得精彩，这也就是他为什么不惮烦向注册课交涉把上午的课移到黄昏以后的理由。有时，讲到兴致盎然时，他会把时间延长下去，直到'月出皎兮'的时候，这才在'凉露霏霏沾衣'中回到他的新南院住宅。"①

这样的教学风格有时也体现为一个学校的教学特色。20 世纪三四十年代，以中央大学和金陵大学为代表的"金陵学派"注重传统，致力弘扬国学，尤擅小学，只要看看教师们的板书就能感受到这样一种学风。学生回忆说："当时在课堂上，看到俊秀、豪放各种板书心生向往。当年南京中央大学的中文系，国内古典文学大师聚集，如词学家吴梅俊逸的板书，二汪（旭初、因坦）的流利板书，黄侃虽不大写板书，也偶然写几次，有他的俊爽之气。而我独好胡小石板书，豪迈卓逸。他板书写得很快，也自己擦去，坐在前头的同学有时起来替他擦，其实许多同学舍不得擦。"②

上海交通大学名教授的讲课也是众多学生所津津乐道的。他们上课的严谨，要求的严格，乃至除国文、德语课外都采用英语上课，最后都得到学生们的认可。特别是一、二年级多是名教授上基础课，如胡敦复、裘维裕、姚启钧、赵富鑫、陈石英、朱物华、钟兆琳、毛启爽、王之卓、钟伟成等，学生们能数家珍似

---

① 梁实秋：《谈闻一多》，刘天华、维辛选编：《梁实秋怀人丛录》，北京：当代世界出版社，2007 年，第 105—106 页。

② 转引自岱峻：《民国衣冠——风雨中研究院》，北京：北京联合出版公司，2012 年，第 143 页。

的讲出一长串。1936 年入学的学生以《名师轶事》为题写出了几个教师的教学风采：

裘维裕：新生差不多是平生第一次到阶梯教室听课，故而提前进入。静静地候至正点，不见裘先生来。突然活动黑板上升，板后门开，裘先生出现了。闪闪银发，结合金丝眼镜，令人肃然起敬。讲物理课时，全用英语，课后习题颇费人思索。

胡敦复：微积分权威，戴墨镜上课，黑板字整齐清晰，讲课推理性强。头发长而一直不理，原来过年时请理发员到家来，理发工具全部清毒后使用。

马就云：治学严谨，教直流电机。讲稿精心制作，用小卡片，每堂课，写黑板数面，笔记量相当重，但内容一清二楚。

陈石英：以讲热力工程著称，体型硕大，穿着长衫。每堂课准时到场，手执粉笔一支，别无他物。板书由黑板左上角写起，到下课铃响，正好一支粉笔写完，一面黑板用完，真可谓胸有成竹。

钟兆琳：教授交流电路和交流电机课，娴熟无比，是美国电机学权威 Karapetoff 教授的得意门生。上下课不那么准时，讲课有时离题千里，因此，常使用课间休息时间上课，甚至另行加课。上衣口袋常塞满书报，有一次掉出一本小册子，却是酱油酿选之书。在家常与儿子下棋为乐。①

还有一种，有些教师存在比如口吃一类的缺陷，却能扬长避短，倒也成了独特的教学风格。例如顾颉刚小时候在私塾读书，一位老先生很严厉，经常逼他读书。如果顾颉刚念不出来，老先生便把戒尺在桌上乱拍。如果顾颉刚背不出来，老先生便用戒尺在顾颉刚头上乱打。这样的威吓和迫击常使顾颉刚战栗恐怖。时间一长，竟把顾颉刚逼出了口吃的毛病。加之其浓厚的苏州口音，使学生听课很为吃力。但顾颉刚讲课能扬长避短，少讲多写，通过多板书来减少口头表达的不足。除了发给学生大量资料外，其上课的大部分时间都在板书。往往写完三四黑板，下课时间也到了。由于他板书的内容很有见解，学生们看了很有收获，所以

---

① 朱隆泉主编：《思源湖——上海交通大学百年故事撷英》，上海：上海交通大学出版社，2006 年，第 348—349 页。

这种教学也得到同学们的认同。张中行就是这样看的："顾先生体格是苏州型的，外貌的风度却既不白净又不清秀。待人好，诚恳和气，讲课十分认真。可惜天道吝，多有笔才而少有口才。看过《古史辨》自序的人都知道，那是倚马万言，可是讲课，常常嗫嚅一会儿，还是说不出来，就急得拿起粉笔写。"①

冯友兰说话也是口吃，他的扬长避短是能利用口吃的缺陷转化成一种教学奇效。温源宁说："听过他讲课的一些学生告诉我，他能利用口吃去形成某种优势或是突出一种虚假的重点。如果他在课堂上讲一个笑话，所有的学生都会屏住呼吸静待最后的结局，当他结结巴巴经历过同一个字音多次重复的反复煎熬而终于说出了那个期待已久的结局，全班人就会由于好笑，也由于如释重负，爆发出一阵由衷的哄堂大笑。"②

这些民国高校教师的教学风采，荡漾在历史的时空中。透过民国高校教师在讲台上的音容笑貌，我们分明感受到了一种积极向上的生命期待，一种生命意义的表达与彰显，一种教育人生的真情守望。

四、学科建设奠厚基

学科建设也是民国高校教师教学生活的重要内容。中国传统学术，由经史子集统领，西方近代学术的引进，遂有历史、哲学、文学、法学、经济等学科的分

① 张中行：《前辈掠影》，《故园人影》，北京：作家出版社，2006 年，第 166 页。
② 温源宁：《不够知己》，江枫译，长沙：岳麓书社，2004 年，第 47 页。

野。自然科学更不要说，由近代的格致到数学、化学、物理的分野。这样，现代大学学科的建设自然就成为民国高校教师的当然职责。

（一）民国高校教师对学科建设的努力

创建现代学科，对民国高校教师来说，是一个不小的挑战。谓其不小，是说面对中西学术的激荡，不论是改造中国传统学科，还是创建新的学科，其学术制高点不仅取决于民国高校教师的学术水平，而且取决于民国高校教师的时代眼光。

先看看北京大学为建设国文学科的努力。国文是具有中国传统优势的学科。据钱玄同日记，自蔡元培就任北大校长后，国文学科的建设就已开始。1917 年 1 月 6 日，蔡元培与文科教员开谈话会，问及文字学教授问题。钱玄同提出按照教育部规定，文字学应包括音韵、说文、尔雅三种，其中说文、尔雅教学时数恐有不敷，蔡元培表态“单位增减无有不可”，“此可酌办”。以后对课程如何开设，如何定位，钱玄同与同事们多有讨论。1 月 21 日，钱玄同与马幼渔、沈尹默商议大学新预科国文标准。1 月 29 日，钱玄同思考《文字学》中的字义该如何教法，姑且先就段注《说文》讲授，而以补苴匡正之义别作讲义。2 月 3 日，钱玄同与幼渔、蓬先、逖先等共餐，其间讨论分科讲授文学之事。4 月 4 日，钱玄同与沈尹默、马幼渔讨论选编古今学术之文辞，为文科预科学生讲习之用。9 月 13 日，蓬先、沈尹默、刘叔雅、兼士、幼渔以及钱玄同本人都已将模范文选定，钱玄同拟将这些文选认真看一看。10 月 18 日，刘半农拟选模范文一编，分周秦、两汉、晋唐、宋元明、清、现代六期，文约百篇左右。并拟选《诗粹》一种。10 月 27 日，在陈独秀处开会，续拟选科事。[①] 从钱玄同的这些记载看，当时北大国文系的教师们对国文学科的建设颇下了一番功夫。

但国文学科的建设并非仅限于对传统文化内容的取舍，更重要的是如何运用

① 杨天石主编：《钱玄同日记》上，北京：北京大学出版社，2014 年，第 298 页。

科学方法进行改造与重建。这一点清华大学的国文学科建设则前进了一步。1928年8月，杨振声出任清华大学国文系主任。他看到在清华大学，与那些留过洋、西装革履、气宇轩昂的其他系教授相比，国文系的教员大都是长袍马褂、满口“之乎者也”的老夫子，在学校里根本没地位，就像是小媳妇。特别是在学科建设方面，在中西文化的碰撞下，哲学、历史、经济、法律各学科都冶古今中外于一炉而求其融会贯通，唯独中国文学与外国语文二系深沟高垒，旗帜分明，远远落后于时代。杨振声到清华的第二天，便去拜访朱自清。他说：“我去清华的第二天，便到古月堂去访他。他住在西厢房一间小屋里。下午西窗的太阳，射在他整整齐齐的书桌上，他伏在桌上低着头改卷子。就在这小屋子里，我们商定了国文的计划。”按他们的想法，新的国文学科，“一方面注重研究我们的旧文学，一方面更参考外国的现代文学”。为什么要注重研究旧文学？因为我们文学上所用的语言文字是中国的，我们文学里所表现的生活、社会、家庭、人物是中国的，我们文学所发扬的精神、气味、格调、思想也是中国的。更重要的是，我们要创造的也是中国的新文学。为什么更要参考外国现代文学呢？正因为我们要创造中国新文学，不是要因袭中国旧文学。①

外国文学学科的建设也须融汇中西文化精神，尤其要在培养目标上定位准确。1926年3月，吴宓离开国学研究院，专任清华大学西洋文学系教授，制订了清华大学西洋文学系的培养方案与课程设置：“（一）本系课程之目的，为使学生得能：（甲）成为博雅之士；（乙）了解西洋文明之精神；（丙）造就国内所需要之精通外国语文人才；（丁）创造今世之中国文学；（戊）汇通东西之精神思想而互为介绍传布。（二）本系课程之编制，本于二种原则，同时并用：其一则研究西洋文学之全体，以求一贯之博通；其二则专治一国之语言文字及文学，而为局部之深造。”②

可能比较难的是像历史这样的学科建设。传统的历史学科历来归属于经学，近代受西方学术的影响，历史学科的独立地位逐渐显现。1919年6月，北京大

① 姜建：《朱自清》，南京：江苏人民出版社，2013年，第120—121页。
② 徐葆耕编选：《会通派如是说——吴宓集》，上海：上海文艺出版社，1998年，第204页。

学以协助国史编撰的名义，正式成立了中国史学门。章太炎弟子康心孚出任首任主任，在其任内，他废门改系，将史学门改为更具近代学科意义的史学系。同年11月，康心孚病逝，朱希祖接任史学系主任。在朱希祖的主持下，他努力尝试以欧美新史学来改造中国旧史学，尝试以社会科学的眼光来重构传统史学，在全国大学中首创现代历史学系的课程和规模。

清华大学历史学科的建设虽然较北大起步晚，但起点比较高。这里仅引用何炳棣的观点，可能不很全面，但可从中窥见当时高校教师对历史学科建设的观点。何炳棣认为，三十年代的清华历史系是最有现代学术特色的。他是这样评价的：

当时陈寅恪先生最精于考据，雷海宗先生注重大的综合，系主任蒋廷黻先生专攻中国近代外交史，考据与综合并重，更偏重综合。蒋先生认为治史必须兼通基本的社会科学，所以鼓励历史系的学生同时修读经济学概论、社会学原理、近代政治制度等课程。在历史的大领域内，他主张先读西洋史，采取西洋史学方法和观点的长处，然后再分析综合中国历史上的大课题。回想起来，在三十年代的中国，只有清华的历史系，才是历史与社会科学并重；历史之中西方史与中国史并重；中国史内考据与综合并重。[①]

至于理工各学科的建设，则主要靠一批留学归国的学者承担起来。在物理学科，北京大学于1917年首创物理系，1909年留美回国的何育杰为首任系主任，1919年留美归国的颜任光、1922年留法归国的李书华先后加盟。叶企孙于1924年留美归国，1926年在清华大学创建了物理系。1918年留美归国的胡刚复在南京高等师范学校创办了物理系。1922年留美归国的饶毓泰在南开大学创建了物理系。

在数学学科，我国第一个数学博士学位获得者胡明复于1917年回国，先后在上海大同学院、南京高等师范学校、南洋大学创设数学系。姜立夫于1919年留美回国，1920年在南开大学创立数学系。1911年留美归国的郑之蕃是成立于

---

① 何炳棣：《读史阅世六十年》，台北：允晨文化实业股份公司，2004年，第68页。

1927年的清华大学数学系的第一任系主任，1921年留法归来的熊庆来是继任者。

在化学学科，1916年留英归国的丁绪贤于1918年创立了北京大学化学系。1923年留美回国的杨石先是南开大学化学系的主要创建人之一。

在地质学科，1918年，北京大学首设地质系，留美学者何杰为首任系主任，李四光于1920年留英归来后，在北京大学地质系任教授、系主任。竺可桢于1918年留美回国，1920年在南京高等师范学校创办中国第一个地学系。

理工科的建设与文科建设一样，关键要有学术眼光。这里仅以茅以升要求创立土木工程和电机工程学科为例。1923年3月，茅以升等7位教师向东南大学提交议案，要求增设土木工程系和电机工程系，其理由如下：

同人等远模欧美之成规，近察国内之需要，觉工科现状非扩充无以自存。谨将增添土木、电机两系之理由，胪陈如下，以供参考，倘蒙大会通过，工科幸甚，大学幸甚。

（一）查本大学各科大抵由三系以上所组成，而工科仅办机械工程一系，殊不足当科之称。

（二）土木、电机及机械三系，功用虽异，性质相近，具有密切关系，所需人才、设备均可互相通用，故三系并设最为经济。现本科已有之人才、设备虽为机械系而设，但均足供土木、电机之用。

（三）土木系为工科之主干，凡有工科之学校，几无不以土木为先务。今本校已有机械系，则土木系之添设更不容缓。

（四）今日世界工业莫不仰赖电力，故欲发展一国实业，电机工程实不可少，而国中各大学对于此科多付缺如，故本校亟应首先添设此系，以应需要，而示提倡。

（五）土木系拟办建筑、营造、道路、市政各组，均为国内所急需，而通国所无者。

（六）电机系拟办之电机制造、荷电铁道及无线电各组，俱为现世最新之工业，国内最急之需要。

（七）因三系之关系密切，故添办土木、电机两系所需经费，并不超过现有机械系应有之经费，且添系应增之人才、设备多为现有机械系所需用者，即不添系于经费亦并无节省。

（八）所增两系于本大学多可直接服务，如土木系之于学校建筑及卫生设备，电机系之于学校电力厂均可尽充分义务。

（九）工科欲在校外活动，辄以本身未固，难以进行，所失机会甚多。若添系以后，范围既广，效用亦巨，易得社会之同情援助，不止工科受其益也。①

茅以升的议案很有学术眼光。它立足世界工业发展的高度，论证了土木工程和机电工程学科建设的必需，并考察了东南大学和社会的实际需要，阐述了这两个学科建设的可行性，让我们深切感受到当时高校教师的使命感和责任感。

饶毓泰建设北大物理系也体现了这样的学术眼光。当时国内高校物理学科已经建设多年，特别在本科人才培养方面颇有成绩，但学术水平起色不大。饶毓泰于1933年出任北京大学物理系主任。他借助学校聘用研究教授的良机，广揽英才，更新实验设备，倡导科学研究，积极开展物理学科建设。饶毓泰坚持教学与科研并重的方针，每周举办学术讨论会，并与清华大学、北平研究院举行联合讨论会。在饶毓泰领导下，北大物理系迅速成为一个具有现代学术特色的物理系。在1933年至1939年北大物理系的教师共发表学术论文46篇，仅1936年一年就有14篇。其作者队伍也十分庞大，甚至形成了教授、助教、学生组成的完整梯队。

全面论述民国时期高校现代学科建设并不是本书的任务。下面简略地呈现几个场景，实为展示民国高校教师在学科建设方面的生活图景。

（二）梁思成创办东北大学建筑系

梁思成，广东新会人，出生于日本东京。辛亥革命后，梁思成随父母从日本回国，在北京读书，1923年毕业于清华学校高等科。1924年，和林徽因一起赴

① 南大百年实录编辑组编：《南大百年实录》上卷，南京：南京大学出版社，2002年，第206页。

美国费城宾州大学建筑系学习，1927 年获得学士和硕士学位，又去哈佛大学学习建筑史，研究中国古代建筑（肄业）。1928 年 3 月 21 日，梁思成与林徽因在加拿大渥太华的中国总领事馆举行婚礼。之后赴欧洲参观古建筑，8 月 18 日回国后，在沈阳东北大学任教，创立了中国现代教育史上第一个建筑学系。

任教东北大学是其父梁启超的主意。当时东北大学准备筹建建筑系，原本希望聘请已在天津基泰建筑公司任职的杨廷宝担任建筑系主任，杨廷宝则推荐尚在国外的梁思成担任，并受东北大学委托前往北平向梁启超游说。梁启超正在为梁思成争取清华学堂的教职，听说东北大学的意向，果断地替儿子接下了东北大学的聘书。梁启超的想法，是希望儿子能到有困难但于建筑事业有发展前途的东北大学磨练。

当梁思成接到父亲的来信时，距离东北大学开学只有一个多月的时间。他和林徽因不得不提前结束欧洲的蜜月之旅，踏上了归国的火车。如何创建国内第一个建筑系，他们在漫长的归途中就已开始筹划。他们借鉴美国宾夕法尼亚大学建筑系的教学模式，制订了一份筹建东北大学建筑系的草案，对课程也作了初步的罗列。梁思成和林徽因决定，要将自己开始研究的中国建筑史也应用于教学实践中。

火车到达沈阳时，东北大学工学院院长高惜冰已在车站等候，告知梁思成已被任命为建筑系主任，建筑系已招收了一班学生，但一个专业老师都没有，也不知开些什么课，一切都等他回来进行。

27 岁的梁思成就这样走上了东北大学建筑系主任的岗位。在东北大学的第一个学期，梁思成既是系主任又是主力教师。后来林徽因来了，任教美术课和建筑设计课程。梁思成则讲授建筑学概论和建筑设计原理。为了将他的建筑理念——“人类文化和历史的记录者”——灌输给学生，他专门开设了建筑史课程。学生回忆说：“先生个头虽然不大，但两眼炯炯有神，而且带着对建筑学专业的无比热爱和自信，给人以很大的感染力。先生的第一句话就说‘建筑是什么？它是人类文化的历史，是人类文化的记录者，它反映时代的步伐和精神。’最后他总结说：‘一切工程离不开建筑，任何一项建设，建筑必须先行，建筑是工程之王。'听了先生的这一篇讲演我下决心一定要学好建筑不再转系。"①

梁思成的上课也很有特色。他走上讲台第一句话：不满 18 岁的同学请站起来。呼啦一下站起了三分之一的同学。梁思成温和地笑了：果然你们是年龄最小的一班。然后在黑板上画一只小狗，问学生：这是什么？然后又在小狗旁边画了一个与小狗一般大小的小屋，问：这是什么？当学生们回答是狗窝后，他又画了一个大房子。当学生们回答是房子后，梁思成笑了，在黑板上写下了"尺度"两个字，形象生动地把这个概念展示给学生。还有一次，他画了一个婴儿和一个成年人，然后又在成年人旁边画了一个与成年人同等大小的婴儿，问学生这两个人谁是大人谁是小孩，当学生回答后，他说这就叫"比例"。然后指出，建筑也和人一样，各种建筑都有自己的特点和比例，如果尺度弄不好，让人看起来像个拔高了的小孩或缩小了的大人，会很不舒服。当年的学生梁镈回忆说："梁公当时只有 27 岁，却已经学问渊博。梁公讲课的一个大特点是高度的'视觉化'，每讲到一个实例都要在黑板上准确地把建筑的平、立、断面画出来。"②

为了辅导学生，梁思成、林徽因几乎每天晚上都到教室指导改图。"当时最苦的是没有助教，所以先生只能在课余，利用晚上来教室为我们改图，讲授渲染技法。他很注重建筑制图及建筑美，要求严格，在评图过程中常常发表许多精辟见解。他和林徽因先生几乎每晚到教室来为我们改图直到深夜才回去休息。"③

当时东北局势还比较混乱，经常有土匪出没。林徽因回忆："当时东北时局不太稳定，各派势力在争夺地盘。一到晚上经常有土匪出没（当地人称为胡子），他们多半从北部牧区下来。这种时候我们都不敢开灯，听着他们的队伍在屋外奔驰而过，那气氛真是紧张。有时我们隔着窗子往外偷看，月光下的胡子们骑着骏马，披着红色的斗篷，奔驰而过，倒也十分罗曼蒂克。"④

---

① 窦忠如：《梁思成传》，天津：百花文艺出版社，2007 年，第 65 页。

② 窦忠如：《梁思成传》，天津：百花文艺出版社，2007 年，第 65—66 页。

③ 刘致平：《每晚到教室来》，刘小沁编选：《窗子内外忆徽因》，北京：人民文学出版社，2001 年，第 201 页。

④ 林洙：《大匠的困惑》，刘小沁编选：《窗子内外忆徽因》，北京：人民文学出版社，2001 年，第 232 页。

后来东北大学建筑系请到了陈植、童寯、蔡方荫三位老师，日子才好过了点。1930 年下半年林徽因诊断出肺病，不得不离开沈阳到北平治疗。1931 年夏季，梁思成辞去了东北大学教职，回到北平照顾在北平治病的林徽因。“九一八”事变后，东北大学建筑系在童寯的主持下被迫南迁。1932 年 7 月，建筑系第一届学生终于毕业。已经离开东北大学的梁思成给毕业生写了一封信，摘录如下；

……

在你们毕业的时候，我心中的感想正合俗语所谓“悲喜交集”四个字，不用说，你们已知道我“悲”的什么，“喜”的什么，不必再加解释。

回想四年前，差不多正是这几天，我在西班牙京城，忽然接到一封电报，正是高惜冰先生发的，叫我回来组织东北大学的建筑系，我那时还没有预备回来，但是往返电商几次，到底回来了，我在八月中由西伯利亚回国，路过沈阳，与高院长一度磋商，将我在欧洲归途上拟好的草案讨论之后，就决定了建筑系的组织和课程。

我还记得上了头一课以后，有许多同学，有似晴天霹雳如梦初醒，只知道什么是“建筑”。有几位一听要“画图”，马上就溜之大吉，有几位因为“夜工”难做，慢慢的转了别系，剩下几位有兴趣而辛苦耐劳的就是你们几位。

我还记得你们头一张 Wash Plate，头一题图案，那是我们“筚路蓝缕，以启山林”的时代，多么有趣，多么辛苦，那时我的心情，正如看见一个小弟弟刚学会走路，在旁边扶持他，保护他，引导他，鼓励他，惟恐不周密。

后来林先生来了，我们一同看护小弟弟，过了他的襁褓时期，那是我们的第一年。

以后陈先生、童先生和蔡先生相继都来了，小弟弟一天一天长大了，我们的建筑系才算发育到青年时期，你们已由二年级而三年级，而在这几年内，建筑系已无形中形成了我们独有的一种 Tradition，在东北大学成为最健全，最用功，最和谐的一系。

去年六月底，建筑系已上了轨道，童先生到校也已一年，他在学问上和行政上的能力，都比我高出十倍，又因营造学社方面早有默约，所以我忍痛离开了东北，离开了我那快要成年的兄弟，正想再等一年，便可看他们出来到社会上做一分子健全的国民，岂料不久竟来了蛮暴的强盗，使我们国破家亡，弦歌中辍！幸而这时有一线曙光，就是在童先生领导下，暂立偏安之局，虽在国难期中，得一个赓续工作，这是我要跟着诸位一同向童先生致谢的。

现在你们毕业了，毕业二字的意义，很是深长，美国大学不叫毕业，而叫“始业”Commencement，这句话你们也许已听了多遍，不必我再来解释，但是事实还是你们“始业”了，所以不得不郑重的提一下。

你们的业是什么。你们的业就是建设师的业，建设师的业是什么，直接的说是建筑物之创造，为社会解决衣食住三者中住的问题，间接的说，是文化的记录者，是历史之反照镜，所以你们的问题是十分的繁难，你们的责任是十分的重大。

……

现在你们毕业了，你们是东北大学第一班建筑学生，是“国产”建筑师的始祖，如一只新船行下水礼，你们的责任是何等重要，你们的前程是何等的远大！林先生和我两人，在此一同为你们道喜，遥祝你们努力，为中国建筑开一个新纪元！①

（三）马约翰与清华大学的体育课程

马约翰，生于福建厦门鼓浪屿，大学入读上海圣约翰大学。在大学读书期间，马约翰是学校足球、网球、棒球、田径代表队的主力，擅长中长跑，曾获1910年第一届全国运动会学校联合组880码冠军和440码第三名。1911年毕业于圣约翰大学，1914年秋任教于清华大学，由助教逐步升为教授，担任清华大学体育部主任。

民国时期，清华的体育在高校里是比较有名的，这在很大程度上要归功于马

① 刘小沁编选：《窗子内外忆徽因》，北京：人民文学出版社，2001年，第233—235页。

约翰教授。马约翰初到清华时是教化学，但他很重视学生的体育，热心向校方建议加强体育活动。他说："从我来说，我主要考虑到祖国的荣誉问题，怕学生出国受欺侮，被人说成中国人就是弱，就是'东亚病夫'。因此我常向学生说，你们要好好锻炼身体，要勇敢，不要怕，要有劲，要去干。别人打棒球，踢足球，你也要去打，去踢。他们能玩什么，你们也要能玩什么。不要出去给中国人丢脸，不要人家一推你，你就倒，别人一发狠，你就怕；别人一瞪眼，你就哆嗦。中国学生，在国外念书都是好样的，因此我想到学生在体育方面，也要不落人后。要求大家不仅念书要好，体育也要好；功课要棒，身体也要棒。"① 在普及体育的过程中，马约翰特别强调一种精神，即普遍的、活跃的、自动的、勇敢的精神，强调"干到底，决不松劲"的精神。他自行设计了几百套的徒手操，拉力器的练法，各种矫正体格的方法，洗澡的洗法，检查身体的"五项运动"等，还组织起清华的棒球队、足球队、篮球队、游泳队、田径队等。

清华校方接受了马约翰的建议。每天上午第二节至第三节之间的 15 分钟，学校要求全体学生必到操场进行健身操锻炼。为了督促学生锻炼，马约翰在操场立有写着号码的木桩，各人按照号码立定，由助教点名。每天下午四点到五点是学校的"强迫运动"时间，学校将图书馆、教室、宿舍一律上锁，强迫全校学生必须穿短衣到操场锻炼。但还是会有些学生躲在树荫、墙角等僻静处读书。于是，马约翰就拿着本子东跑西跑，去说服这些学生。梁实秋就读清华学校，对清华的体育很有印象。他说："马先生黑头发绿眼珠，短小精悍，活力过人，每晨十时，一声铃响，全体自教室蜂涌而出，排列在一个广场上，'一、二、三、四，二、二、三、四……'连作十五分钟的健身操，风霜无阻，也能使大家出一头大汗。"②

马约翰十分强调体育成绩，别的课程都通过了，体育没有通过，也要影响到升级、毕业、留学等。当时他制定了一套"体力测验及格标准"，如爬绳 15 英

① 马约翰：《我在清华教体育》，钟叔河、朱纯编：《过去的大学》，武汉：长江文艺出版社，2005 年，第 117—119 页。

② 梁实秋：《忆清华》，钟叔河、朱纯编：《过去的大学》，武汉：长江文艺出版社，2005 年，第 130 页。

尺、100码13秒、跳远14英尺、游泳20码等，有一项不及格便不能毕业。吴宓毕业时各门功课都达优秀，唯独跳远不及格，被马约翰“扣留”，半年后经补考及格才出国留学。梁实秋对这个考试也印象深刻，他说：“清华毕业照例要考体育，包括田径、爬绳、游泳等项。我平常不加练习，临考大为紧张，马约翰先生对于我的体育成绩只是摇头太息。我记得跑四百码的成绩是九十六秒，人几乎晕过去；一百码是十九秒。其他如铁球、铁饼、标枪、跳高、跳远都还可以勉强及格。游泳一关最难过。”梁实秋第一次游泳考试不及格，一个月后补考。虽然这一个月他也在天天练习，那天下水时还是沉到池底，好在他强迫自己连爬带游，终于浮出水面，到达终点。“马约翰先生笑得弯了腰，挥手叫我走，说：‘好了，算你及格了。’”①

马约翰上课还有一个特点，学生们印象很深刻：“在七七事变前，在清华园上马先生的课，不但体育要过得去，而且英语要好，不但口令用英语喊，球场裁判用英语叫，而且学生同他说话也要说英语。等到抗战胜利，由昆明复员回到清华园之后，他老先生的办法也改变了，不坚持要求学生用英文同他说话了。”②

经过马约翰及其他教师的努力，清华大学的体育课程很为成功。1936年，郝更生发表《十五年来清华之体育》一文，便谈到了当时清华大学体育的成绩。经过马约翰等老师的努力，清华体育渐成一门必修课程。学校规定每人每周必修四小时之体育，从民国八年（1919）起，高级生赴美游学时，皆须通过两项考试，一为灵敏试验，包括跨栏、攀绳、鱼跃翻滚、跳远、百米短跑五项，另一为游泳试验，须游过20码。不及格者，即不能毕业。经过几年的坚持，清华学生的平均体力，经过历年测试，从1912年至1936年，共增进了202分。郝更生在文章中阐述了这么一个观点：“由此观之，清华对于体育上有两种不同之贡献：（一）为锦标式之优胜；（二）为学生体力及健康上之增长。夫就体育之本意言，固在（二）而（一）其次也。而今之言体育者，往往误认（一）为绝对的唯一之工具，而茫然不注意于体力上之发展及健康上之增长，识者固已视为一种大错之

① 梁实秋：《清华八年》，《梁实秋散文集》第5卷，长春：时代文艺出版社，2015年，第225页。
② 邓云乡：《文化古城旧事》，北京：中华书局，1995年，第233页。

铸成。然而详察十五年清华体育上之过程，适得正轨。”[①]

著名科学家钱伟长，刚入学时，身高只有 1.49 米，体重不到 50 公斤。在马约翰的督促下，钱伟长在大学期间从没停过一天运动，成为清华著名中长跑运动员。科学家周培源也是在马约翰的调教下，获得过清华三个中距离赛跑项目的全校冠军。晚年的梁思成常笑着对后辈说：“别看我现在又驼又瘸，当年可是马约翰先生的好学生，有名的足球健将，在全校运动会上得过跳高第一名，单双杠和爬绳的技巧也是呱呱叫的……我非常感谢马约翰。想当年如果没有一个好身体，怎么搞野外调查？在学校中单双杠和爬绳的训练，使我后来在测绘古建筑时，爬梁上柱攀登自如。”著名植物生理学家汤佩松先生回忆清华诸多名师，也对马约翰念念不忘：“在那时以及以后的学习和工作中，我能克服许多困难和挫折，是与在清华八年里强迫性体育制度分不开的。具体讲，马约翰教授培养起了很大作用。”[②]

除了大学生健康运动的开展，在马约翰的力主下，早期清华还先后成立了足球、篮球、网球、曲棍球、棒球、垒球、水球、长跑、游泳、滑冰、拳击等十多个代表队，为清华成为一所真正的“现代型”大学打下了基础。

（四）熊庆来与东南大学、清华大学算学系的创办

熊庆来，云南省弥勒县人，辛亥革命后受云南公款选派留学比利时，学习矿学。后转法国，进巴黎大学改学数学。1921 年回国，不久被东南大学聘为数学系教授和系主任。1926 年为清华学校聘请，参与筹办大学部算学系，任算学系教授，后兼系主任。这两所大学的数学系也因此名世。

熊庆来到东南大学，算学系只有两名教授，熊庆来为专任教授，另一位是兼任教授，还有一名助教孙光远。当时国内仅有的几所算学系都属于初创，高等数

---

① 郝更生：《十五年来清华之体育》，清华大学校史研究室编：《清华大学史料选编》第一卷，北京：清华大学出版社，1991 年，第 364 页。

② 张卓：《马约翰：中国第一位体育教授》，清华大学新闻网·首页·清华史苑。

学的中文教材尚属空白。熊庆来不仅要上课，关键是要编写讲义。南京夏天的热是要命的，久坐导致的痔疮更是要命。其夫人后来对孩子说："唉！那个时候啊，苦呢！你爸爸痔疮发得厉害，睡觉都只能侧着睡，每天还要一蹶一蹶地去上课，一蹶一蹶地回家，家离学校又那么远……回了家，晚上趴在床上，又批作业，又写讲义，忙到深更半夜。"①

熊庆来任教东南大学算学系，他的主要做法就是把法国数学教育的模式引进教学中，那就是大量的课后作业、演题训练。习题由浅入深，特别注重有启发性的题目，非要费上深入的思考才能完成。这样的训练造就了如严济慈等一批数学人才。熊庆来后来说："我在东南大学时，就我一个教授，又当系主任，当时孙光远是助教。一班有十五六个学生，我工作比较忙。在法国演题是很认真的。我把这个精神搬了过来，要学生认真做题。当时东南大学的严济慈、胡坤陞、唐培经等都受过这样严格的训练，到美国两年就拿到博士学位。"②

到清华学校后，熊庆来不仅把在东南大学的做法带到了清华大学，而且进一步探索高等数学的课程规划。他借鉴法国的数学教学体系，所设计的"三高"课程，即高等代数、高等分析、高等几何三门课程，这些课程成为学习高等数学的基础。后来实践还证明，这些课程是学习20世纪纯粹数学扩张后新兴的勒贝格积分、实变函数、泛函分析、抽象代数、拓扑学、公理化概率论等学科的关键。这样的课程设置及教学方式，使清华大学数学教育的水平不仅接近法国、德国，而且高于美国大学。③

熊庆来继任算学系主任后，开始注意招聘人才。原东南大学算学系的孙光远于1927年获美国芝加哥大学数学博士学位，1928年回国被熊庆来请来清华大学。1929年秋，熊庆来又邀请厦门大学杨武之教授加盟清华算学系，同时也将原东南大学毕业生唐培经、周鸿经招进清华算学系。而最为传奇的是聘请华罗庚进清华算学系。

---

① 转引自熊秉衡、熊秉群：《父亲熊庆来》，昆明：云南教育出版社，2015年，第65页。

② 转引自熊秉衡、熊秉群：《父亲熊庆来》，昆明：云南教育出版社，2015年，第85页。

③ 熊秉衡、熊秉群：《父亲熊庆来》，昆明：云南教育出版社，2015年，第85页。

1930年12月，华罗庚在《科学》第15卷第2期上发表了《苏家驹之代数的五次方程解法不能成立之理由》，被清华大学教授杨武之看到，他向熊庆来推荐。熊庆来从未听说过华罗庚这个人，杨武之也不知道。经多方打听，才了解到华罗庚是个年仅19岁的青年，因家境贫寒而初中辍学，现在他父亲经营的小杂货店干活、记账，全靠自学钻研数学。熊庆来遂萌发了要将华罗庚引进清华培养深造的念头。但初中学历，做助教不行，做研究生也不行，最后决定让他来数学系做助理员。这个想法得到理学院院长叶企孙的首肯。然而，按清华的规定，华罗庚即使做助理员，也只能充当一名“半时助理员”，即拿一半薪水。

于是，华罗庚先行寄来一张照片，以便接站的人能够认识。1931年8月的一天，清华数学系教员唐培经拿着照片，在北平前门火车站见到了一个背着行李，一瘸一拐的青年酷似照片上的人，至此才知道华罗庚的腿竟有残疾。

当时入读北京大学数学系的徐贤修后来回忆说：“1931年，在一个秋高气爽的九月天，我踏进水木清华的清华园，第二天到数学系报到，第一个遇到的是一位带南方口音的青年学者。他问我是不是要进数学系，我说这是我的兴趣。我问他是不是这里的教授，他说不是的。最后我很吃惊地听他说：我是这里的‘半时助理’。他解释说，大学毕业的当助教，高中毕业的当助理。我只是初中毕业，所以当‘半时助理’。又说，我现在是熊迪之（庆来）教授的助教，他教本系三、四年级的高等分析一课，我帮他改学生作业卷子。这真是别开生面为才能卓绝的青年想出来的一条道路，一项教育上极有意义的措施。”①

华罗庚在清华数学系，负责整理系里的图书资料和处理很少的事务，帮熊庆来改学生作业，其他时间可以用来自由地听课、看书，每月还有四十块大洋的薪水，生活没有问题。三年后华罗庚升为教员，再升任专任讲师，后得中华基金会的资助出国深造。

与此同时，熊庆来又着手研究生课程的建设。1930年，清华理科研究所的算学部成立，这是国内正式有数学研究机构之始。当时熊庆来对其发展进行了规

① 转引自熊秉衡、熊秉群：《父亲熊庆来》，昆明：云南教育出版社，2015年，第90页。

划，在培养方向上立足于几何、代数与数论、分析三个方向。

这样，清华算学系不仅大学本科课程完备，而且，研究生课程也趋于完备。当时算学系教授赵访熊回忆说："（清华算学系）已能开出全套研究生课程，供本校研究生与高年级学生选修。……我在清华的老同学庄圻泰是熊先生的第一位研究生。毕业前一个学期，他还差一门几何选修课。一般的几何课程他都已学过。为了完成他的学业，熊先生命令我为他开设非欧几何。这门课程在我国大学还未曾开设过。好在我在美国哈佛大学学过，我就竭尽全力开设了这门比较难教的课程。"①

在清华算学系的教学步入正轨后，熊庆来又转而推动研究工作的开展，比如进一步充实图书期刊，邀请国际数学大师来校讲学，以加强算学系的研究氛围。熊庆来说："当时我还极力注意把清华造就研究环境，图书期刊很充实。1935—1936 年还请到哈达玛（国际数学界数一数二的学者）和维纳来校讲学。"②

此外，清华算学系还于 1928 年成立了算学会。"清华数学系的算学会成立于 1928 年。1931 年前，由于数学系还没有研究生，算学会的活动主要是教师和本科生参加，并规定本科三、四年级的学生每人每学期至少要演讲一次，每次两或三人。学生报告的主要内容是个人的毕业论文、研究成果或读书心得。1931 年研究生正式入学后，要求研究生参加，并定期做学术报告。"③

这只是当年我国高校数学学科创建的一个缩影。当时我国数学人才稀少，但这批拓荒牛却在一片荒芜的土地上成功地挺起了高校数学教育事业。1931 年暑假，全国第一次数学名词审查会在杭州西湖举行，讨论一些"函数""积分"等最基本的译名。参加这次审查会的有，清华大学的熊庆来、北京大学数学系主任冯祖荀、南开大学数学系主任姜立夫、上海大同大学数学系主任胡明复、浙江大学数学系主任陈建功、北京大学数学系教授江泽涵、浙江大学数学系教授苏步青、中央大学数学系教授段子燮和何鲁。他们在西湖上雇了一条船泛舟讨论，

① 转引自熊秉衡、熊秉群：《父亲熊庆来》，昆明：云南教育出版社，2015 年，第 105 页。

② 转引自熊秉衡、熊秉群：《父亲熊庆来》，昆明：云南教育出版社，2015 年，第 106 页。

③ 熊秉衡、熊秉群：《父亲熊庆来》，昆明：云南教育出版社，2015 年，第 94 页。

《熊庆来传》中写道：

西子湖上，微波荡漾，小小一叶扁舟就轻松地容载了中国近代数学的第一代数学家们。不积跬步，何以至千里？不积小流，何以成江海？尽管当时中国的数学与世界数学发展的水平差距甚远，但是，这些中国近代数学的拓荒者们，满心巴望着中华儿女登上世界数学的群山之巅，翘首企望着炎黄子孙复兴中国作为“数学大国”的历史地位。他们为此竭尽自己的全力。他们相信“长风破浪会有时，直挂云帆济沧海”！就从西湖泛舟起步，中国的“数学之船”扬起了风帆，披风斩浪，向着世界近代数学的深海驶去。①

① 张维：《熊庆来传》，昆明：云南教育出版社，1992 年，第 116 页。

第四章　民国高校教师的学术生活

学术专长也是民国高校教师共同体的外显特征。蔡元培所谓“大学者，研究高深学问者也”[①]，道出了民国高校教师共同体学术生活的基本追求。1922年，时值北京大学成立二十四周年。胡适在《北京大学日刊》发表《回顾与反省》，指出北大近五年来的成绩，主要体现为两个方面：一是组织上的变化，由校长学长独裁制度变为“教授治校”制；二是注重学术思想自由，容纳个性发展。但也存在不足：学校组织上虽有进步，而学术上很少成绩；自由的风气虽然有了，而自治的能力还是很薄弱。他特别指出学校的整个科研水准还处于“裨贩”的阶段，他很希望：“祝北大早早脱离裨贩学术的时代，而早早进入创造学术的时代。祝北大的自由空气与自治能力携手同程并进。”[②] 差不多十年之后，关于中国现代学术的创造，陈寅恪是这样说的：“窃疑中国自今日以后，即使能忠实输入北美或东欧之思想，其结局当亦等于玄奘唯识之学，在吾国思想史上，既

① 蔡元培：《就任北京大学校长之演说》，张圣华总主编：《蔡元培教育名篇》，北京：教育科学出版社，2007年，第42页。

② 胡适：《回顾与反省》，白吉庵、刘燕云编：《胡适教育论著选》，北京：人民教育出版社，1994年，第174页。

不能居最高之地位，且亦终归于歇绝者。其真能于思想上自成系统，有所创获者，必须一方面吸收输入外来之学说，一方面不忘本来民族之地位。”① 胡适与陈寅恪所论，实在点出了民国高校教师学术生活的时代主旨。

① 陈寅恪：《冯友兰〈中国哲学史〉下册审查报告》，《金明馆丛稿二编》，第3版，北京：生活·读书·新知三联书店，2015年，第284—285页。

一、个人的研究工作

民国高校教师的学术生活主要以个体为基础。当时也没有什么国家课题、学校任务之类的东西，教学的需要和学科的发展就是高校教师学术研究的指挥棒。这样也形成一个特点，民国高校教师共同体的学术凝聚力主要依赖教师个人的学术实力。

（一）著述研究

由于学术研究与教学直接相关，所以民国高校教师大都把著述研究视为分内的工作，自觉地将其融入日常生活之中，久而久之便内化成一种极有趣味的生活方式。

先看看梁启超，这是从旧时代过来的学者。为了实现自己的学术心愿，梁启超自告别官场后，着力把生活习惯也努力改变。他每晚坚持八时就枕，每日未明而起，潜心于《中国通史》的写作，每日能写二千字以上。旅欧归来后，梁启超更是以一种忘我的精神投身于著述之中。久负盛名的《清代学术概论》，梁启超仅用一周时间便交稿，《陶渊明年谱》是三日杀青，《戴东原先生传》用一昼夜一气呵成，《戴东原哲学》则连续 34 小时不睡觉赶成。晚年的梁启超对于著述更是达到痴迷的地步，用他自己的话来说是“著述之兴不可遏”[①]。虽然因过度劳累而经常病倒，但梁启超绝不肯有丝毫的松懈怠慢。1925 年秋冬之交，梁启超开始讲授《中国文化史社会组织篇》，口敷笔著，昼夜不停。到了 1926 年春，因积劳而病倒，《中国文化史》全书卒未完成。差不多过了半年，梁启超稍微康复，

① 丁文江、赵丰田编：《梁启超年谱长编》，上海：上海人民出版社，2009 年，第 708 页。

又在清华重开“中国历史研究法补编”讲座，每周两小时，绵延到1927年5月底。虽再接再厉，扶病登坛，但已无力撰稿，乃指定一两位同学速记，经他校阅后，编成讲义，刊载于《清华周刊》。①

梁启超在辛勤的笔耕中，领悟到的不仅是学术创作的满足，而且是一种生活的乐趣。对梁启超来说，最大的痛苦莫过于因病而中断了写作。他把因病住院叫作过“老太爷”式的生活，精神上实在痛苦。1928年他因病住院，在院中仍托人寻觅关于辛稼轩的材料。一日忽得《信州府志》等书数类，狂喜，携书出院。当时痔症并未见好，他即驰回天津，仍带泻药到津服用。梁启超于是一面服泻药，一面继续《辛稼轩年谱》的写作。他在给女儿的一封信中这样写道：

我是学问趣味方面极多的人，我之所以不能专积有成者在此，然而我的生活内容，异常丰富，能够永久保持不厌不倦的精神，亦未始不在此。我每历若干时候，趣味转过新方面，便觉得像换个新生命，如朝旭升天，如新荷出水，我自觉这种生活是极可爱的，极有价值的。②

王国维也是从旧时代过来的学者，他的著述研究已经养成了自己的一套习惯。据吴宓说，王先生自己曾谈过：人的精神是从朝气落到暮气，所以上午宜读经典考据书，午后宜读史书传，晚间宜读诗词杂记等软性的东西，已习以为常。③ 王国维每天的工作是紧凑的，他女儿说：“父亲每天午饭后，抽支烟，喝杯茶，闲坐片刻，算是休息了，就到前院书房开始工作，到了三四点钟，有时会回到卧房，自行开柜，找些零食。”④ 王国维的书房，完全依着他的工作习惯而布置。“他家里旁的东西都不多，书也不很多。不过他的书不是整整齐齐堆在书架上，却是到处摊着。桌子的每一只角里，茶几上，椅子上，床上，甚至于地上，都摊着翻开的书。要等他把正在起草的一篇著作告竣了，才把摊着的书整理

---

① 杨鸿烈：《回忆梁启超先生》，夏晓虹编：《追忆梁启超》，北京：中国广播电视出版社，1997年，第283页。

② 丁文江、赵丰田编：《梁启超年谱长编》，上海：上海人民出版社，2009年，第742—743页。

③ 毕树棠：《忆王静安先生》，陈平原等选编：《追忆王国维》（增订本），北京：生活·读书·新知三联书店，2009年，第210页。

④ 王东明：《怀念我的父亲王国维先生》，陈平原等选编：《追忆王国维》（增订本），北京：生活·读书·新知三联书店，2009年，第408页。

一下。到第二篇著作将要动笔之前，书又随处摊满了！”①

胡适是新时代成长起来的学者。他的行政事务较多，相应的应酬也多，但科研工作还是抓得很紧。向例，他起得不是很早，通常在七八点钟。吃了早点就去北大上课或办公，午饭常有人请。下午仍旧办公，或到校外办事。晚饭更少在家吃，而且通常应酬完回家总在晚上十一点钟，这才到了他认真工作的时候。读书、写文章，就在全家入睡，夜深人静时。在凌晨两点以前睡觉是很少有的。遇到《独立评论》要发稿时，那就更说不准了，也许四点睡，也许五点睡，甚至有时六点睡。这些我们都可以从他文章末尾所记的日记时刻看出来。不过他给《大公报》写的星期论文却是例外，因为要赶下午五点多钟的那班车送天津，所以总是星期六下午闭门谢客写作。他写文章却不快（这到底还是学者的作风，下笔慎重得很），常常到了快开车时，看着表，叫小二（他的听差，一个壮小伙）骑车飞赶送到前门邮局去，有时甚至用汽车送。②

做学问的辛苦是一般人所体会不到的，顾颉刚在日记中对此有较细致的记载。撰写一篇论文，先不说阅读资料、推敲思路的辛劳，仅仅是起草、修改、誊写，就是一个脑力与体力共同劳作的过程。顾颉刚在 1925 年 4 月 9 日写道：“一星期来，作文三篇，连起草凡书四五万字，臂甚酸痛了。夜间休息，明日亦拟休息。”③ 5 月 7 日，“近日予每天必写七八千字（如作文，则三千稿，一千改，三四千誊），所以能如此勉力，则全由于睡眠之充足与大便的顺利。身体如此，不可不喜也”。④

顾颉刚写作《论〈诗经〉所录全为乐歌》一文，就表现了这种辛苦。1925 年 11 月 18 日与 19 日，因作答陈建功论《诗经》为乐章问题，两天分别写了二千余言和三千余言，顾颉刚于是萌发了写作《论〈诗经〉所录全为乐歌》的想

---

① 李恩绩：《爱俪园——海上的迷宫》，陈平原等选编：《追忆王国维》（增订本），北京：生活·读书·新知三联书店，2009 年，第 34—35 页。

② 朱海涛：《胡适先生》，陈平原等编：《北大旧事》，北京：生活·读书·新知三联书店，1998 年，第 349 页。

③ 顾颉刚：《顾颉刚日记》卷一，北京：中华书局，2011 年，第 606 页。

④ 顾颉刚：《顾颉刚日记》卷一，北京：中华书局，2011 年，第 615 页。

法。这样他便开始准备材料，除了将《诗经》看一遍外，他还检索了《日知录》《毛诗稽古篇》中关于《诗经》与乐歌的内容。12月，顾颉刚正式动笔写作。

12月1日，“作《论〈诗经〉所录全为乐歌》六千余言”。12月2日，“续作《诗经》论文千余言”。12月3日，“续作《诗经》论文六千余言”。12月4日，“续作《诗经》论文三千余字，毕。此文约共二万言”。12月5日，“钞改《诗经》论文六千言”。12月7日，“钞《诗经》论文千余言”。12月8日，“竟日钞改《诗经》论文第一部分讫，第二部分未毕”。12月9日，“修改《诗经》论文第一部分讫”。12月10日，“钞改《诗经》论文六千余言，第二部分毕”。12月11日，“钞改《诗经》论文三千字，第三部分未毕”。12月12日，“钞改《诗经》论文四千余言，未毕”。12月13日，“钞改《诗经》论文第三部分毕”。12月14日，“修改《诗经》论文第二部分毕”。12月15日，“修改《诗经》论文第三部分毕”。12月16日，“修改《诗经》论文毕”。顾颉刚总结说：“《论〈诗经〉所录全为乐歌》一文，自上月十八号始草，到今日始完全脱稿，凡二万七八千言，几及一个月，实作十五天。由此可知尽我之力，一天做不到二千字。（予之所以缓，由于易稿，此文凡再易稿）。”①

当然，真正以学术为生活追求的人，则能从这寂寞辛苦之中，享受到做学问之乐趣。无锡人钱穆初到北平，任教燕京大学。北方的冬夜，房屋内的温暖与室外的天寒地冻的反差给钱穆以强烈的舒适祥和之感：“余初来北方，入冬，寝室有火炉。炉上放一水壶，桌上放一茶杯，水沸，则泡浓茶一杯饮之。又沸，则又泡。深夜弗思睡，安乐之味，初所未尝。时《诸子系年》已成稿，遇燕大藏书未见者，又续有增添修改。”② 滋滋作响的水声，衬出的是夜间的万籁俱寂。空中弥漫的茶香，渲染着房间温暖的气息。钱穆尽情地享受着这安乐之味，沉浸在学术创造的愉悦之中。

---

① 顾颉刚：《顾颉刚日记》卷一，北京：中华书局，2011年，第682—688页。

② 钱穆：《八十忆双亲·师友杂忆》，第2版，北京：生活·读书·新知三联书店，2005年，第152页。

（二）学术实地考察

有些学术研究仅靠在家里著述研究不能成就，需要深入社会进行实地考察，方能奠定研究的基础，因而田野考察也构成了民国高校教师学术生活的重要内容。

北京大学教授刘半农主要研究语言学，对音韵、语法都颇为关注，因而对各地方言十分重视。《京报》1934 年 6 月 26 日以《刘半农等到包头考察方言》为题报道了刘半农准备到包头等地进行学术实地考察的消息："北京大学研究院文史部主任文学博士刘复，偕同白涤洲、沈仲章、周殿福等到包。据刘谈，此来专为考察西北各地之方言，以资研究，并带有收音机、浪文机各一架，已与第二中学校长贾武交涉妥善，今日在该校招集籍贯不同之学生，进行考察工作。伊等预计在包住二三日，一俟考察竣事，即行东返，赴绥远、平地泉、张家口等处，逐次考察。并须赴内蒙百灵庙一游，预计下月十日左右返平云。"①

北京大学教授谢家荣主攻地质学。1935 年 4 月 16 日的《晨报》报道了北京大学地质系谢家荣利用学术休假欲赴福建考察沿海地质之事："北大理学院地质系教授谢家荣氏，为美国理学硕士，对地质学、矿床学皆有独到之研究。自民国二十一年任职该校，迄今已历四年，成绩斐然，极受学生之欢迎。现谢氏因须赴闽研究沿海地层，及南岭山地岩石，北大教职势不能兼任，乃向该校暂请休假，以便专心研究。校方已允准，谢氏所任一年级地质学及三四年级矿床学，已另聘王竹泉教授继续担任。"②

冯景兰则主攻矿山地质，他先后在北洋大学和清华大学任教，主要讲授矿床学、矿物学和岩石学等课程。抗战时期，学校南迁，冯景兰任教西南联大。1939 年至 1940 年他利用学术休假，赴川西康东一带的铜矿进行调查研究。1940 年 10

---

① 《刘半农等到包头考察方言》，王学珍、郭建荣主编：《北京大学史料》第二卷・二，北京：北京大学出版社，2000 年，第 1484 页。

② 王学珍、郭建荣主编：《北京大学史料》第二卷・一，北京：北京大学出版社，2000 年，第 438 页。

月初，他向学校报告了研究成果，其中第一部分介绍了他进行田野考察的路线：

廿八年七月杪自昆明飞成都。八月上旬在成都收集材料，整理行装；中旬赴成都北一百八十里彭县白水河调查铜矿；下旬自成都西南行四百五十里，经雅安，抵荥经。九、十两月统在荥经县境内调查铜、铁、煤各矿，计北至铜厂沟及前后聚坝，西至山后坝及山溪林，南至吕家沟、铜厂冈，西南登大相岭。十一月留荥经县城，编制荥经铜矿简报。十二月杪自荥经西南行，经大相岭，渡大渡河，越小相岭，以达西昌，干线长约七百五十里，勘矿奔走于大渡河及安宁河之间约八百里，共计一千七百五十里。廿九年一月上旬自西昌行抵会理，计六站，约三百里，路经夷患严重区域，比荥经西昌间旅行更多危险。元月中下旬及二月上旬留会理县境调查鹿厂铜矿、周家村铅矿、马鞍山金矿及硫璃矿。中旬自会理行抵昆明，计程约七百余里，路经通安，视察通安附近各铜矿五日。三月四日复乘汽车入川，六日至贵阳，十日至重庆，十四日至成都，月底返荥经。四月全月及五月中旬留荥整理报告，并指导试探去年秋冬所勘测之荥经各铜矿。五月中旬及下旬，自荥经东南行，经洪雅、夹江至峨眉龙门厂勘测铜矿，往返行路共八百余里。六月留荥经整理报告。七月上旬自荥经出发越大相岭、飞越岭，经汉源、泸定两县以达康定，沿途观察龙巴铺银铅矿、锦盖坪铅金矿及灯盏窝铜矿；中旬自康定东行越马鞍山，经天全、雅安以返荥经，往返行程约千余里，天热路险，从者病死一人；下旬整理行装，准备返校。八月中旬回成都。九月七号乘欧亚机成都号经重庆返昆明。①

（三）北大“研究教授”

民国时期，各高校虽然没有给教师们下达科研任务，但为了提升学校的学术实力，有些学校也会采取一些措施，督促教师们在学术上更上一层楼。北京大学设置的“研究教授”就是一例。

---

① 王文俊主编：《国立西南联合大学史料》（四），昆明：云南教育出版社，1998年，第444—445页。

1931年9月，北京大学与中华教育文化基金董事会合作，设立“合作研究特款”，规定自1931年至1935年，双方每年各出20万元，用于北京大学设立“研究教授”专岗，扩展北大图书仪器及相关设备、助学金与奖学金，以提升北大教学与科研水准。1934年受经济不景气影响，中华教育文化基金董事会经费入不敷出，决定当年资助北大经费缩减为10万元，但北京大学经费照旧。

当时一般教授月薪为300元至400元，而研究教授岗位为500元。1932年北京大学首次聘得19人为研究教授。1933年第二批续聘与延聘共21人。1934年6月，北京大学公布《国立北京大学研究教授工作报告》，报告说：

本校研究教授第一次工作报告，前于二十二年六月辑成付印。本年度（民国二十二年至二十三年即一九三三年至一九三四年）除继续聘请丁文江、江泽涵、汪敬熙、李四光、斯柏纳（Sperner）、葛利普（Grabau）、冯祖荀、张景钺、曾昭抡、刘树杞、谢家荣为理学院研究教授；周作人、张颐、陈受颐、汤用彤、刘复为文学院研究教授，张忠绂、赵迺抟、刘志敭为法学院研究教授外，又增聘朱物华、饶毓泰为理学院研究教授，计共二十一教授。[①]

下面将部分研究教授的研究计划分述如下：

丁文江教授：丁教授本年度除任课外，其研究工作如下：（一）七月赴华盛顿参与国际学会宣读论文两篇；（二）于八月自美赴欧，旋在苏俄旅行三十五日，研究莫斯科及东奈慈盆地之煤田采集化石多种。赴巴库研究石油。再从地夫利司穿过高加索山脉至“镇高加索城”研究山脉南坡地质。（三）十一月回国研究以上所得材料。

朱物华教授：朱教授本年度新自国立交通大学来本校理学院物理学系任研究教授。第一学期整顿应用电学实验室，及编应用电学实验讲义九十余页。第二学期研究滤波器之瞬流，其计算之结果拟用阴极光管示波器证明之。

周作人教授：周教授因上学年译注希腊神话未能完成，本年度除任课外仍继续工作，拟译成后仍由文化基金会翻译会出版。下学年拟研究并翻译日本神话，

① 《国立北京大学研究教授工作报告》，李森主编：《民国时期高等教育史料汇编》第一册，北京：国家图书馆出版社，2014年，第265—301页。

即日本最古史书《古事纪》中之《神代卷》，此为日本神道之经典，所谓“神国”观念即从此出也。

张颐教授：张教授本年度除任课外，研究《康德如何从自然科学之探讨转到纯净哲学之考究》。张教授在上年计划中，原拟于数年内，将黑格尔哲学之重要部分，陆续研究。但因有些资料一时不易搜得，而其他方面又须俟此课题解决，故将黑格尔哲学暂行搁置，而从事于康德哲学之研究。

张忠绂教授：张教授本年度除任课并兼任政治系主任外，其研究之题目为《中华民国之外交，一九一一年至一九三一年（九一八事变）》。自民国成立以来，中国之外交极为繁重，材料亦极丰富，过去数月研究之结果，其成绩仅限于搜集材料，做成卡片，犹未能组织成文。此外，张教授尚著有《欧洲外交史·一八一五年至一九三三年》教本一种，分上下二卷，由世界书局承印，约在本年八月中出版。

斯柏纳教授：斯教授本年度除任课外，其研究工作如下：（一）完成《解析几何及代数》第二卷（希莱亚与斯柏纳合著），书稿已邮寄德国汉堡付印，不久当可出版。（二）“柔当曲线定理”之简单证明。

汤用彤教授：汤教授本年度除任课外，即按照上年度所定研究计划，整理所搜集材料编纂《汉魏两晋南北朝佛教史》，目前已将上次报告中所拟之目录加以修改。

赵迺抟教授：赵教授本年度除任课指导并率领毕业生赴日参观外，完成《商业循环的理论》论文一篇。

谢家荣教授：谢教授本年度除任课外，研究工作可分为二项：（一）野地调查。因继续研究皖南铁矿地质，继续到安徽之当涂、繁昌、铜陵，以至江西九江各铁矿，皆亲往研究。并派人到其他地区调查，拟编制《长江下游铁矿志》。二十三年寒假赴矿场勘察煤田构造，约历二星期。二月又赴遵化县考察金矿，采得标本甚多。并偕本校地质系学生赴山东淄川、博山煤田、长辛店、密云等地实地练习。（二）实验室工作。专力于煤、铁、金及其他有用矿床之显微镜的研究。

从各位研究教授提交的研究计划看，北京大学的这一措施有利于促进教师们整理科研思路，明确研究方向，早出学术成果。

（四）学术休假

学术休假是民国高校教师管理的重要制度之一。这对于高校教师而言，是进行学术充电、完成重大科研成果的有利时机，所以高校教师对能获得这样的机会寄予厚望。早在 1919 年 1 月 24 日，北京大学教授钱玄同就在日记中记录了他的准备计划：

大学教授满五年有出洋考察的资格，我必须静候取得此资格之时方始出洋。从一九一七秋天被聘为教授起，须到一九二二年夏天方满五年，距去尚有三年半。这三年半之中，我想从一九一九春到一九二〇夏自修英文，略略记得几千生字，勉强可以查字典，看浅近书。此事如做到，则一九二〇年秋起必须到大学里去读法文，读上两年，到一九二二年夏天，大概总可以略略知道一点，这是关于预备西文方面的话。关于学问方面，则我现在的意思颇想研究社会学和历史学。在这三年半里头，想买点日本关于社会学的书来看看，此皆为己之学。至于为人之学，则从今春起急须编纂《字原义》新讲义，极迟至明夏必须将新讲义全书印成。①

随着高校建设的推进，高校的教授学术休假制度越来越正规化。清华大学于 1930 年公布《教职员休假规程》，其第一条规定："教授如按照契约及服务规程继续服务满五年，而本大学愿继续聘任其担任教授者，得休假一年。如在国内休息一年而不兼职者，得支半薪；休息半年而不兼职者，得支全薪。如赴国外研究者，得支全薪，但不另给旅费。休假期过一年者，不再支薪。凡不续聘者，不得援例。"②

1932 年清华大学在《教师服务及待遇规程》中对教授休假做补充规定。例

---

① 杨天石主编：《钱玄同日记》上，北京：北京大学出版社，2014 年，第 343—344 页。

② 《国立清华大学一览》（民国十九年），王强主编：《民国大学校史资料汇编》第 7 册，南京：凤凰出版社，2014 年，第 404 页。

如赴欧美研究者，须先提出研究之具体计划，除支半薪外，本大学可以给予来往川资各美金五百二十元，此外给予在外研究经费每月美金一百元。如赴日本研究者，除支半薪外，由本大学给予来往川资各月金一百元，此外给予在外研究费每月月金一百元。如赴国内各地研究者，除支半薪外，要提出其旅行及研究预算，经评议会核定，但其总数不得超过二千四百元。[①]

中山大学 1932 年《组织大纲》第十条规定："本大学之长期教授继续服务满五年以上者，得出外考察研究一年，照支全薪。但每一学系在同一学年中不得有二人以上之教授出外考察研究。"[②]

1934 年 12 月 1 日，北京大学公布《国立北京大学教授休假研究规程》，文件规定："本大学教授连续服务满五年者，得请求休假一年，如不兼事支半薪。其请求休假半年者，如不兼事支全薪。曾经休假一次者须连续服务六年方得再请休假。"文件鼓励教授在休假时做课题研究，规定如欲在休假期间做研究工作者，须事先提出研究计划，经系会议批准，赴欧美研究者，可以支全薪，并给予往来川资各三百五十元美金；赴日本研究者支给全薪；在国内各地研究者，可获得不超过一千五百元的旅费及研究费用。同时强调，每年休假人数，每学系不得超过一人。[③]

这些规程要求，凡是申请学术休假者必须同时提交学术研究计划，经学术委员会批准方可享受。1933 年，清华大学政治系教授浦薛凤任教满五年，获准赴欧洲学术休假一年。他向学校提交的研究计划是赴德国柏林大学研究康德、黑格尔与菲希特的政治哲学。与他同行的有冯友兰和蔡可选两位教授。浦江清这一年也与冯友兰同赴意大利、法国、英国游学，在伦敦博物馆抄录敦煌手卷，阅读东方考古学书籍。

---

① 《国立清华大学一览》（民国二十一年），王强主编：《民国大学校史资料汇编》第 8 册，南京：凤凰出版社，2014 年，第 290 页。

② 《国立中山大学二十一年度概览》，王强主编：《民国大学校史资料汇编》第 58 册，南京：凤凰出版社，2014 年，第 86 页。

③ 王学珍、郭建荣主编：《北京大学史料》第二卷・一，北京：北京大学出版社，2000 年，第 437—438 页。

1935年7月9日，《北平晨报》报道了北京大学教授请求学术休假的情况：按照学校的规定，北大文学院有哲学系主任张颐、中国文学系郑奠、外国文学系徐祖正四教授，以及理学院地质系孙云铸等教授请求学术休假。张颐准备先去欧洲再转北美洲，孙云铸及徐祖正则准备去欧洲，郑奠则留在国内研究。①

抗战时期，很多学校因经费问题而停止了学术休假的执行，但少数学校还在继续，例如清华大学就还在执行这项政策。据资料显示，上文提及的冯景兰就在1939年开始享受学术休假，同时还有王力的出国学术休假。1940年，原清华大学教师如章名涛、朱自清、刘崇鋐等教师都申请学术休假。清华大学教授浦江清曾在1933年赴欧休假一年，1940年10月，他又达到符合学术休假的要求，于是向梅贻琦校长申请国内休假：

江清自民国十五年到校任教职，至二十二年服务满七年，得学校津贴赴欧研究一年，于二十三年夏返校。至今年夏季，服务已满六年，今遵校章，得提出请求国内研究一年。前曾与系主任朱佩弦先生商议，朱先生亦因服务期满将请求休假。但系中闻一多、王了一两教授休假期满，将返校任教。江清如提出请求，对于本校教务尚不致有何困难；又征得联大国文系主任罗莘田先生同意，江清可以休假，于联大国文系教务并无窒碍。今敬具休假计划书，即祈审定，并请提交评议会审定，至为感祷，肃此敬请钧安。②

高校教师都会依据自己的科研需要，计划学术休假的研究目标。例如，西南联大教授张席禔向校长梅贻琦申请国内休假研究，准备到中国西南部进行地质考察：

敬启者：禔在本校服务已满五年，拟遵照本校国内休假研究条例，请求下年度休假一年。利用机会在中国西南部作调查研究工作，借以解决地质上各项重要问题。至于下年度所授之课，一年级共同必修科之“普通地质”拟请冯淮西先生

① 王学珍、郭建荣主编：《北京大学史料》第二卷·一，北京：北京大学出版社，2000年，第439—440页。

② 《浦江清申请国内休假函及研究计划》，《国立西南联合大学史料》（四），昆明：云南教育出版社，1998年，第441页。

代授，二年级必修之“地史学”可改由第三学年补授，“脊椎化石”及“新生地质”系四年级选修科目，暂行停授。就课程方面论，对于明年毕业者均无大影响。谨拟就调查研究计划一份，敬请鉴核，并希转交评议会审查为荷。①

西南联大教授彭光钦则是要完成《普通生物学》教材的编著，他向校长梅贻琦申请国内学术休假研究：

敬启者：钦回清华服务已满六载，现欲依照国内休假研究办法，请求准予于下年度休假一年。惟钦所从事之研究工作，在目前情况之下，国内现无充分之研究设备，故拟从事于《普通生物学》教科书之编著，以代替研究工作。钦六年以来，教授“普通生物学”所感觉之最大困难，即为此项教科书之缺乏。钦十年以前，曾翻译一部，然以现在眼光观之，已不合用。近数年来，屡欲编著，因事忙未果。如得一年时间从事此项工作，想可于此科之教学上有所帮助。至于休假期间系中功课，业与系中商量妥当，无大困难。可否之处，静候裁夺。②

学术休假结束，高校教师须向学校提交学术休假研究报告。1942 年 9 月 27 日，西南联大教授金岳霖向校长梅贻琦提交了他的国内休假研究情况报告：“霖休假一年，现已期满。兹将研究情形略为报告如下。霖原拟在去年一年内完成《知识论》一书，但因霖精力日衰，居处设备愈坏，未能完成，有负学校允许休假盛意，抱愧殊深。此书原拟分为十六章，去年一年内共写完十一章，约三十余万言。最近重读已写各章，仍多需修改之处，故实无成绩可言。专此报告。”③

申请到国外学术休假，其程序也与国内休假相同。1941 年 4 月 18 日，西南联大体育教师夏翔申请出国研究并提出赴美研究体育计划书：

敬启者：职自民国二十二年八月到校服务，迄今已将八载，虽无成绩可言，但自问已尽绵力；尤以学校迁移后，马主任鉴于国难方殷，常告部内同人须努力任务。职被派在工学院任教以来，每周体育正课均达二十小时，此外课余活动以及指导事宜，亦复不少，战战兢兢从未敢懈怠也，自维学识浅鲜，久拟出国研

① 王文俊主编：《国立西南联合大学史料》（四），昆明：云南教育出版社，1998 年，第 450—451 页。

② 王文俊主编：《国立西南联合大学史料》（四），昆明：云南教育出版社，1998 年，第 451 页。

③ 王文俊主编：《国立西南联合大学史料》（四），昆明：云南教育出版社，1998 年，第 448 页。

究，苦无机会。民国二十五年曾任中华体育考察团团员赴欧考察，然为时短促，所得无多。当时本拟留德研究，奈马主任适于是年休假赴美，以我校体育部人数不敷，未允所请。客岁，职曾向学校申请赴美研究，又未蒙核准。而环顾国内公费留学，从无体育名额。现在外汇高涨，自费出国更无能力，爰拟按照留美自费生奖学金办法，申请于本年暑假赴美研究。区区微志，敬乞核夺示遵为祷。

附：赴美研究体育计划书

一、宗旨：研究关于学校体育、社会体育及军事体育一切问题，并各项训练方法。

二、学校：春田大学。

三、科目：甲、研究各种体育基本教学法；乙、研究各种高级术科训练法；丙、攻读体育行政、体育统计、人体机动学及体能测验等学科。①

出国学术休假结束，教师也须向学校提交研究报告。1940 年 8 月 30 日，西南联大教授王力向学校提交了他的出国休假研究报告：

力于廿八年八月赴河内远东博古学院研究东方语言至廿九年六月廿六日返滇，历时共十个月。本拟住满一年，只因六月下旬时局紧张，且天气炎热，不能工作，故稍提前归国。兹将一年中所作之研究工作分别报告如下：（一）越南语（着重与汉语关系）；（二）吉蔑语（即柬埔寨语）之文法部分；（三）暹罗语之文法部分；（四）苗语及泰语之大略；（五）梵文之文法部分；（六）西人关于汉语之著作在国内未得见及者；（七）普通语言学之著作在国内未得见及者，其中费时最久颇有所知者为越南语，尤以汉语字音在越南之演变及近古越南文字（字喃）之构造为特别留心之点。本年度（廿九年至三十年）拟在国立西南联合大学开“汉越语研究”一科，冀收教学相长之效。一年来所手录东方语言参考资料（法文及英文）共四百页，装订成册，如承索阅，即当呈上。特此报告。②

除了须提交学术研究报告外，结束学术休假的教师似还须向教授会作汇报。据《梅贻琦日记》，1941 年 4 月 3 日，“下午四点清华教授会，到者约五十余人，

---

① 王文俊主编：《国立西南联合大学史料》（四），昆明：云南教育出版社，1998 年，第 453—454 页。

② 王文俊主编：《国立西南联合大学史料》（四），昆明：云南教育出版社，1998 年，第 452—453 页。

先由余报告校事数项，后请王力、冯淮西、张印堂各作简单报告，关于上年休假研究期间在安南、西康及迤西之见闻”。[①] 冯淮西即冯景兰，张印堂为西南联大地学系教授。

1941年5月，教育部颁布《国立专科以上学校教授休假办法》，从政府层面确立了学术休假制度。随之各国立高校，包括金陵大学也都相应出台了具体执行办法，鼓励符合条件的现任教授充分利用这一机会进行学术充电。1943年，陈省身赴美国学术休假。8月25日他致函梅贻琦校长，汇报到达美国研究机构的情况，并希望增加休假一年：

创办此所宗旨，原在作纯粹研究，故无任何礼节，极为自由。所中数学部分有教授六人、副教授一人、助教若干人，其余短期在此者，称为Member。所方拨研究室一间，甚为礼遇。第一日见Aydelotts，即问及在普林斯顿之计划，生谓希望能在此停留二年，因若认真工作，一年时间实觉太短，但因是中国人，此次又系受学校休假待遇出国，对国内有若干责任，不便停留过长时间。渠谓所中经济十分困难，此次能予帮助，亦是帮助中国之意。第二年继续帮助，大约无问题，不过须待若干时后，方能作正式决定。Veblen先生谓美国数学家大都作战时工作，在学校任教者须授课十余小时。生情形不同，宜仍继续纯粹研究工作。渠对中国科学年来成绩，极为赞美，但仍希望继续进步。与其他各人所谈均属科学范围。虽在战时，渠等工作甚忙，仍有应接不暇之感。故生之计划，拟在此留至一九四五年夏间；学校休假只一年，明年拟请假一年，未识先生尊意若何。[②]

民国高校教师个人的学术生活恐怕还不止这些内容，但也大致能使我们窥其一斑。由于民国高校教师的学术研究动力来自教学的需要，故科研的自觉性较强，功利性较少，群体成员之间的学术感召力富有促人奋进的魅力。

① 黄延复、王小宁整理：《梅贻琦日记》，北京：清华大学出版社，2001年，第20页。

② 王文俊主编：《国立西南联合大学史料》（四），昆明：云南教育出版社，1998年，第459—460页。

二、参与学术活动

民国高校教师学术共同体的营建虽以个人学术实力为基础，但要融成一个有机体则需要一个平台，这个平台就是学术活动。作为高校来说，学术活动既是其教学活动的组成部分，也是高校教师共同体营建的助推器和融合剂。高校教师群体的融合，除了教学工作的相互配合与默契，教师通过学术活动互利互进也至为关键。教师们在学术活动中相互之间的取长补短，相互之间的问难论辩，不仅有利于提升学术研究的品质，而且容易拉近相互之间的心理距离，形塑起高校教师共同体的学术凝聚力。所以，民国高校教师的学术活动也融进了他们的学术生活。

（一）校内学术活动

校内的学术活动是高校教师学术共同体融合的第一个平台。大学之为大，在于它是探索高深学问之所。教师要引导学生走上科学研究之路，除了教学之外，最好的言传身教就体现在学术活动之中。教师们在指导学生课外活动，举办学术讲座，以及教师之间的学术交流会等活动中，可以很好地激发学生的学术研究兴趣，营造高校教师共同体的学术氛围。

民国高校很重视教师指导学生课外活动，这在前面一章中已有介绍。师生共同组成研究小组，教师参与其中，既要做研究报告，又要负指导之责。1917 年 12 月，北京大学成立文科研究所，分哲学、中文及英文三门，由教员拟定题目，分教员共同研究和学生研究两种。周作人报了“改良文字问题”小组，参加者有钱玄同、马裕藻、刘文典等，却是一次也没开过研究会。周作人又报了师生共同研究的“文章”类的小说组，教员有胡适、刘复等，学生有两人，规定每月活动两次，每次由一人演讲。这个组活动了十余次，胡适、刘复各演讲了一次，周作人也演讲了一次，演讲题目是《日本近三十年小说之发达》。①

至于教师的学术讲座，民国高校已是蔚为风气。特别是名校，教师的学术演讲已成学校的一道景观。这些学术演讲有个人的，也有集体的，且大都以系列演讲进行。

个人的演讲以系列进行，这应该算是民国高校的一道独特景观吧。自 1919 年冬季开始，北京大学法科教授马寅初决定在本学年度内，针对中国今日之各种重要经济问题，开设一系列特别演讲，基本每周一专题。马寅初计划在北大法科讲一次，再到法政专门学校讲一次。其所列演讲题目如下：

（一）有奖储蓄存款之害及其据算法

（二）经济界之危险预防法

（三）卖空买空及其利害

（四）吾国货币改革之困难（分学理与实际二段说明之）

（五）亡国之金券（曹陆之计划）

（六）新旧银行团与吾国之关系

（七）预算之编制法与吾国预算之缺点

（八）基本金之作用与基本金之构成与计算方法整理财政之良法

（九）公债券之发行与公债券市价之计算法

（十）欲使国际贸易发达，吾国财政独立，非有中央银行不为功（今日中国银行实非中央银行）

（十一）中国银行之缺点

（十二）国库之管理法

（十三）学校会计之组织法

（十四）打破“资本劳动与土地三要素”之说

---

① 周作人：《知堂回想录》，香港：三育图书有限公司，1980 年，第 373 页。

（十五）资本之构造

（十六）资本与劳动[①]

与之相辉映的，则有西南联大的吴宓。1942 年，吴宓利用暑期举行《红楼梦》系列讲座。自 7 月 29 日开始，每周一讲，直到 9 月 7 日结束。

如果说个人的系列演讲充分展示了教师个人的学术实力，那么集体的系列演讲则能锤炼教师团队的学术实力，凝练高校教师共同体的学术向心力。例如 1922 年 4 月 9 日北京大学举行的非宗教大同盟演讲大会，就是这样一个集体演讲的形式。吴虞参加了这一次的演讲："过北大三院，非宗教大同盟演讲大会，听众二千余人，外国人、女生、老人都有，张耀翔、李石曾、李守常讲后，予继之，鼓掌声如雷，蔡孑民因病未到，萧子升代表读其讲词，四时毕，摄影而散。"[②]

还有就是围绕一个专题，各人从不同角度进行的学术演讲。1942 年 4 月 16 日，西南联大开始举办国际形势系列演讲，由钱端升首讲《国际关系之思想背景》。以下尚有周炳琳讲《战后经济秩序》，伍启元讲《国际关系之经济背景》，邵循恪讲《第二次世界大战与国际法》，王赣愚讲《印度政治与中国前途》，何保仁讲《南洋之国际关系》，潘大逵讲《南洋华侨与中国》，崔书琴讲《美国与大战前途》，蔡维藩讲《欧洲与世界大战》，皮名举讲《大英帝国与世界大战》，王信忠讲《世界大战与远东》。[③]

1942 年，西南联大组织的"文史讲座"也是很有影响。据吴宓的女儿介绍："'文史讲座'在联大很有名，演讲的都是各院系的著名教授。每次演讲，座无虚席，教授学者、讲师、教员、助教们，与学生一起专心听讲。据父亲日记，他也曾参加演讲。一九四二年十二月十八日，晚 7—9 在昆北食堂讲《清末之小说》，为文史十六讲之一。……是晚听者填室塞户，父亲讲时亦兴高采烈。讲毕，罗常

---

① 《法科之特别演讲》，王学珍、郭建荣主编：《北京大学史料》第二卷·二，北京：北京大学出版社，2000 年，第 1551 页。

② 中国革命博物馆整理：《吴虞日记》下册，成都：四川人民出版社，1984 年，第 26 页。

③ 《西南联合大学大事记》，王学珍、郭建荣主编：《北京大学史料》第三卷，北京：北京大学出版社，2000 年，第 540 页。

培请马芳若等青云街食元宵。一九四三年一月八日晚，金岳霖讲《哲学与小说》，因为听者众多，父亲站在昆北食堂外聆听。”①

这样的学术演讲还扩展到学校周边。文林街是昆明一条普通的街道，东边是云南大学，西边通往西南联大，街上比较繁盛的是小面馆和甜食店，所以也成为西南联大教授经常出入的地方。据当时的学生回忆：“文林街最不寻常是文林教堂，教堂牧师是一位名叫吉尔伯·贝克的英国人，这个英国人倒也风雅，联大迁来未久，他便结识了许多教授。文林堂常举行讲演会，有时还有唱片音乐会。在文林堂讲演的有历史教授雷海宗先生，最轰动的是刘叔雅先生和吴雨僧先生讲《红楼梦》。刘先生对于《红楼梦》元春省亲题匾‘蓼汀花溆’的独特见解也是首次在此讲出。”②

除了学术演讲，创办学术刊物也是民国高校教师参与学术活动的一种形式。1919年前后，北京高等师范学校有国文学会、数理学会等许多学会，各学会会员都是以各系学生和毕业生及教职员为主。在1922年出版的《国文学会丛刊》第一卷第一期上的“国文学会”会员录中，有二十位教师，朱希祖、汪怡、沈兼士、吴梅、吴虞、周树人、高步瀛、马裕藻、陈汉章、单步庵、杨树达、刘文典、刘毓盘、黎锦熙、钱玄同、王怡、沈尹默、徐祖证、张凤举，等等，这也是当时北京高师国文部的教师阵容。国文学会出版《国文学会丛刊》，教育革新社出版《教育新刊》，其他学会出版有《理化杂志》《博物杂志》《史地丛刊》《英文丛刊》等。数理学会出版的《数理杂志》发表过教员傅仲孙的《几何学之基础》，是中国报道几何基础的第一篇文字。③

为了推动教师共同体的学术发展，燕京大学在三十年代曾经形成教师的定期交流会制度，这在民国时期恐怕是独具特色的。据吴其玉回忆：

这种工作交流会始于何时我已不能确记，大约是三十年代开始的。目的在于

① 吴学昭：《吴宓与陈寅恪》（增补本），北京：生活·读书·新知三联书店，2014年，第242页。

② 章玉政：《狂人刘文典》，桂林：广西师范大学出版社，2008年，第238页。

③ 北京师范大学校史编写组编：《北京师范大学校史1902—1982》，北京：北京师范大学出版社，1982年，第60页。

使教员们彼此互相了解当前各自进行的科研工作，既可勉励有关人员在教学以外进行若干有创造性的研究，也可使教师了解本行以外的若干新发展和其他同事的研究情况，以便相互砥砺。这种对促进学术的进展是起过不少作用的。办法是把校内的教职员分为若干组，用希腊文字母 Alpha、Beta、Gamma……来命名，每组八个人左右，即一桌能坐下的人数。每月聚餐一次，轮流备餐。餐后由一位教师用半小时的时间报告他或她最近研究的题材及其进度等。一般用英语作报告，但加入与否听便。我记得我所加入的那一组有洪煨莲先生（历史）、博爱理女士（生物）、窦威廉先生（化学）、侯树彤先生（经济）等。这种办法听说在美国若干大学曾推行过，如哈佛大学。在中国除燕京外，我却未曾听到过他校也曾推行过。这种做法对提高燕京的学术水平，是起过一定作用的。[①]

（二）校际之间的学术交往

如果说，校内的学术活动是为了营造教师共同体的学术氛围，那么校际之间的学术交往则是为了集结各高校教师学术队伍，利用各高校教师的学术资源，向社会展示民国高校学术力量的大平台。这对于营建民国高校教师共同体具有积极意义。

民国高校教师共同体最早向社会展示其学术实力是 1918 年由蔡元培等人发起的学术演讲。为了向社会宣传科学，以唤起国人研究学术的兴趣，1918 年 2 月 20 日，蔡元培、张谨、陈宝泉、汤尔和、金邦正、吴家驹、洪镕等共同发起面向社会的学术演讲，他们在《学术讲演会启事》中宣称：

我国近年来所以士风日敝民俗日偷者，其原因固甚复杂，而学术销沉实为其重要之一因。教者以沿袭塞责而不求新知，学者以资格为的而不重心得，在教育界已奄奄无气，如此又安望其影响于一般社会乎！同人有鉴于此，特仿外国平民大学之例发起此会，请国立高等学校各教员，以其专门研究之学术分期讲演，冀

① 转引自陈远：《燕京大学（1919—1952）》，杭州：浙江人民出版社，2013 年，第 92—93 页。

以唤起国人研究学术之兴趣，而力求进步。[①]

这次讲演会自2月24日开始，共举行了7次大的活动，一直延续到6月30日。北京国立高校的教师共有63人次参与了这次活动，举行了63场学术演讲，内容涉及文理各个学科，地点分布于北京的各高校及教育部会场。

开展校际之间学术交往的另一个动因则是民国高校教师联合各校志同道合者共同探讨社会问题。例如，由谭鸿熙、马叙伦、蒋梦麟、李大钊、燕树棠发起组织的“国立八校员太平洋问题研究会”于1921年8月19日召开成立大会，“国立八校员太平洋问题研究会，并定于十九号午后二时，在前京畿道美术学校开成立大会，凡八校同人，均请出席”。[②]

这样的联合活动更多的是出于学术研究的需要。清华学校国学研究院导师赵元任曾经联合钱玄同、黎锦熙、刘半农、林语堂、汪怡组织起“数人会”。数人会同仁都是在语言学上深有造诣的专家，尤其是赵元任先生，在语言学上的造诣，在近代中国无有出其右者。数人会取《切韵·序》中的“吾辈数人定则定矣”之意，立志考订语音问题。据赵元任的夫人杨步伟回忆，数人会中，钱玄同最为兴奋，“摇头摆尾的高谈阔论，谈的不停”。胡适也偶尔来坐坐，王国维想加入，但还没有正式加入进去，他自己就出了事（自沉于昆明湖）。刘半农到内蒙古考察，患回归热去世后，赵元任的挽联中有“数人弱一个，叫我如何不想他”一句，“数人”即指此数人会。[③]

更多的校际之间学术交往则主要是高校教师的应邀外出演讲。例如，周作人《知堂回想录》介绍，1926年11月26日，周作人在北京孔德学校作《儿童的文学》的演讲；1920年11月30日，又在燕京大学作《圣书与中国文学》的演讲。又如蔡元培、马寅初、胡适都曾被厦门大学邀请讲学。据《申报》1926年10月13日报道：“蔡元培应厦大邀，将来厦，为国学院计划考古事，日内可到。”10

① 《学术讲演会启事》，王学荣、郭建荣主编：《北京大学史料》第二卷·二，北京：北京大学出版社，2000年，第1601页。

② 中国革命博物馆整理：《吴虞日记》上册，成都：四川人民出版社，1984年，第627—628页。

③ 杨步伟：《杂记赵家》，北京：中国文联出版社，1999年，第239页。

月 21 日报道："马寅初自港到厦，现赴集美学校演讲。" 1927 年 1 月 6 日报道："胡适将自沪来厦，在厦大演讲后赴粤。"[①]

这是一种非常普遍的学术交往形式。民国时期，高校中对某一学科或某一学术问题有深入研究的知名教授，经常会被邀请到其他学校演讲或开设讲座。胡适曾有一周奔波于武汉和长沙，在数所高校演讲。1932 年 11 月 30 日晚，胡适在武汉大学讲《中国历史的一个看法》。12 月 1 日下午，在武汉大学讲演《谈谈中国政治思想》。12 月 2 日下午，在武汉大学演讲《中国文学的史的研究》。12 月 3 日，在华中大学演讲《个人主义的人生观》。12 月 4 日，到长沙。上午在湘雅学校演讲《宗教在中国思想史上的地位》，下午在长沙市中山堂演讲《我们所能走的路》。12 月 5 日上午，胡适参加湖南省全省纪念周，演讲《中国政治的出路》；下午到湖南大学演讲《我们必应认清文化的趋势》。12 月 7 日，回武汉，下午到华中大学演讲《我们所能走的路》。

还有就是民国高校教师集体为某高校所邀请，举行系列演讲。1924 年 1 月，北京政府正式批准西北大学立案。7 月，国立西北大学与陕西教育厅联合举办暑期学校，西北大学校长傅佩青和陕西教育厅厅长马凌甫联合聘请国学讲席，应聘者有十余人，如北京师范大学教授王桐令、李干臣、林砺儒，南开大学教授李济之，北京法政大学教授柴春霖，前北京大学理科学长夏元瑮，东南大学教授陈中凡，南开大学教授陈定谟，北京大学教授周树人，英国剑桥大学哲学博士、广州大学法议院院长梁龙，法国大学法学博士王凤仪，南开大学教授蒋廷黻，东南大学教授刘文海、吴宓等。[②] 学者们在西北大学大礼堂和风雨操场两处进行演讲，西北大学全体师生和西安中小学教师，以及各县学界代表都来听讲。鲁迅这次以《中国小说之历史的变迁》为题共作了 12 小时的演讲。

---

① 《学术交流短讯》，厦门大学校史编委会编：《厦大校史资料》第一辑，内部资料，1987 年，第 155、156 页。

② 陈中凡：《陈中凡自述》，高增德、丁东编：《世纪学人自述》第一卷，北京：北京十月文艺出版社，2000 年，第 2 页。

（三）与国外学者的学术交流

与国外学者互动则把民国高校教师的学术视野带到了一个更广阔的平台。要发展中国的现代学术，高校教师学术创造的国际视野是衡量其学术品质的重要指标。因此，学习西方先进的科研成果，借鉴西方科学研究的方法，是民国高校教师进行学术创造的必要途径。这样，与国外学者的学术互动，也频频出现在民国高校教师的学术生活中。

与国外学者的互动，无非是两种形式，一是走出去，二是请进来。走出去，除了去国外进修学习外，随着民国学术水平的提高，高校教师出国参加国际学术会议也日趋频繁。这里仅以私立厦门大学教师为例。《申报》于 1928 年 6 月 3 日报道："厦大教授余青松，奉大学院派，出席七月十五日在荷兰开会之国际天文学会。中国代表二日赴港放洋。" 1929 年 4 月 21 日报道："厦大天文学系主任余青松，定二十一日附轮赴暹罗，参与世界观察五月九日日蚀，并赴巴达维亚铣（十六日）四届太平洋科学会议。"①

再就是请进来。当时国外最新鲜的科学研究成果的引入、中外学术的比较研究等这样一些学术讲座都是首先在高校内开设。1920 年 4 月 6 日，南京高等师范学校邀请美国教育家杜威博士来校演讲，其校长办公处的通知如下：今晚七时一刻在大会堂开会欢迎杜威博士通知教职员及学生届时全体与会为荷。杜威博士在本校担任科目选课时间规定如下：教育哲学，星期五下午 8 时至 9 时；论理，星期四下午 2 时至 3 时；哲学史，星期六下午 2 时至 3 时。②

这样一些讲座，往往还是由高校教师担任翻译。吴虞于 1922 年 3 月 5 日在北京大学第三院听了一场盲诗人的讲演。这位盲诗人是俄国人爱罗先珂（Eroshenko），他于 1922 年 3 月 4 日受聘到北京大学任教"世界语"这门课。据周作人介绍，其演讲的翻译就由他担任。爱罗先珂初到北大演讲，好奇的观众很多，讲

---

① 《学术交流短讯》，厦门大学校史编委会编：《厦大校史资料》第一辑，内部资料，1987 年，第 155 页。
② 南大百年实录编辑组编：《南大百年实录》上卷，南京：南京大学出版社，2002 年，第 86 页。

堂有庙会那样拥挤。[①]

1922年4月18日，胡适以蔡元培的名义发"校长启事"，邀请美国生育制裁协会主席、节育专家山格夫人（Margaret Sanger）于4月19日下午4时演讲《生育制裁的什么与怎样》，由胡适亲任翻译，还有张竞生陪同。[②] 吴虞去听了这次讲座，但他却得到这样的印象："四时过大学三院，听美国女士山格夫人演讲生育制裁方法可行者，海绵三寸，橡皮帽，猪油熬化者。"[③] 1928年3月28日，清华大学的吴宓也为一次讲座做翻译："晚8－10Winter在科学馆演讲《中画与西画之比较》。宓为译其大纲，以国语宣示听众。"[④]

进一步地请进来，则是邀请国外著名学者来华讲学。随着学术水平的提高，全国性的学术团体也纷纷建立，与国际学术界的联系也更为频繁。1931年年末，清华大学物理系教授吴有训与叶企孙等发起筹备中国物理学会。学会于1932年8月成立，吴有训被选为学会的秘书、评议员。自后，吴有训积极开展了与国际物理学界的联系。1934年8月，中国物理学会正式加入了国际纯粹物理和应用物理联合会。同时，中国物理学会也邀请外国著名物理学家访华讲学。例如1935年6月邀请了英国著名物理学家狄拉克（Paul Adrien Maurice Dirac）来华讲学。1937年5月，又邀请丹麦著名物理学家玻尔（Niels Henrik David Bohr）来华讲学。1937年5月20日，丹麦著名物理学大师玻尔受清华大学吴有训邀请来华做学术访问。先期到上海，参观了中央研究院在上海的几个研究所，在交通大学演讲，后到杭州、南京，5月29日到达北平。

下面是玻尔来华学术访问的活动记载：

5月29日（星期六）下午1时55分，玻尔一行到达北平前门车站，受到清华大学理学院长吴有训（正之）、北京大学理学院长饶毓泰（树人）、北平研究院副院长李书华、中华教育文化基金会干事长孙洪芬等文化教育界著名人士的热烈

① 周作人：《知堂回想录》，香港：三育图书有限公司，1980年，第414页。
② 曹伯言整理：《胡适日记全集》第三册，台北：联经出版事业公司，2004年，第523—524页。
③ 中国革命博物馆整理：《吴虞日记》下册，成都：四川人民出版社，1984年，第30页。
④ 吴学昭整理注释：《吴宓日记》Ⅳ，北京：生活·读书·新知三联书店，1998年，第41页。

欢迎。下榻北京饭店501房间。下午游了北海公园。

5月30日上午9时，吴有训陪同玻尔夫妇与公子游了天坛，午餐后，又陪他们游览了故宫。

晚7时，国立清华大学、中华文化教育基金董事会、国立北平研究院、国立北京大学联合宴请玻尔夫妇与公子，座设松公府北大教职员俱乐部。

6月1日（星期二）下午7时，余教授陪同玻尔夫妇和公子到欧美同学会，参加中国化学会曾昭抡、中国数学会熊庆来、中国物理学会吴有训联合主持的欢迎宴会，到会的有五十多位中国科学家。

6月2日10时，吴有训教授陪同玻尔夫妇与公子去清华大学，下午3时30分，玻尔作了有关原子核理论的发展的演讲。

6月3日（星期四）上午，吴有训陪同玻尔一家游颐和园。

6月5日（星期六）饶毓泰、吴有训等物理学家陪同玻尔父子游明十三陵。[①]

1935年至1936年，在熊庆来的积极联系和清华大学的支持下，清华大学数学系请来了世界著名数学家维纳（N. Wiener）和哈达玛（J. Hadamard）讲学。维纳是控制论创始人，美国麻省理工学院教授，他于1935年至1936年到清华大学作为期两年的访问讲学。哈达玛是法兰西国家科学院教授，他利用休假时间来清华作为期三个月的讲学。

哈达玛偕夫人于1936年4月7日晚抵达北平。清华大学校长梅贻琦、理学院院长叶企孙及熊庆来等都到火车站迎接。4月14日，清华大学举行盛大欢迎宴会。到场的有法国领事馆代办等3人，有北平学界名人20多人，包括燕京大学代校长陆志韦、北京大学校长蒋梦麟、北大文学院院长胡适、北平大学校长徐诵明、北平师范大学校长李蒸、北平研究院副院长李书华、中法大学校长李麟玉，以及北京大学、清华大学诸多教授。席间倍极欢洽。

《北平晨报》对此作如下报道："清华大学与中法文化基金委员会合聘之国际数学权威者哈达玛教授，业于七日晚抵清华大学。休息后曾往校中各处略参观，

① 马嘶：《1937年中国知识界》，北京：北京图书馆出版社，2005年，第77页。

对该校设备颇致赞美，对于该校算学系之发展亦深表愿望。算学系教员华罗庚君之工作尤为哈氏所赞许。哈氏在该校讲授将分两种：（一）为通俗者，约二三次，于稍后方能进行。（二）为专门者，约规定有二十次，演讲暂定于每星期三、五下午四时至五时举行。”①

4 月 26 日，哈达玛应邀参加了清华大学 25 周年纪念会，并在会上发表了题为《算学将来之发展》的演讲。5 月 23 日，哈达玛参加了熊庆来的学生庄圻泰的硕士论文答辩。这些活动对清华大学数学专业的建设极富正面意义。

以上寥寥数笔，简略地展现了民国高校教师参与学术活动的某些片段，从某一个侧面反映了民国高校教师的学术生活。学术活动平台的搭建，不仅为民国高校教师的学术生活提供了一个舞台，而且为民国高校教师的学术生活打开了一扇窗户，为民国高校教师共同体的营建注入了学术活力。

三、创办刊物

民国高校教师的学术活动还有一个平台，那就是创办刊物。创办刊物之必要，乃在民国高校教师通过创办刊物的形式聚合起来，发表学术研究的新作，表达对公共领域的关注和参与，以体现民国高校教师共同体的社会价值。

---

① 熊秉衡、熊秉群：《父亲熊庆来》，昆明：云南教育出版社，2015 年，第 108 页。

（一）民国高校教师创办刊物的特点

民国高校教师创办的刊物主要有两类，一类为学术性刊物，例如由顾颉刚、谭其骧等人发起成立的禹贡学会创办的《禹贡》半月刊，另外有陶希圣在北大办的《食货》，“两杂志皆风行一时”。当年钱穆在北京大学任教，“诸生来余舍，请余办以《通典》，与《禹贡》《食货》鼎足而立”，钱穆以学生不可“专骛一途，适以自限”为由婉拒。[①] 其他如《新教育》《诗刊》《国学季刊》等，都是高校教师聚集的产物。

另一类刊物可以归之于政论性刊物，它可以是参与社会文化思想潮流的讨论，如《学衡》等；也可以是发表政论的，如《新青年》《现代评论》《独立评论》和《观察》等。创办或参与政论性杂志是大学教师介入公共事务最重要的方面。

无论哪一类刊物，都表现出民国高校教师热衷借刊物向社会发声，体现了民国高校教师共同体的社会担当。“九一八”事变后，北京大学和清华大学的一些教师经常聚会胡适家或欧美同学会，讨论国家和世界的形势，于是就有人提议办一个刊物来说说一般人不肯说或不敢说的老实话，这就有了 1932 年 5 月出版的《独立评论》。胡适在创刊号中说：

我们都不期望有完全一致的主张，只期望各人根据自己的知识，用公平的态度，来研究中国当前的问题。所以尽管有激烈的辩争，我们总觉得这种讨论是有益的。

我们现在发起这个刊物，想把我们几个人的意见随时公布出来，做一种引子，引起社会上注意和讨论。我们对读者的期望，和我们对自己的期望一样，也不希望得着一致的同情，只希望得着一些公心的、根据事实的批评和讨论。

我们叫这刊物做《独立评论》，因为我们都希望永远保持一点独立的精神。不倚傍任何党派，不迷信任何成见，用负责任的言论来发表我们各人思考的结

---

① 钱穆：《八十忆双亲・师友杂忆》，第 2 版，北京：生活・读书・新知三联书店，1998 年，第 163 页。

果：这是独立的精神。[①]

正是民国高校教师期望运用自己的知识来表达对社会的意见，所以高校教师所创办的刊物所表现出的第一个特点就是专业性。这里讲的专业性，主要体现在刊物撰稿者都是具有专业知识的高校教师。如《新青年》杂志，主要撰稿者就是一群高校教师。如早期的《新青年》同仁以陈独秀为中心，以胡适、刘半农、钱玄同等知名教授为骨干，鲁迅、吴虞、李大钊、高一涵、陶孟和、马寅初、陈大齐、王星拱等高校教师都围绕在《新青年》周围，提倡白话文，宣传民主与科学，引领中国的新文化运动。

《努力周刊》为胡适和丁文江于1922年5月创办，其骨干成员有张慰慈、高一涵、任鸿隽、陈衡哲、蒋梦麟、徐志摩、顾颉刚、王文伯等，这些人都是北京大学教师。1928年创刊《新月》杂志时，徐志摩已经是上海光华大学教师，同为光华大学教师的还有罗隆基、潘光旦、梁实秋、王造时和颜任光，其他作者也都是在大厦大学、中国公学、东吴大学任职的大学教师。

1933年底，《大公报》鉴于全国高校拥有专家学者无数，这些人对国事与各种专门问题都有卓见，于是发起“星期论文”，每于星期日开辟专栏，以代替社评。这样，报社的主笔每周至少有一天休息，又能发挥高校教师的作用。经过与学术界，特别是与胡适商定，《大公报》决定开辟“星期论文”专稿，计划如下：一、丁文江先生；二、胡适先生；三、翁文灏先生；四、陈振先先生；五、梁漱溟先生；六、傅斯年先生；七、杨振声先生；八、蒋廷黻先生。这些人大都在高校任职。其中胡适特别有激情，他在1934年12月20日给傅斯年的信中说：“大公报事，我已去信说：‘孟真兄要我代为一决，我代他决的是继续任撰作星期论文。’我也觉得《大公报》的星期论文是值得维持的，所以不但按期作了，还替别位朋友‘枪替’了好几次。”[②]

正由于高校教师的身份，所以民国高校教师创办的刊物又呈现另一个鲜明的

---

① 罗尔纲：《师门五年记·胡适琐记》（增补本），北京：生活·读书·新知三联书店，2006年，第117—118页。

② 耿云志、欧阳哲生编：《胡适书信集》中册，北京：北京大学出版社，1996年，第631—632页。

特点，即学术性。这些教师充分利用自己的学术特长，无论是政治发声，还是科学发声，始终坚持学术立场。任鸿隽在谈到其创办《科学》杂志时说：

那时是1914年即第一次世界大战爆发的一年。当时我们看见世界各国生存竞争的剧烈，无论是战争或和平，设如没有科学，便休想在世界上立住脚。而环顾我们国内，则科学十分幼稚，不但多数人不知科学是什么，就连一个专讲科学的杂志也没有。于是十几个还在外国留学的学生怵然于“国力之发展必与其学术思想之进步为平行线，而学术荒芜之国无幸焉”。就“相与攖讲习之余暇，抽日月所得，著为是报，将以激扬求是之心，引发致用之理”（引见《科学》第一卷第一期发刊词）。这样，《科学》就在1915年1月开始与世界相见了。记得1914年秋天筹备《科学》出版的时期，我们除了预备各人担任的文稿外，每人每月还节省出学费3元至5元，作为《科学》的印刷费。到文稿和印刷费都积有3个月以上的准备后，我们才托上海的寰球中国学生会干事朱少屏君代我们付印与发行。这些虽是小事，但颇足代表当时发起人自我牺牲与倚赖自己的精神。①

任鸿隽所谓向国人宣传科学，“以激扬求是之心，引发致用之理”，就是坚持以学术精神推动社会进步。政论性刊物也是如此，作者们力求以学术为准绳，发独立之心声。例如在编辑《独立评论》时，胡适与丁文江、傅斯年、蒋廷黻常常有激烈的辩争。在日本问题上，傅斯年反对胡适的主张，丁文江则支持胡。在武力统一问题上，蒋廷黻是赞成的，胡适是反对的。在民主与独裁问题上，丁文江主张所谓“新式的独裁”，胡适则是反对的。胡适说：“但这种激烈的争论从不妨害我们的友谊，也从不违反我们互相戒约的‘负责任’的敬慎态度。”胡适对此的理由是：“政论是为社会国家设想，立一说或建一议都关系几千万或几万万人的幸福与痛苦。一言可以兴邦，一言可以丧邦。所以作政论的人更应该处处存哀矜敬慎态度，更应该在立说之前先想像一切可能的结果，——必须自己的理智认清了责任而自信负得起这个责任，然后可以出之于口，笔之于书，成为‘无所苟’的政论。”②

---

① 任鸿隽：《科学三十五年的回顾》，《任鸿隽谈教育》，沈阳：辽宁人民出版社，2015年，第120页。

② 罗尔纲：《师门五年记·胡适琐记》（增补本），北京：生活·读书·新知三联书店，2006年，第118—119页。

1946年，储安平创办《观察》杂志也是坚持这样的立场。他在《观察》创刊号上发表《我们的志趣和态度》，明白表示："我们深感在今日这样一个国事殆危、士气败坏的时代，实在急切需要有公正、沉毅、严肃的言论，以挽救国运，振奋人心"；"在这样一个混沌悲痛的历史中，有志之士，实应挺身而出，不顾一己的得失毁誉，尽其天良，以造福于他所属的国家"。他声明：刊物对国事所发表的意见在性质上无论是消极的批评或积极的建议，其动机则无不出于真诚。①

第三个特点，独立性。为了能够坚持言论的独立，民国高校教师创办刊物，很多都是自筹经费。例如《每周评论》，据周作人的日记，民国七年（1918），"十一月二十七日，晴。上午往校，下午至学长室议创刊《每周评论》，十二月十四日出版，每月助刊资三元"。② 上文提到的筹备《科学》杂志也是发起人"每人每月还节省出学费3元至5元"。1928年胡适、徐志摩等人在上海发起创办《新月》杂志，胡适主张醵资集股要有限制，大股百元，小股五十元，以表现一种民主经营的精神。当时一共筹到了两千元。③

《独立评论》也是由独立评论社的社员自筹经费，胡适说："在君（丁文江）提议，仿照《努力周报》的办法，社员每人捐出固定收入百分之五，先积了三个月的捐款，然后出版。后来因为我割治一个溃了的盲肠，在医院里住了四十多天，所以我们积了近五个月的捐款，才出第一期《独立评论》（民国二十一年五月二十日）。出版之后，捐款仍继续。……《独立评论》出了近两年，社员捐款才完全停止。……为的是要使刊物在经济上完全独立。原来社员只有十一人，捐款的总数为四千二百零五元。这个数字小的可怜，但在那个我后来称为Pamphleteering Journalism（小册子的新闻事业）的黄金时代，这点钱已很够使我们那个刊物完全独立了。……《独立评论》共出了二百四十三期，发表了一千三百零九篇文章，——其中百分之五十五以上是社外的稿子，——始终没有出一文钱

① 储安平：《我们的志趣和态度》，《观察》第1卷第1期，1946年9月。

② 周作人：《知堂回想录》，香港：三育图书有限公司，1980年，第355页。

③ 梁实秋：《新月前后》，《梁实秋散文集》第5卷，长春：时代文艺出版社，2015年，第283页。

的稿费。”①

自筹经费办刊，使胡适感觉这才是真正地为公家做事。1935 年，他在给周作人的一封信中说：“三年多以来，每星期一晚编撰《独立评论》，往往到早晨三四点钟，妻子每每见怪，我总对她说：‘一星期之中，只有这一天是我为公家做工，不为吃饭，不为名誉，只是完全做公家的事，所以我心里最舒服，做完之后，一上床就熟睡，你可曾看见我星期一晚上睡不着的吗?’她后来看惯了，也就不怪我了。”②

民国高校教师热衷于向社会发声，是希望用科学的民主的眼光，观察中国社会，以参与公共事务，追求民主自由。他们的文章不乏对当政者的尖锐批评，也有不少具有建设性的意见，甚至已经构成了一股清议的力量。这既体现了民国高校教师共同体的价值自我期许，也体现了传统士人家国情怀在新时代的传承。

（二）吴宓主办《学衡》的工作精神

具体说到民国高校教师创办刊物的生活，这里以吴宓主办《学衡》杂志为例。《学衡》是吴宓及其同人宣传学术理想的阵地。早在海外留学时，吴宓与陈寅恪、梅光迪等人常在一起讨论，深感中国学术必将受到西方沾溉，非蜕故变新，不足以应无穷之世变。他们对正在兴起的新文化运动不甚认同，“更痛感欲融会西方文化，以浚发国人的情思，必须高瞻远瞩，斟酌损益”，于是产生了创办一个刊物的设想。这个设想在他们回国集合于东南大学后终于实现。1922 年，东南大学教授刘伯明、梅光迪、柳诒徵、汤用彤、胡先啸、吴宓等人共同创办《学衡》。他们商定的办刊宗旨是：“论究学术，阐求真理，昌明国粹，融化新知。以中正之眼光，行批评之职事。无偏无党，不激不随。”而确定的发稿原则是：

---

① 罗尔纲：《师门五年记·胡适琐记》（增补本），北京：生活·读书·新知三联书店，2006 年，第 116—117 页。

② 中国社科院近代史研究所中华民国史研究室编：《胡适来往书信选》中册，北京：社会科学文献出版社，2013 年，第 613 页。

“一、诵述中西先哲之精言以翼学；二、解析世宙名著之共性以邮思；三、籀绎之作必趋雅音以崇文；四、平心而言不事谩骂以培俗。”①

《学衡》杂志自 1922 年 1 月发刊，至 1933 年 7 月停刊，共出刊 79 期。自 1923 年起，吴宓成为《学衡》的主要责任者。吴宓在日记中比较详细地记录了其主办《学衡》的具体工作，这里仅依据其 1923 年至 1926 年 11 月的日记内容，展现其认真负责的工作精神。

1. 不计琐碎为编辑

吴宓是满腔热忱地投身于《学衡》杂志的编辑工作。这是回国后于教学之外吴宓所从事的第一项社会工作，也是其将学术理想付诸实践的事业追求。他在 1925 年 7 月 3 日日记中写道：“宓愿自发奋用功，《学衡》续办不衰，以自表见，则兹之讥讽，可洗其羞矣。”所以自 1923 年吴宓开始主持《学衡》杂志，以后无论是在东南大学、东北大学或清华大学，他对《学衡》的组稿、编辑都尽心尽责，一丝不苟，全身心投入。

在东南大学，1923 年 8 月 31 日，“上午，发出《学衡》第二十二期全稿”。9 月 7 日，“上午，赴校中见刘伯明君。谈《学衡》事及李君事。又访柳先生，谈《学衡》事”。9 月 17、18、19 日，“在家译书，备《学衡》二十三期稿”。②

到了东北大学，吴宓依然忠实地行使编辑职责。1924 年 8 月 24 日，“删润《学衡》稿件”。8 月 28 日，“是夕发出《学衡》三十四期全稿”。9 月 28 日，“《学衡》三十三期竟能出版，是日由中华寄到一册，极为差强人意也”。10 月 26 日，“发出《学衡》三十六期全稿。然三十四期，多日不见出版，恐遂从此断绝矣。但予编撰下期之稿，仍不稍懈也”。③

吴宓的“仍不稍懈”精神在清华大学时期依然在坚持。1925 年 4 月 1 日，“编发《学衡》39 期稿”。5 月 20 日，“是日发出《学衡》41 期稿（39 期犹不出

---

① 吴学昭：《吴宓与陈寅恪》（增补本），北京：生活·读书·新知三联书店，2014 年，第 41 页。

② 吴学昭整理注释：《吴宓日记》Ⅱ，北京：生活·读书·新知三联书店，1998 年，第 247、252、257 页。

③ 吴学昭整理注释：《吴宓日记》Ⅱ，北京：生活·读书·新知三联书店，1998 年，第 279、280、294、307 页。

版，则宓到清华后之继续努力，终无以自白。哀哉!）”。7月13日，“上午，编稿。下午，发出《学衡》43期稿”。8月10日，“上午，发出《学衡》44期稿”。9月22日，“晨，发出《学衡》45期稿”。10月4日，“是日，终日在office编理《学衡》稿件。晚六时，发出《学衡》46期全稿”。11月11日，“上午，在办公室校《学衡》稿。王静安先生来谈。下午，仍编稿”。12月13日，“下午，发出《学衡》49期稿”。[①]

吴宓工作精神的可贵，还表现在他把组稿过程中的翻译、誊抄这些琐碎、辛苦的杂事也都承担下来，牺牲了大量的休息时间。1924年10月1日至7日，“编理《学衡》稿件。中有曾朴译之《吕伯兰》剧，因体例改定，而此间无由觅代书之人，不得已，由予手自抄誊”。[②] 1925年12月25日，“是日校中放假，宓未入城。在公事室中，编理《学衡》稿件，自晨至晚”。12月26日，“下午及晚，编理《学衡》稿件”。[③]

另外，吴宓对《学衡》的发行、代售，以及处理社内人际关系等事都亲力亲为。1926年7月4日，“予之孤危，以今年暑假为甚。《学衡》事，无一人热心。即柳公亦不撰稿。而事务方面，光午回家，潘敦赴西山，杨宗翰赴南京。凌其垲寄出之《学衡》1—50期整份，诸人均未收到，纷纷来函责备，忙于应付。宓既劳忙辛勤，又孤郁痛苦”。[④]

2. 不辞辛劳勤征稿

刊物的生命力在于优质的稿件，而要征得好稿则须辛勤地付出。在东南大学时，吴宓亲赴上海征稿。1923年9月1日，“《学衡》稿件缺乏，固须竭力筹备。惟国学一部，尤形欠缺，直无办法。日昨函上孙德谦（益庵）先生，请其以《亚洲学术》杂志停办后所留遗之稿见赐，并恳其全力扶助。顷得复书，全行允诺，甚为热心，且允撰《评今之治国学者》一文。予为《学衡》前途计，决即赴沪面

---

① 吴学昭整理注释：《吴宓日记》Ⅲ，北京：生活·读书·新知三联书店，1998年，第12、26、43、55、75、80、93、106页。

② 吴学昭整理注释：《吴宓日记》Ⅱ，北京：生活·读书·新知三联书店，1998年，第296页。

③ 吴学昭整理注释：《吴宓日记》Ⅲ，北京：生活·读书·新知三联书店，1998年，第112、113页。

④ 吴学昭整理注释：《吴宓日记》Ⅲ，北京：生活·读书·新知三联书店，1998年，第187页。

谒孙先生，商定久后之办法”。9月3日，吴宓到上海“即至爱文义路八十四号刘求恕斋寓宅，谒孙德谦先生。相见，谈甚洽。十一时三刻辞出”。“二时半，复至孙德谦先生处。孙先生函约张尔田先生（孟劬）来，过顷即至。共谈，益欢畅。即在其处晚膳。晚十时，始别归。二先生各赠予及同社诸君书数种。二先生皆允竭力助《学衡》以国学稿件。孙先生并已作成二三页之文，定以后按月寄交。详细办法不具录。予不禁为《学衡》前途庆，而益增其奋励图谋之志”。①

吴宓的征稿，一方面在求得优质稿件，另一方面则在寻求同志，壮大队伍。在日记中，经常可以看到吴宓广泛联络同志，征求稿件的记载。在南京，1923年9月22日，郭君、胡君、朱君来访，“谈甚洽。并允为《学衡》撰译文稿。《学衡》之事，苟努力进行，必可渐添同志，益增势力。是在人为之耳”②。在北京，1925年5月30日，“至烂漫胡同，姚先生处取得诗文稿”。5月31日他又到钢和泰处，“钢（和泰）先生出示其所藏物品，并以文稿交宓，译登《学衡》”。7月4日，“四时，至姜忠奎处，李濂镗君旋来。李君素未识面，而志同道合，一见如故，热心《学衡》，并请晚餐于大陆春”。10月17日，“召何士骥、王庸来，与谈《学衡》事。二君皆允为力，何尤热心。……宓此星期本无事，而欲乘暇为《学衡》联络求稿，故入城奔走云”③。

3. 为保质量守原则

吴宓兢兢业业、脚踏实地的工作精神，完全是为了其学术理想，也是为了“学衡派”的学术理想。从杂志所发表的文章看，其矛头所向直接针对当时鼓噪一时的新文学革命。如梅光迪在《学衡》第一期上发表《评提倡新文化者》，第二期《评今人提倡学术之方法》，第四期《论今日吾国学术界之需要》；吴宓在第四期上发表《论新文化运动》，第十五期《论今日文学创造之正法》，第十六期《我之人生观》；曹慕管在第三十二期上发表《论文学无新旧之异》，等等。他们通过这些文章想表达一种观点，对新文化的建设，要在深入研究中国传统文化和

① 吴学昭整理注释：《吴宓日记》Ⅱ，北京：生活·读书·新知三联书店，1998年，第249—250页。

② 吴学昭整理注释：《吴宓日记》Ⅱ，北京：生活·读书·新知三联书店，1998年，第258页。

③ 吴学昭整理注释：《吴宓日记》Ⅲ，北京：生活·读书·新知三联书店，1998年，第30、40、82页。

西方文化的基础上进行，要区别其精华与糟粕，以决定取舍。不可浅尝辄止和不求甚解地盲从，不可随俗偏激、浮嚣。他们不满新文化运动人士的话语霸权，力图借助传统的力量来反抗、瓦解这种话语霸权，以保存传统和重构传统。

为坚守这一理想，吴宓对《学衡》的质量十分珍视，不允许他人无原则地破坏办刊纪律。1923 年 9 月 15 日，还是在东南大学，邵祖平因自己的稿件迟发而疑吴宓有意阻拦，要求新稿必须在 23 期登载。吴宓不同意。他认为此例一开，不易办事，所以不能从命。邵祖平于是拍案大骂。吴宓将此事具告柳诒徵，柳诒徵谓邵祖平性行如此，只可宽恕，建议其新稿还是在 23 期中登出。吴宓答应此次照办，但以后绝不允许邵祖平干涉编辑职权。吴宓在日记中写道：

予平日办理《学衡》杂务，异常辛苦繁忙。至各期稿件不足，中心焦急。处此尤无人能知而肯为设法帮助（仅二三私情相厚之友，可为帮顾）。邵君为社中最无用而最不热心之人。而独喜弄性气，与予一再为难。予未尝不能善处同人，使各各满意。然如是则《学衡》之材料庸劣，声名减损。予忠于《学衡》，固不当如是徇私而害公。盖予视《学衡》，非《学衡》最初社员十一二人之私物，乃天下中国之公器；非一私人组织，乃理想中最完美高尚之杂志。故悉力经营，昼作夜思。于内则慎选材料，精细校雠。于外则物色贤俊，增加社员，无非求其改良上进而已。使不然者，《学衡》中尽登邵君所作一类诗文，则《学衡》不过与上海、北京堕落文人所办之小报等耳。中国今日又何贵多此一杂志？予亦何必牺牲学业时力以从事于此哉？①

4. 历艰辛孤军奋战

在主办《学衡》的过程中，吴宓甚至是处于孤军奋战的状态。其办刊宗旨与新文化运动相悖，征稿、编辑的辛苦，同人之间的不合作，这些困难虽然都给吴宓带来了孤郁痛苦，但吴宓都能挺住。唯独经费，可以说是吴宓的一块心病。《学衡》的出版由中华书局负责，而中华书局又常常在经费问题上犹豫踌躇，给吴宓带来了诸多困扰。

---

① 吴学昭整理注释：《吴宓日记》Ⅱ，北京：生活・读书・新知三联书店，1998 年，第 256 页。

1924年，吴宓离开东南大学前，与柳诒徵等人同访中华书局总理陆费逵，“相见之后，柳先生袖出我方所拟特别代销代售办法若干条，与以前承办大同小异，并与再三譬说。予亦痛陈《学衡》已具之声名、实在之价值，及将来前途之远大。陆费（逵）君意颇活动，谓与局中同人细商后再缓复，并允第三十七、三十八期必续出云”[①]。

1924年9月25日，“连日编辑《学衡》三十五期稿件，是日下午完竣，即寄出。此次战事，中华书局裁员减薪，见之报章。本月《学衡》恐难出版。以后不肯续办，更振振有辞矣。呜呼，三载经营之功，败于一旦。战事之起，更非书生所能为力矣”。[②]

1926年11月16日，闻中华书局于《学衡》60期以后不续办，吴宓不胜惊骇失望。“夜中久醒，不能成寐。怅念身世，感愤百端。以宓之辛苦致力，而世局时变，江河日下，阻逆横生。所经营之事业终于破坏，同志友朋，均受社会排斥，秉其学德志节，归于日暮途穷之境。可痛哭之事，孰有甚于此?”[③] 11月18日，“迩日，因《学衡》停刊消息，心殊沮丧，懒于作事。是晚及昨晚，饮酒均甚多，且早寝”。[④] 尽管这之后，吴宓还在为《学衡》的继续出版而努力，包括他自己愿意独力承担每期津贴百元，并四处募捐，虽然这以后几年《学衡》还在断断续续地艰难维持，但终是没有逃脱停刊的命运。

吴宓对此总有一丝遗憾之情，学术界对《学衡》的评价也多有批评之语，但吴宓在主持《学衡》中的工作精神却是值得称道的。将理想的实现与脚踏实地的工作紧密结合，将宏大的目标通过一件一件的琐碎之事加以落实，一丝不苟，坚忍不拔，甚至不惜孤军奋战，这就是吴宓的学术风骨。温源宁对吴宓曾作出过这样的评价：“作为刊物的主编，吴先生的立场是，胡适博士所反对的，他全都拥护。几年前吴先生所编《学衡》公开宣扬的宗旨就是，要为反对白话运动、维护

---

① 吴学昭整理注释：《吴宓日记》Ⅱ，北京：生活·读书·新知三联书店，1998年，第268页。
② 吴学昭整理注释：《吴宓日记》Ⅱ，北京：生活·读书·新知三联书店，1998年，第293页。
③ 吴学昭整理注释：《吴宓日记》Ⅲ，北京：生活·读书·新知三联书店，1998年，第252页。
④ 吴学昭整理注释：《吴宓日记》Ⅲ，北京：生活·读书·新知三联书店，1998年，第253页。

固有的写作方式而战斗。这是失败的一战，然而却是英勇的一斗。吴先生为《大公报》主持文艺副刊的工作同样英勇，他试图通过这方面的努力去影响中国文学界的趣味，引导他们更多地关注西方文学中的事实，而不是它的皮毛。是的，只有极少数的例外，几乎所有中国的年轻作家，都已经决定接受西方文学那些华而不实的皮毛，而对真情实事不管不顾。”①

（三）浦江清参与《大公报·文学副刊》的责任意识

1926 年，浦江清由东南大学毕业，经吴宓介绍来清华任教，在研究院国学门任陈寅恪的助教。1928 年 1 月，吴宓决定为《大公报·文学副刊》组稿，便邀请浦江清参与这一工作。浦江清 1928 年 1 月 17 日的日记：“晚上，吴雨僧（宓）先生招饮小桥食社。自今年起天津《大公报》增几种副刊，其中《文学》副刊，报馆中人聘吴先生总撰，吴先生复请赵斐云君（万里）、张荫麟君、王以中君（庸）及余四人为助。每星期一出一张，故亦定每星期二聚餐一次。盖五人除赵、王与余三人在研究院外，余各以事牵，不相谋面，非借聚餐以聚谈不可也。”②

关于聚餐的情形，这里仅录《吴宓日记》一个月的记载：

1928 年 3 月 13 日，夕 6—9 宴赵万里、浦江清、张荫麟、王庸于成府燕林春菜馆。

1928 年 3 月 20 日，夕 5—9 宴赵万里、浦江清、张荫麟、王庸于成府燕林春。近顷为《大公报》事，每星期会餐一次，以为常例。

1928 年 3 月 27 日，晚 6—9 宴陈寅恪、赵万里、浦江清、张荫麟、王庸于成府燕林春菜馆。

1928 年 4 月 3 日，夕 6—9 宴赵万里、浦江清、张荫麟、王庸于燕林春菜馆。③

---

① 温源宁：《不够知己》，江枫译，长沙：岳麓书社，2004 年，第 289 页。

② 浦江清：《清华园日记·西行日记》，第 2 版，北京：生活·读书·新知三联书店，1999 年，第 5 页。

③ 吴学昭整理注释：《吴宓日记》Ⅳ，北京：生活·读书·新知三联书店，1998 年，第 34、37—38、41、43 页。

从吴宓日记看，这一饭局确实做到了常规化，坚持了好多年，《大公报·文学副刊》也因此坚持了很多年。浦江清参与其中，由是也领略到了编辑刊物的责任。

浦江清的责任意识，首先来自他的学术自觉。他以学术标准来衡量文稿的优劣，而不以作者的身份为衡量尺度。当然，这给他的编辑工作带来了喜悦，也带来了烦恼。

带来烦恼的原因是浦江清认为好的作品，却由于出版的要求，吴宓要他修改。问题还糟在他的修改稿，效果还不如作者的原稿，这使浦江清感觉很郁闷。他在 1928 年 3 月 7 日的日记中记载："张荫麟为《大公报·文学》副刊撰一稿，评清华研究院所出《国学论丛》。吴雨僧先生谓其骂得太过火，嘱余于其文后续一段，将《国学论丛》较好数篇推誉之。因将二期《国学论丛》细看过。于张君文后删去一段，续上一大段。原文骂得极痛快，气势亦盛，我的'续貂'文笔乃大不类。弄得筋疲力尽，终究有晴雯'补虽补了，终究不像'之慨。"[①] 浦江清的自责，实在是出于他的学术意识，他觉得这很不应该。

这种郁闷又因为吴宓的关系，浦江清还不得不作这种违心之文章。他在 1928 年 9 月 20 日中抒发了这样的苦闷："与吴先生争《文学》副刊署名不署名问题。先生成见甚深，全不采纳他人意见，视吾侪如雇工，以金钱叫人做不愿意做之文章，发违心之言论。不幸而余在清华为吴先生所引荐，否则曷为帮他做文章耶。张荫麟君在《文副》上为文与朱希祖辩论，吴甚怕得罪人，颇不以此为然。张声明再不做批评文字矣。"[②]

然而，有一阵子吴宓要南游，委托浦江清负责组稿，这使浦江清可以放开手脚按学术标准行事。那是 1929 年 2 月 5 日："吴雨僧先生招吃饭。吴先生寒假中将南游，托代编辑《大公报·文学》副刊。稻翁及荫麟来谈，谈及中国历代服装等等。佩弦交来副刊稿件，为评老舍君之《老张的哲学》《赵子曰》两小说之文。文平平，无甚特见。《赵子曰》我曾读过，并在副刊上论《小说月报》十八卷时

---

① 浦江清：《清华园日记·西行日记》，第 2 版，北京：生活·读书·新知三联书店，1999 年，第 6—7 页。
② 浦江清：《清华园日记·西行日记》，第 2 版，北京：生活·读书·新知三联书店，1999 年，第 19 页。

曾评及之。老舍君笔头甚酣畅，然少剪裁，又多夸诞失实，非上等作家也。”[①] 虽然第二天他还是将朱自清的稿件发往天津，但他认为其文不如张荫麟。2月6日，“发副刊稿至天津。稿共二篇，一即佩弦稿，一荫麟纪念梁任公之文。张文甚佳，颇能概括梁先生晚年思想上及学术上之贡献”。[②] 不久张荫麟又交来一篇好稿件，浦江清毫不犹豫采用了。2月19日，“荫麟以《所谓中国女作家》一文来，有二千字。此文乃嘲讽《真善美》杂志‘女作家专号’者，对于冰心嘲讽尤甚。文并不佳，但此种文章较有生气，适宜于副刊。倘吴先生在，则此文定不能登载，以挖苦人太甚也”。[③]

浦江清的责任意识，其次来自他的工作自觉。承担了一份工作，必担当起一份责任，这种责任感在浦江清身上表现得很明显。1929年1月31日，“吴雨僧先生及张荫麟君来谈。谈及《大公报》（天津发行）《文学》副刊前途事。此数期稿件甚缺乏，缘《大公报》纸张加宽，每期需九千字，而负责撰稿者仅四人。佩弦新加入，尚未见有稿来。以后每人每月须担任七千余字方可对付”。[④] 对这样的工作任务，浦江清没有怨言。如果遇上稿件不够，他人有事，浦江清还能主动承担任务。1929年2月8日，“雨僧先生来谈，云明日将进城，即南下。荫麟适亦来，遂剧谈。荫麟以大考，又忙于作文，病吐血。余劝其休息数日，文副稿，此一二期，当由余一人承当矣。晚读罗叔言《殷墟书契考释》，王静安《殷卜辞中所见先公先王考》，至丑刻始就寝”。[⑤]

2月9日除夕夜，为了第二天能与同事们进城游玩，浦江清须连夜赶稿：“读董作宾君所编《新获卜辞写本及后记》。董君于去年十月中，衔中央研究院之命，在河南殷墟之地，重新发掘，得甲骨有文字者七百余。而根据地下情形及甲骨之性质，董君颇有许多新见解，为罗、王诸人所未言者。此实中央研究院第一

---

① 浦江清：《清华园日记·西行日记》，第2版，北京：生活·读书·新知三联书店，1999年，第28页。
② 浦江清：《清华园日记·西行日记》，第2版，北京：生活·读书·新知三联书店，1999年，第28页。
③ 浦江清：《清华园日记·西行日记》，第2版，北京：生活·读书·新知三联书店，1999年，第33页。
④ 浦江清：《清华园日记·西行日记》，第2版，北京：生活·读书·新知三联书店，1999年，第23页。
⑤ 浦江清：《清华园日记·西行日记》，第2版，北京：生活·读书·新知三联书店，1999年，第29页。

次重要之收获也。余将此次新发见之最重要数点并龟甲学之历史等，写一篇文章，充副刊之材料。今夜仅写得千余字。明日已与旭初、舜若约一同进城，观看旧历新年景况。此文若不及草完，则明日恐不能进城矣。”①

2月18日浦江清又须赶稿：“斐云有信来，并寄来所撰《文副》稿，二千余字。荫麟来，云莱辛（Lessing）纪念稿赶不及。余甚焦急，盖《文副》稿尚缺数千字，而明晨须发也。夜，读广东中山大学所出版之《民俗周刊》，并民俗丛书中小册四五种，欲作一介绍及批评文字，未果。”②

赶稿虽辛苦，但我们从浦江清日记那儿没有读到怨言。赶一篇文章，要翻阅那么多的资料，要构思行文，但浦江清觉得这都应该。这就是责任感的驱动力。

吴宓的工作精神，浦江清的责任意识，从一个侧面展示了民国高校教师创办刊物的学术生活，体现了民国高校教师勇于担当的社会责任感。民国高校教师正是出于这样的责任心，积极借助刊物这个平台，作用社会，以展示高校教师共同体的学术价值和社会能量。这既能促进民国高校教师拓展学术研究的广度和深度，也能锻炼高校教师参与社会活动的能力。尽管其中有着诸多的烦恼，但他们从中所学到的东西想必也不少，这对于丰富他们的学术生活也是一笔宝贵的财富。

---

① 浦江清：《清华园日记·西行日记》，第2版，北京：生活·读书·新知三联书店，1999年，第29—30页。

② 浦江清：《清华园日记·西行日记》，第2版，北京：生活·读书·新知三联书店，1999年，第33页。

四、学术交往方式的选择

学术交往是民国高校教师共同体营建的重要机制。其交往方式是指与什么人交往和依什么原则来进行交往，因而它实际是高校教师社会关系的一个缩影。传统的学术交往方式更多的是以地缘、学缘为基础的交往圈，圈中的成员凭此获取各自的利益。但是，民国时期的学术纷争与思想碰撞是何等的激荡，中西文化之争，新旧教育之争，玄学与科学之争，文言与白话之争，近代社会变革提出了一个又一个的学术课题，令民国高校教师仅靠学缘、地缘方式来抱团取暖根本不能满足学术发展的需要。于是，大家追求思想的认同，追求学问的兴趣，最终导致了民国高校教师学术交往方式的变化。

（一）章门师徒交往圈的裂变

这里讲的章门师徒，是指章太炎与在东京讲学时的早期弟子，如黄侃、钱玄同、周树人、周作人、朱希祖、汪东、许寿裳、龚宝铨、马裕藻、沈兼士等之间形成的交往圈。这些人在民国初期大都集中在北京，又都主要在北京的高校任教，因此他们相互之间的学术交往成为当时北京高校的一道风景线。但这种以学缘、地缘为基础的传统交往模式在以后的交往过程中遭遇了裂变。

1. 章门师徒交往圈的温馨期

民国初期，章门师友交往圈的基础很牢靠，相互之间的交往很频繁，很温馨，这一点可以从钱玄同日记中表现出来：

1915 年 1 月，1 日“至默处”；4 日“晨访幼渔，约同至李夔和事（处）”；5 日“访幼渔”；12 日“至尹默处，复至章师处，师谓拟编《群经大义》数篇入

《訄书》”；13 日“至尹默处。午后访崔师”；14 日“晨至尹默处”；16 日“傍晚归至尹默处”；17 日“晨访崔师，旋至章师处，见警确已撤去。旋夷初来，谈至傍晚始归。访尹默”；31 日“今日尹默、幼渔、我、坚士、逖先、旭初、季茀、豫才八人公宴炎师于其家，谈宴甚欢”。

1915 年 2 月，7 日“今日午逖先宴兄、稻、默、坚、幼、我诸人于致美斋”；11 日“今日课毕至逖先处，谈及现在作古体诗宜用何韵”；14 日为正月初一，“晚餐本师宴，同座者为尹默、逖先、季茀、豫才、仰曾、夷初、幼渔诸人”。[①]

在一个半月的时间里，钱玄同与学门师友交往达 11 次之多。这里提到的尹默即沈尹默，坚士即沈兼士，逖先即朱希祖，幼渔即马裕藻，季茀即许寿裳，豫才即鲁迅，旭初即汪东，夷初即马叙伦。

学门师友交往圈的和谐相处，首先得有个令弟子们信服的老师，章太炎在这方面确实堪为模范。清末时期，章太炎不仅是个反清斗士，而且对国学很有研究。他在日本东京讲学，坚持研究国学与推翻清朝两项任务并行不悖，推行“提奖光复，未尝废学”的讲学宗旨。他的革命情怀和学术追求都深深地影响了弟子，造就了弟子们的追求时代进步和立志学术建树的志向。这些早期弟子大都积极参与了辛亥革命的活动，并能将国学研究与推动时代进步有机结合。例如钱玄同就以“壹志国学，以为保持种姓，拥护民德”[②] 展示他的志向，黄侃也把治学看作是“存种性，卫国族”的手段。可以说，以学术求进步成为章门师徒之间的交往基础。

另外，章门弟子当时主要是进入北京大学。北京大学讲坛历来被以严复、林纾为代表的桐城派学者所盘踞，他们所倡导的文风与时代风潮有所隔膜，给北京大学带来一股沉闷之气。章门弟子进入北京大学后，因学术旨趣的不同而与桐城派学者引发阵地之争。由此而激发的斗志，由此而凝聚的群体意志，极大地促成了章门学术文化群体的形成和崛起。

正因为如此，民国初期，章门师徒之间的学术交往十分必要，也十分密切。弟子们每与老师相聚，章太炎必论学，如上文所述之“师谓拟编《群经大义》数

① 杨天石主编：《钱玄同日记》上，北京：北京大学出版社，2014 年，第 277—281 页。

② 杨天石主编：《钱玄同日记》上，北京：北京大学出版社，2014 年，第 145 页。

篇入《訄书》”。弟子之间的交往，一般也为学术之事，如所谓的“至逖先处，谈及现在作古体诗宜用何韵”。学术的探索和奋进成为章门师徒交往的促进剂。

这一时期章门师徒的学术交往还有一件事，那就是为章太炎师排遣寂寞。1914 年 2 月，章太炎为反对袁世凯称帝复辟，只身来到北京，然为袁世凯所幽禁。先是禁锢在一所被废弃的军校内，后移禁于龙泉寺，最后软禁在北京城东的钱粮胡同。弟子们一方面利用各种关系积极营救老师，另一方面则尽可能前往探望老师。从钱玄同的日记看，仅这一个半月，弟子们与老师就有过 4 次聚会。

弟子们对老师的情怀是至诚的。黄侃于 1914 年秋被北京大学聘为教授，为解老师寂寞郁闷，他冒着杀头之险，自愿到钱粮胡同与章太炎同住，一方面侍奉老师，一方面与老师日夜论学。几个月后黄侃被警察驱赶，章太炎为此抗议而绝食。这样，弟子们又为劝老师复食而奔忙。一日马叙伦去探望章太炎，两人交谈甚欢，不觉天色已晚，然两人意犹未尽，还想谈下去。马叙伦说：“肚子饿了，要回去吃晚饭。”章太炎不愿他离去，说：“这个问题在这里也容易解决，这里也有厨房，在这里吃比回家去吃，可以快点。”马叙伦说：“知道你这里有厨房，但想到面对一个绝食的人，自己据案大嚼，试问情何以堪？何况你是为了民国存亡续绝而斗争才绝食的。自己饱餐，岂仅自私，简直太残忍了，何况是面对一个舍命为国的友好。”章太炎听后，略一思索，说：“那我就同你一起进食如何？”马叙伦非常高兴地同章太炎共进晚餐，章太炎一口气吃了两个水焖鸡蛋。弟子们劝老师复食的事便顺利解决。①

章太炎对弟子们的态度也随和、宽容。《章门弟子与近代文化》一书引用了数位弟子对老师的评价，很可见章太炎与弟子的融洽相处之情。譬如鲁迅就曾说过：“太炎先生对于弟子，向来也绝无傲态，和蔼若朋友然。”曹聚仁也说：“太炎先生对于弟子们的问学，态度非常谦和，和家人夫子一样说家常话，并不摆出什么大学者的架子。”周作人也说：“太炎对于阔人要发脾气，可是对青年学生却是很好，随便谈笑，同家人朋友一般。”许寿裳更是细腻描绘道：“就是随便谈

① 陈平原、杜玲玲编：《追忆章太炎》（增订本），北京：生活·读书·新知三联书店，2009 年，第 75 页。

天，也复诙谐间作，妙语解颐。”据汪东、朱希祖等人回忆，章太炎还将得意弟子戏封为天王、东王、北王、西王、翼王。[①]

师生情谊，同门手足，奠定了学门师友之间交往的自然基础。加之章门师徒在辛亥革命前后的目标追求一致，故而带来了相互交往的和谐。

2. 章门弟子的思想分野

但是，伴随着民国社会变革的深入，观念层面的变革也随之深化。学术界思想的动荡催促了新文化运动的兴起，章门弟子也在这一时代风潮中产生了思想的分化。

正在探索国语改革之路的钱玄同敏锐地捕捉到这一风潮的时代脉搏。他一为陈独秀、胡适的文学革命思想所鼓舞，便立即投身于文学革命潮流中。不仅如此，他还带动同门周树人、周作人、朱希祖、沈尹默、沈兼士等人加入进来，成为《新青年》的生力军。

然而，章太炎另一得意弟子黄侃却对这股潮流持反对态度。黄侃学问博大精深，于经、史、子、集几乎无所不通，但在学术取向上，章太炎谓“其为学一依师法，不敢失尺寸，见人持论不合古义，即眙视不与言”[②]。这种固守师法的学术态度使黄侃对白话文、对新文学，乃至对新文化运动都取一种敌视立场。

这样，章门师友之间的思想裂痕在时代潮流中显现。

朱希祖从“骈散之争”角度概述了北京大学文科教授主持文学者的学术分歧。他认为黄侃及刘师培属于骈文派，他自己与章太炎则属于骈散不分派，另外一派则属于桐城散文派。这一分析角度虽然缓和，但也把章门师友之间的学术分歧展示了出来。

沈尹默则从思想分歧角度讲得更明确：“太炎先生的门下可分为三派。一派是守旧派，代表人是嫡传弟子黄侃，这一派的特点是：凡旧皆以为然。第二派是开新派，代表人是钱玄同、沈兼士，玄同自称疑古玄同，其意可知。第三派姑名

---

① 卢毅：《章门弟子与近代文化》，桂林：广西师范大学出版社，2009 年，第 228 页。

② 章太炎：《黄季刚墓志铭》，程千帆、唐文编：《量守庐学记》，北京：生活·读书·新知三联书店，2006 年，第 2 页。

之曰中间派，以马裕藻为代表，对其他二派依违两可，都以为然。”①

思想观点的分歧对以学缘、地缘为基础的交往圈所形成的冲击力可能会是致命的。时为北大学生的杨亮功回顾当时情形说：“教授方面，如章太炎先生的门弟子，亦显然分为两派。钱玄同、沈尹默、沈兼士和马幼渔是站在新的方面，黄季刚则反对新文学最力”；“黄侃抨击白话文不遗余力，每次上课必定对白话文痛骂一番，然后才开始讲课。五十分钟上课时间，大约有三十分钟要用在骂白话文上面。他骂的对象是胡适之、沈尹默、钱玄同几位先生。他嘲笑新诗，他讥评沈忘恩负义，他骂钱尤为刻毒。他说：他一夜之发现，为钱赚得一辈子之生活。他说：他在上海穷一夜之力，发现古音二十八部，而钱在北大所讲授之文字学就是他一夜所发现的东西。但是黄先生除了骂人外，讲起课来却深具吸引力”。②

时为北大学生的罗家伦也说：“黄季刚则天天诗酒谩骂，在课堂上不教书，只是骂人。尤其是对钱玄同，开口便说玄同是什么东西，他那种讲义不是抄着我的吗？他对于胡适之文学革命的主张，见人便提出来骂，他有时在课堂上大声地说：‘胡适之说白话文痛快，世界上哪里有痛快的事了？金圣叹说过，世界上最痛的事，莫过于砍头；世界上最快的事，莫过于饮酒。胡适之如果要痛快，可以去喝酒，再仰起颈子来给人砍掉。’这种村夫骂座的话，其中尖酸刻薄的地方很多，而一部分学生从而和之，以后遂成为国故派。”③

3. 章门师徒交往圈的维持

可能是由于章太炎的威望，也可能是由于黄侃自 1919 年任教于武昌高等师范而离开了北京，总之，章门弟子之间没有公开决裂，章门师徒的交往圈得以维持。

1926 年秋因北京师范大学聘请，黄侃回到了北京。即使同门之间有所隔阂，都可能念及同窗情谊而珍惜相聚的机会。1926 年 10 月 16 日，黄侃谓：“十二时

---

① 沈尹默：《我和北大》，钟叔河、朱纯编：《过去的大学》，武汉：长江文艺出版社，2005 年，第 24 页。

② 杨亮功：《早期三十年的教学生活·五四》，合肥：黄山书社，2008 年，第 22 页。

③ 罗家伦：《蔡元培时代的北京大学与五四运动》，王云五、罗家伦等：《民国三大校长》，长沙：岳麓书社，2015 年，第 94—95 页。

赴西长安街芳湖春郑介石、李仲衎之约，坐有检斋、钱中季（即疑古玄同）、朱逖先、马幼渔、沈尹默。饭后至午门历史博物馆。归后杨遇夫、孙蜀丞、骆绍宾来访，同出（又邀检斋）至五道庙街春华楼饭（遇夫作主人），复偕检斋、蜀丞归，谈至一时乃散。”① 检斋即吴承仕，为章太炎被幽禁北京时的受业弟子，当时任司法部佥事。1924 年后辞去司法部职务而专心致力于讲学，任教于北京大学、北京师范大学等。黄侃归来，吴承仕、钱玄同、朱希祖、马裕藻、沈尹默这些同窗都悉数到场，把盏叙旧。

章太炎于 1916 年定居上海，黄侃后来也到了南京任教于中央大学。每逢章太炎生日，黄侃总要带上在南京的同门及门生赴上海为老师祝寿。1929 年 12 月 27 日，黄侃“午后雨中偕旭初、石禅赴沪祝太炎师六十二生日，夜半到，冒雨投宿上海新旅社”。12 月 29 日，“太炎师为书谢监：‘既秉上皇心，岂屑末代诮。始信安期术，得尽养生年。’四语作一长联。午与旭初备酒为师上寿。夜师设席款余及旭初”。12 月 30 日，“师生辰，晨往叩祝。晤通一、心如、尧卿、品山诸熟人。夜斗牌。师出《春秋疑义》一册三卷，令看，得细读一过”。②

1931 年“九一八”后，日本侵略中国的步伐不断升级，京沪局势趋于紧张。1932 年初，黄侃偕家人由南京赴北平避乱。2 月 20 日，章太炎也由家人陪同由上海赴北平避乱。于是在黄侃日记中又留下了师门再次相聚的某些片段。

1932 年 3 月 1 日，黄侃“偕衮甫至舍饭寺胡同花园饭店谒太炎师。师以二十号自上海仓促避兵来，龚振鹏同行。师言梨洲性多忌刻，于同门毁恽日初即其徵也。予言阳明门下究以心斋为天才卓绝、壁垒精严。此二说皆可记。晚，与检斋、逖先、幼渔同请师饭于忠信堂。师去后，与三子谈片刻乃返”。

3 月 2 日，黄侃于“午后诣师，遇中季，遂与吴、马、钱、朱四人从师游南海，憩于瀛台。师言及逸周书、清史稿。旋起，至怀仁堂小步，即返，食于大陆春。席间，闻上海我军退出昆山之报，为之怆然不怡。饭后，与检斋送师返寓，师从容语及受学俞、谭二君往事及两君学术文章大概。有客来访，遂与检斋退”。

① 黄侃：《黄侃日记》上，北京：中华书局，2007 年，第 279 页。

② 黄侃：《黄侃日记》中，北京：中华书局，2007 年，第 607 页。

3月3日，黄侃与学生共午餐，“饭后同诣师，遇检斋。座上有他客，且今夕有人延师饭，无暇论学，遂辞出”。

3月4日，“检斋来，起与久谈，遂同诣师。师谓入歧路。又询予弟子孰为佳。检斋请师饭于新陆春，予及公铎陪坐。饭罢久谈，从师返寓，从容燕语，及明儒之学，盛赞王时槐、林春（唐顺之集有其事状）。又询予治学、诲人之法甚详。刘文典坚邀师食于同和居，予从往，复送之还，夜深退”。

3月6日，黄侃“午赴符宇澄、陈仲骧、林公铎三处招，初至中央公园，继至新陆春，旋至东亚春陪师饮，饮后久谈，至六时，乃陪师（返），于师处细读清代文字狱档（夕食师所），夜十一时乃返”。①

连续一周，黄侃及同门都在与章太炎师交往论学，关注时势。关于这次聚会，钱玄同的日记也有记载。1932年3月2日，“午回家，饭毕，即访幼渔，与同至花园饭店访老夫子，别来十六年矣。近来态度如旧，益为和蔼，背颇驼，惟发剪极短，与当年披发大不相同。季刚亦在，检斋亦在。政客一大帮，与辛亥冬于哈同花园时颇相像。询知师实避沪难而来也。四时许，朱、马、钱、黄、吴、师六人乘汽车逛中南海公园。六时雅于大陆春，将食，忽得噩耗，谓沪十九路军总退却，噫！”②

章太炎这次来北平，曾到北京师范大学演讲。令台下学生惊奇的是，章太炎中坐，黄侃、钱玄同、吴承仕、马裕藻这四位著名教授侍立两旁，并轮流代章太炎在黑板上写字。当时正在北京大学读书的张中行对此也有印象，那次章太炎是在北京大学第三院演讲。“老人满头白发，穿绸长衫，由弟子马幼渔、钱玄同、吴检斋等五六人围绕着登上讲台。太炎先生个子不高，双目有神，向下望一望就讲起来。满口浙江余杭的家乡话。估计大多数人听不懂，由刘半农任翻译，常引经据典，由钱玄同用粉笔写在背后的黑板上。”③ 钱穆也去听了章太炎的演讲，他看到这种肃穆的场面实为少见。钱玄同的学术观点已改从今文学家，刘半农也

① 黄侃：《黄侃日记》下，北京：中华书局，2007年，第780—781页。

② 杨天石主编：《钱玄同日记》中，北京：北京大学出版社，2014年，第849页。

③ 张中行：《负暄琐话》，北京：中华书局，2006年，第4页。

是尽力提倡白话文，但对章太炎守弟子礼犹谨如此。“要之，在当时北平新文化运动盛极风行之际，而此诸大师，犹亦拘守旧礼貌。”①

很显然，虽然各位弟子都已身为教授，但老师出场，师生的名分不能错位。老师就是老师，学生就是学生，章门师徒之规矩丝毫没有走样。虽然弟子们之间的思想早已出现裂痕，但在老师面前，在公众场合，不能使性子，闹别扭。可见，尊师重道是章门师友交往圈维持的内在魅力。

4. 钱玄同与黄侃的反目

但是，思想之裂痕终归难以掩饰长久。章太炎1932年北游之时，马叙伦请周作人宴聚，周作人拒绝：“3月7日晚，夷初招饮，辞未去，因知系宴太炎先生，座中有黄侃，未曾会面，今亦不欲见之也。”② 周作人对黄侃的不待见已是溢于言表。

其实，黄侃只是才性偏激，与世多忤，尤痛挽近世不悦学，恐学术中断，偶见不快意者，或于课堂，或于人前，常力排之。特别是对于有悖于师法者，必盛气争之。汪旭初与黄侃同门，皆出自章太炎门下，其兄汪辟疆对文字学也颇有研究。一次汪旭初到中央大学讲学，论吴音、唐音之异，证以梵语、日语，与章太炎之说稍有不同。黄侃当场责问汪旭初：“汝从师乎？从兄乎？”颇有争执，黄侃笃信章学，汪旭初不敢辩。③ 中央大学教授胡小石为黄侃好友，然一次讲授甲骨文，以甲骨文纠正汉儒许慎《说文解字》之非。黄侃大怒，谓甲骨文晚出，为后人伪造，不可信。两相争执，面红耳赤，甚至击碎玻璃板。④

依黄侃这样的脾气，他与钱玄同的冲突当然是不可避免了。1932年3月12日，也就是章太炎这次北游之时，黄侃与钱玄同之间终于爆发了一场争吵。

钱玄同在3月12日日记中写道：“三时往，又是宾客满堂。我忽与季刚龃龉，因他称我为‘二疯’，问我近治音韵有何心得，我答以无。（我们的新方法，

① 钱穆：《八十忆双亲·师友杂忆》，第2版，北京：生活·读书·新知三联书店，2005年，第174页。

② 周作人：《知堂回想录》，香港：三育图书有限公司，1980年，第550页。

③ 常任侠：《汪辟疆和汪旭初老师》，萧乾主编：《史迹文踪》，北京：中华书局，2005年，第37页。

④ 张晖编：《量守庐学记续编》，北京：生活·读书·新知三联书店，2006年，第39页。

审音，实事求是而不主宗主，皆与季刚不合者，如何可以对他说！）他忽然不耐烦的说：'新文学，注音字母，白话文，屁话。'我闻'屁话'二字大怒，告之曰：'这是天经地义！我们道不同不相为谋，不必谈。'喧哗了一场，殊可笑。"①

查《黄侃日记》这一天的记载："食罢，二风至，予屈意询其近年所获，甫启口言新文学三字（意欲言新文学，且置之不言），彼即面赤，嗷嗷争辩，且谓予不应称彼为二风，宜称姓字。予曰：'二风之谑，诚属非宜。以子平生专为人取浑名，聊示惩儆尔！常人宜称姓字，子之姓为钱耶？为疑古耶？又不便指斥也。'彼闻言，益咆哮。其实畏师之责，故示威于予，以塞师喙而已。狡哉二风！识彼卅年，知之不尽，予则浅矣。"②

学术乎？意气乎？可能谁都不想走到这一步，但一切都已无法挽回。三年后，黄侃于1935年底逝世，1936年1月，钱玄同在《前言》半月刊第7期发表了《挽季刚》的挽联：

小学本师传，更紬绎韵纽源流，黾勉求之，于古音独明其真谛；

文章宗六代，专致力沉思翰藻，如何不淑，吾同门遽丧此隽才。

钱玄同还说："弟与季刚自己酉年订交，至今有二十六载，平日因性情不合，时有违言。惟民国四、五年间商量音韵，最为契合。二十一年之春，于余杭师座中一言不合，竟致斗口。岂期此别，竟成永诀！"③

钱玄同讲得很真诚。从"最为契合"的师门学术到"一言不合，竟致斗口"的思想分歧，说明单纯的学门师友交往圈经不起时代思潮的激荡。章门早期弟子中不仅有钱玄同与黄侃出现了思想裂痕，鲁迅与钱玄同、鲁迅与周作人也都因思想或人脉关系等因素产生了不和。原因应该很明白。随着时代的发展，弟子们的思想也必然会发生变化和分歧。仅仅靠着老师的权威来维持学门师友的统一，久之定难维系。

即使如章太炎与黄侃之间的交往也因认识不同而有所相互抱怨，如章太炎曾

---

① 杨天石主编：《钱玄同日记》中，北京：北京大学出版社，2014年，第851页。

② 黄侃：《黄侃日记》下，北京：中华书局，2007年，第783页。

③ 转引自马嘶：《1937年中国知识界》，北京：北京图书馆出版社，2005年，第87页。

抱怨黄侃说："敢于侮同类，而不敢排异己。昔年与桐城派人争论骈散，然不骂新文化。"[①] 黄侃与老师的交往也并不很顺畅。如他的日记曾说，1931 年 7 月 20 日："烈日中诣师，又不获畅意。久坐，乃论及文字。师出所著《三体石经考》、所批薛氏《钟鼎款识》，令阅。"[②] 黄侃之不快，可能还是由于与老师学术的分歧。黄侃每与老师会面，章太炎几乎都有论学，也几乎都会指定黄侃读书，这便无形中给黄侃以思想的束缚。

这说明，固守师法的学门交往模式已不能适应时代的发展，随着近代学术的纷争与思想的碰撞，民国高校教师的学术交往更加寻求思想认同的基础。

（二）以思想认同为基础的交往

寻求思想认同，是民国高校教师学术交往挣脱学缘、地缘关系的重要一步。虽然古代社会的文人也有寻求思想认同的冲动，但由于社会节奏的缓慢，更由于学术思想为正统所束缚，文人之间的思想纷争并不激烈，寻求思想认同的需求也并不强烈。然到民国时期，无论是海外留学归国人员，还是本土哺育的学者，为了学术的发展，都越来越感觉到只有寻求思想的认同，才能有持续长久的学术交往。

1. 钱玄同的例子

我们还是要说钱玄同的例子。钱玄同比较早就开始探讨国语改革问题。1917 年，当他看到《新青年》所载胡适的《文学改良刍议》后，立刻从中受到启发并为新的文学革命所鼓舞。他写信给陈独秀，极为赞同《新青年》宣传胡适的这种主张。陈独秀接着发表《文学革命论》，由此在社会上形成一股文学革命的思潮。钱玄同的学术交往立即从学门圈子转向了新文化运动的圈子。

他在 1917 年 1 月 1 日的日记中写道："往访尹默，与谈应用文字改革之法。余谓文学之文，当世哲人陈仲甫、胡适之二君，均倡改良之论，二君邃于欧西文

① 章太炎：《与吴承仕》，马勇编：《章太炎书信集》，石家庄：河北人民出版社，2003 年，第 335 页。
② 黄侃：《黄侃日记》下，北京：中华书局，2007 年，第 724 页。

学，必能于中国文学界开新纪元。”[①]

当时蔡元培已经出任北大校长，并聘请陈独秀出任北大文科学长，这给钱玄同的学术交往以新的鼓舞。1月2日，钱玄同在日记中写道：“傍晚蔡孑民先生来访阿兄，并与我见。其人状貌温蔼，语言谦和，举止醇谨。人谓其学问渊博，吾谓其道德尤高。尹默谓大学校长得此等人任之，允足为学生表率。诚然！”1月3日，“客岁之杪，由夏浮筠发起，大学教员各出食资，在北京饭店饯别胡次珊，欢迎蔡孑民。定于今晚七时举行。余偕沈、韦二君同往。计来斯会者，中外教员有百余人之多”。[②] 特别是，钱玄同对蔡元培在讲话中采用汉语而不是英语，感觉由衷的钦佩。

1月6日他在日记中写道：“陈独秀已任文科学长，足庆得人，第陈君不久将往上海，专办《新青年》杂志，及经营群益书社事业，至多不过担任三月。颇闻陈君去后，蔡君拟兼任文科学长，此亦可慰之事。”1月7日，他又再次“至尹默处，携胡适之《论文字句读及符号》一文往。……尹默意欲用西文点句之法及加施种种符号，将以胡文所论供参考。此意我极谓然”。[③]

自后，钱玄同多与蔡元培、陈独秀交流，对蔡元培的大学主张及陈独秀的学术观点极为赞同。他在1月20日日记中表达了他的学术研究基本立场：“欲倡明本国学术，当从积极着想，不当从消极着想。旁搜博采域外之智识，与本国学术相发明，此所谓积极着想也。抱残守缺，深闭固拒，此所谓消极着想也。”这一天，“独秀今晚宴客于庆华春，同座者为沈尹默、高一涵、李大钊、刘三诸公”。2月1日，“四时顷，携篷仙同至大学，访孑民、独秀。出，同访幼渔，与幼渔同至逖先处晚餐”。2月2日，“今日《甲寅》日刊有李守常《论真理》，其言曰：‘孔、佛、耶之说，有几分合于真理者，我则取之，否则斥之。’其说甚正”。[④]

1917年9月，胡适到达北京，钱玄同立刻与胡适密切交往。9月12日，“胡

① 杨天石主编：《钱玄同日记》上，北京：北京大学出版社，2014年，第296页。
② 杨天石主编：《钱玄同日记》上，北京：北京大学出版社，2014年，第296—297页。
③ 杨天石主编：《钱玄同日记》上，北京：北京大学出版社，2014年，第298、299页。
④ 杨天石主编：《钱玄同日记》上，北京：北京大学出版社，2014年，第303、307页。

适之君于10日到京，今日孑民先生请他在六味斋吃饭，除胡、蔡两君外，为蒋竹庄、汤尔和、刘叔雅、陶孟和、沈尹默、沈兼士、马幼渔及我”。9月19日，“午至中西旅馆访独秀。午后至大学访适之，畅谈，甚乐”。胡适与其谈儒学发展的线索，并强调古书伪者甚多，读书贵能自择，不可为古人所欺。钱玄同觉得此说极是。“五时顷至尹默处，并晤篷仙、逖先。我将由六书次序发现造字进化之意告兼士，兼士亦以为然。”9月25日，“午后三时顷大学访适之”。胡适与其讨论白话文法，“此意吾极以为然”。①

短短半个月，钱玄同就与胡适有了三次较深入的交往。这说明以思想认同为基础的学术交往能够在某种程度上满足民国教师的学术需要，尤其在转变时代风气、开启学术新潮流的过程中具有较强的吸引力。事实正如蔡元培所说：“北大的整顿，自文科起。旧教员中如沈尹默、沈兼士、钱玄同诸君，本已启革新的端绪；自陈独秀君来任学长，胡适之、刘半农、周豫才、周启明诸君来任教员，而文学革命、思想自由的风气，遂大流行。”②

2. 吴虞的例子

吴虞的例子之所以具有典型性，是因为吴虞的学术交往一直处于孤独郁闷的状态中。他在辛亥革命前后就发表了许多非孔排儒、反对礼教及家族制度的文章，因此在老家四川处境困难。据冉云飞的研究，吴虞一直生活在紧张的家庭人际关系环境中，加之后来又遭遇成都社会对他的压抑和孤立，使他具有深深的不安全感，以致形成偏执、倔强、多疑、记仇的性格，在生活中表现出强烈的道德焦虑、认同危机、自恋人格、过度防卫等心理障碍。③ 应该说，他更需要一种思想认同基础上的学术交往。

1921年，他被北京大学所接纳。这一年1月，其堂弟吴君毅写信告知他要多和新文化人士交往：“今日过马幼渔处，接洽兄事，知已通过北大聘任委员会，

---

① 杨天石主编：《钱玄同日记》上，北京：北京大学出版社，2014年，第316、317、319页。

② 蔡元培：《我在教育界的经验》，张圣华总主编：《蔡元培教育名篇》，北京：教育科学出版社，2007年，第304页。

③ 冉云飞：《吴虞和他生活的民国时代》，济南：山东人民出版社，2009年，第351—374页。

以教授聘任。月薪至少一月二百元（通常初到北大当教员者，须试讲一年半载，不发生问题者，始可升任教授，亦有竟不能任教授者，兄开首即任教授，实异例也）”；“至北大功课，闻限于文学（本科）方面，尽可放胆教去，不必顾虑”；“北大是全国文化运动中心，（内容姑不必论）将来蔚成一种势力，吾兄入是间后，可竭力将事”①。

吴虞于5月7日到达北京，当天就与北京大学的马裕藻、马寅初、蒋梦麟见面喝茶。接下去两天他频繁地与北大新同事接触，主要是新文化运动人士。5月10日，北京大学政治科主任陈惺农教授请客。据《吴虞日记》所载：在中央公园，有任鸿隽夫妇、陈惺农夫妇、胡适、王弘实、吴君毅等人，“胡适之颇能谈，富于文学趣味者也”；“席散后，茗饮久之，即归”。②

5月13日，吴虞拜访胡适。吴虞请教国文教学该如何进行，胡适说：“总以思想及能引起多数学生研究之兴味为主。”5月14日，马幼渔请客，“幼渔由电话来催予，即叫车与君毅同至广陵春。到者胡适之、钱玄同、蒋梦麟、朱希祖、沈兼士、沈士远、单丕诸君”。③

又过几天，吴虞做东宴请北京大学的新同事。5月19日，“发信请马幼渔、马夷初、蒋梦麟、胡适之、朱逖先、钱玄同、沈兼士、沈士远、陈惺农、王弘实星期六午后七钟，在南园饭庄晚餐”。21日，又与陈惺农、马幼渔、沈兼士、朱逖先、钱玄同、马夷初、沈士远、蒋梦麟、胡适之、王弘实等在贾家胡同南园聚餐。第二天，马叙伦也出面请客。5月22日，“午后六时，过中央公园长美轩，赴马夷初之约。晤陈伯弢、马叔平、马幼渔、胡适之、谭仲奎、李翼廷、钱玄同、汪元放诸人。元放为亚东图书馆主人，即印《水浒》《儒林外史》者也。予因欲印文稿事。适之约明日午前过渠一谈”。④

除了聚餐，吴虞到北大不久，还频繁与北大同人交流藏书、买书的情况。

---

① 中国革命博物馆整理：《吴虞日记》上册，成都：四川人民出版社，1984年，第581—582页。
② 中国革命博物馆整理：《吴虞日记》上册，成都：四川人民出版社，1984年，第597页。
③ 中国革命博物馆整理：《吴虞日记》上册，成都：四川人民出版社，1984年，第599页。
④ 中国革命博物馆整理：《吴虞日记》上册，成都：四川人民出版社，1984年，第601页。

1921 年 6 月 29 日，“马幼渔来，约过隆福寺街看书”。7 月 2 日，“予、玄同、单不厂、幼渔、叔平同至叔平处，观所藏北魏、隋唐以来磁人马，殆来殉物乎。叔平云，皆洛阳出土者也”。7 月 13 日，“马幼渔来，代予在聚珍堂取得日本刻《经传释词》，皮纸印一本，索价三元。同幼渔访朱逖先，观所藏之书”。7 月 22 日，“作字马幼渔，借黄季刚圈残本《水经注》”。①

短短两个月时光，吴虞与北京大学新文化运动人士频繁互动，体现了双方在思想认同基础上的交往需要。从吴虞角度讲，他需要与新同事熟悉，需要从新文化运动人士中汲取学术动力。从北大新文化运动人士讲，他们对于吴虞的加盟十分重视，这对于壮大新文化运动的力量十分必要。正如吴虞在 1921 年 6 月 24 日的日记中所写：“北大聘予，主动者为沈尹默，初拟聘予及易白沙，白沙病未来。尹默因国文系思想腐旧，故主张聘予二人也。”② 这种的相互需要成就了这一思想认同基础的交往圈。

3. 胡适的例子

胡适是个学术交往欲望很强烈的学者。无论是在新文化运动中，还是在主编《努力周报》到《独立评论》时期，胡适都热衷于学术交往。尽管他平日很喜欢说着“我们安徽人”，但在学术交往中他是将追求思想认同列为首要标准。

仅举一例。20 世纪 20 年代后期胡适南下至上海，就很注意通过结社的方式加强与一批对政治感兴趣的知识分子的交往。胡适与朋友们的最初设想，是要通过创办一个刊物来加强学术交往。他在 1929 年 3 月 25 日的日记中写道：“《平论》是我们几个朋友想办的一个刊物。去年就想办此报，延搁到于今。《平论》人员是志摩、梁实秋、罗隆基（努生）、叶公超、丁西林。”4 月 21 日，平社有了第一次活动：“平社第一次聚餐，在我家中，到者梁实秋、徐志摩、罗隆基、丁燮林、叶公超、吴泽霖。共七人。”

这之后《平论》杂志未见面世，但活动看来在进行。到 5 月 11 日已经是第四次了，胡适于是对活动提出了进一步的设想：“平社第四次聚餐，在范园，到

① 中国革命博物馆整理：《吴虞日记》上册，成都：四川人民出版社，1984 年，第 610、613、617 页。
② 中国革命博物馆整理：《吴虞日记》上册，成都：四川人民出版社，1984 年，第 608 页。

者志摩、禹九、光旦、泽霖、公超、努生、适之。努生述英国 Fabian Society 的历史，我因此发起请同人各预备一篇论文，总题为‘中国问题’，每人担任一方面，分期提出讨论，合刊为一部书。”

胡适的设想得到了较好的落实。5 月 19 日，“平社在范园聚餐。上次我们决定从各方面讨论‘中国问题’每人任一方面。潘光旦先生任第一方面，‘从种族上’。他从数量、质量等等方面看，认为中国民族根本上大有危险，数量上并不增加，而质量上也不如日本，更不如英美。他的根据很可靠，见解很透辟，条理很清晰。如果平社的论文都能保持这样高的标准，平社的组织可算一大成功了”。胡适在日记中记载了他们的计划：

表 4－1　平社中国问题研究日期单

题目	姓名	日期
从种族上	潘光旦	五月十八日
从社会上	吴泽霖	五月廿五日
从经济上	唐庆增	六月一日
从科学上	丁西林	六月八日
从思想上	胡适之	六月十五日
从文学上	徐志摩	六月廿二日
从道德上	梁实秋	六月廿九日
从教育上	叶崇智	七月六日
从财政上	徐新六	七月十三日
从政治上	罗隆基	七月二十日
从国际上	张嘉森	七月廿七日
从法律上	黄华	八月三日

但接下来的活动效果却不是很理想。5 月 26 日，“平社在范园聚餐。吴泽霖先生讲‘从社会学上看中国问题’。他提出两点：一是价值，一是态度，既不周详，又不透切，皆是老生常谈而已，远不如潘光旦先生上次的论文”。6 月 2 日，“晚六点半，平社在范园聚餐。唐庆增先生讲‘从经济上看中国问题’，他把问题看错了，只看作‘中国工商业为什么不发达’，故今天的论文殊不佳”。6 月 16 日，“平社聚餐，到的只有实秋、志摩、努生、刘英士几个人，几不成会。任叔

永昨天从北京来，我邀他加入”。[①]

以后的半年，在胡适日记中未见平社活动的记载。直到第二年，1930 年 2 月 4 日，胡适日记中再次出现了平社活动的内容：“平社今年第一次聚餐在我家举行，到者新六、西林、实秋、英士、光旦、努生、沈有乾，客人有闻一多、宋春舫。决定下次聚餐在十一日，由努生与英士辩论‘民治制度’。这样开始并不坏。”2 月 11 日，“平社在我家中聚餐，讨论题为‘民治制度’。刘英士反对，罗努生赞成，皆似不曾搔著痒处”。

这样又隔了半年，7 月 24 日，“平社在我家开会，潘光旦读论文，题为《人为选择与民族改良》”。8 月 31 日，“平社聚餐，沈有乾读一篇论文，讨论教育问题，不甚满意，预备不充分是一个原因，但作者见地亦不甚高”。[②]

平社活动的记载再也没有了。这或许是因为胡适要重返北京大学，也或许是因为活动效果的不理想，平社的这个活动总之是不了了之了。胡适对此肯定有遗憾。政治思想的认同，却因参与者水平的不够，以及参与者态度的不积极，而缺乏持久的基础。原因在哪，估计胡适也很困惑。

1932 年 3 月 13 日，陈寅恪与清华几个同学谈话，其中谈到了文人结社的问题。陈寅恪说：“近年集会结社之风盛行，尤以留美学生为甚。互相攀援，为害于国家与民族者殊烈。间有少数初发起者均甚好，及其发展，分子复杂，君子渐为小人所取代，最后将此会社变坏。结社之首要，在于有共同的高尚理想，有此精神，始能团结巩固。”[③] 此中韵味，陈寅恪是在强调：以思想认同为基础的交往才是现代学术发展的最佳选择。

4. 志不同道不合的交往

有思想认同者，当然也就有思想不认同者。有趣的是，民国高校教师的对垒双方在笔战中会极尽攻击之能事，毫不留情面。但当不经意相会之时，双方却不

① 曹伯言整理：《胡适日记全集》第 5 册，台北：联经出版公司，2004 年，第 550、573、606、622—623、626、627、639 页。

② 曹伯言整理：《胡适日记全集》第 6 册，台北：联经出版公司，2004，第 65、99、201、250 页。

③ 蒋天枢：《陈寅恪先生编年事辑》（增订本），上海：上海古籍出版社，1997 年，第 79 页。

争论，不吵架，透出一丝温馨的和谐。

清华大学的吴宓就遇到一次颇为特殊的饭局。出席饭局的人员多为北大教师，且在学术观点上与他针锋相对，中心人物还是他十分反对的胡适。吴宓记载，1929年1月27日，“七时许，偕陈君至东安门外大街东兴楼，赴温源宁君招宴。客为胡适、周作人、张凤举、杨丙辰（震文）、杨宗翰、徐祖正、童德禧（禧文，湖北，蕲春），共十人。胡适居首座，议论风生，足见其素讲应酬交际之术。胡适拟购《学衡》一整份，嘱寄其沪寓（上海极司非而路四十九号甲，电话二七七一二）。又拟刊英国文学名著百种，请宓亦加入云云”。① 虽然学术观点不同，至少饭局没有出现尴尬。胡适欲向吴宓购《学衡》一套，使吴宓心中些许好受。

辜鸿铭与胡适也有一段对联交往。胡适在1935年8月11日的天津《大公报·文艺副刊》发表了一篇《记辜鸿铭》，文中回忆了1921年10月13日在王彦祖家举行一次家宴，胡适与辜鸿铭相遇。胡适说：“辜鸿铭是向来反对我的主张的，曾经用英文在杂志上驳我，有一次，为了我在《每周评论》上写的一段短文，他竟对我说，要在法庭控告我。然而在见面时，他对我总很客气。”席间，辜鸿铭对胡适说：“去年张少轩（张勋）过生日，我送了他一副对子，上联是‘荷尽已无擎雨盖’，——下联是什么？”胡适一时想不出好对句，辜鸿铭说：“下联是‘菊残尤有傲霜枝’”。辜鸿铭又接着问：“你懂得这副对子的意思吗？”胡适说：“‘菊残尤有傲霜枝’，当然是张大帅和你老先生的辫子了。‘擎雨盖’是什么呢？”辜鸿铭说：“是清朝的大帽。”满座大笑。再接下去，辜鸿铭又跟胡适说：“你知道，有句俗话：‘监生拜孔子，孔子吓一跳。’我上回听说某某的孔教会要我去祭孔子，我编了一首白话诗：监生拜孔子，孔子吓一跳。孔会拜孔子，孔子要上吊。胡先生，我的白话诗好不好？”②

胡适极力提倡白话文，章士钊创办《甲寅》杂志，一律刊登文言文，并对白

---

① 吴学昭整理注释：《吴宓日记》Ⅳ，北京：生活·读书·新知三联书店，1998年，第202页。

② 罗尔纲：《师门五年记·胡适琐记》（增补本），北京：生活·读书·新知三联书店，2006年，第185、187页。

话文发起猛攻。1935 年正月，有人请客，两人恰好在餐馆前相遇。有人给章士钊照相，章士钊邀请胡适合影，之后两人各持照片一张。2 月 5 日，章士钊在照片后面题白话诗一首送胡适："你姓胡，我姓章，你讲什么新文学，我开口还是我的老腔。你不攻来我不驳，双口并座，各有各的心肠。将来三五十年后，这个相片好作文学纪念看。哈哈，我写白话歪词送把你，总算是老章投了降。"并要胡适写旧体诗送他。2 月 9 日，胡适礼尚往来，也在照片后赋古体诗一首："但开风气不为师，龚生此言吾最喜。同是曾开风气人，愿长相亲不相鄙。"①

当然，黄侃的脾气暴躁，他与胡适的见面多少带有火药味。有一次黄侃当面责难胡适："你口口声声要推广白话文，为什么名字偏叫胡适，而不叫'往哪里去'？"弄得胡适十分尴尬。另一次，二人在宴会上相遇，胡适大谈墨学，黄侃甚为不满，跳起来说："现在讲墨学的人，都是些混账王八！"胡适大窘。黄侃又接着说："便是胡适之尊翁，也是些混账王八！"胡适正要发作，黄侃却笑着说："且息怒，我在试试你，墨子兼爱，是无父也。你今有父，何足以谈论墨子？我不是骂你，聊试之耳！"胡适一时气得说不出话来。②

黄侃与胡适的见面算是比较尴尬了，但也只是尴尬而已，还并未到剑拔弩张的地步。至于吴宓、辜鸿铭、章士钊与胡适的相遇，则体现出"和为贵"的价值取向。求真才重学术交往，唯真才重"和为贵"。在民国高校教师学术交往"和为贵"的后面，反映了一种更为和谐的交往追求在流行，那就是以学问兴趣为基础的学术交往。

（三）以学问兴趣为基础的交往

以学问兴趣为基础的学术交往是民国高校教师交往中最为和谐的方式，也是民国高校教师共同体营建最为稳固的机制。人们仅仅只是因为相互之间有研究学问的兴趣、爱好而融合相处，它不关乎专业，不关乎年龄，不关乎思想观点，只

---

① 邓云乡：《文化古城旧事》，北京：中华书局，1995 年，第 256 页。
② 叶贤恩：《黄侃传》，武汉：湖北人民出版社，2006 年，第 246 页。

要对学问有兴趣，有热情，就能走到一起，就能寻觅到知音，就能抱团取暖。

很明显的事实是，在学问兴趣的基础上进行学术交往，年龄不是障碍。年轻教师对于年长教师的敬爱之情，萌发于他们对学术的向往。年长教师对年轻教师的关爱之情，也是基于他们对学术发展的期待。

浦江清1926年毕业于东南大学，经吴宓推荐任教于清华大学，担任陈寅恪的助手。作为年轻的高校教师，他常利用节假日进城向年长教师求教请益。1931年1月5日，浦江清“与斐云同谒陈寅恪先生（西四姚家胡同），不在。折至钱稻孙先生府上（西四受壁胡同），剧论北平教育界人物，看日本原田淑人新编《乐浪》一书。出至西四某饭店饭。至北海静心斋中央研究院历史语言研究所访徐中舒、赵良翰两君。傅孟真先生闻余来，欲留一饭，固辞。晚徐中舒款余于其寓所，傅孟真亦在座，谈古史上诸问题。傅先生地位甚高而和蔼近人，颇重视余，令余有受宠若惊之慨。中舒谓余，如余明年清华得津贴赴欧，经济尚困难，则中央研究院亦可津贴少许，略担任工作”。① 浦江清这一天的收获颇多，虽未见到陈寅恪，但却得到了钱稻孙、徐中舒、傅斯年等诸多教师的关怀和指点。

陈寅恪在清华，其寓所门前上午下午经常挂着“休息，敬谢来客”一牌，所以要与他相见十分困难。北大年轻教授钱穆却因着汤用彤而与陈寅恪相识。陈寅恪与汤用彤曾在清华同学，他进城常到汤用彤家，而钱穆与汤用彤同为北京大学同事，又是邻居，且来往亲密。所以凡陈寅恪来访，汤用彤必引见到钱穆书斋聚谈。钱穆对学富五车的陈寅恪早就打心底敬仰，不想竟能在自家相聚请益，这使他十分高兴。学习之求由学术而及衣着，陈寅恪常穿长袍，钱穆于是也常穿长袍。钱穆还看到每临冬季，陈寅恪是长袍外套加披一棉袍或皮袍，或一马褂，或一长背心，钱穆由是也仿效之。

辅仁大学校长陈垣为了学校的发展和学术的发展，则是主动关爱青年教师，从学术上帮助他们成长。他与青年教师交流治学经验，总是无私无隐，毫无保留。青年教师启功谈到陈垣对他的科研指导，深情地讲：“遇到一个可研究的问

① 浦江清：《清华园日记·西行日记》，第2版，北京：生活·读书·新知三联书店，1999年，第44页。

题，老师总是从多方面启发我们的兴趣，引导我们写文章。如果有篇草稿了，老师喜悦的表情，总是使我们如同得了什么奖品。但过不了两天，'发落'这篇'作业'时，就不好受了。一个字眼的不合逻辑，一个意思雷同而表面两样的句子，常被严格地挑出来，问得我哑口无言。哑口无言还不算，常常被问要怎么改。……这样耳提面命的基本训练，哪个大学里，哪个课程里，哪位教授的班上能够得到呢？试问我教书以来，对我教的学生，是否也这样费过心力呢？想起来，真如芒刺在背，不配算这位伟大教育家的门徒！如果我一篇文章发表了，教师每每提醒旁人去看，如果有人夸奖几句，其实很明显地夸奖给老师听的，那时老师的得意笑容，我至今都可以蘸着眼泪画出来！"①

很明显的事实还有，以学问兴趣为基础的交往，专业也不是障碍。只要相互之间有追求学问的热情，不论什么专业，总能在交往中寻找到共同的话题，沉浸于共同的喜悦之中。

钱穆在燕京大学任教时，认识了北京大学来此兼课的张星烺："余在燕大又识张星烺，每星期五来燕大兼课。其寝室与余相邻，必作长夜之谈。余喜治地理之学，星烺留学英伦治化学。返国后，改从其父，治地理，尤长中西交通史，余与星烺谈尽属此门。及星烺归寝，竟夜鼾声直侵余室，余每夜必过四时始睡，故闻之特清晰。"②

钱穆与汤用彤专业也不相同。钱穆到北大，汤用彤同年也受聘于北大哲学系。汤用彤原任教南京中央大学，他不喜交游，闭门独处，然也常感孤寂，因学术的志趣，钱穆便成了他在北京走动最勤的一个。第二年，河南大学的蒙文通为汤用彤推荐来北大。蒙文通初下火车，直奔汤用彤住宅，继至钱穆寓所。"三人畅谈，竟夕未寐。曙光既露，而谈兴犹未尽。三人遂又乘晓赴中央公园进晨餐，又别换一处饮茶续谈。及正午，乃再换一处进午餐而归，始各就寝。凡历一通宵又整一上午，至少当二十小时。"③

---

① 转引自程斯辉：《中国近代大学校长研究》，北京：人民教育出版社，2010年，第366—367页。

② 钱穆：《八十忆双亲·师友杂忆》，第2版，北京：生活·读书·新知三联书店，2005年，第152页。

③ 钱穆：《八十忆双亲·师友杂忆》，第2版，北京：生活·读书·新知三联书店，2005年，第170页。

此时汤用彤的老友熊十力也来到北大，于是四人便时时相聚。“时十力方为新唯识论，驳其师欧阳竟无之说。蒙文通不谓然，每见必加驳难。论佛学，锡予正在哲学系教中国佛教史，应最为专家，顾独默不语。惟余时为十力、文通缓冲。又自佛学转入宋明理学，文通、十力又必争。又惟余为之缓冲。”① 此外，还有林宰平、梁漱溟也不时地加入。由是相互切磋，论学辩难便成为他们交往的主题。

还有在燕京大学任教的张孟劬和张东荪兄弟，他们家与钱穆家相距五宅之遥。熊十力经常偕钱穆与他们二兄弟相晤。“或在公园中，或在其家。十力好与东荪相聚谈哲理时事，余则与孟劬谈经史旧学。在公园茶桌旁，则四人各移椅分坐两处。在其家，则余坐孟劬书斋，而东荪则邀十力更进至别院东荪书斋中，如是以为常。”②

钱穆又因汤用彤认识了清华的吴宓。一史学，一文学；一中国，一西洋，专业方向截然不同，但并未影响两人的学术交往。钱穆在清华兼课，课后就去吴宓居所。“一院沿湖，极宽适幽静。雨生一人居之。余至，则临窗品茗，窗外湖水，忘其在学校中。”钱稻孙与钱穆同时有课，因而三人聚谈，更易忘时。吴宓在办《大公报·文艺副刊》时，特别提拔了清华两学生，一为贺麟，自欧留学归来与汤用彤在北大哲学系同事；一为张荫麟，留美归来在清华历史系任教。“余赴清华上课，荫麟或先相约，或临时在清华大门前相候，邀赴其南院住所晚膳。煮鸡一只，欢谈至清华最后一班校车，荫麟亲送余至车上而别。”③

像这样的学术交往还能从浦江清的一次请客中感受到。这次浦江清与一帮清华同事聚谈，年龄不同，专业各异，却能从词而昆曲，而皮簧，而新剧，而新文学展开，从中感悟学术交往的喜悦。他在1931年1月8日日记中写道：“今晚要请客。下午邀叶石荪、俞平伯诸人。斐云来。晚七时在西客厅宴客，到者有顾羡

① 钱穆：《八十忆双亲·师友杂忆》，第2版，北京：生活·读书·新知三联书店，2005年，第170—171页。

② 钱穆：《八十忆双亲·师友杂忆》，第2版，北京：生活·读书·新知三联书店，2005年，第173页。

③ 钱穆：《八十忆双亲·师友杂忆》，第2版，北京：生活·读书·新知三联书店，2005年，第172—173页。

季（随）、赵斐云（万里）、俞平伯（衡）、叶石荪（麐）、钱稻孙、叶公超（崇智）、毕树棠、朱佩弦（自清）、刘廷藩，客共九人。湘乔及梁遇春二人邀而未至。席上多能词者，谈锋由词而昆曲，而皮簧，而新剧，而新文学。钱先生略有醉意，兴甚高。客散后，钱先生与斐云留余于西客厅谈，灯熄继之以烛。”[①]

至于专业相近，学术追求相同，如果还年龄相仿，其学术交往则更求互通有无，取长补短，精诚合作。浦江清、钱穆（宾四）、向觉明、以中都是有学术追求的年轻教师。1932 年 1 月 10 日，浦江清日记记载：“觉明来访，共午餐。喝葡萄酒二钟，觉微醺。觉明谈欲邀同志数人组织一团体，参观北平各学术机关作印象及批评文学。宾四谓游历名胜名刹为上。我提议办一杂志，以打倒高等华人、建设民族独立文化为目的，名曰《逆流》。逆流者，逆欧化之潮流也。觉明、以中、宾四皆赞同，不知何日能发动耳。”[②] 1936 年 1 月 19 日，浦江清“下午至马大人胡同，访钱宾四。宾四谈康有为之思想矛盾处，又伪造文章事，甚趣。其《近三百年学术史》不久即脱稿矣”。[③]

这样的学术交往，在民国高校教师中，可以说是蔚成风气。抗战时期，吴宓在西南联大与一批青年教师和研究生很亲近，经常一起讨论中西诗歌、小说，一度还结成诗社，写旧体诗，互相唱和，定期聚会。青年教师背后亲昵地称他为“吴夫子”，既有钦佩其道德文章的涵义，也有取笑他过于天真、方正以至迂阔的意思。[④] 其实早在清华时，吴宓就很热心与教师们的学术交往。据吴宓日记 1926 年 6 月 8 日记载：“上午十时，通电话至城中，知汤用彤尚在万寿山，乃即雇人力车前往。至万寿山大有庄，坡上十三号，梁漱溟讲学之所，见熊子真（熊十力），知汤君适于半小时前起程入城，日内且返津云云。宓往来追逐，莫由觌面，劳困失望甚矣。乃与熊子真畅谈，极洽。且深佩熊君之学识。”7 月 13 日，“宓

---

① 浦江清：《清华园日记·西行日记》，第 2 版，北京：生活·读书·新知三联书店，1999 年，第 45—46 页。

② 浦江清：《清华园日记·西行日记》，第 2 版，北京：生活·读书·新知三联书店，1999 年，第 61 页。

③ 浦江清：《清华园日记·西行日记》，第 2 版，北京：生活·读书·新知三联书店，1999 年，第 131 页。

④ 吴学昭：《吴宓与陈寅恪》（增补本），北京：生活·读书·新知三联书店，2014 年，第 244 页。

独坐，待至六时许，陈垣来。七时，陈寅恪来。宓请二君用西餐（六元），为使寅恪得以陈垣谈其所学，且入清宫参观也”。9 月 15 日，“夕，王静安先生来，久坐。七时，赴校长宴请新职教员晚宴于工字厅。十时散。陈寅恪、楼光来、唐钺三君来宓室小坐。连日天气渐寒，荷叶焦黄，余香犹在，桂花新开，馥味尤浓，殊足赏也”。①

这样宽松、自由的学术交往是民国高校教师最为向往的。钱穆自苏州来北平，且单身一人，不似其他高校教师，或学缘故旧，或地缘新识，这些他都没有，他就自学成才一个。好在北平著名高校集中，学者云集，给他的学术交往带来诸多的便利。“同在北平，有所捧手，言欢相接，研讨商榷，过从较密者，如陈垣，马叔平，吴承仕，萧公权，杨树达，闻一多，余嘉锡，容希白、容肇祖兄弟，向觉敏，赵万里，贺昌群等，不胜缕述。”这样的学术交往很纯洁，钱穆认为：“诚使时局和平，北平人物荟萃，或可酝酿出一番新风气来，为此下开一新局面。”因为这些人“皆学有专长，意有专精。世局虽艰，而安和黾勉，各自埋首，著述有成，趣味无倦。果使战祸不起，积之岁月，中国学术界终必有一新风貌出现”。②

“安和黾勉，各自埋首，著述有成，趣味无倦”，这才是民国高校教师最为理想的学术交往追求。如果封闭于学门师友的交往圈，终难有开放的学术生活，难以适应多元的学术社会。如果一味地拘泥于思想认同的边界，也同样将自己的学术生活封闭于狭窄的轨道，难有高尚理想的号召力和共同奋勉的持久力，难以适应发展的学术社会。中国现代学术的建立，需要一批志同道合的具有学问兴趣的学者共同努力，需要一种宽容的自由的学术氛围，这才是学术交往的真正动力。

由地缘、学缘等人际因素的结合转向了追求以学术思想认同为基础，以及追求以学问兴趣为基础的结合，是民国高校教师学术交往的转变。在民国高校教师

---

① 吴学昭整理注释：《吴宓日记》Ⅲ，北京：生活·读书·新知三联书店，1998 年，第 185、191、223 页。

② 钱穆：《八十忆双亲·师友杂忆》，第 2 版，北京：生活·读书·新知三联书店，2005 年，第 173—174 页。

共同体的营建中，各路学者因学问兴趣而走到了一起，形成了民国高校教师共同体的向心力和凝聚力，表现了由传统的社会关系向新的社会关系的转变。

五、真诚的学术情怀

民国高校教师的学术生活可能不止以上这些方面，或者说，以上所述的民国高校教师的学术生活只是其沧海一粟。但即使如此，也足以让我们感受到他们的学术情怀。

（一）不苟且

民国高校教师学术情怀的显著特点就是不苟且。不苟且是胡适对罗尔纲的赞许。1930年夏，罗尔纲在上海中国公学毕业，成了胡适的助手，并住进了胡适的家。他的主要工作，一是抄录胡适父亲的遗著，二是辅导胡适儿子读书。罗尔纲对这份工作十分尽心，并且觉得吃住在老师家，那就不应再受报酬。胡适对罗尔纲的这种品行十分赞赏，他认为："这是他的狷介，狷介就是在行为上不苟且，就是古人说的：'非其义也，非其道也，一介不以与人，一介不以取诸人。'"胡适认为，这种品行上的不苟且，在学问上也可养成一丝不苟的工作习惯。他说："我深信凡在行为上能够'一介不苟取，一介不苟与'的人，在学问上也必定可以养成一丝一毫不草率不苟且的工作习惯。"胡适认为这是罗尔纲最大的工作资本，他在很多场合以“不苟且”精神鼓励罗尔纲。1931年秋天，罗尔纲欲回广西老家，特意写一封离别信感谢师恩，胡适在回信中写道：“你那种‘谨慎勤敏’的行为，就是我所谓‘不苟且’。古人所谓‘执事敬’，就是这个意思。你有此美德，将来一定有成就。”第二年，在广西贵县中学教书的罗尔纲将他的两篇读书笔记寄给胡适，胡适在回信中再次赞赏了他的“不苟且”精神：“你的两段笔记都很好。读书作文如此矜慎，最可有进步。你能继续这种精神——不苟且的精神，无论在什么地方，都可有大进步。”①

胡适对罗尔纲的赞许，实际上就是对不苟且精神的推崇与提倡。要发扬这种精神，胡适提出了“谨慎勤敏”“执事敬”等要求。通俗起来讲，不苟且就讲究两条：一是求实，一是求真，也就是古人所提倡的“实事求是”。

1. 求实

学术上的求实，黄侃曾有过这样的要求：

学问之道有五。一曰不欺人。（惠栋《九经古谊》及《九曜斋笔记》可以教人不欺。）一曰不知者不道。一曰不背所本。（恪守师承，力求闻见。）一曰为后世负责。一曰不窃。（偶与之同，实由心得，非窃。习所闻见，忘其所自，非窃。众所称引，不为偷袭，非窃。结论虽同，推证各异，非窃。）

治国学当力戒二弊。一曰不讲条理。一曰忽略细微。讲条理而不讲细微，如五石之瓠。讲细微而不讲条理，如入海量沙。

初学之病有四。一曰急于求解。一曰急于著书。一曰不能阙疑。一曰不能服善。读古书当择其可解者而解之，以阙疑为贵，不以能疑为贵也。②

黄侃所谓学问之道，不欺人，不知者不道，不背所本，为后世负责，不窃，这五条可能是为“不苟且”最精当的解读吧。这样的不苟且，就是讲究在学术研究中的读书功夫、资料功夫和写作功夫。

---

① 罗尔纲：《师门五年记·胡适琐记》（增补本），北京：生活·读书·新知三联书店，2006年，第3—4页。

② 黄焯：《黄先生语录》，张晖编：《量守庐学记续编》，北京：生活·读书·新知三联书店，2006年，第3页。

求实必自读书始。黄侃“得书，必字字读之，未尝跳脱”。黄侃读书，往往限日读完，并详加圈点和批注。对于重要的书籍，他总是正襟危坐地去点读，在书前记下某年月日启卷，点完时，也记下时日。他最恨人“杀头书”，即把一部书，在首册点了几页，便停止了。他说这种人，一生都不会读好书，并且还关系他本人的寿命。黄侃虽学术渊博，文贯古今，但从不轻易表态著书立说，曾多次宣示五十以后方始著述。

陈寅恪的读书是字字不放过。当年清华国学研究院的学生蓝文徵回忆说：“在清华时，不论天气多冷多热，他常乘车到大高店军机处看档案。清时机密都以满文书写，先生一本一本看，那是最原始的史料，重要的就随手翻译。暑假我要回家，他交给我一张单子，上头全是满文，他说：‘这些字字典查不到，而都是关键字，若不能译，译出来的也都无用了，你回吉林，遇到懂满文的满人向他请教。’我回来时替他解答了八九十个字，他如获至宝，说帮助极大。”①

陈垣的读书则注重对史料的考证和核实。当年在燕京大学研究院读书的张维华说：“他继承清乾嘉学派的风格，在史料和史书的搜集与订正上，下的功夫很大。他写了很多篇有关天主教史的文章，采用了不少北京天主教堂多年来所存的旧档和记录。他写滇黔佛教史，用了不少滇黔各地古寺院所藏的旧档和记录。其用力之深，实为一般人所不及。他对前人廿四史书著作的整理和订正，下的功夫尤大。如对顾炎武的《日知录》和赵翼的《二十二史札记》，都是一条一条地对正，找出每条所根据的原始材料是什么，在运用这些材料上有无错误，这就是他的史源学。我曾见过他亲笔批校的《二十二史札记》那部书，真是蝇头小字。密密麻麻的满纸皆是。他对我们说：这是他的治史门径。”②

陈寅恪、陈垣的读书，实际也是搜集资料的功夫。资料的搜集与整理是学术研究的前提与基础，但又是一项十分乏味枯燥的工作。它不仅考验着人们的学术

---

① 陈哲三：《陈寅恪先生轶事及其著作》，张杰等选编：《追忆陈寅恪》，北京：社会科学文献出版社，1999年，第89页。

② 张维华：《张维华自述》，高增德、丁东编：《世纪学人自述》第二卷，北京：北京十月文艺出版社，2000年，第130—131页。

意志力，而且也检验着人们的不苟且精神。

1934 年下半年，胡适要罗尔纲到北京大学文科研究所的考古室担任助理，月薪只有 60 元，询问罗尔纲是否愿意去。罗尔纲觉得这是一件研究工作，不应计较职位的低下及月薪的微薄，便答应了。罗尔纲的具体工作就是整理艺风堂的金石拓本。艺风堂珍藏的是晚清学者缪荃孙收集的金石拓本，缪荃孙费三十年之精力，共收集拓本 10800 余种，其拓本之广博，拓本之精工，海内称最。这些拓本归了北京大学后，北京大学设立专室以纪念，艺风就是缪荃孙的别号。1934 年 10 月 23 日，罗尔纲正式开始工作。胡适要求罗尔纲根据拓本编写一个目录，胡适拟定了目录表，印成卡片。每一种拓片要登记它的年代、地域、碑主姓名、撰人姓名、碑的高广、碑文行数和字数、碑文漫漶剥泐的部分等等。碑的正面要记，碑阴、碑侧也同样要记。卡片上还有附注一栏，专记工作时的发现。这是一份需要高度耐心的细致工作。罗尔纲说：

我每天独自一人在考古室的长方桌子上摆上那些拓本，用尺去量它，沿着桌边一个字一个字的去读它，然后坐下来去登记它，偶然遇有发现的地方，真是欢喜得要跳起来哩。我每天通常可以登记 6 种拓本，要登记完这 10800 多种拓本就须 6 年，这是一件多么道远途长的苦工！但我却感到乐此不疲。虽然我在那里所做的三年工作，而今已与艺风堂拓本一同付之东流，但是，我究竟给这件工作训练，使我养成一种更大的忍耐，一种锲而不舍的精神去从事我此后要做的任何一种工作，不消说，自是我学习过程中一件值得纪念的大事。①

前后三年，罗尔纲从周、秦整理到宋代，无奈遇到抗战全面爆发才中断。1937 年，北平陷落后，罗尔纲郑重地将这几年整理的资料一一封存后，才离开北平。

民国高校教师的学术著作，特别是校勘成果就是建立在这样的资料功夫之上。刘文典平日生活甚为任性，但对校勘却不敢有丝毫差池，他认为：“每部古籍，都有一个传抄、刊印的过程，长的几千年，短的数十年，错误实在难于避

---

① 罗尔纲：《师门五年记·胡适琐记》（增补本），北京：生活·读书·新知三联书店，2006 年，第 36 页。

免。托名伪作的、篡改古籍的不乏其人。看不出问题，真伪不分，曲为解说，就要谬种流传，贻笑大方。搞校勘，须精通文字、声韵、训诂之学，要有广博的文化、历史、名物制度的知识，版本、目录之学也得认真研究。”①

刘文典对《淮南子》的校勘就是如此。他在给胡适的一封信中说：“弟目睹刘绩、庄逵吉辈被王念孙父子骂得太苦，心里十分恐惧，生怕脱去一字，后人说我是妄删；多出一字，后人说我是妄增；错了一字，后人说我是妄改，不说手民弄错而说我之不学，所以非自校不能放心，将来身后虚名，全系于今日之校对也。”② 校勘《淮南子》，刘文典对版本求全求好。他既购买了体现前人梳理校注水平的各种善本，又购买了保存有大量散佚残缺文章的类书。但《道藏》却一直无法获得。当时北京白云观有明朝正统年间刊印的一部《道藏》，共5350卷。刘文典通过朋友帮忙，住进了白云观。刘文典在白云观待了几个月，足不出户，生活清苦。由于饮食太清苦，有一次刘文典实在忍不住，趁道士们不注意，偷吃了点荤腥，结果被“逮”住了，闹了个大红脸。

《淮南鸿烈集解》出版后，得到胡适的充分肯定：“刘叔雅（文典）近来费了一年多的工夫，把《淮南子》整理了一遍，做成《淮南鸿烈集解》一部大书。今天他带来给我看，我略翻几处，即知他确然费了一番很严密的功夫。他把各类书中引此书的句子，都抄出来，逐句寻出他的‘娘家’。……北大国文部能拿起笔来作文的人甚少，以我所知，只有叔雅与玄同两人罢了。叔雅性最懒，不意他竟能发愤下此死功夫，作此一部可以不朽之作！”③

闻一多对《诗经》的研究也是在充分占有资料的基础上进行。梁实秋写道：“一多在武汉时既已对杜诗下了一番功夫，到青岛以后便开始扩大研究的计划，他说要理解杜诗需要理解整个的唐诗，要理解唐诗需先了然于唐代诗人的生平，于是他开始草写唐代诗人列传，积稿不少，但未完成。他的主旨是想借对于作者群之生活状态去揣摩作品的涵义。基于同样的想法，他开始研究《诗经》。有一

---

① 章玉政：《狂人刘文典》，桂林：广西师范大学出版社，2008年，第117页。

② 章玉政：《狂人刘文典》，桂林：广西师范大学出版社，2008年，第118页。

③ 曹伯言整理：《胡适日记全集》第3册，台北：联经出版公司，2004年，第322—324页。

天他到图书馆找我，我当时兼任图书馆馆长，他和我商量研究《诗经》的方法，并且索阅莎士比亚的版本以为参考，我就把刚买到的佛奈斯新集注本二十册给他看，他浩然长叹，认为我们中国文学虽然内容丰美，但是研究的方法实在是落后了。他决心要把《诗经》这一部最古的文学作品彻底整理一下，他从此埋头苦干，真到了忘寝废食的地步。我有时到他宿舍去看他，他的书房中参考图书不能用'琳琅满目'四字来形容，也不能说是'獭祭鱼'，因为那凌乱的情形使人有如入废墟之感。他屋里最好的一把椅子，是一把老树根雕刻成的太师椅，我去了之后，他要把这椅上的书搬开，我才能有一个位子。他的研究的初步成绩便是后来发表的《匡斋尺牍》。在《诗经》研究上，这是一个划时代的作品，他用现代的科学的方法解释《诗经》。"①

清华大学机械系教授刘仙洲在教学和编写教科书的过程中，深感机械名称不统一之苦。由于学校教学多用外语，企业也多延用外人，所以当时很多概念和机件只有外国名称，仅有的中国名称又五花八门。例如工人不懂英语，就把"弹簧"音译为"司不令"，把机车前的"排障器"称为"猪拱嘴"。有鉴于此，刘仙洲决定编一本《英汉对照机械工程名词》。他广泛搜集明代以来的有关出版物三十多种，调查当时机械工程界已有的各种名词，工人是怎么叫的，日文是怎么翻译的，然后逐一做成卡片。有时一个机件会有许多叫法，刘仙洲便按照"从宜""从熟""从简""从俗"四大原则，从中选定一个。例如 pump 一词，中文译名有十四个之多，刘仙洲与大家一起反复琢磨，最后选定为"泵"。"油壶子"的含义不清，他就根据"从宜"原则改为"化油器"。按理，"滚珠轴承"改为"滚球轴承"更科学一些，但当时人们已经习惯了前一种叫法，也就"从熟"了。"偏突轮"的叫法过繁，便简化为"凸轮"。有些英语名词的概念很难翻译，只好自行创造。如《热工学》中的"熵""焓"等都是刘仙洲创造的。从 1933 年开始，历时一年多，日积月累，刘仙洲编成了一万一千多个词汇，于 1934 年 7 月由商

① 梁实秋：《谈闻一多》，刘天华、维辛选编：《梁实秋怀人丛录》，北京：当代世界出版社，2007 年，第 97—98 页。

务印书馆出版。以后又于 1936 年、1945 年两次增订，把词汇逐步增加到两万多。①

资料功夫到了，最后的写作功夫也须求实。陈寅恪的侄子说：陈寅恪初到清华，“在赵元任教授家寄餐。他习惯了熬夜写文章，写完又一再改动，有时睡在床上一两个小时后，又突然爬起来开灯将已写好的论文改动几个字。有时文稿已经付排，他还要从印刷厂取回来作些修改”。②

陈垣的写文章，更是让人钦佩。他的文章写好后一定要请人看看。请的人有三类：老师辈、朋友辈、学生辈。看过他的文章不能白看，一定要提意见。有时候晚上他叫人送来稿子，并说：“我是心急，明天早上就想知道结果。”那你晚上就一定要鼓鼓干劲替他看，并且要查对资料，提出意见。有些学生第一次不知道这情况，看过以后只说好，还说要向老师学习。陈垣就会说：“下次不给你看了，怎么看了会没有意见呢？近身人看了不提，何必一定要等印好了再提。”所以他送来稿子，学生总是要吹毛求疵地给他提意见。他常说：“只要找出个标点错，就好；有字抄错，小好；有引文错了，那是大好。”③

只有坚持这样的求实态度，才能做到黄侃所言之不欺人、不背所本、为后世负责。

2. 求真

求实的目的是为了求真。求真是大学办学的精髓所在。传播科学、培养人才最根本的就是要引导学生追求真理，拥护真理。1936 年，美国哈佛大学举行三百周年校庆。竺可桢毕业于哈佛大学，这一次校庆他未能亲自前往，于是在杭州集合哈佛校友召开了校庆纪念会。他在母校纪念会上说，哈佛的办学方针，主要有两点：一是主张学校思想之自由，反对政党和教会干涉学校行政和教授个人的

---

① 黎诣远：《刘仙洲与清华》，钟叔河、朱纯编：《过去的大学》，武汉：长江文艺出版社，2005 年，第 142 页。

② 陈封雄：《卅载都成断肠史——忆寅恪叔二三事》，张杰等选编：《追忆陈寅恪》，北京：社会科学文献出版社，1999 年，第 440 页。

③ 柴德赓：《陈垣先生的学识》，陈智超编：《励耘书屋问学记》，北京：生活·读书·新知三联书店，2006 年，第 91 页。

主张；二是学校所研究的课目，不能全注重于实用，理论科学应给予充分发展的机会。此时他刚刚就任浙江大学校长，如何将浙大办成像哈佛那样的名校，是竺可桢重点思考的问题。他说，哈佛大学可以昭示我们的，“即为哈佛大学的校训Veritas，拉丁字 Veritas 就是真理。我们对于教育应该采取自由主义或干涉主义，对于科学注重纯粹抑注重应用，尚有争论的余地，而我们应该一致研究真理，拥护真理，则是无疑义的”[①]。竺可桢此处所思，正是对大学教师学术生活的理想追寻。

学校的办学精神总是通过一件件具体的事务而落实，而高校教师的求真精神则是对学生最好的教育，也是对大学精神最切实的坚守。北京大学史学系教授孟森是明清史专家，他做学问既丰富又实在，体现着“朴”的学术作风。张中行评价他：“他的大成就是在课堂以外，著述不少，辑为《心史丛刊》，为许多内外行所钦服。也就因为潜心治学，在明清史方面有突出的造诣，学生有时形容他，说现时，白菜多少钱一斤他不知道，可是成化或雍正年间，谁打谁一个嘴巴，他必记得清清楚楚。这说得也许真就不过分，比如民国初年，研究《红楼梦》，有些人醉心于索隐的时候，猜谜的一种是贾宝玉影射顺治皇帝，林黛玉影射秦淮名妓归冒辟疆的董小宛，孟先生就写了一篇《董小宛考》，证明小宛生于明天启四年，卒于清顺治八年正月初二，其时她二十八岁，顺治皇帝只十四岁。这是用史实给了胡思乱想当头一棒。”[②]

求真，还要在探讨真理的过程中不迷信屈服任何权威。顾颉刚就是如此，他一旦认定自己的学术主张，就坚持自己的方向，即使是与自己尊敬的老师意见相左也不改变自己的志向。他说：“适之、玄同两先生固是我最企服的师，但我正因为没有崇拜偶像的成见，所以能真实地企服他们；若把他们当作偶像一般而去崇拜，跟了他们的脚步而作应声虫，那么我用了同样的方式去读古书时，我也是

① 竺可桢：《美国哈佛大学三百周年纪念感言》，《竺可桢全集》第2卷，上海：上海科技教育出版社，2004年，第370页。

② 张中行：《前辈掠影》，《故园人影》，北京：作家出版社，2006年，第158—159页。

古人的奴隶了，我还哪里能做推翻古代偶像的事业呢。”①

只有不迷信，不固守成见，对事实真相刨根问底，才能达到求真的目的。有一回上课，陈寅恪上课讲到元稹的《悼亡诗》，其中有“唯将终夜长开眼，报答平生未展眉”一句。陈寅恪突然提问学生：“为什么说‘长开眼’?”众学生皆瞠目结舌，讷讷不能对。陈寅恪便从“鳏鱼眼长开”的现象说，论证元稹表示将不再娶之意。②

陈寅恪就是这样以其求真的学问功夫展示给学生。1929 年 5 月，陈寅恪作《北大学院己巳级史学系毕业生赠言》一诗，其中有四句：“天赋迂儒‘自圣狂’，读书不肯为人忙。平生所学宁堪赠，独此区区是秘方。”③ 陈寅恪在这里以“自圣狂”与“为人忙”相对，重申了《荀子·劝学篇》中“古之学者为己，今之学者为人”的观点。所谓为人之学，只是将读书作为向人炫耀的资本，为了自吹自擂，为了得名得利，为了升官发财。所谓为己之学则是求读书为修己，为求真，也就是陈寅恪所说“士之读书治学，盖将脱心志于俗谛之桎梏，真理因得以发扬”④。这才是传统教育的精华，这才是陈寅恪学问的秘方。这也是民国高校教师学术情怀的真金所在。

（二）不退缩

如果说不苟且是民国高校教师在学术研究中对自我的挑战，那么，不退缩则是民国高校教师在学术研究中对外在条件的不屈服。有很多的学术课题，在遇到客观条件不具备时，或者说在遭遇意想不到的困难时，本来完全可以放弃，但民

---

① 顾颉刚：《走在历史的路上——顾颉刚自述》，南京：江苏教育出版社，2005 年，第 4 页。

② 唐振常：《重读〈柳如是别传〉 忆陈寅恪先生》，张杰等选编：《追忆陈寅恪》，北京：社会科学文献出版社，1999 年，第 280 页。

③ 陈寅恪：《北大学院己巳级史学系毕业生赠言》，陈美延、陈流求编：《陈寅恪诗集》，北京：清华大学出版社，1993 年，第 18 页。

④ 陈寅恪：《清华大学王观堂先生纪念碑铭》，《金明馆丛稿二编》，第 3 版，北京：生活·读书·新知三联书店，2015 年，第 246 页。

国高校教师在这样的情况下却选择了勇往直前。只有坚持求实、求真的不苟且精神，才能在学术研究中不退缩、不放弃，在面对危险与灾难时始终保持精神的坚定、勇气和后劲。

梁思成和他的营造学社考察中国的古建筑时外部条件非常恶劣。据莫宗江教授回忆说，那几年给他印象最深刻的是祖国的极端贫穷与落后。在雁北地区眼睁睁地看着十五六岁的大姑娘没有裤子穿。他们拿着比实物价格高十几倍的钱，求老乡给做一顿饭吃而不能，因为那里穷得连一粒商品粮都没有。再多的钱也买不到粮食，农民只有堆在屋角的一小点土豆，这是他们全家的口粮，给别人吃了自己就得挨饿。在雁北不管走到哪里，只要一停下来，同行的纪玉堂先生就得立刻奔去，设法弄吃的，但他再神通广大，所能搞到的最丰盛的饭食，无非就是一钵黑乎乎的说不清是什么做的面条。在野外调查乘坐的是木轮的马车，或骑驴、骑马，或步行。能住宿在学校、庙宇中是较好的去处，否则只能在大车店与蝇蚊壁虱为伍。

在学社同仁的调查笔记中我们看到这样一些片段。如 5 月 25 日，“下午五时暴雨骤至，所乘之马颠蹶频仍，乃下马步行，不五分钟，身无寸缕之干。如是约行三里，得小庙暂避”。6 月 26 日，“久雨之后，泥深尺许，曳车之骡，前进为艰，乃下车步行”。6 月 28 日，“……行三公里骤雨至，避山旁小庙中，六时雨止，沟道中洪流澎湃，不克前进，乃下山宿大社村周氏宗祠内。终日奔波，仅得馒头三枚（人各一），晚间又为臭虫蚊虫所攻，不能安枕尤为痛苦”。6 月 29 日，“……一路岗陵起伏，迂回曲折。中途遇大风雨，骄飘摇欲坠者再，衣履尽湿，狼狈万分”。①

在这样的艰辛条件下，梁思成和营造学社的同仁们没有退缩。从 1932 年至 1937 年，在 6 年的时间里，他们跑了 137 个县市，经调查的古建殿堂房舍有 1823 座，详细测绘的建筑有 206 组，完成测绘图稿 1898 张。他们采用现代科学方法，现场测绘摄影，参考大量文献整理出详尽的有科学分析的调查报告，绘制

---

① 林洙：《大匠的困惑》，刘小沁编选：《窗子内外忆徽因》，北京：人民文学出版社，2001 年，第 242—243 页。

出精湛的建筑图，其中有许多建筑是初次被认识，被发现鉴定的，它们的历史及艺术价值也是初次被介绍到学术界、艺术界，如佛光寺、独乐寺、赵州桥、应县塔、大同华严寺、正定隆兴寺……这些中国建筑史上的一颗颗明珠几乎都是他们在这几年中发现的。①

民国时期，给学术研究带来最大困难的莫过于抗战期间，最明显的困难是图书资料、仪器设备的严重缺乏。以西南联大为例，1936 年清华大学曾将一部分图书资料一度运到汉口保存，1937 年后再运到昆明。南开大学则在七七事变后将一部分图书、仪器从天津海路运赴昆明，但在海防、河内又损失了一部分。北京大学则以不动“一草一木”为原则，未运出任何设备。这就是当年西南联大的家当。

但是西南联大的教师们没有退缩。例如物理系，当时只有从北大物理系带出一个得来极不容易的 R・W・Wood 生产的光栅，及分光仪的玻璃和水晶三棱镜等少数部件。吴大猷利用仅有的三棱镜，又请人从美国带回一具低压汞弧灯，在岗头村租了一间泥墙泥地的房子做实验室，找了一位助教帮忙把三棱镜等放在木制的架子上，拼凑成一个最原始的分光仪，试着做一些“拉曼效应”的工作。吴大猷说：“我想，在 20 世纪，在任何实验室，不会找到一个仅靠一个三棱镜，并且是用一个简陋木架做成的分光仪。”②

华罗庚也谈到他在西南联大的研究：“在那个时候，日本人封锁我们，国外的资料，甚至杂志之类都看不到。不但封锁，而且还轰炸。在那种困境中，许多教授不得不改行了，有的还被迫做买卖了，他们跑仰光，去买点东西到昆明来卖。我住在昆明乡下，我住的房子是小楼上的厢房，下面养猪、马、牛，晚上牛在柱子上擦痒，楼板就跟着摇晃。没有电灯，就找了一个油灯使用。油灯是什么样的呢？就是一个香烟筒，放个灯盏，那儿没有灯草，就摘一点棉花做灯芯，就是在这种微弱的灯光下，我从 1940 年到 1942 年完成了我的《堆垒素数论》，后

---

① 林洙：《大匠的困惑》，刘小沁编选：《窗子内外忆徽因》，北京：人民文学出版社，2001 年，第 242—243 页。

② 吴大猷：《回忆》，北京：中国友谊出版公司，1984 年，第 34 页。

来又跨到了矩阵几何。”[①]

不仅是实验，即使是写作，当时民国高校教师也遇到难以逾越的困难。陈寅恪在南迁途中，一批寄存在长沙朋友家中的图书遭遇大火，随身携带的两木箱珍贵典籍又为人所窃，但他的学术研究并没有因此退缩。他仅以手边残存的眉注本《通典》为蓝本，凭着过人的记忆力，于 1939 年完成了《隋唐制度渊源略论稿》。1940 年 4 月，陈寅恪为《隋唐制度渊源略论稿》写下感慨万千的“附论”：“寅恪自惟学识本至浅陋，年来复遭际艰危，仓皇转徙，往日读史笔记及鸠集之资料等悉已散失，然今以随顺世缘故，不能不有所撰述，乃勉强于忧患疾病之中，故就一时理解记忆之所及，草率写成此书。命之曰稿者，所以见不敢视为定本及不得已而著书之意云尔。”[②]

1939 年 6 月，钱穆完成了《国史大纲》。他在《书成自记》中谈了此书著述的艰辛：“自念万里逃生，无所靖献，复为诸生讲国史，倍增感慨。”但当时学校图书无多，学生听讲之后颇有兴发，却苦于课外无书可读，于是钱穆萌发了继续完成三年前已着手的《国史大纲》。三年前的书稿只写到东汉，魏晋以下则要续稿。但钱穆苦于没有安静稳定的写作环境。学校在昆明，钱穆嫌昆明嘈杂，继续留在蒙自，以图清闲，安静构思。继而日机轰炸频来，钱穆每晨跑警报也带着稿子在旷野继续，至午后返回，“大以为苦”。后来钱穆只好迁居宜良，住在城外西山的岩泉下寺，“续竟我业”。这样，钱穆就得在昆明与宜良之间奔波。“昆明尘嚣居隘，不得已，乃往来两地间。每周课毕，得来山中三日，籀绎其未竟之绪。既乏参考书籍，又仆仆道途，不能有四日以上之宁定。”[③] 尽管有诸多困难，但钱穆不退缩，终于完成了《国史大纲》。

金岳霖的《知识论》则是在原稿丢失的情况下重新创作：“花时间最长、灾难最多的《知识论》那本书，这本书我在昆明就已经写成。那时候日军飞机经常

---

① 华罗庚：《我这辈子的三“劫”》，张岱年、邓九年主编：《逝水年华》卷二，北京：北京师范大学出版社，2005 年，第 270—271 页。

② 陈寅恪：《隋唐制度渊源略论稿》，上海：上海古籍出版社，1982 年，第 158 页。

③ 钱穆：《国史大纲》，第 2 版，北京：商务印书馆，1994 年，第 131 页。

来轰炸，我只好把稿子带着跑警报，到了北边山上，就坐在稿子上。有一次轰炸的时间长，天也快黑了，我站起来就走，稿子就丢在山上了。等想起来再回去找，已经不见了，只好再写。一本六七十万字的书不可能记住的，所谓再写，只是重新写。"[①] 这本书，金岳霖直到 1948 年 12 月才完成。

民国高校教师的这些研究课题，都不是政府立项，或学校指定，完全出自高校教师个人的学术兴趣。在这样的情况下，因条件不许可而放弃，旁人说不得什么，自己也有原谅自己的理由。但他们不！尽管学术研究过程的艰辛他们十分清楚，但他们没有退缩。

（三）守望"志业"

民国高校教师之所以在学术研究上能够做到不苟且、不退缩，是因为他们心中有个"志业"在激励着他们，在呼唤着他们去守望。

1. 吴宓论志业与职业

在民国高校教师的日记、文章中常能见到"志业"这个词，但明晰阐述其涵义的则是吴宓。1923 年，吴宓在《学衡》第 16 期发表《我之人生观》，详细阐述了他对世界及人生的看法，其中阐述了"职业"与"志业"的关系。他说：

职业者，在社会中为他人或机关而作事，藉得薪俸或佣资，以为谋生糊口之计，仰事俯畜之需。其事不必为吾之所愿为，亦非即用吾之所长。然而为之者，则缘境遇之推移，机会之偶然。志业者，吾闲暇从容之时，为自己而作事，毫无报酬（纵有报酬亦自然而来非吾之所望或措意）。其事必为吾之所极乐为。能尽用吾之所长，他人为之未必及我。而所以为此者，则由一己坚决之志愿，百折不挠之热诚毅力，纵牺牲极巨，阻难至多，仍必为之无懈。故职业与志业截然不同。职业较普通，志业甚特别。职业几于社会中人人有之，志业则仅少数异俗奇特之人有之。有职业者不必有志业，而有志业者仍不得不有职业。职业之功效有

---

① 金岳霖：《晚年的回忆》，张岱年、邓九年主编：《逝水年华》卷二，北京：北京师范大学出版社，2005 年，第 44 页。

定，而见于当时，志业之功效无限，而显于后世。职业平淡而必有物质之报酬，志业艰苦而常有精神之乐趣。皆二者之异也。职业与志业合一，乃人生最幸之事，然而不易数觏。所谓“达”者即此也。有志业者，其十之九，须于职业之外另求之，二者分离。所谓“穷”者即此也。①

吴宓的这段话，把“职业”与“志业”的关系阐述得比较透彻。从性质上看，职业是在社会中为他人或机关而作事，为谋生糊口之计，仰事俯畜之需；志业则是“为自己而作事”，毫无报酬，却必为吾之所极乐为，能用吾之所长，“所以为此者，则由一己坚决之志愿，百折不挠之热诚毅力，纵牺牲极巨，阻难至多，仍必为之无懈”。从特征上看，职业几与社会中人人有之，而志业则仅少数异俗奇特之人有之。从功效上看，“职业之功效有定，而见于当时，志业之功效无限，而显于后世”。从价值上看，“职业平淡而必有物质之报酬，志业艰苦而常有精神之乐趣”。吴宓认为：作为高校教师，只注重职业而缺乏志业即为“穷”。高校教师对于自己的职业，应求充分尽职，无负所得之报酬而止。此外则应聚精会神，努力费时于己之志业，望其成功。此为“中道”，亦是“正道”。

据此，吴宓对志业始终耿耿于怀。他在留学期间萌发的学术计划，回国后一直没有忘怀。尽管在高校任教期间遇有诸多的干扰，但他对心中的志业始终抱有守望之情。他在 1928 年 3 月 23 日日记中表示：“今后决当专心致志于我之正经著作，平日悉心筹维，一俟能脱卸外务，即实行动笔。计宓所拟以毕生精力著作之件有三：（一）《诗集》（想象，感情。主观）。（二）《小说》（经验、观察。客观。以婚姻寓理想。以弃甲女而娶乙女，以新〈劣〉代旧〈美〉之世变悲剧）。（三）《人生哲学》（理智、思考。成为系统，综合我之知识。一切由我构造）。此外不再分心驰骛。此三者，无论高下优劣，誓必作成。而宓之才性，在此三者中，以何者为近，亦不复自审计，待异日读者之评判耳。”② 吴宓的志业情怀就借助这样的具体目标予以寄托。

---

① 吴宓：《我之人生观》，徐葆耕编选：《会通派如是说——吴宓集》，上海：上海文艺出版社，1998 年，第 106—107 页。

② 吴学昭整理注释：《吴宓日记》Ⅳ，北京：生活·读书·新知三联书店，1998 年，第 39 页。

2. 顾颉刚的志业守望

吴宓之志业情怀，顾颉刚则通过行动予以了解读。1925 年，顾颉刚经济极具困难，债台高筑，这时南开大学欲以月薪 200 元聘请他，但顾颉刚认为如受聘则不能全力于学术，故辞之。他的 1925 年 3 月 15 日日记："仲逵来言，南开大学欲聘我为国文主任，月薪二百元。予辞之，又谓张伯苓先生本星期要来，嘱我前往商议课事，并往天津参观，予拟介绍伯祥前往，未知能成事否。"顾颉刚常恨社会急功近利之风气对自己学问的影响："予近来越觉得自己学问根柢打得不足，如能打好，不知于研究上便利多少。乃社会上急功过甚，不能再让我打根柢矣。思之恨之。"而对人们评价他为醉心于学问者十分满意："春台来信，谓在《妙峰山专号》引言中，见予学问容量之大。因答之曰：'我自己知道是一个好奇心极发达之人，又是一个感情极丰富的人，又是没有才干可以在旁的事上发舒我的感情，所以一往倾注于学问。'前介泉见周鲠生先生，他问介泉，谓颉刚精神当是完全集中于学问者。"① 这应该就是他守望志业的愿望。

1929 年 8 月，顾颉刚在给胡适的一封信中，谈到他的学术志向。他自小喜欢研究，自受到胡适的指导，获得了方法，又确定了目标，为学之心更为强烈，决心在北京安心学术研究。"不幸北大欠薪过多，无法维持我的清苦生活，不得不应厦大之聘而违了不出北京的素愿。"到了厦门大学后，虽然收入增多，但诸多的杂务占据了大量的时间精力，使顾颉刚无法做研究工作。后到广州的中山大学，也是受到各种杂事的纠缠，不能安心做学问。恰好北平中央研究院来聘，顾颉刚遂决意脱离广州。他向胡适阐述了不能在广州做学问的几点理由：第一，此间书籍不够参考，商量学问亦无其人；第二，在此免不了中山大学的教书，一教书我的时间便完了；第三，广州房价太贵，要租一所房子把北京的书都搬来，非每月出百元的租金不可，这自然负担不起。而且广州为各派政治家注目的地方，政治的变动最快；第四，在北京，就是没有工作也可以挨住半年，因为生活程度低，而且熟人较多，有法通融。考虑这些，顾颉刚明确地说："我这几年的烦闷，

---

① 顾颉刚：《顾颉刚日记》卷一，北京：中华书局，2011 年，第 598、600、623 页。

愤怒，希望，奋斗，我有一中心问题，便是想得到一个研究的境地。除了这件事，什么名，什么利，都不在我心上（我有时也要一点名，也要一点利，但这是要求达到我的目的时的手段，并不是我的目的。手段可以改变，可以牺牲；目的则不能改变，不能牺牲。假使我轻易丢掉这一点信仰和希望，我做人再有什么意义呢，再有什么趣味呢！）。”①

顾颉刚一心学术，忙得也渐渐地失去了生活的情趣，他自己对这一点也十分不满。他谈道：“朋友们探望的不答，来信的不复，以致过了一年半载而作复，成了很平常的事。我的大女儿住在校里，屡屡写信归来，说：‘请爹爹给我一封信罢。’我虽是心中很不忍，但到底没有依她的请求。二女儿写好一张字帖，要我加上几圈，我连忙摇手道：‘送给你的母亲去罢。’我的忙甚至使我对于子女的疼爱之心也丢了，这真太可怜了！记得从前与友人下五子棋，十局中输了九局。他道：‘我看准了你的短处了！你不肯下一个闲空的棋子，所以常常走入死路，不能作灵活的运用。’我自想我的现在的生活颇有些像我的下棋了，因为一些时间不肯轻易让它空过，过于务实，以至生活的趣味尽失。”②

其实，能够检讨自己失去生活情趣者，正是生活情趣浓厚之人。顾颉刚放言此论，正表达出其心中痛苦。顾颉刚在《古史辨自序》中检讨了其痛苦之后说：“以上几种痛苦，时时侵袭我的心，掣住我的肘，我真是十分的怨望。我要忠实于自己的生命，则为社会所不容；若要改作委蛇的生存，又为内心所不许：这真是无可奈何的了！我自己觉得，我有这一点粗略的科学观念，有这一点坚定的志愿和不畏难的勇气，我的眼下有许多新问题，我的胸中没有一个偶像，在现在轻忽学问的中国社会上，我已是一个很难得的人，我所负的责任是很重的。社会上固然给我以种种的挫折，但是我竟不能用了我的热情打出一个学问的地位来吗！我将用尽我的力量于挣扎奋斗之中，为后人开出一条大道！就是用尽了我的力量而到底打不出一条小径，也要终其身于呼号之中，希望激起后来人的同情而有奋

① 顾颉刚：《顾颉刚书信集》卷一，北京：中华书局，2011年，第457—458页。

② 顾颉刚：《走在历史的路上——顾颉刚自述》，南京：江苏教育出版社，2005年，第108页。

斗的继续者！”[1]

3. 民国高校教师的志业情怀

顾颉刚的志业情怀，很为民国高校教师所认同。为了推动中国现代学术的发展，奋战在各学科的民国高校教师大都能自觉地担负起时代的使命，尽自己的力量为后人开出一条科学大道。当然，这样的志业是多元的。如果从更宽泛的角度去理解，民国高校教师的志业情怀其实就是学术事业心。

柳存仁在《记北京大学的教授》中将北大教授划分为动态的教授和静态的教授，他认为动态的教授总会将内心情绪通过行动表现出来，“大约有了志同道合的人，就一定跟着可以有集会演讲，出版杂志，公开讨论争辩。新青年社、太平洋学会、文学研究会、中国笔会、禹贡学会，……凡是这一类有影响有势力的团体，无不有北京大学的教授参与。他们常常在一起吃饭、喝茶、聊天、反驳，以至于论战攻击，不管事情的大小高低”。“静态的教授们和动态的教授们多少有一点儿分别。假如我要具体一点的讲，那么动态的教授们常常（在从前）在北平正阳门车站发表一篇对新闻记者的谈话，然后赶着火车到南京去参加中央研究院的评议会，静态的教授们则至多到北平故宫博物馆的文献馆去搜集档案或到琉璃厂、海王村一带去搜罗旧书。动的教授们喜欢坐一辆私人购买的小汽车，车的式样既不美观，大约准是敞旧的二路货，然而乘坐着出入于北平图书馆附近的金鳌玉蝀桥一带，塔影岚光，汽笛呜呜，不能不说是优美的北平风光的一种点缀。静的教授们，出入则喜乘洋车或步行。”他举例，如钱穆先生，宁可在校内自出心裁地编著一本中国通史讲义，而不希望出席教育部的史地教材的编审委员会。他宁愿作一篇西周地理考在《禹贡》上面登载，绝不愿大张旗鼓地积极地领导或抨击一种新的学术运动。北京大学中国文学系的郑石君先生是一位挺和蔼的恂恂儒者，面孔胖胖的，戴着玳瑁边的眼镜，身上穿着一件深蓝色的长衫，满身粉笔灰尘。他住在北大附近的五老胡同，他的著作极多，却从来不允许坊间的任何大书局出版，然而他却有自己的编纂计划，

① 顾颉刚：《走在历史的路上——顾颉刚自述》，南京：江苏教育出版社，2005 年，第 109—110 页。

每月案头堆积的稿本积纸总是盈尺。[1]

柳存仁的分类只是一个角度而已。其实，无论是所谓动态的教授还是所谓静态的教授，无论是热心于向社会发声还是醉心于学术，都体现了民国高校教师的事业追求。1932 年，浙江大学教授微知在回答《东方杂志》的征梦活动时说："过去的中国，知识分子，没落得顶快的。怎样以仅有的一点的'文化'、'教育'、'政治'的力量，来开发新的'民众的力量'，那是他们的唯一的生活的使命了。"[2] 以文化的、教育的、政治的力量来唤起民众，并以此为生活的使命，这就是民国高校教师的志业情怀。

具有这样的志业情怀，民国高校教师才有脚踏实地、埋头苦干的学术动力。林可胜是林文庆之子，1919 年获内科医学士和外科医学士，1920 年、1924 年，先后获得哲学博士和科学博士。1924 年回国任北京协和医学院生理学教授兼系主任，成为该学院第一位华人教授，执教至 1937 年。1926 年，根据林可胜和协和医学院另一位教授吴宪的倡议，成立了中国生理学会，并于 1927 年创办了《中国生理学报》。林可胜学术成就蜚声国内外，1928 年至 1930 年任中华医学会会长。温源宁是这样评价的："科学家，纯粹的、单一的，在中国是罕见的稀有品种。我们相信，林可胜博士是货真价实的仅有一例。"他是这样描述林可胜的："他深爱他的工作，以至于无论是清晨、中午还是晚上，几乎是从不离开他的实验室。他难得有一分钟无所事事。他的几只手指，不是在为他的各种实验解剖各种动物，就是在忙于为某种内分泌腺、为新陈代谢或是为着有关于消化的一百零一个问题撰写研究报告。他常在办公室里吃他的午餐，有时还在那里睡觉。无论从哪种定义上讲，他的办公室就是他的家。我们在那里看到了大量的文件、数不清的图表、一叠叠堆放着的生理学杂志：显而易见，完全没有闲谈、聊天和放置无用摆饰的空间。"[3]

---

① 柳存仁：《记北京大学的教授》，陈平原等编：《北大旧事》，北京：生活·读书·新知三联书店，1998 年，第 304、305 页。

② 林语堂、梁漱溟、胡适等：《1933，聆听民国》，北京：中信出版社，2014 年，第 173 页。

③ 温源宁：《不够知己》，江枫译，长沙：岳麓书社，2004 年，第 164—165 页。

具有这样的志业情怀，民国高校教师才有全身心投入学术的热情。萧友梅从德国留学归来，受蔡元培的聘请，担任北大哲学系讲师兼音乐研究会的导师。其侄女回忆说："二叔是个非常刻苦用功的人。那时我们小孩都知道，晚上和二叔在一起娱乐一段时间后，就不能再缠他了，他要回到自己房间从事创作活动。这时候的二叔神情专注地投身于属于他自己的音乐世界中，他的全部思想、全部身心都在刚写出来的乐曲中随着音符而遨游。二叔一生写了上百首歌曲和八十余种著作，很多都是在这间斗室里完成的。那时我几乎天天都在南房传出的断断续续的钢琴声中渐进梦乡。"①

具有这样的志业情怀，民国高校教师的学术境界才能进入痴迷之境。1932年暑假后，闻一多任教于清华大学中国文学系。在清华的五年，闻一多所任课程如下：第一年，大一国文、王国维及其同派诗人、杜甫、先秦汉魏六朝诗；第二年，大一国文、诗经、楚辞、杜诗；第三年，诗经、楚辞、唐诗、乐府研究；第四年，诗经、楚辞、唐诗；第五年，中国古代神话研究、诗经、唐诗、楚辞、乐府研究。这五年中闻一多每年所任课程都在3～4门，最多达5门，且不时有新课开出及论文的发表。梁实秋说："从这个课目单可以窥见他的研究的范围。他不是'温故而知新'的教书匠，他是随时随刻的汲取新知。真正做到教学相长的地步。《岑嘉州系年考证》《天问释天》《高唐神女传说之分析》《诗新台鸿字说》《离骚解诂》《诗经新义》等文陆续发表在《清华学报》。"②

具有这样的志业情怀，民国高校教师才可能在学术路上不达目的决不罢休。西南联大化工系教授陈国符因专业兴趣，欲探讨中国的炼丹术，却发现道书记载缺略，源流不彰。于是他萌发了考据道教源流的想法。但是道藏典籍，源远流长，卷帙浩繁，及至道经科条，道教宗派，更是很难查到挈其纲维、穷原竟委的史料。但陈国符没有退缩，他利用留学德国的机会，借法兰克福大学中国学院的

---

① 萧淑芳：《我记忆中的叔父萧友梅》，钱理群、严瑞芳主编：《我的父辈与北京大学》，北京：北京大学出版社，2006年，第104页。

② 梁实秋：《谈闻一多》，刘天华、维辛选编：《梁实秋怀人丛录》，北京：当代世界出版社，2007年，第105页。

藏书，捃集史料，汇辑长编。回国后利用上课余暇，续加补苴，竟草创出《道藏源流考》三卷。但他的研究并未就此止步。抗战胜利后，他在南京任职，于是又遍查国学图书馆、金陵大学图书馆、泽存书库藏书，旁及道教名山志、宫观志、佛藏传记、正史、类书、各省方志与唐宋以降的重要文集，凡与道藏有关者均搜罗务尽。再利用闲暇时间漫游茅山、当涂、武进、吴县、上海、北平、江西龙虎山，凡载籍记其庋有道藏者，咸亲往访问。在这样的基础上，再数易其稿，终于在1949年由中华书局出版。①

这样的志业情怀，又逐渐内化为民国高校教师的生活性情。北京大学教授孟森的学问研究处处体现一个"朴"字，其生活中也是如此。平日他话不多，以本真的性情待人。钱穆这样评价孟森："心史是一好好先生，心气和易。所任明清史，讲义写得太详密，上堂无多话讲，学生缺席，只少数人在堂上，遇点名时轮流应到。心史说，今天讲堂座上人不多，但点名却都到了，仍自讲述不辍。学生传为谈资。其时北平方唱尊孔。有人说，军阀何堪当尊孔大任。心史说，专要堪当尊孔的人来尊，怕也尊不起。适之为文，昌言中国文化只有太监姨太太女子裹小脚麻雀牌鸦片等诸项。心史为文驳斥，不少假借。但我们见面，他从不提起这件事。他从不放言高论，甚至不像是一争辩是非的人。在北大同人中，却是另具一格。"②

更有甚者，这种因学术研究而形成的本真性情还影响着高校教师的喜怒哀乐。吴宓研究《红楼梦》十分深入，成为"红学"权威。在西南联大时期，某同学在文林街开了一家小饭馆，取名"潇湘馆"。吴宓教授一气之下，打毁了他的门窗用具。他认为不应该用林妹妹的公馆作饭馆的名字，小饭馆只好关门。③

还有叶公超，他在暨南大学教书的时候，兼任图书馆馆长，而且是单身。那时和叶公超谈得来的新诗作家，饶孟侃（子离）是其中之一。叶公超在离暨南大学不远的真茹乡下租了几间平房，"小桥流水，阡陌纵横，非常雅静。子离有时

---

① 罗常培：《道藏源流考序》，《罗常培文集》第十卷，济南：山东教育出版社，2008年，第382—383页。

② 钱穆：《八十忆双亲·师友杂忆》，北京：生活·读书·新知三联书店，2005年，第169页。

③ 李钟湘：《西南联大始末记》，钟叔河、朱纯编：《过去的大学》，武汉：长江文艺出版社，2005年，第175页。

也在那里下榻，和公超为伴。有一天二人谈起某某英国诗人，公超就取出其人诗集，翻出几首代表作，要子离读，读过之后再讨论。子离倦极，抛卷而眠。公超大怒，顺手捡起一本大书投掷过去。虽未使他头破血出，却使得他大惊。二人因此勃豀”[①]。

汤一介还讲过一件十分有趣的事：“在1949年前有两个怪人，一个是‘天上地上，唯我独尊’的熊十力，一个是莫须有先生的化身废名（冯文炳）。大概在1948年夏日，他们两人都住在原沙滩北大校办松公府的后院，门对门。熊十力写《新唯识论》批评了佛教，而废名信仰佛教，两人常常因此辩论。他们的每次辩论都是声音越辩越高，前院的人员都可以听到，有时甚至动手动脚。这日两人均穿单衣裤，又大辩起来，声音也是越来越大，可忽然万籁俱静，一点声音都没有了，前院人感到奇怪，忙去后院看。一看，原来熊冯二人互相卡住对方的脖子，都发不出声音了。这真是‘此时无声胜有声’。”[②]

“知之者不如好之者，好之者不如乐之者”，民国高校教师的学术情怀就在这种知之、好之、乐之的不断演进中形成。其不断演进的动力并非仅仅是满足自己的学术兴趣，更多的是为了中国学术的进步。这是我们理解民国高校教师学术情怀的根本所在。他们的不苟且，他们的不退缩，他们的守望志业，都是为了中国的现代学术能够自立于世界民族之林。研究中国历史的陈垣在很多场合强调：近世有人标榜东方学、汉学的研究中心在巴黎、东京，这是我们很大的耻辱。我们要从法国、日本夺回来，中国史研究，我们不能落后于国外。这个话，郑天挺于1921年在北京大学听过，翁独健在燕京大学听过，陈述于1929年在北京师范大学也听过。[③] 这个话，长久地激荡在民国高校教师的心中！

---

① 梁实秋：《叶公超二三事》，刘天华、维辛选编：《梁实秋怀人丛录》，北京：当代世界出版社，2007年，第168页。

② 汤一介：《“真人”废名》，《万象》（沈阳）2002年第9期。

③ 陈述：《回忆陈援庵老师的治学和教学》，陈智超编：《励耘书屋问学记》，北京：生活·读书·新知三联书店，2006年，第127页。

第五章　民国高校教师的日常生活情趣

日常生活情趣，讲的是工作之余的生活享受。任何社会群体的生活享受都受制于他们的经济条件，也都摆脱不开他们社会身份的特性。民国高校教师的生活享受当然也不例外。一般情况下，他们的经济条件能够使他们过上无忧且体面的生活，然而又不足以让他们享受奢华。当然，他们的专业身份也不允许他们沉溺于奢华。可以这么说，他们的身份决定了他们的日常生活情趣不主要表现在物质层面，而主要表现在精神层面。林语堂说过："享受悠闲的生活当然比享受奢华生活适宜得多。要享受悠闲的生活只要有一种艺术家的性情，在一种全然闲暇的情绪中，去消遣一个闲暇无事的下午。"[①] 这种悠闲更在意的是生活的品位，是特立独行的个性，是艺术家的性情。

自古文人雅士在生活中都着力追求一种"从心所欲不逾矩"的悠闲心境。孔门弟子曾点曾阐述他的生活之向往："莫春者，春服既成，冠者五六人，童子六七人，浴乎沂，风乎舞雩，咏而归。"这一番话引来了孔子的喟然长叹："吾与点也！"这一声长叹，触动了多少文人墨客的情思，

① 林语堂：《生活的艺术》，合肥：安徽文艺出版社，1988 年，第 134 页。

引领了千百年中国文人的生活情趣，铸成了中国传统文化的生活美感追求。进入民国，这一长叹的余韵依然绕梁不绝。加之西方现代生活方式的影响，民国高校教师群体又为这一长叹增添了新的韵味。

一、衣食住行，自得其乐

讲到生活情趣，它当然是建筑在衣食住行的基础之上。连马克思都说过，人们首先必须解决吃、喝、住、穿的问题，然后才能从事政治、科学、艺术、宗教的活动。这对民国高校教师来说又何尝不是真理。经历过清末民初动乱的吴虞曾说过一句话："政界波澜随时起伏，余有田可耕，有屋可居，有书可读，虽非充裕然尚可以自给，有以自娱。若王茗聪之徒家无恒产，终岁遑遑于衣食住三要件，受此影响不知胸中如何冰碳。呜呼！人生可哀，不其然乎！"① 吴虞在这里提出生活享受的基本条件，即有田可耕，有屋可居，有书可读。这三项条件"虽非充裕然尚可以自给"，方可"有以自娱"，方可谈生活情趣的问题。

但衣食住行并非就与生活情趣绝缘。生活以衣食住行为基础，生活也因衣食住行而展开。作为知识群体的民国高校教师，在具备了基本物质条件的基础上，即使是衣食住行也要活出个精彩。所谓精彩，并非奢华，而是格局，是品相。衣食住行讲究的是柴米油盐的事，但又绝对不止柴米油盐。不同的社会阶层，不同的身份群体，因着柴米油盐水平的不同，也因着生活情趣的不同，由此活出了不同的格局和品相。民国高校教师在衣食住行中所倾注的热情和爱好，表现出一种对生命之乐的感知，一种审美感觉上的自足，一种与职业身份相表里的生活精神。

（一）衣着

衣着是最能体现人们生活态度的外在标志。当然，这个标志首先是烙上了时

① 中国革命博物馆整理：《吴虞日记》上册，成都：四川人民出版社，1984 年，第 135 页。

代色彩。进入民国，民众的服装渐趋多元，那种“见其服而知贵贱，望其章而知其势”的传统观念也渐渐失去了市场。清末传入的西装逐渐普及于社会各阶层的民众，当年满族的长袍马褂也逐渐在汉族人群中流行。一阵子的洋服热，又一阵子的长袍马褂流行，在民国社会此消彼长。但民国高校教师的衣着却不关风潮。他们我行我素，该穿西装便着西装，想穿长袍马褂便套长袍马褂，民国高校教师特立独行的品味在这方面可谓是极尽风采。

先看看辜鸿铭。辜鸿铭在民国是个很独特的人，在衣着上也极具个性。周作人曾这样描写道：

北大顶古怪的人物，恐怕众口一词的要推辜鸿铭了吧。……他生得一副深眼睛高鼻子的洋人相貌，头上一撮黄头毛，却编了一条小辫子。冬天穿枣红宁绸的大袖方马褂，上戴瓜皮小帽；不要说在民国十年前后的北京，就是在前清时代，马路上遇见这样一位小城市的华装教士似的人物，大家也不免要张大了眼睛看得出神了吧。尤其妙的是那包车的车夫，不知是从哪里乡下去特地找了来的，或者是徐州辫子兵的余留亦未可知，也是一个背拖大辫子的汉子，正同课堂上的主人是好一对，他在红楼的大门外坐在车兜上等着，也不失为车夫队中一个特出的人物。[①]

辜鸿铭在西方国家待的时间可不短。当时有种说法，说他生在南洋，学在西洋，婚在东洋，仕在北洋。据说他刚回国在清末政府当幕僚时，当初也是断发、西装革履，一派新潮的打扮，进入民国后却截然更换了一副装束。何也？

有人依据其留辫子而认定其期望清朝复辟。辜鸿铭有次也自嘲说：“现在中国只有两个好人，一个是蔡元培先生，一个是我。因为蔡先生点了翰林之后不肯做官就去革命，到现在还是革命。我呢？自从跟张文襄（之洞）做了前清的官以后，到现在还是保皇。”[②] 但民国初期的两次复辟，跟辜鸿铭都没有半点关系，说明他的留辫子跟政治不沾边。也有人从性格角度评介辜鸿铭：“引人注目地炫耀他的辫子，是他整个为人的特征。他脾气倔强，他以对立为生。大众接受的，

① 周作人：《知堂回想录》，香港：三育图书有限公司，1980 年，第 477 页。
② 宋炳辉编：《辜鸿铭印象》，上海：学林出版社，1997 年，第 119 页。

他拒绝。大众喜欢的，他厌恶。大众崇拜的，他鄙视。与众不同是他的乐趣和骄傲。因为剪掉辫子成了时尚，所以他偏要保留。”① 这个判断也不够准确，因为支配辜鸿铭这么做的后面是他的文化信仰，正如他所说：“洋人绝不会因为我们割去发辫，穿上西服，就对我们稍加尊重的。我完全可以肯定，当我们都由中国人变成欧式假洋人时，欧美人只能对我们更加蔑视。事实上，只有当欧美人了解真正的中国人——一种有着与他们截然不同却毫不逊色于他们文明的人民时，他们才会对我们有所尊重。”② 正是凭着这样的文化精神，于是在西风东渐、社会转型之时，当年的北大学子就看到了一位老先生拖着小辫子的颇为奇特的景观。

无独有偶，当时具有这一景观的不独北京大学，清华大学也有一景。据当年学生回忆说：“一个不很高大的身材，面孔也瘦小，牙齿有点獠在外面。常穿着当时通行的及法布袍子，罗缎短袖马褂。后面拖了一条短辫子。冬天他戴上一个瓜皮帽子，或者穿上羊皮袍子。但他没有比羊皮更高贵的皮衣。他的衣式不很时式，也不很古板，但很整洁。他的近视眼镜是新式的。他也会抽香烟。总之他的物质生活，是很随随便便，决没有一点遗老或者名流的气味。看去有点像旧式商店里的小伙计。”③ 这人就是王国维。在衣着上，王国维也是长袍马褂，也是瓜皮帽子，也是拖着一条辫子。

对王国维的这身装束，人们似乎没有提出更多的非议。王国维是从溥仪身边进入高校的，其衣着的传统应是当然的。据其女儿回忆说：“父亲对仪表向不重视，天冷时一袭长袍，外罩灰色或深蓝色罩衫，另系黑色汗巾式腰带，上穿黑色马褂。夏穿熟罗（浙江特产的丝织品）或夏布长衫。平时只穿布鞋，从来没有穿过皮鞋。头上一顶瓜皮小帽，即令寒冬腊月，也不戴皮帽或绒线帽。那时清华园内新派人士，西装革履的已不在少数，但父亲却永远是这一套装束。”④ 虽然王

① 温源宁：《不够知己》，江枫译，长沙：岳麓书社，2004年，第75页。

② 辜鸿铭：《中国的皇太后》，《中国人的精神》，海口：海南出版社，1996年，第237页。

③ 李恩绩：《爱俪园——海上的迷宫》，陈平原等选编：《追忆王国维》（增订本），北京：生活·读书·新知三联书店，2009年，第34页。

④ 王东明：《怀念我的父亲王国维先生》，陈平原等选编：《追忆王国维》（增订本），北京：生活·读书·新知三联书店，2009年，第405页。

国维这时戴上了新式的眼镜，还抽着香烟，但其衣着的主体还是长袍马褂式的传统样式。

陈寅恪是留学归国者，但他也不穿西式服饰。清华的学生回忆说："北方的冬天酷寒，寅恪师不喜欢穿大衣，他总是在棉袍外再穿上一件皮袍子，有时候还在皮袍子外加上一件皮马褂，讲课时讲得兴奋而感到有些燥热，先脱去皮马褂，有时候更脱去皮袍子，等到下课又一件一件穿了上去。"① 他的侄子则对他留下了这样的印象："寅恪叔到清华时，我已 10 岁。我没见他穿过西装，简直看不出他是留过洋的。他总是一身长衫布履。冬天是棉袍加马褂，三九天就在脖间缠上一条五尺多长的毛围巾，头戴厚绒帽，棉裤还扎着布带子，一副土老儿模样，陌生人绝对猜不透他是个精通古今中外的学者。"②

胡适的着装也让学生感到好奇。这位留学美国的博士，且学术思想上追求新潮的老师，其衣着却是传统的。20 世纪 30 年代初入读北京大学的张中行说，胡适"中等以上身材，清秀，白净。永远是'学士头'，就是头发留前不留后，中间高一些。永远穿长袍，好像博士学位不是来自美国"③。

当然，毕业于本国高校的教师也有不少以长袍马褂为时尚。著名词曲学家顾随，1920 年毕业于北京大学英文系，后成为词曲大家吴梅的入室弟子，在词曲研究方面很有造诣。在 20 世纪三四十年代，他先后在北京大学、燕京大学、辅仁大学、中国大学都担任过教授，讲授诗、词、曲，前后达二十多年。顾随的穿着纯粹是东方式的风格，不要说不穿西装，就连西式大衣也不穿。冬天内穿春绸衬绒袍子，外面套丝棉或灰鼠袍子，灰鼠袍子外面再套大毛的狐肷袍子，狐肷袍子外面围五六尺长、可在脖子上围两圈的黑绒线围巾。单只这套着穿三件袍子的穿法，在其他老先生当中，已经是绝无仅有的了。妙的是他还要都穿到教室中去，先除围巾，上台讲一会之后脱皮袍子，再过一会儿，教室越来越热，先生讲

---

① 许世瑛：《敬悼陈寅恪老师》，张杰等选编：《追忆陈寅恪》，北京：社会科学文献出版社，1999 年，第 117 页。

② 陈封雄：《卅载都成断肠史——忆寅恪叔二三事》，张杰等选编：《追忆陈寅恪》，北京：社会科学文献出版社，1999 年，第 439 页。

③ 张中行：《胡博士》，郜元宝编：《胡适印象》，上海：学林出版社，1997 年，第 16 页。

的也越来越高兴，微微见汗，再脱一件，快要下课时，停止讲授，再一件件穿上出去。[①]

只有中学学历的钱穆在北京大学任教后，因汤用彤而认识了清华大学的陈寅恪，对陈寅恪的学问十分佩服，并爱屋及乌，在衣着上也仿效陈寅恪。“余本穿长袍，寅恪亦常穿长袍。冬季加披一棉袍或皮袍，或一马褂，或一长背心，不穿西式外套，余亦效之。”[②]

当然，民国高校教师着西装者也是这样的特立独行。例如清华大学的赵元任夫妇的衣着便倾向于西式。赵元任妻子杨步伟爽朗、大方、豪放不羁。她常穿洋装，由于身体略胖，所穿丝袜必须要外国买来才穿得下。赵元任对衣着也很讲究，他常穿西装，或在长袍下穿西装裤。一副金丝眼镜，更显得温文儒雅。[③]

清华大学的马约翰教授毕业于上海圣约翰大学，后来还去过美国学习。在学生看来，他一辈子好像没有换过第二种服装。他一年四季都是短袖衬衫打领结，着猎式西装裤，北京俗话叫“灯笼裤”，因为它在腿肚子上束起来，像北京旧时的小纱灯一样。裤下是羊毛长筒袜子。据说这位老先生一年到头吃饭要按照营养学的规定去吃，青菜、萝卜、豆腐、肉、鸡蛋等，都有严格的数量，算好热量的大卡数字再下锅。[④]

吴宓是从美国留学回国的。他的服饰以西装为主。即使在西南联大时，虽然生活贫困，但吴宓始终保持着一种绅士风度。他的穿着，始终是西装革履。“记得在西南联大，无论在长沙、南岳，还是蒙自、昆明，吴先生都是西服革履，脸上的络腮胡刮得光光的。”对女士的照顾也是一如既往：“遇有车马疾驰而来，他就非常敏捷地用手杖横着一拦，唤着苏生和我，叫我们走在街道里边，自己却绅士派地挺身而立，站在路边不动。等车马走过才继续行走。他这种行动不禁令人

① 邓云乡：《文化古城旧事》，北京：中华书局，1995年，第302—303页。

② 钱穆：《八十忆双亲·师友杂忆》，第2版，北京：三联书店，2005年，第172页。

③ 王东明：《怀念我的父亲王国维先生》，陈平原等选编：《追忆王国维》（增订本），北京：三联书店，2009年，第414页。

④ 邓云乡：《文化古城旧事》，北京：中华书局，1995年，第232—233页。

想起中世纪的骑士行径。”①

其实，衣着并不能表现人品，它只是向人们透露出整个人的信息。例如民国高校教师喜好中式服装，大致的缘由是长衫、马褂、折叠式大腰裤这些传统服饰依然在民国社会大行其道。而且人们的着装还呈现着一种职业标记，当时士绅、文职人员、教师、账房先生等的日常服装大都以传统服饰为主。所以我们见到当年民国高校教师的照片，其衣着多以长袍马褂为特色。

另外，衣着舒适也是人们选择服装的主要理由。例如胡适喜欢穿中服。茅盾说，他在上海初见胡适是夏天，胡适穿的是纺绸褂裤、纺绸长衫，足上穿的是丝袜、皮鞋，完全是一副上海流行的打扮。他说的情形，确是如此。胡适在国内不爱穿西装，中山装更不用谈，出国时才穿西装。衣服的料子都是一般的棉布、丝绸、呢绒、皮毛等。他没有一件珍贵的衣服，例如貂皮一类。他为什么喜欢穿中服？因为中服舒适方便。穿西装，夏天则觉热，冬天则觉冷，春秋二季则紧绷在身上，起坐行动都不舒服。②

徐志摩风流倜傥，也有留学经历，但在衣着上却喜欢穿中式衣服，只是衣服料子及颜色须时尚。他在致陆小曼的信中说：“今天早上我换了洋服，白哔叽裤，灰法兰绒褂子，费了我好多时候，才给打扮上了，真费事。……穿洋服是真不舒服，膊子、腰、脚，全上了镣铐，行动都感到拘束，那有我们的服装合理，西洋就是这件事情欠通，晚上还是中装。”③

当然，西方服饰对民国高校教师还是很有影响。钱玄同一贯以传统着装为主，但也在思考着变革。他在 1917 年 10 月 14 日的日记中写道：“至黄伯珣处，与之同出购呢，因需做呢袍、呢褂也。我是不会干净的人，又是怕长衣扫地及棉皮衣服痴肥臃肿有碍走路的人，所以近来颇想改穿洋服以期干净、便利，因别有不便之故而暂止。然棉袍棉褂实在嫌他臃肿累坠，故自今岁始改做呢的，以后如

---

① 汪修荣：《民国教授往事》，郑州：河南文艺出版社，2008 年，第 85 页。

② 石原皋：《闲话胡适》，北京：中国人民大学出版社，2011 年，第 105—106 页。

③ 徐志摩：《徐志摩全集》第 5 册《书信集》，香港：商务印书馆有限公司，1983 年，第 58 页。

能慢慢的不穿皮衣，则更为便利矣。”[①]

吴虞到了北京之后，也开始对外来服装产生好感。1923 年 12 月 25 日，他“至大栅栏瑞宝生，买俄国江獭皮帽一顶，银十一元。据瑞宝生言，渠货系自俄做就输入。予十九日满五十二岁，因以自己教授所得之薪购此帽以自寿。盖予来京三冬，所御之江獭帽，为君毅渠已戴坏之江獭皮帽也”。君毅是吴虞的堂弟。[②]

当然，衣着背后更深层的原因就是文化信仰。正如前面所述辜鸿铭的话，从衣着上应该体现我们的民族精神。洪深“平时很少着西装，经常是长袍外面加上一件蓝布罩衫。他有一次很幽默地说：‘精通外语的人未必着西装，而连廿六个字母也说不全的人倒西装笔挺。’”[③] 梁实秋也有这种同感，他看到上海穿洋服者遍处皆是，“真糟，什么阿猫阿狗都穿起洋装来了！我希望我们中国也产出几个甘地，实行提倡国粹，别令侵入的文化把我们固有的民族性打得片甲不留”[④]。金陵大学校长陈裕光曾经说到，在大学生辩论会上，其他大学的学生都是西装革履，而金陵大学的学生一律长袍马褂。“我这个校长，在金大二十多年，从未穿过西装，作为民族文化的表率和民族精神的体现，金大很多教授也穿中式服装”[⑤]。

正是由于民国高校教师在衣着上的特立独行，我们经常能看到一些有趣的风景。抗战胜利后，胡适由驻美大使卸任，回到北京大学任校长。他的穿着一年到头基本上还是一件蓝布大褂。他同时还兼着中文系主任，由于工作繁忙，系里的事多由杨振声代理。然杨振声因健康原因不能经常到校，实际工作则由唐兰负责。有一天，中文系召开全体会议，散会后，三人同行。因为是冬天，杨振声衣服最讲究，穿着獭皮领、礼服呢中式大衣，戴着獭皮土耳其式的高帽子，嘴里含

① 杨天石主编：《钱玄同日记》上，北京：北京大学出版社，2014 年，第 322 页。

② 中国革命博物馆整理：《吴虞日记》下册，成都：四川人民出版社，1984 年，第 149 页。

③ 孙俊在：《洪深教授在复旦》，萧乾主编：《海上春秋》（新编文史笔记丛书），北京：中华书局，2005 年，第 57 页。

④ 梁实秋：《南游杂感》，《梁实秋散文集》第 2 卷，长春：时代文艺出版社，2015 年，第 382 页。

⑤ 陈裕光：《回忆金陵大学》，钟叔河、朱纯编：《过去的大学》，武汉：长江文艺出版社，2005 年，第 288 页。

着烟斗，气宇轩昂地走在最前面。胡适则身穿棉袍子、蓝布罩衫，还夹着杨振声的黑皮包走在后面。唐兰又稍后些，三人边说边走，后面还跟着一群学生。不知道的人一看，以为杨振声是校长，胡适顶多不过是个秘书而已。①

（二）饮食

我们先看看钱玄同在1919年9月25日至10月5日日记中有关于吃饭的记载：9月25日，“十时至高师上课两节。十二时回家吃饭”；“五时，到大学后看印就之《摹拟篇》及《学论》。六时出城至玉楼春吃饭”。9月26日，“十时起看报。十一时收拾书桌。十二时回家吃饭”；“六时至马幼渔处，就在他家吃夜饭”。9月27日，“下午二时写孔德学校教科书。三时与启明谈天。六时出城。七时在南味斋吃饭”。9月28日，“十二时到金子直处看病。下午一时回家吃饭”。9月29日，十二时“至沁芳楼吃饭”；“六时士远邀尹默、兼士、心孚和我到沁芳楼吃饭”。9月30日，“十一时到高师图书馆去。十二时回家吃饭”；下午“八时到六味斋吃饭”。10月1日，“十时到高师上课。十一时出外买物。十二时回家吃饭”；“下午二时回舍整理衣物。八时至南味斋吃饭”。10月2日，“十时，高师有课，请假，写孔德读本。十二时回家吃饭”；下午“五时访逖先，在那里吃了夜饭”。10月3日，“十一时看报。十二时回家吃饭”；“下午一时在家查《宋元学案》。二时回舍点《学论》。六时家里送饭来吃”。10月4日，“九至十一时上北大课。十二时在大学吃饭”；“下午在大学。五时到沁芳楼吃饭”。10月5日，“十二时回家吃饭”；“下午三时至胡适之处，……在适之家中吃晚饭”。②

钱玄同平日住在学校，他的饮食方式大致有回家吃饭、独自上饭馆吃饭、在学校吃饭、到同事家蹭饭、赴饭局这么几种。民国高校教师的饮食方式大体也是这么几种。

---

① 邓云乡：《文化古城旧事》，北京：中华书局，1995年，第248页。

② 杨天石主编：《钱玄同日记》上，北京：北京大学出版社，2014年，第350—351页。

1. 在家吃饭

在家吃饭应该是民国高校教师的生活常态。王国维在这方面具有典型性。他的女儿说："父亲除了爱书，几乎没有其他嗜好，不外出郊游，不运动，不喝酒，只抽一点'哈德门'牌香烟。吃饭有点挑剔，如果那一天饭菜不太合他胃口，他的筷子就在碗里慢慢地拨。他平常要求母亲自己下厨，家里有一吃长斋佣人煮的饭菜父亲不太敢吃。父亲欢喜红烧的食物，所以小时候桌上的盘盘碗碗大多是红烧的食物。父亲也欢喜吃些零食甜点，于是隔一段日子母亲就雇车到城里的几家大糖果店，买许多糕饼糖果回来，父亲读书写作累了，就会拿点点心来吃。"①看来，王国维对太太的厨艺产生了依赖性，对此很是享受。

当然，在民国高校教师中，特别是教授，家里的一日三餐恐怕大多不是出自太太之手，而是由雇用的佣人操刀。林语堂在 20 世纪 30 年代曾说："我们的生活不是在神的掌中，而是在我们的厨子的掌中。所以中国的绅士都想和他的厨子和好，因为他的厨子有权力可以随意增加或减少他的生活享受。"② 这个说法给我们了解民国高校教师在饮食方面的情趣留下很大想象空间。

2. 蹭饭与搭伙

至于蹭饭的乐趣那自然是与在家吃饭不同的。如上文所引，钱玄同经常在下课后就跑到同事家聊天，顺便也吃上一顿饭，他将这称之为"骗饭吃"。这吃饭自然是聊天的继续，其享受也在食物之外。周作人曾谈到，北大教授马衡喜欢喝酒，钱玄同到他家聊天被留下吃饭，马衡总要劝钱玄同喝酒。钱玄同因为高血压不敢多喝，于是写了一张"酒誓"以约束自己。其内容："我从中华民国二十二年七月二日起，当天发誓，绝对戒酒，即对于马凡将、周苦雨二氏，亦不敷衍矣。恐后无凭，立此存照。钱龟竞十。"③

没有家眷的单身教师也有他们的蹭饭方式，比如搭伙。王伯祥应北京大学之

---

① 王东明：《最是人间留不住》，陈平原等选编：《追忆王国维》（增订本），北京：生活·读书·新知三联书店，2009 年，第 387 页。

② 林语堂：《生活的艺术》，合肥：安徽文艺出版社，1988 年，第 202 页。

③ 转引自周作人：《知堂回想录》，香港：三育图书有限公司，1980 年，第 369 页。

聘，于1921年到北大预科任国文讲师，住在北海东侧大高玄殿西边的大石作胡同，与顾颉刚、潘介泉、吴缉熙合住一所四合院。四位先生中只有吴缉熙带了家眷，所以大家都搭伙于吴家。除了备课、上课外，一无后顾之忧。王伯祥后来在《拾画偶赏》中写道："以是，课暇辄联袂出游，或郊坰访古，或阅市听戏，一不以琐屑自婴，出入任便，怿如也。"①

清华大学的单身教师也有这样的合伙形式。比如陈岱孙到清华后，不久就搬到北院7号同叶企孙同住。他们都单身，可以有条件合伙办伙食。张奚若与金岳霖也都在那里包饭，这个办法维持了相当长的时间。1928年，浦薛凤到清华任教时还是单身一人，住在工字厅，"至于一日三餐，则在北院7号参加包饭。此系（叶）企孙、（陈）岱孙两位学长寓所，他俩雇一男佣，亦是厨师。先后有（金）龙荪（岳霖）、（钱）端升与予加入其饭团，每月分担饭食费用，后来（周）培源自德归国，回校执教，亦寓该所，益形热闹"②。陈寅恪任教于清华大学之初，还是单身汉，不愿做饭，就在与之比邻的赵元任夫妇家搭伙，甚至佣人也使用赵元任家的。抗战时期，吴宓到西南联大时，也一度到叶公超家搭伙一年有余。每日饭后，三人谈笑风生。

3. 家宴

家宴指在家请客。特别是逢年过节，有条件的教师都愿意请同事、朋友来家共度节日。例如北京大学教授朱希祖的寓所就是一个宴集中心，几乎"座上客常满，樽中酒不空"。朱氏家居东城吉兆胡同，出入朱希祖寓所者多以章太炎和章门弟子为主，出入最密的是钱玄同、沈尹默、沈兼士、马裕藻等。开始时的交往还局限在学缘范围，随着教师共同体的扩大，这种交往就突破了这种局限。例如陈独秀任北大文科学长后，也曾到过朱家宴集，朱希祖颇礼遇之。但其夫人却不甚欢迎，觉得陈独秀不太像教授，倒有点像绿林好汉，说话时，眉毛一挺，眉宇

---

① 王湜华：《家父王伯祥执教北大的那些岁月》，钱理群等编：《我的父辈与北京大学》，北京：北京大学出版社，2006年，第256页。

② 浦薛凤：《浦薛凤回忆录》上，合肥：黄山书社，2009年，第142页。

间有一股杀气，劝丈夫莫与之往来。[①]

周作人、鲁迅在北京八道湾11号购买住宅后，这里便成为以北大教授为主体的文人经常聚集的社交中心。沈尹默回忆：“五四前后，有一个相当长的时期，每逢元日，八道湾周宅必定是有一封信来，邀我去宴集，座中大部分是北大同人，每年必到的是：马二、马四、马九弟兄，以及玄同、柏年、逷先、半农诸人。席上照例有日本新年必备的食物——粢饼烤鱼之类，从清晨直到傍晚，边吃边谈，作竟日之乐。谈话涉及范围，极其广泛，有时也不免臧否当代人物，鲁迅每每冷不防地、要言不烦地刺中了所谈对象的要害，大家哄堂不已，附和一阵。当时大家觉得最为畅快的，即在于此。”[②]

据鲁迅日记，1923年元旦，鲁迅做东邀请徐耀辰、张凤举、沈士远、沈尹默、孙伏园在家午饭。2月17日农历正月初二，周作人做东邀请郁达夫、张凤举、徐耀辰、沈士远、沈尹默、沈兼士、马幼渔、朱希祖等在家吃饭。1923年7月周氏兄弟失和后，鲁迅搬出了八道湾，1924年的春节就只能在砖塔胡同独自一人喝闷酒。后来鲁迅买下阜成门西三条21号后，1925年的春节便热闹了。1月25日正月初二，“治午餐邀陶璇卿、许钦文、孙伏园，午前皆至。钦文赠《晨报增刊》一本。母亲邀俞小姐姊妹三人及许小姐、王小姐午餐，正午皆至也”。

周作人的新年家宴，还颇具特色。钱玄同在日记中记载，每逢元旦，周作人一定要请几个朋友去他们家吃日本年酒——屠苏酒，ZONI等，都是日本菜，连吃时所用的工具都是日本的。这些朋友，一般有疑古、幼渔、沈士远、沈尹默、兼士、刘半农、百年、季明等人。1927年元旦，吃完屠苏酒后，又接着吃午饭，全部是中国菜。1928年元旦，边吃边行酒令，食毕还抽签赠彩。

颇具特色的还有清华大学赵元任夫妇的家宴。在清华大学国学研究院时期，赵元任夫妇很喜欢请客。他们的请客与其他人不同，他们把食物放在长桌中间，

---

① 朱楔：《我家的座上客——记父亲朱希祖的交游》，钱理群等编：《我的父辈与北京大学》，北京：北京大学出版社，2006年，第86—88页。

② 沈尹默：《鲁迅生活中的一节》，鲁迅博物馆等编：《鲁迅回忆录（散篇）》上册，北京：北京出版社，1999年，第248页。

任由客人自取餐具自取食物，然后站着吃，他们将此称之为“立取食”，大致与今天的自助餐相仿。但在当时来讲，却是闻所未闻的。这显然是从西方借鉴过来的餐饮方式。[①] 这种新颖的饮食方式令那些未曾迈出过国门的教授夫人们很为吃惊。

胡适的家宴则钟情于家乡风味。他特别喜欢一道称为“一品锅”的徽州名菜，无论是在家招待朋友，还是在同乡家吃饭，他都要点这道菜。这道菜的具体做法是，在一只大铁锅里放上七层菜，最底一层是蔬菜，视季节而定，稍上一层是猪肉，再上一层是豆腐包，内中有馅，第四层为蛋皮饺，第五层为红烧鸡块，第六层为油煎豆腐，第七层为碧绿菠菜或其他蔬菜。这道菜要炖上三四个小时，关键是掌握火候。这是徽州人家待客的上品，也是胡适妻子江冬秀的拿手菜。[②]

4. 饭局

饭局指民国高校教师在饭馆酒楼相互宴请。饭局在民国高校教师中大行其道，这主要由民国高校教师共同体的组成需要所决定。教师共同体成员之间的思想碰撞、学术交流、情感融合，饭局都成为不可或缺的润滑剂。它成为教师之间情感交流的媒介，成为教师之间一种别开生面的社交活动，成为营建民国高校教师生活共同体的重要组成部分。

饭局有由学校主办的。凡遇新教师入职、节假日、著名教授寿辰、毕业生结业，学校当局或会组织聚餐，利用宴请的方式加强与教师的情感沟通，以增强教师的归属感。这对增强高校教师共同体的凝聚力最为有力。

这里以清华大学为例。王国维的性格喜静不喜闹，他不爱应酬，待人接物很不在行。他在清华园里住着，治学之外，普通应酬的事几乎一概谢绝。除去三两友人，如陈寅恪、吴宓等人外，他很少和其他人来往。据女儿王东明回忆，王国维外表冷峻，连以直爽大嗓门著称的杨步伟女士在王国维面前也噤不出声。王国维五十大寿时，清华同事办了三桌酒席为他祝寿，杨步伟硬是避让着不肯与他同

---

① 王东明：《怀念我的父亲王国维先生》，陈平原等选编：《追忆王国维》（增订本），北京：生活·读书·新知三联书店，2009 年，第 414 页。

② 石原皋：《闲话胡适》，北京：中国人民大学出版社，2011 年，第 104—105 页。

座，连声叫着“不！不！我不跟王先生一桌”。果然王国维这一桌始终默默然，而杨步伟那一桌则笑语不断。[①] 毕树棠也谈到1925年秋清华校长主持的一次聚会中王国维的表现：“在大家喧声笑谈之中，似乎他老是安静的，沉默的，除举箸停箸而外，甚么都不理会。曹校长的应酬态度很周到，话很多，看神情每一节话都必问到他老先生，他只是微笑，点头，没有许多回答。饭后，照例有各种余兴，如清唱，谐谈，及诸般游戏，那时便不见他老先生的影子，大概是吃完就走了。”[②]

1924年中秋节，东北大学宴请全校教职员。据吴宓日记：“是日中秋节，放假。上午十时，校中邀请职教员公宴。下午四时，理工科学长左孝先（字质良，本省人）君，邀请在此作客之教员，赴其家中晚宴。见其小院清幽轩敞，颇可寓居，又动予室家之思。”[③]

曾在私立复旦大学任教的吴道存回忆：在母校服务期间，以在燕园时代最为有趣。燕园风景宜人，小桥流水，池中有荷，置身其中，心旷神怡一也。有一俱乐部，各种设备粗具，可供娱乐，二也。伙食团每周食费二元，轮流管理，菜味可口，尤以龙虾烧豆腐最为鲜美，三也。抗战之前一年，吾人曾组织中秋赏月委员会，推程德清先生为委员长，蛋糕糖果香蕉水果满满一桌，吃不完，分带走。[④]

饭局较为流行的形式是教师之间互请，以联络感情。鲁迅自任北京大学讲师后，便立刻感受到北大教授们的相互宴请。据鲁迅日记，1921年8月22日，“晚尹默在中央公园招饭，并晤士远、玄同、幼渔、兼士及张君风举”。9月1日，“晚马幼渔招饭于宴宾楼，同席张凤举、萧友梅、钱玄同、沈士远、尹默、兼士”。[⑤]

---

① 王东明：《最是人间留不住》，陈平原等选编：《追忆王国维》（增订本），北京：生活·读书·新知三联书店，2009年，第385页。

② 毕树棠：《忆王静安先生》，陈平原等选编：《追忆王国维》（增订本），北京：生活·读书·新知三联书店，2009年，第209页。

③ 吴学昭整理注释：《吴宓日记》Ⅱ，北京：生活·读书·新知三联书店，1998年，第287页。

④ 吴道存：《嘉村随笔》，薛明扬、杨家润主编：《复旦杂忆》，上海：复旦大学出版社，2005年，第142页。

⑤ 鲁迅：《鲁迅日记》上卷，北京：人民出版社，1976年，第368—369页。

顾颉刚自广州回到北平任教燕京大学，与旧时友人频繁聚餐。仅 1929 年 5 月上旬这 10 天，顾颉刚参与的聚餐就达 7 次。5 月 4 日，与绍虞、定生同到中央公园吃饭，“今午同席：定生、予（以上客），绍虞、佩弦、平伯（以上主）”。5 月 5 日，到花园饭店，“今午同席：援庵先生、金岳霖、许仕廉、芝生、熊佛西、黄子通、徐祖正、予（以上客），绍虞（主）；此‘凡社’之会也。今晚同席：赵汉威、顾耕野、予（以上客），诗亭（主）”。5 月 6 日，到建功处赴宴，十一时归，“今晚同席：玄同、启明、旭生、隅卿、半农诸先生，仲沄、尚严、予（以上客），建功夫妇（主）”。5 月 8 日，到车站接孟真，同到赵元任先生家吃饭。5 月 9 日，到孔德校，应宴，“今晚同席：建功、予（客），玄同、幼渔、叔平、隅卿、启明（以上主）”。5 月 10 日，到刘半农先生处，赴宴，“今晚同席：孟真、援庵、叔平、兼士、玄同、元任、予（以上客），半农（主）”。①

1928 年春节，成都大学教师们也采用凑份子的方式进行团拜活动。据吴虞日记，1928 年 2 月 3 日，“成大同人，约十四日午后二时，借磨子街一百一十五号李劼人寓团拜，份金由会计处照除”。这一次参加团拜的成都大学同人多达五十余人，是在李劼人丈人家。吴虞日记中对其宅院也有记载：“步至李劼人处，其外家杨襄如宅也。建方四十丈，建筑坚固大雅，前一百四十年买，仅去银一千四百两耳。当时衣食住之易了，可以想见。有茶花三株，高已逾檐矣。是日成大同人到者五十余人。”②

1929 年暑假，李劼人等教师出川为成都大学招聘教师，吴虞等设宴为他们饯行。6 月 25 日：“午后二时过重民。同座表方、秉诚、元叔、劼人、升厂、鲁之、雨久、君毅及予也。君毅、元叔、劼人本星期四午后下船，八月半间可归。”三天后，吴虞等人又为他们送行。6 月 28 日：“六时起，过君毅，同出东门。予与燕生同坐一车。至东门外水神寺大码头，李劼人、罗元叔已先在。入茶肆茗饮久之，七时半后刘天予、魏时珍始到。少顷表方来。八时上船。予遂雇车归。”③

---

① 顾颉刚：《顾颉刚日记》卷二，北京：中华书局，2011 年，第 278—281 页。

② 中国革命博物馆整理：《吴虞日记》下册，成都：四川人民出版社，1984 年，第 392、393 页。

③ 中国革命博物馆整理：《吴虞日记》下册，成都：四川人民出版社，1984 年，第 456 页。

这一类的饭局，当然以同道知己相聚为乐。在这种饭局中，也自然会产生酒逢知己千杯少的效应。例如三十年代青岛大学就常见这样的场景。杨振声任青岛大学校长期间，“校长官邸在学校附近一个山坡上的黄山路。他和教务长赵太侔住在楼上，一人一间卧室，中间是客厅，楼下住的是校医邓仲存夫妇和小孩，伙食及家务均由仲存夫人负责料理。今甫与太侔都是有家室的人，但是他们的妻室从不随往任所，今甫有一儿一女偶然露面而已”①。杨振声好饮，又擅长划拳，挽袖挥拳，音容并茂。每星期六校务会议以后，照例有宴席一桌，当场开绍兴酒一坛三十斤，开怀畅饮，坛罄乃止。在青岛大学，闻一多、梁实秋、杨振声、赵太侔、陈季超、刘康甫、邓仲存、方令孺常聚在一起，三日一小饮，五日一大宴，戏称“酒中八仙”。每次不是顺兴楼，就是厚德福，三十斤一坛的花雕酒搬到席前，罄之而后已。常常是薄暮入席，深夜始散。酒席中还常常伴有划拳，又以杨振声、陈季超为最，自谓“酒压胶济一带，拳打南北二京”。胡适应该是能喝一点酒的，对喝酒的兴趣也富有热情。但有一次他路过青岛，看到这些人划拳豪饮，吓得忙把夫人赠送的刻有“戒酒”二字的戒指戴上，要求免战。一旁的闻一多笑呵呵地说：“不要忘记，山东本是出拳匪的地方!”②

这件事也进入了胡适日记。1931 年 1 月 27 日，“到顺兴楼吃饭。青大诸友多感寂寞，无事可消遣，便多喝酒。连日在顺兴楼，他们都喝很多的酒。今午吃酒尤不宜，故醉倒了李锦璋、邓仲存、陈季超三人，锦璋甚至跪在地上不起来。我的戒酒戒指到了青岛才有大用途，居然可以一点不喝”③。

（三）居住

由于民国高校聚集城市，高校教师只能远离家乡，告别农村社会的青砖黛

---

① 梁实秋：《忆杨今甫》，刘天华、维辛选编：《梁实秋怀人丛录》，北京：当代世界出版社，2007 年，第 147 页。

② 梁实秋：《谈闻一多》，刘天华、维辛选编：《梁实秋怀人丛录》，北京：当代世界出版社，2007 年，第 103 页。

③ 曹伯言整理：《胡适日记全集》第 6 册，台北：联经出版公司，2004 年，第 474 页。

瓦、粉墙绿水、竹外桃花。受制约于经济条件，也受工作频繁流动的影响，民国高校教师大多数只能在学校或城区租住房屋。但他们的居住情趣，并不因此而减弱。他们总会利用尽可能的条件精心营造那份安顿心灵、放飞性情的小巢。

民国高校教师对居住的需求，我们以萧公权的居住审美情趣为例。萧公权于1926年8月学成回国，先是在上海的南方大学和国民大学任教，1927年2月为南开大学聘请，1929年9月赴东北大学任教。1930年9月进北平，先后在燕京大学、清华大学任教。抗战时期又在成都的四川大学、光华大学、燕京大学任教。每到一处，只要有条件，萧公权就一定要摆弄他的小院。

在燕京大学，萧公权一家租住的是成府书铺胡同三号。正房坐北朝南，一排五间，东西厢房各三间，当中有一个约四丈见方的院子。另外还有浴室、厨房、男女仆人卧室各一间。学校早已装设了电话、电灯、自来水、抽水马桶等设备。萧公权将西边厢房用作书斋，窗外古藤一架，西府海棠两株，把这三间小屋点缀成读书的胜地。萧公权去上课，沿着“未名湖”，面对西山远影缓步行进约二十分钟。如遇晚间赴校，走过未名湖便可看见“隔水楼台上下灯”的景色。

1932年9月，萧公权到清华大学政治学系任教授。初到清华，他住在“老南院”二号教职员住宅，一年后搬到六号。萧公权回忆说：“这是一所西式的砖房，里面有一间宽大的书房，一间会客室，一间餐室，三间卧室，一间浴室。此外还有储藏室，厨房和厨役卧室各一间。电灯、冷热自来水、电话等设备，一概齐全。陈岱孙是我们的紧邻。俞平伯、闻一多、潘光旦的住宅都相距不远。我在住宅前的一大片空地上种树栽花，五年‘灌园’的功夫，把原来的不毛之地变成了一个花木扶疏的小园。这是我课余消遣的主要活动。”①

抗战期间，萧公权先是住在成都乡间，寄居农家，在田园风光的沐浴中，萧公权就立下了“买山无计且栽花”的心愿。1941年，光华大学教职员住宅建成，他租了光华村六三别墅第十号和第十一号两所小型住宅，于是他马上着手了院子的环境建设。他说，到1947年他离开光华大学到南京政治大学任教时，他屋前

① 萧公权：《问学谏往录》，合肥：黄山书社，2008年，第100页。

的“小园”又颇具规模了。

中国自古有“宁可食无肉，不可居无竹”的说法，中国文化更是提倡“诗书名世，清白人家”的居住意境，这些理念都内化为民国高校教师在居住上的追求。从萧公权的居住追求看，民国高校教师的居住情趣不在富丽而在高雅。其生活空间的营造并非完全为了享受充裕的物质生活，而更在于营造一种心灵上的寄托和宁静。

1. 格局要大

首先，在房屋格局上要宽敞。正如萧公权的住所，最好要有相对独立的小院子，房屋要有卧室、书房、会客厅、餐室、浴室、厨房、储藏室，以及佣人居室，另外还要具备现代的生活设施，即要求营造一种舒适感。

民国时期教师居住条件之最，恐怕首推燕京大学。燕京大学坐落在海淀成府勺园旧址，校内建筑全部按照中国式的宫殿样式，画栋重檐，游廊广厦，有湖，有桥，有塔，波光塔影，流水浮萍。燕京大学的教职员住宅共分三种。一是在校园以内，“燕东园”和“燕西园”新建的西式住宅，二是朗润园里前清建造的中式房屋，三是由学校购置或租赁，散布在学校附近的民房。第一种是花木扶疏、门窗幽静的灰砖两层楼小洋房，完全是美国城郊庭院房舍的模式。这些小楼都是打蜡地板、壁炉、地毯、水汀、高级卫生间、冷热水，有阳台、庭院，家家小楼前又都种着玫瑰、丁香、藤萝、玉簪。即使是购置的民房，学校也装上了电话、电灯、自来水、抽水马桶等设备。

在地处九省通衢的武汉，武汉大学的“十八栋”也毫不逊色。“十八栋”矗立在珞珈山南坡，三排西式小洋楼。这里是“教授中的教授”所住的，也就是说，只有校长、教务长、各学院院长及部分系主任才能住进来。1946 年吴宓受聘武汉大学，对不能入住“十八栋”还耿耿于怀。没有梧桐枝，引不来金凤凰。所以，武汉大学立校之初，就注重校舍的建设，“十八栋”就是其中的精品。当时小洋楼基本格局相同，一楼为厨房、杂物间和厨师房，二楼三间为书房、餐厅、客厅，三楼为三间卧室，四楼堆放杂物。电话、冰柜等一应俱全。当时教授工资大都在 400 元左右，完全可以过上优雅的生活。据苏雪林回忆，当时教学区在老斋舍一带，从珞珈山南麓到老斋舍至少需要30分钟，且一路翻山越岭。为了让住在“十八栋”的名教授能轻松上课，学校专门开通了定时往返的交通车。须知，直到50年代初，武汉才有150辆汽车。30年代武汉大学有此壮举，令人震惊。[①]

高校教师个人经营的居所也是尽可能地按这样的标准打造。1923年，周氏兄弟失和，鲁迅搬出了八道湾院子。不久，鲁迅向好友齐寿山、许寿裳各借了400元，买下了阜成门内三条胡同21号住宅。鲁迅将这里改建成了一个整齐的四合院。3间北屋是家人的住房，3间南屋是藏书室兼会客室，东厢房是女工住房，西厢房是厨房。鲁迅在外间向北延伸出去了一间平顶的灰棚，作为自己的卧室兼工作室。

吴承仕是章太炎的入门弟子，与在南京中央大学任教的黄侃有“北吴南黄”之称。二三十年代，他先后任北平师范大学中国文学系主任和私立中国大学国学系主任，并在北大、东北大学兼课。他定居在宣武门内油房胡同2号和3号。虽然这里有两个大门，实际是一个两层院落的四合院。外院是会客室和一些附属用房，里院有正房和南房各五间，东、西房各三间。客厅典雅而朴实，壁头挂着章太炎的小篆条幅：“为学日益，为道日损”“瑜伽师地论不二，人间两足尊方生”。[②]

还有胡适，他的租房是随着经济条件的改善而不断变更的。胡适在北京，最初住在南池子缎库后身八号，后来搬到钟鼓寺十四号。这是个普通的四合院，正房为寝室和书房，两厢为客房和会客室，男佣人住门房，女佣人住耳房。后来经济条件有了改善，便搬到景山大街陟山门六号，这原是官僚政客的公馆，房子宽敞许多，庭院也大，有长廊，厨房中有机井。20年代后期胡适去了上海，罗尔纲描述了胡适在上海居所的状况：“胡家这座小洋楼共三层。楼下是客厅、饭厅和厨房。二楼前面是凉台。凉台后是一间大房，是胡适寝室，胡师母看书、织毛

---

① 罗时汉：《云蒸霞蔚十八栋》，杨欣欣等主编：《珞珈风雅》，武汉：武汉大学出版社，2013年，第51—55页。

② 马嘶：《1937年中国知识界》，北京：北京图书馆出版社，2005年，第80页。

衣整天在此。第二间是胡适书房。第三间是个北房，作为我的工作室和卧室。三楼是胡适两个小儿子胡祖望、胡思杜和侄儿胡思猷、外甥程法正的寝室。思猷、法正都在上海读中学。”[①] 1930 年 11 月底，胡适回到北平，再任北京大学教授。这时租住了米粮库四号的房子。这里的房子比陟山门的房子更大，有一个很大的庭院，院中有树木，有汽车间，有锅炉和热水汀，有浴室和卫生间。[②]

1930 年秋，因妻子林徽因在北平治病，东北大学教授梁思成将家搬到了北平东城墙附近的北总布胡同 3 号，在这里他们布置了一个高雅简朴的居住环境。美国学者费正清的妻子费慰梅记述了当时房屋的布局：

高高的墙里是一座封闭但宽敞的庭院，里面有扇美丽的垂花门，一株海棠，两株马樱花。沿着院子，每一溜墙边一排平房罗列，屋顶铺灰瓦。平房与平房之间有走廊，方砖铺地，廊顶也铺灰瓦。房间面向院子的那面是大片大片的门窗，镶嵌着精致的木格子。格子里糊了或挂着漂白的薄纸，让阳光花花泼洒进来，而外人却看不见里边。院子的北面有一道中央门廊通往客厅，这个厅比别的房间大些，坐北朝南。梁家把几个扇户宽阔的下层窗框上糊的纸，卸下，换成了光溜溜的玻璃，这样视野范围扩大了些；大片玻璃窗将外面的花草风景延进屋里来，临冬时，寒冽冽的北京，又迎来一泓温暖的阳光。每一片玻璃窗顶悬着一卷纸帘，晚上可以放下来，室内室外顿成两天地。屋前入口的地方又是另一座小院子，一道墙，又转，穿过去是仆人的住房和工作区。[③]

2. 书房要雅

其次，了解民国高校教师的居住情趣，当然不能忽略了他们的书房。书房是高校教师群体在私人生活空间上有别于其他群体的标志性特点之一。书房可以说是他们财富的象征，是他们拥有知识或思想形式的文化资本，是他们工作、生活的重要场所。

---

① 罗尔纲：《师门五年记·胡适琐记》（增补本），北京：生活·读书·新知三联书店，2006 年，第 69 页。

② 石原皋：《闲话胡适》，北京：中国人民大学出版社，2011 年，第 103 页。

③ 费慰梅：《林徽因与梁思成》，刘小沁编选：《窗子内外忆徽因》，北京：人民文学出版社，2001 年，第 281 页。

王国维住在清华西院，其女儿回忆："清华宿舍西苑十六、十八号打通合成一幢，是我们在北平的家。房子是三开间形式，父亲的书房在前幢左侧。一扇木框的大玻璃窗，紧挨着是张书桌，置有文房四宝。三面砖墙全安上书橱，线装书一部部的往上摞，都快顶到屋梁了。大部分的书父亲都仔细读过，并加注眉批。"①

王国维女儿在另一篇文章中叙述更为详细："十六号是父亲的书房，为研究写作的地方。书房为三间正房的西间，三面靠壁全是书架，书籍堆放到接近屋顶，内间小室亦放满了书。南面靠窗放大书桌一张，藤椅一只，书桌两旁各有木椅一把，备学生来访时用。另有藤躺椅一只，置于书架间之空隙处，备疲乏时休息或思考时用。"②

陈寅恪在清华时期住在清华园旧南院宿舍，与张申府邻居，后搬到新西院三十六号，与雷海宗家一墙之隔。陈寅恪女儿对父亲的书房记忆比较深刻："父亲的书房不大，窗前放的那张深褐色书桌可不小，靠墙是高高的书柜，还铺设一张小铁床，屋内很挤，孩子不可进去玩。"③

钱玄同在学校单独租房。据其儿子回忆：20 年代初期，钱玄同搬到东华门北河沿孔德学校去住，和当时任孔德学校教务主任的马隅卿同住一个院落。"父亲的这两间房是两间相通的小房，总共二十四五平方米。房间布置得很是特别，门是向西开的，一进门靠北墙分两摞放着六个书箱，书箱对面放着六个书架子，中间留下能过一个人的通道，靠南墙放着一张单人床，东窗下放着一张三屉桌和两把藤椅等。父亲在这两间屋中度过了十三四个寒暑，直到晚年才回家住。他为何愿住在这里？第一，他可以不受家里搬家的影响；第二，他和马隅卿先生很熟，很谈得来。马先生宿舍的外间是办公室。马先生的办公室，课后就是'群言

---

① 王东明：《最是人间留不住》，陈平原等选编：《追忆王国维》（增订本），北京：生活·读书·新知三联书店，2009 年，第 386 页。

② 王东明：《怀念我的父亲王国维先生》，陈平原等选编：《追忆王国维》（增订本），北京：生活·读书·新知三联书店，2009 年，第 401—402 页。

③ 陈流求：《回忆我家逃难前后》，张杰等选编：《追忆陈寅恪》，北京：社会科学文献出版社，1999 年，第 411 页。

堂'，熟人们常到这里来会面、谈话。"①

周作人对他的书斋布置十分精心，据温源宁的描述："他的书斋是他工作和会见宾客的地方，他整洁的书斋可以说是物如其人。一切都放在合适的位置，所有的地方一尘不染。墙壁和地板有一种日本式的雅致。桌椅和摆饰都没有一件多余，却有一种独一无二的韵味。这里一个靠垫，那里一个靠垫，就平添了一份舒适的气氛。还有那些书籍，在玻璃书橱里码放得多么整齐，而且种类繁多，从有关性心理的著作到论述希腊宗教的典籍，中文、日文、英文、希腊文，不一而足，整个房间弥漫着宁静的、好学不倦的气氛，使人联想起那些在埋头阅读和评书论人的娓娓交谈中度过的欢乐时光。"②

30年代初，胡适从上海返回北平，叫罗尔纲做的第一件工作，就是开书箱，把书取出来安排在书架上。先摆书架，客厅后过道大约摆3架，书房也摆3架，总共约20架。胡适不求藏书，只为应用而买书，所以书房这3架是空架，留作放手头用书。胡适迁北平后的7年，逐渐买的书就放在那儿。③

闻一多的书房，充实、有趣而乱。梁实秋说道："他的书全是中文书，而且几乎全是线装书。在青岛的时候，他仿效青岛大学图书馆庋藏中文图书的办法，给成套的中文书装制蓝布面，用白粉写上宋体字的书名，直立在书架上。"潘光旦在清华南院的书房另有一种情趣。梁实秋说："他是以优生学专家的素养来从事我国谱牒学研究的学者，他的书房收藏这类书极富。他喜欢用书櫃，那就是用两块木板将一套书夹起来，立在书架上。他在每套书上系一根竹制的书签，签上写着书名。"④

所以，拥有一间书房，营造一个舒适恬静的读书环境，是高校教师居住的理想。他们甚至通过给自己的书房赋予名称来表达心中的理想，并通过个性化的装

---

① 钱秉雄：《片断的回忆——忆父亲钱玄同》，钱理群等编：《我的父辈与北京大学》，北京：北京大学出版社，2006年，第159页。

② 温源宁：《不够知己》，江枫译，长沙：岳麓书社，2004年，第372页。

③ 罗尔纲：《师门五年记·胡适琐记》（增补本），北京：生活·读书·新知三联书店，2006年，第92页。

④ 梁实秋：《书房》，《梁实秋散文集》第1卷，长春：时代文艺出版社，2015年，第204—205页。

饰来达到这一目的。俞平伯在北平东城老君堂胡同的祖居，书房前有棵大槐树，因而将书房命名为“古槐书屋”。他在清华园内也有住宅，住南院 7 号。面对水木明瑟、情调高雅的山水，眺望西山的满目秀色，激发起俞平伯“骀荡风回枯树林，疏烟微日隔遥岑”① 的情怀。他将有南窗的一间设为书房，命名为“秋荔亭”。鲁迅将他的书房命名为“绿林书屋”，房中东墙靠着一张三屜长桌，桌上有墨盒、毛笔、笔架等文具，还有一只带盖的茶碗，一个烟灰缸，一个闹钟，一盏高脚油灯。吴承仕在卧室的北山墙又开一门，向北接出两间，像鲁迅西三条宅的“老虎尾巴”，作为他的内书房。除了亲密朋友和弟子，一般人是进不了这内书房。

3. 环境要美

除了居住的宽敞，民国高校教师也会因地制宜，在有限的院落空间种植上玫瑰、丁香之类的花草。诚如萧公权所说，将课余消遣活动用来营造一个花木扶疏的小园。梁实秋原在青岛大学任教，1934 年他自青岛到北京大学教书，住在内务部街 20 号的祖居。这个老宅有房屋 40 间，他的父母将这里修缮一新，把外院和西院都划归给他。梁实秋在院中种下了西府海棠、紫丁香等许多花木，妻子程季淑还在他的书房檐下种了一畦玉簪。住宅院落的花草总给教师们带来温馨的享受。北京大学教授柳存仁曾说：“当民国二十一年的五月初旬我还住在上海的时候，有一天接到北大的友人谢君的一封信。信上最后的一段文字大意说：我所住的西斋，环境非常幽静。窗外种植有几株丁香，开着浅紫色一球球的朵子，又香又美。听人家说，汉花园那边的丁香，这两天开得更是茂盛。老是想去瞧瞧，可惜总没有空功夫。”②

当然，最为理想的居住环境，莫过于能居住在环境优美的校园。1930 年代初，第四中山大学教育学院拟请徐悲鸿担任艺术科主任。徐悲鸿在回函中提出其就职的前提条件是迁该科于太湖边上的洞庭山，其理由是：“惟鄙意以为讲学机

---

① 邓云乡：《文化古城旧事》，北京：中华书局，1995 年，第 23 页。

② 柳存仁：《汉花园的冷静》，陈平原、夏晓虹编：《北大旧事》，北京：生活·读书·新知三联书店，1998 年，第 308 页。

关，苟非有特殊设备，由于不得已外，均毋庸趋就都会。而治美术者，尤宜养成恬淡生活之习惯，并吁造物接近，敏其观感，故鄙意愿设此科于洞庭山，使此汪洋万顷烟波浩渺之太湖，为我国艺事中兴之区。”① 住宅是沟通人与自然的枢纽，徐悲鸿的设想，实际表明：高校教师的居住环境要能够安放一颗安静而纯粹的心灵，要能寄托心灵、放飞心情。

在这一方面，地处北京的清华大学环境显然得天独厚，用萧公权的话来说是“几乎接近理想”。清华大学建筑在圆明园的“近春园”“熙春园”的旧址上，这里有乔木，有流水，有芳草，有弦歌，校园广阔，水木清华，邓云乡誉其为“是神仙也喜欢的地方”②。

清华园的工字厅，后门外有个小小的荷花池，池后是一道矮矮的土山，山上草木蓊郁。厅后一副对联颇为精彩：“槛外山光历春夏秋冬万千变幻都非凡境；窗中云影任东西南北去来澹荡洵是仙居”。横额是“水木清华”。联语为“广陵驾鹤楼杏轩沈广文之作，为嘉庆进士、大学士祁隽藻所书”。吴宓自 1925 年初到清华任教，至 1937 年秋离开，一直住在清华工字厅的西客厅。从吴宓日记看，清华大学数次要给他调换住所，吴宓坚决不同意搬出西客厅。西客厅自领一个小院，院内长松耸翠，杨柳垂丝，红色玉梅，浓艳照人。庭前紫藤压棚，浓香罩顶。后临荷花池，红莲映窗。吴宓依景抒情，取名“藤影荷声之馆”，并赋一楹联：“随境启新悟，抗心希古欢。”③

燕京大学的校园也很漂亮，但其建筑多由模仿中国宫殿而来，终归因架构不自然而逊色。一日南开大学教授冯柳漪造访钱穆，同游燕京校园，冯柳漪“告余，燕大建筑皆仿中国宫殿式，楼角四面翘起，屋脊也高耸，望之巍然，在世界建筑中，洵不失为一特色。然中国宫殿，其殿基必高峙地上，始为相称。今燕大诸建筑，殿基皆平铺地面，如人峨冠高冕，而两足只穿薄底鞋，不穿厚底靴，望

① 转引自许小青：《政局与学府：从东南大学到中央大学（1919—1937）》，北京：中国社会科学出版社，2009 年，第 339 页。
② 邓云乡：《文化古城旧事》，北京：中华书局，1995 年，第 20 页。
③ 吴学昭：《吴宓与陈寅恪》（增补本），北京：生活·读书·新知三联书店，2014 年，第 60 页。

之有失体统。余叹以为行家之名言”。钱穆由是从文化角度对比了清华与燕京：

屋舍宏伟堪比燕大相伯仲者，首推其毗邻之清华。高楼矗立，皆西式洋楼。然游燕大校园中者，路上一砖一石，道旁一花一树，皆派人每日整修清理，一尘不染，秩然有序。显似一外国公园。即路旁电灯，月光上即灭，无月光始亮，又显然寓有一种经济企业之节约精神。若游清华，一水一木，均见自然胜于人工，有幽茜深邃之致，依稀乃一中国园林。即就此两校园言，中国人虽尽力模仿西方，而终不掩其中国之情调。西方人虽亦刻意模仿中国，而仍亦涵有西方之色彩。余每漫步两校之校园，终自叹其文不灭质，双方各有其心向往之而不能至之限止。此又一无可奈何之事也。①

1920年创办的中法大学，校部在北平东皇城根，其属下的孔德学院在阜成门外。贾植芳在《忆诗人覃子豪》中写道：“一九三二年夏天，我随哥哥贾芝从山西家乡到北平考学校，他进入坐落在阜成门外护城河边的中法大学孔德学院高中部（预科）……孔德学院是一个世外桃源式的生活和学习环境，高楼深院，花木茏葱，一派肃穆幽静的学院风光，他们生活在这个似乎远离尘世，而又饱受西方文化熏陶的小天地里，结社写诗，各自抒写着自己对人生的感受和追求。”②

相比之下，北京大学的居住环境则要逊色多了。北京大学教师的住宿区比较分散，主要集中在南池子缎库胡同（以及钟鼓寺）、八道湾、东吉祥胡同、石虎胡同、松树胡同这些地方。但北大教师也能从周边环境中寻找美感。当时朱光潜住在北平地安门里的慈慧殿三号。其实慈慧殿并没有殿，它只是后门里有一个小胡同，因西口一座庙得名。庙中供的是什么菩萨，朱光潜在此住了三年也不得而知。小胡同里住着三四家居户，主要是煤栈和车房，住着一些煤栈工人和人力车夫。走过这几户家居，便到了朱光潜和梁宗岱合租的小园子。园子里有一棵百年以上的大柏树，夏天它的浓荫布满了小院子。但冬天落叶后，园子便一片荒凉冷清。春天以后，特别是进入夏天，园子里的枣树、楸树，加上满地的狗尾巴草、

---

① 钱穆：《八十忆双亲·师友杂忆》，第2版，北京：生活·读书·新知三联书店，2005年，第148—149页。

② 转引自邓云乡：《文化古城旧事》，北京：中华书局，1995年，第68页。

蒿子，以及许多只有植物学家才叫得出名的草都在旺盛地生长。秋天则开满了菊花。北方所有的鸟雀儿在这里也算是应有尽有。慈慧殿孤零零地兀立，小园子的冷清荒凉，空气中弥漫的苦凉的香草气，这都使朱光潜感受到生活的美感。

当然，民国高校教师所期望的居住环境，不仅指自然环境，更重要的是期盼一个集生活环境、人文环境、学术环境为一体的社会环境。邓云乡回忆了20世纪30年代北平的生活，特意用了“文化古城”来抒发他的情思：“有各层次的最好的学校可供学习，有数不清的足以代表中国几千年文化的专家学者、能工巧匠可供师承，有上千年的古迹名胜，几百年的前朝宫苑文物可供凭吊、观摩、研究，有古木参天的著名公园可供休息、游览、思索，有大图书馆可供阅读，有数不清的书铺可供买书，有世界水平的大医院提供治疗，有极好的饭馆、烹饪可供饮馔，有极安静爽朗的四合院可供居住，有极方便的交通，有极低廉的生活，冬天有足够的廉价的煤，夏天有极便宜方便的冰……这一切还不算，还有极和谐的人际关系，极敦厚的风俗人情。”① 这才是民国高校教师真正期盼的居住环境。

（四）出行

说到出行，当然是指民国高校教师的代步工具。中国近代的交通工具处于不断进化之中。以当时北京为例，人们出行的交通工具最初大量是人力拉的黄包车或人抬的轿子，后来有了一些拥挤的、不准时的公共汽车。有轨电车只有两条线路，一条由天桥到西直门，一条由东四到天桥。虽有出租汽车，但数量少且价钱高。再看上海，20世纪20年代，上海有人力车八千辆，到了20世纪30年代，增加到二万辆。40年代三轮车出现后，人力车大受影响，开始趋于淘汰。30年代初，上海的出租汽车较为流行，在市区内，不论远近，出租车一律付银洋一元，另给小费一角或两角便行。

---

① 邓云乡：《文化古城旧事》，北京：中华书局，1995年，第167页。

民国高校教师一般较少使用出租车，代步工具多用人力车。民国以后，钢丝橡皮轮的人力车逐渐取代了木制轮的人力车，由于此种车子来自日本，因而人们称之为“东洋车”。又车身多漆成黄色，故又称为“黄包车”。民国高校教师使用黄包车因经济条件不同而有两种形式，一种是自备人力车，一种是雇佣人力车夫。前文所述辜鸿铭就是雇用了人力车夫，吴虞于1921年10月到北京大学上课，就立即雇车夫解决交通问题，他在10月16日的日记中记载：“车夫梁四来上工。陈辛侬车夫介绍，每月银十六元，车钱、工钱、饭钱、灯钱一并在内。”① 清华大学教授俞平伯在清华园有住宅，却自备了人力车。他去上课时，距离近的地方，往往是刚登上车就下车。1934年，齐白石任教国立北平艺专，去学校上课时总是雇佣两部洋车，他坐的一辆在前，后面一辆坐着他的夫人。到学校后，门卫将其扶进校门，再由其夫人扶进教室。

周作人曾经谈到他去北京大学和燕京大学上课的路线，其中说道：“从外城到北大去，随便在外边叫一辆洋车，走路由车夫自愿，无论怎么走都好，但是平均算来总有一半是走前门的，所以购买东西好是方便，不必特别上街去，那时买日用杂货的店铺差不多集中前门一带，只有上等文具则在琉璃厂，新书也以观音寺街的清云阁最为齐备。”②

吴宓将家安置在北京城内，自己住在清华大学，不常回家，则没有包租人力车。他的往返主要靠雇人力车。居住清华园的浦江清也雇人力车进城，他在1928年8月29日日记中写道：“偕出，雇车进城。自校进城有长途汽车，余曾坐过数次，震动既甚而汽油味尤奇恶，辄晕。故余出进例雇人力车，虽慢而舒适也。”③

关于乘坐公共汽车的难受，朱自清也有同感。1925年，朱自清受聘于清华大学，从北京城到清华主要是雇人力车。那时从香山到海淀已有公共汽车，但太挤，朱自清说：“香山汽车也搭过一两次，可真够瞧的，两条腿有时候简直无处

① 中国革命博物馆整理：《吴虞日记》上册，成都：四川人民出版社，1984年，第644页。
② 周作人：《知堂回想录》，香港：三育图书有限公司，1980年，第528页。
③ 浦江清：《清华园日记·西行日记》，第2版，北京：生活·读书·新知三联书店，1999年，第12页。

放，恨不得不是自己的。”①

1929年2月，刘文典受聘于清华大学，住在北平城内，家中曾雇用了人力车夫，但平时到学校上课是乘校车。钱穆对刘文典的乘车印象深刻：“刘文典叔雅，余在北平时为清华同事。住北平城中，乘清华校车赴校上课。有一年，余适与同车，其人有版本癖，在车中常手挟一书阅览，其书必属好版本。而又一手持烟卷，烟屑随吸随长，车行摇动，手中烟屑能不坠。万一坠落书上，烟烬未熄，岂不可戒。然叔雅似漫不在意。”②

但如果遇上经济吃紧，坐人力车也有难处。抗战胜利后，朱自清回到北平。那时三轮车已经流行，但车费也高。朱自清说：“三轮车却的确比洋车快得多。这两种车子的竞争是机械与人力的竞争，洋车显然落后。洋车夫只好更贱卖自己的劳力。”有一次朱自清雇三轮车，开价四百元，三轮车夫定要五百元，这时一个洋车夫赶紧以低价抢下这桩生意。朱自清认为，最省钱的是骑自行车，“省下的交通费可以帮补帮补肚子，虽然是小补，到底是小补啊”。但危险性却增大了，“骑车不但得出力，有时候还得拼命。按说北平的街道够宽的，可是近来常出事儿。我刚回来的一个礼拜，就死伤了五六个人”③。

当然，经济条件较好的高校教师便买小轿车了，如刘文典、胡适、马衡等。胡适在20年代住在钟鼓寺和陟山门时，是自备人力车，雇人拉。30年代初自上海迁回北平，搬到米粮库四号后，经济收入比较稳定，且享有教育部名教授的六百元待遇，另有兼课稿酬之类的收入，人力车便放弃了，买上了汽车。周作人说马衡：“他平常总是西服，出入有一辆自用的小汽车，胡博士买到福特旧式的‘高轩’，恐怕还要在他之后呢。”④

上海高校教师买汽车的则比较普遍，这可能与上海的商业都市环境有关。30年代徐志摩在致友人的信中不但提及自己买车的用途，还透露周边许多同仁皆已购

---

① 朱自清：《初到清华记》，屈维清选编：《朱自清回忆录》，北京：北京大学出版社，2013年，第75页。
② 钱穆：《八十忆双亲·师友杂忆》，第2版，北京：生活·读书·新知三联书店，2005年，第249页。
③ 朱自清：《回来杂记》，屈维清选编：《朱自清回忆录》，北京：北京大学出版社，2013年，第130页。
④ 周作人：《知堂回想录》，香港：三育图书有限公司，1980年，第368页。

车："坐汽车诚有其事，舒服等情亦无可饰辩。但所以置车者，实为光华、东吴每日有课，一在极西，一在极东，设如奔波，隆冬奈何？……但居今之上海实不可无车，适之首创此说，置辇亦既成议。所以迟迟者，圣人有心北返耳。此外穷教授如慰慈，如歆海，如颜任光，如吴德生，皆已四缸者四而六缸者六矣。"①

抗战胜利后，梁思成回到了清华大学，并创办了建筑系。不久，梁思成去美国讲学。一年后回到北平，买了一辆小型的克劳斯莱汽车。这辆车极大地方便了梁思成一家的出行，尤其是身体不佳的林徽因特别高兴，因为外出访友或接朋友来访都可以以车代步了。

衣食住行，柴米油盐，让我们感受到民国高校教师"知足"与"适度"的生活分寸感。正如刘半农于 1929 年 12 月在一篇文章中谈到的："现在要谈谈北平的文化事业了，在南北尚未统一的时候，我天天希望看首都南迁之说可以实现。我的意思是：这地方做了几百年的都城，空气实在太混浊了；而且每有政争，各地的枪炮，齐向此地瞄准了当靶子打，弄得我们心神纷乱，永无宁日。若有一天能把都城这劳什子搬到别处去，则以往的腐败空气，必能一廓而清；大人先生们要打仗，也可以另挑一个地方各显身手。于是乎我们这班酸先生，就可以息心静气地读书，安安闲闲地度日，说不定过上数十年之后，能把这地方改造的和日本的京都，英国的牛津、剑桥一样。"②

"息心静气地读书，安安闲闲地度日"，这就是民国高校教师日常生活所追求的生活情趣。

---

① 徐志摩：《致蒋慰堂之三》，《徐志摩全集》第 5 卷，香港：商务印书馆，1983 年，第 152 页。

② 刘半农：《北旧》，转引自邓云乡：《文化古城旧事》，北京：中华书局，1995 年，第 167 页。

二、艺术休闲，享受自由

衣食住行之外，还有我们今日谓之休闲的生活，这才构成了日常生活的全部。也就是说，不为柴米油盐操心的业余生活就应划归休闲生活了。从民国高校教师的身份条件看，他们不仅具备了享受休闲生活的物质条件，而且也有享受休闲生活的精神需求。当然，受社会环境的影响，不同社会群体的生活方式，都呈现出高雅与低俗之分，积极与消极之别。民国高校教师生活其中自然不能免俗。但主导民国高校教师生活情趣的，是古代士大夫休闲的传统，是追求人与自然和谐的美感享受，是沉浸于“采菊东篱下，悠然见南山”的悠闲境界。他们或挥毫泼墨，或吟诗言志，或读书闲聊，或山野远足，与教学、学术生活相表里，与自在生命的自由体验相呼应。他们表现出对积极生活态度的向往，对乐观志趣的培育，对心态的调整，在坦诚、纯真、自然的日常生活中享受着生活情趣。

（一）雅趣

“君子安雅”，这是荀子的主张。雅者正也，雅之于休闲生活，其实就是要保持一种健康、充实的生活态度，是要追求一种雅致的生活情趣。这既符合民国高校教师的专业身份，又贴切民国高校教师的精神需求。

1. 雅与不雅

毋庸讳言，民国时期有些高校教师的生活情趣确有不雅之处。典型者如辜鸿铭，迷恋中国的传统文化，甚至连旧文化中的糟粕也一并吸收进来，包括对纳妾、玩妓、小脚等的癖好。他在京城吃花酒、逛妓院几乎是公开的秘密，他似乎还把它当成了一件文人雅事。其他如北京大学的陈独秀、吴虞等也都有逛妓院的传闻。清末民初时期北京妓院中称“两院一堂”是最好的主顾（“两院”指参议院、众议院，“一堂”指京师大学堂）。1917 年，胡适刚到北大与高一涵同居一处，直到 1923 年，胡适一家仍与高一涵一家合住在一起。高一涵生活放荡，热衷于赌博、逛胡同。1923 年 5 月，高一涵还娶了一个妓女做老婆，同住在胡家的一院。胡适在 5 月 30 日日记中还记载了为此事特别写信给妻子江冬秀，劝她要善待此女，千万不要看不起人家。[①] 1924 年下半年吴宓在东北大学待了一个学期，他在日记中也披露了东北大学的某些教师闲暇时不读书，而以赌博、狎妓为乐的现象。西南联大时期，刘文典吸毒成瘾的传闻也一度流传。

但这些不雅行为并不为大多数民国高校教师所认同。吴虞的招嫖诗在刊物登出后，立即遭到钱玄同撰文痛斥。陈独秀也因私德不佳成为被北京大学除名的重要原因。刘文典的吸毒，遭到西南联大中文系主任闻一多的拒聘。更为重要的是，1918 年，蔡元培在北京大学创立进德会，实际就是要塑造高校教师的新形象。这既是对高校教师的道德提倡，也是对高校教师生活情趣的引导。

什么才是健康的生活情趣？在清华国学研究院时期，单身的陈寅恪与赵元任夫妇做邻居，连一日三餐饭都归赵元任夫妇管了。饭后三人经常聊天。聊天的话题大多都忘了，但有个话题给杨步伟留下深刻印象，那就是何谓“雅”。虽然最后的讨论并没有对“雅”的定义给出明确答案，但有三点看法却比较一致。第一，雅这个东西是不可求的，往往你越求雅反而越得俗。第二，一个人做人做事写东西不可以避俗，只要听其自然就不会太俗。第三，陈寅恪特别强调，太熟套的东西最容易变俗，简单讲就是“熟就是俗”。[②]

金岳霖也谈到了“雅”。他谈到邓以蛰擅长欣赏山水画，邓自己也能画，还有字写得好，特别是篆体字，所以认为叔存（邓以蛰字）是他们朋友中最雅的。但雅是什么，他说：“雅作为一个性质，有点像颜色一样，是很容易直接感受到的。例如‘红’，就我个人说，我就是喜欢，特别是枣红、赭红。雅有和颜色类

---

① 曹伯言整理：《胡适日记全集》第 4 册，台北：联经出版公司，2004 年，第 54 页。

② 杨步伟、赵元任：《忆寅恪》，张杰等选编：《追忆陈寅恪》，北京：社会科学文献出版社，1999 年，第 22 页。

似的直接呈现的特点，一下子就抓住了。可是，雅的本质是什么，我们大都不知道，我个人就是不知道。愈追本质，我愈糊涂。”①

陈寅恪们在这里虽然没有对“雅”给出明确的定义，但他们的指向很清楚，即生活情趣有高雅和低俗之分，有积极和消极之别。

巧合的是，有一段时间，北京大学教授钱玄同的日记中频频出现“雅”字，而且多与“劭”共雅。劭者乃黎锦熙，1931 年前后，钱玄同与黎锦熙共同组织编写国语大辞典，在中南海“西四所”设置了编纂处，由此与黎锦熙有了频繁的交往。据《钱玄同日记》：1931 年 8 月 11 日，与劭同“雅”于广和。8 月 14 日，与劭至公园长美轩茗谈，商明日开研究院会，定研究员及编辑人选及价钱事。8 月 15 日，与劭“雅”于广和饭庄。8 月 20 日，与劭“雅”于广林春，“雅”毕，同至某海。8 月 22 日，与劭“雅”于广和饭庄。8 月 27 日，访劭于其家。8 月 31 日，劭来电话，约食德国饭店。9 月 3 日，建功来，与之共“雅”于中山公园长美轩。9 月 9 日，偕劭雅于涮（协广和）。9 月 11 日，晚与劭“雅”于广和饭庄。9 月 15 日，至公园“雅”了两小时。八时顷至蓉园，与劭“雅”于此也。9 月 17 日，八时顷至同和居，与劭约“雅”于此也。9 月 19 日，午与劭“雅”于广和饭庄。9 月 21 日，中饭与劭“雅”于东亚春，夜饭又“雅”于且宜。9 月 22 日，午与劭“雅”于广和。9 月 28 日，晚与劭“雅”于东亚春。9 月 30 日，与劭“雅”于广和饭庄。这以后，还能经常看到与黎锦熙“雅”的记载。仅这一个半月，次数就达到了 17 次。

这里提到的广和、长美轩、广林春、东亚春等，都是饭庄、茶楼。那么，钱玄同的“雅”是指代什么？黎锦熙在《钱玄同先生传》中写道：

天气暖热时，我总主张他同往中山公园，他谓之“大雅”，但他一入茶座，便不起身，我则散步，遇友攀谈，久始归座吃饭，他讥我为“惹草拈花”。饭后必喝浓茶（普洱为上，次则香片，不喝龙井），谈锋转健。除要讨论的问题（关于国语的当然最多，但也有其他的学术问题，如他看书忽有新解，待我辩证，或

① 金岳霖：《星六碰头会的内容》，刘小沁编选：《窗子内外忆徽因》，北京：人民文学出版社，2001 年，第 30 页。

拟有文字，互相斟酌等等）。彼此尽量分析辩论然后决定外，同时必杂谈所见所闻，天南地北，无所不说；古今中外，愈引愈长。……钱先生与我夜谈，每次必过十点钟始散，来时斜日挂树，散时皓月当空；有时或至深夜，无车可雇（他只在民二用过“包月车”一年，以后上课访友，四城奔驰，都是零雇。他不住在家里，又不惯留宿友人家，除民十八因大雨在我家留宿一宵外，虽更深必归寓所），最近几年有病，又怕覆车，往往电叫汽车，乘月呜呜而去。①

以此而论，钱玄同所追求的雅，乃是学者之间借休闲的场所和氛围更为自由地、轻松地交流感情、碰撞思想。这应该就是民国高校教师所思考的生活之雅。就是说，日常生活之情趣乃在求精神的自在，它既要符合高校教师的身份，也要与高校教师的工作相表里。

2. 诗联会友

贴合高校教师身份的生活之雅首推者可能要数诗联会友之趣了。这个雅致之趣显然是传统士大夫基因所赐。古代文人雅士多有诗韵词律之素养，平日品茗饮酒，观花赏雪，总爱吟诗作对，以诗会友。诗联会友成就了民国高校教师交往的一段段佳话。

梁启超爱对联，特别是爱宋词联语。1924 年，梁启超住医院，因其夫人半年前去世，其心情久久未能从悲伤中走出。病榻边放着汲古阁的《宋六十家词》、王幼霞刻的《四印斋谱》、朱古微的《疆村丛书》，于是梁启超便以读词集联相消遣，竟集成二三百副之多。这既是一种消遣，也是一种创造，是一种推陈出新的再创造。他后来在《晨报》上发表了一部分，他强调：“骈俪对偶之文，近来颇为青年文学家所排斥……但以我国文字的构造，结果当然要产生这种文学，而这种文学，固自有其特殊之美，不可磨灭。②”遇到学生登门求教，他兴之所至，会研墨挥毫，针对学生特点写上一副相赠。

他最为得意的一副，是送给徐志摩的：“临流可奈清癯，第四桥边，呼棹过环碧；此意平生飞动，海棠花下，吹笛到天明。”这副联语，上联出自吴梦窗的

① 黎锦熙：《钱玄同先生传》，沈永宝编：《钱玄同印象》，上海：学林出版社，1997 年，第 61—62 页。
② 邓云乡：《文化古城旧事》，北京：中华书局，1955 年，第 236 页。

《高阳台》、姜白石的《点唇香》、陈西麓的《秋霁》，下联出自辛弃疾的《清平乐》、洪平斋的《眼儿媚》、陈简斋的《临江仙》。他认为“此联极能表现出志摩的性格，还带着记他的故事：他曾陪泰戈尔游西湖，别有会心。又尝在海棠花下做诗做个通宵”①。

梁启超的这种生活情趣很得民国高校教师的推崇。有一次，梁启超将所有集联任朋友们自拣，然后用宣纸写给他们。胡适挑的集联是：“蝴蝶儿，晚春时，又是一般闲暇；梧桐树，三更雨，不知多少秋声。”丁文江挑的是：“春欲暮，思无穷，应笑我早生华发；语已多，情未了，问何人会解连环。”王力书斋中挂的是：“人在画桥西，冷香飞上诗句；酒醒明月下，梦魂欲断苍茫。”②

说到对联，陈寅恪也有两则关于赠送对联的传闻。据当年清华研究院学生蓝文徵回忆，一天陈寅恪对学生说：“我有个联送给你们：南海圣人再传弟子，大清皇帝同学少年。”其意思是因为他们是梁启超、王国维的学生，梁启超是康有为的弟子，溥仪是王国维的学生。所以清华的这些学生便成为康有为的再传弟子，溥仪的少年同学。另一则传闻是，北伐成功后，罗家伦接掌清华。有次罗家伦去看陈寅恪，顺便送上自己所编的记载张君劢与丁文江论争的文集《科学与玄学》。陈寅恪翻了翻便说：“志希，我送你一联如何?”罗家伦说：“甚好，我即刻去买上好的宣纸来。”陈寅恪说：“不用了，你听着：不通家法科学玄学，语无伦次中文西文。”罗家伦大笑不止。陈寅恪又说：“我再送你一个匾额：儒将风流。”又说：“你在北伐军中官拜少将，不是儒将吗?你讨了漂亮的太太，正是风流。”③

至于诗歌唱和，在民国高校教师的交往中更是普遍。据《钱玄同日记》，1917年9月22日，“五时顷访尹默，并晤蓬先。在尹默处晚餐，戏与兼士仿汉柏梁台诗体，将大学中相识之人各如其学问、志趣作一句七言诗，颇有兴味”。1917年10月29日，“适之示我以新作白话诗一首，借‘唯心论’三字为题，诗

① 邓云乡：《文化古城旧事》，北京：中华书局，1955年，第236—237页。
② 邓云乡：《文化古城旧事》，北京：中华书局，1995年，第237、235页。
③ 陈哲三：《陈寅恪先生轶事及其著作》，张杰等选编：《追忆陈寅恪》，北京：社会科学文献出版社，1999年，第87—88页。

用长短句，较从前所作的白话七言、白话词自然得多。我对于用白话作韵语极端赞成，唯以为不可限于五、七言，因字数限定，则必有强为增减之字也。白话填词，我意尤不以为然。适之谓词句有长短，较诗为佳，我则以为词句长短固佳，然其某长某短有一定，则比诗更束缚也”。①

马叙伦曾将北京大学教师相互唱和的诗词结集为《金鱼唱和词》。那是1920年农历五月十一日，北京大学同人宴集于城东金鱼胡同之海军联欢社。沈尹默在宴会上出示其述怀之作4首。第二天，马叙伦和作12首。继而，张孟劬、伦哲如又依马叙伦词分别和作3首、6首。马叙伦因集而名之曰《金鱼唱和词》。②

吴宓酷爱写诗，他赏景有诗，出行有诗，观剧、读书也有诗，1935年他自编的《吴宓诗集》由中华书局出版。吴宓与人交往更喜欢以诗唱和。从吴宓日记看，他与同事、朋友、学生都有诗歌唱和的记载，诗歌唱和成为吴宓与他人情感交流的重要途径。1930年下半年，吴宓准备出访欧洲，清华大学教授黄节、浦江清、朱自清都有赠诗送别，连校役吴延增也作诗送行。1926年，吴宓曾将一首诗寄给老友、东北大学教授刘永济，诗中表达了对人事纷争的厌烦，刘永济在回信中说："人生乱世，而欲有所作为，安得不低头？安得不堕溷？惟望以文史自娱，以天命自遣，不消极，亦不过于急进；庶有曲肱饮水之乐，而无失时不遇之悲也。"③

当然，与吴宓诗歌唱和最为契合的要数陈寅恪了。吴宓自1919年在美国哈佛大学认识陈寅恪，就为陈寅恪的学识所折服。以后无论是在清华大学，还是在西南联大，或是在成都燕京大学，吴宓和陈寅恪都来往亲密，且每有诗歌唱和。吴宓很注意收集陈寅恪的诗作。他认为，陈寅恪作诗不多，但都很精美，寓意深长。不熟悉历史典故，不具有丰富的文学知识，不对其人有非常的了解，很难确切地领会其诗深邃的含义。吴宓女儿吴学昭记载："寅恪伯父关于诗词的谈论，语多精彩。寅恪伯父尝劝我父亲读辽阳杨钟羲撰集《雪桥诗话》，'谓作者熟悉清

---

① 杨天石主编：《钱玄同日记》上，北京：北京大学出版社，2014年，第318、325页。
② 周德恒编、周振甫校：《马叙伦诗词选》，北京：文史资料出版社，1985年，第188—198页。
③ 吴学昭整理注释：《吴宓日记》Ⅲ，北京：生活·读书·新知三联书店，1998年，第217页。

朝掌故，此书虽诗话，而一代文章学派风气之变迁，皆寓焉。’又如为近世中国诗作笺注，详叙当时情事，以贻后人，寅恪伯父谓之‘今典’。谈及唐诗与唐代文学的特点，寅恪伯父曾说：‘唐代以异族入主中原，以新兴之精神，强健活泼之血脉，注入于久远而陈腐之文化，故其结果灿烂辉煌，有欧洲骑士文学Chivalry之盛况。而唐代文学特富想象，亦由于此云云。’”①

萧公权也谈到在清华时，他与吴宓经常讨论诗的创作。那时吴宓住在清华园的西客厅，而萧公权住在学校大门外的新南院，两处距离较远，要一二十分钟才能走到。萧公权与吴宓每一次见面，至少要畅谈一两个小时，每次萧公权都颇有获益。抗战时期，萧公权在成都，在四川大学、燕京大学、华西大学、光华大学任教，又与十多位诗友交流，与朱自清、曾履川、洪北平、李孟书、卢天白等高校教师相互唱酬。他认为：朱自清是他学诗过程中最可感谢的益友。当时两人住处相隔二十华里，面谈不多，但“彼此‘觅句’有得便交邮寄出，每星期至少一次”②。

诗歌唱和还有闹到戏谑地步的。朋友们都说钱玄同心直口快，心里留不住话。一次他有感于中年以上的人多固执而专制，脱口而出一句“人到四十就该死，不死也该枪毙”的话，在圈子里传为名言。1927 年，钱玄同四十岁了，朋友们将玩笑开到他的头上了，准备给他在刊物上发一期“钱玄同先生成仁专号”，以讣告、挽联、挽诗的形式聊以祝寿。钱玄同也觉得挺有趣的，便欣然同意了。他将此事告诉朋友黎锦熙，黎锦熙觉得这玩笑开大了，“谑而虐”，很不赞成。鲁迅对这种名士做派也十分反感，并专门写了一首诗予以讽刺。后来因为多种原因，这个专号没有正式出版。但有关要目却在南方的一些刊物上登了出来，一些不明真相的学生朋友误以为真，纷纷写信来吊唁，弄得钱玄同大笑不已。

胡适在一则日记中也记录了他与周作人、沈尹默的诗歌唱和。周作人家人戏传他为老僧转世，于是他自号“苦茶”。1934 年 1 月 13 日，周作人作“牛山体”打油诗一首：“前世出家今在家，不将袍子换袈裟。街头终日听谈鬼，窗下通年

---

① 吴学昭：《吴宓与陈寅恪》（增补本），北京：生活·读书·新知三联书店，2014 年，第 146 页。

② 萧公权：《问学谏往录》，合肥：黄山书社，2008 年，第 131 页。

学画蛇。老去无端玩古董，闲来随分种胡麻。旁人若问其中意，且到寒斋吃苦茶。”

1月15日，周作人旧历五十生辰，在“苦雨斋”设家宴招待友人，共五席。朋友们看了他的打油诗，于是纷纷和诗。沈尹默的和诗是：“两重袍子当袈裟，五十平头等出家。无意降龙和伏虎，关心春蚓到秋蛇。先生随处看桃李，博士平生喜豆麻。这种闲言且休说，特来上寿一杯茶。”胡适也凑热闹和诗一首：“先生在家像出家，虽然弗著倷袈裟。能从骨董寻人味，不惯拳头打死蛇。吃肉应防嚼朋友，打油莫待种芝麻。想来爱惜绍兴酒，邀客高斋吃苦茶。”兴致所至，胡适又再和一首五言诗：“老夫不出家，也不着袈裟。人间专打鬼，臂上爱蟠蛇。不敢充幽默，都缘怕肉麻。能干大碗酒，不品小钟茶。”①

胡适的五言诗又引起周作人的诗兴，2月2日，周作人又为胡适诗再续八句：“双圈大眼镜，高轩破汽车。从头说人话（刘大白说），煞手揍王巴（谬种与妖孽）。文丐连天叫，诗翁满地爬。至今新八股，不敢过胡家。”②

这些诗后来刊登在4月5日出版的《人世间》创刊号上，同期发表的诗作还有刘半农、林语堂的《和岂明先生五秩自寿诗原韵》。后来钱玄同、蔡元培、沈兼士等也都加入了和诗的行列。当然，这样的相互唱酬已经趋于低俗，以致引起社会反感。诚如鲁迅在1934年4月30日给曹聚仁的信中所言：“周作人自寿诗诚有讽世之意，然此种微词已为今之青年所不了解，群公相和则多尽于肉麻，于是火上添油，遽成众矢之的。”在5月6日给杨霁云的信中说：“至于周作人之诗，其实是还藏些对于现状的不平的，但太隐晦，已为一般读者所不了解，加以吹擂太过，附和不完，致使大家觉得讨厌了。”③

抗战时期，避地后方的高校教师依然热衷于相互唱和，他们之间或咏怀，或寄赠，以相互慰藉。《抗战烽火中的中国大学》一书专有“岂止诗句记飘蓬”一

---

① 曹伯言整理：《胡适日记全集》第7册，台北：联经出版公司，2004年，第32—33页。

② 转引自罗尔纲：《师门五年记·胡适琐记》（增补本），北京：生活·读书·新知三联书店，2006年，第158页。

③ 周作人：《知堂回想录》，香港：三育图书有限公司，1980年，第404—405页。

章，论述了西南联大教授们相互唱酬的情况。作者考察了八位教授的诗作唱酬对象：

陈寅恪——吴宓、刘永济、容肇祖、杨树达，此外还有妻子唐筼；

吴宓——陈寅恪、朱自清、萧公权、刘永济、潘伯鹰、缪钺、李思纯、容肇祖、浦江清、林同济、胡小石、毛子水、汪懋祖、钱锺书、徐震堮、徐梵澄、庞俊、赵紫宸、陈柱、金毓黻、常乃德、胡步川；

朱自清——萧公权、浦薛凤、孙晓孟、叶圣陶、潘伯鹰、俞平伯、李铁夫、陈福田、杨振声、陈岱孙、夏丏尊、丰子恺、程千帆、潘光旦；

潘光旦——赵文璧、修中诚、陈福田、李琢庵等；

浦薛凤——陈寅恪、吴宓、萧公权、浦江清、王化成、孙晓孟等；

魏建功——老舍、沈兼士、唐兰、鲁实光等；

浦江清——朱自清、吴宓、施蛰存、容肇祖、王季思、徐振堮、杨业治、游国恩、李安宅，此外还有岳父张琢成；

萧涤非——游国恩、闻一多、朱自清等。

在人事久萧索、苍茫残岁摧的战乱岁月，因西南漂泊、独客游子的相互牵挂，“他们的相互唱酬不只是因为共同的文学兴趣，感情交流与相互慰藉或是更重要的因素，注重的是友情、修养与趣味”①。

3. 写日记

写日记也是民国高校教师的生活情趣所在。至今能够查阅到已出版的日记，在民国高校教师中，有鲁迅、胡适、吴宓、钱玄同、浦江清、竺可桢、蔡元培、吴虞、梅贻琦、朱自清、姜亮夫，等等。

写日记有什么乐趣？钱玄同在1919年1月1日的日记中写道：“我从一九一〇年春天从日本回国，日记就此中断。到了现在将近九足年了，这几年里头虽然有时记记，总是记上几天又不记了。现在打定主意，从今年起，活在世界上一天总要记一天日记，总希望以后不要再间断。”为什么？“我今日以前于勤、恒两个

---

① 陈平原：《抗战烽火中的中国大学》，北京：北京大学出版社，2015年，第190—191、14页。

字太不讲究。早上起得太迟。白天除上课外，不是和朋友闲谈，就是在街上游逛，浪费光阴，实在可惜。从今年起，想把《字原学》的新讲义动手编述。每天还要抽出一点工夫自修英语。若每天把所作的事记他出来，则某日编讲义，某日读书，某日因事访友，某日浪费光阴，自己都可记得。常常翻翻日记，要是浪费光阴的时间多了，自己看看也觉得有点难为情，便可慢慢的走到做正经事的路上来了。”①

1922 年 1 月 1 日，新年伊始，钱玄同又一次反思自己的写日记：“现在决定从今年（一九二二）起，天天写日记，不再间断。”他的感触来自胡适，“去年胡适之买了一部李慈铭的《越缦堂日记》，他忽然观感兴起，大做起日记来。半年之间，已经做了七八百页（每页约四百字），他这半年之中的‘读书录’尽载其中，而每每所办之事，亦详记无遗。他是看了李氏日记而兴起的，我又是看了胡氏日记而兴起的”。他又一次检讨了自己的“懒惰”和“无恒”，并拟定了几条自励的办法：“一、每日写日记，揭载每日作事、访友、所读之书，及读书之心得，既备遗忘，且可观今者见识之变迁；二、另作起居注，将每日之中，某时干某事，某时起，某时睡，一一写明，过后常看看，当可将睡、起、作事无定时之恶习渐渐改良；三、每日至少必有一小时自己看书；四、多走路以便身体壮实；五、自己根除忧虑，以期精神活泼，渐趋于乐观。”② 可见，写日记体现了钱玄同的生活态度，它既是钱玄同激励自己健康生活的手段，也是钱玄同生活情趣的寄托。

这样的激励也反映在吴宓的日记中。1923 年 8 月，吴宓检视自己归国两年不常写日记：“予昔在清华及美国，多年均有日记。虽云属无益之事，然过后检阅，殊觉其趣味浓深。且于身心之检束，学识德业进退之觇验，实多裨补。”决定从此复作日记，但求不再中辍，“作成将如昔例，寄示我之至亲密友，以省写信详说之繁，而求情意之全通。且藉此以发舒吾心之感慨牢愁，俾无开罪他人之

---

① 杨天石主编：《钱玄同日记》上，北京：北京大学出版社，2014 年，第 336 页。
② 杨天石主编：《钱玄同日记》上，北京：北京大学出版社，2014 年，第 383 页。

处，而一己亦得以省察补过云尔”。[①]

浦江清写日记更在意的是对生活的记录。他在1929年1月29日的日记中写道：“回忆在南京读书时，四年间日记没有间断过。自来清华做事后，似乎更有空暇的时间，然而日记却间断了好多。恬静的心绪，随大学生生活而俱去了吗？希冀今后又有恒心。记日记丝毫无自尊的意思，也无有预备做自传的虚荣心。我的目的，大约有四：练习有恒的笔墨，一也；作日后追忆过去生活之张本，二也；记银钱出入、信札往来，备一月或一年内查考，三也；记零星的感想及所见所闻有趣味的事，备日后谈话或作文的材料，四也。”[②]

胡适写日记则有他特别的理由。那是30年代胡适在上海居住期间，一日，徐志摩、梁实秋、罗隆基去胡适家。因胡适正在待客，其妻江冬秀让三人先到楼上书房等一会儿。由于徐志摩是胡适家常客，便领头进入胡适的书房，意外翻到了胡适的日记。他们正翻阅胡适日记时，胡适赶来笑着大叫：“你们怎可偷看我的日记？”然后严肃地说：“我生平不治资产，这一部日记将是我留给我的儿子们惟一的遗赠，当然是要在若干年后才能发表。”[③] 徐志摩看到，胡适的日记很有特色。日记用毛笔书写，不写行草，一笔一捺，相当工整。其内容除了私人记事以外，他还每天剪贴报纸，包括各种新闻，都收集在内。因此其篇幅多得惊人，兼具时事资料的汇集，可说是空前的。

4. 书市淘宝

逛旧书摊是高校教师一种特殊的情趣。北京的书市、书铺、书摊十分有趣，最有名的是正月里的厂甸书市，平时则有琉璃厂、隆福寺街、东安市场中的丹桂商场书铺、西单商场的书铺，以及东安市场、西单商场的大小书摊，宣武门里甘石桥马路边的破书地摊。这些都是高校教师的淘书之地。尤其是厂甸，每年正月初一至十五，可以说这里是书摊集结的庙会，各色书籍，可谓琳琅满目。特别是

---

① 吴学昭整理注释：《吴宓日记》Ⅱ，北京：生活·读书·新知三联书店，1998年，第247页。

② 浦江清：《清华园日记·西行日记》，第2版，北京：生活·读书·新知三联书店，1999年，第21页。

③ 罗尔纲：《师门五年记·胡适琐记》（增补本），北京：生活·读书·新知三联书店，2006年，第276—277页。

古籍抄本，货多，且勤换，常能给人以意外收获。所以春节期间逛厂甸便成为高校教师的共同节目。

上海以售卖各种中西文新式出版物及二手书为主的书店多集中在福州路与北四川路等繁华地带，而老城区城隍庙一带则成为以售卖线装书、古籍为主的书铺与书摊的集中地。新兴书店与传统书铺及书摊三者并存，共同构成了上海最主要的文化空间。这些地方便成为高校教师的光顾之地。

民国高校教师对书市淘宝，可谓是充满着热情，甚至可以用“狂热”一词加以形容。首先是持之以恒。这里可以以北京大学教授钱玄同为例。钱玄同的逛厂甸是出了名的，用他的话说是“有必逛，逛必尽兴，无间风雪”①。有人因此戏称他为“厂甸巡阅使”。我们可以看看他在1916年春节期间的日记。2月6日是正月初四，“午后至厂甸，书摊尚极少”。2月7日，“课毕至火神庙，见书摊尚极少，无甚可观”。2月8日，“课毕至火神庙，今日书摊均摆出矣。昨见有清世缙刻宋吴革刻大字本朱子《周易本义》，幼渔欲之，今日以一元五角为购之。购得横渠《易说》一部。……又购得郭庆藩《庄子集释》”。2月9日，“课毕至火神庙，以九元购得初印本《楷法溯源》一部，又购得《古周易》一本，《通志堂》中零种也”。2月11日，“申至琉璃厂，今日因风大，人颇少，以四金购同文石印《纲目》一部归”。2月18日，“火神庙书籍摊摆至今日便收摊矣。购得点石斋石印《四库提要》及同文印《草字汇》，又《周子全书》一部”。②

钱玄同逛厂甸买书还体现了他思想的变化。他在1917年1月26日日记中说，“往年阴历岁首课毕，必往来于火神庙、厂甸之间数次，不以为疲”，而现在观之，“觉中国古书有价值者本少，而有价值之书，或适用于古昔，未必适用于今日，故今后本国古籍颇拟少购”。③

到了1930年，钱玄同逛厂甸已经连续了17年。他在1930年2月6日日记中写道：“我逛厂甸，此为第十七次矣。年来精力渐衰，回忆当年学期分三，阴

---

① 杨天石主编：《钱玄同日记》中，北京：北京大学出版社，2014年，第737页。

② 杨天石主编：《钱玄同日记》上，北京：北京大学出版社，2014年，第288—289页。

③ 杨天石主编：《钱玄同日记》上，北京：北京大学出版社，2014年，第305、306页。

历岁首尚须上课，往往课毕已下午三时，而常能逛完各摊，今则不行了。现在每天贵宝得很，下午总觉逛不完，故定全体非分两日，或竟三日，始能逛完，周而复始。”①

民国高校教师的书市淘宝，第二个表现是发自内心的喜悦。这里不分年轻年老，高校教师对逛书市都充满着真情的眷恋。王国维的女儿回忆说：“我们住在城里时，他最常去的地方是琉璃厂。古玩店及书店的老板都认识他，在那里，他可以消磨大半天。古玩只是看看而已。如果在书店里遇到了想要的书，那就非买不可了。所以母亲知道他要逛琉璃厂，就先要替他准备钱。迁居清华以后，很少进城，到书店去时间也就减少了。记得有一次他从城里回来，脸上洋溢着笑容，到了房内把包裹打开，原来是一本书，他告诉母亲说：我要的不是这本书，而是夹在书页内的一页旧书。我看到只不过是一张发黄的书页，而他却如获至宝一般，我想一定是从这页书里找到了他很需要的资料。”②

如果说王国维的喜悦只是含蓄的，那么其他教师的喜悦则掩饰不住地要表现出来。在熙熙攘攘的淘书人群中，蓄着浓密大胡子的北大教授朱希祖为书肆人们所熟知。他在民国初期就进入北大，对珍本古籍兴致浓厚。如有人一提及某书肆到了一部什么古书，他便睁了眼睛，捋胳膊挽袖子嚷着：“吾要！吾要！”还有一个被书肆中人称为“破伦”的北大教授伦明（哲如），常穿一件破大衣，一双破旧鞋袜流连于琉璃厂。他嗜书如命，出手大方，平日收入“除膳粥之余，无不归之书肆”。有一次他在晋华书局书目中看到进了一部《倚声集》，便赶去书肆，不料这部书正被送去某先生家了。伦明立即雇了一辆人力车，抄近路跑步提前赶到了那家宅院门口，堵着了送书来的店员，顺利地买下了这部久求未得的书。

1930年，钱穆到燕京大学任教，后来又在北大任教，在清华、燕大兼课，在北平待了8年。他十分留恋北平的书市，谓北平如一书海，游其中，诚亦人生一乐事，“余前后五年，购书逾五万册，当在二十万卷左右。历年薪水，节衣缩

---

① 杨天石主编：《钱玄同日记》中，北京：北京大学出版社，2014年，第749页。

② 王东明：《怀念我的父亲王国维先生》，陈平原等选编：《追忆王国维》（增订本），北京：中国广播电视出版社，2009年，第411页。

食，尽耗在此”。

余自民国十九年秋去北平，至二十六年冬离平南下，先后住北平凡八年。先三年生活稍定，后五年乃一意购藏书籍，琉璃厂、隆福寺为余常至地，各书肆老板几无不相识，遇所欲书，两处各择一旧书市，通一电话，彼肆中无有，即向同街其他书肆代询，何家有此书，即派车送来。北大、清华、燕京三校图书馆，余转少去。每星期日各书肆派人送书来者，逾十数家，所送皆每部开首一两册。余书斋中特放大长桌，书估放书桌上即去。下星期日来，余所欲，即下次携全书来，其他每星期相易。凡宋、元版高价书，余绝不要。然亦得许多珍本孤籍，书估初不知，余率以廉价得之。①

郑振铎于1931年至1934年在燕京大学文学院任代理院长，又在清华大学兼课。他在《劫中得书记》有《燕京岁时记》："废历元旦至灯夕之厂甸，尤为百货所集；书市亦喧闹异常，摊头零本，每有久觅不得之书，以奇廉之值得之。余尝获一旧抄本《南北词广韵选》，即在厂甸中某摊头议价成交者。"②

30年代后，厂甸在阳历元旦也开市。浦江清在1931年1月6日日记中写道："晨八时半起，回斐云寓所，斐云已出，遂出独游厂甸。古董摊书摊零落，大不及旧历年，但比往年新历年为盛，是亦国民政府极力提倡新历年之功也。"③1932年2月6日，"下午进城与以中、宾四同游厂甸，逛旧书字画摊。虽游人不少，自不得比往年之盛矣。大概旧历新年一年不如一年，新历新年则本无点缀。民穷财尽，无所谓年景矣。三人各搜得旧书数册而归。"④

胡适在1937年1月8日日记中也写道："与毛子水同去逛厂甸，天已晚了，买了几本书。"在阴历春节，2月24日（正月十四）又记道："与子水同游厂甸，只到土地祠一处，买了一些杂书。"⑤

---

① 钱穆：《八十忆双亲·师友杂忆》，第2版，北京：生活·读书·新知三联书店，2005年，第179、181页。

② 转引自邓云乡：《文化古城旧事》，北京：中华书局，1995年，第187页。

③ 浦江清：《清华园日记·西行日记》，第2版，北京：生活·读书·新知三联书店，1999年，第45页。

④ 浦江清：《清华园日记·西行日记》，第2版，北京：生活·读书·新知三联书店，1999年，第71页。

⑤ 曹伯言整理：《胡适日记全集》第7册，台北：联经出版公司，2004年，第368、387页。

林语堂毕业于上海圣约翰大学，他看到自己因为在教会学校学习，把国文给忽略了，所以至大学毕业，中文水平很差。毕业后到清华大学任教，来到中国的文化中心北京，他深感窘迫，下决心要在中文上下功夫。他谈到，其中一个学习途径就是逛琉璃厂。“我找到了卖旧书出名的琉璃厂，在那条街上，一排一排的都是旧书铺。由于和书商闲谈，我发现了我在国学知识上的漏洞，中国学者所熟知的，我都不知道。与书商的随便攀谈，我觉得非常有趣，甚至惊异可喜。我们的对话比如：‘这儿又有一本王国维的著作《人间词话》。’其实我是生平头一次发现他的此一著作。又如：‘这儿又有一套《四库集录》。’后来，我也学会谈论书籍，甚至谈论古本了。”①

1936 年，罗尔纲在北大升为助教后，又在中央研究院社会科学研究所兼职，经济待遇有了改善。“那时候，我每月 130 元的薪津，我仍然过着 90 元一月的生活，每月有 40 元剩余。本来我到了北平就养成访书的爱好，成为一个最感兴趣的生活，即囊有余钱，我到琉璃厂、隆福寺、头发胡同、东安市场各处书店、地摊、担子去访书的工作更走得勤了。那几本珍贵的曾国藩手批萧盛远所呈《粤匪纪略》、王韬手抄本谢介鹤《金陵癸甲纪事略》、左宗棠《致张曜书真迹》、明刻《今古奇观》残本、乾隆帝朱批《异域琐谈》，都是在这一年内访得的。”②

以上雅趣种种，不一而足，但也能看出民国高校教师对休闲生活的追求。他们不仅是在寻找生活的快乐，更要发掘生命的意义，使生命和生活更加充实，更加完美。

（二）娱乐

娱乐也属于雅趣的范围，它偏重于民国高校教师的文体爱好。人们对文体活

---

① 林语堂：《圣约翰大学》，钟叔河、朱纯编：《过去的大学》，武汉：长江文艺出版社，2005 年，第 285 页。

② 罗尔纲：《师门五年记·胡适琐记》（增补本），北京：生活·读书·新知三联书店，2007 年，第 52 页。

动的需求应该是天性。古之人说，人之于情感，手之舞之足之蹈之，乃人之情感的自然流露。满足之，张扬之，皆为人的精神享受。

1. 观赏戏曲

随着近代城市的发展，戏楼、影院遍布城市。观赏戏曲、电影也成为民国高校教师的一项业余活动。据黄侃日记，1913年10月21日，“晚偕十一妹、浦如同往观新剧社之侠女剧”。11月5日，“晚偕十一妹赴张园观剧”。12月21日，“晚与十一妹、曾佑、容儿同至民鸣看新剧，惟影戏极佳，一时归”。[①] 1931年4月26日，“饭后携儿出游，入大世界，亢热，急返。夜与田子、祥子至国民戏院看歌女红牡丹有声电影，情事有足感人者”。5月3日，“夜携子侄看影戏于国民”。6月20日，“夜挈三子看影戏，慈始夜出”。[②]

据吴虞日记，吴虞到北京大学十天后，1921年5月18日，北大同事、四川老乡陈惺农约他在饭局后一起去看电影。“席散，惺农约过中天电影台观电戏，归已晚矣。”[③] 1922年5月6日，吴虞与林纾、罗振玉、傅增湘赴邓镕饭局，后去看电影。“下午三时归。晚饭后过中央公园，牡丹已谢。旋至真光，票银五角，电影为《痴侠趣史》，中夹西班牙女伶跳舞，予为诗纪之云：‘百琲珠衣淡若云，冰肌和雪杳难分。恍若群玉山头见，电影光中乱舞裙。’又有麻罗君演奇技，亦可观，坐客为满。”[④]

据吴宓日记，1928年3月4日：“下午2—5邀陈宅诸人（姨太、颖、润、炽、疆、讷）至东安市场明星戏园观电影《西厢记》（候曜导演），殊恶劣。（一）古代衣冠，近世园亭，寻常猥俗人物。合之而演示《西厢记》之曲本，甚不和谐。（二）多示无关本题之小节（如战争而解寺围等）。”[⑤]

清华大学浦江清是个昆曲迷，他在日记中对听唱昆曲的活动多有记载：

1928年1月23日：晨起甚早，与涵清、舜若、旭之、以中、增禄进

---

① 黄侃：《黄侃日记》上，北京：中华书局，2007年，第17、19、25页。

② 黄侃：《黄侃日记》下，北京：中华书局，2007年，第701、702、715页。

③ 中国革命博物馆整理：《吴虞日记》上册，成都：四川人民出版社，1984年，第601页。

④ 中国革命博物馆整理：《吴虞日记》下册，成都：四川人民出版社，1984年，第34—35页。

⑤ 吴学昭整理注释：《吴宓日记》Ⅳ，北京：生活·读书·新知三联书店，1998年，第30页。

城。……晚至开明剧场观小翠花之《贵妃醉酒》、尚小云之《满床笏》。京中旅馆以元旦均闭门，因宿中国饭店头等房间，一夜银七元，可谓阔极矣。爆竹声一夜未断，不成寐。

1929年2月2日，星期六：下午与竹人、旭之同往广德楼听韩世昌《烂柯山·痴梦》。是日韩演双出，《痴梦》后尚有《学舌》，但广德楼设备简陋，火炉不暖，旭之尤足冷不耐坐，遂出。韩年齿已大，饰小旦貌不能动人，但唱做自是当行。北平昆曲衰落，弹此调者惟韩一人矣，然只能在广德楼，且不过唱一二星期，卖三毛钱之票，听者甚寥寥。闻韩前数月在日本，备受彼邦人士热烈之欢迎。中华古艺术，自己鄙夷不屑道者，将由外人提倡之，可叹也。

1929年2月10日，星期日：旧历元旦，……至前门外北京站旅馆，与旭之、舜若、增禄诸君会。共至华乐园听高伶庆奎戏。高善拖腔，别有风味，是日去诸葛亮，唱《初出祁山》(即《收姜维》)，不见精彩。

1929年2月11日：午后，听韩世昌《佳期》、《拷红》，做工之细腻，叹观止矣。虽素反对昆剧之舜若亦为之咋舌。晚聆尚小云、朱素云、李寿山三人之《奇双会》(即《贩马记》)，自“哭监”起至“团圆”止。朱伶年已耳顺，唱小生，声音清润自然，做工颇潇洒，其不愧第一小生之目，人或云不及程继仙，然程伶余无一聆之机会，不能判其高下也。李为尚之丈人，饰李奇极悲怆之致。是剧李、朱、尚三人可称三绝。得聆此种戏剧，今岁新年不虚度矣。夜宿北京旅馆。[①]

除到城里观赏戏曲外，高校教师也经常参加校内的文体活动。在北京大学，据吴虞日记，1923年4月21日，“七时至二院听音乐会奏乐，座为之满，有美人丁女士唱歌，予所不解也。高师女生，来卖弄者亦多，男生频频回顾，始证明目之于色，耳之于声，不在天性之外”。1923年5月14日，“日本宫内省讲师田边尚雄，今日下午七时，在二院大讲堂放留声机中之古乐”。[②]

1928年4月7日，这一天是星期六，吴宓把家人带到清华园，“八时半回西

---

① 浦江清：《清华园日记·西行日记》，第2版，北京：生活·读书·新知三联书店，1999年，第5、25—31页。

② 中国革命博物馆整理：《吴虞日记》下册，成都：四川人民出版社，1984年，第110、115页。

客厅。导心一、学淑、芝润、王保和、汪玉堂共游观鸡鸭场、成志小学、电灯场、售品公社等地。并扑蝶、打秋千为戏。10—12观赛球（女生赛篮球）”。[①]

2. 自娱自乐

随着教师队伍的壮大，民国高校教师渐渐成为校内文体活动的主角。教师们利用自己的专业特长，或者发展自己的文娱兴趣，在文体活动中大展身手。

清华国学研究院时代，每到周六晚都有一个“同乐会”，师生全参加，有人讲故事，有人说笑话、背书、唱戏、唱歌。研究院的导师们这时也纷纷登台。梁启超有次上台背诵了《桃花扇》全本，让学生们倾倒。王国维多数时间都比较沉默，但有一次也登台背诵了《两京赋》。语言学大师赵元任的表演更是绝妙无比。有一次他将同学们的茶杯收去十多只，然后敲打调音，七音调正后，用茶杯奏出一首乐曲，四座皆惊。有一次他表演《全国旅行》，每到一地均用当地方言来表达。从北京出发，然后到西安、兰州、成都、重庆、昆明、广州，最后回到上海，各地方言学得惟妙惟肖，表现出扎实的语言学功底。[②]

1930年12月31日，清华大学校门前及大礼堂前都扎起彩楼，庆祝新年。晚上则在大礼堂有文艺表演。这一天浦江清约来了燕京大学的女友仰贤、贞芳共度除夕。“是晚节目有国乐、国技、昆曲、皮簧等。昆曲共五出：（1）叶仰曦君的《训子》；（2）陆麟仲夫妇的《乔醋》（陆为陆润庠之子，妇别号瓣罗馆主，乃其妾）；（3）袁二小姐及袁三小姐之《琴挑》（皆袁珏生之女）；（4）廖书筠女士之《闻铃》；（5）陈竹隐女士、马珏女士之《游园》。皆名票友。身段自以陆麟仲为最，唱以廖女士为最，天赋歌喉，高低皆擅其妙。而袁二小姐之潘必正，潇洒之至；陈竹隐女士之春香，玲珑活泼，皆不可多得。大轴为皮簧《群英会》，溥西园（红豆馆主）饰周瑜，身段工稳老练，以六十老翁唱小生，尚英姿雄发也。《群英会》完，拟即回室，因她们尚有兴看电影，因陪至晨四时始回室，竟在大

---

① 吴学昭整理注释：《吴宓日记》Ⅳ，北京：生活·读书·新知三联书店，1998年，第45页。

② 姜亮夫：《忆清华国学研究院》，张杰等选编：《追忆陈寅恪》，北京：社会科学文献出版社，1999年，第73页。

礼堂中度岁了。”[①]

从教师日记及回忆文章看，民国高校教师似乎对跳舞不太感兴趣。可能是由于传统观念的影响，清华大学或有周末舞会，教师去参加的甚少。但浦薛凤自1933年赴欧访学一年后回到清华，则开始在家不定期举办家庭舞会。经常来参加舞会的是清华大学的教师夫妇，偶尔北京大学的张奚若、杨景任夫妇也会参加。另外，由于他与妻子都喜爱京戏，他们竟联合几家教师，每周邀请城里的一位旗人，来清华园说戏教导，并拉奏胡琴。清华大学二十五周年纪念，浦薛凤夫人与朱自清夫人、俞平伯夫人都上台演唱昆曲。[②]

溜冰项目则为年轻教师所欢迎。浦江清大学毕业后在清华大学任教时期对滑冰甚为着迷。1931年1月20日，“晚上一人至冰地学溜冰。因为初学怕人笑，所以特地择夜间。这几天学生预备考试功课，所以溜冰的人少。虽然今年曾下过二次，但是依旧不能如意，跌了好几跤”。第二天，“晚上，再学溜冰。有进步，喜极”。[③]

吴梅是曲学大师，他在东南大学任教时，与陈巢南、姚鹓雏交往甚密。“时入新秋，秦淮河画舫渐冷落，无赁之者，吾侪以三金雇一舫，供匝月之用。嗣以每日须鼓棹抵复成桥，增一金以酬舟子，总四金耳。吾侪恒以傍晚下舟，具酒肴，陈笔砚，觞咏磅礴其中，夜分始散。”[④]

这样的娱乐兴趣，吴梅到中央大学后还在继续。他在30年代组织“潜社”，每一两周，辄于秦淮河灯舫中，作文酒之会，师生压笛度曲，各制短章，共加品第竞赛。开始时，“潜社”只有吴梅一名教授，其余为学生。后来汪旭初加入，倡为慢词。其后又有汪辟疆加入，他好打诗钟。再后则有黄侃（季刚）、胡小石、

---

① 浦江清：《清华园日记·西行日记》，第2版，北京：生活·读书·新知三联书店，1999年，第41—42页。

② 浦薛凤：《浦薛凤回忆录》上，合肥：黄山书社，2009年，第167—168页。

③ 浦江清：《清华园日记·西行日记》，第2版，北京：生活·读书·新知三联书店，1999年，第54、55页。

④ 郑逸梅：《南社丛谈：历史与人物》，上海：上海人民出版社，1981年，第163页。

王晓湘和金陵大学的胡翔冬等教授加盟，于是“潜社”一分为二，师生各自活动。[①]

“潜社”的活动情趣，也可以从黄侃日记中了解大致。

1929年10月8日：饭后，旭初、晓湘、辟疆、瞿安来，遂偕游后湖，携酒、蟹以往（石禅、念田及辟疆之子越、佑从），憩洲山茶社。久坐，对钟山岚色，北渚烟痕，荷凋柳黄，秋容凄懔，约连句填词一首，趁月而归，复开尊共酌，十时始散。瞿安度曲甚多。今日之游，极朋尊游赏之美已。

所连词为：

素秋纵目，笑紫萸、明朝又满危冠（侃）。隄柳全疎，篱英初绽（红藕香残，白蘋风劲），伤高念远先难（吴梅）。暮天尽宽，共放歌清酌花前（王易），怅斜阳、渐落汀州，断桥流水景荒寒（汪东）。

江国胜游堪记，奈才酬怨鴂，便听凉蝉（侃）。哀乐中年，阴晴芳候，还劳倦客题笺（梅）。再无画船，只败荷相望娟娟（汪国垣）。趁归途，賸有销凝，远山扶醉看（易）。[②]

钱穆爱好昆曲，他是在常州中学时受老师影响而爱上昆曲，同时也喜好平剧，兼好各处地方戏，如河南梆子、苏州滩簧、绍兴戏、凤阳花鼓、大鼓书等。并由此喜欢上吹箫，终生乐此不疲。在北平任教期间，每天上班时在人力车中的闭目静坐也给他诸多的惊喜。钱穆任北大教授，又兼清华、燕京的课，每周得两次穿城而出。不久，师大又请他兼课，路途的奔波使他别有一番享受：“余住马大人胡同，近东四牌楼，师大校址近西四牌楼，穿城而去，路甚遥远。余坐人力车，在车中闭目静坐，听一路不绝车声。又街上各店肆放留声机京戏唱片，此店机声渐远，彼店机声续起，乃同一戏，连续不断，甚足怡心。”[③] 邓云乡谓钱穆在此记忆有错，去师大不经西四，如去燕大、清华才经西四。恐怕钱穆只一心在享受路途的怡心，而忘了这车究竟往哪儿去。

---

① 常任侠：《记吴梅老师》，萧乾主编：《史迹文踪》，北京：中华书局，2005年，第33页。

② 黄侃：《黄侃日记》中，北京：中华书局，2007年，第582页。

③ 钱穆：《八十忆双亲·师友杂忆》，第2版，北京：生活·读书·新知三联书店，2005年，第167页。

3. 清华谷音社

俞平伯喜爱昆曲，其夫人出身钱塘许氏，是清朝晚期著名的官宦之家，通旧学，能书会画，对唱昆曲极有功底。俞平伯在来清华之前就在清华园表现了才艺。吴宓日记载，1927 年 10 月 6 日，“上午读书。下午，俞平伯等来，在工字厅演唱昆曲（《长生殿》等），辅以笛板。寅恪来，邀同往听。3—5 毕，又导俞等参观校中各地，五时散去”。①

俞平伯于 1928 年 10 月来清华任中国文学讲师，就与喜爱昆曲的叶公超、浦江清、汪健君、张荫麟、许宝驯等人常在一起研究和演出昆曲，并时常到城里戏园看昆曲。张中行回忆说：“记得三十年代前期的一个夏天，我同二三友人游碧云寺，在水泉院看见俞先生、许夫人，还有两位，围坐在茶桌四周，唱昆曲。”②

1935 年，由俞平伯发起，清华大学的昆曲爱好者组织了一个谷音社，取“空谷足音”之意，社友有浦江清、华粹深、汪健君、陈盛可、陶光、许宝騄等人。浦江清在日记中记载了谷音社活动的一些片段：

1936 年 1 月 5 日：下午共笛师陈延甫进城至东四牌楼后拐棒胡同 1 号华宅赴曲集，唱《望乡》二支。主人华粹深君，宝熙孙也，用汉人姓华。谷音社同人到者有俞平伯、许宝騄、汪健君、陈盛可、陶光共主人及余而七。言咏社社员到者二人，许氏兄弟。下午六时赴青年会搭清华公共汽车返校，俞平伯邀往新南院四号其家中晚饭。拍吴瞿安先生新谱《桃花扇·哭主》[胜如花] 二支。

1936 年 1 月 8 日：下午陈延甫来，续拍《女弹》。晚间俞平伯来邀往商议关于谷音社与城内言咏社联合曲会事。与汪健君同往。汪君吹箫，许宝騄唱《题曲》，依《纳书楹谱》，声韵凄绝。胜于今伶工谱也。

1 月 18 日：下午进城，至马大人胡同，访钱宾四、许闲若。晚共许闲若、俞平伯夫妇至东安市场吉祥戏院听昆弋班戏，戏目有《打子》、《借扇》、《嫁妹》、《夜奔》、《金雀记》之《庵会》、《乔醋》、《醉圆》。韩世昌之《金雀记》尚可听，侯益隆之《嫁妹》工夫好。

---

① 吴学昭整理注释：《吴宓日记》Ⅲ，北京：生活·读书·新知三联书店，1998 年，第 421 页。

② 张中行：《俞平伯》，《故园人影》，北京：作家出版社，2006 年，第 102 页。

1 月 19 日，星期日：晤许闲若，许、钱同租一屋也。汪健君、陈盛可、俞平伯夫妇同至，唱曲二小时。

1 月 22 日，下午整理书桌，陈延甫来，理《北樵》，续拍《女弹》。［八转］今《弹词》俗唱均略，《女弹》有之，声音甚美。《女弹》一曲，今习者已鲜，陈公此谱，从黄稼寿处抄来。黄昆曲老辈也。付陈延甫笛师酬资五元。①

4. 棋牌消遣

王国维平日的乐趣，恐怕就是在一天的辛勤工作之后，独自玩牌尽兴而眠。他的女儿说："对于睡眠父亲极有规律，晚上十点多一定上床。每天看完书回卧房，就自己一个人拿着牌玩'过五关'，尽了兴，睡觉时间已至，即熄灯而眠。"②

打牌是黄侃的一大娱乐，然又常常悔恨费时输钱。据他的日记，1931 年 4 月 25 日，"午后，游允白及仲云、旭初、小石、鲁生、通一、孑明毕会，打牌至夜半"。4 月 28 日，"打牌中闻大雷，殊恐。吴木兰女同志喧扰实甚，以至大输。夜中冒雨冲泥而归，无谓之至"。4 月 29 日，"夕食后打牌，妄人托拉斯遽以醉语相加，不得不严词诃止之。总缘博戏有此患也，自此戒博也。夜归，汽车几覆于成贤街四牌楼交叉处塘水中，性命呼吸间，诚危险哉"。5 月 1 日，"与伯亨赴觉生处打红十壶，半夜归"。5 月 2 日，"午后达生来，遂打牌至夜，又负，疲精耗财，五日中妄用至九十五元，可恨"。③

南开大学则专门辟出场地供教职员业余活动。萧公权在南开大学两年半，他认为是很快乐的两年半。"学校把百树村十号房屋的一部分作为教员俱乐部。晚饭之后，我们随意去那里喝咖啡，谈天，或作各种游艺，藉以稍纾一天工作的疲劳。（'集体象棋'是我们最欢喜的游艺。两人坐下对局，其余的人一哄而上，分别站在当局者的背后做义务参谋。这种集体下棋的基本教条是'观棋不语非君子'。当局者集思广益，从谏如流，尽可无为而治，维持'胜固欣然，败亦可喜'

---

① 浦江清：《清华园日记·西行日记》，第 2 版，北京：生活·读书·新知三联书店，1999 年，第 129—133 页。

② 王东明：《最是人间留不住》，陈平原等选编：《追忆王国维》（增订本），北京：生活·读书·新知三联书店，2009 年，第 387 页。

③ 黄侃：《黄侃日记》下，北京：中华书局，2007 年，第 700、701、702 页。

的风度。）大约一个钟头左右，我们尽兴而返，回家去继续作研究工作（如廷黻兄），或加紧预备教材（如我自己）。”[①]

周作人曾回忆刘半农：“他的专门是语音学，但他的兴趣很广博，文学美术他都喜欢，做诗，写字，照相，搜书，讲文法，谈音乐。”[②] 从法国回来后，刘半农加入了北京大学的摄影团体“北京光社”，先后四五次参加了在中山公园举办的摄影展览。刘半农的摄影作品如《莫干山之云》《买花姑娘》《平林漠漠烟如织》《捣衣》等，表达了“画中有诗，诗中有画”的境界。刘半农还根据自己的摄影体会写了一本《半农谈影》，可以算是中国历史上第一部较有影响的摄影理论专著。

5. 聊天

复旦大学教师汪翰章说：“教员在闲暇时，总要做一两件事消遣；这种消遣方法，又有许多不同：有喜欢打牌的；有喜欢吃酒的；有欢喜清谈的，有喜欢作文的；有欢喜看电影的，有欢喜逛马路的或公园的；有欢喜收藏古玩的。就中以清谈的为多。”[③]

钱玄同爱聊天，白天除上课外，他总是去朋友家谈天。北大教授魏建功说钱玄同到朋友家聊天，谓之“生根”，意思是到了不走，屁股生了根。其习惯“早在下午四时，晚或六时，先生提了他的皮包、手杖进了各家的客厅（多半就是书房），坐下了以后，海阔天空的谈起。我所得益于先生的‘知人论世’、‘言道治学’种种方面，全是在这些时间里”。[④] 周作人说：“玄同善于谈天，也喜欢谈天，常说上课很困倦了，下来与朋友们闲谈，便又精神振作起来，一直谈上几个钟头，不复知疲倦。其谈话庄谐杂出，用自造新典故，说转弯话，或开小玩笑，说者听者皆不禁发笑，但生疏的人往往不能索解。”[⑤]

---

① 萧公权：《问学谏往录》，合肥：黄山书社，2008 年，第 85 页。

② 周作人：《知堂回想录》，香港：三育图书有限公司，1980 年，第 504 页。

③ 汪翰章：《上海教员的生活》，《现代学生》第一卷第二期，1930 年。

④ 魏建功：《回忆敬爱的老师钱玄同先生》，沈永宝编：《钱玄同印象》，上海：学林出版社，1997 年，第 98 页。

⑤ 周作人：《钱玄同的复古与反复古》，沈永宝编：《钱玄同印象》，上海：学林出版社，1997 年，第 19 页。

钱玄同的儿子在回忆父亲时说道："父亲的课余生活太少了。他最喜欢的是找老朋友谈天，海阔天空的谈着他们过去经历过的事，或当年在日本东京出入人民报社的人物等等。他把谈天当作休息，他认为这样能消除疲劳而振起精神。其次，从日本养成沐浴的习惯，在北京经常到澡堂去洗盆浴，躺在水中也是休息消除疲劳法之一。再就是到中央公园去坐茶座会朋友，阅报纸，聊天。公园中茶馆有春明馆、水榭、长美轩、来今雨轩等，下午在树下藤椅上坐着，可以饮茶，叫点心吃便饭，很方便。说到娱乐方面更少了，只记得父亲带我去看过几次学校剧团演的新话剧。"①

其实喜爱聊天的何止是钱玄同，民国时期很多高校教师都热衷聊天。家中的客厅、书斋，酒宴的餐桌，公园的茶座，皆为朋友同事相聚聊天的场所。周作人、马隅卿、沈兼士、朱自清、陈寅恪、吴宓、浦江清、钱穆等，虽然视时间如生命，但他们又是极喜聊天的人。大概是"与君一席话，胜读十年书"的魅力，民国高校教师对聊天极为享受。

周作人对聊天很是欣赏，他认为朋友之间的聊天是颇有意义的，人们从中可以获得见识，可以论理，可以娱乐。他在1923年写道："雨虽然细得望去都看不见，天色却非常阴沉，使人十分气闷。在这样的时候，常引起一种空想，觉得如在江村小屋里，靠玻璃窗，烘着白炭火钵，喝清茶，同友人谈闲话，那是颇愉快的事。"②

林语堂在《生活的享受》中有《谈谈话》一节。他认为：谈话以夜间为最好，因为白天总觉得有点乏味。至于说话的地点不是很重要。在18世纪式的"沙龙"中，或午后坐在田园中的木桶上，都可以畅谈文学或哲学。谈话的妙处便是在于环境、地点、时间，以及参加的人物次次不同。有时我们记得是在月白风清、丹桂飘香的良宵，有时记得是在风雨晦暝、炉火融融的夜晚，有时记得是坐在亭上，眺望江舟顺流而下，有时记得是深夜坐在车站的候车室里。也许是两

---

① 钱秉雄：《回忆父亲——钱玄同先生》，杨天石主编：《钱玄同日记》下，北京：北京大学出版社，2014年，第1400页。

② 周作人：《雨天的书·自序一》，石家庄：河北教育出版社，2002年，第1页。

三个人，或五六个人，那夜老陈有点醉意，或老张有点伤风，使那晚的谈话更有风趣。这便是“月不常圆，花不常好，好友不常逢”的人生，我们享享这种清福，我想必非是神明所忌的。[①]

清华大学教师浦江清曾在1929年2月22日的日记中记载了这么一个聊天场景：“众人去后，潘世宁、孙瑞珩两君独留，讨论社会问题及婚姻问题等，过午夜。余等三人辞归。至中庭，月色甚佳。今日为旧历十三日，皓魄一轮，已完美无缺，此时适在吾人头顶上，极高而小。余谓潘曰：‘古人言山高月小，今在平地，何能若是?’潘云：‘北方天气特别洁净，天无纤云，故能如此。’余等遂暂不归室睡，径出学务处大门，在园中绕行一周。全园似均已入梦，绝无灯火，静极。惟闻三人脚步声。路上见一警察，向余等颇注视，月光中不能视其面，当有错讶之色耳。余谓：‘万事皆有缘，朋友相值，闲谈，闲行，皆有缘分在。’潘云：‘朋友中有合有不合，不可用理由讲解，我等即出一千块钱，有谁肯陪我们闲谈到二三点钟，又犯寒出门看月耶！’”[②]

多么纯真的境界！静谧的月夜，幽静的清华园，惟闻三人脚步声，真有“明月松间照，清泉石上流”的意境。纯真、坦诚、自然的朋友情怀就在这时空中弥漫。这就是民国高校教师所崇尚的生活情趣。

（三）聚会

比聊天规模更大的是聚会。志同道合的朋友们相聚一堂，甚至有相对稳定的聚会形式，定期举行。这也是民国高校教师日常生活的重要内容。

民国高校教师的聚会有着欧美沙龙的影子。“沙龙”一词最早源于意大利语单词“Salotto”，是法语“Salon”一词的译音，原指法国上层人物住宅中的豪华会客厅。从17世纪起，巴黎的名人（多半是名媛贵妇）常把客厅变成著名的社

---

① 林语堂：《谈谈话》，《生活的艺术》，合肥：安徽文艺出版社，1988年，第189页。

② 浦江清：《清华园日记·西行日记》，第2版，北京：生活·读书·新知三联书店，1999年，第35—36页。

交场所。进出者，多为戏剧家、小说家、诗人、音乐家、画家、评论家、哲学家和政治家等。他们志趣相投，聚会一堂，一边喝着饮料，欣赏着典雅音乐，一边抱膝长谈，无拘无束。后来人们便把这种形式的聚会叫作“沙龙”，并风靡欧美各国文化界。民国时期，留学归来的高校教师受其感染，也在平时生活中借此形式聚合起同道朋友进行情感交流。

1. 胡适的“做礼拜”

罗尔纲在《胡适琐记》中谈到30年代胡适在北平的生活作息：

上午7时起床，7时40分去北京大学上班。中午回家吃午餐。下午1时40分去中华教育文化基金董事会上班。晚餐在外面吃。晚11时回家。到家即入书房，至次晨2时才睡觉。他每晚睡5小时，午餐后睡1小时。我因为常失眠，心里以为苦，他教诫我说：“每天一定要睡8小时，那是迷信。拿破仑每天只睡6小时。”他说拿破仑，其实他自己就是如此。这是每天的生活，星期天不同，上午8时到12时在家中客厅做礼拜。他的礼拜不是向耶稣祈祷，而是接见那些要见他的不认识的人。凡已见过的不再见。他是不分品类，一视同仁，有耶稣的作风，称为做礼拜，是有取义的。礼拜天下午在家做工作，不接见人，但傅斯年却例外，经常在这个时候来倾谈。礼拜天晚餐同样是在外面吃，也是到了夜11时才回家。

胡适每天下午是6时下班，到11时共5个小时。他在什么地方晚餐，晚上和什么人聚会，我没有打听过。但有一点却是清楚的，这5个小时，是胡适一天最快乐的时候，他交际在此，娱乐在此。他不打麻将不跳舞，不看电影，不听京戏，他做什么娱乐呢？他喜欢倾谈，那他的娱乐就是倾谈吧。[①]

罗尔纲此处谓胡适“星期天不同，上午8时到12时在家中客厅做礼拜。他的礼拜不是向耶稣祈祷，而是接见那些要见他的不认识的人”，大概就是胡适比较特殊的一种聚会方式。朱海涛也说过：“到了礼拜日的上午，是他公开接见客人的时候，在他那会客室里常坐满一二十人，各种各色的人都有，有未识一面

① 罗尔纲：《师门五年记·胡适琐记》（增补本），北京：生活·读书·新知三联书店，2006年，第91页。

的，有很熟的，有老学究，也有共产党青年。各种不同的问题提出来讨论，延长到三四个钟头。他自己称这个叫‘做礼拜’。”①

胡适的开门迎客，当时北平大学的教师谢兴尧也有回忆：“我毕业后，在国立北平大学文理学院教书，和胡先生做了近邻，他住后门米粮库四号，是一座两层小洋楼，我住二号，每星期天上午顺便到他家拜访请教，总是高朋满座，大都是各学校的教师和各研究机关的研究人员，客人们随便接谈，有学术上的争论，有文化界的传闻，纯粹是一所毫无顾忌的群言堂。”②

胡适日记中也有对“做礼拜”的记载：

1931年4月5日，会客：冯沅君，罗静轩（叔举），孔希白，陈聘丞，杨丙辰，高乐宜，江绍原夫妇，邱大年，新町德之（关西大学法文学部教授）等。

1933年12月24日，上午见客：张真如，张美亚，谢兴尧，吴文祺，Farrington夫妇，范净宇等。③

1934年1月7日，今天来客甚少。我五年来，每星期日上午九点到十二点为公开见客时期，无论什么客来都见。冬秀戏称为“胡适之做礼拜!”。有时候一个早晨见二三十个客，今天只有三位。④

胡适的待人真诚得到众人的普遍认同。温源宁在这方面的评价是很坦率的，他说：“胡适博士不是喜欢把自己的才能隐藏在地下的那种人：他有什么，就显示出什么。他是什么，就完全是——就完全表现在他的著作、他的谈吐、他的行为方式中。他不相信隐瞒。在他的身上没有难解的神秘：只有阳光，没有阴影。他的心胸仿佛是一片明亮如镜的广阔湖泊，没有浪漫主义的深沟，没有彼岸的回音。对于这样的湖，我们关心的不是深度，而只是如镜的湖面。那湖面反映一切，能够把一幅幅精致、明净、有序的宇宙画面呈现在我们眼前。”他以胡适的

---

① 朱海涛：《胡适先生》，陈平原、夏晓虹编：《北大旧事》，北京：生活·读书·新知三联书店，1998年，第349—350页。

② 谢兴尧：《读书有味聊忘老》，陈平原、夏晓虹编：《北大旧事》，北京：生活·读书·新知三联书店，1998年，第497页。

③ 曹伯言整理：《胡适日记全集》第6册，台北：联经出版公司，2004年，第539、731页。

④ 曹伯言整理：《胡适日记全集》第7册，台北：联经出版公司，2004年，第10页。

星期日客厅为例，“胡博士的家门每逢星期天对外开放，来者不拒。任何人，不论是大学生还是共产主义者，是商人还是盗贼，只要开口，他都会耐心倾听、耐心叙谈。对于深陷困境的，他会给予帮助；对于寻求工作的，他给写介绍信。有些人来请教学术问题，他总是尽其所能加以满足。也有些人只是前来问候，他便飨以零零碎碎的新闻或消息。所有的来客离去时都会觉得不虚此行”①。

2. 林徽因的家庭茶会

社会上曾经传闻林徽因“太太的客厅”，其实林徽因对这种说法是不屑一顾的。它只不过是梁思成、林徽因夫妇每逢周六在自己客厅与朋友们的茶会。大致是 1930 年秋，梁思成、林徽因将家安在了北京北总布胡同 3 号。自 1931 年后，每逢周六，梁思成、林徽因的一群朋友，如金岳霖、钱端升、张奚若杨景仁夫妇、周培源王蒂澂夫妇、陈岱孙、李济、陶孟和、邓以蛰、沈从文、胡适等高校教师都会相聚这里，另有大批慕名而来的大学生，如萧乾、卞之琳等。哈佛大学校长坎南的女儿费慰梅及女婿费正清后来也加入了这个行列。大家的聊天，天南海北，有学术问题，有政治问题，也有艺术话题。这种聚会大致持续到七七事变。1946 年 8 月，梁思成、林徽因随清华大学返回北平，定居胜因院教师住宅 12 号。梁家几乎是每天下午有茶会，经常到会者有金岳霖、张奚若夫妇、周培源夫妇、陈岱孙及清华、北大教授，还有清华建筑系的几位年轻教师。

这种形式显然是受英国高校流行的“下午茶”影响。19 世纪末期，科学家汤姆逊模仿德国习惯，在实验室组织研讨，每两周一次，同时具有茶点。后来根据汤姆逊的建议，决定不同专业的教授和学生在每天英国人习惯的下午茶时漫谈，参加人员不论职务高低，一律平等相处，气氛轻松融洽。曾经在英国生活过的林徽因欣赏这种形式，也需要这种形式。费慰梅曾对茶会的参与人员予以介绍：张奚若是政治学家，讲原则，直率；钱端升，尖锐的中国政府分析家，对国际事务很感兴趣；李济，哈佛出身的人类学和考古学家；陶孟和，社会学家，“这些人如同建筑学家梁思成和逻辑学家老金，无一不是现代主义者，立志要用

① 温源宁：《不够知己》，江枫译，长沙：岳麓书社，2004 年，第 109—110 页。

科学的方法研究中国的过去和现在的现代化主义者”[1]。

为什么人们会把这一茶会称之为“太太的客厅”？这当然与漂亮女主人林徽因的魅力分不开。林徽因的漂亮在当时学术界是公认的，但这不是问题的重点。重点是，每次茶会，林徽因都是活跃其中的中心人物。费慰梅是这样评价的：“每个老朋友都会记得，徽因是怎样滔滔不绝地垄断了整个谈话。她的健谈是人所共知的，然而使人叹服的是她也同样擅长写作。她的谈话和她的著作一样充满了创造性。话题从诙谐的轶事到敏锐的分析，从明智的忠告到突发的愤怒，从发狂的热情到深刻的蔑视，几乎无所不包。她总是聚会的中心人物，当她侃侃而谈的时候，爱慕者总是为她那天马行空般的灵感所迸发出来的精辟警语而倾倒。”[2]

像这样的评价在其他人那儿也是普遍认同的。但林徽因的茶会表现并不是用来展示自己的风头。林徽因自 15 岁便随父亲来到伦敦，参与其父亲的各种社交活动。1924 年又与梁思成一道赴美国宾州大学学习。西方文化的熏陶，大大拓展了她的眼界，深刻地影响了她的人生观。而中国社会的现实，自然给林徽因带来了心中落差。因此她很需要不断地补充新的活力，需要不断地通过某种交往吸取新生活的营养。当费慰梅夫妇来到中国，他们与林徽因用英语交流感情，发现他们之间能够更好地自由交流。正如林徽因给费慰梅的信中所说：“自从你们两人来到我们身边，并向我注入新的活力和对生活以及总体上对未来的憧憬时，我已变得更加年轻、活泼和有朝气了。”[3]

加之林徽因的母亲与他们同住，这个在旧式生活氛围浸润的女人，因其丈夫跟二姨太关系更亲密而感情受挫，内心失衡。这位母亲，用费慰梅的话说，是一个感情上完全依附于女儿的、头脑同自个儿的小脚一样被裹得紧紧的妈妈，因而在家里常常与林徽因发生冲突。加上繁杂的家务，使林徽因时时都受到来自孩

---

① 费慰梅：《聚会的中心人物》，刘小沁编选：《窗子内外忆徽因》，北京：人民文学出版社，2001 年，第 33 页。

② 费慰梅：《聚会的中心人物》，刘小沁编选：《窗子内外忆徽因》，北京：人民文学出版社，2001 年，第 33 页。

③ 费慰梅：《梁思成与林徽因》，刘小沁编选：《窗子内外忆徽因》，北京：人民文学出版社，2001 年，第 300 页。

子、佣人、妈妈的干扰，这对一个已经享受过自由生活的人来说更需要一种生活方式来调剂。林徽因对费慰梅说："你们知道，我是在双重文化的教养下长大的，不容否定，双重文化的接触与活动对我是不可少的。在你们俩真正在（北总布胡同）3号进入我们的生活之前，我总是觉得若有所失，缺了点什么，有一种精神上的贫乏需要营养，而你们的'蓝色书信'充分地补足了这一点。"① 她需要懂她的人来倾听她的诉说，而参与茶会的这些朋友恰好能从这个方面帮助林徽因。

如果我们细细地品味林徽因生活的苦味，我们就能感受林徽因生活的向往。这又从另一个角度帮助我们感受民国高校教师聚会的生活追求。

3. 金岳霖的"星六碰头会"

有趣的是，当林徽因的家庭茶会结束，穿过一个院子，金岳霖的"星六碰头会"就登场了。费慰梅回忆说："梁氏夫妇的起居室有一扇小门，经由'老金'的小院子通向他的房子。通过这扇门，他常常被找来参加梁氏夫妇的聚会。到星期六的下午老金在家里和朋友们在一起的时候，流向就倒过来了。在这种时候，梁氏夫妇就穿过他的小院子，进入他的内室，和客人搅和一起，这些人也都是他们的密友。"②

金岳霖记述说：

梁思成、林徽因是我最亲密的朋友。从1932年到1937年夏，我们住在北总布胡同，他们住前院，大院；我住后院，小院。前后院都是单门独户。30年代，一些朋友每个星期六都有集会，这些集会都是在我的小院里进行的。因为我是单身汉，我那时吃洋菜。除了请了一个拉东洋车的外，还请了一个西式厨师。"星六碰头会"吃的咖啡冰激凌，和喝的咖啡都是我的厨师按我的要求的浓度做出来的。除早饭在我自己家吃外，我的中饭晚饭大都搬到前院和梁家一起吃。这样的

① 费慰梅：《梁思成与林徽因》，刘小沁编选：《窗子内外忆徽因》，北京：人民文学出版社，2001年，第300页。

② 费慰梅：《梁思成与林徽因》，刘小沁编选：《窗子内外忆徽因》，北京：人民文学出版社，2001年，第32页。

生活维持到七七事变为止。①

金岳霖的“星六碰头会”在他的客厅进行。他的客厅不知为何被称为“湖南饭店”，其实里面只有八个书架，排满了书。“星六碰头会”的参加人员与梁氏茶会基本相同，主要有梁思成、林徽因夫妇，张奚若、杨景仁夫妇，周培源、王蒂澂夫妇，陈岱孙，邓以蛰，等等，哈佛大学校长坎南的女儿费慰梅和女婿费正清也经常来访。久而久之，人们把这称作“星六碰头会”。“星六碰头会”的内容一般开始时会简单谈谈政治问题，总是由张奚若、陶孟和主讲，其后便主要谈美术。金岳霖说：“30 年代，我们一些朋友每到星期六有个聚会，称为‘星六聚会’。碰头时，我们总要问问张奚若和陶孟和关于政治的情况，那也只是南京方面人事上的安排而已，对那个安排，我们的兴趣也不大。我虽然是搞哲学的，我从来不谈哲学，谈得多的是建筑和字画，特别是山水画。有的时候邓叔存先生还带一两幅画来供我们欣赏。就这一方面说‘星六集团’也是一个学习集团，起了业余教育的作用。”②

陈岱孙也回忆了这一聚会：“金先生住的是后院。他经常于星期六下午约请朋友来他家茶叙。久而久之，这就成为一种习惯。他在星期六下午都备些茶点恭候朋友的光临，而他的朋友也经常于是日登门作不速之客。其中有的是常客，有的是稀客，有的是生客。有时也还有他在心血来潮时特约的客人。我是常客之一。常客中当然以学界中人为最多。而学界中当然又以北大、清华、燕京各校的同人为最多。但也不排除学生们。”③

胡适也曾慕名来这里聚会，他在 1931 年 3 月 14 日的日记中写道：“到金岳霖家吃茶。我到的太早了。与岳霖闲谈。吃茶的人渐渐来了，Miss Jones，Mrs. Swan，Prof. Mrs. Jameson，志摩、叔永、莎菲、擘黄、奚若夫妇、端升、

① 金岳霖：《梁思成林徽因是我最亲密的朋友》，刘小沁编选：《窗子内外忆徽因》，北京：人民文学出版社，2001 年，第 23—24 页。

② 金岳霖：《要说说湖南饭店，也就是我的客厅》，刘小沁编选：《窗子内外忆徽因》，北京：人民文学出版社，2001 年，第 26—27 页。

③ 陈岱孙：《人物的广泛性是这茶会的特点》，刘小沁编选：《窗子内外忆徽因》，北京：人民文学出版社，2001 年，第 36 页。

熊某某。”①

4. 朱光潜的“读诗会”

朱光潜的读诗会是活跃在20世纪30年代北平文艺界与《大公报·文艺副刊》之间的一个公共空间。朱光潜学成回国后，胡适聘他担任北大西语系教授，同时还在北大中文系、清华大学中文系（应朱自清的邀请）、北平大学（应沈尹默的邀请）、中央艺术学院（应徐悲鸿的邀请）等高校讲授“文艺心理学”和“诗论”。

从1933年7月到1937年7月，朱光潜在慈慧殿三号住宅的客厅，与同住的梁宗岱共同主持了“读诗会”。朱光潜为人热情，课讲得特别“叫座”，家里客厅又宽敞，来访的学生和朋友川流不息。于是他发起并组织了“读诗会”，以诗会友，广结良缘。他在谈到组织读诗会的动议时说：“我在伦敦时，大英博物馆附近有个书店专门卖诗，这个书店的老板组织一个朗诵会，每逢周四为例会，当时听的人有四五十人。我也去听，觉得这种朗诵会好，诗要能朗诵才是好诗，有音节，有节奏，所以到北京后也搞起了朗诵会。”②

沈从文也参加了这个读诗会的活动，他介绍说：“北平地方又有了一群新诗人和几个好事者，产生了一个读诗会。这个集会在北平后门朱光潜家中按时举行，参加的人实在不少。计北大梁宗岱、冯至、孙大雨、罗念生、周作人、叶公超、废名、卞之琳、何其芳、徐芳……诸先生，清华有朱自清、俞平伯、王了一、李健吾、林庚、曹葆华诸先生，此外尚有林徽因女士、周熙良先生等等。这些人或曾在读诗会上作过有关于诗的谈话，或者曾把新诗，旧诗，外国诗，当众诵过，读过，说过，哼过。大家兴致所集中的一件事，就是新诗在诵读上，有多少成功可能？新诗在诵读上已经得到多少成功？新诗究竟能否诵读？差不多集所有北方系新诗作者和关心者于一处，这个集会可以说是极为难得的。”③

据沈从文介绍，这些人中，俞平伯擅长填词唱曲，朱自清懂中国语体文字性

---

① 曹伯言整理：《胡适日记全集》第6册，台北：联经出版公司，2004年，第527页。

② 商金林：《朱光潜与中国现代文学》，合肥：安徽教育出版社，1995年，第91—92页。

③ 沈从文：《谈朗诵诗》，《沈从文全集》（17卷），太原：北岳文艺出版社，2002年，第247页。

能，梁宗岱、李健吾善法文诗，冯至习德文诗，叶公超、孙大雨、罗念生、周煦良、朱光潜、林徽因则对英文诗富有研究，徐芳女士则喉咙大，声音响，能旁若无人高声朗诵。在集会中，大家轮流读诗。朱自清、周煦良还用安徽腔吟诵过几首新诗，俞平伯则用浙江土腔、林徽因则用福建土腔也读过一些诗。大家通过朗诵，以探讨新诗怎样才能达到朗朗上口的效果。

1935年11月8日《大公报·文艺副刊》的《诗特刊》创刊，每月发行两次。《诗特刊》由孙大雨、梁宗岱、罗念生等集稿，作者中有朱自清、闻一多、俞平伯、朱光潜、废名、林徽因、冯至、陈梦家、卞之琳、何其芳、李广田等，作者群体几乎无一例外来自“读诗会”成员。

聚会是休闲，也是民国高校教师之间学术、思想、感情交流的场合。胡适家客厅的“做礼拜”，梁思成家客厅的“茶会”，金岳霖家客厅的“星六聚会”，朱光潜住宅的“读诗会”，各具特色，都可以看到其生活交流与融合的学术兴趣和发展需要。这既是民国高校教师聚会的特色，也是民国高校教师聚会的魅力所在。

（四）旅游

旅游，在民国时期还不是各社会群体都能享受的乐趣，但高校教师具备了这样的条件。传统士大夫向来有游历山水的传统，崇尚“仰观宇宙之大，俯察品类之盛”的精神享受，更有“读万卷书，行万里路”的志向，这些都成为民国高校教师所追求的生活情趣。近代以来，受西人设立“公园”的刺激和示范，城市中许多私家园林相继开放，成为高校教师闲暇时日俯仰观游的好去处。北京的西山、颐和园、中南海，南京的玄武湖，上海的荒郊野外、沪上八景，都在民国高校教师日记中经常出现。

1. 郊游

民国高校教师借风和日丽之时，呼朋引伴，常爱到城郊的风景名胜，品玄看花，观垂荫拂堤，感轻絮扑面，静品花草虫鱼之趣，胸襟为爽。1921年6月14

日，吴虞与朋友陈愚生、穆济波在中央公园长美轩吃饭后，“至来今雨轩后茗饮。月色极佳，济波行后，予同愚生过池边畅谈”。1928 年 4 月 9 日，吴宓于“下午1—7 陈寅恪招同出游。先访冯友兰于成府槐树街 10 号宅。由冯君导游朗润园及迤西王怀庆之达园（澄怀园旧址）。桃花盛开，甚足游赏。陈寅恪请宴于燕林春”。①

民国高校教师或登高远眺，览湖山亭阁，极云闲天阔。有清风送爽，沁人心肺，胸中积郁，一旦尽吐。1930 年 10 月 6 日，胡适因“今天中秋，叔永一家同我去游西山。从西山脚下，上到老虎山顶。此山在西山八大处之最西，前后无遮拦，故望的最远。前面可见北京城及万寿、玉泉诸山，后面可见浑河、十景山，及戒坛寺。下山在西山饭店吃饭，饭后三点回来”②。

萧公权也有这样的游历：“清华园离西山不远。周末或假日我们有时结伴去游卧佛、秀峰、碧云等寺。颐和园也是我们游踪所到之地。学校离城虽不算近，城内的名胜，如雍和宫、故宫、三海、陶然亭等处，我们也时去游览。正阳楼、东兴楼、便宜坊、馅饼周等著名餐馆和小吃店我们也偶然去照顾。至于到琉璃厂书铺里去‘访书’或到东安市场去买食物和用品，那更是进城时的重要节目。”③

黄侃喜好游嬿，他曾说：“平生友朋游嬿之乐，金陵为最。”黄侃自 1928 年春到南京任教中央大学和金陵大学，南京已有汪旭初、汪辟疆、陈伯弢、王晓湘等人，王伯沆、胡小石早已任教中央大学，不久，吴梅又来到。一班老友相聚，从 1928 年至 1932 年，几乎无日不集，集必剧谈移晷，以为笑乐。遇春秋佳日，同人初度，或相与檠辟一室，或漫游郭外名山。游必集，集必诗，吟笺杂沓，几案狼藉。石桥寓、后湖、青溪、钟山、清凉、栖霞、牛首、诸山等无不留下他们的足迹。

1928 年 7 月 6 日，黄侃与朋友在南京泛游玄武湖。他们登舟至湖神祠，登楼小立，再返舟绕后洲，出桥下，向菱洲，湖光山色，引发众人论诗兴起。“湖游

---

① 吴学昭整理注释：《吴宓日记》Ⅳ，北京：生活·读书·新知三联书店，1998 年，第 47 页。
② 曹伯言整理：《胡适日记全集》第 6 册，台北：联经出版事业公司，2004 年，第 291 页。
③ 萧公权：《问学谏往录》，合肥：黄山书社，2008 年，第 100 页。

正值雨后，游氛尽蠲，斜景在楼橹间，云物尽成金色，澄澜绿净，凉不待风，荷华千万，布列平陂，落日映之，绛艳难名，似更胜初日时也。后洲望钟山，正见其背，草树阡眠，遂成岚气，残虹可二丈所，适在山断处，回顾西颢，则光采晃耀，正似以文绫繁锦糊天。”[①] 第二天，黄侃又携家人游湖。“携妻子出游北湖，风物尤胜于昨，惟先行湖西，绕至湖东，与昨取途异耳。北阜弥为秀蔚，眺望久之，得一诗：为爱北湖好，轻艖追暮凉。洲回收野色，波定合岚光。斜日明殊艳，微风度远芳。妻帑同胜赏，不负水云乡。”[②]

1931 年 5 月 24 日，黄侃又与朋友同游，“金陵诸生请予与小石、刘继宣（确杲）游燕子矶，客主十一人，以马车往（田从）。观音门风景最佳，饮于村市，鱼甚美。旋登矶上，摄二影。随至观音阁永济寺，天将雨，不获游三台洞而返，到寓正六时”。6 月 1 日，“连日气候清和，晡携子侄登豁蒙楼看绿野斜曦，苍山暮霭，意思欢然。晚，饮于广州酒家”。[③]

民国高校教师在这些风景之地，在物我两忘之心境中发思古之幽情，获得内心恬静之感。他们的身心在这样的游玩中摆脱了工作的奔波劳作，得到了放松和休养。

2. **远足**

除近郊、公园的平日游览，民国高校教师还利用寒暑假外出旅行。在旅行生活中，他们善于将山水游历与体验生活、观察社会结合起来，在旅行途中对目力所及之当地世相、民风作详细记录，并将旅游中的观感与已有历史典故的记载相比照，借此丰富自己的文化涵养，从而获得新的生命感受和体悟。

顾颉刚特别爱旅行，可能是由于治史者有着读万卷书、行万里路的情结吧。他说：“予自幼好游览，……其后居北方，力所能至，无不往者，近郊远邑，都作盘桓，匪特赏其风物之美，罗烟霞泉石为吾狎友，亦欲藉以接触民间生活，识国家之现实情状，不使欺蒙于现代化之城市外衣。”1931 年春假，顾颉刚与燕京

---

① 黄侃：《黄侃日记》中，北京：中华书局，2007 年，第 330 页。
② 黄侃：《黄侃日记》中，北京：中华书局，2007 年，第 331 页。
③ 黄侃：《黄侃日记》下，北京：中华书局，2007 年，第 709、711 页。

大学同事洪煨莲、容希白、吴文藻几位同游河北、河南、山东，访问古迹，为燕京大学图书馆搜集了不少古籍，还特地到大名去访问清代朴学大师崔东壁的后人。他看到在我国文化摇篮的黄河流域，人民不知正常生活为何事，兵灾、匪祸连结不解，鸦片、白面、梅毒肆其凶焰，“我自作此旅行，常居明灯华屋而生悲，以为国人十之七八，犹过其原始生活，我不当超轶过甚”①。

钱穆特别欣赏朱熹的“出则有山水之兴，居则有卜筑之趣”的生活方式，他读书治学都尽可能选择环境清幽、景色绝佳的地方。钱穆治学之余，每到一处，总要遍访名山胜水。“余在北大凡七年，又曾屡次出游”，几乎遍及山东、山西、江西、河南、湖北等。在西南联大，他足迹所至，连许多当地人没去过的地方，他都游到了。在遵义浙江大学执教时，学生李埏也适在此任教，于是两人遍游遵义山水。李埏诧异地说：“不意先生之好游，乃更为我辈所不及。今日始识先生生活之又一面。”钱穆说：“读书当一意在书，游山水当一意在山水，乘兴所至，心无旁及。故《论语》首云，学而时习之，不亦乐乎也。读书游山，用功皆在一心。能知读书之亦如游山，则读书自有大乐趣，亦自有大进步。否则认读书是吃苦，游山是享乐，则两失之矣。”李埏又说：“既然如此，为何先生不劝学生游山?”钱穆说：“向来只闻劝人读书，不闻劝人游山。但书中亦已劝人游山。孔子《论语》云，仁者乐山，知者乐水。即已教人亲近山水。读朱子书，亦复劝人游山。君试以此意再读孔子、朱子书，可自得之。太史公著《史记》，岂不告人彼早年已遍游山水。从读书中懂得游山，始是真游山，乃可有真乐。《论语》曰，有朋自远方来，不亦乐乎。如君今日，能从吾读书，又能从吾游山，此真吾友矣。从师交友，亦当如读书游山般，乃真乐也。”李埏闻此：“学生今日从师游山读书，真是生平第一大乐事。当慎记吾师今日之言。”②

胡适外出旅游也注意与已有典籍中关于旅游之地的描述相对照。1928 年 4 月，他与高梦旦等结伴同游庐山。高梦旦带了一本《庐山志》，胡适又借得一本

---

① 邓云乡：《文化古城旧事》，北京：中华书局，1995 年，第 293、294 页。

② 钱穆：《八十忆双亲·师友杂忆》（增补本），第 2 版，北京：生活·读书·新知三联书店，2005 年，第 233—234 页。

《庐山指南》，便一路观赏一路考据。从寺、碑亭，到瀑布、松涛，一路走了三天，胡适对庐山颇有感触。他说：“庐山有三处史迹代表三大趋势：（1）慧远的东林，代表中国‘佛教化’与佛教‘中国化’的大趋势。（2）白鹿洞，代表中国近世七百年的宋学大趋势。（3）牯岭，代表西方文化侵入中国的大趋势。”①

1932年，胡适与丁文江在北平西山游历，并在秀峰寺题诗。胡适写的是白话诗：“谁创此者释子深？谁中兴此法家林？五百年中事翻覆，惟有山水无古今。我游此地独心喜，佛若有灵亦应尔。建刹养僧修凹禅，不如开山造林福百里。”丁文江则是两首七绝：“不妨忙里且偷闲，千亩林园两座山。筑室峰头三百尺，爱从高处看人间。”“绝笔悬崖别有天，俗尘飞不到岩边。故乡胜事夸三海，那抵山中一勺泉。”②

还有一则传闻表达了胡适寄情山水之雅趣。那是30年代，胡适游广西，在漓水船上听桂林女子唱柳州山歌，他记录下三十多首，认为其中有绝妙的民歌。从阳朔回桂林途中，经过良丰的师范专科学校，游览了雁山园。园中有红豆树，三年才结子一次。雁山有岩洞，洞中有泉水，多石乳，气温清凉。胡适问此岩何名，陪同人员说：“向来没有岩名，胡先生何不为此岩取一个名字，作个纪念？”胡适笑说：“此去不远有条相思江，岩下又有相思红豆树，何不就叫它相思岩？”大家一致说好。第二天胡适在飞机上想起此事，就戏仿前夜听得的山歌，做小诗寄题相思岩：“相思江上相思岩，相思岩下相思豆。三年结子不嫌迟，一夜相思叫人瘦。”他写成后说：“这究竟是文人的山歌，远不如小儿女唱的道地山歌的朴素而新鲜。”回到北平后，有位贵州青年会唱山歌，他看了胡适的诗，说：“它不合山歌的音节，不适宜于歌唱。”他替胡适修改：“相思江上相思岩，相思豆儿靠岩栽。（他）三年结子不嫌晚，（我）一夜相思也难挨。”③

雅趣，娱乐，聚会，旅游，如果要用一个词来描述民国高校教师的生活情

---

① 曹伯言整理：《胡适日记全集》第5册，台北：联经出版事业公司，2004年，第39页。

② 罗尔纲：《师门五年记·胡适琐记》，北京：生活·读书·新知三联书店，2006年，第159页。

③ 罗尔纲：《师门五年记·胡适琐记》（增补本），北京：生活·读书·新知三联书店，2006年，第189—190页。

趣，“悠闲”这个词恐怕最合适。悠闲是一种生活状态，是一种让自己的创造力发挥出来的状态，是一种进入自由境界的状态。对忙于教学、科研的民国高校教师来说，悠闲绝对是生活的必需品，也是生活的奢侈品。它既是民国高校教师追求雅致生活情趣的条件，也是民国高校教师追求生活品味的方式。民国高校教师在休闲生活中所追求的不仅是片刻的诗意般的快乐心境，而且是在寻求人生幸福的目标。他们追求一种心灵与自然的结合，表达了一种对生活的自觉选择。他们在生活中所表达的情趣，既不暧昧，又不虚玄，而是十分实在。

三、爱情婚姻，浪漫追求

讲到生活情趣，怎么都绕不过爱情与婚姻这一话题。而讲到爱情与婚姻，浪漫这个词又总会浮现在我们的脑海。现代汉语的“浪漫”一词来自于西方词语Romantic的音译，其意指人的主观情感富有诗意，充满幻想，洋溢着对理想世界的热烈追求。而最能抒发浪漫之情者莫过于爱情与婚姻。浪漫之于爱情与婚姻，乃是纯真、和谐、美满的体现。浪漫是奏响爱情与婚姻二重奏的瑰丽音符，是追求二者美满和谐的润滑剂，是追求情和景、身和心的结合所产生的美妙意境。

浪漫的追求是人类爱情生活的永恒主题。中国古代社会在爱情与婚姻上并不缺乏浪漫的情趣。《诗经》中的“窈窕淑女，君子好逑”，是最早讴歌爱情与婚姻的浪漫宣言。《汉乐府》中的“上邪！我欲与君相知，长命无绝衰。山无棱，江水为竭，冬雷震震，夏雨雪，天地合，乃敢与君绝”乃是追求爱情与婚姻的浪漫绝响。陆游由“红酥手，黄縢酒”引出了一段哀怨凄美的浪漫爱情，最后以“山盟虽在，锦书难托。莫！莫！莫”的无奈道尽了浪漫爱情的悲剧结局。苏轼则以“十年生死两茫茫”的无尽思念，抒发出“料得年年肠断处，明月夜，短松冈”浪漫爱情的浅吟低唱。浪漫之情趣横贯时空，虽遭遇专制主义的君权、父权、夫权层层重压，但仍熠熠生辉，激荡在人们心田。

至民国时期，受西方文化的影响，浪漫之情趣更为人们所仰慕。特别是高校教师，既洗礼于五四新文化运动，又得西方文化之熏陶，对浪漫爱情的追求更趋于炽热。当然，在世俗观念的影响下，人们对“浪漫”的理解仍带有局限性，认为浪漫乃是一种无情感无责任惟求性感的行为。或者说，仍然从古代之“浪”之“漫”的词义来理解，从放纵性欲的角度解读“浪漫”之意。故而社会上“浪漫”的流行之义，多从贬义角度予以定位。例如梁实秋曾经将徐志摩的爱情界定为“浪漫的爱”，他说：“浪漫的爱，有一最显著的特点，就是这爱永远处于可望而不可即的地步，永远存在于追求的状态中，永远被视为一种极圣洁极高贵极虚无缥缈的东西。一旦接触实际，真个的与这样一个心爱的美貌女子自由结合，幻想立刻破灭。原来的爱变成了恨，原来的自由变成了束缚，于是从头再来开始追求心目中的‘爱，自由与美’。这样周而复始地两次三番演下去，以至于死。”[①] 这个观点其实是可商榷的。梁实秋既肯定了浪漫爱情是追求“爱，自由与美”的理想，又从世俗角度认定它的不现实而予以否定。这本身就反映了近代社会转型时期人们在爱情方面的新旧之争、自由与专制之争、理想与现实之争的矛盾。民国高校教师的爱情婚姻就处于这纠结之中。但从发展趋势看，在这纠结中，民国高校教师的爱情更多的是走向了自由，走向了理想。

---

① 梁实秋：《谈徐志摩》，刘天华、维平选编：《梁实秋怀人丛录》，北京：当代世界出版社，2007 年，第 30 页。

（一）吴宓的个案

吴宓的婚姻在许多书中都有论述，对其离婚之事则更多取惋惜、指责之意。然吴宓本人并不后悔。可以看看吴宓日记，他的日记以坦率真诚的笔触给我们展示了一个追求浪漫情怀的心路历程。

吴宓的离婚是因为爱恋着毛彦文。他与毛彦文的相知（不是相识）是在美国留学期间。1918 年 9 月，吴宓的清华留美同学陈烈勋致信吴宓，将其在杭州读书的姐姐陈心一介绍给吴宓。不久，吴宓即函朱君毅，请其转托毛彦文女士，赴杭调查实情。

朱君毅是吴宓在清华读书时的同学，也在美国留学。毛彦文是朱君毅的表妹，两人青梅竹马，已确定恋爱关系。在美国，朱君毅经常将毛彦文的来信给吴宓看，所以吴宓对这位未曾谋面的女子印象很深，因此才有请毛彦文帮他考察陈心一的动议。

1919 年 9 月 20 日，吴宓收到朱君毅转来毛彦文之信。毛彦文曾与陈心一同为师范同学，但不在一个班，所以此信只是粗略介绍对陈心一的初步印象，具体情况要待调查后再告知。毛彦文在信中建议："最好吴君先与之为友，屡与通讯，积久自能知其性情。"①

10 月 18 日，吴宓又收到朱君毅转来毛彦文之信。毛彦文在信中介绍了陈心一的举止、装束、容貌、言论、性情、家庭，然后说："要之，陈女士系完全一师范学生，不十分活泼（然亦不板滞）。不十分美丽（然亦不丑）。不十分善于交际（然亦不过于默静，交际，指与西人言）。倘欲伊为一贤主妇，在家中料理家务，实甚佳。若欲伊能与西人接近，及与一辈子受过西洋教育者交际，或虑不足。以妹眼光视之，陈女士未始非内地女子中之卓卓人才。然我之眼光，我之识见，与吴君相去远甚。"② 毛彦文的意见是两人可以先通信，加深了解，待回国

---

① 吴学昭整理注释：《吴宓日记》Ⅱ，北京：生活·读书·新知三联书店，1998 年，第 74、75 页。

② 吴学昭整理注释：《吴宓日记》Ⅱ，北京：生活·读书·新知三联书店，1998 年，第 84 页。

后再行定婚。朱君毅的意见也是不必匆忙决定。

但吴宓没有听从毛彦文及朱君毅的意见，他在第二天即给陈烈勋致函，答应这桩婚事。他认为："毛女士报告极详明，今宓决定允婚，纯出自己之意，当自负完全责任。异日纵有意外不美之事，决不丝毫归咎于调查之人也。"[①]

也因此，吴宓对毛彦文印象很好。在美国期间，吴宓就写下了五十多封给毛彦文但未发出的信，以畅发敬慕毛彦文的感情。但也仅此而已。

1921 年 8 月 5 日吴宓回国到达上海，在家休息数日，8 月 8 日即到杭州面见陈心一家人。与陈心一相见，"一见如故，一若久已识面者然。宓殊欣慰，坐谈久之"[②]。在杭州三天，陈心一陪伴吴宓泛舟西湖，游历名胜。两人凡家国身世友朋之事，随意所倾，无所不谈。岳丈一干亲人连日设宴款待，安排旅馆。8 月 10 日下午，岳丈又为之买好回上海的火车票，命陈心一送吴宓至车站。三日杭州之游，吴宓精神舒畅，心境爽适。

结婚以后，吴宓即去南京东南大学任教，其妻陈心一也随同居住南京。从吴宓日记看，其家庭生活总体平静。这期间，朱君毅与毛彦文解除婚约，吴宓对毛女士充满同情。但也仅此而已。

1924 年 8 月，吴宓辞去东南大学教职，受聘于东北大学。1925 年 2 月 5 日，吴宓到达北京，受聘于清华大学任国学研究院主任，筹备国学研究院组建事宜。7 月 20 日，其妻携女抵达北京。次日，安排妻女在姑母家居住，吴宓平日则居住在清华园。

其后的日子就是这样过着。家庭琐事对吴宓既有温情，也有烦恼。例如吴宓不满陈心一对家庭经济的处理方式，使"宓甚为悲愤"；小孩意外伤痛之状，使吴宓心疼，不得快乐；吴宓周末回家，家中竟全部出外娱乐，空无一人，使吴宓顿感孤独。随着时间的延续，吴宓对陈心一的不满渐趋理性化。他认为妻子陈心一有几点不当：（一）不能谈论文学，了解我之诗思逸清。（二）不能襄助事务，办理家中各件，致宓以惮于一身独劳、废弃正业之故，而不敢移家至清华园居

---

① 吴学昭整理注释：《吴宓日记》Ⅱ，北京：生活·读书·新知三联书店，1998 年，第 87 页。

② 吴学昭整理注释：《吴宓日记》Ⅱ，北京：生活·读书·新知三联书店，1998 年，第 230 页。

住。（三）宓性本不长交际，而心一更不如我，且不用心习学，故不能为宓助，且为宓累。[①]

尽管如此，这些摩擦并没有危及吴宓的婚姻红线。吴宓对与陈心一的结合，“理想上固相去甚远，实际上则差已满意”[②]。陈心一的贤惠，吴宓是肯定的：“宓鉴于时世之艰难，人情之变诈，深知得妻贤如心一，实宓之福，俾宓可成其志业，宓敢不勉之哉？”[③]

当然，不能与陈心一进行深入的情感交流，这种情感焦虑也时时浮现在吴宓日记的字里行间。1928 年 7 月 15 日，吴宓参加陈寅恪的订婚喜宴。那天吴宓换上了新衣，并专门贺诗一首。陈寅恪的喜宴很热闹，大家都喝了很多酒，陈寅恪还特意将吴宓的诗向来宾展示。“宓昔年完婚，一切草草从俗。无良友襄助，亦无一人作诗文贺我。当时一己诸事未谙，只觉毫无趣味。今始觉乘机追欢之必要，与人生感情兴趣之可贵。而已时不再来，且见白须矣。可胜叹哉！”[④] 这一声“胜叹”，是否暗示着吴宓的一场情感危机的到来？

1928 年 7 月，吴宓计划着暑假的南游。此行的目的，按吴宓的说法是“专为探访亲友，联络情谊”。具体的目标，吴宓反复思虑，能确定的只有两项，一是省亲，二是访毛彦文取小说材料。“此行忐忑已久，不如径往，虽有损无益，亦聊慰不安静之心而已。”[⑤]

朱君毅回国后移情别恋，与毛彦文解除了婚约，吴宓对毛彦文更怀同情之心。自后与毛彦文多有联系，包括朱君毅之结婚，吴宓都屡屡将情况报告给毛彦文。这次南游，吴宓在上海只待一天，便取道杭州。毛彦文热情接待，相见甚欢。吴宓在 8 月 4 日的日记中写道：“此次南来，诸多令吾失望，惟与彦畅谈，乃极快慰之事，益爱重其人。”由是他决然取消了南下广东的计划，匆匆赶回上海，办完事便于 11 日再赴杭州。至 8 月 22 日，吴宓在杭州期间，与毛彦文几乎

---

① 吴学昭整理注释：《吴宓日记》Ⅲ，北京：生活·读书·新知三联书店，1998 年，第 143—144 页。
② 吴学昭整理注释：《吴宓日记》Ⅳ，北京：生活·读书·新知三联书店，1998 年，第 14 页。
③ 吴学昭整理注释：《吴宓日记》Ⅳ，北京：生活·读书·新知三联书店，1998 年，第 74 页。
④ 吴学昭整理注释：《吴宓日记》Ⅳ，北京：生活·读书·新知三联书店，1998 年，第 90 页。
⑤ 吴学昭整理注释：《吴宓日记》Ⅳ，北京：生活·读书·新知三联书店，1998 年，第 92 页。

每天都有相见。“彦谓深感宓此来（尤以今夕）慰藉之意。宓则知彦愈深，愈爱敬其为人。此次得与彦晤聚，蒙款接殷渥，至为欢乐舒适。然宓与彦虽行深谈，初无一语及私。”[①]

回到北平后，吴宓将此情告知陈心一。陈心一也读了吴宓的南游日记，据说是“毫不生气”。陈心一甚至表示，若我逝世，则可请彦来继我之任。吴宓谓，“此虽半戏谑之言，宓则急以庄语慰解而阻止之。宓之于彦，纯出于同情心，悯其遭遇，决无丝毫私意存于其间。即宓虽对彦极深爱慕，亦终必能以理性自制其感情，使此爱终为柏拉图之爱。其所以为彦谋而尽力者，皆以彦之地位及幸福为目标。一己私意，不容存在。”[②] 吴宓此言，也绝对出自本心。他将与毛彦文的感情定位在精神之爱，绝对不影响与陈心一的婚姻之情。

但吴宓的情感却因此陷入爱情与婚姻的纠结之中。他在9月16日的日记中写道：“宓之允心一婚事，初无爱恋之意，只以不忍拂其请，宁牺牲一己而与为婚，譬犹慈善事业。及后来早有悔心，而又硜硜守信，宁我吃亏，不肯负人。专重道德之义务，不计身心之快乐，愈陷愈深，驯至不可脱卸，追悔无及。近顷复又感怀此事，日夕怫郁懊丧不释。心一嫁我固幸，不嫁我亦可得所。既如此，何必牺牲我之一生。此真所谓自作孽不可活也。平心而论，心一固众人所称之为贤母良妻者，惟其人性格倔强，情感薄弱，故难与宓融洽，虽欲教而进之，俯而就之，终属无益。呜呼痛哉！”[③]

9月17日的日记进一步显示吴宓已经深陷于这种痛苦之中：“日来夜中且常醒，杂思纷集，均关于宓之婚姻及对彦之感情。无论是邪魔是正道，是妄想是相思，终属不能摆脱。南游归来，精神反苦，不能专心作文读书，如之何哉！”[④]

其后一年多的时间，吴宓就在婚姻与爱情的矛盾中难以自拔。他一会儿向妻子表示“决不离婚，决不另娶”，一会儿又思虑，“即当毅然果决，与心一离异，

---

① 吴学昭整理注释：《吴宓日记》Ⅳ，北京：生活·读书·新知三联书店，1998年，第114页。
② 吴学昭整理注释：《吴宓日记》Ⅳ，北京：生活·读书·新知三联书店，1998年，第127页。
③ 吴学昭整理注释：《吴宓日记》Ⅳ，北京：生活·读书·新知三联书店，1998年，第130页。
④ 吴学昭整理注释：《吴宓日记》Ⅳ，北京：生活·读书·新知三联书店，1998年，第130页。

而希望与彦结婚”。①

这期间，妻子、姑母、同事、朋友对其都有诸多的规劝，而尤以陈心一的规劝最为中肯。陈心一的意见是：第一，此和平安乐之家庭，不当引入第三者。对毛彦文，吴宓只可以朋友待之，不可以爱情向之；第二，心一与彦，性行迥异。吴宓如在二人中选择，受苦最甚者当是吴宓自身；第三，此刻与彦以朋友相待，对彦尚可有慰藉帮助。如果以爱情向之，则徒增彦之痛苦；第四，如果吴宓有所举动，必然发生惨剧，而失悔痛苦最甚者是吴宓；第五，此事若行，宓之师友必不赞成；第六，女子未婚与已嫁性行迥异，今日视彦为情人眼中之西施，他日婚后，乃得尽睹真相，必由生厌而决裂。陈心一希望吴宓早日收缰，如必欲与彦为婚，则请待之其死后。②

毛彦文对无端陷入这三角关系也十分苦恼。她以“吾辈固以友谊始，而以友谊终者也”的表态向吴宓澄清二人关系，继而打消了欲来北平工作的念头。1929年4月毛彦文通过吴宓的好友转达她的最后态度：请彼万勿再以彦为其小说中人物之一，令彦无辜受累；彦决不与之通信，请彼亦勿再来函；彦系一独身女子，断不容任人误会。以前雨生先生因凭空臆想，至陷彦于嫌疑之中，被人诽谤一节，应请雨生先生及心一姊负责更正。否则无端毁坏他人名誉，法律有保护之道；心一姊与彦系同学又同乡，倘她因雨生先生之单面瞎想，信以为真，陷入误会，此不特彦之不幸，亦吾浙人女界之辱也；彦处世接物，自有主张，决不如雨生先生之推想，请彼勿再关怀。③

那么，吴宓的态度呢？“宓主张婚姻与恋爱分开，婚姻为社会义务，应严守一夫一妻制，恋爱则为个人自由，应随意而无限制。婚姻属于事实，恋爱则属于感情，此二者并行不悖，斯为中道，斯为可行之道。”④

这样的态度终于将吴宓的婚姻引向了悲剧境地。1929年9月，吴宓与陈心

---

① 吴学昭整理注释：《吴宓日记》Ⅳ，北京：生活·读书·新知三联书店，1998年，第137、139页。
② 吴学昭整理注释：《吴宓日记》Ⅳ，北京：生活·读书·新知三联书店，1998年，第148页。
③ 吴学昭整理注释：《吴宓日记》Ⅳ，北京：生活·读书·新知三联书店，1998年，第247—248页。
④ 吴学昭整理注释：《吴宓日记》Ⅳ，北京：生活·读书·新知三联书店，1998年，第228页。

一还是走向了离婚之路。

吴宓认为在承担责任的基础上，应该追求感情的自由，这才是感情与道德的统一。也确实如此，离婚后，吴宓对前妻还是尽了一份责任。当时吴宓住西郊，陈心一住城内。每月发薪水以后，吴宓总是亲自把生活费送给陈心一，然后立即回校。姚文青在回忆中说："宓于故妻陈心一女士，德性夙所钦佩，但敬而不爱，终致离婚，然至今仍书信来往。夫妇之谊虽绝，良友之情故在。"[①] 毛彦文对吴宓的这一行为也颇为赞赏："吴君是一位文人学者，心地善良，为人拘谨，有正义感，有浓厚的书生气质而兼有几分浪漫气息。他离婚后对于前妻仍备加关切，不仅负担她及女儿的生活费及教育费，传闻有时还去探望陈女士，他决不是一个薄情者。"[②]

吴宓在 1930 年 5 月 11 日的日记中写道："宓亦觉心一自有其质朴浑厚之美态，实不能无系恋，惟宓之离婚，乃求感情与道德一致，而宓与心一及彦均可分别长保婚姻及友谊关系。宓与心一离婚而赡养终身，并对三孩负责。且时相存问，可为朋友。对彦则为婚固可慰其半生之寂苦，至少为友亦可符宓之初心。从实际利害言，宓宁愿一肩挑两担，加倍负荷。如此深心，如此至情，他人且以'不道德'攻诋不休，殊屈枉之甚矣。"[③]

但毛彦文终归是没有接受吴宓的感情。毛彦文认为："吴脑中似乎有一幻想的女子，这个女子要像他一样中英文俱佳，又要有很深的文学造诣，能和他唱和诗词，还要善于词令，能在他的朋友、同事间周旋，能在他们当中谈古说今，这些都不是陈女士所专长，所以他们的婚姻终于破裂。"

毛彦文接着又说："不幸他离婚后将这种理想错放在海伦身上，想系他往时看过太多海伦少时与朱君毅的信，以致发生憧憬。其实吴并不了解海伦，他们二人的性格完全不同。海伦平凡而有个性，对中英文学一无根基，且尝过失恋苦

① 姚文青：《挚友吴宓先生轶事》，汪修荣：《民国教授往事》，郑州：河南文艺出版社，2008 年，第 89 页。

② 毛彦文：《往事》，天津：百花文艺出版社，2007 年，第 55 页。

③ 吴学昭整理注释：《吴宓日记》Ⅴ，北京：生活·读书·新知三联书店，1998 年，第 70 页。

果，对于男人失去信心，纵令吴与海伦勉强结合，也许不会幸福，说不定会再闹仳离。海伦绝不能和陈女士那样对吴百般顺从，故自吴、陈离婚以来，海伦不断地设法劝两方复合，因海伦始终认为只有陈心一能容忍吴的任性取闹，惜终未成功。”①

海伦即吴宓对毛彦文的爱称。尽管毛彦文屡次明确表态不能与吴宓成婚，但吴宓对毛彦文的期待一直未放弃。1930 年至 1931 年期间，吴宓访欧，欲邀毛彦文到欧洲会面，毛彦文也予以拒绝。这以后，毛彦文与熊希龄成婚，吴宓只能隐藏心中的痛楚。1937 年年底，熊希龄病逝，吴宓深为远在香港的毛彦文悲痛，终宵不能成寐。

一曲悲歌，终成浪漫之绝响。吴宓对婚姻之态度，众人尽可见仁见智。但吴宓所追求者，乃是内心的真情实感，乃是两情相悦的感情基础。正为此，吴宓用自己的下半生寄情于毛彦文。1943 年 8 月 20 日，吴宓在《五十自寿》中写道：“平生爱海伦，临老亦眷恋。世里音书绝，梦中神影现。怜伊多悲苦，孀居成独善。孤舟泛黄流，群魔舞赤县。欢会今无时，未死思一面。吾情永付君，坚诚石莫转。相抱痛哭别，安心归佛殿。即此命亦悭，空有泪如霰。”② 毛彦文在吴宓的心目中已不是具体的爱恋对象，而是爱情的象征。

陈寅恪曾对吴宓的离婚，作过这样的评价：“宓本性浪漫，惟为旧礼教旧道德之学说所拘系，感情不得发舒，积久而濒于破裂。犹壶水受热而沸腾，揭盖以出汽，比之任壶炸裂，殊为胜过。”③ 此言较为客观中肯。

（二）金岳霖的个案

金岳霖的浪漫爱情则另具一格。如果说吴宓的浪漫为当时人多不认同的话，那么金岳霖的浪漫则为人们所欣赏，尽管很多人也不理解。

---

① 毛彦文：《往事》，天津：百花文艺出版社，2007 年，第 54、55 页。

② 转引自汪修荣：《民国教授往事》，郑州：河南文艺出版社，2008 年，第 90 页。

③ 吴学昭整理注释：《吴宓日记》Ⅴ，北京：生活·读书·新知三联书店，1998 年，第 60 页。

金岳霖1920年前往美国读政治学，后来还去了英国伦敦大学听经济学。1925年回国，次年到清华大学任教，担任哲学系主任。金岳霖是由徐志摩介绍进入梁思成家的聚会，但金岳霖马上就被美丽的女主人林徽因迷住了。他不仅成为梁思成家庭的常客，而且搬到了梁家的隔壁，成为邻居。

费慰梅写道："他是清华大学哲学系教授，'老金'，熟朋友都这么喊他。这位中国首屈一指的形式逻辑学专家，一点也不像他的专业那般神秘，让人联想到洋怪物。他是个高大瘦削、爱打网球的知识分子，既内敛但又能说善道。他比梁氏夫妇大几岁。"①

金岳霖对林徽因的感情，用费慰梅的话说，是一种坦诚、无私的爱。"他把自己归属于梁家。当然主要是徽因吸引了他。她的磁场感染了众人，在他那深奥的精神领域内，徽因提供给他所缺乏的人性漩涡。至于徽因呢，老金丰富的人生经历和天生的智慧，使他成为一个最佳聆听者，刺激了她的创作力。他当然是爱她的，但是无私、坦诚地爱她。他没有把她从家庭拉走的想法。思成和孩子们也都爱他、信任他，实则他已融入了这个家。"②

林徽因显然也感受到了金岳霖的爱，并且深深地为这个磁场所吸引。当她发现已经爱上了这位风度翩翩的逻辑学教授时，非常苦恼，不知如何处理，只好向丈夫求助。梁思成后来回忆道：

我们住在北总布胡同的时候，老金就住在我们家后院，但另有旁门出入。可能是在一九三一年，我从宝坻调查回来，徽因见到我时哭丧着脸说，她苦恼极了，因为她同时爱上了两个人，不知怎么办才好。她和我谈话时一点不像妻子和丈夫，却像个小妹妹在请哥哥拿主意。听到这事，我半天说不出话来，一种无法形容的痛楚紧紧地抓住了我，我感到血液也凝固了，连呼吸都困难。但是我也感谢徽因对我的坦白信任。他没有把我当一个傻丈夫。怎么办？我想了一夜，我问

① 费慰梅：《梁思成与林徽因》，刘小沁编选：《窗子内外忆徽因》，北京：人民文学出版社，2001年，第282页。

② 费慰梅：《梁思成与林徽因》，刘小沁编选：《窗子内外忆徽因》，北京：人民文学出版社，2001年，第282—283页。

自己，林徽因到底和我生活幸福，还是和老金一起幸福？我把自己、老金、徽因三个人反复放在天平上衡量，我觉得自己尽管在文学、艺术各方面都有一定的修养，但我缺少老金那哲学家的头脑，我认为自己不如老金。于是第二天我把想了一夜的结论告诉徽因，我说，她是自由的，如果她选择了老金，我祝愿他们永远幸福。我们都哭了。过几天徽因告诉我说，她把我的话告诉了老金。老金的回答是："看来思成是真正爱你的，我不能去伤害一个真正爱你的人，我应该退出。"从那次谈话以后，我再没有和徽因谈过这件事，因为我们相信老金是个说到做到的人，徽因也是个诚实的人。后来的事实也证明了这一点。所以我们三个人始终是好朋友。我自己在工作上遇到难题，也常常去请教老金，甚至我和徽因吵架也常要老金来"仲裁"，因为他总是那么理性，把我们因为情绪激动而搞糊涂了的问题分析得清清楚楚。①

这种坦诚无私的爱经历了时间与生活的洗礼。抗战时期，到昆明后，金岳霖与梁家的来往依旧。此时的林徽因因经济拮据，营养不良，体弱多病，但在金岳霖的眼中她依然像一尊完美的女神。他在给费慰梅的信中说，她"依然那么迷人、活泼、表情生动和光彩照人——我简直想不出更多的辞汇来形容她。惟一的区别是，她不再有很多机会滔滔不绝地讲话和说笑，因为在国家目前的状况下，实在没有多少可以讲的，也没有什么值得笑的"②。

林徽因对金岳霖也是如此，她在给费慰梅的信中说："我喜欢听老金和奚若的笑，这多少帮助了我忍受这场战争。从这里可以看出，我们毕竟还是同一类人。"③

后来梁思成到重庆李庄中研院历史研究所工作，同时恢复营造学社的工作。林徽因后来也来到李庄，金岳霖在学术休假时也在这里小住过一段时间。在一封

① 林洙：《困惑的大匠——梁思成》，刘小沁编选：《窗子内外忆徽因》，北京：人民文学出版社，2001年，第262—263页。

② 费慰梅：《梁思成与林徽因》，刘小沁编选：《窗子内外忆徽因》，北京：人民文学出版社，2001年，第306页。

③ 费慰梅：《梁思成与林徽因》，刘小沁编选：《窗子内外忆徽因》，北京：人民文学出版社，2001年，第305页。

给费慰梅的信中，林徽因、梁思成、金岳霖共同描绘了他们的生活。林徽因说：“思成是个慢性子，愿意一次只做一件事，最不善处理杂七杂八的家务。但杂七杂八的事却像纽约中央车站任何时候都会到达的各线火车一样冲他驶来。我也许仍是站长，但他却是车站！我也许会被碾死，他却永远不会。老金（正在这里休假）是那样一种过客，他或是来送客，或是来接人，对交通略有干扰，却总能使正常车站显得更有趣，使站长更高兴些。”

金岳霖在此信中附言：“当着站长和正在打字的车站，旅客除了眼看一列列火车通过外，竟然不知所云，也不知所措。我曾不知多少次经过纽约的中央车站，却从未见过那站长。而在这里却实实在在地既见到了车站又见到了站长。要不然我很可能会把它们两个搞混。”

一旁打字的梁思成也在信的末尾处写道：“现在轮到车站了：其主梁因构造不佳而严重倾斜，加以协和医院设计和施工的丑陋的钢铁支架经过七年服务已经严重损耗，从我下面经过的繁忙的战时交通看来已经动摇了我的基础。”[①] 梁思成因早年车祸，身体受损而须靠钢背心支撑，所以有钢铁支架之说。从这三人的话中，可以看出他们相处的和谐。

自后，金岳霖终生未娶。他的情感就是这么深深地，也是淡淡地倾注在林徽因身上。金岳霖曾提出这样一个观点：“爱与喜欢是两种不同的感情或感觉。这二者经常是统一的。不统一的时候也不少。”他认为，爱是父母、夫妇、姐妹、兄弟之间比较自然的感情，他们彼此之间也许很喜欢。喜欢说的是朋友之间的喜悦，它是朋友之间的感情。金岳霖说：“我的生活差不多完全是朋友之间的生活。”[②] 朋友之间的爱是深深的喜欢，并愿意为之付出一切。这就是金岳霖的浪漫。

---

① 费慰梅：《梁思成与林徽因》，刘小沁编选：《窗子内外忆徽因》，北京：人民文学出版社，2001 年，第 313—314 页。

② 金岳霖：《梁思成林徽因是我最亲密的朋友》，刘小沁编选：《窗子内外忆徽因》，北京：人民文学出版社，2001 年，第 24 页。

（三）浪漫之于婚姻

以上两个案例都充满着浪漫色彩。浪漫是什么？浪漫，是质朴清纯，是诗情画意，是举案齐眉，是白头偕老。浪漫就是重复着生活中的平常的平常，也许就是一句话，一个眼神，一个微笑或是一段岁月。浪漫的爱并非虚无缥缈，浪漫的爱并非可望而不可即，浪漫的爱才是婚姻的美满体现。圆满成功的婚姻何尝不充满了浪漫，柴米油盐何尝不是浪漫，平平静静过日子何尝不是浪漫。

1919 年 3 月 26 日，陈寅恪与吴宓讨论“情为何物”，陈寅恪这样答：以西洋所谓 sexology 之学，及欧洲之历史参政之，而断曰：（一）情之最上者，世无其人，平空设想，而甘为之死，如《牡丹亭》之杜丽娘是也；（二）与其人交往有素，而未尝共衾枕者次之，如宝、黛是也；（三）又次之，曾一度枕席，而永久纪念不忘，如司棋与潘又安及中国寡妇是也；（四）又次之，则为夫妇终身而无外遇者；（五）最下者，随处接合，惟欲是图，而无所谓情矣。此与中国昔人之论有合也。（有情者为贞，无情者为淫。）①

陈寅恪所列五等，均以“情”为衡量标准。就是说，民国高校教师的婚姻生活追求，已经开始突破传统旧礼教旧道德的束缚，将追求感情视为唯一选项。

五四以来，在中国知识阶级中流行着一种观念，即认为由父母之命而成的婚姻，不及由自己选择而成的婚姻美满。但萧公权不这么看，他认为婚姻是否美满并不全由“自主”或“包办”而决定。如果缺乏了解，或因一时感情冲动而成的自主婚姻，也可能引发夫妻反目，甚至走上离婚之路。而由父母之命而成的婚姻结果未必悲惨。“简单说来，婚姻是否美满，主要关键在当事人是否有志愿，有诚意，有能力去使之臻于美满，而不在达成的方式是自主或包办。据说若干年前有某西人对伍廷芳讥笑中国父母作主的婚姻，认为这是缺乏爱情的结合。这位中国先进外交家反唇相讥说：‘中国人结婚是爱情的发端，西方人结婚是爱情的终

① 吴学昭：《吴宓与陈寅恪》（增补本），北京：生活·读书·新知三联书店，2014 年，第 15—16 页。

止。’这不只是俏皮的辞令而是有根据的实话。”①

胡适曾说过：“西方婚姻之爱情是自造的。中国婚姻之爱情是名分所造的。”萧公权对此的解读是，中国婚姻不是没有爱情。因为订婚的男女虽未见面，但彼此之间已互相关注。到了结婚的时候，“向之基于想象，根于名分者，今为实践之需要，亦往往能长成而为真实之爱情”。萧公权认为这个观点等于为伍廷芳的说法下了一个注解。②

其实，浪漫情怀并不取决于婚姻的形式。奉父母之命结婚最著名者要数胡适。胡适出国之前已奉父母之命与江冬秀订婚，人们欣赏胡适的是他深受西方文化熏陶，且极力鼓吹新文化，反对旧礼教，并在国外也曾有过与女孩子的一度交往，但他却坚守旧约，回国后与江冬秀结婚了。其实胡适并不是不重感情。他到美国后，与江冬秀通信，以加强情感沟通。1915 年 4 月 28 日，胡适日记写道：“得冬秀一书，辞旨通畅，不知系渠自作，抑系他人所拟稿？书中言放足事已行之数年，此大可喜也。”③ 从中可以看出，胡适与江冬秀的结合并非没有感情基础。

浪漫讲究的是感情的纯真，民国高校教师正是在这一点上坚持着婚姻的进步。传统者虽不见卿卿我我的花前月下，写诗送花，但相敬如宾，自有一份浪漫。如钱玄同，为了工作的方便和写作的安静，自 1917 年至 1939 年都在学校里弄了一个房间。先是在高师教员宿舍，1925 年迁到东华门北河沿孔德学校内的宿舍。但他每天必定要回家看看，或吃个饭，或与妻子聊聊。儿子说：“他常说他自己心血来潮，必须回家看了无事，才放心去办别的事。父亲是一位心极好静而又重情的家长。”④ 何谓心血来潮，心中牵挂，时时惦记而已，这就是一份浪漫。

---

① 萧公权：《问学谏往录》，合肥：黄山书社，2008 年，第 78 页。
② 萧公权：《问学谏往录》，合肥：黄山书社，2008 年，第 79 页。
③ 曹伯言整理：《胡适日记全集》第 2 册，台北：联经出版公司，2004 年，第 95 页。
④ 钱秉雄：《回忆父亲——钱玄同先生》，杨天石主编：《钱玄同日记》下，北京：北京大学出版社，2014 年，第 1399 页。

至于自主婚姻，陈寅恪算是一个典型。陈寅恪从海外游学归来到清华大学任教，已是36岁大龄了。为学术研究而大龄未婚，父亲催促，朋友介绍，他没有一位中意。据赵元任夫人杨步伟的回忆，陈寅恪刚到清华时，因为单身，又不愿住工字厅，便和赵元任做了邻居，吃饭和佣人都由赵元任家庭管。一天，杨步伟对陈寅恪说："寅恪你这样下去总不是事。"陈寅恪回答说："虽然不是永久之计，现在也很快活么，有家就多出一大些麻烦来了。"赵元任笑着说："不能让我太太老管两个家啊！"其时郝更生正在谈女朋友，其女友有个义姊与陈寅恪年岁相当，于是他们便介绍陈寅恪与之认识，以后又鼓动他常去谈谈。有一天陈寅恪回来说："我今天和唐女士大谈了半天，现在真是筋疲力尽了。"杨步伟大笑："还未到真筋疲力尽的时候呢，就筋疲力尽了。"不久，陈寅恪就真和唐筼女士结婚了。①

唐筼毕业于金陵女校体育专业，后执教于北京女高师，曾是许广平的老师。她与陈寅恪的相识还有更有趣的传闻。一次，陈寅恪听清华体育教师郝更生谈起，他在女友高梓的同事知友家，看到一副署名为"南注生"的诗幅，有点好奇，请问陈寅恪"南注生"是谁。陈寅恪一听便知诗幅主人必定是灌阳唐景崧的后人，很可能是唐公的孙女。唐景崧是清朝最后一任台湾巡抚，陈寅恪的伯父俞明震曾在台湾辅佐唐景崧独立，据守台湾。所以陈寅恪对唐公著作、事迹比较熟悉。特别是他读过唐景崧光绪八年至十二年间所记中法越南之役从军经历的《请缨日记》，又对晚清"马关条约"割让台湾、澎湖予日本之事特别愤恨。所以陈寅恪对郝更生说，"南注生"是清朝最后一任台湾巡抚唐景崧的别号。他想亲往一睹唐公手书遗墨，顺便拜访一下诗幅的主人。拜访结果，陈寅恪"惊见神仙写韵人"，两人一见钟情，相见恨晚。② 1928年，他们终于缔结了偕老之约。

民国高校教师的自主婚姻多以新潮者事业发展为感情基础，借家庭以促成两人比翼齐飞。任鸿隽是1912年赴美留学，先是在康奈尔大学文理学院，后又到

---

① 杨步伟、赵元任：《忆寅恪》，张杰等选编：《追忆陈寅恪》，北京：社会科学文献出版社，1999年，第21页。

② 吴学昭：《吴宓与陈寅恪》（增补本），北京：生活·读书·新知三联书店，2014年，第126页。

麻省理工学院、哈佛大学学习，最后到哥伦比亚大学读化学硕士。在美国期间，他与留学美国的陈衡哲相识，并确定婚姻之约。1920 年，归国的任鸿隽被北京大学聘为化学系教授，陈衡哲被聘为历史学教授。这一年 9 月，两人喜结连理。1924 年，陈衡哲在写给任鸿隽三姐的信中谈到当时任鸿隽的想法："当叔永（任鸿隽字）在美国对我提起结婚的事的时候，他曾告诉我，他对于我们的结婚有两个大愿望。其一是因为他对于旧家庭实在不满意，所以愿自己组织一个小家庭，俾他的种种梦想可以实现。其二是因为他深信我尚有一点文学的天才，欲为我预备一个清净安闲的小家庭，俾我得耑［专］心一意的去发达我的天才。现在他的这两个愿望固然不曾完全达到，这是我深自惭愧的一件事；但我们两人的努力方向是不曾改变的。"①

当然，也有事业与家庭相冲突的例子。1922 年 2 月，闻一多与他的姨妹高孝贞女士结婚。高女士是旧式大家庭出身，所受教育不多，粗识文字，一直生活在家乡的那个小环境里。婚后一个多月，闻一多立即返回清华园过他的诗人生活了。梁实秋说："旧式的男女关系是先结婚后恋爱，新式的是先恋爱后结婚。一多处于新时代发轫之初，他的命运使他享受旧时代的待遇。而且旧时代的待遇他也没能全盘接受，结婚后匆匆返回校内，过了半年又匆匆出国，结婚后的恋爱好像也一时无法进行。一多作诗的时候拼命的作诗，治学的时候拼命的治学，时间根本不够用，好像没有余暇再管其他的事，包括恋爱的生活在内。"②

但闻一多并非不重夫妻感情。1937 年 7 月 16 日，闻一多给妻子的信："这时他们都出去了，我一人在屋里，静极了，静极了，我在想你，我亲爱的妻。我不晓得我是这样无用的人，你一去了，我就如同落了魂一样。我什么也不能做。前回我骂一个学生为恋爱问题读书不努力，今天才知道我自己也一样。这几天忧国忧家，然而心里最不快的，是你不在我身边。亲爱的，我不怕死，只要我俩死在一起。我的心肝，我亲爱的妹妹，你在那里？从此我再不放你离开我一天，我的

---

① 抢救民间家书项目组委会编：《任鸿隽陈衡哲家书》，北京：商务印书馆，2007 年，第 99 页。

② 梁实秋：《谈闻一多》，刘天华、维辛选编：《梁实秋怀人丛录》，北京：当代世界出版社，2007 年，第 62 页。

肉，我的心肝！你一哥在想你，想得要死！”[①] 在事业与家庭相冲突之时，闻一多依然洋溢着一份思念的浪漫。

这种新旧交替的时代给民国高校教师婚姻所带来的结婚形式也是新旧并存。赵元任和杨步伟的结婚十分新潮。他们决定不办婚礼，只是以在中山公园格言亭拍的一张结婚照和通知书一起寄给亲朋好友，就算是结婚了。在通知书上，他们说，当接到这项消息的时候，他们已在1921年6月1日下午三点钟东经百二十度平均太阳标准时结了婚。除了两个例外，贺礼绝对不收。例外之一是书信、诗文或者音乐曲谱等，例外之二是捐款给中国科学社。当天晚上，他们约上胡适和杨步伟的同事朱大夫来新居吃了一顿自己做的精致晚餐。饭后，赵元任取出手写的一张文件，说要是朱大夫和胡适愿意签名作证，他和韵卿将极感荣幸。赵元任和杨步伟就这样结婚了。第二天《晨报》以特号大字标题《新人物的新式结婚》予以了报道。后来赵元任问罗素先生这样的结婚方式是不是太保守，罗素答称“足够激进”。威斯康星州威廉斯贝夜可思天文台的比思布罗克教授在接到赵元任的英文通知书后，将其贴在天文台的布告牌上，让他的同事们看看1921年6月1日下午三点钟东经百二十度平均太阳标准时发生了何种天文现象。[②]

梁思成与林徽因的结合虽说有双方家长的意思，但感情的基础却是两人自由交往生成。从爱好的契合，专业的选择，到留学地点的择定，都是两人情投意合的结晶。这显然是典型的新式婚姻，但他们的订婚仪式却是传统的。1927年梁思成与林徽因在美国宾州大学毕业，可以正式订婚了。远在中国的梁启超从天津寄来一封信，强调订婚要严格遵守所有的传统礼节。虽然两位新人在美国，可中国这边的传统礼节不能省略。梁启超请一个朋友给两人合“八字”，找出了两人的出生地点、时间和上三代的名字。并将两块名贵的玉佩和一对玉印，作为订婚礼物。梁启超在信中写道：“因婚礼十有八九是在美举行，所以此次文定礼特别庄严慎重些。晨起谒祖告聘，男女两家皆用全帖遍拜长亲，午间宴大宾，晚间家

① 闻一多：《闻一多书信集》，北京：群言出版社，2014年，第93页。
② 赵元任：《赵元任早年自传》，台北：传记文学出版社，1984年，第136—137页。

族欢宴。”并把一份祭告祖先的帖子寄给梁思成，让其保管。[1] 传统的订婚仪式与梁、林的浪漫爱情叠合，倒也充满着温馨。

当然，论及民国高校教师的浪漫爱情，肯定避不开徐志摩。徐志摩在 20 岁时与张幼仪女士结婚，并育有一子。后来遇到了林徽因，使他产生了异情。而这时梁思成与林徽因正处于相恋时期，徐志摩只得退出竞逐。后来又遇到陆小曼，最后的结局总算还圆满，陆小曼与前夫离婚，徐志摩与前妻离婚，两人最终喜结良缘。尽管徐志摩的老师梁启超在信中乃至婚礼上对其正言劝告，但徐志摩却有他的想法：“我之甘冒世之不韪，竭全力以斗者，非特求免凶惨之苦痛，实求良心之安顿，求人格之确立，求灵魂之救度耳。……我将于茫茫人海中访我唯一灵魂之伴侣；得之，我幸；不得，我命，如此而已！”[2]

虽然徐志摩在已婚状况下移情别恋为人们所诟病，但徐志摩追求真情的动机并非绝对不能理解。温源宁说徐志摩就像一个孩子：“对于一个孩子，变换花样就是生活”；“他爱过的只是他内心理想美的幻像”，“他永远是这种理想美的忠实信徒，不仅表现在他和女人们的关系上，也表现在他的写作，他和男朋友们的友谊上”；“凡是他的所说或是所做，越是富有个性，对于我们来说，就越是富有魅力”；“那是一个聪明伶俐的孩子的气质和头脑，这个孩子永远也长不大，对周围的一切怀有难以满足的无穷好奇，不分辨是清醒的还是梦幻中的世界，不懂得憎恨如何人，也不相信任何人真会不喜欢他”。[3]

沈从文的爱情经历也是民国高校教师生活中的一段佳话。1931 年 6 月，沈从文说：“我这一辈子走过许多地方的路，行过许多地方的桥，看过许多次数的云，喝过许多种类的酒，却只爱过一个正当最好年龄的人。”[4] 这个人就是张兆和。沈从文对张兆和的一见钟情，在经过了三年九个月的马拉松之恋后才结出硕

---

① 费慰梅：《梁思成与林徽因》，刘小沁编选：《窗子内外忆徽因》，北京：人民文学出版社，2001 年，第 274 页。

② 梁实秋：《谈徐志摩》，刘天华、维辛选编：《梁实秋怀人丛录》，北京：当代世界出版社，2007 年，第 31 页。

③ 温源宁：《不够知己》，江枫译，长沙：岳麓书社，2004 年，第 307、304、304—305、306 页。

④ 沈从文：《由达园给张兆和》，《沈从文家书》，台北：商务印书馆，1998 年，第 36 页。

果。1932年暑期，沈从文到张府拜访，终于看到了一丝希望。临回校前，沈从文给张兆和写信：“如爸爸同意，就早点让我知道，让我这个乡下人喝杯甜酒吧。”年底，张父终于同意了这门亲事。张兆和兴冲冲地到邮局给沈从文发电报，只有这样八个字：“乡下人，喝杯甜酒吧!”

“乡下人，喝杯甜酒吧”，这就是我们从民国高校教师爱情婚姻生活中感受到的浪漫。

“乡下人，喝杯甜酒吧”，用这句话来概括民国高校教师的日常生活情趣，我想也是很得体的。生活甜酒之甘醇，源自他们美好的心境，源自他们纯真的感情，源自他们特立独行的生活情趣。无论是衣食住行，抑或休闲娱乐，抑或爱情婚姻，他们都取一种多元化的生活态度，秉持着浪漫主义的价值坐标，力求活得有样子，活得有真情，活得有个性。他们生活在个体的生动感受中，以自己独特而又隐秘的方式生活着。

如果没有多元化的生活态度，没有浪漫主义价值坐标，没有对生活本身的富有诗情的理解，就没有民国高校教师生活方式的丰度和深度，我们就体会不到他们生命的立体感。

第六章　全面抗战时期高校内迁的教师生活

民国高校教师当然希望生活在一个安定祥和的环境，但日本的侵华战争却将他们的这种期望给拦腰截断。1937年卢沟桥事变把中国拖入战争的深渊，也给民国高校教师带来一段非常独特的历史经历和生活经历。西南联大教授冯至在《昆明往事》中写道："如果有人问我，'你一生中最怀念的是什么地方?'我会毫不迟疑地回答，是'昆明'。如果他继续问下去，'在什么地方你的生活最苦，回想起来又最甜?在什么地方你常常生病，病后反而觉得更健康?什么地方你又教书，又写作，又忙于油、盐、柴、米，而不感到矛盾?'我可以一连串地回答：'都在抗日战争时期的昆明。'"①

① 赵瑞蕻：《纪念西南联大六十周年》，钟叔河、朱纯编：《过去的大学》，武汉：长江文艺出版社，2005年，第209页。

一、凄寒迷雾上征途

“万里长征，辞却了五朝官阙。暂驻足衡山湘水，又成离别。绝徼移栽桢干质，九州遍洒黎元血。尽笳吹弦诵在山城，情弥切。”这是西南联大校歌中的一段，它道出了抗战时期中国高校师生离乡背井、笳吹弦诵的悲壮之情。

（一）高校内迁储国力

历史上的壮举往往是因外在压力而成就的，抗战时期的高校大迁徙就是这种条件下发生的十分惨烈的壮举。抗日战争惊动了中国社会，更震毁了中国苦心经营多年的文教事业。为了保存中国高等教育的血脉，中华民族被迫开始了高校的内迁。

1. 日本侵略者对中国高校的摧残

日本侵略者意欲从根本上阻断中国现代化进程，破坏高等教育机构当是其中一个重要目标。南开大学惨遭日军蹂躏就是其中一个典型例子。1937 年 7 月 28 日，日本军队在天津发动事变。自 28 日半夜至 29 日，日军从海光寺兵营用炮火轰击南开大学。29 日白天日机又继续轰炸，之后，有军车开进学校，把未炸平的楼房，泼油纵火烧毁。事后查明，大学部的秀山堂、木斋图书馆、芝琴楼女生宿舍、单身教授的宿舍楼和大部分平房，均被夷为平地。中学部的西楼、南楼和小学部的教室楼也都化成一片废墟。大学部有一口由大钟寺赠送的大钟，重一万八千斤，钟面镌刻有全部的金刚经，也被日军拉走熔化。“三十日下午三时许，日军为将南开大学全部毁灭，特派骑兵百余名，汽车数辆，满载煤油，到该校各处放火。思源堂（课室）、教授宿舍、学生宿舍等处，未数时乃尽成焦土，同时又有日机四架向南开中学投燃烧弹，于是南开中学也就消失于火烟之中了。”①

北平沦陷，日军马上进驻北京大学和清华大学。《教育杂志》报道，北京大学各院、各宿舍都为日军所驻扎。日军对北大仇恨至深，每称为“排日学校”。对于该校文物，摧残最甚。图书木器，俱作燃料。研究院考古学会室外之石刻、造像、汉砖等，均作拴马之用。残碎支离，十无一完。室内玉器、铜器等珍品，不遭摧毁，即被盗卖。缪氏珍藏艺风堂《古今金石文字拓本》，于大雨倾盆中，为日军抛至户外。北大第二院（理学院）的仪器，由日军装车运走。第三院则成被侵占作伪警官学校。清华大学损失也很惨重。体育馆首遭日军破坏，图书仪器公然或暗中被盗殆尽。工学院之机器被毁坏被掠尤重。北平大学法商学院的图书衣物被日军大肆售卖，三日始散。北京师范大学更成为日军司令部所在。②

南京中央大学被炸。据罗家伦记载，日机从 1937 年 8 月 15 日开始轰炸南京，也同时对中央大学进行了扫射，击中图书馆和附属实验学校。第二次是 8 月 19 日，下午六点左右，中央大学、武汉大学、浙江大学三校联合招生的会议还未结束，日机飞临中央大学上空，扔下二百五十公斤的炸弹七枚，引发一年级普通化学实验室大火。有一颗炸弹就落在参与招生会议人员及中央大学工作人员三公尺墙外，要不是有钢骨水泥墙抵挡，这二百多人就全毁了。在拾到的一块弹片上有八个汉文楷字：“二五〇瓩陆用爆弹”。这次轰炸损毁房屋七八处，校工死了七人。日机第三次光顾中央大学是 8 月 26 日晚上，把实验学校给炸了。罗家伦说：“这是敌人对付我们文化机关的狰狞面目!” 8 月 27 日，他站在实验学校炸弹坑前，对着教职员说：“寇能覆之，我必能兴之。”③

在上海，“八一三”事变后，上海各大学损失尤为惨重。同济大学、光华大学、上海法学院、商船学校、东南医学院全部被毁；复旦大学、持志学院、同德医学院大部被毁；暨南大学、大同大学、正风文学院局部被毁；沪江大学、音乐专科、市立体专校舍均被日军占领。复旦大学于 1938 年曾派人回校察看，其时

---

① 《抗战开始后被敌摧毁之学府·南开大学》，《教育杂志》第二十七卷第九、十号合刊，1937 年。

② 《北平的文化界》，《教育杂志》第二十八卷第十号，1938 年。

③ 罗家伦：《炸弹下长大的中央大学——从迁校到发展》，《教育杂志》第三十一卷第七号，1941 年。

学校已面目全非："简公堂、实中及第五、第七两宿舍已俱焚，躯壳且不存，遑论内容，第四宿舍水泥钢骨，为宿舍中之最精美坚固者，今亦全毁，与毗连之体育馆同成瓦砾之场。""全校尚幸存在之处，惟卫生处及合作社。他如校外之进步宿舍、同兴村及霞庄学圃等处，亦皆毁于炮火。""总之，学校内外，尽成丘墟，无瓦全可言。"①

大夏大学校舍在日机轰炸中多半成为灰烬。据事后调查，计全毁者，有男生宿舍群力斋、女生宿舍群英斋、科学馆、体育馆、疗养院、图书馆参考阅览室、中学部办公大楼等建筑物；半毁者有群贤堂（课室及大学办公厅）、男生宿舍群策斋，及平房市房者。全部损失，约达二百万元以上。至于与校舍毗邻之大夏教职员组织的新村住宅，不下三十余座，亦全部被毁，损失尚在不计。②

1937年冬天，日机轰炸武汉，处于武昌水陆街的武昌艺术专科学校被炸毁。"武昌水陆街那所用无限血泪筑成的巍峨校舍和用无限血泪换来的许多设备，竟全部毁在日机的魔手之下。当时校长唐义精氏，一面还想从废墟中拾取一点残骸，一面也只有带着不愿离开学校的师生西迁。临别的那天，望着昔日的繁荣一刹变为废墟，而且要从此离开了它，有的人真不禁簌簌落泪了。"③

1938年5月，厦门被日军占领，厦门大学被日军据为军营，在8年中，校舍大部分被日军拆毁，面积达二万六千多平方，造价按战前银元计算共四十八万多，折合1946年币值四十多亿。

1941年12月8日，日军偷袭珍珠港，太平洋战争爆发。燕京大学也在这一天被日军查封，并将校长司徒雷登、校务长陆志韦及赵紫宸、张东荪、邓之诚、洪煨莲等教师、学生逮捕入狱，一些外籍教师则被监禁于集中营。被日军逮捕的燕京大学教授邓之诚在出狱后写《南冠纪事》，记载了日军占领燕京大学的情形：

民国三十年十二月晨七时，潘婿由无线电知日美已开战，急以告予，八时日

① 余子侠、冉春：《抗日战争时期中国教育研究》，北京：团结出版社，2015年，第64页。

② 欧元怀：《国难期间大夏大学的苦斗》，李森主编：《民国时期高等教育史料汇编》第26册，北京：国家图书馆出版社，2014年，第317页。

③ 秋泓：《抗战以来的武昌艺专》，《教育杂志》第三十一卷第二号，1941年。

军已把守校门，九时往洪煨莲君处，遇陆君志韦言洪君已赴贝公楼，予遂归。闻日本军令学生集大礼堂，华籍教员集女体育馆，西籍教员集临湖轩以待命，旋来宪兵队一中尉，及军司令部第二科一中尉，会同宣布云：燕京大学已由日本军接收管理，一切人等均应遵守秩序，违者军法从事云云。宪兵队任管理，军部经理部任接受，均在贝公楼办公，呼校中执事者往助之；各门由部队所派兵及警察守卫，严诘出入。发出入证随时登记。是日逮捕陆志韦、赵紫宸、陈其田、赵承信、林嘉通、张东荪、刘豁轩及学生十一人。九日遣散学生，男女生一千余人，略携衣物，一时俱散；校中教职员，亦有携包裹偕出者。十日，本定遣散教职员，众皆戎装以待，忽传命不准携书籍用具，忽又传一切不准携带，盖留教职员不遣矣。十二日，宪兵押司徒校长回校取衣物。①

仅从1937年7月到1938年8月，全国108所专科以上学校中，有91所被日军破坏。其中全部被日军破坏者达10所，有25校不得不处于停顿状态。与战前相比，教职人员减少了17%，学生则减少了50%。②

2. 教育部的内迁决定

为谋求民族的生存和发展，为保存国家实力，以待胜利后的国家重建，南京国民政府决定华北、上海、江苏、浙江等地的高校迁往西南、西北抗战大后方。

1937年8月8日，国民政府教育部颁布设立临时大学计划纲要，提出了为使抗战期间优秀师资不致无处效力，各校学生不致失学，并为非常时期训练各种专门人才，以应国家需要起见，特设临时大学若干所的意见。9月10日，教育部发布第16696号令，以“北京大学、清华大学、南开大学和中央研究院师资设备为基干，成立长沙临时大学。以北平大学、北平师范大学、北洋工学院和北平研究院等院校为基干，设立西安临时大学”。同时命令处于上海的国立同济大学、私立复旦大学和私立大夏大学迁往内地。

随着战局的发展，教育部又进一步拟定专科以上学校整理方案，强调：“目前因战事而失业之教员与费用继绝之学生，流离失所，亟应救济，为国储才。”

① 张东荪、邓之诚：《狱中生活简记·南冠纪事》，太原：三晋出版社，2015年，第54—55页。
② 余子侠、冉春：《抗日战争时期中国教育研究》，北京：团结出版社，2015年，第57页。

并做出以下决策：第一，国立北京大学、国立清华大学及私立南开大学，现为发展西南高等教育，推进边疆文化起见，拟将长沙临时大学移设昆明，改称国立西南联合大学。其院系仍旧。第二，国立北平大学、国立北平师范大学及国立北洋工学院，原联合组建西安临时大学。现为发展西北高等教育，提高边省文化起见，拟令该校各院逐渐向西北陕甘一带移动，并改称国立西北联合大学。院系仍旧。第三，国立北平艺术专科学校已令与国立杭州艺术专科学校合并为国立艺术专科学校。第四，国立交通大学上海本校照常办理。其所属之唐山工学院，现已令暂设湘潭，并令将北平铁道管理学院并入。①

国民政府教育部的这些决定虽起于仓促，但还是很及时地为调整高等教育发展发挥了积极作用。七七事变后，京、沪、江、浙一带大都沦为战区，徐州会战后，武汉与广州也同时处于危急之中。教育部的决定及时推动了各地高校的内迁，使“战时要当平时看”的方针得以贯彻落实。其意义，正如浙江大学校长竺可桢给大学生所说：“第一次大战时，英美各国都送大量的大学生上前线去是一个失策，到了战后才深深地感觉到”；“国家为了爱护将来的领袖人物起见，不把大学生送往前线去冲锋杀敌，则他们应如何奋身图报，努力上进，能把将来建国的重任担当起来，方可对得起战死沙场的勇士们，方不愧为今日之程婴。”②

3. 高校内迁概况

据余子侠的研究，继九一八事变东北大学等高校入迁关内后，华北、华东、华南甚至华中等地的绝大多数专科以上学校，相继加入了流亡搬迁的行列。而且随着抗战局势的变化，这种高校迁移大行动，几乎与抗日战争相始终。这些学校向西部转移，向内地流徙，向自认为安全的地方搬迁。远者北抵陕甘，南至云贵，中部达川湘各地。据粗略统计，在全面抗战期间加入内迁行列的高校累计达100余所，搬迁校次逾200次之多。余子侠在书中列表介绍了抗战期间高校西迁

① 中国第二历史档案馆编：《中华民国史档案资料汇编·第五辑第二编教育（一）》，南京：江苏古籍出版社，1997年，第10—12页。

② 竺可桢：《大学生与抗战建国》，《竺可桢全集》第二卷，上海：上海科技出版社，2004年，第551、552页。

78所，在本省境内迁徙22所的简况。现录其部分于下：

表6－1　抗战期间内迁的部分高校

校名	原址	新址	备注
北京大学 清华大学 私立南开大学	北平 北平 天津	昆明	北大、清华、南开三校首迁长沙，1937年8月联合成立长沙临时大学。1938年4月又迁往昆明，更名为国立西南联合大学
北平大学 北平师范大学 北洋工学院	北平 北平 天津	南郑	北平大学、北师大和北洋工学院三校，首迁西安，1937年8月组成西安临时大学，二迁陕西汉中，三迁陕西南郑，1938年4月更名为国立西北联合大学。1938年7月教育部将该校各学院分别独立为大学或学院，组建新校
中山大学	广州	梅县	首迁广东罗定，次迁云南澄江，三迁广东坪石，四迁广东连县，五迁广东仁化，六迁广东兴宁，七迁广东梅县
同济大学	上海	南溪	首由吴淞迁往上海市区，二迁浙江金华，三迁江西赣州，四迁广西贺县八步，五迁云南昆明，六迁四川南溪
省立山西大学	太原	宜川	抗战全面爆发后，各学院分别迁平遥、临汾、运城，后停办一年。1939年12月迁陕西三原，1941年11月迁陕西宜川，1943年2月迁山西吉县，4月改国立，1945年春迁陕西宜川
省立河南大学	开封	宝鸡	抗战全面爆发后，各学院分别迁河南鸡公山与镇平，1938年8月集中于镇平，1939年迁河南嵩县，1942年改国立，又迁河南淅川。1945年迁陕西宝鸡
中央大学	南京	重庆	其医学院及农学院的畜牧兽医系迁成都。1937年8月迁四川重庆
私立大夏大学	上海	赤水	初与复旦大学合组为联合大学，分迁贵阳和庐山。1938年4月又分设，以贵阳校为大夏大学，后又迁贵州赤水。本部迁贵后，留沪师生成立沪校，一切校政秉承本部。在贵阳一度改国立
浙江大学	杭州	湄潭	初迁浙江建德，二迁江西吉安、泰和，三迁广西宜山，四迁贵州遵义、湄潭。西迁后，在浙东设龙泉分校
私立华中大学	武昌	大理	首迁广西桂林，再迁云南大理喜洲

续表

校名	原址	新址	备注
东北大学	沈阳	三台	九一八事变后迁北平，1937年初迁开封，6月迁西安，1938年迁四川三台。1937年5月改国立。工学院于1938年6月并入西北工学院
武汉大学	武昌	乐山	1937年11月入川。在四川，农艺系并入中央大学
私立金陵大学	南京	成都	1937年11月迁四川成都
私立复旦大学	上海	北碚	初与大夏大学合组为联大，迁庐山，后分设，迁重庆北碚。1942年初改国立。西迁后，在上海设补习部
私立齐鲁大学	济南	成都	抗战全面爆发一度停办，次年秋大部分师生迁成都复校
私立光华大学	上海	成都	本部迁入上海租界区，1938年在成都设主分校
私立武昌中华大学	武昌	重庆	首迁宜昌，再迁重庆
交通大学	上海	重庆	先迁上海租界区，1940年在重庆设分校，1941年全校迁重庆
私立沪江大学 私立东吴大学法学院 私立之江大学文理学院	上海 上海 杭州	重庆	抗战全面爆发后，三校先迁上海租界区，后分别于1942年2月、1938年2月和1944年迁往重庆。入川后，三校合并为东吴、沪江、之江法商工学院，为夜大学。另，东吴大学文、理学院迁福建长汀，后迁广东曲东，不久停办；之江文理学院于1941年冬迁浙江金华，后迁福建邵武，1943年于贵阳设分校，1944年迁重庆
私立燕京大学	北平	成都	1942年迁四川成都
私立中法大学	北平	昆明	文、理学院先后于1939年、1941年迁昆明
山东大学	青岛	万县	1937年秋先迁四川万县，1938年并入国立中央大学
交通大学北平铁道管理学院	北平	璧山	1938年首迁湖南湘潭，与唐山土木工程学院合并，后迁贵州平越、四川璧山等地。1942年改称国立交通大学分校
省立安徽大学	安庆	沙市	先迁六安，转立煌，后迁湖北沙市，次年停办，编制保留在武汉大学
国立厦门大学	厦门	长汀	
广东省立勷勤大学	广州	连县	1937年9月改称广东省立教育学院，10月迁广西梧州，1938年10月改称广东省立文理学院，10月迁藤县，12月迁融县，1939年8月迁广东乳源，再迁连县

资料来源：余子侠、冉春：《抗日战争时期中国教育研究》，北京：团结出版社，2015年，第131—137页。

高校的大迁徙，给民国高校教师带来了离乡背井、颠沛流离的凄凉生活。

（二）乌鹊南飞群未散

“乌鹊南飞群未散”是清华大学教授吴宓写的一句诗。“乌鹊南飞”典出于曹操的《短歌行》，意谓人才追随明主而去。这里的“南飞”又特别贴切，喻指被日本侵略者占领的华北地区各高校教师被迫南下。然尽管是被迫，尽管是离乡背井，却是“群未散”，民国高校教师抗战到底的决心和信心由此揭示无余，民国高校教师共同体的营建经受住了战争年代的考验。

1. 吴宓被迫离别北平

但是民国高校教师的离乡背井却是充满了煎熬和痛苦。七七事变，北平城顿时弥漫开战争的紧张气氛。高校教师平静的教学生活被打破，大则为国家忧愤，小则为校园佳境不再，普遍处于悲凉状态。吴宓就是一个典型。他的日记详细记载了这一段时间的思想变化，典型地体现了当时高校教师被迫南迁的情感历程。

战争带给吴宓思想痛苦的第一个冲击波是要离别清华园。如果不包括在这里读大学的时间，仅仅是任教，吴宓在这里已经生活了12年。清华园里的一草一木，一物一景，都承载着吴宓的深厚情感。

但是，卢沟桥的炮声，打破了清华园的宁静，更激起了吴宓对和平安详生活的向往。

7月8日，昨夜，日军占卢沟桥，攻宛平县城，与中国军冲突。是日上午，闻炮声。7月9日，上午仍闻炮声。7月10日，夕8—9，偕陈寅恪散步，观天上云霾，至美。7月11日，晚8:00，陈寅恪来。8—9同叶君等西园游步。7月12日，昨夜闻炮声。夕，6:30叶企孙、熊大缜、张景廉、张景和来，在此晚饭，食高丽馒头、锅烤鸡等。8—9同出游步，9:00—9:30，再来宓室，进茶与咖啡。7月13日，觉其凉爽静适，真如仙境。蝉鸣鸟语，亦至可悦。念时世之危难，战事之紧迫，如此佳地，如此清福，又岂可多得？夕6:30至叶企孙宅，与张景廉、景和同晚饭。又同外出至西园散步。①

战争的临近，加剧了吴宓的忧愁，对国家前途的忧虑，以及对个人生活前途的忧虑。他在7月14日的日记中写道："阅报，知战局危迫，大祸将临。今后或则（一）华北沦亡，身为奴辱。或则（二）战争破坏，玉石俱焚。要之，求如前此安乐静适丰舒高贵之生活，必不可得"，"晚饭后，7—8与陈寅恪散步。寅恪谓中国之人，下愚而上诈。此次事变，结果必为屈服。华北与中央皆无志抵抗。且抵抗必亡国，屈服乃上策。保全华南，悉心备战；将来或可逐渐恢复，至少中国尚可偏安苟存。一战则全局覆没，而中国永亡矣云云。""8—9，寅恪、叶企孙、熊大缜在宓室坐谈。9—10，赴工字厅秘书长沈履、教务长潘光旦召集之谈话会。由沈等报告连日谒见秦德纯市长等所得消息。大致日军决意并吞华北，大战即在目前，而二十九军决志牺牲抗敌云云。又讨论校防事。宓念刘永济兄等1931年九、十月之交，在沈阳东北大学之所遭；今正同此事境。回忆前言，不觉悲感！"②

7月15日，"是日清华提前发给教职员七月份薪金。计私利，急逃避，此中国人之所能为耳"，"夕5—6洪谦来，同散步。洪君以国人泄泄沓沓，隐忍苟活，屈辱退让，丝毫不图抵抗，使日本不费力而坐取华北。如斯丧亡，万国腾笑，历史无其先例，且直为西洋人士所不能了解者"。

对国家命运的担忧，使吴宓想起了明末的顾炎武，于是开始读《顾亭林诗集》。在吴宓日记中，7月16日、18日、20日、21日、25日、26日，都记载有"读《顾亭林诗集》"，26日"晚饭后，与陈寅恪散步。谈明末事，与今比较"。③

连日的忧虑、思索，吴宓赋得《读顾亭林诗集》二首：

衰时遭乱未为诗，但诵先生不世辞。多垒久非卿士耻，重关一任虎狼窥。

言和言战须成算，立政立兵好奠基。回绎启祯当日事，覆亡容易痛残棋。

---

① 吴学昭整理注释：《吴宓日记》Ⅵ，北京：生活·读书·新知三联书店，1998年，第163—167页。

② 吴学昭整理注释：《吴宓日记》Ⅵ，北京：生活·读书·新知三联书店，1998年，第168—169页。

③ 吴学昭整理注释：《吴宓日记》Ⅵ，北京：生活·读书·新知三联书店，1998年，第169—170、178页。

饕餮邻封难遏闳，纵横流寇尚披猖。金瓯大国迎风破，天府中原资盗粮。

愚诈早无文教力，精强谁论夏夷防。振衰功在百年后，明耻博文足瓣香。①

7月28日，日军攻占北平。战争的苦难降临，吴宓不得不告别清华园。7月29日，“晨，在荷花池散步，花犹盛开。日机在空中整队飞翔，偶闻一二掷弹或炮声，旋即平静”；“传闻日军已南进至清河。前队已驻守清华园车站。不久，或即来校接收。情形甚为忙乱。宓深感清华瓦解之易，与员生之但求自逃，不谋团结维持。宓原拟终留清华，至是，叶企孙力劝入城。陈寅恪亦谓‘在此生命无忧，入城可免受辱’。宓以众教授如此行动，遂亦决入城”。收拾好行李后，下午吴宓搭乘叶企孙的汽车，与熊大缜一同入城，校役吴延增挥泪相送。“宓忽如此舍弃可爱之清华园西客厅，一生美满舒适之环境与生活，从兹尽矣！”②

但吴宓始终挂念着清华园的胜景，加之吴宓在清华园的物品尚未全部运出，8月10日，吴宓乘坐已插上意大利国旗的公共汽车，在西直门被日兵及巡警搜查半小时，终于返回了清华园。“而能重临，恍如梦境。窗外荷花犹开，柳动蝉鸣，虽热湿，而秋风时至。念此静适之境，真世外桃源”；“在此晚饭，同出散步。西园荷花犹茂，荷叶极香。望西山落日，晚霞青天，美丽犹昔，而观赏几于无人，胜境鞠为荒草，可胜慨叹”。之后，吴宓在清华园居住数日，整理书物托运进城。他白天在蔓草丛生的校园散步，夜间闻蝉声风雨声，倍感“园中真成异境，只闻秋蝉微弱断续之哀鸣而已”③。

战争的苦难并未到此止步，它给吴宓带来的第二个冲击是不得不离开北平。据吴宓日记，8月2日，“《世界日报》载，清华将迁长沙。宓雅不欲往，但又不能不往”。前途未卜，百感丛生，吴宓赋诗一首：

北都又失好山河，隔岁吟酬涕泪多。巢覆更愁天欲压，身存未许口能歌。

眼前危境同骑虎，梦里韶华悔掷梭。志事亭林难学步，梅村才薄奈予何。④

① 转引自吴学昭：《吴宓与陈寅恪》（增补本），北京：三联书店，2014年，第169页。

② 吴学昭整理注释：《吴宓日记》Ⅵ，北京：生活·读书·新知三联书店，1998年，第181—182页。

③ 吴学昭整理注释：《吴宓日记》Ⅵ，北京：生活·读书·新知三联书店，1998年，第192—193、196页。

④ 吴学昭整理注释：《吴宓日记》Ⅵ，北京：生活·读书·新知三联书店，1998年，第185页。

吴宓的本意是不愿南下，不愿离开北平，他在 8 月 9 日的日记中明确表示："盖宓之意向，欲隐忍潜伏，居住北平，静观事变，置身事外，苟全性命，仍留恋此美丽光明之清华、燕京环境，故不思他去，不愿迁移，不屑逃避。宁脱离清华团体，而为自营之计也。"

在这之后，吴宓陷入了是离开还是留下的痛苦抉择之中。9 月 2 日，"途遇霍秉权，述叶企孙致金岳霖函，似清华将在长沙筹备开学，校长谕诸教授往长沙集合云云。宓则决拟留平读书一年，即清华实行开学，亦拟不往"；"见来访之陈铨及同寓之萧公权君。陈铨明晨南行，惟公权赞成宓留平读书之办法"。①

9 月 3 日，吴宓谈到自己的读书计划："自经国难，宓益觉道味浓而世缘衰，不但欲望尽绝，淡泊无营，即爱国忧民之心，亦不敌守真乐道之意。隐居北平城中，而每日所读者，乃为宗教及道德哲学书籍，不及政治时局，非为全身远祸，实以本性如斯，行其所好所乐而已。"②

9 月 12 日，"陈福田电邀至清华同学会晤谈，述赴津接洽，清华校长命教授等即赴长沙，筹备在该地开学。每教授给予旅费＄140，月薪一律＄60。在津可领得＄200，由周培源君（英租界，中街，福隆洋行大楼，二层。英租界，维多利亚路 191A，第 3 号套房）发给，并代办购买船票之事。清华教授同人，行止不一。宓可自决。但冯友兰等甚望宓能前往云云。宓答以容考虑后再决复"；下午，"萧公权君来访。宓意欲在此苟安，闭户读书，余事付之天命。殊不愿赴长沙，缘对人生根本厌倦，故惮于跋涉转动也。与公权谈，公权意正与宓同，亦拟居平读书一年，静待后变。且言清华留平之约五十教授中，赴长沙者恐不逾二十人云。宓闻公权语，甚欣慰"；傍晚，"历与姑母、老姨太、颐述此事。姑母等莫不坚主宓应即南下。以为早到长沙，则见重于清华当局，职位固保。即不恋恋于清华，亦当在南京及他处活动，以求个人之发展，远胜困守此间也云云。（芝润表妹虽不肯言，所见当亦同此。）以此宓甚郁悒"。③

---

① 吴学昭整理注释：《吴宓日记》Ⅵ，北京：生活·读书·新知三联书店，1998 年，第 206 页。
② 吴学昭整理注释：《吴宓日记》Ⅵ，北京：生活·读书·新知三联书店，1998 年，第 207 页。
③ 吴学昭整理注释：《吴宓日记》Ⅵ，北京：生活·读书·新知三联书店，1998 年，第 212—213 页。

9月22日，“访萧公权。出示近所作词十余阕，甚美，皆哀时伤乱之作。又述长沙系三校合办，员生到者现尚甚少云云”。23日，访陈寅恪，“寅恪甚赞同宓隐居北平读书一年之办法。惟谓春间日人曾函邀赴宴于使馆。倘今后日人径来逼迫，为全节概而免祸累，则寅恪与宓等，亦各不得不微服去此他适矣”。陈寅恪此言已点到问题的实质，留在北平难以“全节”，但吴宓至此仍未改变初衷。28日，“萧公权来，述清华教授留平者之行止意向。与宓仍决暂不离此他适云”。[①]

然而，同事与家人的劝说又使吴宓心中掀起波澜。10月1日，“遇毛玉昆、钱稻孙来访。毛出示由津携来梅校长电，命诸教授均赴长沙。如赶十月内到达者，当给九月薪之七成。以后月薪未定。津发旅费办法仍照旧云云。宓又陪二君同往北月牙胡同十一号，访李辑祥。李拟即往，并谓宓既无家眷在此为累，自应速往长沙云云”；“晚饭时，姑母家人仍劝宓即筹备南行”。2日，访萧公权，“南行事，公权谓‘战事方波及山东，道途危险，故一时不宜轻动。但稍缓道通之后，宓似宜即往南中’云云。宓实欲留此，而苦无其理由可以告人。亲友皆劝行，宓内心徒自伤而已”。[②]

自是，吴宓南下的打算开始萌动。他在10月3日的日记中写道：“又接到浙江大学郭斌龢慰问函，即复；并表示他日南来，拟舍去清华而教授浙江大学之意。”10月6日，访萧公权，“旋浦薛凤亦来，谈浦等日内南行之计。公权仍拟暂缓。按宓原拟留居北平一年，养静读书。今诸同事教授先后南去，环宓之亲友一致促行；宓虽欲留平，而苦无名义及理由，以告世俗之人。今似欲留而不可，故决不久南下，先事整理书物，以为行事预备”。[③]

10月11日，“正午，接叶企孙自津来函，劝赴湘，并盼于十四日与浦薛凤等同行赴津，云云。宓亦颇患焦急。下午1—3，步行访萧公权于二道桥寓宅，并见吴文藻。萧君述所闻清华在湘开学情形，及诸友所函述道途实况，主张仍暂

---

① 吴学昭整理注释：《吴宓日记》Ⅵ，北京：生活·读书·新知三联书店，1998年，第218、219、221页。

② 吴学昭整理注释：《吴宓日记》Ⅵ，北京：生活·读书·新知三联书店，1998年，第223、224页。

③ 吴学昭整理注释：《吴宓日记》Ⅵ，北京：生活·读书·新知三联书店，1998年，第225、226—227页。

缓行，或于十一月中偕同南下云云。宓本不欲行动，自乐从之”。12 日，“萧公权导张准（子高）来访。张君拟一时不赴湘，而居此观变”。18 日，“接叶企孙自津来函，言，准于十一月七日（或至迟十一月十七日）偕熊大缜乘盛京轮船大餐间（Saloon）赴沪。勖宓同行，并望于十月底即到津云云。宓雅不欲行，然又不得留”。20 日，“陈慈亦不欲行，故欲退船票，并劝宓留此”。24 日，“贺麟来，转托熊大缜代购船票。9:30—10:30 至绒线胡同崇德学校访熊大缜。缜谓宓可不必南行”。①

左右为难之际，吴宓决定先去天津看望病中的叶企孙，到时再做最后的决定。10 月 25 日，“电约熊大缜明日同赴津，视企孙病，商决去留”。26 日吴宓与熊大缜赴天津看望叶企孙，并最终下定决心南行。他在 27 日的日记中写道：“自昨夕到此，见企孙与他人接洽校务，所谈学校情形，业已明了。中夜即自决定南行。今晨告孙，亦谓宜行。”②

吴宓回到北平后，开始做南下的最后准备。11 月 4 日，吴宓与同伴数人告别北平，乘车抵达天津东站。徘徊数月，终上征途，吴宓的千番感慨凝练成诗一首：

十载闲吟住故都，凄寒迷雾上征途。相携红袖非春意，满座戎衣甚霸图。

乌鹊南飞群未散，河山北顾泪常俱。前尘误否今知悔，整顿身心待世需。③

2. 北京大学、南开大学教师的南下

其实，纠结是否南下的并非吴宓一人。告别故土，前途未卜，何去何从，对平津地区的高校教师来说都是一个难以抉择的问题。

北平失陷后，北京大学的教师也是十分纠结。当时蒋梦麟、胡适等参加庐山会议而不能返回北平，留在北平的教师们只能自己聚合商议是否南下事宜。

8 月 7 日，教务长樊际昌在平津试行通车的第一天就离开北平南下。8 月 9 日，国文系主任罗常培与郑天挺、饶毓泰、叶公超、钱端升等人在欧美同学会晤

① 吴学昭整理注释：《吴宓日记》Ⅵ，北京：生活·读书·新知三联书店，1998 年，第 229、230、235、236、238 页。

② 吴学昭整理注释：《吴宓日记》Ⅵ，北京：生活·读书·新知三联书店，1998 年，第 238、239 页。

③ 吴学昭整理注释：《吴宓日记》Ⅵ，北京：生活·读书·新知三联书店，1998 年，第 243 页。

谈，大家都主张早日离开北平。于是，11 日清晨，叶公超、梁实秋、饶毓泰、姚从吾就陪同胡适夫人江冬秀离开北平去天津。在张皇失措中，姚从吾还将江冬秀的一只皮箱给弄丢了。

这时北大的重担几乎都落在了秘书长郑天挺身上，还没走的同人更觉得应该经常交换意见共撑残局。8 月 13 日，罗常培邀集了马裕藻、孟心史、汤用彤、邱大年、毛子水、陈雪屏、魏建功、李晓宇、卢吉忱等人，商议如何协助郑天挺共同支撑残局，维持校务。

由于日军的监视，北大同人聚会都要假借聚餐、茶话会的形式，以避开日军的耳目。9 月 13 日，郑天挺邀集罗常培、马裕藻、孟心史、汤用彤、毛子水、陈雪屏、魏建功、冯汉叔、罗庸、赵迺传等人聚餐，通报了这一个月来日军骚扰和进驻北大的情形，以及长沙临时大学成立的消息和梅贻琦校长的指示。

9 月 23 日，北大留平同人在王府井大街承华园聚餐，相互交换近日所得消息。9 月 29 日，郑天挺接到胡适 9 月 9 日从九江轮船上写来的一封信，于是在灵镜胡同七号林宅聚会，宣读胡适的信。胡适在信中用了许多隐语，告知了北大同人的一些近况。胡适本人被政府委派去做外交工作，胡适鼓励北大同人于困境之中不忘学术研究，埋头闭门著述。在这次聚会上，大家公推魏建功和罗庸以留平全体同人的名义致函梅贻琦校长，信的结尾处写道："总期四十年辛苦经营之学校，不致成为无人顾视之堕甑；三十余坐幽待旦之同人，不致终虚卫校存学之初愿。至于私人铺啜，当此之际，非所敢闻。"

10 月 8 日，留校的北大同人 28 人在锡拉胡同景福阁再次聚会，宣读了致梅贻琦的信，在信上自由签名者 20 人，由孟森和董康领衔。

10 月 28 日，北大留守人员在灵镜胡同七号林宅开茶话会。这时通报了裘开明所述长沙那边的情形，教务长樊际昌自长沙来信也恰好收到，又收到吴俊升发来的促行电。长沙临时大学的消息已趋明朗。于是，留在北平的 36 位北大同人，除少数人外，决定分批南下。11 月 17 日，最后一批离开北平的北大教授，有郑天挺、罗常培、邱椿、陈雪屏、魏建功、赵迺传、王烈、周作仁、包尹辅等人。

他们到天津后，21日乘湖北轮船去香港，再由香港转赴长沙。[①]

南开大学教师的离津就没有这么多的时间来纠结了。日军占领天津，对南开大学进行了血腥的轰炸。南开大学的教师已不可能集结商议，只能各自逃离天津，分别南下。南开大学化学系教授杨石先的家已遭日军洗劫，他离开天津时，除一身单衣和一架照相机，别无他物。他与经济研究所方显庭教授乘车到秦皇岛搭上一艘挪威的运煤船到了厦门，再经陆路到长沙。数学系青年教师孙本旺在日机轰炸中从家中抢出几件衣物，便跟着逃难的人群，挤上火车，辗转数千里来到长沙。七七事变发生时，南开大学英文系主任柳无忌教授正在上海探亲，得到通知后，离开上海辗转于10月底赶到了南岳临时大学文学院。化学系教授邱宗岳留守天津，看管从学校抢运出来的物资。他家境困难，身患胃溃疡，直到1938年全家才离开天津到昆明西南联大。南开大学赴长沙的教师共有20名，除以上所举，还有黄钰生、罗皑风、侯洛荀、李卓敏、陈序经、王赣愚、皮名举、蔡维藩、刘晋年、蒋硕民、孟广喆、张克忠、陈笕谷等。

3. 北方高校教师的离乡背井

离别亲人，告别故土，依依地惜别，楚楚地挥手，北方高校教师的南下充满着凄凉和苦痛，呈现出许多生离死别的镜头。

从吴宓日记看，清华大学教授萧公权对是否南下也是十分的犹豫。万般无奈，最后不得已还是决定出走。由于对未来的不确定，萧公权决定让家人由天津坐船直接去上海岳父母家暂时居住，自己独自先去成都的国立四川大学报到。他在北平上车时，看到“北平城内车站里外到处都有军警。旅客在上车前，一一都被搜查。男女分两边出站上车。妇女由女警察搜查”。在担惊受怕中，总算一切还顺利，至傍晚才到达天津。然后全家乘船到青岛，萧公权至此须独自下船改走陆路。“当我在船上与家人告别时，大人小孩都含着眼泪，依依不舍，我心里也很难受。这是我与他们第一次远别。今后是否还能够团聚，我毫无把握，只好安慰他们说‘我到了成都就要到上海来接你们’。”下面两首五言诗是萧公权在胶济

① 罗常培:《七七事变后的北大残局》,《罗常培文集》第十卷,济南:山东教育出版社,2008年,第321—326页。

路火车上作的：

乱里还为客，别时愈可悲。携家成失所，有子解啼饥。糊口四方志，飘蓬无定枝。艰辛何敢恨，去去欲安之。

中途为远别，劳燕各东西。旧隐抛何处，南天望欲迷。临分言语少，想向泪痕低。为尔谋衣食，呼儿且罢啼。[①]

1937年春节，郑天挺的妻子因难产病逝，遗下了五个小儿女，大的不过13岁，幼子才3岁。面对这样的局面，郑天挺不得不伤痛地离别五个幼儿，只身南下。魏建功也是舍家独身离走。这一年3月，他的女儿患猩红热，身未痊愈难以再历无望的颠沛，不得已只好留下他的妻子和两个小儿女。他托付好朋友——琉璃厂古旧书店来熏阁的主人照顾他的家庭。临行，他悲伤地写下两首诗，其中一首是：

廿六年居围城，三月女病猩红热，一家颠沛忽又独行投南，将行再作

居危入乱皆非计，别妇离儿此独行；欢乐来时能有几，艰难去路怖无名。

文章收拾余灰烬，涕泪纵横对甲兵；忍痛含言一挥手，中原指日即收京。[②]

山东齐鲁大学教师老舍的南下也是十分凄凉。抗战开始后，齐鲁大学的学生和教师都已离开，可老舍看着三个小儿女发愁，最小的不满3个月，最大的也不过4岁。他和妻子胡絜青带着这三个孩子根本无法上路，然独自出走实在于心不忍。但如果不走，一旦被日军俘去逼做汉奸，那怎么办？“一个读书人最珍贵的东西是他的一点气节。我不能等待敌人进来，把我那一点珍宝劫夺了去。我必须赶紧出走。”妻子是深明大义的，“她把泪落在肚子里，沉静地给我打点行李。她晓得必须放我走，所以不便再说什么”。临别之际，老舍提着手提箱，望着孩子，几次犹豫着又放下了。最后，是胡絜青默然不语地将手提箱递到老舍手上，催促他赶快上路。“我抚摸了两下孩子们的头，提起小箱极快地走出去。我不能再迟疑，不能不下狠心：稍一踟蹰，我就会放下箱子，不能迈步了。”[③]

梁思成和林徽因这时也在整理行装，林徽因在给美国朋友费慰梅的信中说：

---

① 萧公权：《问学谏往录》，合肥：黄山书社，2008年，第107—109页。

② 转引自马嘶：《1937年中国知识界》，北京：北京图书馆出版社，2005年，第242页。

③ 阎焕东编著：《老舍自叙》，太原：山西教育出版社，2001年，第262—264页。

"思成和我已经为整理旧文件和东西花了好几个小时了。沿着生活的轨迹，居然积攒了这么多杂七杂八！看着这些往事的遗存，它们建立在这么多的人和这么多的爱之中，而当前这些都正在受到威胁，真使我们的哀愁难以言表。特别是因为我们正凄惨地处在一片悲观的气氛之中，前途渺茫。……如果我们民族的灾难来得特别迅猛而凶暴，我们也只能以这样或那样迅速而积极的方式去回应。当然会有困难和痛苦，但我们不会坐在这里握着空拳，却随时让人威胁着羞辱我们的'脸面'。"①

燕京大学的吴文藻和冰心夫妇在离开北平前，将家中物品送的送了，捐的捐了，卖的卖了，唯独他们最心爱的书、字画、古玩、日记、书信、照片等东西割舍不下。这些东西，有鲁迅、老舍、茅盾、巴金、丁玲、苏雪林、凌叔华等人的签名本，有吴文藻自清华上学以来几十年的日记，有冰心留美 3 年的日记，有冰心和吴文藻 6 年间的通信，有冰心父亲年轻时的信件，有吴文藻 15 年所编的讲义、笔记。他们忙乎了好几天，学生们也赶来帮忙打包装箱，然后将装箱东西寄存在燕京大学课室的顶楼上。8 年以后，1946 年，冰心回到燕京大学，"两天以后，我才满怀着虚怯的心情，走上存放我们书箱的大楼顶阁上去——果然像我所想到的，那一间小屋是敞开的，捻开电灯一看，只是空洞的四壁！我的日记，我的书信，我的书籍，我的……一切都丧失了"②。

北京大学史学系教授孟森（心史）一直决心南下，然此时却查出身患胃癌，不得已于 11 月 4 日住进了医院。在住院期间，已经变节投敌的郑孝胥来看望他，孟森满腔义愤，以诗斥之。11 月 14 日，罗常培去医院向他告别，他出示斥责郑孝胥的三首诗，握着罗常培的手说："这三首诗希望莘田兄带给南方的朋友们看看，以见我心境一斑。我们这次分别恐怕就成永诀了！"③ 郑天挺临行前，也两次去协和医院看望他，孟森出示日记以表心志。郑天挺后来写道：

十一月十七日，我离别了五个幼儿，只身和罗常培、魏建功、罗庸等同车赴

---

① 费慰梅：《梁思成与林徽因》，刘小沁编选：《窗子内外忆徽因》，北京：人民文学出版社，2001 年，第 298—299 页。

② 冰心：《丢不掉的珍宝》，《冰心散文集·一日的春光》，北京：高等教育出版社，2016 年，第 114 页。

③ 罗常培：《七七事变后的北大残局》，《罗常培文集》第十卷，济南：山东教育出版社，2008 年，第 327 页。

津，次日又有几人走，就是北大的最后一批了。临走前，我两次到协和医院看望了史学系孟心史（森）先生，他当时已患胃癌，生命垂危，但他见到我，尚以病榻日记相示。日记中无时不以国事为念，并以诗讽刺郑孝胥。临别时尚执手殷殷，潸然泪下。我往日所作清史论文，颇得先生奖饰，已感不安。今见先生如此如此，我亦深受感动，为之动容。不料两月后，孟先生即遽归道山。[①]

北大教授钱玄同苦于年老多病，不能南下。他托魏建功为他刻了一方“钱夏玄同”的印章，表达了守节的志向。魏建功、郑天挺等启程南下时，钱玄同又表示了很想南下之意，但又无可奈何：“闹了多年的高血压病，弄得我简直不敢走动了。”魏建功安慰他说：“你不能走就不要走。”11 月 16 日，钱玄同来到魏建功家，邀请魏建功全家去淮扬春饭庄，为魏建功饯行。1939 年 1 月，钱玄同死于脑溢血。

“凄寒迷雾上征途”，这是吴宓离别之时的诗句。民国高校教师就是这样带着身上的苦，心中的痛，肩负着中华民族高教事业发展的使命，艰难地踏上了征途。

（三）封锁难阻集结心

离别既艰难，上路更艰难。七七事变后，京汉铁路被阻断，北平城的高校教师南下只有先去天津，然后由天津转津浦路，或乘船走海路南下。平津铁路也是到 8 月 7 日才通车，加之教育部关于大学撤退的决定公布仓促，教师们也只能匆匆出走。

先看看陈寅恪一家的出走。七七事变后，特别是日军占领北平后，陈寅恪的父亲，85 岁的散原老人终日忧愤，导致病情加重，但拒绝用药、进食，于农历八月初十弃世。陈寅恪在料理父亲丧事后，在“七七”丧期满后，于 1937 年 11 月 3 日清晨，身着传统孝子的布袍子，其妻子头别白花，带着分别是 9 岁、7 岁、4 个月的三个女儿，以及两个家佣离开北平。《陈寅恪先生编年事辑》中说：“先

---

① 郑天挺：《郑天挺自传》，冯尔康、郑克晟编：《郑天挺学记》，北京：生活·读书·新知三联书店，1991 年，第 387 页。

生料理父亲丧事，于满‘七七’后，携家仓皇逃离北平。几经辗转、艰困，得至长沙。”① 这里引用其妻子唐筼的记载，可以更真切感受当年高校教师南下的艰辛。

一九三七年十一月三日早，我们携三小女及王妈、忠良等购得快车票出京。送行者有大嫂、大姐、蹇华芬等，别时伤心几哭出声。幸车站汉奸检查不严。车行甚快。到津住六国饭店。到天津者，以过了万国桥才算出了鬼门关。天津东站，俗呼老隆头者，出此亦颇不易。我们一家总算侥幸平安出来，但几乎挤散。我和寅恪各抓紧一个大小孩。（流求九岁，小彭七岁。）忠良照料小件行李。王妈抱着才四个多月的小美延。当时必须用力挤着前进，一家人紧紧靠拢，深恐失散。直到住进租界，不见日本鬼和太阳旗，心中为之一畅。但未达目的地，身心俱不安定。从叶企孙处领到部分薪水作路费。择定乘英商船济南轮南下。由紫竹林搭大汽车至大沽口外上船。王妈决意跟我走，而忠良则必须回家（照料家事）不能南行，送我们上船而别，忠良在我家工作已过十年。同行者有袁复礼先生（未带家眷）、毛准先生，及北大某教授家眷同船。一到青岛，当夜已十二点多，搭夜车离开青岛，为方便计，由青岛站购联票直去长沙。（当时已在长沙准备复校上课，希教师同学们快到长沙。）但一到济南，风声甚紧，形势大变，商店闭门，哄传“日本鬼子就要来，我们都要逃走了”！大批人争着逃难，谁也不知走向何处是好。火车停开，已无所谓班次，见车就上。赶到车站，人山人海，挤着要上一列车，东西观看，人满得挤不上车。幸亏刘清扬先生眷属已先上车，帮助我们每个人由窗口爬进。他们还让给我们三个座位。我们在青岛买的是头等卧铺票，一家连同王妈三个大人三个小孩，却得到三等车厢中三个座位。除吃奶小孩外，两个大小孩挤睡在地上。三个大人只得笔直地坐着，转动亦不容易。经历将近二十四小时才到徐州。幸天在下雨，没碰上敌机的轰炸扫射。夜间十点转上陇海路去郑州的火车，幸天仍在下雨，平安到了郑州。在郑州总算上了节破烂的头等车，得以安睡一夜。隔壁的毛先生不肯关门睡觉，手提箱不翼而飞，所谓“不

① 蒋天枢：《陈寅恪先生编年事辑》（增订本），上海：上海古籍出版社，1997 年，第 113 页。

听好人言，吃亏在眼前”者。到了汉口，旅店内休息半日，即搭粤汉车往长沙。码头上不知受了多少气。渡江时风浪很大，兼又下雨，历尽了艰辛。十一月二十日夜到了长沙。天仍在下雨，幸先发电，有人来接，得以住在亲戚家张宅，到时已在深夜了。①

其他高校教师的出走与陈寅恪一家几乎相似。一路的担惊受怕，一路的饥寒交迫，就这么伴随着高校教师的一路南下。

清华大学教授潘光旦将南下经历作《图南日记》：“图南一词原出《庄子》，鹏鸟置身九万里之上，谋徙于南冥。余固不足以当之，惟‘图南’与‘逃难’，为一音之转，亦可谓为完全同音，曰图南，不曰逃难者，较蕴藉耳。”② 潘光旦之谓逃难绝无虚言，仅北平站和天津站，就给南下的高校教师设置了诸多障碍。据潘光旦日记，在北平站，人多拥挤且不说，行李托运便遭到车站的有意刁难，靠了金钱行贿才得以办妥。上了头等车厢，较好的座位都被敌人强占。一路上，敌宪兵逐节车厢查看，便衣也很多。到了天津站，两旁伺立之敌宪兵，对可疑者任意截留扣押。所以，南下高校教师首过这两关就充满了担惊受怕。

北平沦陷后，北京大学教授梁实秋听友人张忠绂告，据侦缉队的熟人告知，梁实秋与张忠绂均在敌人的黑名单中。为免遭祸，走为上策。他们遂决定于次日在早班火车上相见。临行，梁实秋写下遗嘱，交给妻子。在火车上，梁实秋和张忠绂坐在一起，叶公超也在车上，三个人佯装互不相识。在车上又遇见樊逵羽和胡适的妻子江冬秀。火车早晨开车，直到傍晚才到达天津。沈从文则是打扮成商人模样，与杨振声、朱光潜、张奚若、梁宗岱等人结伴，仓促地挤上了北平沦陷后开出的第一班列车。谭其骧出天津站时遇到了麻烦。他乘坐的火车至下半夜才到达天津，日本宪兵把旅客全部扣留，后来才陆陆续续地释放，最后只留下几个人，谭其骧也在其中。还好，经过一番惊悸，第二天早上谭其骧也被释放了。北京大学教授王力也被日军扣留。他携妻子好不容易挤上开往天津的火车，不料一出站，就被层层把守在站口的日军和汉奸当作嫌疑分子抓了起来。经过反复盘查

① 蒋天枢：《陈寅恪先生编年事辑》（增订本），上海：上海古籍出版社，1997 年，第 113—114 页。
② 潘乃穆、潘乃和编：《潘光旦日记》，北京：群言出版社，2014 年，第 113—114 页。

审讯，饱受各种惊吓，方才脱离虎口。清华大学的几位教授，例如化学系教授高崇熙、中文系教授王了一等，在天津车站都被日军毫无理由地扣押。

邓云乡在《文化古城旧事》中讲了一件事。他的一个邻居，姓汪，浙江金华人，日本东京帝国大学农学博士，当时在国立北平大学农学院当教授。他的妻子是日本人，当时两人在东京结的婚。北平沦陷后，日本军队完全控制了去天津的铁路，日籍汪太太亲自护送其丈夫和院子里的两个青年坐火车到天津，由天津坐英国怡和公司的海轮南下。一年以后，这位日籍汪太太不声不响地带着孩子们经天津坐船到香港，辗转去了昆明，与在西南联大教书的丈夫会合。① 可敬的日籍汪太太！

闯过天津站这一关，还有漫漫长途。冯友兰在《三松堂自序》中说："当时走的人，都先到天津，因为京汉路已经不通了。南下都得经过津浦路。我和吴有训两个人一起走，先到济南，住在张鸿烈家里。济南也是一片紧张，这位厅长家里，已经都挖好防空洞了。我们从济南到郑州，等着换京汉路火车往汉口。在郑州住的时候，我建议上馆子吃一顿黄河鲤鱼。我说，不知道什么时候才能回来，有机会就先吃一顿。在郑州，又碰见熊佛西，三个人一同去吃黄河鲤鱼。熊佛西喜欢养狗，他说起许多狗的故事。北京有许多人都离开了，狗没法带，只好抛弃了。那些狗，虽然被抛弃了，可是仍守在门口，不肯离去。我说，这就是所谓丧家之狗，我们都是丧家之狗。"②

"丧家之狗"，与潘光旦的"逃难"，确实道出了当时高校教师南下的狼狈状态。9月中旬，清华大学教授朱自清决定南下长沙。因带家眷不便，遂决定一人独行，让妻子孩子暂居北平。9月22日，他提着一个极简陋的旧提包，混杂在熙熙攘攘的人群中挤进北平站。他个头不高，穿着朴素，像个普普通通的老百姓，没有引起日本人的注意。到了天津，遇到不少熟人，都是要南下的同事，便一路同行。9月25日，朱自清登上赴青岛的小轮船，同舱有饶毓泰夫妇，化学教授黄子卿、吴大猷等人。舱房在船尾，颠簸得很厉害，舱内空气又很污浊，大家都吃不下东西。船抵青岛后，转火车去济南，然后又转津浦线赴徐州，换乘陇

---

① 邓云乡：《文化古城旧事》，北京：中华书局，1995年，第307—312页。

② 冯友兰：《三松堂自序》，第2版，北京：人民出版社，2008年，第85页。

海线到陈桥，再换平汉路火车到达汉口。10 月 4 日，朱自清乘火车才抵达长沙。

闻一多的离别也十分狼狈。7 月 19 日，闻一多连一只箱子也没带，用布包了几件换洗的衣服，揣上《三代吉金文存》和《殷墟书契前编》两部书，便拖着两个幼小的孩子，加入街上的流亡大军，匆匆向南逃奔。在前门火车站，碰上要回家的臧克家。臧克家看见闻一多带着两个孩子挤不上火车，一个搬运夫（红帽子）全力紧张地帮闻一多一家挤进了车厢。臧克家问："闻先生，您带的东西很少，那些书呢？"闻一多感慨地说："国家的土地一大片一大片地丢掉，几本书算得了什么？我只随身带了点重要的稿件。"

闻一多先是在武汉家中作短暂停留，继而继续南下长沙，这可能引起妻子的不理解。1938 年 2 月 15 日，已经在长沙准备向昆明转移的闻一多写信给妻子："这里清华北大南开三个学校的教职员，不下数百人，谁不抛开妻子跟着学校跑？连以前打算离校，或已经离校了的，现在也回来一齐去了。你或者怪了我没有就汉口的事，但是我一生不愿做官，也实在不是做官的人，你不应勉强一个人做他不能做不愿做的事。"但闻一多并非铁石心肠，离别父母妻儿，对他来说十分痛苦。"那天动身的时候，他们都睡着了，我想如果不叫醒他们，说我走了，恐怕第二天他们起来，不看见我，心里失望，所以我把他们一个个叫醒，跟他说我走了，叫他再睡。但是叫到小弟，话没有说完，喉咙管硬了，说不出来，所以大妹我没有叫，实在是不能叫。本来还想嘱咐赵妈几句，索性也不说了。我到母亲那里去的时候，不记得说了些什么话，我难过极了。出了一生的门，现在更不是小孩子，然而一上轿子，我就哭了。母亲这大年纪，披着衣裳坐在床边，父亲和驷弟半夜三更送我出大门。"①

清华大学教授中，刘文典是最后一个离开北平的。在北平时，鉴于他的名望，日本人通过周作人来做他工作，请他出来做伪事，遭到他断然拒绝。刘文典对周作人说："国家民族是大节，马虎不得，读书人要懂得爱惜自己的羽毛。"日本人被他的态度激怒了，闯进刘家翻箱倒柜，刘愤然作色，拒绝回答日本人的任

① 闻一多：《闻一多书信集》，北京：群言出版社，2014 年，第 119—120 页。

何问题。翻译官责问道：你是留日学生，太君问话，为何不以日语作答？刘文典称“国难当头，我以发夷声为耻”，拒不说日语。1938 年 3 月，在朋友帮助下，刘文典告别妻儿，化装逃出北平，由天津搭外轮，经香港到安南（今越南），一路上历尽艰辛。一日夜宿旅店，刘文典思绪万千，诗由情生：

胡骑满城天地闭，风尘澒洞窜要荒。三边鼓角声犹壮，千载文章志未偿。

新梦迷离思旧梦，故乡沦落况他乡。舣棱回首知何许，万里秋山路正长。①

5 月 22 日终于到达云南蒙自，刘文典已是蓬头垢面，衣衫褴褛，鬓角染霜，几乎到了崩溃的边缘。当刘文典见到梅贻琦校长时，这位一生孤傲、性情乖戾的学者竟然失声痛哭，其感人场面，令人无不为之动容。他后来在给梅贻琦的信中说：“典往岁浮海南奔，实抱有牺牲性命之决心，辛苦危险，皆非所计。”②

“辛苦危险，皆非所计”，这就是民国高校教师在民族存亡之际毅然赴难的心理写照，这也是民国高校教师共同体凝聚力的体现。

二、跋山涉水历艰辛

个人的南下尚且如此艰辛，学校整体的搬迁则更是困难重重。当时军运浩繁，舟车缺乏，加之战时环境的恶劣，都使各高校的内迁充满了艰辛。

① 章玉政：《狂人刘文典》，桂林：广西师范大学出版社，2008 年，第 217—218 页。
② 章玉政：《狂人刘文典》，桂林：广西师范大学出版社，2008 年，第 217 页。

（一）西南联大的迁徙

1937 年 12 月，南京陷落，武汉随之告急，长沙也处于危急之中。为避免损失，长沙临时大学常委会几经商讨，决定再将临时大学迁至处于大后方、交通相对方便的昆明。经蒋梦麟亲赴武汉向蒋介石提出迁昆方案后，1938 年 1 月，国民政府批准临大南迁昆明。

1. 三路向昆明

长沙临时大学准备迁往昆明，规定教职员、学生统限于 1938 年 3 月 15 日以前到达昆明校址报到。1938 年 1 月，学校才大致有个南迁的初步方案。据闻一多 1938 年 1 月 30 日给妻子的信中说："学生将由公路步行入滇，教职员均取道香港、海防去。校中津贴六十余元，但有多人将此款捐助寒苦学生作津贴，此事系（叶）公超发起，我将来恐亦不得不捐出，如此则路费须自己担负矣。又同人乘二等车居多，因二等可包专车（每车二十四人），三等人数过多，不能包用。我因结伴关系，或亦将乘二等，如此则用费又须超出，校中派有专人在香港、海防招待旅行事务。"①

信中所提到的捐助贫寒学生之事是指当时部分教授发布的《刘崇鋐等 45 教授捐款补助寒苦学生旅费信》："学校迁滇，学生颇有以经济困难虑不克前往者，其中不乏品学优良之青年，若任其因贫辍学，殊失国家培植人才之意。闻学校拟津贴各教授旅费六十五元，同人等愿将此项津贴全数捐与学校，作资助贫寒优良学生之用，其分配甄别方法，悉请常务委员妥为筹划。"② 至 2 月 14 日，共有 51 位教授捐出了自己的旅费补助，共筹得 3315 元。学校拿出其中的 1600 元，按每人补助 20 元的标准，补助了 80 个贫寒学生。

后来有一部分教师准备加入学生的步行团，闻一多也心动了。1938 年 2 月 1 日，闻一多在给二哥的信中说："此间学生拟徒步入滇，教职员方面有杨今甫、

① 闻一多：《闻一多书信集》，北京：群言出版社，2014 年，第 116 页。
② 王学珍、郭建荣主编：《北京大学史料》第三卷，北京：北京大学出版社，2000 年，第 50 页。

黄子坚、曾昭抡等五六人加入，弟亦拟加入，因一则可得经验，二则可以省钱。”①

大约一个星期后，长沙临时大学南迁昆明的方案基本敲定，闻一多此时又倾向于乘车前往。他在2月11日给父母的信中说：“校中迁滇路程，分三种：一、由粤汉取道香港，转海防入滇；二、步行经贵阳入滇；三、乘汽车经桂林至龙州，入安南，乘火车入滇。第一线因广州时有空袭，不甚安全，第二线男本有意加入，今复虑身体不支，故决采第三线，此线用费较多，然除校中津贴六十五元外，自担者想至多不过四五十元耳，借此得一游桂省山水，亦殊不恶也。”②

闻一多信中所述，基本勾勒了长沙临时大学南迁昆明的三条路线。其基本情况是：第一条线路由女生、体弱者和大部分教师、家属组成，经粤汉铁路到广州转香港，再乘海船到越南海防，由滇越铁路经河内到达昆明。这一队由教务长樊际昌和梅美德、钟书篇率领。第二条线路为身体强壮的男生和数名男性教师组成湘黔滇旅行团，步行入滇。第三条线路则从长沙出发，绕道桂林、柳州、南宁，过镇南关（今广西友谊关）进入越南，到河内转乘滇越火车赴昆明。这一路由陈岱孙、朱自清、冯友兰、郑昕、钱穆、汤用彤等十余位教师组成。

郑天挺等人走的是第三条路线。一行十几个人于2月15日乘汽车由长沙南下，经衡阳、桂林、南宁过镇南关，到达河内，再由河内乘火车于3月1日到达昆明。冯友兰在路过凭祥隧道时，探臂窗外，遭受骨折，入住河内医院。朱自清、陈岱孙在河内陪他养伤，直至其弟冯景兰赶来护理。

除这三条线路外，似乎还有一种入滇方式，就是闻一多在信中曾经介绍过的，集体包车入滇。这种方式对于带家属的教师较为合适，它不需经广州、海防那样的周折，可以借助汽车这种工具直接进入云南。梁思成、林徽因全家采用的似乎就是这种方式。

梁思成一家是1937年12月8日离开长沙的，这比学校的总体转移要早。日

① 闻一多：《闻一多书信集》，北京：群言出版社，2014年，第117页。

② 闻一多：《闻一多书信集》，北京：群言出版社，2014年，第118页。

机对长沙的第一次空袭，几乎击中梁思成他们租住的房屋，由此他们决定立即转移昆明。林徽因在给美国朋友费慰梅的信中讲述了他们全家由长沙到昆明的途中遭遇。12月8日，梁思成一家五口，他们夫妇二人，两个小孩，林徽因的母亲，被塞进超载的大巴士。途中，林徽因病倒在湘贵交界的晃县，高烧四十度，两周后才勉强退烧，然后搭上了一辆十六座的小公共汽车，往昆明进发。“我们在令人绝望的情况下又重新上路。每天凌晨一点，摸黑抢着把我们少得可怜的行李和我们自己塞进长途车，到早上十点这辆车终于出发时，已经挤上二十七名旅客。这是个没有窗子、没有点火器、样样都没有的玩意儿，喘着粗气、摇摇晃晃、连一段平路都爬不动，更不用说又陡又险的山路了。”深夜，这辆破车在以土匪出没著称的“七十二盘”顶上突然抛锚——没有汽油了。无奈，林徽因、梁思成只好拉着孩子们冻僵的小手，摸黑走了一段山路，才看到一片房子，让他们住了进去。① 这样，原计划准备走十天的旅程，梁思成一家走了六个星期，才于1938年元月中旬到达昆明。

2. 西南联大湘黔滇旅行团

当然，长沙临时大学南迁昆明最值得称道的是步行入滇的湘黔滇旅行团。其步行计划大致在2月中旬确定下来，一度犹豫的闻一多因费用问题最终决定偕学生步行。他在2月16日给父亲的信中介绍了旅行团步行入滇计划：

其路程计由长沙至常德一百九十三公里，乘民船；由常德至芷江三百六十一公里，步行；由芷江至晃县六十五公里，汽车；由晃县至贵阳三百九十公里，汽车；由贵阳至永宁一百九十公里，步行；由永宁至平彝二百三十二公里，汽车；由平彝至昆明二百三十七公里，步行。全程约须四十余日。参加者学生将近三百人，教授有黄子坚、曾昭抡、袁复礼、李继侗及男五人，助教五人，学生由张主席派一师长率领，编成若干队，教员则为辅导团，携有医生护士各一人，无线电收音机一架，图书若干箱，伙夫十余人。张主席赠行军用具如水壶、干粮袋、草鞋、裹腿等数百份，猪五只，教（育）厅长朱经农赠猪二只。定十九日启程，此

① 费慰梅：《梁思成与林徽因》，刘小沁编选：《窗子内外忆徽因》，北京：人民文学出版社，2001年，第303页。

行可称壮举矣。[①]

闻一多此中所述不是很准确。湘黔滇旅行团实际共有284名学生，11名教师。这11名教师是闻一多、曾昭抡、黄钰生、李继侗、袁复礼、许维遹、李嘉言、王钟山、毛应斗、郭海峰、吴徵镒。信中所言“张主席”，乃是时任湖南省主席的张治中，所指派的师长是中将参议黄师岳，任领队，长沙临大军训教官毛鸿上校任参谋长。学生分为二大队三中队，另外两位教官分别任大队长，中队长、小队长则由学生遴选担任。旅行团随队有一名医官，一名事务员。

湘黔滇旅行团于2月19日晚上船，20日出发，4月28日到达昆明，共用了68天的时间，途中除车船代步及休整，实际步行40天，总计步行1300公里，完成了中国近代教育史上一次意义重大的壮举。生物系青年助教吴徵镒在旅行途中每日坚持写日记，后来集成《长征日记——由长沙到昆明》。[②]

旅行团在长沙先从水路至益阳，23日始开始步行。第一天走了四十里，第二天、第三天都是五十里。据吴徵镒日记，第三天感觉最疲劳：“本日为全程最感疲乏与脚痛的一天，很多同学脚上都磨了泡。”26日行三十里渡沅水至常德。

闻一多的说法与吴徵镒日记所述有点不同，他在2月26日给父亲的信中说：

> 十九日上船，实际二十日晚始启碇。二十四日抵常德。现定二十七日实行徒步往沅陵，大约须九天始能达到。截至目下止，只是乘船，途上并不辛苦。此后步行，不知如何。惟男前在南岳游山经验，一日行八十里，尚不觉疲乏。此次行程，初行规定每日五十里，以后每星期递加十里，至八十里止，是不出男能力之限度也。[③]

这大概是闻一多随着不同的学生团队，直接乘船到达常德。后面的行程则趋于统一。在常德，因一部分同学注射伤寒预防针多有反应，于是雇船去桃源，吴徵镒等教师则步行，28日至桃源。3月1日全团开始了闻一多信中所说的步行，

---

① 闻一多：《闻一多书信集》，北京：群言出版社，2014年，第121页。

② 吴徵镒：《长征日记——从长沙到昆明》，西南联大《除夕副刊》主编：《联大八年》，北京：新星出版社，2010年，第12—22页。

③ 闻一多：《闻一多书信集》，北京：群言出版社，2014年，第124页。

自桃源出发，3月6日到达沅陵。这6天好像是比较扎扎实实的步行，闻一多在3月12日给父母的信中说：

三月一日自桃源县舍舟步行，至今日凡六日，始达沅陵（旧辰州府）。第一日至第三日各行六十里，第四日行八十五里，第五日行六十里，第六日行二十余里，第四日最疲乏，路途亦最远，故颇感辛苦，此后则渐成习惯，不觉其难矣。如此继续步行六日之经验，以男等体力，在平时实不堪想象，然而竟能完成，今而后乃知“事非经过不知易”矣。至途中饮食起居，尤多此生从未尝过之滋味。每日六时起床（实则无床可起），时天未甚亮，草草盥漱，即进早餐，在不能下咽之状况下必须吞干饭两碗，因在晚七时晚餐时间前，终日无饭吃，仅中途约正午前后打尖一次而已。所谓打尖者，行军者在中途作大休息，用干粮、饮水是也。至投宿经验，尤为别致，六日来惟今日至沅陵有旅馆可住，前五日皆在农舍地上铺稻草过宿，往往与鸡鸭犬豕同堂而卧。[①]

之后旅行团继续前行，或步行，或乘车。教师们与同学们同行、同吃、同住。一路上，他们了解到各地的风土人情，例如对湖南村女的装束甚感惊奇，亲见妇女任劳苦，善负重。在晃县游禹王宫，游风林寺，访侗家村落。袁希渊教授等去参观汞矿，体验用土法炼朱砂。旅行团在晃县举行营火会，闻一多给同学们讲古神话。

3月17日，旅行团进入湘黔交界处，并抵达贵州第一个县城玉屏。吴徵镒写道：“县内备极欢迎，全体宿县衙门内，并开联欢大会。”其缘由，马嘶在《1937年中国知识界》一书中披露了这么一个细节：3月17日，旅行团首次进入贵州玉屏山，看到墙上张贴的由县长署名的布告：

查临时大学由长沙迁昆明，各大学生徒步前往。今日可抵本县住宿，本县无宽大旅店，兹指定城厢内外商民住宅，概为各大学生住宿之所。凡县内商民，际此国难严重，对此振兴民族领导者——各大学生，务须爱护借重，将房屋腾让，打扫清洁，欢迎入内居住，并予以种种之便利。特以布告，仰望商民一体遵照为

① 闻一多：《闻一多书信集》，北京：群言出版社，2014年，第125页。

要，此布。[①]

至今看到这番言语还是颇为感动，可以想见当时旅行团的师生们内心会是多么激动。学生日记中对此也有记载："下午四时抵县城东门，见城外有欢迎我团的标语，入城时并有县立中心小学学生列队迎候，县政府还专为我团出示布告，称我等为'国家柱石'，号召沿途军民加意爱护。我团自长沙出发以来，经过不少城镇，接受欢迎这还是第一次。足见玉屏县府和人民的关切之情，令人感动。"[②]

动力是增加了，然实际困难并没有减少。贵州山多，加之正值早春，雨水多，道路泥泞，行走维艰。闻一多在 4 月 2 日给父母的信中说："十七日自晃县出发，步行三十日抵贵阳。贵州境内遍地皆山，故此半月中较为劳苦，加之天时多雨，地方贫瘠，旅行益形困难。本地谚云'天无三日晴，地无三尺平，人无三两银'，盖得其实矣。"[③] 然旅行团的师生们却坚持不向困难低头。例如向镇远县进发，须登盘山，盘山跨三穗、镇远之间，为黔东险要，公路盘折甚险。吴徵镒自言"余勇可贾，折途公路登盘山"，即不抄近路。在盘山岭上遇闻一多诸人，"自三穗来，乃共折返两路口"。

一路上，教师们的精神始终是昂扬的。学生在日记中记录："闻一多先生，诗人，今天走得特别起劲，来到桃源洞前，我见他穿着毛衣，一双破了的布鞋，大踏步和许骏斋先生同走"；"昨晚听说潘光旦、庄前鼎两先生坐汽车自长沙来了。早饭后集合的时候，果然见到他们了，他们穿草鞋，像要步行的样子"。[④]

闻一多在南迁途中又重新拿起了画笔，在路上作风景速写达数百幅，并蓄起了胡子，以致每到一地，当地孩子们都笑称他"大胡子"。闻一多爱抽烟，手里常爱拿着一支三尺长的旱烟管，行走时充当拐杖，休息时便点火吸烟，甚是怡然自得。学生日记中对此也有描写："前半日在路上见到袁复礼先生，穿西服，皮

---

① 马嘶：《1937 年中国知识界》，北京：北京图书馆出版社，2005 年，第 250 页。
② 余道南：《三校西迁日记》，张寄谦编：《联大长征》，北京：新星出版社，2010 年，第 158 页。
③ 闻一多：《闻一多书信集》，北京：群言出版社，2014 年，第 128 页。
④ 杨式德：《湘黔滇旅行日记》，张寄谦编：《联大长征》，北京：新星出版社，2010 年，第 218 页。

鞋，手里提着斧头随时打击山石，加以考察。正休息着，闻一多先生来了，戴礼帽，穿中式浅色长衣，腰束黑带，斜插着大烟袋，下面绑着腿，拿着手杖，充满了仆仆风尘的意味。”①

在旅行团中，走路一丝不苟的要算曾昭抡教授。曾昭抡教授是曾国藩的后裔，颇有曾文正公的遗风，脚踏实地，实干苦干。每上下坡必沿公路走之字折，大约为全团走路最多的。例如从黔西“一十四盘”下山，所有团员皆借小路从上一盘直落下一盘，很快就下到山底，曾昭抡则坚持沿盘山公路行走，用的时间多达十数倍。每到休息之地，只要时间允许，他总要戴上防毒面具，向当地群众宣传防空知识。与曾昭抡相反，助教毛应斗则专走小路。生物系教授李继侗，一路上则见洞就钻。教师们的风趣也成为旅行团艰苦困顿中的动力。

贵州的民情风俗更是大家旅行的关注重点，在吴徵镒日记中对此多有记载。“今日有同学往访涌溪大土寨青苗”；“遇赶场，青苗甚多”；“访苗寨，苗民生活极简朴勤劳，均自耕自织”；“开汉苗联欢会，因时间匆促，仅到仡兜族长一人率四少女七少年，表演节目有苗民吹芦笙跳舞，同学唱歌。又引起李先生和徐医官的舞兴，跳了一曲华尔滋。曾先生同苗民喝酒，被灌大醉，黄团长也舞了手杖”；“安顺为滇西重镇，有东西南北四大街，以鼓楼为中心，市面繁荣整洁。苗夷有七八种，占全县人口二十余万的四分之一，文化亦较发达”。②

4 月 11 日在经历了惊险且刺激的横渡盘江后，又走了近 43 里，来到安南住下。由于行李还在盘江东岸，师生们只好在县政府坐了一夜。4 月 12 日，在安南休整一天，传来台儿庄大捷的消息。“晚饭后，七点半到县政府门前的广场上集合，因为接到台儿庄板垣师团和矶谷师团的消灭并且国军收复济南，请求县政府召开的庆祝大会。到会的有学生、警察、民团等三四百人和同学三百人。天下着细雨，因为安南是一个很高的地方，云雾弥漫了全城，加上夜色，便模糊不清了。黄团长主席、县长、民众代表、同学代表讲完后，爆竹在各处放着，大家呼口号，唱救亡歌曲，开始了雨天泥地的夜间游行，从城内到城外。我的布鞋和袜

---

① 杨式德：《湘黔滇旅行日记》，张寄谦编：《联大长征》，北京：新星出版社，2010 年，第 234 页。

② 吴徵镒：《长征日记——由长沙到昆明》，西南联大《除夕副刊》主编：《联大八年》，北京：新星出版社，第 15、16、18 页。

子全湿了，精神上却异常快乐。”[①]

此时已是春暖花开的季节，云南的路也比贵州好走多了。一路各色杜鹃盛开，云南人民也热情接待。在盘县，县内小学生齐来迎接。在平彝，古县长招待全团。在霑益，地保敲锣，嘱店家勿抬高物价。旅行团师生的情绪更是高涨。

4 月 27 日，旅行团终于进入昆明境内，冒雨行军六十里到达昆明东部大桥板。

4 月 28 日上午，旅行团行军四十里到达昆明东郊贤园，午后整队出发，受到西南联大蒋梦麟、梅贻琦以及杨石先、潘光旦、马约翰等教授及部分从海道来昆明学生的集队欢迎。赵元任的夫人杨步伟、蒋梦麟夫人陶曾穀、黄钰生夫人梅美德和她们的女儿向旅行团献花。之后队伍浩浩荡荡进入昆明圆通公园，在唐继尧墓前举行隆重的欢迎仪式。黄师岳团长按照旅行团花名册逐一点名，然后将花名册郑重地交给梅贻琦，表示其任务圆满完成。

此后数日，黄师岳团长于海棠春酒楼大宴全团，当时数十桌酒将全团摆下，只费了五千元老滇票。醉者几乎有一半。

到达昆明后，4 月 30 日，闻一多在给妻子的信中写道：

我们自从二月二十日从长沙出发，四月二十八日到昆明，总共在途中六十八天，除沿途休息及因天气阻滞外，实际步行了四十多天。全团师生及伙夫三百余人，中途因病或职务关系退出团体，先行搭车到昆明者四十余人，我不在其中。教授五人中有二人中途退出，黄子坚因职务关系先到昆明，途中并时时坐车，袁希渊则因走不动，也坐了许多次的车，始终步行者只李继侗、曾昭抡和我三人而已。我们到了昆明后，自然人人惊讶并表示钦佩。杨今甫在长沙时曾对人说，“一多加入旅行团，应该带一具棺材走”，这次我到昆明，见到今甫，就对他说“假使这次我真的带了棺材，现在就可以送给你了”，于是彼此大笑一场。途中许多人因些小毛病常常找医生，吃药，我也一次没有。现在我可以很高兴的告诉你，我的身体实在不坏，经过这次锻炼以后，自然是更好了。现在是满面红光，

① 杨式德：《湘黔滇旅行日记》，张寄谦编：《联大长征》，北京：新星出版社，2010 年，第 273 页。

能吃能睡，走起路来，举步如飞，更不必说了。途中苦虽苦，但并不象当初所想象的那样苦。第一，沿途东西便宜，每人每天四毛钱的伙食，能吃得很好。打地铺睡觉，走累了之后也一样睡着，臭虫、革蚤、虱实在不少，但我不很怕。一天走六十里路不算么事，若过了六十里，有时八九十里，有时甚至多到一百里，那就不免叫苦了，但是也居然走到了。至于沿途所看到的风景之美丽、奇险，各种的花木鸟兽，各种样式的房屋器具，和各种装束的人，真叫我从何说起！途中做日记的人甚多，我却一个字还没有写。十几年没画图画，这回却又打动了兴趣，画了五十几张写生画。打算将来做一篇序，叙述全程的印象，一起印出来作一纪念。画集印出后，我一定先给你们寄回几本。还有一件东西，不久你就会见到，那就是我旅行时的相片。你将来不要笑，因为我已经长了一副极漂亮的胡须。这次临大搬到昆明，搬出好几个胡子，但大家都说只我与冯芝生的最美。①

从闻一多给妻子高孝贞的信来看，这是内容最长的一封信，也足可见闻一多当时的心情是多么快活。

（二）西北联合大学的迁徙

抗战时期，北平师范大学、北平大学和国立北洋工学院于 1937 年 9 月 10 日迁往西安，组成西安临时大学。随着太原形势告紧，西安临时大学于 1938 年 3 月 16 日迁离西安，过渭河，越秦岭，抵达汉中，校本部设在城固县城。1938 年 4 月 3 日，教育部令西安临时大学改名国立西北联合大学。三个月后，西北联合大学解体，其工学院和东北大学工学院、焦作工学院合并，成为国立西北工学院；农学院与西北农林专科学校合组为国立西北农学院。教育学院改名为西北师范学院。1940 年，西北师范学院奉命西进，最后安置于兰州。

1938 年 2 月，风陵渡失守，潼关告急，西安吃紧，教育部命令西安临时大学再迁汉中。3 月 16 日，全校师生员工按照行军编制，组成四个大队，在北平

① 闻一多：《闻一多书信集》，北京：群言出版社，2014 年，第 129—130 页。

大学校长徐诵明的带领下，从西安坐火车到宝鸡，然后徒步南行500多里到达汉中。当时陕西社会治安情况不好，西安临时大学在每个大队设安全员四人，由体育系学生担任，荷枪实弹走在队伍前面，以防不测。从宝鸡到汉中，中途要翻越峭壁陡立的秦岭，全体师生风餐露宿，“一路上夜间的宿处有：仰见星斗的破庙，三面敞开的戏楼，还有周仓脚前，古墓河滩”。紫纹《抗战期中的西北大学》一文中描述了“行军过秦岭”的情景：“从此，进入窄窄的天的窄窄山窝中了。每早，摸黑地爬起来，把干粮袋搭在肩头上，用手杖支撑着，把一个个的脚印烙在古栈道上。晚间，在土坑上或是阴湿的泥土上酣甜地入梦。半夜醒来，满鼻子氤氲着牲口粪味，驴夫们痀偻着腰，在黑暗的角落里，吸着旱烟袋，让一明一灭的黝暗的光闪着，像是旷野中的鬼火。他们由（用）沙哑的嗓音谈着天，那语调浊重得好像就凝在三月的夜风里，叫人觉得生活又倒退了几个世纪。这么着，十二天过去了，数着自己一个接着一个的脚印，一个转弯，头上的天逐渐大起来，用着一种迫切的心情冲出山口，遥远的绿的原野上笑着一派红艳的桃花，心里像拾到一件宝物样的跳动。”①

但教职员中的年老体弱者，以及家属则只能乘汽车南下，这批人在路途却遭遇了危险：

有二三十家有老人的包了四辆汽车，在大队出发前登路，车到留坝时，前面枪响三声，汽车停下。一伙强盗上车抢劫。他们堵住车门，一个个地搜身。有位小姐戴着个象牙戒指，强盗逼她摘下来，象牙环不能拆解，越急越摘不下来。强盗拿着刺刀，要砍这只手指。小姐忙说：“别砍，别砍，我有手表摘给你。”强盗一听，即刻宣布：“你们这些人都有手表，都摘下来给我们。”还有位老太太，坐在车的最后边，别人都被搜身下车了，她却稳坐不动，强盗硬拉她起来，发现她身下有个手绢包，包着一大把金条。强盗们抢劫后还要枪毙首车司机，他说：“我们响第一枪，就该停车，你为何不停？”群教授为之求情，才得开车。②

---

① 紫纹：《抗战期中的西北大学》，王觉源编：《战时全国各大学鸟瞰》，重庆：独立出版社，1941年，第19页。

② 马嘶：《1937年中国知识界》，北京：北京图书馆出版社，2005年，第254页。

就是在这样艰难险阻的条件下，当时北平一大批著名学者如黎锦熙、许寿裳、魏寿昆、许兴凯、赵进义、张贻惠、张贻侗、沈志远、曹联亚（靖华）、章友江、季陶达、李仪祉、张伯声、虞宏正、马师儒、罗仲言（章龙）、谢似颜、黄文弼、韩幽桐、王耀东等，在民族存亡的关头，不愿在日寇铁蹄下苟且偷安，满怀一腔热血，抛家舍业，挈妇将雏，一路辗转来到汉中。

（三）浙江大学的迁徙

浙江大学的迁徙则是一波三折。他们先是从杭州迁往浙江建德，继而又迁往江西吉安和泰和，接着又迁往广西宜山，最后迁往贵州遵义、湄潭。在两年又三个月的时间内迁徙四次，跨越了五个省，行程达五千余里，一路上历尽艰辛。1939年5月，李絜非在宜山编《浙江大学西迁纪实》，将浙江大学西迁历程分为七个阶段：离杭南行、建德两月、赴赣途中、吉安小住、泰和乡间、来桂纪行、宜山近事。祝文白也写有《抗战期间的浙江大学》，这里结合此二文，并借助竺可桢日记，以展现浙江大学西迁的风貌。

1. 离杭赴建德

1937年9月10日，浙江大学照常开学。但日本侵略者对浙江的进逼，日机对杭州的轰炸已日渐频繁，浙江大学于是决定迁往建德。浙江大学自11月11日始，将教职员学生分配定当，三批出发，每晚一批，约二百人，用校车送至钱江江干，每日自下午六时起，至十一时止，每半小时一次。自江干舍陆登舟，留船一宿，黎明放行。竺可桢在日记中写道：

1937年11月14日：九点二十分由杭动身，幸无警报，故得出城无碍。十点十分过富阳，十一点十分过桐庐，过渡时并不费时间。在桐庐车站遇馥初。十二点半至建德，即进城……偕陆子桐赴中心小学女生宿舍，遇夏绮文。出至夏氏宗祠，出至东城二年级生宿舍即乾源当铺，知二年级于前日晨十点过桐庐，下午五点即至建德。由此至下南门外码头行李上岸处，复进城。至北门林场教员宿舍，遇乔年、陈建功、王季梁、沈有乾，渠等多乘前日晚上船来，至昨晨二点始开船，十二点至桐庐，船只为公路局所扣，遂等待四小时，五点出发，抵建德于今晨二点，故两晚均未得睡云云。偕乔年、陆子桐至文庙、严子陵祠及何宅，即三、四年级住宿处也。最后回至方宅，即总办公厅，遇毛启爽、张逸樵、周承佑、黄羽仪、俞子夷、徐芝纶、毛燕誉等。

11 月 15 日：八点至总办公厅，知四年级生尚未到，直到下午三点半始来。同来者有顾青虹、丁炜文等。据云自星期六晚十一点启行后，轮中极为拥挤。教职员及家属住官舱最挤，女学生住房舱尚较舒适，男生则住上舱，并有搭载行李轮者。昨中午始至桐庐，因载行李过重，富阳耽搁四小时之故。及晚间行至桐庐上游又停。晨间遇大雾不能开，至九点始启行，故于下午三点始到。在桐庐之漏港滩因水浅须换船三小时，抵乌石滩又不能进，离轮由民船撑至建德，亦须三小时云。[①]

浙大师生到达建德后，借用林场、天主堂、孔庙等处房屋，即行上课。

2. 赴赣途中

那时，教育部已令浙江大学必要时得迁江西。因之，竺可桢和胡刚复、周承佑等于 12 月初出发赴赣，在吉安、泰和等地勘察未来校址。因江西省政府的赞助，以及吉安、泰和各界之答应借房屋，始决定迁赣。12 月 13 日，南京失守，浙西军事形势颇见不利，建德又处于危险之中。经过筹划，浙江大学在杭州失守富阳继陷之日，开始离开建德。这次仍是分三批，每晚出发一批。学校并在兰溪汽车站、金华第一旅馆、南昌教育厅、樟树公安局、吉安乡村师范，各设办事处，以便接洽招待。竺可桢在日记中写道：

1937 年 12 月 23 日：接齐学启电，暂定学生于下星期二、三、四各日在金华等乘特快车挂车出发，但以浙省府退出故，浙赣路势必拥挤，能否如期正未可知也。下午四点开特种教育委员会，并请出发时领队诸人出席，决定明晚第一批二年级及女生，星期六晚三四年级，星期日晚第三批一年级，每次均须船十只，由事务课偕同免票学生前往押船。至于领导，第一批梁庆椿、舒鸿，第二批陈柏

① 竺可桢：《竺可桢日记》Ⅰ，北京：人民出版社，1984 年，第 163、164 页。

青、陈大慈，第三批夏济宇及储润科，余与三院长拟于星期一出发。

12月24日：午后梁庆椿来，知民船大概雇定，二年级生与全体女生可以出发，惟四年级女生愿随男生出发。渠等于今晚上船，教职员走者有晓沧、麦里倭特及陈建功、陈鸿逵等多人。但杭州危急，浙赣必极拥挤，即建德赴兰溪、金华之船亦极难讨，每船至兰溪二十元，金华三四十元，三四倍于往昔。

12月25日：今日下午四点又有三、四年级学生与教职员出发，明晨第三批学生一年级共约一百五十人以夏济宇、储润科领队，于十点左右可以出发，故至明日全校员生可以全部开拔矣。①

然而刚到金华，适遇敌机大轰炸，浙赣铁路客车停开。于是决定分水陆两路，至江西玉山会合。全部师生俱在此后一周，到达了玉山。继而又从玉山乘火车前往江西樟树。竺可桢在日记中写道：

12月27日：八点至西门外船埠，见浙大二、三、四同学船只均在埠头。……九点偕侯德齐、李乔年及刚复、亦秋四人出发赴金华。十一点至金华，见各店均闭，状况更比上次为凄凉，良由省府已搬家也。路上农夫亦多肩行李他徙。先至第一旅馆晤林汝瑶，知第一旅馆经理均走，已为浙大占据。用食因店闭，食亦成问题矣。车则数天未开。……二点欲至车站晤邹心谷段长，又有警报。未几，日机来投弹，渐投渐近渐响，一弹声震窗户，余即伏地，若再一弹必近头顶，但声渐远。至解除后出外，则东升对面不到二百码地打一弹，又西门内至第一旅馆转角处落一弹，死一伤二。……余等遂出，时二、三、四年级同学已先后到，余即告以消息，但行至第一旅馆，则知事又中变，盖自江山来金华之车在衢市为兵所扣，因是决定令学生教员均设法回兰溪走常山。

12月31日：（在玉山）偕乔年、荩谋赴车站，遇吴宪元与一农学院学生，渠等乘马副司令车来，知浙大竟无学生上车，因无人能挤上也。遂至车站，适有一列难民车来，上有一、二年级生三四十人，而冯言安亦在内。渠等极狼狈。冯本在马之列车上，因下车吃饭，被遗，遂乘难民车。一二年级亦有女生，嘱渠等

① 竺可桢：《竺可桢日记》Ⅰ，北京：人民出版社，1984年，第182—183页。

下车。其中有二年级生朱姓，有腹疾，遂嘱至东南大旅社。

1938年1月3日：……九点偕梁庆椿赴路局晤周处长良相及课员范凤笙，知今日之车无希望，但路局亦拟迁往醴陵，如拨车，浙大必先于路局云。……学生今日已到三百余人，惟管行李者尚未到耳。病者土木二朱天表病胃将愈，物理四朱光世则自金华即患疝，又在车中淋雨三日，至衢州，由衢雇车至常山，昨到玉山即病倒。今日余曾探视，知系宿疾，或无妨。后据周仲奇、朱诚中诊断，谓小肠五寸落外五日，病人呕吐，系险症，遂决由丁邦平、刘敬礼二人陪同赴南昌，由朱履中之介绍入南昌医院施手术。

1938年1月4日：（晴，冷）近日因天气变动甚剧，伤风盛行。刚复发热，余亦病倒。今日各方接洽，余上午打电话至路局及车站，由陈柏青接洽武书常，黄君理、卢亦秋接洽周良相，及梁庆椿、陈鸿逵接洽马少平，均无着落，惟知今日有二号车自金华开来，可以挤上一百余人。但待车到站已在晚七八点，则车中人已满，且车上之兵又不许客上车，结果毛燕誉等购票者均退票而返。午后武书常来，谈及浙赣路上路政之混乱，虽局长与线区司令亦无法指挥云云。晚接李絜非电，知金华已装三车仪器运樟树，尚有图书若干待运云。

1月6日：晨九点偕齐学启、韩祖德至路局，与周良相接洽，据云车只六辆，今日或可到，但须俟上饶有电话来始有把握。次至路局，知已在东乡开出，但车只六辆。下午复请卢亦秋、李乔年至路局，得调度所消息，知有十辆车可给浙大，其中一为公事车（头等）、二辆客车、六辆篷车、一辆高边车。即通知学生，嘱预备出发并购票，每人三元，免费生在外。

1月7日：七点赴车站，则学生等已均登车，初路局只允六辆，后增至十辆，于子夜车到站时，由齐学启等交涉得增至十三辆，即二辆客车、一辆公事车、七辆篷车、一辆高边车与二辆平车也。后经交涉又增一辆客车，为单身教职员之用。

1月9日：（贵溪至南昌），晨六点半即起，余一人……赴贵溪火车站晤姚站长，请其打电话至向塘，知浙大专车已抵梁家渡，约待五分钟即可至向塘。十分钟，接晓沧自向塘电话，知110车头又坏，不能行动，正在交涉由南昌来之车头拖往樟树。……九点……偕侠及彬彬、宁宁二孩赴贵溪公路站。九点半开车，刚复及乔年均不适，车至双凤街，一车胎坏，停车半小时又行。至十一点达进贤，余赴火车站打电话与向塘，知浙大专车已开出。时南昌适有警报，遂停半小时。十二点由进贤出发，一点至南昌，知日机投弹数十枚，我机未与抗战云。在修理厂（公路局）停车半小时，三点至洪都。①

到达樟树后，师生再乘汽车至吉安。这样走走停停，直到1月11日才到达吉安。竺可桢在日记中写道：

1月11日：昨晚住中西旅馆楼下四号，暗无天日。六点三刻即起，八点至汽车站熊万元旅馆，丁炜文及晓峰、希文等均住此。……十点由中西旅馆出发，临行拟一电报与建德姚卓文，嘱派车夫章宝兴于回途留意侦查400号汽车及车夫程广义；并派定樟树留守人员。……希文、希平乘公共汽车来吉安，余偕侠、梅、彬、宁、刚复、昭复、琪七人乘四号（车）至吉安。……膳后由周（承佑）领至木匠街五十三号寓所，周与张逸樵亦住此间。余等所租计楼上三开间共五小间，房租每月十元。……租得木器十余件，月租三元。……满家咳嗽，宁发热，九点半睡。②

彼时正值寒假，于是利用吉安中学和乡村师范校舍，上课两周，举行考试，以结束本学期学业。两月后，浙江大学复迁泰和，设临时校址于上田村，借用大原书院、华阳书院、老村、新村四处房屋，暂且安顿下来。

3. 再迁广西，终至贵州

1938年9月，日军攻陷九江，进逼南昌。浙江大学决定再度西迁，往广西宜山。校车免费运送，只限于西至茶陵，南至赣州，其他水陆入桂皆为自费。学校在路途重要据点设立办事处，为之招待食宿，接洽舟车。

竺可桢又继续为学校的迁居广西而上路。1938年9月19日，夜宿湖南衡阳，竺可桢梦见亡妻侠魂，即醒，不能寐。他想起刚到吉安时，曾夜读《七修类稿》，将陆游的忆妻唐氏诗二首指与妻子看，侠魂亦欣赏，不料半年之后，竟成诗谶也。“今晨在枕上得一绝，步放翁原韵：‘生别可哀死更哀，何时重上旧城台。西

---

① 竺可桢：《竺可桢日记》Ⅰ，北京：人民出版社，1984年，第184—185、188、192、193、194页。

② 竺可桢：《竺可桢日记》Ⅰ，北京：人民出版社，1984年，第195页。

风萧瑟湘江渡，昔日双飞今独来。’盖六月三十日余别侠于泰和，至车站告别，十二日侠病，再十二日而余回，已奄奄一息，再九日而竟不起矣。九一八在茶陵、衡阳渡湘水，遇狂风细雨，大有秋意。今春两次来往湘赣，侠均相偕，今独来，故有感也。”①

1938年10月底，浙大师生全部到达广西宜山。宜山县城，街市整洁，浙江大学以文庙标营为中心，并新建草棚为教室。师生于此，安心教学，计一年又两个月。在宜山，浙江大学又成为日机轰炸的目标。

1939年11月，南宁沦陷。浙江大学又被迫北迁，直到1940年2月到达贵州遵义。浙江大学又开始了艰苦建校。1946年，竺可桢在《国立浙江大学黔省校舍记》中说：“民国二十九年春始抵贵州之遵义，而别置一年级生于青岩。继而以理、农二院处湄潭，文、工二院处遵义，师范学院则分布两县间。湄潭有镇曰永兴，一年级生复徙居之。盖积时六稔，而以学院名者五，析系至二十有五，以研究院名者一，析部至五。其隶而附者，若工厂、农林之场、中学、小学之属，又一不而足。师弟子之在校者，总三千人。其讲堂、寝室、集会、办公、操练、庖湢之所，取诸庙宇寺观与假诸第宅之羡者十八九。故其材不庀而具，其功不劳而集，其新筑者取苟完而已。凡为屋之数，千余间耳。”②

五千里的征程，磨砺了浙大人的意志，锤炼了浙大人的情怀，他们感慨地说：

回首当年，怵心来兹，他乡作客，观感弥切。于是环境外迫，良心内激，自然不能不作时代的适应。我们今日，大家过着刻苦质朴的生活，策励人定胜天的志气。如其昔年或有几微因循浮华之习，怯懦悲观之情，或偏狭自囿的倾向，至今日皆逐渐被时代的狂涛所荡涤了。而愤发强毅，爱国爱群，与时俱进，蔚为风尚。深信抗战结束，浙大必能因西迁生活的训练，而培成更坚毅更积极的学风。③

---

① 竺可桢：《竺可桢日记》Ⅰ，北京：人民出版社，1984年，第262页。

② 竺可桢：《国立浙江大学黔省校舍记》，李署白等：《西迁浙大》，杭州：浙江大学出版社，2007年，第229页。

③ 李絜非：《浙江大学西迁纪实》，李森主编：《民国时期高等教育史料汇编》第33册，北京：国家图书馆出版社，2014年，第45页。

（四）其他高校的迁徙

武汉大学的迁徙是由武汉迁往四川乐山。武汉大学的搬迁准备工作比较从容，他们先是成立迁校委员会，推定几位教授先行入川勘定校址，修理校舍，接着将已经疏散到宜昌的图书仪器转运乐山。1938 年 3 月，一二三年级学生及部分教职员开始分批出发，至 4 月下旬陆续到达，4 月 29 日即恢复上课。武汉大学校长王星拱说："搬家，一向是人们认为最苦的事，何况搬一所二千多人的大学，在'蜀道难行'的场合下，经过几千里行程，所遭遇的困难，自不消说。然而我们为抗战建国储备专材的热情所鼓励着，终于克服了一切困难，安全到达，完成迁校这一个任务。"①

像这样迁徙比较顺利的还有南京中央大学。中央大学的校长是罗家伦，他的身份使他不仅比其他校长可以较早地获得更多信息，而且他比一般的校长想得更为实际。早在 1937 年春天，罗家伦就准备好了 500 个大木箱，并且也分头派人到各处勘察校址。虽然校内人员对校址有着诸多的意见，但罗家伦盯住了重庆。一是从南京到重庆有水路直接通达，二是重庆是山城，据险可守，不易攻克。罗家伦认为文化单位不宜数度搬迁，最好一步到位。所以卢沟桥事变发生后，虽值暑假，但中央大学立即发函催促师生返校，准备西迁。他们与卢作孚的民生公司谈妥，由他们无偿将学校设备运到四川。所以中央大学在 10 月中旬就已经到达重庆沙坪坝，而且搬迁的准备工作是最为充分的。倒是农学院用于教学的牲畜的转移颇费了一番波折。罗家伦对这次迁徙搬家很有感触：

我们这次搬家，或者可以算是较有计划有组织的几千个人，几千大箱东西，浩浩荡荡的西上，于不知不觉之中，竟做了国府为主持长期抗战而奠定陪都的前驱。这次搬来的东西，有极笨重的，有很精微的，还有拆卸的飞机三架（航空工程教学之用），泡制好的死尸二十四具（医学院解剖之用），两翼四足之流亦复不

---

① 王星拱：《抗战以来的武汉大学》，《教育杂志》第三十一卷第一号，1941 年 1 月。

少。若是不说到牧场牲畜的迁移，似乎觉得这个西迁的故事不甚完备。中大牧场中有许多国内外很好的牲畜种类，应当保留。我们最初和民生公司商量，改造了轮船的一层，将好的种类，每样选一对，成了基督教旧约中的罗哀宝筏（Noah's Ark），随着别的东西西上。这真是实现唐人"鸡犬图书共一船"的诗句了。可是还有余下来在南京的呢？我以为管不得了。所以我临离开的时候，告诉一位留下管理牧场的同人说，万一敌人迫近首都，这些余下的牲畜，你可迁则迁，不可迁则放弃了，我们也不能怪你。可是他决不放弃。敌人是十一月十三日攻陷首都的，他于九日见军事情形不佳，就把这些牲畜用木船过江。由浦口、浦镇，过安徽，经河南边境，转入湖北，到宜昌再用水运。这一段游牧的生活，经过了大约一年的时间。这些美国牛、荷兰牛、澳洲羊、英国猪、美国猪，和用笼子骑在它们背上的美国鸡、北京鸭，可怜也受日寇的压迫，和沙漠中的骆驼队一样，踏上了它们几千里长征的路线，每天只能走十几里，而且走一两天要歇三五天。居然于第二年的十一月中到了重庆。我于一天傍晚的时候，由校进城，在路上遇见它们到了，仿佛如乱后骨肉重逢一样，真是有悲喜交集的情绪。领导这个牲畜长征的，是一位管牧场的王酋亭先生！①

其他高校的内迁则没有这么顺利。金陵大学的内迁，由于开始有些犹豫，教育部也态度暧昧，于是只得宣布开学。但在 9 月开学二十多天后，局势进一步恶化，教育部突然通知闭校停课，却又表示无法帮助解决迁校所必需的交通工具。金陵大学只好发动群众，依靠师生员工的力量，四处借车辆、船只。由于运输困难，图书馆库藏的图书，只装运了十分之一。金陵大学师生乘船自南京上船，历时十五天才到达重庆。第一批师生途中曾经有四天四夜才吃上两顿饭，后面几批的师生则因南京沦陷，航运更紧张，途中更艰苦。当时从重庆到成都只有一条公路，依靠少数以烧木炭为动力的汽车行驶，路上须三天或更多时间。另外还有马车和人力滑竿可以使用，一般则要走上十天。这样，全校五百余名教职员和学生一起，前后历时三个月，备尝艰辛，终于在 1938 年初全部到达成都。当时内迁

① 罗家伦：《炸弹下长大的中央大学——从迁校到发展》，《教育杂志》第三十一卷第七号，1941 年。

成都的，还有金陵女子文理学院、齐鲁大学，最后燕京大学也内迁至此，加上原来的华西大学，一共有五所教会大学集中在一地。[①]

最为困难者要数那些一迁再迁的学校了。无锡遭到日机的无耻轰炸，无锡国专只好含泪踏上了南迁之途。无锡国专校长唐文治年已七十六，且双目失明，为了学生的学业，为了维系我国数千年来一脉相承的国粹，唐文治于1937年11月14日，带领学生数十人，含辛茹苦，转道镇江、汉口，到达长沙，租赁黄泥街的民房开始上课。1938年1月，长沙频遭日机空袭，唐文治只得率领员生迁至湘乡，租民屋上课。2月，终于迁校桂林，先后借正阳街、环湖路民房，继续开学。同时在桂林招考，录取新生三十余名。7月，唐文治因年事已高，身体不适，校长一职由教务主任代理。11月，桂林屡遭空袭，无锡国专便暂徙北流山围。1939年9月，因学生增多，学校又再次迁到萝村，“在这三年来，转徙流离，历遍了千辛万苦，终于在这古老的山村里，得到了安定，重新竖起无锡国专的旗帜来了”[②]。

国立同济大学的迁徙则更为频繁。其一迁上海市区，二迁浙江金华，三迁江西赣州，四迁广西八步，五迁云南昆明，六迁四川李庄。在三年多的时间内，同济大学师生辗转于浙、赣、湘、滇、川等省和越南，历尽艰辛。1938年7月，同济大学由赣州迁往广西八步，学生组织了赴桂步行队，每队十一二人，前后走了两个月，每天坚持行军五六十里，一路翻山越岭，夜宿农民家或荒郊破庙。来到八步后，由于天天要躲警报，根本无法上课，加之广州告急，于是同济大学又于1938年冬往昆明转移。到了1940年春，学校再次迁往四川南溪县李庄。

中山大学的迁徙也是一迁再迁。1938年10月，日军进逼广州，中山大学于10月19日和20日分批乘船迁往罗定县。11月上旬，校总办事处在罗定城北窗明中学办公，农、法、医三学院分设罗定城内，附属中学则设在对岸的塔溪乡，理、工两学院设在郁南县属大湾，研究院、文学院、师范学院和图书馆在罗定县境内，分别择地布置。至11月中旬，正准备复课，忽接教育部命令，望另觅桂、滇二省之地

---

① 陈光裕：《西迁与复校》，《南大百年实录》中卷，南京：南京大学出版社，2002年，第64页。

② 无锡国专：《抗战以来的无锡国专》，《教育杂志》第三十一卷第五号，1941年。

迁校。于是中山大学决定西迁广西凭祥、上金、宁明一带，岂知正在筹备之际，又接教育部电告，日军谋在北海登陆，速迁滇省。于是又改计划，遂于12月1日结队西行，溯西江而上。1939年1月5日抵达南江口，7日到达梧州，19日全部抵达龙州。在此决定由龙州乘越滇铁路赴滇，并择定徵江县为校址。2月6日，中山大学从龙州出发，2月中旬全部到达徵江。1939年3月1日，中山大学终于在云南澂江复课。1940年6月，又接教育部命令迁校粤北坪石。所有人员、物资又经滇、黔、桂、湘数省，辗转输运，至12月，全部抵达广东坪石。

中山大学流离颠沛之艰辛，有负责押运图书仪器设备的图书馆主任杜定友教授绘制的《西行志痛》一地图，并附有一段文字。文字虽短，其情可鉴：

西行志痛

使命：护送图书，脱离险境，由广州运至云南徵江。

行期：自中华民国二十七年十月二十日零时三十分至二十八年二月二十二日下午五时三十分，凡一百一十五天。

行程：经过广东、广西、云南、香港、安南（今越南），停留十八站，凡一万一千九百七十余里。

行侣：离广州时，同行者中大图书馆同仁及眷属四十三人，中途离队者十四人，受重伤者一人，病故者一人，到达目的地时仅二十七人。

交通：步行、滑竿、骑马、公共汽车、自用汽车、货车、火车、木船、太古船、邮船、飞机。

饮食：餐风、干粮、面摊、粉馆、茶楼、酒店、中菜、西餐，甜酸苦辣。

起居：宿雨、泥屋、古庙、民房、学校、衙门、客栈、旅店，地铺、帆布床、木床、铁床、钢床，头二三四等、大舱，天堂地狱！

广州沦陷后一百三十天无县人杜定友泣记①

正是这番磨砺，成就了民国高校的格局重组。内迁的高校，大多集中在四川、云南、陕西、贵州等几个省份，其中重庆就集中了复旦、交大、东吴、沪

① 梁山、李坚、张克谟：《中山大学校史（1912—1949）》，上海：上海教育出版社，1983年，第97—98页。

江、中央、之江文理学院、武昌中华、上海医学院、国立音乐学院、南京药专、中央工业专科学校、中央体育专科、武昌图书馆专科、武昌艺术专科等。迁入成都的有金陵、齐鲁、燕京、金陵女子文理学院等，大都集中于华西坝。武汉大学迁入四川乐山，东北大学迁入四川三台，广西大学迁入贵州榕江，大夏大学迁入贵州赤水，唐山工学院迁入贵州平越，湘雅医学院迁入贵阳。加之福建的厦门大学，广东的中山大学、广东文理学院，云南的西南联大、云南大学，西北的西北师范学院，等等。西南、西北这片高等教育薄弱之地，现已成为中国高等教育的重镇。这正应了中国的那句老话："东方不亮西方亮。""留得青山在，不愁没柴烧"，民国高校教师在民族存亡之秋，勇敢地承担起历史的责任和使命，不惜个人的牺牲，为中国的高等教育事业的笳吹弦诵带来了新的生机。

三、弦歌不辍情弥切

武汉大学数学系教授李国平在乐山期间一直过着穷困潦倒的生活，国画家关山月当时便画了一幅以李国平教授生活为素材的画——《今日教授生活》，画的是一位身穿破西装的学者，坐在炉子旁边，一手拿着火钳在锅灶旁做饭，一手捧着书本在聚精会神地阅读，身旁一堆书，一只小猫蜷缩在书堆旁。这就是当时高校教师在艰苦条件下坚持教学科研的写照。

（一）战火纷飞书声朗

时任中央大学校长的罗家伦说："武力占据一个国家的领土是可能的，武力征服一个民族的精神是不可能的"；"敌人可以炸毁的是我们的物质，炸不毁的是我们的意志！炸得毁的是我们建设的结果，炸不毁的是我们建设的经验！"[①] 罗家伦经历过那个年代的生活，他知道，精神、意志、经验是高校教师生活的支柱。

1. "跑警报"

汪曾祺曾描述了西南联大上课的一个场景："西南联大有一位历史系的教授——听说是雷海宗先生，他开的一门课因为讲授多年，已经背得很熟，上课前无需准备；下课了，讲到哪里算哪里，他自己也不记得。每回上课，都要先问学生：'我上次讲到哪里了？'然后就滔滔不绝地接着讲下去。班上有个女同学，笔记记得最详细，一句话不落。雷先生有一次问她：'我上一节课最后说的是什么？'这位女同学打开笔记夹，看了看，说：'你上次最后说，现在已经有空袭警报，我们下课。'"[②]

警报是用来"跑"的，这是那个特殊年代高校师生间的流行语。一般情况，警报响起大概是上午十点左右。大家外出跑警报大致要三四个小时，甚至更长一点。下午警报解除，大家陆陆续续回来。若是空袭频繁，跑警报确是一件麻烦事。炸得最凶的时候，每周要跑五六次，一跑就是一整天。所以，学校的上课不得不安排在早上和傍晚这两个时段。

冯友兰说："人们摸到了这个规律，就把每天活动的时间提前，联大也将上课的时间提前，到 10 点左右就把上午的课上完了。下午 3 点以后上课，这中间是准备空袭的时间，一有空袭警报，师生们都向新校舍后面的一些土山上疏散。有座土山中间有道峡谷，我们称之为'一线天'，都认为那里是一个很安全的地方。空袭时到那里去的人最多。有一次，一颗炸弹落在'一线天'门口，掀起的

---

① 罗家伦：《炸弹下长大的中央大学——从迁校到发展》，《教育杂志》第三十一卷第七号，1941 年。

② 汪曾祺：《跑警报》，黄尧：《云烟渺渺》，昆明：云南教育出版社，2000 年，第 332—333 页。

土把华罗庚埋起来了，幸亏很快就解除警报了，附近的人才把他扒出来。”①

西南联大教师费孝通在《联大八年》中以《疏散》为题，讲述了他在联大“跑警报”的故事。他说：“跑警报已经成了日常的课程。经验丰富之后，很能从容应付。”费孝通抓住这个规律，把翻译《人文类型》排成早课。因为翻译不需要有系统的思索，断续随意，很适合警报频频时期的工作。他的太太则在吃完早饭后便做午饭（或是晚饭吧）。警报来了，费孝通便把译稿叠好，到隔壁的面包房买面包，预备在疏散时充饥。他太太则把火灭了，把重要的东西放入“警报袋”。然后开拔。费孝通家住文化巷，出城门向郊外的小山岗方向疏散。一路上基本是西南联大和云南大学的师生，这也成了朋友们聚谈的机会，因而也乐趣多多。费孝通一般会带上一本书，但他觉得，跑基本“最好的消遣是找朋友闲谈，警报帮助了不少情侣的，的确是事实，我想实在讨厌这种跑警报的人并不会太多。昆明深秋和初冬的太阳又是别外的可爱。风也温暖。有警报的日子天气也必然是特别晴朗。在这种气候里，谁不愿意在郊外走走！”②

费孝通的感受也确实反映了当时人们的心情。吴宓、陈寅恪、刘文典等教授就充分利用这个时间做他们自己的事情。吴宓在 1940 年 10 月 28 日日记中写道：“晨，上课不久，7：15 警报至。偕（陈寅）恪随众出，仍北行，至第二山（小虹山）后避之。12：30 敌机九架至，炸圆通山未中，在东门扫射。时宓方入寐，恪坐宓旁。是日读《维摩诘经》，完。觉此经（一）似《薄伽梵歌》行而无著之主旨。（二）有中国老庄及禅宗之理趣及词调。2：00 同恪在第二山前食涂酱米饼二枚。遇缘（明日，又遇于此）。继 3—4（时）在第一山（白泥山）前土洞中，与刘文典夫妇谈。请典改润宓作寿遐诗。”③

刘文典给胡适的信中说：“所堪告慰于老友唯有一点，即贱躯顽健远过于从前，因为敌人飞机时常来昆明扰乱，有时早七点多就来扫射，弟因此不得不黎明

---

① 冯友兰：《三松堂自序》，第 2 版，北京：人民出版社，2008 年，第 91 页。

② 费孝通：《疏散——教授生活之一章》，西南联大《除夕副刊》编：《联大八年》，北京：新星出版社，2010 年，第 67—68 页。

③ 吴学昭整理注释：《吴宓日记》Ⅶ，北京：生活·读书·新知三联书店，1998 年，第 253 页。

即起，一听警报声，飞跑到郊外山上，直到下午警报解除才回寓。因为早起，多见日光空气，天天相当运动，都是最有益于卫生，所以身体很好。弟常说，‘敌机空袭颇有益于昆明人之健康。’并非故作豪语，真是实在情形。”①

当然，这些只是高校教师的浪漫，敌人却是不会仁慈的。

在昆明，西南联大是日机轰炸的重点目标。仅据《吴宓日记》：

1940 年 10 月 13 日，吴宓与友人出城。下午 2 点，“见日机 27 架飞入市空，投弹百余枚。雾烟大起，火光迸烁，响震山谷。较上两次惨重多多。私幸到此远避，危害不及，真成对岸观火”。晚饭回城，“始知被炸区为文林街一带。云大及联大师院已全毁，文化巷住宅无一存者。大西门城楼微圮，城门半欹。文林街及南北侧各巷皆落弹甚多，幸联大师生皆逃，仅伤一二学生，死校警、工役数人云”。饭后吴宓乘着月色回到住处，“则见院中一片瓦砾，盖十余丈外若园巷即落一弹，毁数宅。寓舍受震击，屋顶瓦破若干处，幸有天花板为障蔽。宓室中之窗洞开，玻扇已毁。墙壁之木片灰屑纷然剥落，室中满覆尘土，已经省（陈省身）整理清除。电灯已坏。众坐谈，并有同事之毁家者，挈妻儿来舍暂住一宵”。吴宓写道：“念此次轰炸，以云大、联大为目标，惨烈如此。（闻死者约百人）”②

1940 年 10 月 14 日：“7—8 上《欧文史》课，仍不惬。8—10 沿凤翥街，至城门口旧肆早餐。入大西门（城门扇斜立欲倾）。沿文林街而东，备见轰炸之遗迹。文化巷口棺木罗列，全巷几无存屋。宓至联大总办公处及女生宿舍，虽免于难，亦受飞来巨石震击，门窗破倾，瓦砾尘土堆积。众人皇皇无所归宿。”③

1941 年 8 月 14 日 10：30 前后，敌机三批 27 架，来炸联大及拓东路。状元楼，立时起火，远见大黑烟。轰炸停止后，吴宓“至师院（工校）视察，落弹二十枚，新楼全毁。联大新校舍北区弹毁学生三舍及图书馆书库并教务处、出纳组、校委办公处等。南区毁生物实验室等。校门之云光饭馆夷为平地。昆华南院（女舍）中四弹。北院弹落操场及大门内，无损伤。女舍，则弹正落饭厅楼中。

① 章玉政：《狂人刘文典》，桂林：广西师范大学出版社，2008 年，第 229 页。

② 吴学昭整理注释：《吴宓日记》Ⅶ，北京：生活·读书·新知三联书店，1998 年，第 244—245 页。

③ 吴学昭整理注释：《吴宓日记》Ⅶ，北京：生活·读书·新知三联书店，1998 年，第 246 页。

西楼已不存，东楼则成为透明之木架格，壁门均破倒，满楼皆木片、瓦砾、尘土。……女舍东邻崔书琴等寓楼全毁，成一大弹坑。西仓坡梅校长宅亦同。翠湖北路亦中数弹，幸宓等宿舍无恙”。①

地处重庆的中央大学也是日军摧毁的目标。据罗家伦说：“但是敌人还是不放过我们的。像去年（1940 年）就被炸三次。第一次是六月二十七日，第二次是二十九日，第三次是七月四日。房子被炸毁和炸坏的，不下二十几所。我的办公室瓦没有了，墙也没有了。在夏天的烈日之下，我照常的和同人在室徒一壁的房子里面办公。修好以后，照常开学上课。我们和顽皮的小孩子一样，敌机来了，我们躲进洞去；敌机走了，立刻出来工作。幸赖师生防护服务团里各位同人的努力，到现在为止在我们大学的范围以内，没有死伤过一个教职员和学生。”②

广西大学设在梧州，日本侵略者也绝不放过。“日机前后共轰炸六次，投下炸弹三百余枚。毁高中教室、新宿舍、自来水塔，及大学第一、第二宿舍，大膳厅，图书馆，农学院办公厅，数理馆，化学馆，机器工人宿舍，鹤山洲教员宿舍等。日人不但想摧毁我文化机关，更急欲残杀我们知识青年，便在蝴蝶山树林中投下大批的燃烧弹、杀伤弹，秀丽的美景便被日人破坏了。崩倒的树木，炸裂的马路，烧焦的土地，遂为西大留下不可磨灭的创伤。”③

浙江大学内迁到广西宜山县城，以文庙标营为中心，新建草棚，作临时教室，坚持正常教学。1939 年 2 月 5 日上午 11 时，日机 18 架飞入宜山县城，专炸浙江大学，环行四匝，轰炸三次，标营校舍，落下炸弹 121 枚。这次轰炸，浙江大学东宿舍全毁，大礼堂、训育部、导师室、体育课、园艺系工作室，及新教室，均一部分被毁，学生二人微伤，余皆安然无恙。1939 年 9 月 15 日，敌机 8 架又来宜山轰炸，又有一部分校舍被震毁，物理实验室尤甚，损失仪器多件，约值 12 万元。除这两次外，敌机虽不时来投弹，幸为害不大。

武汉大学地处四川嘉定乐山，日机也没有放过。1939 年 8 月 19 日，36 架日

---

① 吴学昭整理注释：《吴宓日记》Ⅶ，北京：生活·读书·新知三联书店，1998 年，第 151—152 页。
② 罗家伦：《炸弹下长大的中央大学——从迁校到发展》，《教育杂志》第三十一卷第七号，1941 年。
③ 秦军：《广西大学的今昔》，《教育杂志》第三十一卷第一号，1941 年。

机笼罩着这座古城，对嘉定市区投放了两百枚以上的燃烧弹和炸弹，这座美丽而繁荣的古城，顿时成了一片焦土。这是继重庆、泸州狂炸之后，四川再度遭受的最大一次劫难。① 武汉大学教授叶圣陶当时正在成都讲学，第二天回到乐山，看到被炸后的惨不忍睹景象："昨日之轰炸，下弹时间不过一分钟，而热闹市区全毁。死伤者殆在千数以外。小墨曾见四个焦枯之尸体相抱于路中。较场坝一带，烧死者甚多。右邻一家仅余一儿，此儿与三官为同学，路遇三官，言父母兄弟俱烧死矣。军警于救火救人均束手无策。武大同学与艺专同学皆立时出动，拆房子，抬伤人，奋不顾身。余闻传述如是，觉青年有此行动实前途之福，不禁泣下。武大仅第二宿舍中一弹，他处均无恙。死同学六人（文健在内，此人上课之余，为一优秀学生，闻之又不禁下泪），校工二人。同事全家被毁者二十余家，杨端六、刘南亥两家在内。"② 小墨为叶圣陶长子，三官是小儿子。

地处成都华西坝的金陵大学在 1940 年 6 月 11 日遭受日机轰炸，一弹落于新建课室附近，一弹落于学校图书馆附近，幸未爆炸；还有一弹落于教职员宿舍附近，多人受伤。植物病理系助教张益诚在城内遇敌机掷弹，伤重身亡。③

以上数例，已可见民国高校教师是在怎样的环境下坚持工作。

2. 坚持办学

对于日机的轰炸，对于长途跋涉的辛苦，对于生活条件包括办学条件的艰苦，内迁各高校的唯一答案，就是尽快恢复教学，坚持上课。

先看看西南联大教师们的决心："国难在激励着人们，我们对于日人最有效的答复就是拿工作的成绩来给他们看。西南联大被轰炸已经两次了。一次是在一九三八年九月二十八日，西南联大所租用的昆华师范里落了十几枚杀伤弹，死了方由天津来的同学二人。第二次在一九三九年十月十三日，日人在西南联大一带投了不下百余个轻重炸弹，意欲根本毁灭掉这个学校。师范学院全部炸毁，同学财物损失一空；文化巷文林街一向是联大师生的住宅区，也全炸毁了；在物质方

① 任健我：《抗战以来的国立武汉大学》，《教育杂志》第三十一卷第十号，1941 年。
② 乐齐编：《叶圣陶日记》，太原：山西教育出版社，1997 年，第 80 页。
③ 陈裕光：《本校遭敌机轰炸》，《南大百年实录》中卷，南京：南京大学出版社，2002 年，第 68 页。

面，日人已经尽可能地给了打击。然而，就在轰炸的次日，联大上课了，教授们有的露宿了一夜后仍旧讲书，同学们在下课后才去找回压在颓垣下的什物，而联大各部的职员，就在露天积土的房子里办公，未曾因轰炸而停止过一日。”①

再看看浙江大学的上课统计。浙江大学只是在 1939 年 2 月 5 日遭遇轰炸后，曾停课三天。“惟学校经此次猛烈轰炸后，不得不加以整理，于是停课三日，于二月九日照常上课。”其他时间，浙江大学历江西吉安、江西泰和、广西宜山、贵州遵义，一路颠沛流离，浙江大学每到一地，则尽其最大努力，即于最短时间内恢复课业。他们采取延长学历，展期考试，甚且取消星期例假、春假、寒假及缩短暑假以补课，是以每学期上课周数，远超过部定限度之上。试列表以明之：

表 6－2　1937 年下半年至 1940 年上半年浙江大学上课周数

<table>
<tr><th rowspan="2">年度</th><th rowspan="2">学期</th><th rowspan="2">校址</th><th rowspan="2">实际上课起讫日期</th><th colspan="2">实际上课周数</th></tr>
<tr><th>学期</th><th>学年</th></tr>
<tr><td rowspan="4">1937 年度</td><td rowspan="3">第一学期</td><td>杭州</td><td>1937 年 9 月 12 日上课
1937 年 11 月 11 日停课</td><td rowspan="3">16 星期</td><td rowspan="4">34 星期</td></tr>
<tr><td>建德</td><td>1937 年 11 月 19 日复课
1937 年 12 月 22 日停课</td></tr>
<tr><td>吉安</td><td>1938 年 1 月 22 日复课
1938 年 2 月 3 日至 9 日学期试验</td></tr>
<tr><td>第二学期</td><td>泰和</td><td>1938 年 2 月 21 日上课
1938 年 6 月 22 日至 29 日学期试验</td><td>18 星期</td></tr>
<tr><td rowspan="2">1938 年度</td><td>第一学期</td><td>宜山</td><td>1938 年 11 月 1 日上课
1939 年 3 月 11 日至 19 日学期试验</td><td>18 星期</td><td rowspan="2">37 星期</td></tr>
<tr><td>第二学期</td><td>宜山</td><td>1939 年 3 月 27 日上课
1939 年 6 月 26 日至 7 月 3 日学期试验
1939 年 7 月 4 日至 8 月 15 日补课</td><td>19 星期</td></tr>
<tr><td rowspan="3">1939 年度</td><td rowspan="2">第一学期</td><td>宜山</td><td>1939 年 10 月 11 日上课
1939 年 12 月 20 日停课</td><td rowspan="2">18 星期</td><td rowspan="3">34 星期</td></tr>
<tr><td>遵义</td><td>1940 年 2 月 22 日复课
1940 年 4 月 15 日至 21 日学期试验</td></tr>
<tr><td>第二学期</td><td>遵义</td><td>1940 年 4 月 29 日上课
1940 年 8 月 19 日至 25 日学期试验</td><td>16 星期</td></tr>
</table>

① 查良铮：《抗战以来的西南联大》，《教育杂志》第三十一卷第一号，1941 年 1 月。

资料来源：孙祥治：《抗战以来的国立浙江大学》，《教育杂志》第三十一卷第一号，1941年。

浙大教师感奋地说："浙大虽迭经播迁，而每学期实际上课之周数，平均在十八星期左右，若加缴费注册选课等时日计之，则近二十星期矣。"①

不仅浙大，交通大学唐山工程学院在艰难困苦之中顽强挺立，硬是在困苦之中打开了一条生存之路。"七七"事变后，交通大学唐山工程学院的校舍为日军所占领，院长孙鸿哲积劳成疾，病逝于北平。其时恰逢学校的主管部门由铁道部变更为教育部，而教育部以尚未接手为由，对学校不管不问，学校一时群龙无首，濒临绝境。1937年11月，经各地校友联络商讨，共同推举茅以升为院长。时任钱塘江桥工程处处长的茅以升得知母校的推荐，没有推辞，临危受命，慷慨赴任。为了不中断招生工作，在复校工作尚未得到教育部承认的情况下，茅以升以个人名义发布招生公告，标题为"茅以升招生启事"。这种在国内外教育史上罕见的招生方式，凭借茅以升的崇高声誉，学校仍然招录了77名新生。12月，唐山交大辗转播迁，历经磨难，师生们陆续到达湖南湘潭，学校正式复课。由于学校规模扩大，不久又不得不迁往湖南湘乡的杨家滩。1938年11月，日军逼近长沙，唐山交大开始往云贵方向转移。12月2日，唐山交大到达广西桂林。遇日机轰炸桂林，学校80多名学生的全部行李及部分公物化为灰烬。在困难关头，茅以升激励大家坚定信心："中国不会亡！唐院不会亡！我们一定能找到读书的地方！"这时，贵州方面表示欢迎唐山交大，并在平越择定地址。唐山交大师生于是继续前进。一路上师生们肩扛手提，晓风露宿，艰苦跋涉1200公里，终于在1939年1月28日抵达贵州平越："总共这次大迁移，从二十七年五月自湘潭迁出，到二十八年二月，在平越复课，时历半年。中途上课时断时续，对功课虽不无影响，但因有以往坚忍的精神，所以迁移的结果，人数不但不减少，反而继续增加，规模不仅不缩小，反而渐渐扩大。这也许是唐院的迁校和其他学校的所

① 孙祥治：《抗战以来的国立浙江大学》，《教育杂志》第三十一卷第一号，1941年。

不同的地方吧!”①

正是靠着这种坚忍不拔的意志，抗战时期各内迁的高校都保持着良好的学风。河南大学于1937年12月分别迁往豫南的鸡公山和豫西南的镇平，不久，学校将羁留在鸡公山的文、法、理三学院迁往镇平，院系进一步调整。1939年5月下旬，河南大学师生在校长王广庆的率领下，长途跋涉六百余里，来到豫西嵩县，将医学院留在嵩县县城，校本部和文、理、农三学院继续前进，到深山区潭头镇驻扎下来。“翻过伏牛山，越过伊河，经过了六百里的行程，河大移到潭头。教授先生们携带妻儿，同学们背着行囊，在火热的炎日下，女同学同样地赤裸着脚，穿着草鞋，完成了这一段崎岖峻峭的山地行军。”潭头风景秀丽，民风淳朴，当地人民帮助河南大学顺利扎根，办学马上走上了正轨。“即使在最平常的日子，图书馆中也是坐满了人。实验室中的活动是没有停止过的。夜里，过了十二点，宿舍里还常常透露出灯光，早晨天一黎明，你可以看到各山坡上、河滩里，都有读书的同学。有时雨过初晴的清晨，你可以听到各种外国语的读音在和蛙鸣争噪!”②

1938年9月，教育部将北平大学工学院、东北大学工学院、焦作工学院及西北联合大学工学院合并为国立西北工学院，校址设在陕南城固县的古路坝。经过近三年的建设，学校的组织、设备成为战后各院校之冠。除一般工科学院所具有的科系外，这里有全国唯一的纺织工程学系，有国防工业迫切需要的航空工程学系，有利国福民的水利工程学系，等等。学生已逾千人。整个学校处于“读书紧张”的氛围之中，白天师生忙于课事，晚上也在灯光下不肯稍息，假日里图书馆总是座无虚席。但紧张的生活中也充满了浪漫，“西北环境的风景，妙在晨夕。早晨起来，假如你不吝惜尊步的话，到山脚走走，可以听着到处的读书声与樵柴声，满眼尽陈朝气。到了下午晚饭后，同学们多喜外出溜山，闲散一天工作的疲

---

① 漆镇白：《交通大学唐山工程学院》，王觉源编：《战时全国各大学鸟瞰》，重庆：独立出版社，1941年，第154页。

② 魏凡：《抗战中的河南大学》，王觉源编：《战时全国各大学鸟瞰》，重庆：独立出版社，1941年，第55、59页。

倦，有时也可听到悠闲的歌曲，尤其是在每年的秋深光景，满山狼藉着红叶，黄昏苍茫中，可以重见一群一群的人影，真够耐人寻味”①。

扎根在四川乐山的武汉大学，因自修室座位不够，于是又在走廊上开辟了一个“临时自修室”，不久就成为永久的了。平时，“自修室寂静得一声不响，许多同学都在埋头发掘他们自己所要发掘的宝藏，有的在温习课本，计算习题，有的在整理未写完的笔记，有的在看参考书，有的在做报告，有的在写论文，有的在找材料，总之，他们都很细心地保持自修室内寂静的空气。否则，就有人给你一声‘对不起！请肃静一点！这儿是自修室！’”②

除了上课、自习，学校的课外学术活动也丰富多彩。无锡国专在广西北流县大容山的箩村，地理偏僻，生活艰苦，但师生们的学习劲头却十分感人。在国专图书馆，有两位大藏书家的藏书，一位是冯代校长“山围精舍”的“自然室藏书楼”，一位是陈柱尊先生的“十万卷藏书楼”，还有其他一些教师的藏书，学校都向他们借来陈列，真可算是坐拥百城了。每逢星期日，国专的学生社团，什么文艺座谈、史地学会、国风诗社、书法研究会等等，都在这一天开展活动。有时候导师们也乘着这假日，各人率领着组内的学生，到附近的郊野去漫游，顺便施行训导，常常是到牛羊下山时始归。③

西北师范学院驻扎在陕西城固，教师们带领学生组织起各种学术团体，课外学术活动的活跃，极大地推动了学校教学工作的展开：

“国语罗马字运动”以这里为根据地活跃地展开了，民众小学遍地林立，连顶小的小报也注上了注音字母，这些事都是中国语文学会主办的，领导者是“五四”以后学术界的名角色。

地理调查所的所长，和一个史学名教授办的地理学会，及史地系，确乎也办了不少的工作。地理常识贴了满街，地理剪编的材料更新颖，学术讲演一月有一次。

---

① 灵万：《抗战以来的国立西北工学院》，《教育杂志》第三十一卷第七号，1941 年。

② 任健我：《抗战以来的国立武汉大学》，《教育杂志》第三十一卷第十号，1941 年。

③ 无锡国专：《抗战以来的无锡国专》，《教育杂志》第三十一卷第五号，1941 年。

国语演说竞赛会和英语演说竞赛会，婚姻问题座谈会、宪政座谈会，以及各种学术演讲，一学期至少有好几次。

无论是那一界的伟人，总不能轻易放过，只要他往城固一来，非得讲几次演才能走。①

内迁各高校的学风之盛，甚至对当地民众也产生深刻影响。浙江大学1947年校刊中有一段记载："浙大将复员时，遵义士绅，先后为浙大践行。某次践筵上，有一位八十三岁的老翁说：'浙大的学风太好了，先生、学生，只在图书馆和实验室，埋头工作，偶然看见岩上城墙边的浙大学生，总是手里拿着一本书，不是朗读，就是默念。遵义青年，向来不大用功，现在受了这种风气的陶熔，连我最顽皮贪玩的小孙子，也在整天读书了。'"②

教学活动的正常开展，保证了大学生的培养质量。1939年春，日机对成都轰炸加紧，为避免无谓牺牲，四川大学决定将校本部及文、理、法三学院疏迁至成都西南三百里的峨眉山之各大寺院。1939年9月21日，四川大学在峨眉山正式开课。除教学活动正常开展外，各种社团活动、娱乐活动、学术活动也都步入正常。参加全国性的学习竞赛也屡获佳绩。1939年，教育部举办全国专科以上学校学生抗战建国论文比赛，合格者共176名，而四川大学的学生达20名，占九分之一。1940年，教育部举办第一届全国专科以上学生学业竞试，四川大学有3人获得优胜奖金，各获奖状一张。1941年，在第二届学业竞试中，四川大学又有4名学生获得优胜奖金，各获奖状一张。1941年，教育部举办各大学学生毕业总考，经评定成绩，四川大学名列优等。③

说到全国学业竞试，第一届与第二届的团体冠军都属于地处边陲的厦门大学。1940年的第一届学业竞试，由各省区初试胜出的12所高校参加复试。这12

---

① 丁田：《抗战期中的西北师范学院》，王觉源编：《战时全国各大学鸟瞰》，重庆：独立出版社，1941年，第274页。

② 祝文白：《抗战期间的浙江大学》，钟叔河、朱纯编：《过去的大学》，武汉：长江文艺出版社，2005年，第246页。

③ 《国立四川大学简记》（民国三十一年），王强主编：《民国大学校史资料汇编》第48册，南京：凤凰出版社，2014年，第42页。

所高校是，厦门大学、中央大学、武汉大学、浙江大学、中山大学、西南联大、四川大学、国立师范学院、私立岭南大学、东吴大学、复旦大学和省立重庆大学。经过角逐，优胜者有 8 所大学，厦门大学荣居榜首。第二届优胜学校有 5 所，分别是厦门大学、浙江大学、武汉大学、中央大学和岭南大学。厦门大学再次荣膺团体冠军。

厦门大学的学生能够保持优秀的学习成绩，与学校的加强管理是分不开的。抗战期间，厦门大学在校长萨本栋的领导下，坚守东南，“自觉地担负起粤汉铁路以东国立最高学府的全部责任”。萨本栋于 1937 年 7 月 26 日接任厦门大学校长，面临大部分沦陷区的高校内迁，他坚定地认为，要坚持东南半壁江山有大学，让东南数省的学生有书读。于是，他决定将学校迁往闽、粤、赣交界的山城长汀。在他的周密安排下，厦门大学的图书仪器大部分都及时运抵长汀，所以保证了较好的办学条件。以图书为例，厦门大学图书馆除 8000 余册中文书和 3000 余册西文书存放在鼓浪屿外，在长汀的藏书，中、日文书籍 44050 册，西文书 15962 册，中文杂志 5375 册，西文杂志 16222 册，合计 81609 册。“现在图书馆经常订购中文报纸 26 种，西文报纸 3 种，中文杂志 144 种，西文杂志 128 种。最近向国内外书局订购价值二万余元大批图书千余册，已到校者四百余册，余闻不久即可到校。”该校扩充图书，不遗余力，图书购置费，月有巨量专款。在这种经费、交通两感困难的情形之下，各种专门杂志，皆未闻间断，且逐年增加，此点尤为难能可贵。①

1942 年 10 月 8 日，西南联大中文系教授浦江清返回昆明路过厦门大学。校长萨本栋本自清华而来，于此地与清华校友相见，分外高兴。浦江清说：“萨氏久别，见余畅谈清华近况及厦大情形。要余留一二日，参观厦大，并云倘能留此更佳，因中文系尚缺人，而西联彼可去电为代办交涉也。余感谢其意，恳辞。”第二天中午校长设宴款待，晚饭是老友施蛰存特命厨房做一鸭、二鱼，与林庚共同宴请。至校园，“参观各科学实验室，设备均佳”。图书馆中，“西文书，凡语

① 胡依：《抗战以来的国立厦门大学》，《教育杂志》第三十一卷第一号，1941 年。

言、哲学、历史、医学、生物皆富，物理、化学、数学书亦可，而关于中国文学之书籍亦多，出意料之外。据云语言、文学为林语堂，生物为林惠祥所购，故有底子。人类学书亦富。中文则丛书甚多，地志亦不少，顾颉刚所购。金文亦不少。又有德文书不少，自歌德以下至托麦斯・曼均有全集。尼采、叔本华全集英、德文皆有。亚里士多德有最新之英译本”①。

萨本栋见到浦江清，立即萌发留住人才的想法。这于各内迁高校领导是一种很自然的想法，也是各内迁高校建设的重中之重。1941 年 7 月 26 日，西南联大的梅贻琦、郑天挺、罗常培来到成都的华西坝，参观位于这里的华西大学、齐鲁大学和金陵大学。罗常培写道：“26 日下午 3 点到华西坝去参观华西、齐鲁、金陵大学，会到张凌高、刘式传、陈裕光、吴贻芳四位校长，高巍巍的楼房，绿莹莹的草地，看惯了我们那茅茨不翦、蒿莱不除的校舍，来到此俨然有天上人间之感。这四大学现在联而不合，校舍全借用华西的，一切开支按学生多寡的比例分配，有一位西籍的总会计专司其事。各大学中国文学系的状况，据我约略向各校当局询问所及的，华西方面，主任为庞式帚（庞俊），教授有林山腴（林思进）、钟正楙、李培甫、杜奉符、闻在宥（闻宥）、吕叔湘；齐鲁方面，主任为钱宾四（钱穆），教授有林昇平、邓子琴、胡福林（胡厚宣）、孙次舟、张维思；金陵男大方面，自余贤勋病故后，主任由文学院长刘国钧兼任，教授有高文、罗倬汉、张守义、陈延杰；金陵女大方面，主任为陈斠玄，教授有邵祖平和曾小姐等。至于三大学的中国文化研究所：齐鲁由顾颉刚主持，另外还有钱宾四、张维华、张维思、胡福林、孙次舟几位；金陵由李小缘（李国栋）主持，另外还有徐益棠、商锡永（商承祚）、刘叔遂几位；华西由闻在宥主持，另外还有吕叔湘、韩儒林两位。听说我的学生傅懋勣上学年也被在宥从华中罗致到华西做副教授兼副研究员，薪尽火传，颇为欣慰。这三个研究所的风格，大致齐鲁偏重历史，金陵偏重考古，华西偏重语言，不过中间也没有严格的分野；经费的来源都是由哈佛燕京

---

① 浦江清：《清华园日记・西行日记》，第 2 版，北京：生活・读书・新知三联书店，1999 年，第 198—200 页。

社供给的。”[①] 从这几所高校的中文系情况看，其师资雄厚，梯队齐整，学术研究方向明确，办学意志坚强，也可见当时各高校当局对师资队伍建设的重视。

要留住教师，办学条件的改善当是一个重要因素。搬迁到云南喜洲的华中大学，为了解决实验用电问题，熊子瓛教授利用迁校的旧汽车发电。供电量除了能满足实验所需外，还可以点亮全校的几十盏电灯。最初每晚开灯 4 小时只需国币 10 元，至 1942 年物价高涨所费也不过 30 元上下。西南联大教授罗常培很感慨地说：充分体现了华中大学教师“利用现有设备一点一滴去做的精神”[②]。

说到办学条件，校园建设自是回避不了的环节。罗常培见到华西大学校园，很是感慨，感叹与西南联大相比，有如天上人间。但内迁各高校也确实都在尽最大努力，为师生们的生活、学习打造一个优美的校园。复旦大学在重庆夏坝，原名下坝，陈望道先生谐其音，改名“夏坝”。在两任校长吴南轩、章益的精心筹划和总务长的辛苦操办下，更由土木系专家匠心独运的设计，复旦大学校园美如天堂。有人写道：

校舍之标志性建筑皆坐东朝西，面向嘉陵江主流。于北碚江岸隔江东望，见绿树如碧云衬托，独立牌坊式校门之内，以登辉堂为基准，相伯图书馆、寒冰馆、新闻馆、青年馆等一字排开，宛如建筑群“向中看齐”之正面“队列”。船浮江过此而向东仰视“检阅”此“队列”，则诗情画意盎然，虽“晴川历历汉阳树”之类佳句，亦不足状其况味。

“队列”背后，纵深部建筑布局有序：大礼堂居中，堂周则教室群围绕；北端，《文摘》社与农学院俱北江汉而面场圃，子弟校及供膳轩各辟门庭且悬额牌；中段，研究室静谧无喧，空旷场游息有所；西边，教职员住房，松柏傍径；女、男生宿舍，桃李临窗。弦歌阵阵之校园内，更频闻江上断续之欸乃声声，由远而近又由近及远，亦时见山头飘忽之云霞朵朵，由聚而散又由散而聚。莘莘学子、

① 罗常培：《蜀道难》，《罗常培文集》第十卷，济南：山东教育出版社，2008 年，第 181 页。
② 罗常培：《苍洱之间》，《罗常培文集》第十卷，济南：山东教育出版社，2008 年，第 226 页。

谆谆师长，朝夕共处。教学环境，决非“优美”二字所可概括。[①]

不仅是校园建设，由此而展开的办学规模的扩大，在整个抗战期间，都表现了复旦师生们坚持办学，抗战到底的决心。其《校史》中说：

民国二十六年冬十月，副校长吴南轩、教务长章益，率大学部师生，与大夏大学联合内迁开学，设第一部于庐山，第二部于贵阳，前者以本校为主体，后者以大夏为中心。距庐山开学未匝月，战局突变，寇祸益深，遂辗转由庐山至重庆，跋涉数千里，狼狈不可名状，暂借菜园坝复旦中学校舍，继续上课，结束一学期课程。翌年春三月，本校与友校大夏大学分立，赁庑重庆北碚之黄桷树镇开学，于时设备简陋，教具缺乏，然师生教学情绪，不惟不受影响，而益见踔厉奋发。是年，增设史地学系、统计学系，及垦殖专修科，一面征购东阳镇夏坝土地，开辟农场，又为便利兼课教授及实习学生，将新闻、经济二学系，及商学院各学系，仍借重庆菜园坝复旦中学上课。明年春季，增设统计专修科。五月，敌机轰炸渝市，乃将留渝部分，悉数迁回黄桷镇。是年秋季，增设园艺学系，并在夏坝兴建男生宿舍。越年，民二十九年兼代校长钱新之辞职，由校董会公推副校长吴南轩代理。秋八月，增设农学院，并受中国茶叶公司委托，创办茶叶专修科，筹建相伯图书馆。民三十年秋，大礼堂及女生宿舍落成，本校遂全部移入夏坝新校舍上课，聘江一平先生任副校长。民国三十一年春正月，奉教育部令改为国立，派吴南轩为校长，增设银行专修科，及侨生先修班。民三十二年春初，登辉堂落成，二月，吴校长去职，章益奉派继任校长，萧规曹随，并努力改进，自履任迄今，几无日不在谋学校教学之推进与设备之扩充。教学研究方面，除原有之院系科组外，又增设数理学系、经济学研究所，出版《复旦学报》，以提高学术研究之兴趣；建设方面，于民三十三年二月及五月，科学馆及生理心理研究所工程，先后竣工。又为增进师生福利，次第兴建教职员住宅、员生宿舍，及膳厅、食堂、浴室、厕所等房屋，另外又创设复旦小学一所，以便利员工子弟之入

① 倪国坛：《夏坝心影片断》，薛明扬、杨家润主编：《复旦杂忆》，上海：复旦大学出版社，2005年，第134—135页。

学。同时，新闻学系师生，协力筹建之新闻馆，亦于是年十二月落成。于是设备渐具，夹江而望，巍峨黉宇，鳞次栉比，水声潺湲，弦歌盈耳，人文之盛，为前所未有。自民廿六年入川，以迄民三十四年抗战胜利，八载之间，披荆斩棘，创韧此伟大之规模，历尽艰难，终得克复。①

复旦大学抗战办学的经历，只是全国内迁高校的一个缩影。

3. 服务社会

服务社会是高等教育的一项重要职能。抗战时期，大批高校的内迁，并能坚持上课，离不开内地人民的鼎力支持。如果高校师生不能认识社会，不能了解民众，不能逐步融入社会，要立足内迁地简直不可能，服务社会更是一句空话。蒋梦麟在《西潮》中写道："学术机构从沿海迁到内地，对中国内地的未来发展有很大的影响，大群知识分子来到内地各城市以后，对内地人民的观念思想自然发生潜移默化的作用。在另一面，一向生活在沿海的教员和学生，对国家的了解原来只限于居住的地域，现在也有机会亲自接触内地的实际情况，使他们对幅员辽阔的整个国家的情形有了较真切的了解。"②

内迁的高校都是从大城市搬迁到边远乡村，师生们对乡村都有诸多的不适，特别是对乡野民众生活的隔膜。为了督促师生们能真切地了解社会，能融入乡村社会，1938 年 4 月，厦门大学在长汀举办 17 周年校庆时，校长萨本栋归纳律己待人、治学处事的二十信条与全校师生共勉。其中有："应先用客观的态度，观察并分析民众的痛苦，以作课余及假中下乡训练民众的指南针"；"到了一个新地方，要先了解当地的风土人情，再谋改革方法，不要自视太高，目空一切"；"移入乡村，不当说'这地真糟，什么东西都没有'；应时时想'此处尚好，还有不少人物'"。③

1938 年 10 月，中山大学迁往云南徵江。刚到徵江，同学们很不习惯，"青

① 《国立复旦大学一览》（民国三十六年），王强主编：《民国大学校史资料汇编》第 31 册，南京：凤凰出版社，2014 年，第 10—11 页。

② 蒋梦麟：《西潮·新潮》，长沙：岳麓书社，2000 年，第 221 页。

③ 石慧霞：《萨本栋传：民族危机中的大学校长》，厦门：厦门大学出版社，2015 年，第 120 页。

年们对徵江的印象是苍蝇多，屎粪多，沙尘多，澄江人日上三竿不开店门，他们不洗脸，不洗澡，他们小气，他们顽固，他们好吃懒做，他们欺负外省人，他们不懂卫生，他们不守时间”。中山大学师生经过艰苦生活的磨炼，经过与当地人的相互学习，立场发生了变化：“在徵江的中山大学也接受了很多的教益，大学生不但学会了蓝青的官话，还学会了不三不四的云南腔，大学用国语教学已经不会引起广东学生的抗议。广东青年开始认识了中国的全貌，省籍的隔阂慢慢消除，那种过分夸大的广东精神，也受矫正。”①

1940 年 8 月，中山大学由云南徵江迁回广东乐昌坪石。临行前，校长许崇清发布《告别徵江民众书》。他在公开信中说，“本校员生，得以弦歌不辍，游息有所”，全赖徵江地区的官民鼎力支持。“回忆年余以前，本校员生，初客他乡，生活习惯，不无互异。幸赖各民众之热诚推爱，庇荫有加，使千里游子，于故乡沦陷之后，仓皇迁徙之秋，不致托足无方，尚能安居研读，幸何为之，只以时日短促，同人等课务繁重，攻读之余，未能对于地方文化、社会建设，多所贡献，深滋愧赧。”中山大学在办学之余，努力为徵江人民做了一些工作，例如帮助合筑昆徵公路，合办卫生协进会，举办日夜学校，开办本校附属医院，开展各种宣传活动，并修理庙宇及公共建筑 70 余座。许崇清表示，本来还可以为徵江人民多做一些工作，但“骊歌忽唱，征马又将在途”②，依依惜别，唯愿抗战建国的最后胜利早日到来。

融入乡村最有效的手段就是社会服务。高校有知识与技术的优势，乡村有生产与生活的科学需要，二者的互动，就能为内迁高校融入当地社会打开一条路，也同时为乡村发展生产，改进生活做出贡献。福建协和学院迁徙到闽北邵武办学，就帮助当地进行种蛋推广、柑橘品种之培植，以及荔枝、枇杷、冬笋之储藏等工作。齐鲁大学搬迁到成都华西坝办学，与华西大学医学院、中大医学院、四川省卫生实验处，及温江县政府共同设立了温江卫生院，一面推广公共卫生，一面训练学生。东北大学迁徙到四川三台办学，由学生组织话剧、国剧社，利用假

① 余一心：《抗战以来的中山大学》，《教育杂志》第三十一卷第一号，1941 年 1 月。

② 吴定宇编：《走近中大》，成都：四川人民出版社，2000 年，第 73—74 页。

期或纪念日出演募捐，慰劳前方将士。学校看到当地没有地方报纸，便逐日张贴壁报供市民阅览。江苏省立教育学院搬迁到广西桂林，积极帮助当地发展教育事业，例如举办八桂镇补习班、南华艺员补习班、儿童教育团，开办民众学校，接办东兰国民中学，代办女高中师范班，等等。国立师范学院是1938年设置的独立师范学院，校址在湖南安化蓝田镇，廖世承任院长。在办学期间，他们以蓝田镇为中心，以方圆二十里的乡村为施教对象，办起了民众学校五所，开展农业实习场、缝纫工厂、薯粉制造所、畜牧场等生产训练项目，以及民众体育、通俗演讲等社会服务。

在社会服务方面，帮助当地办学当是高校的强项。四川大学搬迁到峨眉山一带办学后，鉴于山区失学儿童苦无读书之机会，教育系联合报国寺、伏虎寺的住持，在两寺适中的位置，创办了“报国小学”，以救济邻近乡村失学儿童，并便利四川大学教职员子女求学，兼作教育系实习基地。教育系主任为董事长，教育系部分教授和两寺住持为董事，聘教育系助教蔡彰淑为校长，经费由四川大学拨付1200元。1938年开办，至1941年小学已有教员4人，学生100多名。①

浙江大学在江西泰和期间，随迁的教职员子女急需入学，而当地保学的教学质量不如人意，于是浙江大学决定扩充和改组当地的保学，改称澄江学校。先组织校董会，由浙江大学和上田村各出四人，另由该县热心教育人士出一人。浙江大学推出的教师是郑晓沧、庄泽宣、张其昀、张绍忠四人，其中郑晓沧被推为主席，庄泽宣兼任校长。经费由上田村萧氏和浙江大学每学期各出二百元，泰和县政府补助二百元。课程悉依部颁标准办理，仪器图书多由浙江大学借用。至于教师，除聘请专任二人外，其余由具有教学兴趣的浙江大学各系学生担任。这所小学文风甚盛，效果良好，于是大家又建议江西省教育厅，在该村设立一所县级小学。同年6月奉赣省府令正式改澄江学校为县立上田村小学。浙江大学西迁后，这里又成为江西省政府所在地，这所小学又被省立实验小学接管代办。

西南联大在云南蒙自时期，当地教育局帮北大学生办了一所民众夜校。朱自

① 邵明甫：《抗战以来的四川大学》，《教育杂志》第三十一卷第一号，1941年。

清在《蒙自杂记》中说："报名的非常踊跃，但因为教师和座位的关系，只收了二百人。夜校办了两三个月，学生颇认真，成绩相当可观。那时蒙自的联大要搬到昆明来，便只得停了。教育局长向我表示很可惜。看他的态度，他说的是真心话。"①

在成都，东吴大学、四川大学纷纷办起了夜校，招收中学毕业或具有同等学力、有志进修无门可入的青年。朱自清看到，四川大学夜校分中国文学、商学、法律三组，"法律组有东吴大学的成例，商学是当今的显学，都在意中。只有中国文学是冷货，居然三分天下有其一，好像出乎意外。不过虽是夜校，却是大学。若全无本国文化的科目，未免难乎其为大，这一组设置可以说是很得体的"。朱自清认为："我觉得与其匆匆忙忙新办一些大学或独立学院，不重质而重量，还不如让一些有历史的大学办办夜校的好。"②

除办学外，高校还利用各种专业知识为当地人民服务。武汉大学内迁到四川嘉定，同学们的课外活动与社会服务紧密结合。例如办壁报，面向一般民众普及法律知识。例如面向嘉定民众举办的平民义务学校、补习学校；等等。最难得的是法律系的同学办了一个"民众法律顾问处"，设在城内嘉州公园，他们每周星期二、五、日三天义务为民众解答法律问题，嘉定人民至今还称道不绝。③

有的内迁高校则是有组织有规模地投入社会服务，并将社会服务与学校建设有机结合，取得很好的社会效应。大夏大学播迁入黔，立足贵阳，校长王伯群多方劝募，于 1940 年择定贵阳城郊花溪 2000 余亩为固定校址，建设新校园。大夏大学在贵州办学 8 年，在贵州有 1576 名毕业生，并积极协助贵州省政府开发西南，促进西南文化的发展。

大夏大学为推动地方教育事业，主要做了三件事。第一，增设了附属中学。在王伯群的执掌下，并依靠校友的力量，大夏大学开办了沪校、贵阳分校，并短暂开设香港分校，同时开办了上海大夏附中、贵阳附中、南宁附中、重庆附中。

---

① 屈维清选编：《朱自清回忆录》，北京：北京大学出版社，2013 年，第 105—106 页。

② 屈维清选编：《朱自清回忆录》，北京：北京大学出版社，2013 年，第 110、109 页。

③ 任健我：《抗战以来的国立武汉大学》，《教育杂志》第三十一卷第十号，1941 年。

第二，王伯群与省政府主席吴鼎昌在花溪成立“农村改进区”，实现“抗战救国”。在农村改进区，开设贫民疾病医疗室2所，组织合作社20所，设立民众学校5所，开办农场1所，成立民众阅览室1所，另外成立了两个民众团体，一为花溪农村改进会，一为花溪农村抗战青年团。以后又在离贵阳市十里左右的中曹司、石板哨、孟关等处设立推广区。

第三，组织师生研究贵州。1938年6月，由文学院院长吴泽霖博士拟定定番县为调查对象，由史地系主任王成祖拟订调查计划，师生调查达四个月，写成调查报告14卷，涉及定番县地理、历史、人口、物产、农业、工业、交通、财政、政治、教育、社会、人文、名胜等诸多领域。1939年，大夏大学成立社会研究部，联合南开大学经济研究所、贵州省卫生委员会、贵阳医学院等，组成“西南边区民族考察团”，启动对少数民族的调查研究，出版了《贵州苗夷歌谣》《贵州苗夷社会研究》《炉山黑苗的生活》等著作。①

数幅图景，弦歌盈耳。尽管战火纷飞，但高校教师的教育情怀依然不减。

（二）安贫乐道自风流

内迁各地的高校之所以能够弦歌不绝，与教师们的精神面貌直接相关。虽然这时的生活状况大不如前，甚至相当困苦，但高校教师表现出的忠于职守和热爱生活的精神，使他们的工作热情始终处于饱满状态。

1. 金岳霖、梁思成、林徽因的个案

从北平南迁的金岳霖来到昆明，又与梁思成、林徽因相会合，他憧憬着昔日的生活能够在西南再续。金岳霖向美国学者费慰梅写信，介绍了他们刚到昆明的情形：“如果你们也在这里，在这陌生环境里，你们会看到不少熟面孔。有些人身上穿的是惟一的一套西装或长袍，箱子里叠的、折的什么也没有。另外一些人能够找到一所合住的房子。张奚若一家比我先来，中研院的人也快赶来了。梁思

① 欧元怀：《国难期间大夏大学的苦斗》，李森主编：《民国时期高等教育史料汇编》第26册，北京：国家图书馆出版社，2014年，第317—319页。

永和李济这几天内就能到达，赵元任已经来了好几天。我想这里像在长沙一样，将会有某种微型的北京生活，只是在物质上是匮乏的。”①

但金岳霖期盼的往昔生活图景没能在昆明重现。

因为工作！梁思成、林徽因一家在南迁途中虽历尽艰辛，却将战前和营造学社共同收集的古建筑原始资料——数以千计的照片、实测草图、记录等千辛万苦地带到了昆明。随着原来营造学社一些同事的相继到达，梁思成决定恢复营造学社，以继续对中国古建筑的研究。他们请来当地的木匠，做了几张半原始的白木头绘画桌，营造学社就在几间破旧的农舍挂牌了。但昆明缺乏图书资料，于是梁思成和中央研究院历史语言研究所协商，借用他们的图书设备。后来史语所为了躲避敌机的轰炸，疏散到昆明郊区的龙泉镇龙头村，营造学社也就跟着搬过去了。

在西南联大工作的金岳霖也跟着住过去了。虽然条件艰苦，但他们三人生活还是充满着诗意。在这里，他们决定自费建造住房。梁思成、林徽因这一对建筑师，首次也是唯一一次为自己设计了住房。在建筑过程中，他们亲自搬运材料，和泥砌砖。林徽因后来在给费慰梅的信中说：

我们正在一座新建的三房农舍中安顿下来。它位于昆明市东北八英里处一个小村边上，风景优美而没有军事目标。邻接一条长堤，堤上长满如古画中的那种高大笔直的松树。我们的房子有三个大一点的房间，一间原则上归我用的厨房和一间空着的佣人房，因为不能保证这几个月都能用上佣人。这个春天，老金在我们房子的一边添盖了一间“耳房”。这样，整个北总布胡同集团就原封不动地搬到了这里，可天知道能维持多久。

在龙头村自建这种土坯小房的还有李济、钱端升。我们的房子是最晚建成的，以致最后不得不为争取每一块地板、每一块砖，乃至每根钉子而奋斗。我们还得亲自帮忙运料、做木匠和泥瓦匠。

---

① 费慰梅：《梁思成与林徽因》，刘小沁编选：《窗子内外忆徽因》，北京：人民文学出版社，2001年，第305—306页。

这房子，有些方面也颇有些美观和舒适的地方。我们甚至有时候还挺喜欢它呢。①

当然，金岳霖去西南联大上课就比较辛苦了。林徽因说到金岳霖："可怜的老金，每天早晨在城里有课，常常要在早上五点半从这个村子出发，而还没来得及上课空袭就开始了，然后就得跟着一群人奔向另一个方向的另一座城门、另一座小山，直到下午五点半，再绕许多路走回这个村子，一天没吃、没喝、没工作、没休息，什么都没有！这就是生活。"②

还有，这次盖房花去了他们的所有积蓄，"现在我们已经完全破产，感到比任何时候都惨。米价已涨到一百块钱一袋——我们来的时候是三块四——其他东西的涨幅也差不多。今年我们做的事没有一件是轻松的。"③

1940年冬，中央研究院历史语言研究所决定迁往四川南溪县李庄，营造学社也同时迁往。金岳霖则独自留在了昆明。梁思成在给费慰梅的一封信中谈到当时的心情："这次迁移使我们非常沮丧。它意味着我们将要和我们已经有了十年以上交情的一群朋友分离。我们将要去一个全然陌生的地方，远离都市，那里除了中央研究院各个研究所，别无其他机关。大学将留在昆明，老金、端升、奚若和别的人也将如此。不管我们逃到哪里，我们都将每月用好多天、每天用好多小时，打断日常的生活——工作、进餐和睡眠来跑警报。"④

到李庄后，梁思成又给费慰梅介绍了他们在重庆李庄的生活："我们目前的生活状况，是你们难以想象的：在菜籽油灯的微光下，缝着孩子的布鞋，买便宜的粗食回家煮，过着我们父执辈少年时期过的粗简生活，但又做着现代的工作。有时阅读外国杂志，看到现代化设施的彩色广告，宛如面对奇迹。昆明的气候和

---

① 费慰梅：《梁思成与林徽因》，刘小沁编选：《窗子内外忆徽因》，北京：人民文学出版社，2001年，第308—309页。

② 费慰梅：《梁思成与林徽因》，刘小沁编选：《窗子内外忆徽因》，北京：人民文学出版社，2001年，第309—310页。

③ 费慰梅：《梁思成与林徽因》，刘小沁编选：《窗子内外忆徽因》，北京：人民文学出版社，2001年，第308—310页。

④ 岱峻：《民国衣冠——风雨中研院》，北京：北京联合出版公司，2012年，第197页。

景色十分怡人，我们很喜欢。四川就很糟糕。我们居于长江上游一条不太吸引人的支流旁。南迁以来，办公室人员增加了一倍，而我能筹到的资金，比过去两年中所得到还要多。我的薪水只够家人吃，但能过这样的好日子，我们已经很满意。我那迷人的病妻，因为我们仍能不动摇地做我们的工作而感到宽慰。”①

1941 年，金岳霖利用学术休假来到李庄，与梁思成、林徽因共同生活了一段时间。他在 1941 年 11 月给费慰梅的信中谈到梁思成的生活：“他仍然和过去一样，在上班之前和下班之后溜溜达达，而上班时，他的主要工作是既要写中国建筑简史，又要操心营造学社的财务。而他这个建筑史学家的责任也有些不同寻常：他要烤面包、砌炉灶、秤煤和做各种家务事，如果他有一天忽然独自被扔到美国去，日子会过得不错，也许比现在还要好，可以应征洗衣工。”②

关于林徽因，金岳霖报告说：“她全身都浸泡在汉朝里了，不管提及任何事物，她都会立刻扯到那个遥远的朝代去，而靠她自己是永远回不来的。”至于这位逻辑学家自己，他对待通货膨胀有一个哲学家的观点：“在这艰难的岁月里，最重要的是，要想一想自己拥有的东西，它们是多么有价值，这时你就会觉得自己很富有；同时，人最好尽可能不要去想那些非买不可的东西。”③

林徽因到李庄后就病倒了，而李庄没有任何医疗条件，梁思成只好学习给林徽因打针。他学会了肌肉注射和静脉注射，林徽因则只能多数时间卧床，还要处理繁杂的家务事。特别是为梁思成和孩子缝补那些几乎补不了的内衣和袜子。此外阅读资料，为梁思成的书稿做种种补充、修改、润色文字的工作。

1941 年 6 月 30 日，西南联大的梅贻琦、郑天挺、罗常培因参加北京大学文科研究所研究生论文答辩，7 月 5 日他们顺道看望了林徽因。“梁思成夫人林徽因女士搬到四川不久就患气管炎，缠绵病榻已经半年多了。我们看她去的时候，

---

① 费慰梅：《梁思成与林徽因》，刘小沁编选：《窗子内外忆徽因》，北京：人民文学出版社，2001 年，第 312 页。

② 费慰梅：《梁思成与林徽因》，刘小沁编选：《窗子内外忆徽因》，北京：人民文学出版社，2001 年，第 315 页。

③ 费慰梅：《梁思成与林徽因》，刘小沁编选：《窗子内外忆徽因》，北京：人民文学出版社，2001 年，第 315 页。

她正在院子里躺在帆布床上晒太阳，虽然脸色稍显憔悴，声音略带暗哑，可是还像好着时候一样的健谈。说起她的弟弟在成都殉国的情形来，又兴奋又伤感，在我们告辞以前简直没法儿止住她的谈锋。”①

梅贻琦则在日记中写道：“徽因卧一行床，云前日因起床过劳，又有微烧。众人劝勿多说话，乃稍久坐。临别伊再提及愿返昆明之意，但余深虑其不能速愈也。”②

中国第一部《中国建筑简史》就诞生于这样的条件之下。1943 年春天，梁思成决定用英文撰写并绘制一部《图像中国建筑史》，得将图稿做成黑白片子，加上中英文解说，然后制成微卷，准备送去出版。其绝大部分资料都是当时营造学社的研究人员实地调查、测绘的成果，而绘图的责任就落在了梁思成身上。梁思成早年落下的颈椎灰质化病常常折磨得他抬不起头，他绘图时尽管身穿马甲，还是要依靠一个花瓶作为支点，将下巴靠在上面，承受头部重量，以减轻背脊的重负。画图时要不断地调整花瓶的位置，在昏暗的菜籽油灯下彻夜工作。卧病的林徽因则翻阅二十四史及各种资料典籍，为书稿润色、补充。营造学社的莫宗江、卢绳也进行了插图和资料搜集工作。这一年 11 月底，梁思成到重庆美国大使馆的费正清处看到图片制成的微卷，十分高兴。

亲眼看见他们艰难工作的费正清看到梁思成为完成这部著作身体严重透支，体重只有 47 公斤，但看上去精力充沛，且雄心勃勃，保持着在任何情况下都像贵族一样的高贵和斯文。费正清感动地说：“倘若是美国人，我相信他们早已丢开书本，把精力放在改善生活境遇上去了。然而，这些受过高等教育的中国人却能完全安于过这种农民的原始生活，坚持从事他们的工作。”③

忠于职守，热爱生活，这就是金岳霖、梁思成、林徽因个案中所表现出来的品质。这种生活品质是民国高校教师在抗战时期能够坚守工作岗位的精神来源。

---

① 罗常培：《蜀道难》，《罗常培文集》第十卷，济南：山东教育出版社，2008 年，第 135 页。

② 黄延复、王小宁整理：《梅贻琦日记（1941—1946）》，北京：清华大学出版社，2001 年，第 62 页。

③ 费慰梅：《梁思成与林徽因》，刘小沁编选：《窗子内外忆徽因》，北京：人民文学出版社，2001 年，第 322 页。

2. 忠于职守

忠于职守来源于民国高校教师的教育责任心。新旧时代的交替，民国高校教师肩负着现代学术和现代学科的建设责任，所以尽管面对危险和灾难，民国高校教师们大都能够保持坚强的耐受力、勇气和后劲。

抗战爆发初期，高校教师和一般人一样，最初都充满着紧张和愤慨，继而激昂。然而残酷的现实又使人们的兴奋情绪渐渐低落，继而走向冷静的思考。在西南联大，战局发展的前途，民族国家的出路犹如一块重石，沉重地压在教师们的心头。每每相聚，无论在饭桌上，还是在散步中，人们都在讨论、争辩着整个民族国家之出路，目前战局之前景。据浦薛凤回忆，大家谈论的观点无非有两种：乐观与悲观。笼统而言，甲方重感情，出于主见，表示乐观，认为早应抗战，精神士气较武器重要，无论如何，不可委曲讲和，必须作战到底，“宁为玉碎，不为瓦全”。乙方重理智，取客观态度，持戒慎恐惧心理，认为当初倘能拖延时日，充实准备，形势较优，倘能保持主权，虽暂时委曲，可徐图伸张。国际关系与世界局势，如有变化，对各国影响的利害得失，亦难逆料。双方观点不同，论断各异，甲方讥乙方怯懦悲观，乙方斥甲方鲁莽糊涂。相争不下，大家以浦薛凤专门研究政治，求其所见。浦薛凤谓：“苟向一般民众谈话，自应采取甲方立场；若关起门来，私相推测，尤其是为整个国家前途打算，则允宜力求客观，参考史例，而长期打算。”①

闻一多也曾谈到当时的争论。闻一多属于乐观派，而且是坚信不久即可重见天日的乐观派。但在饭桌上，他是少数。他在《八年的回忆与感想》中说：“在蒙自，吃饭对我是一件大苦事。……同桌是一群著名的败北主义者，每到吃饭时必大发其败北主义的理论，指着报纸得意洋洋说：‘我说了要败，你看罢！现在怎么样？’他们人多势众，和他们辩论是无用的。这样每次吃饭对于我简直是受罪。”闻一多谈道，当时虽然争论很多，但是“教授大都与政府看法相同：认为

---

① 浦薛凤：《浦薛凤回忆录》中，合肥：黄山书社，2009 年，第 94—95 页。

我们应当努力研究，以待将来建国之用”[①]。

这就是当时高校教师们的真实思想状况。无论对形势乐观、悲观，大家都认定应当努力工作，以待将来建国之用。这是一种承受着思想重压下的忠于职守，是一种充满悲愤情绪的忠于职守。这样的忠于职守就更具历史感染力。正如冯友兰所说：“从表面上看，我们好像是不顾国难，躲入了‘象牙之塔’。其实我们都是怀着满腔悲愤无处发泄。那个悲愤是我们那样做的动力。金先生的书名为《论道》，有人问他为什么要用这个陈旧的名字。金先生说，要使它有中国味。那时我们想，哪怕只是一点中国味，也是对抗战有利的。”[②]

1939年秋，北大文科研究所恢复招生，由傅斯年任所长，郑天挺任副所长。当时北大文科研究所在昆明，“研究所刚成立时，这里住的都是北大文科研究所的师生。这一间房间原是陈寅恪先生的住室。陈先生身体素弱，冬天用纸条把窗户封死。砖木结构的楼房不隔音，难免互相干扰，但大家对陈先生都很尊重，晚上九时以后，他要休息（左右邻居，楼上楼下，研究生的导师如罗常培、郑天挺、姚从吾、汤用彤诸先生都住在这里），大家都不敢高声说笑。有一天，楼下傅斯年、罗常培、郑天挺几位正高谈阔论，陈先生正好在楼上房间，用手杖把楼板捣得咚咚响。傅、罗、郑几位连忙停止了议论，一时变得‘四壁悄然’”[③]。

当时傅斯年住一楼，陈寅恪住三楼。每遇警报，人们都争先恐后地往楼下跑，傅斯年却拖着肥胖的身躯往楼上冲。他担心陈寅恪视力微弱，行动不便，每次总是把陈寅恪搀扶下来，送进防空洞。陈寅恪曾苦中寻乐地撰写过一副对联：“见机而为，入土为安。”[④]

即使如此，教师们的工作还是极为认真。傅斯年在1940年8月14日给胡适的信中说：“北大文科研究所去年恢复，向中英庚款会捐了点小款，除教授兼导

---

① 闻一多：《八年的回忆与感想》，西南联大《除夕副刊》编：《联大八年》，北京：新星出版社，2010年，第9、8页。

② 冯友兰：《怀念金岳霖先生》，西南联大北京校友会编：《笳吹弦诵情弥切》，北京：中国文史出版社，1988年，第69—70页。

③ 任继愈：《我的书斋》，《竹影集》，北京：新世界出版社，2002年，第31—32页。

④ 岱峻：《民国衣冠——风雨中研院》，北京：北京联合出版公司，2012年，第60页。

师外，请了向觉明（向达）作专任导师，邓广铭作助教，考了十个学生，皆极用功，有绝佳者，以学生论，前无如此之盛。汤公（汤用彤）公道尽职，指导有方；莘田（罗常培）大卖力气，知无不为，皆极可佩。此外如毅生（郑天挺）、公超（叶公超）、膺中（罗庸）皆热心……”①

1941 年 6 月，西南联大常委会主席梅贻琦、北大文科研究所副所长郑天挺和教授罗常培从昆明来到板栗坳参加研究生论文答辩。罗常培写道：“下午四点，（李）方桂领我们到田边上参观西文书库、第二组办公室和北京大学文科研究所办事处。北京大学文科研究所的学生留在李庄的有任继愈、马学良、刘念和、李孝定四个人。马刘两君受李方桂、丁梧梓（声树）两先生指导，李君受董彦堂先生指导，李、董、丁三位先生对他们都很恳切热心。据马君告诉我，李先生常常因为和他讨论撒尼语里面的问题竟致忘记了吃饭，这真当得起‘诲人不倦’四个字。任君研究的题目是‘理学探源’，他在这里虽然没有指定的导师，可是治学风气的熏陶，参考图书的方便，都使他受了很大的益处。这一天听说有空袭警报，但是史语所同人仍然照常工作没受影响，专从这一点来说，就比住在都市里强得多。天还是照样闷热，汗不断地在淌，中午太阳晒在背上好像火烤一样。”②

清华大学文科研究所教师们的工作态度也是极为认真。清华大学文科研究所于 1941 年 10 月成立，地点在昆明东北郊龙泉镇的司家营，生活条件还是十分艰苦。1942 年 11 月下旬，浦江清自上海返回西南联大，就是到龙泉镇的文科研究所居住。“所址仅一乡间屋，土墙，有楼。中间一间极宽敞，作为研究室，有书十余架，皆清华南运之旧物，先提至滇，未遭川中被毁之劫。书桌八，闻、朱、许、何善周（助教）、朱兆祥（助教）、范宁（研究生）、刘功高（助教，女）、另一哲学系研究生。余来，刘功高搬至楼下。卧室则在两厢房，闻及其眷属占其一，朱、许、何占其一，余来乃在室中加一铺。研究所由一本地人服役并做饭。七八个人但吃两样菜，一炒萝卜，一豆豉，外一汤而已。极清苦。据云每月包饭

① 转引自岱峻：《民国衣冠——风雨中研院》，北京：北京联合出版公司，2012 年，第 87 页。

② 罗常培：《蜀道难》，《罗常培文集》第十卷，济南：山东教育出版社，2008 年，第 134—135 页。

费四百元，且由校中贴些茶水费，否则要五百元云。”①

就是在这样的条件下，教师们的工作犹如平时一样。特别是朱自清、闻一多，工作、生活一丝不苟，有条不紊。据何善周回忆：“这是一所租来的小院子，共有三座楼房。朱先生、浦江清先生、许骏斋先生和我，四个人挤在一间侧楼上，中间大楼是图书馆，也是大家公用的书房。我对面的一间侧楼，住着闻一多先生的全家。朱先生比较安闲些。他每逢星期二下午步行进城（约二十里）去西南联大授课，星期五下午步行回来。在所里他每天早晨照例七点左右起床。起床以后便走到大门外去作柔软运动，几分钟后回来整理床铺，被子铺得平平的，上面盖好了单子，然后拿着鸡毛帚打扫床铺周围的墙壁，床头的箱子和床前的窗户。这些都打扫完了，再到图书室打扫他的书桌和书架。全部都打扫完了，才洗脸漱口，然后就坐下来读书或写作。一日之中，除了三餐饭和午饭后的小睡外，很少看见他离开座位。晚上还要坐到十二点以后才就寝。就寝以前照例用冷水擦身，就在冬天也不例外。”②

季镇淮也回忆了当时文科研究所的生活：“我注意闻先生每日伏在桌子上用功时间最长，朱先生生活最有规律。每日早起要用鸡毛帚打扫几处，书桌最干净，不堆书。闻、朱两位先生隔着一张书桌对面坐，他们看书或写作之间，亦偶然休息谈话。在这里，我看见朱先生的日常生活，既勤于研读写作，又讲究生活细节的严整和规律，处处表现行动措施有条理，任何小事都不随便，每样用具都有一定安排，整齐不乱。”③

整齐不乱、默默工作就是当时高校教师忠于职守的显著特点。陈寅恪于1943年冬受聘于燕京大学。成都的华西坝汇聚了五所高校，除东道主华西协和大学，还有内迁的齐鲁大学、金陵大学、金陵女子文理学院、燕京大学。教会五

---

① 浦江清：《清华园日记·西行日记》，第2版，北京：生活·读书·新知三联书店，1999年，第224页。

② 转引自季镇淮：《朱自清先生年谱》，郭良夫编：《完美的人格：朱自清的治学与为人》，北京：清华大学出版社，2003年，第227页。

③ 季镇淮：《回忆朱佩弦自清先生》，郭良夫编：《完美的人格：朱自清的治学与为人》，北京：清华大学出版社，2003年，第62页。

校联合办学，图书资源共享，学生互相听课。陈寅恪生活于此，为华西坝的自然风景所感染，也流露出深深的忧国之情：

浅草平场广陌通，小渠高柳思无穷。雷奔乍过浮香雾，电笑微闻送晚风。

酒困不妨胡舞乱，花娇弥觉汉妆浓。谁知万国同欢地，却在山河破碎中。[①]

（注：此为吴宓修改的版本。）

忧国之情化作了工作的动力。陈寅恪在燕京大学，1944 年春季开设了“魏晋南北朝史”和“元（稹）白（居易）诗”两门课，秋季开设了“唐史”“元白刘诗”和“晋至唐史专题研究”三门课。一年开六门课，足可见陈寅恪的勤奋。来听讲的除了学生，还有燕大和他校的教师。金陵大学国文系主任高文，讲师程千帆、沈祖棻，每课必来听。华西大学教授林思进（字山腴）亦曾来听课。林老先生为陈三立先生诗友，陈寅恪对其以父亲执礼视之，忽见林老先生在学生座中，为之矍然。语人曰：“山公厚我励我，真我之良师也。”[②]

陈寅恪这时眼疾已经很严重了。成都灯光昏暗，物价飞涨，间或要躲警报。陈寅恪在这样困难的条件下，用他唯一高度近视的左眼，紧张地从事学术研究和一丝不苟地备课。陈寅恪的女儿说：“这时父亲视力已愈来愈差，以致当同学们考试阅卷后，要把分数登记在成绩表上时，因为格子很小，印刷质量差，父亲简直看不清楚，怕会登记错格，只得叫我来协助完成。这是以前从来没有过的事情。”[③]

西南联大物理系教授吴大猷的生活条件十分困难。他家住在昆明郊区的岗头村，从岗头村到学校要走一个小时。为了躲警报，西南联大将上课时间排在上午七点到十点。吴大猷每天早上五点多就要起程，六点三刻左右到达，上完课又要赶回岗头村。据吴大猷忆述：“累不必讲了，穿皮鞋走石子路，一天两个来回共二十多里，用不了几天，皮鞋就要打掌。更费的是袜子，不知穿破了多少双。那

---

① 陈寅恪：《咏成都华西坝》，《陈寅恪诗集》，北京：清华大学出版社，1993 年，第 37 页。

② 吴学昭：《吴宓与陈寅恪》（增补本），北京：生活·读书·新知三联书店，2014 年，第 259 页。

③ 陈流求：《回忆我家逃难前后》，张杰等选编：《追忆陈寅恪》，北京：社会科学文献出版社，1999 年，第 418 页。

时，我有一条黄咔叽布裤子，膝盖都补上了像大膏药一样的补丁。虽然学校里有人穿得会好一点，但不论谁穿什么，倒也没有人感到稀奇。”还有就是家务，因为请不起佣人，吴大猷妻子身体不好，那一切都得自己动手：“买菜煮饭我都很怕，最害怕也是最生气的是生不着炉子。我很了解生炉子的方法，可实行起来，却不是那么简单的事，没有办法，只好将未烧着的煤炭，放到邻居炉子上先煨红，再拿回放进自己的炉子里。早上有课时，我便提上菜篮和一杆秤，到了教室，将它们放在黑板下面；等下了课，再到市场买好菜带回家。有一天，好容易买了两条鲫鱼，拿回来放在小院子水缸前，到屋里转了一下，不过几秒钟时间再出来时，两条鲫鱼只剩下了一条。抬头一看，只见一只乌鸦衔了条鱼飞上房顶去了。被乌鸦叼上屋顶的鱼虽说不大，可因为难买，又都是两条小鱼，一下子丢了二分之一，不能说不惨。”①

沈从文的上课也是疲于奔波。沈从文一家住在呈贡县的龙街，距县城有十余里。沈从文每周三天须在城里工作，便在云南大学附近租了一间屋子。那种楼房很低矮，光线也很差，本地人做堆贮杂物用，不住人。沈从文就在这一间楼房里安放了一张桌子、一张床、一把椅子，都是买来的旧木器。另外又买了几个稻草墩，供客人坐。沈从文和其他住乡下的教授一样，回家则要先坐火车由昆明到呈贡，再租一匹马骑十余里路到乡下租住屋。汪曾祺说：“沈先生在生活上极不讲究。他进城没有正经吃过饭，大都是在文林街二十号对面一家小米线铺吃一碗米线。有时加一个西红柿，打一个鸡蛋。”②

西南联大法商学院的周作仁教授的家也是住在呈贡，有时背负几斤老米，下火车还要跑十几里路。周作仁平时寡言笑，但三杯酒落肚，议论大发，由国府主席到法学院长，唯对系主任绝不妄加一词，说是为保留风度。他在学校讲授高、初级货币银行，态度之认真，真是罕见，一小时下来，力竭声嘶，满身粉笔灰。据传周教授当年放弃了天津金城银行经理的工作，悄悄到北大教书，金城银行曾

---

① 吴大猷：《回忆》，北京：中国友谊出版公司，1984 年，第 31，38—39 页。

② 汪曾祺：《沈从文先生在西南联大》，黄尧：《云烟渺渺》，昆明：云南教育出版社，2000 年，第 305 页。

登报寻人。[①]

国立艺专由国立艺术专科学校和国立杭州艺术专科学校合并而成。1938年，这两所学校都迁徙到湖南沅陵，教育部命令合并，而成了这所学校。国立艺专驻扎在沅陵，展开他们的教学、艺术和宣传，在沅陵兴起浓厚的艺术氛围，展览、歌咏、演剧等应有尽有，把这个屈原游览过的山城，给予了辉煌的点缀。校长滕固说："国立艺专是历史转换时期的产儿。北平艺专产生于五四时代，杭州艺专产生于北伐时代，现在的艺专产生于抗战时期。她继承了五四和北伐的精神，而来担负抗战时期艺术文化的建设。她在时代的意义上十分重要。"滕固主持国立艺专工作："他办理行政很敏捷，所以他每天到办公室只需一两小时。他住在将军第的右院，壁上张着几幅云南古碑的拓本，其中有一张是汉字蛮音的民家碑，凡客人去访他，他总是要他们读一读，没有一个人读通过。他生活简朴，老在书堆中做他的阅读和研究工作。他很少外出，除了到教员宿舍去吃包饭。他偶然在市街或郊外散步，学生们看见了他，对他行礼，而安江村的村人，也必向他问一声，'校长，吃过饭吗?'他还担任一门高年级的艺术史功课，他讲的是古代东方艺术，他说话很快，学生们的笔记往往跟不上去。他在各种集会中训话，有时村人也来窃听，每听一次，总是被他的激昂的言辞所感动。他最近在某次训话中宣述他对于艺专的理想，他企图把艺专的教学精神提高，创造一种新学风。"[②]

除了教学，高校教师们的学术研究也没有放松。萧公权在成都任教国立四川大学、燕京大学、华西大学、光华大学，曾有两年住在乡间农家，在这里充分领略了田园生活的妙趣。萧公权说："我在农家寄居两年，完成了《中国政治思想史》的撰写。我在清华任教时所编的参考资料和我历年授课所用的教材，全部带到了成都。我在城内川大任教时又从图书馆所藏的中国旧籍中搜集了一点补充资料。现在利用乡间的安静环境，着手写一部适合大学生和一般读者参考的中国政治思想史。坊间虽然已经出版了两三部中国政治思想史，我相信还有余地写一部

---

① 李钟湘：《西南联大始末记》，钟叔河、朱纯编：《过去的大学》，武汉：长江文艺出版社，2005年，第181页。

② 虚室：《抗战以来的国立艺专》，《教育杂志》第三十一卷第一号，1941年。

根据政治学观点，参酌历史学方法，充分运用原始资料，尽量避免臆说曲解的书。每天晚饭已毕，稍事休息之后，我便独坐书斋，在灯下构思走笔，日复一日，很少间断。到了二十九年夏天，全书脱稿，偿了怀抱十几年的夙愿。这书承教育部审定为‘部定大学用书’，交由重庆商务印书馆于三十四年出版。”①

1939 年，闻一多获学术休假一年，遂将家迁到晋宁县城。他在给赵俪生的信中说：“校中休假办法，去岁又经恢复，多年限已届，遂即请求休假，迁居距昆明四十公里之晋宁县城，到此闲居将近一年，除略事整理诗经、楚辞、乐府、神话诸旧稿外，又从易经中寻出不少的古代社会材料。下年将加开《上古文学史》一课，故对于诗歌舞蹈戏剧诸部门之起源及发展，亦正在整理研究中。”②

不仅教师们的教学、科研在努力坚持中，学校的管理也在有条不紊地正常运转。闻一多学术休假期满后，因中国文学系系主任朱自清的学术休假而行代理系务之职。从《闻一多书信集》看，他自 1941 年 5 月至 1946 年 2 月，给清华大学聘任委员会、梅贻琦、清华大学总务处陆续发去数函，都是为教师的晋升、聘任、提薪、请假，以及研究生答辩等事，可以看出当时西南联大的教学管理秩序有条不紊，各项规程都照旧贯彻落实。

例如，1941 年 5 月，闻一多提请本系讲师许维遹、陈梦家为副教授。三年后，1944 年 6 月，他致函梅贻琦，指出：“本系副教授许维遹、陈梦家二先生，升任现职已届三年，并于授课之余肆力著述，初不以物质生活之清苦、图书设备之简陋稍改其志。”闻一多详细列举了许维遹、陈梦家二先生在三年中的学术成果，并予以中肯的评价。然后说：“一多于二先生之工作深所钦佩，特征得本系教授同人之同意，拟请师座转呈聘任委员会，自下学年度起升任二先生为正教授，用励贤劳而崇硕学。”

又如对助教，1944 年 6 月 6 日，闻一多致函梅贻琦：“本系助教何君善周任职已届四年，尚属称职，对于研究工作亦有进步，拟请准予升为教员以资鼓励。”

对于研究生培养，1945 年 7 月 12 日，闻一多致函梅贻琦：“中国文学部研究

① 萧公权：《问学谏往录》，合肥：黄山书社，2008 年，第 120 页。

② 闻一多：《闻一多书信集》，北京：群言出版社，2014 年，第 334 页。

生王瑶已肄业二年，所应修之学分均已修满，惟论文尚未完毕，拟请延长一年，其所兼之半时助教职务亦拟请予延续。”1946 年 2 月 3 日，闻一多致函梅贻琦：“中国文学部研究生施子愉请求举行毕业初试，该生研究题目系《唐代科举制度与文学》，此次考试范围，应为中国通史、哲学史及文学史，兹拟请罗膺中、向觉明、冯芝生、雷海宗、朱佩弦、王了一、浦江清、许骏斋、闻一多等九先生为考试委员，并定于三月廿二日（星期五）为考试日期，敬希分函聘请。”①

由此看来，抗战时期内迁高校的箾吹弦诵得力于高校教师们忠于职守的工作精神，得力于他们在艰难困苦中的坚忍不拔、昂扬向上的工作精神。

3. 热爱生活

民国高校教师在艰难困苦中的忠于职守，又完全来自于他们对生活的热爱，来自于他们对抗战胜利的信念。内迁高校教师的生活十分艰苦，但高校教师却能保持一份乐观精神，苦中作乐，把艰苦生活活出一丝滋味。中山大学由云南徵江搬到广东乳源的一个穷山村，国文系主任陆侃如和夫人冯沅君租赁了一间不到三十平方米的矮房子。他们用一块白布把房间隔开，里面是卧室，外面留三分之一的地方作书斋兼客厅。所谓书桌和床铺都是用装书的木箱子拼搭而成。特别惹人注目的是他们在门上用图钉钉了一张大名片：“巴黎大学文学博士：陆侃如·冯沅君”。这小小的点缀，不仅使蓬荜生辉，而且令每一个路过的行人都对室内的两位主人产生无限的同情和仰慕。②

这一小小的点缀，折射出民国高校教师在艰苦生活中所闪现的星星点点的光。正因为这星星点点的光，民国高校教师的日子散发出一缕缕清香，使生活熠熠发亮。为避免轰炸，西南联大教授刘文典将家搬到了滇池之滨的官渡西庄，这样去学校上课就要走很远的路。路途很远，奔波很辛苦，但沿途有松竹流水，有鸟鸣风轻，有蓝天白云，这些常使刘文典忘却战乱与忧伤，诗兴便油然而起：

西庄地接板桥湾，小巷斜邻曲水间。不尽清流通滇海，无边爽气挹西山。

---

① 闻一多：《闻一多书信集》，北京：群言出版社，2014 年，第 353、355、363、367 页。

② 何其逊：《回忆几位名师》，吴定宇编：《走近中大》，成都：四川人民出版社，2000 年，第 120—121 页。

云含蟾影松阴淡，风送蛩声苇露寒。稚子临门凝望久，一灯遥识阿爷还。①

国立女子师范学院设在四川江津县白沙镇长江边上的一座小山上，条件相当艰苦。这里云集着一批著名学者，如文学院院长谢循初、英文系主任李霁野、历史系主任张维华、国语专修科魏建功，以及胡小石、罗季林、黄淬伯等一批名教授。台静农于 1944 年 3 月至 1946 年 3 月也在这里任教。当时的学生舒芜回忆台静农的生活："那时教师的生活很清苦，静农先生家庭人口较多，经济负担很重，但是他在亲自上街买米，亲自劈柴之余，仍然自得其乐，每天午饭总要喝点酒，爱吃炒得很硬的炒饭，常常一碗炒饭，两碟咸菜，就那么下酒。客人来了，他没有客套，也没有架子，一面继续喝着酒，一面谈天"；"那时各家做饭都用木柴，买来的木柴都要自己再劈成小片。……我们家的一把刀，刀背厚重，刀锋犀利，劈起来省力好用，静农先生和柴德赓先生都常来借用。有一晚，静农先生到我的宿舍谈到深夜，借了劈柴刀去。临行时，我看他一手提灯笼一手提刀，想着他这个样子走在深夜山上，觉得很有趣。他也把手里的刀一扬，笑道：'路上还可以做一票生意哩'"。②

这种乐观精神影响了教学，也感染了学生。当时的学生濮之珍说："我们住的是土墙矮房，点的是桐油灯，吃的有时是霉米饭。但是，胡老师讲的楚辞、唐诗，魏老师讲的文字学、音韵学，台老师讲的鲁迅《小说史略》，吴老师讲的宋词却似山珍海味一般滋润着我们。老师们各有风采。胡老师学识渊博，讲课生动，魏老师上课严谨，而最令我难忘的是台老师那朴实宽厚的态度，那爽朗坦诚的笑声，同学们都喜欢台老师，因为他和蔼可亲。那时，台老师就写了一幅字给我，还给我刻了两枚图章。"③

年轻教师的生活则充满了青春的色彩。中央大学在重庆柏溪设立了分校。柏溪离沙坪坝北面约二十里，那里丘陵起伏，环山临江，有茂密的树林，潺潺的流泉，自然环境很不错。中央大学在那里征得约一百五十亩土地，建起了学生和教

① 章玉政：《狂人刘文典》，桂林：广西师范大学出版社，2008 年，第 232 页。
② 转引自汪修荣：《民国教授往事》，郑州：河南文艺出版社，2008 年，第 231—232 页。
③ 转引自汪修荣：《民国教授往事》，郑州：河南文艺出版社，2008 年，第 230 页。

职员宿舍、教室、实验室、图书馆、大操场、游泳池，教学设施比较齐备，可以容纳一千多学生。外文系助教赵瑞蕻回忆说：“那时生活清苦，起居条件差得很。我们住的宿舍的墙是竹子编的，外边涂上一层灰泥，没有玻璃窗，只有土纸糊的木框架。生活是艰苦的，景荣、张健和我三人有时分抽一包从重庆带来的上等香烟。那时我们每个人都有个小火炉，买些木炭烧着取暖，度过重庆冬天多雾气的严寒。大家又找来洋铁罐（比如名牌 SW 咖啡扁圆形的罐），上边挖几个小孔，插进灯芯，倒满菜油，再弄个铁架子放在罐上，架子上摆着搪瓷杯子，火一点，就可烧开水，泡茶喝，或者煮东西吃了。就在这样的境况里，在‘炉火峥嵘岂自暖，香灯寂寞亦多情’这样的诗句所描绘的心态中，我们教学，读书，翻译，研究，大家都愉快地努力工作着。”①

这种苦中作乐的情绪我们还可以从这群年轻教师的交往中进一步感受到。赵瑞蕻的妻子将要来柏溪探亲，外文系的几个年轻助教，上面提到的吴景荣、张健等也十分兴奋。于是吴景荣便给赵太太写了一封信：

赵太太：

阿虹明天要去沙坪坝了。他说你就要到这儿来，想到你不日将出现在久违的柏溪，颇觉欣慰。我已存了一点钱，特地用来招待你喝鸡汤吃红烧肉。我过得像个老爷，每天跟裘连·张、阿虹和其他几位同事出去吃饭。这儿有一家很不错的饭店，才开张的。柏溪只要再开一个咖啡馆就完全现代化了。

阿虹在这里很有名气。他的天赋和勤奋已使他成了个出色的人物，这么说吧，在学生小子眼中，他是个英雄了。同他并肩散步，我真高兴得无以言说。他总是扯他天真的故事，而我则开他几个不伤大雅的玩笑。我的学生已正式邀请阿虹用英语作一次学术演讲，他也已郑重地接受了这一邀请。他将在雷鸣般的掌声中登上讲台，言语流畅，现出令人激动的神情，然后他在听众一阵热烈的欢呼声中走下台来……

阿虹已宣布了演讲的题目：“翻译即叛徒”。这是一个精彩的题目；但想到他

① 赵瑞蕻：《忆中央大学柏溪分校》，钟叔河、朱纯编：《过去的大学》，武汉：长江文艺出版社，2005年，第 240—241 页。

已经确立了作为一个翻译家的地位，这题目也许是个小小的讽刺吧。赵太太，但愿你不要错过这个机会，来分享将要倾泻在他身上的荣耀。这也就是我要催促你早点来的原因之一。

约翰 C. Y. 吴

一九四五年五月二日于柏溪[①]

土墙矮房，一豆油灯，粗茶淡饭，却享受着“炉火峥嵘岂自暖，香灯寂寞亦多情”的生活情趣，憧憬着事业发展的未来。这就是民国高校教师于抗战艰苦岁月鼎力支撑着中国高等教育发展的精神风貌。

（三）中兴业，须人杰

长夜尽，终于迎来东方曙白。1945 年 8 月 10 日晚饭后，日本准备无条件投降的消息传到成都，城里城外顿时人声沸腾，爆竹喧阗。光华大学教授卢天白当即写下一首七言律诗，表达欢欣之意：

寂寥天末报收京，自喜升平见此生。遥念故园谁与守，所娇稚子尚长征。

月明乌鹊绕三匝，酒贵芳樽且一倾。还订归田来岁计，待听布谷饷春耕。[②]

任教于燕京大学的陈寅恪是在第二天早晨听闻此消息，他喜作一首七律《乙酉八月十一日晨起闻日本乞降喜赋》：

降书夕到醒方知，何幸今生见此时。闻讯杜陵欢至泣，还家贺监病弥衰。

国仇已雪南迁耻，家祭难忘北定时。念往忧来无限感，喜心题句又成悲。[③]

陈寅恪在“家祭”一句后注释：“丁丑八月先君卧病北平，弥留时犹问外传马厂之捷确否。”[④] 先君之企盼，终有了“何幸今生见此时”的喜泣。

这样的感受对于“九一八”事变后最早从沈阳撤退的东北大学来说是刻骨铭

---

① 赵瑞蕻：《忆中央大学柏溪分校》，钟叔河、朱纯编：《过去的大学》，武汉：长江文艺出版社，2005 年，第 236—237 页。

② 转引自萧公权：《问学谏往录》，合肥：黄山书社，2008 年，第 132—133 页。

③ 陈美延、陈流求编：《陈寅恪诗集》，北京：清华大学出版社，1993 年，第 43 页。

④ 吴学昭：《吴宓与陈寅恪》（增补本），北京：生活·读书·新知三联书店，2014 年，第 304 页。

心的。1945 年 9 月 5 日至 7 日，东北大学在四川三台举行了盛大的庆祝活动。在东北大学校门口，搭起了高高的胜利牌坊，有两副对联引人注目。一副是文学院院长陆侃如所撰：

万里流亡尝胆卧薪缅怀白山黑水此时真个还乡去，

八年抗战收京降敌珍重禹封舜壤来日无忘守土难。

另一副为文书组张老先生所作：

漂泊西南回首辽天欢若是，

支离东北扪心家国快如何。

可能给人们最大震撼的还是要数西南联大的纪念碑文。1946 年 4 月，教育部决定将师范学院独立设置，留在昆明，北大、清华、南开各恢复原校，西南联大将于 7 月 1 日结束。为了纪念这不平凡的高校，更为了纪念中华民族历史性的胜利，西南联大在新校舍大厨房后面土丘上，立起了一座“国立西南联合大学纪念碑”。碑文由冯友兰撰写，由闻一多篆刻，由罗庸书丹。碑文回顾了西南联大八年的艰辛历程及其历史贡献，最后写道：

稽之往史，我民族若不能立足中原，偏安江表，称之南渡。南渡之人，未有能北返者：晋人南渡，其例一也；宋人南渡，其例二也；明人南渡，其例三也。“风景不殊”，晋人之深悲；“还我河山”，宋人之虚愿。吾人为第四次之南渡，乃能于不十年间收恢复之全功，庾信不哀江南，杜甫喜收蓟北。此其可纪念者四也。联合大学初定校歌，其辞始叹南迁流离之苦辛，中颂师生不屈之壮志，终寄最后胜利之期望。校以今日之成功，历历不爽，若合符契。联合大学之终始，岂非一代之盛事，旷百世而难遇者哉![①]

碑文中录下“满江红・西南联大校歌”（中国文学系主任罗庸教授词）

万里长征，辞却了五朝宫阙。暂驻足衡山湘水，又成离别。绝徼移栽桢干质，九州遍洒黎元血。尽笳吹弦诵在山城，情弥切。

千秋耻，终当雪；中兴业，须人杰。便一城三户，壮怀难折。多难殷忧新国

① 冯友兰：《国立西南联合大学纪念碑碑文》，杨东平编：《大学精神》，沈阳：辽海出版社，2000 年，第 424—425 页。

运，动心忍性希前哲。待驱逐僻寇复神京，还燕碣。

碑文中还录下了冯友兰教授所作“凯歌词”：

千秋耻，终已雪。见僻寇，如烟灭。大统一，无倾折。中兴业，继往烈。维三校，如胶结，同艰难，共欢悦。神京复，还燕碣。[①]

只有洞悉历史的教授才会对抗战胜利的历史意义有更深刻的感受，只有身历其境的高校教师才会对历史有深刻的感悟。胜利，只有对胜利的理解，才会对历史有更深的感悟！

曾几何时，当灾难降临中华民族的头上，高校教师们并没有退缩。1937 年 9 月 21 日，武汉大学校长王星拱在开学典礼上说：“在过去的五年中，我们把眼泪咽下去，往肚皮里流；今天我们的眼泪，是往外流了！不但流泪，而且流血！敌人的压迫，我们是不能再忍受下去了！我们要出气！……我们又须牢记着：我们要准备吃苦头。”[②]“我们不能再忍受下去了”“我们要准备吃苦头”，这不是空喊口号，而是对历史的担责。

尽管高校教师们也有过迷茫和悲观，但有一种信念一直在支撑着他们。1938 年 3 月，金岳霖给美国学者费慰梅的信介绍了他们初到昆明的情况，最后说：

实际上，我们多少有点心灰意冷。我们的心中藏着一些没有表现出来的思念、希望和焦虑，这些东西用不着表现出来，因为人人都知道它的存在，有一股暗潮汹涌，表面上我们只关心像房子、食物一类生活琐事。对联大的人来说，目前的问题在于大学的校址，直到现在还定不下来。有许多的人为障碍和物质困难。想要维持中国的高等教育并非易事，不过我想我们总会成功的。[③]

坚信“我们总会成功”，这才是民国高校教师坚持下去的精神动力。

在整个内迁时期，广东省立文理学院经费都比较紧张，但全校教职员始终齐心。校长林砺儒谈道，1937 年 10 月学校迁广西梧州。有一天晚上，几位教授到

① 李钟湘：《西南联大始末记》，钟叔河、朱纯编：《过去的大学》，武汉：长江文艺出版社，2005 年，第 190—191 页。

② 转引自陈平原：《抗战烽火中的中国大学》，北京：北京大学出版社，2015 年，第 58 页。

③ 费慰梅：《梁思成与林徽因》，刘小沁编选：《窗子内外忆徽因》，北京：人民文学出版社，2001 年，第 306 页。

他的寓所聊天，诸位曾这样说，假令日兵攻入广州，我们被迫转入穷乡僻壤的后方，也还愿意照原样成一集团，艰苦奋斗。1938 年 10 月，广州沦陷，广东文理学院与省政府失去联络，连八月份的经费都未到校，人员也不集中，仓促迁徙。先由西江溯流而上，到达广西藤县禤洲，院库只余三十余元，仅够发两三次电报了。12 月，广东省教育厅发来八月份经费，1939 年 1 月，广东文理学院立即转移广西融县。9 月，奉省政府命令迁回粤北乳源，1940 年 1 月再迁至连县。三年内五迁，但全部图书仪器始终保存。虽经费拮据，但每年都还有所添置。现有中西文图书约十万册，仪器、标本、药品等物，若按时价计，可值百余万元。1941 年，林砺儒写道："教授们在梧州的闲谈，终算证实了。我们这个集团依旧完整，虽然有几位中途他适的。本院学生人数依旧二百余名，和附中学生约七百人，合计将达千人。这一支小小的铁流，准备广州光复之日，便下连江入珠江！"①

1944 年 12 月 20 日，大夏大学校长王伯群因积劳成疾，在重庆逝世。他临终写下遗嘱："余追随先总理奔走革命于今三十余年，才力绵薄，恒少建树，正思振奋精神，努力补救，今竟一病不起，事与愿违。此后切望吾党同志一心一德，争取胜利，以完成抗建大业。吾大夏校友，服务国家，尤须力行公诚二字，以发扬大夏之精神，余虽不及见国家复兴，世界和平，但知革命成功之有日，此心亦无憾矣。"②

1944 年，清华校庆日，梅贻琦坚定地号召："我们面对着战争，我们在战争里生长，我们相信可以获得最后胜利，我们是临深履薄，兢兢业业的谋所以把握着胜利。当兹第三十三年校庆，在向我全体校友报告校务之前，我以坚决的态度，要求我全体校友各在其岗位上加倍努力，使盟国与国家的胜利，早日来到。"③

苦难磨砺意志，民国高校教师共同体在苦难中走向成熟。

---

① 林砺儒：《抗战以来的广东文理学院》，《教育杂志》第三十一卷第一号，1941 年 1 月。

② 汤涛：《被遮蔽的王伯群》，《中华读书报》2016 年 2 月 3 日。

③ 梅贻琦：《抗战期中的清华（四续）》，《梅贻琦教育论著选》，北京：人民教育出版社，1993 年，第 116 页。

当年西南联大历史系助教何炳棣谈道："我相信当时'联大人'的日常活动半径不会超过25或30分钟的步行，生活空间如此急剧的紧缩是造成联大高度'我群'意识的有力因素"；"从1941和1942年起，持续的恶性通货膨胀，逐渐使一贯为民主自由奋斗的联大，变成一个几乎没有'身份架子'，相当'平等'、风雨同舟、互相关怀的高知社群。"①

当年西南联大中文系副教授余冠英说："有意思的是，有的教授在北平时有点所谓名士派头，如懒得看卷子，凭印象打分数等，到昆明后，艰苦环境却把这点'名士派头'磨掉了。学校对教授的要求也是严格的，对其言行有损为人师表形象的教师，即便是名教授，也要解聘。教授的教学都很认真，所有教授不管多么有名气都亲自给本科生讲课。可以说，没有一个不上课的教授，许多名教授还亲自给大一的新生上基础课。有的课程比较冷僻，或因其他原因，选修的学生很少，但即使只有一个学生，教师也非常认真地教课。"②

从何炳棣和余冠英的话，我们更能理解民国高校教师共同体成长的艰辛。

在艰难困苦的日子里，林徽因在病中坚持读书，并引导孩子们读书讲解。特别是向孩子们朗诵她旧日的诗文，以及古诗词。给孩子们印象深刻的是"剑外忽闻传蓟北""家祭无忘告乃翁""可怜小儿女，未解忆长安"等名句。1941年，林徽因的三弟，空军上尉飞行员林恒在战场牺牲，林徽因痛不欲生。1946年，林徽因的儿子与母亲谈起1944年日军攻占贵州都匀、直逼重庆的危局。梁从诫问道："如果当时日本人真的打进四川，你们打算怎么办?"林徽因若有所思地说："中国念书人总还有一条后路嘛，我们家门口不就是扬子江吗?"梁从诫急了，又问："我一个人在重庆上学，那你们就不管我啦?"病中的林徽因深情地握着儿子的手，仿佛道歉似的小声说："真要到了那一步，恐怕就顾不上你了!"③

林徽因的话，把我们带向了沉痛，带向了感动，带向了坚强，带向了民国高

① 何炳棣：《读史阅世六十年》，台北：允晨文化实业股份有限公司，2004年，第153—154页。

② 李凌：《余冠英老师回忆联大》，西南联大北京校友会编：《笳吹弦诵情弥切》，北京：中国文史出版社，1988年，第32页。

③ 梁从诫：《回忆我的母亲林徽因》，刘小沁编选：《窗子内外忆徽因》，北京：人民文学出版社，2001年，第100页。

校教师的内心，也更理解了抗战时期民国高校教师的坚守。

也是在这一年春天，林徽因在美国学者费正清的帮助下重返昆明，见到了阔别已久的老朋友金岳霖、张奚若夫妇、钱端升夫妇等。他们无比兴奋地畅谈，这个多事之秋的突然相聚，使大家充溢着相互信任的暖流，满怀着感激和兴奋。她将这种感受告诉了费慰梅：

直到此时我才明白，当那些缺少旅行工具的唐宋时代的诗人们在遭贬谪的路上，突然在什么小客栈或小船中或某处由和尚款待的庙里和朋友不期而遇时的那种欢乐，他们又会怎样地在长谈中推心置腹！

我们的时代也许和他们不同，可这次相聚却很相似。我们都老了，都有过贫病交加的经历，忍受了漫长的战争和音信的隔绝，现在又面对着伟大的民族奋起和艰难的未来。

此外，我们是在远离故土，在一个因形势所迫而不得不住下来的地方相聚的。渴望回到我们曾度过一生中最快乐的时光的地方，就如同唐朝人思念长安、宋朝人思念汴京一样。我们遍体鳞伤，经过惨痛的煎熬，使我们身上出现了或好或坏或别的什么新品质。我们不仅体验了生活，也受到了艰辛生活的考验。我们的身体受到严重损伤，但我们信念如故。现在我们深信，生活中的苦与乐其实是一回事。①

① 费慰梅：《梁思成与林徽因》，刘小沁编选：《窗子内外忆徽因》，北京：人民文学出版社，2001 年，第 330—331 页。

结语：民国高校教师的生活风貌与文化担当

一个社会群体的形成须经过漫长的岁月洗礼。民国才短短 38 年时间，高校教师共同体的营建当然是显得仓促了。但就是这仓促的历程，也充满着新与旧、中与西、前进与倒退的交叠与碰撞。这些交叠与碰撞，却促成了民国高校教师共同体中一种精神的成长，那是一种历史担当的精神，一种本真的生活情怀。

一、旧风俗，新时尚

从国家政体看，民国与数千年的帝国政体相比是一个全新的时代。但从生活变化的角度看，民国时期生活的“全新”色彩却不是那么鲜明。道理很简单，千年的习俗不是说变就能变的，况且还有那浸淫着千百年传统文化的生活观念根深蒂固。当然，工业社会所衍生的生活时尚同时也伴随着欧雨西风逐渐渗透进人们的生活。于是，旧风俗，新时尚，就这么交叠在民国的生活场景中，给民国高校教师的生活添上了斑斓的色彩。

（一）林语堂的“过新年”

1912年，民国政府宣布以公元为标准纪年，定1912年1月1日为民国元年元旦，为新年之始。然因着数千年的民俗传统，承载着丰富的文化积淀，民间社会还是一直视农历正月初一为新年之始。于是民国政府只好采用公历与农历并行的“二元历法”，一方面定公元一月一日为元旦，一方面又确定农历正月初一为岁首，称春节。

阳历与农历并行，元旦与春节同庆，这本不是个问题，但在当时却给人们的生活带来了一桩新与旧的矛盾冲突。有一段时间，民国政府一度废除农历新年，规定农历节令一律不许循俗放假。这样就给人们的过农历新年带来了纠结。

林语堂在1935年写了一篇《我怎样过新年》，以调侃的口吻写出他过农历新年的纠结。林语堂说自己作为一个有着科学头脑的现代人，听从政府号召，奉行新历，不过农历新年。可是，农历新年的到来似乎是作者无法抗拒的。

我并不要旧历新年，但旧历新年自己来了。那天是阳历二月四号。

科学的理智教我不要遵守旧历，我也答应照办。旧历新年来到的声音在一月初已经听到了，有一天我早餐吃的是腊八粥，使我立刻记起那是阴历十二月初八。一星期后，我的佣人来借额外的月薪，那是他旧历除夕所应得的。他下午息工出去的时候，还给我看他送给妻子的一包新衣料。二月一号、二号，我得送小费给邮差、运货车夫、书店信差等等。我常常觉得有什么东西快要来了。

到二月三号，我还对自己说："我不过旧历新年。"那天早晨，我太太要我换衬衣，"为什么?"

"周妈今天洗你的衬衣。明天不洗，后天不洗，大后天也不洗。"要近乎人情。我当然不能拒绝。

这是我屈服的开始。早餐后，我家人要到银行去，因为虽然政府命令废除旧历新年，银行在年底照样有一种微的小提款恐慌。"语堂，"我的太太说，"我们要叫部汽车。你也可顺便去理一理头发。"理发我可不在意，汽车倒是个很大的诱惑。我素来不喜欢在银行进进出出，但我喜欢乘汽车。我想沾光到城隍庙去一趟，看看我可以给孩子们买些什么。我想这时总有灯笼可买，我要让我最小的孩子看看走马灯是什么样的。①

林语堂在这里一步一步地把抗拒过农历新年的心理逐步瓦解的过程细致地描述出来，实际是用一种调侃的口吻，讽刺了民国政府废除农历新年的做法，也形象地揭示了人们处于新旧交替生活中的纠结。

其实不光是过新年的问题。民国时期，高校教师的生活在很多方面都存在着这种新旧的交叠。例如很多教师一方面在提倡着白话文，尝试着新文学，传授着科学，但是在生活中，他们却热衷于古体诗，收藏着古董、古画，搓着麻将，哼着京调。或者反过来，很多教师一方面在研究着国学，在整理着国故，另一方面他们也热衷于从外来的生活方式，如溜冰、跳舞、看电影等娱乐活动中享受着更多的乐趣。旧的习俗，新的时尚，就是这么和谐地交织在民国高校教师的生活之中。

---

① 林语堂：《记元旦》，《林语堂散文精选》，武汉：长江文艺出版社，2009 年，第 372 页。

（二）钱玄同的生活纠结

在这种新旧交叠的生活场景中，有些教师心中就充满了纠结。钱玄同就是其中的一个。钱玄同热望一场社会革新。譬如在“过年”问题上，他就希望自后不过农历新年，改过阳历新年。但在社会风俗的裹挟下，他对农历新年又“不能不勉强敷衍”。他在 1918 年 2 月 10 日的日记中写道：

今日为阴历丁巳年十二月二十九日，此月小建，故今日即为除夕。我最厌过年，尤厌过阴历年，因阴历本比阳历野蛮。中国幸而已改阳历，岂可依旧顾及阴历？至从阴历过年者必有许多迷信可笑之无意识举动，大为（与）革新社会之道相反。故我家逢阴历年无所谓过年，但因阴历岁首数日店铺什九皆关门，不能不预备数日间之饭菜及点心耳。然大兄之家近年来却极端复古，至阴历年除夕，且悬祖先遗像，供以酒、饭、菜、点，而人人跪拜如仪。吾虽满腹不愿，亦有不能不勉强敷衍者。今日午后三时顷，偕妇、子、使女同往兄处，举行典礼。①

钱玄同的纠结是真心的，他确实想听从政府号召以元旦为新年。1922 年 12 月 31 日，钱玄同与妻子约定：“我们做了中华民国的人，当这国历的新年，不可没有些子点缀。明午阖家出外吃一顿饭，并且喝一点酒，算是过新年。”第二天，钱玄同与其妻、子同到东华饭店吃西餐，喝了一瓶葡萄酒，以示欢庆。

这样的纠结心态并非只有过年一事。

蔡元培于 1918 年在北京大学创立进德会，其目的即为规范教员和学生的道德行为以净化社会风气。进德会的会员分为三种：“甲种会员不嫖、不赌、不娶妾。乙种会员于前三戒外，加不作官吏、不作议员二戒。丙种会员，于前五戒外，又加不吸烟、不饮酒、不食肉三戒。”钱玄同参加的是丙种会员，并且还是《北京大学进德会杂志》的编辑。他是真心诚意地要遵守进德会的规矩，但在生活中也无形地给自己增添了思想压力。1919 年 2 月 4 日，“冷不可当，两手冻僵，

---

① 杨天石主编：《钱玄同日记》上，北京：北京大学出版社，2014 年，第 333 页。

致不能握笔，身上也觉得不甚好过，因此到西车站去吃了一顿西餐，顺便喝了一杯勃兰地酒，为驱寒而喝酒！或可以说是喝药酒，不算犯进德会会规吧！”[①]

另外就是对待传统的家祭，钱玄同也是充满着矛盾。1930 年 2 月 21 日，是钱玄同大兄三周年忌辰。其妻打听到那边要举行家祭，准备叫三儿子去磕头。钱玄同一听，制止了，“我说，还是牺牲了我吧，我还可以牺牲”。钱玄同认为不能再叫不到二十岁的少年“去干这宗无谓之事，那太冤了”[②]。钱玄同的想法是：

三纲者，三条麻绳也，缠在我们头上，祖缠父，父缠子，子缠孙，代代相缠，缠了两千年。“新文化”运动起，大呼“解放”，解放这头上的三条麻绳！我们以后绝对不得再把这三条麻绳缠在孩子们的头上！可是我们自己头上的麻绳不要解下来，至少“新文化”运动者不要解下来，再至少我自己就永远不会解下来。为什么呢？我若解了下来，反对“新文化”、维持“旧礼教”的人，就要说我们之所以大呼解放，为的是自私自利。如果借着提倡“新文化”来自私自利，“新文化”还有什么信用？还有什么效力？还有什么价值？所以我自己拼着牺牲，只救青年，只救孩子！[③]

“牺牲自己，救救孩子”，这就是钱玄同思想痛苦的根源。在旧礼教包围中成长的人，当他欲冲破旧礼教的天罗地网，寻求革新事业路径之时，必然就甩不开这种“拼着牺牲”的精神痛苦。1925 年 1 月 31 日，周作人设宴，钱玄同“吃得非常之高兴，我吃了十几杯黄酒，颇有醉意。我近年来精神感受痛楚极矣，明知此事无可避免，但又不得不用物以麻醉之。故颇思从今年来一方面对于排除旧思想，鼓吹新文字以及整理国故等事——总名可曰‘疑古’，仍当更加继续进行，而自己的精神有时太痛苦了，不能不设法麻木之或慰藉之”。[④]

由于钱玄同深切体会到旧礼教的病毒，所以他冲破旧罗网的态度也就最激进，最坚定。但这种坚定并非是慷慨激昂的义无反顾，而是时时伴随着精神的苦

---

① 杨天石主编：《钱玄同日记》上，北京：北京大学出版社，2014 年，第 345 页。

② 杨天石主编：《钱玄同日记》中，北京：北京大学出版社，2014 年，第 753 页。

③ 钱秉雄：《回忆父亲——钱玄同先生》，杨天石主编：《钱玄同日记》下，北京：北京大学出版社，2014 年，第 1400 页。

④ 杨天石主编：《钱玄同日记》中，北京：北京大学出版社，2014 年，第 615 页。

痛。这就是钱玄同生活的纠结所在。

（三）对旧礼教的迷恋

当然，也有内心不纠结的例子。同样是在旧礼教包围中成长的高校教师，有些人依旧在有意无意地用旧礼教约束下一代，甚至变本加厉。

张中行说到北大国文系教授黄节，突出了一个“老”字。他说：“老的一个生活方式上的特点是‘旧’，现在回忆黄先生，……其突出的特点也就是旧。一贯是长袍，上课郑重其事，连微笑也不曾有，是旧。讲诗，用笺注法，都写在讲义上，其后并印成书，有《汉魏乐府风笺》《曹子建诗注》《谢康乐诗注》等，也是旧。作旧诗，集旧书，精于书法，连带还藏砚，更是旧。还有属于居室之事的，也无妨说说，是纳妾，据说还不止一位。”①

这种守旧的生活方式，还深深地束缚着某些高校教师的教育观念。辜鸿铭在西方待了 11 年，精通西方文化，却极力鼓吹中国文化的优越性，甚至极力为传统文化中的“小脚、太监、姨太太”等现象辩护。周作人在《知堂回想录》中说，五四运动期间，北大教授在红楼一间教室里开临时会议，商讨的事件有挽留蔡元培校长一事。辜鸿铭发言，也主张挽留，理由是，校长是我们学校的皇帝，所以非得挽留不可。② 有一年，辜鸿铭在北京大学讲英文课。当时刚刚实行男女同学，他忽然见座位中有女生，大异，有人告以是新招女生。他怀疑别人听不懂，当女生读给他听后，他仍以音不对为由把女生赶出教室。下课，辜鸿铭即找到蔡元培，说“教室中忽然发现女客，男女授受不亲，请辞去教职”③。一时传为笑柄。

这样守旧的教育观念对下一代的约束恐怕更多的还表现在交往礼仪上。见面行礼是人们交往的必要环节。传统的跪拜和作揖在民国时期已被废除，但在一些高校教师中还大行其道。例如黄侃，他对其师章太炎执礼甚恭。黄侃脾气坏，自

---

① 张中行：《前辈掠影》，《故园人影》，北京：作家出版社，2006 年，第 157—158 页。

② 周作人：《知堂回想录》，香港：三育图书有限公司，1980 年，第 478 页。

③ 钟兆云：《辜鸿铭：拖长辫的北大教授》，北京：中国长安出版社，2005 年，第 255 页。

视甚高，对学术界之人多有不敬，但对章太炎先生却始终服膺无间。如有谁议论章太炎，黄侃必盛气相争。章太炎给他的书信、字、诗，黄侃都如获至宝，裱装珍藏。若逢面师，黄侃必执礼。

黄侃有弟子陈某，也受其衣钵，并拜章太炎为西席。古人席次尚右，右为宾师之位，居西而面东。“前中大教授黄季刚先生，为章氏最得意弟子，季刚先生事章氏恭谨又倍于他人，黄有弟子陈君，亦能传其衣钵，主章家为西席，章氏以西席礼待之。每逢新年，季刚先生必诣章宅叩贺，至必行跪拜礼，黄叩章，陈又叩黄，章又向陈行礼。坐定，陈举茶敬黄，黄敬章，章又敬其西席，如此循环不绝，家人传为笑谈。”①

黄侃对学生也是如此要求。他常常身穿蓝缎子团花长袍，黑缎子马褂，头戴一顶黑绒瓜皮帽，腰间露出一条白绸带。在北京大学时，有次他过生日，几个中国文学门的学生登门拜寿，进门后即向他行了个三鞠躬礼。黄侃大怒：“我是太炎先生的学生。我给太炎先生拜寿都是磕头。你们却鞠躬?!”当时吓得这几位学生只好磕头。黄先生最喜爱的学生郑奠，毕业后也在北大任教。有次黄节先生在家请客吃饭，黄侃和郑奠都去了。黄侃看见郑奠穿着一件皮袍，大为不悦，说：“我还没有穿皮袍，你就穿皮袍了?”郑奠说：“我穿我的皮袍，你管不着我。”黄侃先生听了很生气，从此不理郑奠了。②

1932 年，杨伯峻在北大求学，向叔叔杨树达请教如何学到真经。杨树达对他说，要想学到真学问，必须要拜名师，而且指名要他拜黄侃为师。礼节是，一定要用红纸包上十块大洋作为拜师礼，而且要当面给他叩头。杨伯峻一听便犹豫不决，杨树达便教训他：“季刚学问好得很，不磕头，得不了真本领。你非磕头不行!”杨伯峻无奈，只得去黄侃家。见了黄侃，杨伯峻便把红包放在桌上，跪下去磕了一个头。黄侃果然十分高兴，对他说：“从这时起，你是我的门生了。”他又说，“我和刘申叔，本在师友之间，若和太炎师在一起，三人无所不谈。但一谈到经学，有我

---

① 汪修荣：《民国教授往事》，郑州：河南文艺出版社，2008 年，第 35 页。

② 萧劳：《六十年前我在北大的几点回忆》，陈平原、夏晓虹编：《北大旧事》，北京：生活·读书·新知三联书店，1998 年，第 492 页。

在，申叔便不开口。他和太炎师能谈经学，为什么不愿和我谈呢？我猜想到了，他要我拜他为师，才肯传授经学给我。因此，在某次只有申叔师和我的时候，我便拿了拜师贽敬，向他磕头拜师。这样一来，他便把他的经学一一传授给我。太炎师的小学胜过我，至于经学，我未必不如太炎师，或者还青出于蓝。我的学问是磕头得来的，所以我收弟子，一定要他们一一行拜师礼节。"①

北京大学教授陈汉章也是如此，他遵行礼教，彬彬有礼。对长辈，不论贫贱，总是跪拜迎送。晚辈到来拜年，跪下叩首，他做长辈的也同样跪下向晚辈还礼。对于学生上门跪下拜师，他也是跪下还礼。②

以上数例，在民国高校教师的生活中，仅仅只是沧海中的几朵小浪花。个中涵义，只能说明民国高校教师在走向新生活之时，并不都是高歌猛进的。其中多有纠结，多有对旧时代的迷恋。这或许还不能归结于民国高校教师的素质如何，生活本身就是这样，多姿多彩，新旧交替，犹如大江东去，途中却不乏回旋曲折。

二、回望传统，面向未来

民国高校教师共同体就是在这样的生活环境中成长。尽管教师个人的生活方式可以随意地选择，但作为民国高校教师共同体来说则不能沉浮在世俗生活中随波逐流，否则在场域格局重组中就失去了竞争的资本。民国高校教师共同体为了

① 杨伯峻：《黄季刚先生杂忆》，《量守庐学记》，北京：生活·读书·新知三联书店，2006年，第147—148页。
② 陈昂：《纪念先祖父陈汉章先生》，钱理群、严瑞芳主编：《我的父辈与北京大学》，北京：北京大学出版社，2006年，第36页。

能肩负时代历史使命，当然不允许其重蹈传统士大夫的老路。他们一方面着力打造一个以教授治校为体制的独立职业空间，另一方面他们在努力争取独立劳动者的社会地位。另外，面对民国新旧交替的生活场景，他们还在努力做一件事，那就是营造一种群体的精神。

（一）“独立之精神，自由之思想”

思想总是在面对危机时产生的。中西文化的碰撞，传统文化价值观的衰落曾给民国高校教师带来了深深的危机感，这又集中地体现在王国维投湖事件上。1927 年 6 月 2 日，王国维自沉于颐和园之鱼藻轩，给清华人震惊不小。吴宓在日记中记下了他们深深的悲哀。

1927 年 6 月 4 日，王国维投湖后第三天，北京大学教授黄节来到吴宓处，“黄先生大悲泣，泪涔涔下。谓以彼意度之，王先生之死，必为不忍见中国从古传来之文化礼教道德精神，今将曰全行澌灭，故而自戕其生。宓又详述遗嘱种种。黄先生谓，如是则王先生志在殉情，与彼之志稍异。然宓谓二先生所主张虽不同，而礼教道德之精神，固与忠节之行事，表里相维，结为一体，不可区分者也。特因各人之身世境遇及性情见解不同，故有轻此重彼者耳。善为采择而发扬之，是吾侪之责也”①。

王国维的自沉，使吴宓和黄节深感中国礼教道德精神的“全行澌灭”，故而十分悲伤。6 月 12 日，吴宓“至前门外高井胡同，谒黄节先生，谈中国现时局势，及文化德教覆亡绝灭之可忧。黄先生言次几将泣下，泪已盈眶矣”。②

吴宓虽然在安慰着黄节，但也深感理想前途之无望，愤郁愁苦，无可告说。1927 年 6 月 10 晚，“十一时，归室。陈寅恪来，宓略告之。寅恪谓宓今只有二法，择一行之，无所迟惑。（一）则为理想而奋斗，而不自以为苦；（二）抛弃所有理想事业，自寻快乐。若既不肯为（二），则只有勉强为（一）。又谓宓当效法

① 吴学昭整理注释：《吴宓日记》Ⅲ，北京：生活·读书·新知三联书店，1998 年，第 347 页。
② 吴学昭整理注释：《吴宓日记》Ⅲ，北京：生活·读书·新知三联书店，1998 年，第 353 页。

曾文正公以黄老治心，以申韩治兵”[①]。

陈寅恪在这里提到了“理想”。1919 年 12 月，那还是在美国，陈寅恪与吴宓曾有一次纵论中、西、印文化的长谈。其中陈寅恪论及近代以来，中国救亡之方重技艺而轻精神，已趋偏颇。他认为：“救国经世，尤必以精神之学问（谓形而上之学）为根基”；“今人误谓中国过重虚理，专谋以功利机械之事输入，而不图精神之救药，势必至人欲横流，道义沦丧。即求其输诚爱国，且不能得。西国前史，陈迹昭著，可为比鉴也。”[②] 陈寅恪之思考已经深入到民族复兴的精神层面，从而意识到新一代知识人的责任。想必吴宓对此也有同感。故陈寅恪在此以“理想”激励吴宓，使吴宓切身感受到一种责任，一种历史降临自身的责任。吴宓由此也体悟到自我命运的悲剧性：

宓设二马之喻。言处今之时世，不从理想，但计功利。入世积极活动，以图事功。此一道也。又或怀抱理想，则目睹事势之艰难，恬然退隐，但顾一身。寄情于文章艺术，以自娱悦，而有专门之成就，或佳妙之著作。此又一道也。而宓不幸，则欲二者兼之。心爱中国旧日礼教道德之理想，而又思以西方积极活动之新方法，维持并发展此理想，遂不得不重效率，不得不计成绩，不得不谋事功。此二者常互背驰而相冲突，强欲以己之力量兼顾之，则譬如二马并驰，宓以左右二足分踏马背而絷之，又以二手坚握二马之缰于一处，强二马比肩同进。然使吾力不继，握缰不紧，二马分道而奔，则宓将受车裂之刑矣。此宓生之悲剧也。而以宓之性情及境遇，则欲不并踏此二马之背而不能。我其奈之何哉？[③]

吴宓以“二马裂尸”设喻的体悟，表达了新旧交替时期一代学人的思想矛盾。他们的愿望当然是要用西方文化之科学方法来维持并发展中国传统道德之理想，但如果二者不得有机地融合，如之奈何？

面对这样的困境，陈寅恪则从王国维之死感受到了一种精神，一种为民族文化而献身的人格精神，由此为王国维的死予以了定位。他在《王观堂先生挽词》

---

① 吴学昭整理注释：《吴宓日记》Ⅲ，北京：生活·读书·新知三联书店，1998 年，第 352 页。

② 吴学昭整理注释：《吴宓日记》Ⅱ，北京：生活·读书·新知三联书店，1998 年，第 101—102 页。

③ 吴学昭整理注释：《吴宓日记》Ⅲ，北京：生活·读书·新知三联书店，1998 年，第 355 页。

之序中说："凡一种文化值衰落之时，为此种文化所化之人，必感苦痛，其表现此文化之程量愈宏，则其受之苦痛亦愈甚；迨既达极深之度，殆非出于自杀无以求一己之心安而义尽矣。"据此，陈寅恪对王国维之死予以深刻认识："近数十年来，自道光之季，迄乎今日，社会经济之制度，以外族之侵迫，致剧疾之变迁；纲纪之说，无所凭依，不待外来学说之掊击，而已销沉沦丧于不知觉之间；虽有人焉，强聒而力持，亦终归于不可救疗之局。盖今日之赤县神州值数千年未有之巨劫奇变；劫尽变穷，则此文化精神所凝聚之人，安得不与之共命而同尽，此观堂先生所以不得不死，遂为天下后世所极哀而深惜者也。"①

对这种精神的思考，陈寅恪在两年后有了清晰的表述。1929 年 6 月 3 日，王国维自沉两周年，清华国学院师生为静安先生立碑纪念。纪念碑由梁思成设计，陈寅恪撰铭文：

士之读书治学，盖将以脱心志于俗谛之桎梏，真理因得以发扬。思想而不自由，毋宁死耳。斯古今仁圣所同殉之精义，夫岂庸鄙之敢望。先生以一死见其独立自由之意志，非所论于一人之恩怨，一姓之兴亡。呜呼！树兹石于讲舍，系哀思而不忘。表哲人之奇节，诉真宰之茫茫。来世不可知者也，先生之著述，或有时而不章。先生之学说，或有时而可商。惟此独立之精神，自由之思想，历千万祀，与天壤而同久，共三光而永光。②

陈寅恪的思考已经上升到民国高校教师共同体在新旧文化碰撞之时的作为，在创造现代文化之时所应具备的精神。面对纷繁复杂的变革时代，陈寅恪在此强调，读书治学当以追求真理为目的。但如果精神不独立，思想不自由，真理何以坚守。所以，"惟此独立之精神，自由之思想，历千万祀，与天壤而同久，共三光而永光"。这不仅表达了陈寅恪自身涉事行己信守不渝的准则，而且表达了民国高校教师共同体的精神追求。

---

① 陈寅恪：《王观堂先生挽词并序》，陈美延、陈流求编：《陈寅恪诗集》，北京：清华大学出版社，1993 年，第 10—11 页。

② 陈寅恪：《清华大学王观堂先生纪念碑铭》，《金明馆丛稿二编》，第 3 版，北京：生活·读书·新知三联书店，2015 年，第 246 页。

（二）“铁肩担道义，辣手著文章”

对民国高校教师共同体精神的思考，在无锡国学专修馆校长唐文治那儿也同样在进行。他将明代抗志不屈的杨椒山（继盛）手书之联语——“铁肩担道义，辣手著文章”——悬挂于无锡国专饭厅，实际就表达了他对营建高校教师共同体的精神志向。

唐文治，字蔚芝，号茹经，江苏太仓人。28 岁中进士，官至侍郎。后任南洋公学（后改交通大学）校长，1920 年起任无锡国学专修馆校长。为什么要创办国专？唐文治说：“吾国情势危殆，百姓困苦已极。此时为学，当以正人心、救民命为唯一主旨。务望诸生勉力为圣贤，为豪杰，其次亦当为乡党自好之士，预储地方自治人才”；“他日救吾国，救吾民，是区区平日之志愿也”①。

如何才能救国救民？唐文治认为只有以儒家的道德理想为精神，才能在这风雨飘摇的时代立定根基。他在《无锡国学专修馆学规》第一条强调：“人生世界之内，以礼义道德为根本，窃尝譬诸人之学问，犹墙屋也；礼义道德，犹基址也。若无礼无义，无道无德，而徒以学问为饰观之具，一旦品行隳坏，名誉扫地，是犹基址不固，墙屋坍塌，其危险何如矣。诸生既经有志来馆专修，务以砥砺品诣、躬行实践为宗旨。”②

由此，唐文治在无锡国专悬挂其所撰联语，以启迪青年学子：

进以礼，退以义，中天下而立；

诵其诗，读其书，等百世之王。

上联出自《孟子·万章上》：“孔子进以礼，退以义，得之不得曰‘有命’。”以及《孟子·尽心上》：“中天下而立，定四海之民，君子乐之，所性不存焉。”

下联出自《孟子·万章下》：“诵其诗，读其书，不知其人，可乎？是以论其

---

① 杨廷福等：《无锡国专杂忆》，钟叔河、朱纯编：《过去的大学》，武汉：长江文艺出版社，2005 年，第 326 页。

② 刘桂秋：《无锡国专编年事辑》，北京：中国大百科全书出版社，2011 年，第 2 页。

世也，是尚友也。”以及《孟子·公孙丑上》：“见其礼而知其政，闻其乐而知其德，由百世之后，等百世之王，莫之能违也。自生民以来，未有夫子也。”

在无锡国专礼堂，唐文治也悬挂一联：

富贵不能淫，贫贱不能移，威武不能屈，所存者神，所过者化；

好学近乎智，力行近乎仁，知耻近乎勇，虽愚必明，虽柔必强。

上联出自《孟子·滕文公下》及《孟子·尽心上》，下联出自《中庸》。

1930年，唐文治来到曾经任校长14年而又离开10年之久的上海交通大学，参加第30届毕业典礼。他在训辞中以《论语》和《中庸》的智、仁、勇三达德思想为精神武器，希望学生通过学习能养成第一等品行，成为第一等人才。他在训辞的结尾谆谆告诫：“鄙人属望今日座中诸同学，必有大智、大仁、大勇之人，由英雄豪杰而进于圣贤，他日出而宏济艰难，救我中国。”①

唐文治所推崇者，乃在精神的弘扬。民国高校教师共同体所面对的现实是民族危亡，只有以中国传统文化精神为武器，才能担当起历史使命。唐文治所强调的孟子“大丈夫”精神和孔子“智仁勇”精神就是“铁肩担道义”的志向与气节，就是一种浩然之气。这是一种文化理想，更是一种坚守。这种顶天立地、自强不息的精神与陈寅恪的“独立之精神，自由之思想”一脉相承，交相辉映，共同铸造着民国高校教师共同体的灵魂。

（三）在惊涛骇浪中坚忍前行

这种自强不息的独立精神化作了民国高校教师营建共同体的坚忍之力和坚守之情。在那风雨飘摇的时代，国难、校难，以及来自于政治的、经济的、社会的、文化的、传统习惯的种种障碍，都给文化理想的守望带来了重重困难。民国高校教师用他们的行动，向世人，也向他们自己，宣示着一种顺应时代潮流的自我策励精神。

---

① 唐文治：《上海交通大学第三十届毕业典礼训辞》，杨东平编：《大学精神》，沈阳：辽海出版社，2000年，第367页。

梅贻琦将高校教师共同体的成长视为在惊涛骇浪中漂流的一只船。1945 年，梅贻琦服务清华三十年，回顾三十年的风风雨雨，特别是抗战时期清华的被迫南迁，他深情地说：“在这风雨飘摇之秋，清华正好像一个船，漂流在惊涛骇浪之中，有人正赶上负驾驶它的责任，此人必不应退却，必不应畏缩，只有鼓起勇气，坚忍前进，虽然此时使人有长夜漫漫之感，但我们相信不久就要天明风定，到那时我们把这船好好地开回清华园，到那时他才能向清华的同人校友说一句‘幸告无罪’，此天明风定之日，不久可望到来。”①

蔡元培后来已不再担任北京大学校长了，但他一直在关心着北大教师共同体的成长。1938 年，蔡元培在《北大四十周年纪念题词》中指出：“故近几年来，北京沦于敌手，全校南迁，虽设备或有未周，而精神益为兴奋；孟子所谓‘动心忍性，增益其所不能’者，今日之北大，足以当之。他日河山还我，重返故乡，再接再厉，一定有特殊之进步。”②

1944 年，张伯苓在南开四十年校庆纪念时表示：“盖南开过去，无时不在奋斗中，亦无时不在发展中，日新月异，自强不息，为我南开师生特有之精神。”“兹值南开 40 周年校庆之辰，回顾既往奋斗之史绩，展望未来复校之大业，前途远大，光明满目。南开之事业无止境，南开之发展无穷期。所望我同人同学，今后更当精诚团结，淬厉奋发，抱百折不回之精神，怀勇往直前之气概，齐心协力，携手并进，务使我南开学校，能与英国之牛津、剑桥，美国之哈佛、雅礼并驾齐驱，东西称盛。是岂我南开一校一人之荣幸，实亦我华夏国家无疆之光辉也。”③

1948 年，胡适在北京大学五十周年庆祝会上谈到，1931 年，蒋梦麟校长和他的同事们费了整整八个月的工夫筹备北大的革新，但遇到了“九一八”爆发。“我们都知道空前的国难已到了我们的头上，我们的敌人决不容许我们从容努力

---

① 梅贻琦：《抗战期中之清华（五续）》，《梅贻琦教育论著选》，北京：人民教育出版社，1993年，第129页。

② 蔡元培：《北大四十周年纪念题词》，《蔡元培教育论集》，长沙：湖南教育出版社，1987 年，第 622 页。

③ 张伯苓：《四十年南开学校之回顾》，崔国良编：《张伯苓教育论著选》，北京：人民教育出版社，1997年，第319—320页。

建设一个新的国家。我们那八个月辛苦筹备的‘新北大’，不久也就要被摧毁了！但我们在那个时候，都感觉一种新的兴奋，都打定主意，不顾一切，要努力把这个学校办好，努力给北大打下一个坚实可靠的基础。所以北大在那最初的国难之中，工作最勤，从没有间断。现在的地质馆、图书馆、女生宿舍都是那个时期里建筑的。现在北大的许多白发教授，都是那个时期埋头苦干的少壮教授。”①

广西西江学院院长雷沛鸿以“为穷而失教之劳苦大众事业而奋斗”为人生理想，终身为国民教育事业奔波操劳。1947 年，他在西江学院校庆会上说：“本院所以博得多方面的帮助，自非偶然，这是因为我们代表一种教育改造与社会改造的理想，而且努力实践之故，这种伟大的同情与助力，正是鞭策我们奋斗前进的一个动力，希望大家共同认识并共同表见于思想、言论与行动。”②

风雨如晦，鸡鸣不已。这几位校长所言，无不绽放出精神的感召力。民国教师共同体的营建固然受诸多因素的影响，但精神的认同才是至为关键的。处于近代多事之秋，唯有自强不息的独立精神才能凝聚起民国高校教师共同体的文化精神，才能增添民国高校教师守望文化理想的勇气，才能提升民国高校教师共同体穿行于惊涛骇浪中的坚忍之力。

---

① 胡适：《北京大学五十周年》，白吉庵、刘燕云编：《胡适教育论著选》，北京：人民教育出版社，1994 年，第 386 页。

② 雷沛鸿：《感谢与祝愿》，韦善美、马清和编：《雷沛鸿文集》（续编），南宁：广西教育出版社，1993 年，第 527 页。

三、历史担当下的生活情怀

精神的感召总是来源于民国高校教师的生活向往和追求。民国高校教师之所以对陈寅恪们的自强不息的独立精神高度认同，根本的是他们面向新时代的生活态度。尽管在世俗生活中他们还保留着一些旧的习俗和生活习惯，但他们追随时代脚步的意愿相当清晰，相当坚定。这就是民国高校教师共同体精神滋长的坚实土壤。

（一）民国高校教师的生活梦想

1932 年 11 月 1 日，上海《东方杂志》策划了一次征求“新年的梦想”活动，征求的问题有两个：（一）先生梦想中的未来中国是怎样？（二）先生个人生活中有什么梦想？最后有 142 人发来了 244 个“梦想”，其中有 38 位大学教授。这里将大学教授对第二个问题的答案，部分摘录如下：

燕京大学教授滕白也说：“（一）希望大家有饭吃。（二）我也是藉动手以生活的一个。”清华大学教授张申府说：“我愿我的生活更能自由，更能表里如一。我愿意我不再做梦。”天津女子师范学院教授韦丛芜说：“我梦想着将来有无数热心勇敢的朋友一块儿为共同的理想奋斗。”燕京大学教授顾颉刚说：“我自己只望能有安定的研究生活，能真实地对学问有所贡献，从学问中对于国人的思想有所改变。”上海光华大学教授诸青来说：“物质生活只求粗具，理想生活尽可丰富。在遵守公共秩序限度以内竭力保持个性。”燕京大学教授洪业说：“少病，少生气，多工作，多玩。”浙江大学教授郑晓沧说：“每年能写一两本有益而又富有趣味的好书。”暨南大学教授卫聚贤说：“（一）生活安定，三年内完成百万字的

《中国通史》；（二）到西北考古，作发掘工作；（三）到南洋印度旅行，从缅甸、云南、广西、广东、福建回，考察先秦时代，中印文化沟通之迹。”清华大学教授朱自清说：“因为教养和境遇，想和我们的古诗人算算账，算得清，算不清，谁知道。一面想写些诗文给中学生看看。将来也许陪人掉在火里。”①

这些生活梦想，具体，实在。他们关注着社会的进步，人民的未来，他们愿意尽自己的绵薄之力，为国家做一点力所能及的贡献。其间没有豪言壮语，没有功利名誉的追求，有的只是朴实的生活态度，有的只是热诚的事业追求，有的只是纯真的人类理想。这些话语现于朴素，流于自然，我们从中感受到的是一种本真的生活情怀。

（二）本真的生活情怀

本真的生活情怀是一种超越功利的人生美感，这是一种摆脱了动物性的精神真实。它使人生活得不做作、不虚伪、不偏私、不畏难。无论环境如何，本真的生活情怀让人生活得高贵、正直，让人生活得干净、优雅、有尊严。它重审美而轻功利，它引导人们在超越功利中获得人生美感。

本真的生活情怀在我国历史上已是久违的景观。自秦朝统一以来，数千年的专制统治促成了奴性生活态度的滋长，促成了“因富即贵”的等级意识和“及时行乐”的奢靡悲风。中国文化演化成为中央集权下的世俗文化，平民士大夫成为君权的附庸，附庸风雅也就成为必然而惯常。

近代社会的变革，给中国社会带来了一个历史的契机，让中华民族一度获得了生机。在新旧文明交汇的时代，长期受到禁锢的人格独立思想失去了专制的枷锁，获得了自由。传统士大夫的独立人格意识，与西方自由平等思想的碰撞，促成了本真生活情怀的再度复活。近代国家民族的危亡，有识之士的发愤自强，使学术救国、教育救国的理念深入人心。加之高校为教师们提供了一个栖身之地，

① 林语堂、梁漱溟、胡适等：《1933，聆听民国》，北京：中信出版社，2014年，第146—148页。

使思想自由、学术独立成为可能。这样，民国高校教师在中西文化精华的熏陶下，既崇尚东方谦恭的美德，又追求西方平等博爱的理念，本真的生活情怀在他们身上得以滋长。这是中华民族危难的时代，也是中华民族精神觉醒的时代。

汪曾祺曾经回忆沈从文。他谈到沈从文很善于谈天，谈天的范围很广。“他谈某一位老先生养了二十只猫。谈一位研究东方哲学的先生跑警报时带了一只小皮箱，皮箱里没有金银财宝，装的是一个聪明女人写给他的信。谈徐志摩上课时带了一个很大的烟台苹果，一边吃，一边讲，还说：‘中国的东西并不都比外国的差，烟台苹果就很好！’谈梁思成在一座塔上测绘内部结构，差一点从塔上掉下去。谈林徽因发着高烧，还躺在客厅里和客人谈文艺。他谈得最多的大概是金岳霖。金先生终身未娶，长期独身。他养了一只大斗鸡。这鸡能把脖子伸到桌子上来，和金先生一起吃饭。他到处搜罗大石榴、大梨。买到大的，就拿去和同事的孩子的比，比输了，就把大梨、大石榴送给小朋友，他再去买！……沈先生谈及的这些人有共同特点，一是都对工作、对学问热爱到了痴迷的程度；二是为人天真到像一个孩子，对生活充满兴趣，不管在什么环境下永远不消沉沮丧，无机心，少俗虑。这些人的气质也正是沈先生的气质。”①

沈从文之气质，以及其所谈论之人的气质，都展现着一种贵族风度。这种贵族气质较少受到功名利禄的熏染，较少受到那些有形无形的欲望缰锁的捆绑，因而所行之事都充满着一种人文关怀，洋溢着一种平等意识，弘扬着强烈的主人翁意识和社会责任感。这就是本真的生活情怀。

具有本真生活情怀才会有生活的定力，因为这种情怀源自他们的生活态度。民国高校教师的生活态度，具有代表性的，还是本书第二章中谈到的金岳霖对知识者的希望。金岳霖希望知识者能靠自己的本事吃饭，不依附任何权贵的势力，以实现自己的独立人格。金岳霖希望知识者不做官，不受官场的约束，而保持自己的独立思考。金岳霖希望知识者不以发财为生活目的，不要成为商业的驯服工具、金钱的奴隶。金岳霖希望知识者能有一个独立的环境，要有一群志同道合的

① 汪曾祺：《沈从文先生在西南联大》，黄尧：《云烟渺渺》，昆明：云南教育出版社，2000年，第304页。

人在一起。他认为："有这种人去监督政治，才有大力量，才有大进步。他们自身本来不是政客，所以不至于被政府利用；他们本来是独立的，所以能使社会慢慢的就他们的范围。有这样一种优秀分子，或一个团体，费几十年的工夫，监督政府，改造社会，中国的事，或者不致于无望。"① 这样的生活态度使诸多民国高校教师，无论是在教学、科研生活中，还是在日常生活中，都能保持那份从从容容和气定神闲的自我。

具有本真生活情怀的人不会随波逐流，他们重视自由的灵魂，独立的意志，敢于在权力与金钱面前说"不"。1923 年 12 月 17 日，北京大学校庆，蒋梦麟在纪念会上讲到，北大屡经风潮，然都巍然独存，其原因，蒋梦麟认为，首先是有大度包容的精神，其次是有思想自由的精神。蒋梦麟指出，人类有个弱点，对于思想自由总表现为十分害怕的胆小鬼，"但这个思想上的胆小鬼，被本校渐渐儿的压服了。本校是不怕越出人类本身日常习惯范围以外去运用思想的"②。

具有本真生活情怀的人才会有社会担当。这种生活情怀一旦为时代理想所激励，就会为真理而奋斗，而拒绝服从任何权威。1927 年 8 月，北洋政府取消北京大学，12 月 17 日，杭州北大同学会举行庆祝北大建校 29 周年纪念会。已经离开北大的马寅初在会上说："现学校既受军阀之摧残而暂时消灭，但今天之纪念会，仍能在杭州举行，聚昔日师友同学至二百数十人之多，可见吾北大形质暂时虽去，而北大之精神依然存在。"所谓北大精神，他认为就是"虽斧钺加身而毫无顾忌"的"牺牲精神"。"所谓北大主义者，即牺牲主义也。服务于国家社会，不顾一己之私利，勇敢直前，以达其至高之鹄的。"马寅初在讲话中揭露了种种的社会邪恶，鼓励大家以北大的牺牲精神去改造人心，为国家、社会服务。他说："欲使人民养成国家观念，牺牲个人而尽力于公，此北大之使命，亦即吾人之使命也。举凡战胜环境，改造人心，驱除此等奄奄待毙不负责任之习俗，诸君当与寅初共勉之！"③

---

① 谢泳：《逝去的年代》，北京：文化艺术出版社，1999 年，第 51 页。
② 蒋梦麟：《北大之精神》，《蒋梦麟教育论著选》，北京：人民教育出版社，1995 年，第 259—260 页。
③ 马寅初：《北大之精神》，杨东平编：《大学精神》，沈阳：辽海出版社，2000 年，第 26、28 页。

人的精神是从生活中生长的，有什么样的生活便形塑出什么样的精神。民国高校教师共同体所崇尚的自强不息的独立精神就是在本真生活情怀的氛围中滋生的。犹如一棵参天大树，它的挺拔，它的伟岸，是在历经风风雨雨的洗礼后成就的。

抗战胜利后，陈寅恪回到清华大学。1947 年 1 月，他向校长梅贻琦要求，给他的助手王永兴申请到了一套住房。住房在学校西门外的喇嘛庙，也就是颜家花园。王永兴并不知情，只是很高兴。搬进新居后，王永兴向陈寅恪描述了这所花园的情形。陈寅恪告诉他，英法联军侵入北京火烧圆明园，烧毁了喇嘛庙的后半部，高大殿堂坍塌了。后来颜惠庆买下了喇嘛庙，故又名颜家花园。陈寅恪说，他曾去过颜家花园，很喜欢那几棵白皮松。这一年初夏的一天，陈寅恪心情愉快，提出要去喇嘛庙看看那几棵白皮松。王永兴陪先生乘车前往。在喇嘛庙，“先生在松林中徘徊，四处顾望。先生的双目还有一些光感，角度适度还可看到一些景色。我扶侍先生走到每一棵白皮松前，他抚摩着挺拔矗立苍劲的树干，仿佛在回忆着什么，思考着什么。在一棵白皮松前，先生仰望树顶，他看到了在阳光照耀下一片苍绿，问我：‘这是最高最老的一棵吧。’他双臂围抱树身，可能是要量一量这棵矗立天地之间的大树。它经过多年动乱仍然自强不息地在增长着”①。

喇嘛庙的白皮松，见证了英法联军的火烧，历经了抗日战争的烽烟，依然挺拔矗立。历尽颠沛流离且已双目失明的陈寅恪，重回北平，再度抚摸着喇嘛庙的白皮松，他在思考什么？他围抱树身，他想说什么？

---

① 王永兴：《种花留与后来人——陈寅恪先生在清华二三事》，张杰、杨燕丽选编：《追忆陈寅恪》，北京：社会科学文献出版社，1999 年，第 226 页。

中外参考文献举要

一、档案

1. 教育部教育年鉴编审委员会．第一次中国教育年鉴．上海：开明书店，1934.

2. 教育部教育年鉴编纂委员会．第二次中国教育年鉴．上海：商务印书馆，1948.

二、中文期刊

1. 观察（1946—1950），上海.

2. 教育杂志（1912—1949），上海.

3. 现代学生（1930），上海.

三、资料、论著

1. 钱穆．八十忆双亲·师友杂忆．北京：生活·读书·新知三联书店，2005.

2. 马嘶．百年冷暖：20世纪中国知识分子生活状况．北京：北京图书馆出版社，2003.

3. 陈平原、夏晓红．北大旧事．北京：生活·读书·新知三联书店，1998.

4. 王学珍、郭建荣．北京大学史料．北京：北京大学出版社，2000.

5. 萧超然等．北京大学校史．上海：上海教育出版社，1981.

6. 温源宁．不够知己．江枫译．长沙：岳麓书社，2004.

7. 陈美延、陈流求．陈寅恪诗集．北京：清华大学出版社，1993.

8. 蒋天枢．陈寅恪先生编年事辑．上海：上海古籍出版社，1997.

9. 刘小沁．窗子内外忆徽因．北京：人民文学出版社，2001.

10. 苏云峰．从清华学堂到清华大学（1911—1929）．北京：生活·读书·新知三联书店，2001.

11. 汤涛、朱小怡．大夏文萃．上海：华东师范大学出版社，2014.

12. 史静寰．狄考文与司徒雷登——西方新教传教士在华教育活动研究．珠海：珠海出版社，1999.

13. 何炳棣．读史阅世六十年．台北：允晨文化实业股份有限公司，2004.

14. 黄延复．二三十年代清华校园文化．桂林：广西师范大学出版社，2000.

15. 薛明扬、杨家润．复旦杂忆．上海：复旦大学出版社，2005.

16. 熊秉衡、熊秉群．父亲熊庆来．昆明：云南教育出版社，2015.

17. 宋炳辉．辜鸿铭印象．上海：学林出版社，1997.

18. 顾潮．顾颉刚年谱．北京：中国社会科学出版社，1993.

19. 顾颉刚．顾颉刚日记．北京：中华书局，2011.

20. 张中行．故园人影．北京：作家出版社，2006.

21. 王文俊．国立西南联合大学史料（四·教职员卷）．昆明：云南教育出版社，1998.

22. 钟叔河、朱纯．过去的大学．武汉：长江文艺出版社，2005.

23. 章清．胡适派学人与现代中国自由主义．上海：上海古籍出版社，2004.

24. 郜元宝．胡适印象．上海：学林出版社，1997.

25. 白吉庵．胡适传．长沙：湖南教育出版社，1987.

26. 曹伯言．胡适日记全集．台北：联经出版公司，2004.

27. 中国社会科学院近代史研究所中华民国研究室．胡适来往书信选．北京：社会科学文献出版社，2013.

28. 黄延祖．黄侃日记．北京：中华书局，2007.

29. 徐耕葆．会通派如是说——吴宓集．上海：上海文艺出版社，1998.

30. 吴大猷．回忆．北京：中国友谊出版公司，1984.

31. 交通大学校史编写组．交通大学校史（1896—1949）．上海：上海教育出版社，1986.

32. 欧阳哲生．解析胡适．北京：社会科学文献出版社，2000.

33. 陈寅恪．金明馆丛稿二编．第 3 版．北京：生活·读书·新知三联书店，2015.

34. 罗志田．近代读书人的思想世界与治学取向．北京：北京大学出版社，2009.

35. 薛君度、刘志琴．近代中国社会生活与观念变迁．北京：中国社会科学出版社，2001.

36. 沈云龙．近代中国史料丛刊三编第十一辑．台北：文海出版社，1986.

37. 许纪霖等．近代中国知识分子的公共交往（1895—1949）．上海：上海人民出版社，2008.

38. 陈平原．抗战烽火中的中国大学．北京：北京大学出版社，2015.

39. 刘克敌．困窘的潇洒——民国文人的日常生活．桂林：广西师范大学出版社，2013.

40. 陈平原．老北大的故事．南京：江苏文艺出版社，1998.

41. 马祖圣．历年出国/回国科技人员总览（1840—1949）．北京：社会科学文献出版社，2007.

42. 西南联大《除夕副刊》．联大八年．北京：新星出版社，2010.

43. 张寄谦．联大长征．北京：新星出版社，2010.

44. 刘天华、维辛．梁实秋怀人丛录．北京：当代世界出版社，2007.

45. 王晖．梁实秋文集．长春：吉林摄影出版社，2000.

46. 程千帆、唐文．量守庐学记．北京：生活·读书·新知三联书店，2006.

47. 张晖．量守庐学记续编．北京：生活·读书·新知三联书店，2006.

48. 《罗常培文集》编委会．罗常培文集：第十卷．济南：山东教育出版社，2008.

49. 王强．民国大学校史资料汇编．南京：凤凰出版社，2014.

50. 汪修荣．民国教授往事．郑州：河南文艺出版社，2008.

51. 王云五、罗家伦．民国三大校长．长沙：岳麓书社，2015.

52. 李森．民国时期高等教育史料汇编．北京：国家图书馆出版社，2014.

53. 赵英兰．民国社会生活掠影．沈阳：沈阳出版社，2001.

54. 岱峻．民国衣冠——风雨中研院．北京：北京联合出版公司，2012.

55. 高伟强、余启咏、何卓恩．民国著名大学校长．武汉：湖北人民出版社，2007.

56. 《南大百年实录》编辑组．南大百年实录．南京：南京大学出版社，2002.

57. 潘乃穆、潘乃和．潘光旦日记．北京：群言出版社，2014.

58. 浦薛凤．浦薛凤回忆录．合肥：黄山书社，2009 年.

59. 杨天石．钱玄同日记．北京：北京大学出版社，2014.

60. 沈永宝．钱玄同印象．上海：学林出版社，1997.

61. 清华大学校史研究室．清华大学史料选编．北京：清华大学出版社，1991.

62. 浦江清．清华园日记·西行日记．第2版．北京：生活·读书·新知三联书店，1999.

63. 抢救民间家书项目组委会．任鸿隽陈衡哲家书．北京：商务印书馆，2007.

64. 冯友兰．三松堂自序．北京：人民出版社，2008.

65. 林语堂．生活的艺术．合肥：安徽文艺出版社，1988.

66. 高增德、丁东．世纪学人自述．北京：北京十月文艺出版社，2000.

67. 罗尔纲．师门五年记·胡适琐记（增补本）．北京：生活·读书·新知三联书店，2006.

68. 张岱年、邓九平．逝水年华：学者卷二．北京：北京师范大学出版社，2005.

69. 毛佩琦．岁月风情——中国社会生活史．南宁：广西教育出版社，2000.

70. 郭良夫．完美的人格：朱自清的治学与为人．北京：清华大学出版社，2003.

71. 汤涛．王伯群与大夏大学．上海：上海人民出版社，2015.

72. 毛彦文．往事．天津：百花文艺出版社，2007.

73. 邓云乡．文化古城旧事．北京：中华书局，1995.

74. 陈明远．文化人的经济生活．上海：文汇出版社，2005.

75. 陈明远．文化人与钱．天津：百花文艺出版社，2001.

76. 萧公权．问学谏往录．合肥：黄山书社，2008.

77. 闻一多．闻一多书信集．北京：群言出版社，2014.

78. 钱理群、严瑞芳．我的父辈与北京大学．北京：北京大学出版社，2006.

79. 吴学昭．吴宓日记．北京：生活·读书·新知三联书店，1998.

80. 吴学昭．吴宓与陈寅恪（增补本）．北京：生活·读书·新知三联书店，2014.

81. 冉云飞．吴虞和他生活的民国时代．济南：山东人民出版社，2009.

82. 中国革命博物馆．吴虞日记（上、下）．成都：四川人民出版社，1984（上册）、1986（下册）.

83. 蒋梦麟．西潮·新潮．长沙：岳麓书社，2000.

84. 陈平原．现代中国学术之建立——以章太炎、胡适之为中心．北京：北京大学出版社，1998.

85. 萧乾．新编文史笔记丛书．北京：中华书局，2005.

86. 许纪霖．寻求意义——现代化变迁与文化批判．北京：生活·读书·新知三联书店，1997.

87. 厦门大学校史编委会．厦大校史资料：第一辑．内部资料．1987.

88. 马嘶．1937年中国知识界．北京：北京图书馆出版社，2005.

89. 陈远．燕京大学（1919—1952）．杭州：浙江人民出版社，2013.

90. 张玮瑛、王百强、钱辛波．燕京大学史稿．北京：人民中国出版社，1999.

91. 陈存仁．银元时代生活史．上海：上海人民出版社，2000.

92. 黄尧．云烟渺渺：汪曾祺与云南．昆明：云南教育出版社，2000.

93. 杨亮功．早期三十年的教学生活·五四．合肥：黄山书社，2008.

94. 司徒雷登．在华五十年．李晶译．南京：译林出版社，2015.

95. 王觉源．战时全国各大学鸟瞰．重庆：独立出版社，1941.

96. 赵元任．早年自传．台北：传记文学出版社，1984.

97. 卢毅．章门弟子与近代文化．桂林：广西师范大学出版社，2009.

98. 周作人．知堂回想录．香港：三育图书有限公司，1980.

99. 田正平、商丽浩．中国高等教育百年史论：制度变迁、财政运作与教师流动．北京：人民教育出版社，2006.

100. 程斯辉．中国近代大学校长研究．北京：人民教育出版社，2010.

101. 潘懋元、刘海峰．中国近代教育史资料汇编·高等教育．上海：上海教育出版社，1993.

102. 曹文柱．飘逝的岁月：中国社会史．上海：华东师范大学出版社，2001.

103. 熊明安．中华民国教育史．重庆：重庆出版社，1990.

104. 中国第二历史档案馆．中华民国史档案资料汇编：第三辑“教育”．南京：江苏古籍出版社，1991.

105. 中国第二历史档案馆．中华民国史档案资料汇编：第五辑第一编“教育”．南京：江苏古籍出版社，1994.

106. 中国第二历史档案馆．中华民国史档案资料汇编：第五辑第二编“教育”．南京：江苏古籍出版社，1997.

107. 中国第二历史档案馆．中华民国史档案资料汇编：第五辑第三编“教育”．南京：江苏古籍出版社，2000.

108. 竺可桢．竺可桢日记．北京：人民出版社，1984.

109. 朱光潜．朱光潜自传．南京：江苏文艺出版社，1998.

110. 屈维清．朱自清回忆录．北京：北京大学出版社，2013.

111. 张杰、杨燕丽．追忆陈寅恪．北京：社会科学文献出版社，1999.

112. 欧阳哲生．追忆胡适．北京：社会科学文献出版社，2000.

113. 陈平原、王风．追忆王国维（增订本）．北京：生活·读书·新知三联书店，2009.

114. 吴定宇．走近中大．成都：四川人民出版社，2000.

115. 顾颉刚．走在历史的路上——顾颉刚自述．南京：江苏教育出版社，2005.

四、学位论文

1. 葛福强．民国高校教师薪酬研究：1912—1949. 浙江大学博士论文（2015）.

2. 胡悦晗．日常生活与阶层的形成——以民国时期上海知识分子为例（1927—1937）．华东师范大学博士学位论文（2012）.

3. 沈楠．上海公立高校教师工资收入及生活状况考察（1930 年代—1950 年代）．华东师范大学硕士学位论文（2007）.

索　引

D

F

M

O

P

Q

R

S

T

X

Y

Z

后　记

田正平老师向我征求民国教育史的选题。我对民国教育史素无研究，自然讲不出个道道。一日清晨，游泳完毕，走在校园，神朗气清，甚是惬意，脑海中油然蹦出一个念想：不知民国时期高校教师生活如何？于是，便将这一想法报给田老师，应付交差。

然后就应了中国那句老话：搬起石头砸自己的脚。田老师不仅同意了这一选题，还把这一“光荣”的写作任务交给了我。平日里经常告诫学生的“科研不能‘拍脑袋’”，这次算是轮到自己尝苦头了。

这苦头之一就是我根本不懂“生活”。平时看似见怪不怪、无处不在的生活一旦进入研究领域，就变得无法捉摸。翻翻各类讨论生活的论著，由于各自侧重点的不同，其生活的含义也各有侧重。也就是说，对“生活”的研究，需要经过一番提炼，方可有合适的定位。可悲的是我平日里只满足于“活着”，对“生活”甚少体验和认知，这一下子却要去探讨民国高校教师的生活，这“生活”的内涵与边界在哪，一脸茫然。

这苦头之二就是该怎样研究民国高校教师的生活。看过几本关于民国文人生活的书，但都主要是以传闻轶事为风格。要从学术角度写一本民国高校教师生活的书，就既要有生活味，又要有学术味。它既不能写成民国高校发展史、高等教育思想史，也不能写成一般生活体裁的趣味文章。它既要能反映民国高校教师的整体生活风貌，又要能揭示民国高校教师的生活精神。由此而带来的材料搜寻、框架设定、材料剪裁、风格选择等一系列难题，都使我十分纠结。

这苦头之三就是面对这些苦头却不能叫苦，无处叫苦，没人理睬你的苦。而交稿的时间又不容突破，几十万字数的额度又不能随意降低。唯一的办法就是增加抽烟量，继续发扬“文章不是写出来的，而是烧出来的”老传统。可是那个苦啊！

好在有田正平老师的一路指点和一路鼓励。他要我主要从民国高校教师的日记中搜寻原始的生活资料，由此扩展到民国教师的回忆文章，学生的回忆文章，以尽可能体现民国高校教师生活的客观性和真实性。这一指点帮助我挖到了研究民国高校教师生活的富矿。当然这也带来了另外一个难题，就是资料看不完。近些年陆续出版了许多民国高校教师的日记、回忆录等等，我也只能在有限的时间内，以及在有限的图书资源中接触到其中的一部分，甚至是很小的一部分。所以，这本书能不能很好地反映民国高校教师的生活，能不能达到预期的研究设想，我心里是忐忑的。我的尝试，是想尽量利用民国高校教师的日记、回忆录等材料来再现当年生活的图景，用生活的图景来展示历史的场景，通过历史场景的组合来寻觅历史的路径，并从中探索民国高校教师的生活精神。不知道这样的设想行不行，包括书中还存在着诸多的错误，都衷心期待各位的批评指教。

王建军

2017年于广东理工学院

图书在版编目（CIP）数据

民国高校教师生活研究 / 王建军著. —长沙：
湖南教育出版社，2018. 12（民国教育史专题研究丛书）
ISBN 978 - 7 - 5539 - 6529 - 1

Ⅰ. ①民… Ⅱ. ①王… Ⅲ. ①高等学校—教师—生活—研究—中国—民国
Ⅳ. ①G645. 1

中国版本图书馆 CIP 数据核字（2018）第 274468 号

MINGUO GAOXIAO JIAOSHI SHENGHUO YANJIU

书　　名	民国高校教师生活研究
作　　者	王建军
选题策划	黄步高
责任编辑	陈慧娜
责任校对	任　娟　胡　婷　王怀玉
装帧设计	肖睿子
出版发行	湖南教育出版社(长沙市韶山北路 443 号)
网　　址	www. bakclass. com
微 信 号	贝壳导学
客服电话	0731 - 85486979
经　　销	湖南省新华书店
印　　刷	长沙超峰印刷有限公司
开　　本	787mm×1092mm　16 开
印　　张	39
字　　数	568 000
版　　次	2018 年 12 月第 1 版
印　　次	2018 年 12 月第 1 次印刷
书　　号	ISBN 978 - 7 - 5539 - 6529 - 1
定　　价	195. 00 元